전형과
변주

조선시대
한문학의
계보적 연구

전형과 변주

典型 漢文學 變奏

임 준 철

글항아리

머리말

문학이란 무엇인가? 마치 문학 입문서 제목 같지만 처음 대학에 들어와서 가졌던 의문 중 하나였다. 한문학을 전공으로 삼았지만 내가 보기에 그 윤곽이 분명하지 않았기에 이런 기초적인 궁금증을 갖게 되었다. 서구의 문학 이론서들을 읽어봐도 한문학의 문학과는 다른 것이라는 생각만 들 뿐이었다. 요즘 학생들을 대상으로 한문학을 강의해보면 대다수가 자신들이 알고 있던 문학과 다르다는 사실을 고백하곤 한다. 심지어 국문학과 학생마저도 문학이란 그저 시, 소설, 희곡과 비평 같은 것으로 생각하는 듯하다.

이런 문제는 기성세대도 크게 다르지 않다. 근대 일본의 나쓰메 소세키夏目漱石가 한문학을 근거로 영문학을 유추했던 것과는 반대로, 우리 세대의 사람들은 서구 문학 혹은 그에 지대한 영향을 입은 한국 현대문학을 바탕으로 한문학을 가늠하곤 한다. 문학이 하나의 이데올로기라는 점을 인식하기 쉽지 않은 탓이다. 근대와 함께 우리에게 주어진 인식틀 속에 한문학을 억지로 꿰어 맞추기도 한다. 우리가 어떤 작품을 좋아하거나 외면할 때 이런 인식틀은 은연중 큰 영향을 미치곤 한다.

나는 우리 세대 한문학 연구자에게 소통자라는 소명이 주어져 있다고 생각한다. 문학 관념과 표현 매체가 가로막고 있는 한문학을 어떻게 요즘 사람들에게 효과적으로 전달할 수 있을까, 이것이 일차로 우리에게 부여된 과제라고 본다.

대학원에 들어와 한문학을 공부할 때, 대개 작가 단위의 연구를 논문 주제로 삼곤 했다. 전공자끼리 만나면 누구를 읽고 있느냐고 묻는 것이 곧 논문 주제가 무엇이냐고 묻는 것이었다. 작가 단위의 연구는 반드시 효과적인 방식은 아니다. 나 역시 차천로車天輅라는 작가로 석사학위를 받았지만, 나중에야 이 방법이 본래 목적과는 다른 방향으로 귀결된다는 점을 깨달았다. 시적 관습으로 말미암은 고정된 패턴의 사고 반복이 개성을 달리하는 작가들 사이의 차이보다는 동질성을 드러내도록 만들기 때문이다. 근대 이후의 작품에서 문학성은 주로 개성적 표현에서 찾아진다. 하지만 한문학의 시대에는 양식과 전통을 따르는 일이 문학이 되기 위한 필수 조건이었다. 생활 정감과 문학적 환경의 차이를 고려할 때 우리가 한문학 작품을 온전히 이해하기 위해서는 양식과 문학 전통에 대한 해명이 먼저 이뤄져야 한다.

한문학 작품이라고 양식과 전통만을 몰개성적으로 추종했던 것은 아니다. 우리 문인들에게도 큰 영향을 끼쳤던 명대 이반룡의 「고악부서古樂府序」라는 글에는 이에 관한 두 가지 상반된 예화가 실려 있다. 한나라 고조 유방은 장안의 궁궐에 모셨음에도 부친이 기뻐하지 않는 것을 의아하게 생각했다. 알아보니 본래 살던 풍읍豐邑의 왁자지껄한 삶이 그리웠기 때문이었다. 유방은 호관胡寬을 시켜 태상황을 위해 새로운 풍읍을 만들고 풍읍 사람들을 옮겨 살게 했는데, 길과 집 등이 옛날 그대로여서 남녀노소와 짐승들이 자신의 집을 찾아갈 수 있을 정도였다. 또 다른 예로는 준마를 잘 알아보는 것으로 유명한 백락伯樂이 제시된다. 그는 천하의 말을 논하지만 정작 그 말의 빛깔이나 성별조차 제대로 알지 못하는 때도 있었다. 백락이 말을 논하는 방법은 외양의 측면에서는 대상을 파악한 것은 아니지만 진정한 내면의 가치라는 측면에서는 정확하게 인식한 것이다. 여기서 이반룡은 양식과 전통의 계승이 반드시 외양을 본뜨는 것이 아님을 지적한 것이다. 두 가지 예 중에서도 후자가 강조되는 것은 표면의 유사성만이 아니라 이면의 참모습이 더 중요하기 때문이다. 기성의 전범과 무관해 보이는 작품조차도 사실 양식과 전통을 다른 방식으로 계승한 것일 수 있다. 진정한 계승이 작품의 감춰진 부분에서 이뤄진다고도 할 수 있다. 그래서 박지원은 「초정집서楚亭集序」에서 옛것을 배워 잘 변통한 법고창신의 사례를 강조한 것이 아닐까?

한문학 작품을 읽을 때 양식과 전통에 주목하는 이유는 작품이 도달한 진정한 가치를 파악하기 위해서다. 우리는 선인들의 작품에서 도연명·두보·이백의 시구와 왕세정·원굉도·김성탄의 영향을 발견하기도 한다. 하지만 그들의 작품을 어떻게 사용했느냐만이 아니라 어떤 방식으로 사용하지 않았느냐도 중요한 문제다. 이 책의 제목을 『전형과 변주』라고 붙이고, 전형에 의거한 변주 양상을 계보적으로 탐구한 이유가 여기에 있다.

제1부는 자신의 죽음을 애도하는 자만시自挽詩를 다루고 있다. 자전문학에 대해서는 이미 심경호 선생의 방대한 연구가 있지만, 자만시는 아직까지 충분히 조명받지 못했다. 이 책에서 읽어내고 싶었던

것은 자만시의 문예미적 특성만이 아니라 죽음을 받아들이는 선인들의 태도였다. 물론 죽음에 대한 인식은 자만시를 훨씬 벗어나서 여러 영역에서 다양하게 표출되는 지속적이고도 거시적인 문제이지만, 자신의 죽음을 가장假裝해야 하는 주제의 특수성이 우리 조상들의 '죽음 인식'에 관한 효과적인 텍스트가 될 수 있으리라 생각한 것이다.

제2부는 자신의 얼굴에 대한 시각적 체험을 담은 글쓰기들에 대한 연구다. 주목한 것은 자신의 초상화를 대상으로 한 한시 및 찬贊이다. 동아시아 고전문학의 역사에서 볼 때, 자아 자체를 문학의 중심 주제로 삼는 것은 예외에 속한다. 특히 조선사회에는 유독 초상화에 대한 금기가 있었다. 따라서 조선의 지식인들은 자신의 초상화를 남기는 일에 그다지 적극적이지 않았을뿐더러 때로는 의도적으로 회피하기도 했다. 이런 문화적 분위기 속에서 초상화에 대해 찬문을 쓴다는 것은 말 그대로 '자화자찬自畫自讚'하는 파격적인 예술 행위였다. 화상자찬류 글들은 일반적으로 그려진 자아 형상의 불완전성을 이야기한다. 하지만 그 불만은 나를 온전히 재현하지 못하는 그림 혹은 화가에 대한 것이 아니라, 자신의 진면모를 보지 못하는 현실세계의 타자들을 향하고 있다는 점이 특히 주목된다.

제3부에서는 연행록에 나타난 환술幻術 관람 기록들을 검토했다. 이것은 중국 전통 연희에 대한 기록이지만, 동시에 이질적인 문화인소에 대한 우리 지식인들의 반응이기도 했다. 책에서는 이 측면에 주목했다. 조선시대 지식인들은 낯선 환술에 불교의 이적異蹟들을 환치시키기도 하고, 심지어 서학西學을 통해 들어온 선진 과학기술을 연결시키기도 했다. 환술에 대한 인식은 환술뿐만이 아니라 그것과 혼동되는 일체의 문제와 결부되어 외부세계에 대한 우리 안의 불안과 두

려움을 보여준다. 마치 의학에서 말하는 면역반응처럼 이것이 우리 정신세계에 일으키는 반향이 온전히 구명될 수 있다면 새로운 각도에서 자문화적 특수성을 밝혀낼 수 있으리라 기대된다.

제4부는 연행록 자료 중 조선시대 최초와 마지막 자료들을 살펴봤다. 연행록은 근래 동아시아를 넘어 구미 학계에서도 큰 관심을 모으고 있다. 외국 학자들이 자발적으로 한국학 자료에 관심을 쏟는 것은 이유야 어떻든 반가운 일이 아닐 수 없지만 우리가 자료를 충분히 장악하기도 전에 해외에서 선점하는 것에는 우려되는 점도 있다. 특히 한국의 연행록 연구가 몇몇 주요 작품에만 초점이 맞춰져 있어 통시적 흐름이나 자료 실상을 충분히 밝히지 못했다는 것은 문제다. 이 책에서 소개하는 두 종의 연행록은 작품 자체보다는 그것이 기록된 시공간의 특수성이라는 측면에서 주목된다. 남아 있는 연행록 중 어느 것이 조선 최초이고 마지막인지, 또 그 작가는 어떤 사람이며 무슨 내용을 담고 있는지 밝힌 기초적인 연구이지만, 이를 통해 연행록의 자료 범위와 통시적 흐름을 밝히는 데 조금이나마 도움이 되었으면 한다.

제5부는 17세기 유협遊俠을 제재로 한 한시들의 가치와 의미를 유협 주제 문학의 흐름 속에서 밝히고자 했다. 학부 4학년 때 선후배들과 함께 『사기』를 읽다가 「자객열전刺客列傳」에 흠뻑 빠진 적이 있는데, 대학원에 입학하고 조선 후기 민간의 유협 숭상과 유협전의 성립을 주제로 한 박희병 선생의 글을 읽었던 것도 이런 호기심을 부추기는 계기가 되었다. 관심은 자연스럽게 한시에서는 유협의 문제가 어떻게 다루어졌을까로 이어졌다. 이 글은 문집에서 유협 제재 시들을 모아 읽는 과정에서 발견한 17세기의 변모 양상을 검토한 것이다. 한시

에서는 조선 후기 유협전처럼 기층문화가 상층문화로 전이되었던 듯한 흔적은 발견되지 않았다. 대체로 상층문화 내의 관념적 유협 형상을 벗어나지 못하고 있을뿐더러 그 관념이 실재를 대체하거나 변질시키기는 예마저 발견된다. 양식상 유협전과 유협시가 차이가 있더라도 17세기 유협시와 18세기 이후 유협전이 보이는 이런 차별성은 앞으로 검토가 필요한 문제다.

제6부는 조선시대에 차별받던 서북지역의 인물들, 그중에서도 특히 고려의 수도였던 송도 출신 문인들의 내면의식을 심미 경향의 특질이라는 잣대로 살펴본 것이다. 이 글은 상당히 오래전에 쓴 것이지만, 나름의 문제의식이 싹틀 무렵의 글이기에 함께 실었다. 이 글은 학술지에 실리기 전 '고한연'(고전문학·한문학연구회)이라고 약칭되던 교내 연구모임에서 발표했던 것으로 지금과는 달리 대학원생이 많지 않던 시절, 학문에 대한 열정이 넘치던 선배들의 지적 자극과 압박을 동시에 받으면서 썼던 글이기도 하다. 발표와 토론이 뒤풀이 자리까지 끝나지 않고 이어지던 치열한 학문 논쟁과 대화의 시간들이 문득 그리워진다.

제7부는 그동안 주로 관심을 두었던 조선 중기 시단의 시적 특성에 대한 새로운 방식의 문제제기다. '기奇'라는 미적 특수성은 지금까지 조선 후기 한시의 특성을 말할 때 주로 사용되었지만 이 글에서는 중기 한시에 적용시켰다. 그 과정에서 천편일률적이라고 평가되던 중기 시단의 또 다른 면모를 부각시키고자 했다. 공부 과정에서 학문적으로 큰 영향과 도움을 받은 정민·안대회 선생의 논의에 대해 나름의 반론을 제기한 것이지만 취모멱자吹毛覓疵한 것은 아닐까 걱정되기도 한다.

이 책에 실린 글들은 대부분 학회 발표를 거쳤다. 토론을 맡아 유익한 지적을 해준 여러 선생께 감사드린다. 특히 이승수, 박수밀, 김영진, 김동준, 이현일 선생께서 많은 도움을 주셨다. 발표가 끝난 뒤 김홍규, 정요일, 정민, 안대회, 윤주필 선생께서 조언과 격려를 해주셨던 것도 기억에 남는다. 또 연구를 독려해주신 이동환, 박성규, 김언종, 심경호, 윤재민, 정우봉, 송혁기 선생께도 감사드린다. 같은 학교에 몸담고 있는 정길수 선생과 주제와 관련해 이야기를 나눌 수 있었던 것도 즐거운 추억이다.

이 책에 실린 글 중 세 편은 각각 2007, 2008, 2013년에 한국연구재단의 우수논문 사후지원 대상으로 선정되기도 했다. 미흡한 부분이 많아 부끄럽지만 이런 격려를 발판 삼아 더욱 발전된 성과를 낼 수 있도록 노력해야겠다.

돌이켜보면 배우기 위한 시간이 부족했다고 말할 수는 없다. 많은 분께 배웠지만 그 배움이 철저하지 못했다는 게 후회스러울 따름이다. 책을 세상에 내놓으며 앞으로 가려는 학문적 길을 여러 분 앞에 밝힌다. 한시 '의상意象'에 대한 연구와 함께 이 책에서 다루는 일곱 가지 주제는 앞으로 가려는 길을 예시하는 지도가 될 것이다. 여러 분의 질정을 기다린다.

2013년 9월

무등을 바라보며

임준철 씀

차례

典型

제1부

나의 장례식 : 자만시自挽詩

變奏

제1장

자만시의 시적 계보와 조선 전기의 자만시

1. 문제제기

죽음은 시공을 초월한 가장 보편적인 문학 주제 중 하나다. 동아시아만 보더라도 중국의 「갈생葛生」 「황조黃鳥」 「육아蓼莪」 「녹의綠衣」(『시경詩經』), 「초혼招魂」 「국상國殤」(『초사楚辭』), 한국의 「공무도하가公無渡河歌」와 「제망매가祭亡妹歌」 등은 이미 상고시대부터 죽음을 모티프로 한 시가가 존재했음을 보여준다. 그중에서도 만시挽詩는 실제 장례의식과 결부된 문학 양식으로서 유구한 전통을 지니고 있다. 영구를 앞에서 끌고 인도하는 시라는 의미를 갖고 있는 만시는 본래 죽은 자를 대상으로 하는 애도문학의 하나다. 타인의 죽음을 애도하는 이런 유형의 한시작품은 동아시아 한자문화권에서 선진 시기부터 있어왔다. 중국에서 만시가 양식화된 것은 한대漢代에 이르러서이고, 이 과정에 상장례의 변화가 큰 영향을 미쳤다. 우리나라에서는 고려시대 문인들도 만시를 남겼지만, 본격적으로 창작된 것은 조선조에 들어서였다. 이 시기 들어 만시가 늘어난 것은 유교적 상례가 널리 퍼진 것과 일정한 관련이 있어 보인다.[1]

원래 만시는 타인의 죽음에 대한 순연한 감정의 발로로서 시작되었다. 이런 사적이고 자발적인 감정을 드러내는 만시의 대표적인 유형으로는 아내의 죽음을 애도한 도망시悼亡詩, 자식의 죽음을 애도한 곡자시哭子詩, 동기의 죽음을 애도한 곡형제시哭兄弟詩와 벗과 동료의 죽음을 애도한 도붕시悼朋詩가 있다.[2] 하지만 만시의 보편화 과정에서 의례적이고 상투성을 띠는 작품도 늘어났다. 전통사회에서 만시는 망자亡者 쪽에서 당대의 명망가와 뛰어난 문인들에게 두루 청탁하는 것이 관례였다. 그러하기에 스스로 우러나 쓴 것이 아니라 요청에 의해 지어졌고, 그 내용 역시 망자에 대한 의례적이고 상투성을 띠는 칭양稱揚으로 점철되기 일쑤였다. 만사를 받는 것을 큰 영광으로 여기고, 장례 때 만장의 수효로 망자의 덕망과 학식을 가늠했던 전통사회의 풍조도 여기에 한몫했다.[3] 상당수 만시에서 절실한 감정이 결여된 채 상투적 표현이 남발된 이유를 짐작할 수 있다. 조선시대 문집 대부분에는 이런 유의 만시가 많이 실려 있다.

이 글에서 주목하는 자만시自挽詩는 자신의 죽음을 애도하는 독특한 유형의 만시다. 만시가 실제 장례의식에 수반되는 것이라는 점에서, 또 상당 부분 청탁에 의해 쓰는 이의 의지와 관계없이 지어진다는 점에서 자만시는 일반 만시의 양식과 큰 차별성을 지닌다. 한편 만시는 죽은 자의 일생을 되돌아보며 추모한다는 점에서 산문 양식인 전傳과도 통하는 면이 있다. 그런데 자만시는 그것을 자기 스스로 짓는다는 면에서 자전적自傳的 요소가 두드러진다.[4] 자만시를 쓸 때 시인은 자신의 죽음을 가정하고 죽은 자의 눈으로 자신의 삶을 되돌아보는 방식을 취한다. 자만시의 이런 특성들은 자연 죽음을 통해 삶을 조명해내는 결과를 가져오며, 특히 삶과 죽음의 경계에 선 시인의 결연한 자의식을 드러내게 만든다. 그런 측면에서 자만시는 매우 의도적이고 허구적인 자기표현의 방식으로서 우리 주목을 끌기에 충분하다.

대체로 자신의 죽음 뒤에 지어진 만시, 제문祭文, 묘지명墓誌銘, 전傳, 화상찬畫像贊 같은 종류의 문학은 타인의 몫이다. 그러나 자만시, 자제문自祭文, 자찬묘지명自撰墓誌銘, 자전自傳, 화상자찬畫像自贊의 창작 의식은 이와 다르다. 시인은 자기 죽음의 의미를 소유하는 것은 바로 삶을 산 자신이어야 한다고 생각했다. 또 삶이 자신의 정체성을 찾아가는 기나긴 여로라고 한다면, 그런 정체성은 자만시와 같은 자기표현 안에서 이뤄질 수 있다고 확신했다. 이를테면 자만시는 이러한 자기 인식을 재구성하고 세상에 각인시킬 수 있는 최선 혹은 최후의 기회였던 셈이다. 이 점에 관해서 조선 중기 이수광李睟光(1563~1628)은 다음과 같이 조심스럽게 지적했다.

> 옛날 도연명은 스스로 자신의 만사와 「오류선생전五柳先生傳」을 지었고, 배진공(배도裵度)은 스스로 자신의 화상찬을 지었으며, 백낙천(백거이白居易)은 스스로 「취음선생전醉吟先生傳」과 자신의 묘지명을 지었다. 또 소강절(소옹邵雍)은 스스로 「무명공전無名公傳」을 지었으며, 진요좌는 스스로 묘지를 지었다. 근세에 노소재(노수신盧守愼) 또한 지문을 스스로 지었으니, 혹시 이름에 뜻을 두었던 것일까?[5]

이수광은 자만류自挽類 작품을 남긴 작가들이 이름(명예)에 뜻이 있었던 것이라고 추측하고 있다. 이름에 대한 추구란 달리 말하면 자신을 자신이 원하는 방식으로 세상에 각인시키려는 자아의 욕구라고 할 수 있다. 이런 욕구는 응당 창작의식과 자아 표현 방식이라는 두 가지 층위에서 해석되어야만 한다.

이 글은 이런 자만시가 한국과 중국의 한시에서 모두 발견되고, 그것이 창작의식과 자아 표현의 방식에서 일정하게 시공을 관통하는 공통된 면이 있다는 점에 착안했다. 우리는 이를 문학적 계보로 재구함으로써 자만시 양식의 변별적 특수성을 명료하게 이해할 수 있을 것이다. 동시에 자만시 작품들을 이 계보 안에서 좌표지음으로써 개별 작품에 대한 깊이 있는 이해와 함께 새로운 해석의 지평을 열 수 있을 것이다.

이 글에서는 우선 조선 전기의 자만시를 살펴보려 한다. 대상을 한정한 것은 자제문·자찬묘지명이 점점 늘어난 조선 후기의 특수성 때문이다.[6] 조선 후기, 나아가 우리 문학사 전반의 자만류 문학에 관한 탐구는 훗날 별도의 논의가 필요하다.

2. 자만시의 계보적 이해를 위한 예비 검토

1) 기원과 양식적 특징

자만시의 기원을 살펴보려면 먼저 만시에서 출발해야 한다. 자만시가 만시의 하위 갈래이기도 하지만 초기 만시의 양식적 특징 속에 이미 자만自挽의 요소가 발견되기 때문이다.

만시의 기원에 관해서는 역대로 두 가지 주장이 팽팽하게 맞서왔다. 하나는 선진先秦이라는 설이고, 다른 하나는 한대漢代라는 설이다. 선진 기원설은 『좌전左傳』 노魯 애공哀公 11년조에 보이는 「우빈虞殯」과 『장자莊子』 중에 나온다는 '불구紼謳'를 기원으로 본 것이고,[7] 한대 기원설은 전횡田橫의 문인들이 전횡을 애도한 비가悲歌에서 비롯했다는 시각이다.[8] 두 가지 설 모두 일리가 있지만, 양식화된 만시는 상대적으로 후자에서 그 원형을 찾을 수 있다고 판단된다. 선진의 만가가 단순한 애도시의 성격을 띠었다면, 한대의 만가는 상장례와 관련된 것이기 때문이다.

만시가 한대부터 보편화의 길을 걸었지만, '만가挽歌'라는 제목이 본격적으로 쓰인 것은 위진 시기 무습繆習에 이르러서다. 이 시기 만시에서는 두 가지 두드러진 특징이 나타난다. 하나는 개인적 서정의 강화다. 위진魏晉 시기 문인의 만가는 세 수로 이뤄진 것이 많은데, 이렇게 연작으로 구성됨으로써 장례 과정을 서술하는 가운데 온갖 감회를 그 사이에 끼워넣을 수 있게 된다. 부현傅玄의 「만가挽歌」, 육기陸機의 「만가시삼수挽歌詩三首」, 도연명陶淵明의 「의만가사擬挽歌辭」는 모두 세 수로 이뤄져 있고, 개인 서정의 색채를 짙게 띠고 있다. 다른 하나는 만시의 대상이 분명하게 드러나지 않는다는 점이다. 이 시기 만시를 보면 죽은 자가 어떤 특정한 사람이 아니라 모든 이를 대표하는 존재인 경우가 많다. 무습의 「만가」, 육기의 「만가시삼수」, 부현의 「만가」, 포조鮑照의 「대만가代挽歌」, 조정趙珽의 「만가」 등에서 이런 점을 볼 수 있다. 심지어 어떤 작품들은 죽은 사람의 입으로 자술하는 방식을 취하기도 하는데, 무습 「만가」의 "조화가 비록 신령스럽더라도, 어찌 다시 나를 세상에 존재하게 하랴?造化雖神明, 安能復存我", 육기 「만가시삼수」 두 번째 수의 "사람이 가면 돌아올 때가 있건만, 이번 내가는 길은 돌아올 기약 없구나人往有反歲, 我行無歸年" 등이 그런 예다. 하지만 죽은 자가 스스로 일컫는 경우조차 개인의 정황은 아주 드물게 묘사되어 누구인지가 드러나지 않는다. 이런 방식을 통해 시인은 죽음이라는 문제를 개체가 아닌 보편의 문제로 다룰 수 있게 된다.

이런 변화는 위진 이후와 이전의 만시를 구분하는 중요한 척도가 된다.[9] 위진 이후의 만시에서 실용성보다 사상성과 심미성이 두드러지는 이유가 여기에 있다. 이 시기 들어 눈에 띄는 의만시擬挽詩, 대만시代挽詩, 그리고 자만시가 그런 모습을 보여준다. 즉 타인의 죽음을 애도하기 위해서가 아니라 인생의 유한함을 노래하고 자신의 운명을 비탄하기 위한 도구로 만시를 활용했던 것이다.

앞서 말했듯이 자만시는 타인을 대상으로 하는 일반 만시와 차별성을 지닌다. 자만시는 지은이의 입장에서 볼 때 살아 있는 내가 죽은 나를 애도하는 것으로, 보통의 만시에 비해 허구적 성격이 두드러진다. 이런 점은 자만시의 양식적 특징과도 긴밀한 관련이 있다.

먼저 주목할 것은 자만시에서 그려지는 죽음의 성격 문제다. 자만시는 대체로 시인의 실제 죽음과 무관하게 지어진다. 따라서 자신의 죽음을 이야기하고 있지만, 그것은 가공의 상황일 뿐이다. 이는 만시 일반은 물론 자신의 죽음을 눈앞에 두고 지어지는 임종시臨終詩와도 구분되는 측면이다. 임종시가 자신의 실제 죽음을 예비하는 성격이 두드러지는 데 반해, 자만시는 실제 죽음의 문제와 반드시 연결되는 것은 아니기 때문이다. 상당수의 자만시 작품이 임종 전에 지어진 것도 이 점을 짐작케 한다. 특히 죽은 자의 눈으로 자신의 삶과 상장례의 과정을 묘사하는 기법이 요구된다는 점에서 차이를 보인다.

다음으로 살펴볼 것은 시적 화자의 특수성이다. 작품 내적 구조에서 볼 때 자만시의 화자는 죽은 나이고, 죽은 내가 생전의 삶을 돌이켜보는 방식을 취한다. 반면 작품 밖에서 볼 때 자만시는 살아 있는 작가가 죽은 자신을 이야기하는 것이 된다. 이에 따라 자만시의 자아는 살아 있는 나/죽은 나라는 이중의 구조를 갖게 된다. 이런 기법은 의만시류에서도 일부 발견된다. 악부樂府 형식의 의만시에서는 시적 화자와 망자가 자유자재로 바뀔 때가 종종 있기 때문이다. 하지만 이들 시에서는 시적 화자가 작품 안에서 일관성을 유지하거나 작가 자신과 연결되지는 않는다. 반면 자만시는 화자가 죽은 나라는 일관성이 유지되며, 이것이 작품 밖의 살아 있는 나와 긴밀하게 연결되어 있다.

자만시의 이런 특징은 자연 죽음을 통해 삶을 조명해내는 결과를 가져온다. 삶의 유한함에 절망하거나 죽음에 순응하거나에 관계없이, 자만시가 삶에 대한 어떤 열망과 연관되는 이유가 여기에 있다. 한편으로 그것은 시인의 어떤 상황과 연결되어 현실에 대한 우의寓意가 되기도 하는데, 이 역시 삶에 대한 애정과 무관할 수 없을 터이다.

2) 주요 작품과 미적 특질

오늘날 전하는 작품 중 도연명의 「의만가사」는 최초의 자만시인 동시에, 후대에 끼친 영향을 볼 때 전범이 되는 작품이다. 「의만가사」는 모두 세 수로 이뤄져 있다. 첫 번째 수는 죽음부터 입관까지, 두 번째 수는 장례의식과 운구를, 세 번째 수의 전반은 묘지에서의 매장을, 환운換韻한 후반 부분은 매장 이후의 일을 기록하고 있다. 그리고 첫 번째 수와 두 번째 수는 '술酒'로 이어지고, 두 번째 수와 세 번째 수는 '황초荒草'로 이어지며, 세 번째 수의 전반과 후반은 "천 년토록 다시 아침이 오지 않는다千年不復朝"라는 구절이 되풀이되며 이어진다. 어휘와 시구의 연결이 상장례 과정과 매끄럽게 조응된다.

도연명은 「의만가사」 세 수를 통해 삶과 죽음의 현격한 격차를 보여준다. 두 번째 수에서 시인은 "전에는 높은 집에서 잤는데, 오늘은 거친 들판에서 자게 되었구나. 하루아침에 집 문을 나서 떠나면, 돌아올 날은 기약이 없으리昔在高堂寢, 今宿荒草鄕. 一朝出門去, 歸來夜未央"라고 되뇐다. 이런 삶과 죽음의 격차로 인한 무상감은 이전의 만시에서도 발견된다.[10] 하지만 도연명의 「의만가사」는 여기에 그치지 않고 의식과 미감에서 이전의 만시와는 다른 새로운 영역을 개척한다. 그것은 바로 죽음에 대한 달관의 정신이다. 마지막 수에서 시인은 "앞서 나를 묻으러 왔던 사람들, 각자 자기 집으로 돌아가네向來相送人, 各自還其家"라는 쓸쓸한 정경의 제시에 그치지 않는다. "죽어버리면 무슨 할 말 있나, 몸을 산모퉁이에 맡겨 하나가 될 따름인 걸死去何所道, 託體同山阿"이라고 자연과 일체화하는 정신세계를 제시하는 것으로 끝을 맺는다. 이런 마무리는 작품의 주제의식은 물론 미적인 면에서도 변화를 가져온다. 송대 호자胡仔 같은 비평가가 '초탈了達'이라 언급한 것이 이에 해당된다.

도연명과 멀지 않은 시기 포조鮑照도 「대만가代挽歌」와 「대호리행代蒿里行」 같은 자만시를 남겨 후대에 영향을 끼쳤던 것으로 보인다. 포조의 시는 대작代作으로 명명되어 있지만, 그 내용은 자만의 성격을 분명히 띤다. "이 내 몸 그윽한 산에 수레를 멈추려, 여기 방 가득한 친지들을 떠나네結我幽山駕, 去此滿堂親" "내 천고의 한을 지니고, 돌아가 무덤의 티끌이 되는구나齎我長恨意, 歸爲狐兔塵"(「대호리행」)[11]와 같은 구절은 자신의 죽음을 가정하고 비탄하는 자만시의 면모를 뚜렷이 드러낸다. 다만 의식의 측면에서는 도연명과 달리 이전의 만시나 의만시와 별다른 차이가 없어 도연명 시와의 계승관계를 논하기에는 부족한 점이 있다.

도연명과 포조의 작품이 후대에 미친 영향력과는 별개로 이들 자만시에 대한 본격적인 계승은 송대에 이르러서야 이뤄진다. 진관秦觀은 「자작만사自作挽詞」라는 작품을 남겼는데,[12] 도연명과 포조의 자만시를 염두에 두고 지은 흔적이 또렷하다. 진관은 보통 염려艶麗한 애정 제재 사詞의 작가로 알려져 있지만, 「자작만사」의 비극적 정신세계는 그의 문학의 또 다른 면을 잘 보여준다.

진관은 자서에서 "옛날 포조와 도잠이 스스로 애만시를 지었는데, 그 말이 슬펐다. 그러나 내가 지은 이 작품을 읽어보면 전작들이 슬픈 것도 아님을 알게 될 것이다昔鮑照陶潛自作哀挽, 其詞哀. 讀予此章, 乃知前作之未哀也"라고 쓰고 있다. 도연명과 포조의 자만시에 대해 분명한 의식을 갖고 자만시를 지었음을 밝히고 있다. 하지만 그들과는 다른 길을 택한 점이 관심을 끈다. 진관은 자만시의 미학이 진정한 슬픔에 있다고 생각했던 듯하다. 자신의 죽음이 비참하면 비참할수록 읽는 이가 깊은 슬픔을 느끼게 되고, 바로 그 점이 자기 작품의 미덕이라고 여겼다. 그의 시에서는 도연명의 작품과 같은 죽음에 대한 달관이 보이지 않는다. 이런 면모는 "죄 짓고 궁벽한 곳으로 쫓겨오니, 슬픔을 곱씹으며 세상과 이별하였다네. 관원은 와서 내 보따리의 물건을 기록하고, 아전은 내 시체를 살피더니. 등나무로 나무껍질 관을 묶어, 길가 비탈에 서둘러 장례지내네嬰釁徙窮荒, 茹哀與世辭. 官來錄我槖, 吏來驗我屍. 藤束木皮棺, 藁葬路傍陂"라는 시의 첫 부분에서 잘 드러난다. 그의 죽음은 선종善終이 아니라 유배지에서의 객사客死다. 시신을 거두는 사람도 없어 관리들이 시신을 검시하고, 초라한 관에 넣어 아무렇게나 산비탈에 매장할 정도다. 추적추적 찬비가 내리고 음산한 바람 부는데 무덤가엔 지전紙錢만이 을씨년스럽게 빈 가지에 걸려 있다.("空濛寒雨零, 慘淡陰風吹") 심지어 제삿밥마저 차려줄 이 없고, 만가를 불러줄 이 없어 이렇게 만가의 가사만이 남았다고 하였다.("無人設薄奠, 誰與飯黃緇. 亦無挽歌者, 空有挽歌辭") 시인은 자신의 비참한 죽음에 비통해 마지않는다. 자신의 죽음에 대한 이런 비참한 상상은 우선 당시 진관의 처지와 관련 있다.

이 작품은 원부元符 3년(1100) 뇌주雷州에서 지어졌다. 중국학자 쉬페이쥔徐培均에 따르면, 진관의 생애는 크게 3기로 나눌 수 있는데, 이 때는 마지막 시기에 해당된다.[13] 당시 진관은 중앙 정계에서 소외된 채 유배지를 전전하고 있었다. 그리하여 이 시기 그의 작품들에서는 자신의 불우한 처지에 대한 비탄이 두드러진다. 이 무렵 진관은 제명除名된 뒤 뇌주로 유배되었다.(『송사宋史』「철종기哲宗紀」 원부元符 원) 따라서 「자작만사」에서 그려지는 비극적인 죽음은 시인이 처한 현실의 불우와 무관하지 않다. 이해 6월 진관은 소식蘇軾을 해강海康에서 만나 이 작품을 보여주는데, 소식은 이를 두고 "생사를 한가지로 여기고 외물과 내가 별개가 아님을 이해하여 이런 말을 장난스럽게 써낸 것이니 이상할 것도 없다"라고 평했다.(「서진소유만사후書秦少遊挽詞後」)[14]

하지만 절친한 벗 소식의 말과 달리 진관의 시에는 삶에 대한 집착과 자신의 처지에 대한 비통함이 직설적으로 드러나 있다. "옛날 외람되게 관직에 있을 때, 궁문에 이름을 걸었더니. 의외의 화가 하루아침에 일어나, 떠돌다 이곳까지 이르렀네昔忝柱下史, 通籍黃金閨. 奇禍一朝作, 飄零至於斯" "비통하고 또 비통하여라, 저 하늘이 어찌 알 수 있으랴!荼毒復荼毒, 彼蒼那得知"에서 보듯 자신의 분노와 비탄이 시 문면에 배어난다. 이런 면에서 송대 호자胡仔가 소식의 평어를 두고 "그 말은 지나치다. 이 말은 도연명이라야 감당할 수 있으니, 태허(진관)와 같은 자는 세상일에 관심을 두고 사는 문제에 연연하니, 유배 같은 고초를 겪으면 스스로 감정을 풀지 못한 채 원망하고 성내서 이런 시를 지은 것이다"(『초계어은총화苕溪漁隱叢話』 권3)라고 비판한 것은 일리가 있다.

자만시의 계보에서 볼 때 도연명과 진관은 서로 다른 계열을 형성했다고 볼 수 있다. 호자가 "연명의 말은 초탈하고, 태허의 말은 슬프고 원망스럽다淵明之辭了達, 太虛之辭哀怨"(『초계어은총화』 권3)라고 적절히 지적한 것처럼, 둘의 시는 뚜렷한 대비를 이룬다. '초탈'과 '애원'의 차이가 그것이다. 또 죽음을 대하는 입장에서도 '달관'과 '자기연민自傷'이라는 서로 다른 길을 향하고 있다. 도연명의 자만이 자신의 죽음을 말하면서도 다분히 보편 생명의 유한성을 떠올리게 한다면, 진관은 오로지 특수한 정황에 있는 개체의 죽음에만 집중하고 있다. 둘의 시가 보여주는 달관 의식과 자기연민 의식은 작가 의식의 차이기도 하지만 그들이 다룬 죽음의 차이이기도 하다. 도연명과 진관의 자만시는 뒷날에도 많은 문인에 의해 언급되었다. 실제 창작에 끼친 두 사람의 영향도 지대해 그들의 작품을 모범으로 삼아 수많은 자만시가 태어났다. 이런 점을 고려할 때 도연명과 진관의 작품은 자만시의 계보에서 일종의 전형이 되었다고 볼 수 있을 것이다.

3. 조선 전기 자만시의 제 양상

우리 한시사에서 자만시가 언제부터 지어졌는지는 분명하지 않다. 오늘날 전하는 작품들을 중심에 놓고 볼 때 조선 전기에 시작되었다고 할 수 있지만, 이전에도 자만시를 짓는 습속이 있었던 듯하다. 고려 중기에 이미 자찬 묘지명이 지어졌음을 감안한다면,[15] 자만시 역시 창작되었을 가능성을 배제할 수 없다. 앞으로 관련 작품이 발굴되길 기대하면서, 여기서는 우선 오늘날 전하는 자료를 중심에 놓고 논의하기로 한다.

자신의 죽음에 대한 애도라는 창작의식과 죽은 자의 눈으로 자신의 삶을 되돌아본다는 표현 방식을 기준으로 조선 전기의 자만시 작품 목록을 제시해보면 다음과 같다.

남효온南孝溫(1454~1492)의 「자만사장, 상점필재선생自挽四章, 上佔畢齋先生」(『추강집秋江集』 권1), 홍언충洪彦忠(1473~1508)의 「자만自挽」(『우암고寓菴稿』 권2), 기준奇遵(1492~1521)의 「자만自挽」(『국조시산國朝詩刪』 권1), 정렴鄭磏(1505~1549)의「자만自挽」(『북창선생시집北窓先生詩集』 권1), 노수

신盧守愼(1515~1590)의 「자만自挽」(『소재집穌齋集』 권2), 「자만自挽 유월六月」(『소재집』 권3), 「자만自挽」(『소재집』 권4), 양사언楊士彦(1517~1584)의 「자만시自輓詩」(미상), 이정암李廷馣(1541~1600)의 「자만이수自挽二首」(『사류재집四留齋集』 권4), 이원익李元翼(1547~1634)의 「탄쇠자만증이적이수嘆衰自挽贈李積二首」(『오리집梧里集』 권1), 「자만이수, 이적수화차 이개자랑음이불위수답오의, 고희대이적부차이증自挽二首, 李積雖和次, 而皆自浪吟而不爲酬答吾意, 故戲代李積復次以贈」(『오리집』 권1), 임제林悌(1549~1587)의 「자만自挽」(『임백호집林白湖集』 권3), 손처눌孫處訥(1553~1634)의 「자만自輓 갑술甲戌」(『모당집慕堂集』 권3), 현덕승玄德升(1564~1627)의 「자만自挽」(『희암유고希菴遺稿』 권2), 「첩전운자만疊前韻自挽」(『희암유고』 권2), 양경우梁慶遇(1568~1638)의 「임종자만臨終自挽」(『제호집霽湖集』 권8), 최유연崔有淵(1568~?)의 「자만自挽」(『현암유고玄巖遺稿』 권1), 권득기權得己(1570~1622)의 「자만自挽」(『만회집晩悔集』 권1), 조임도趙任道(1585~1664)의 「자만自輓」(『간송집澗松集』 권2), 최기남崔奇男(1586~?)의 「화도정절만시삼장和陶靖節輓詩三章」(『구곡시고龜谷詩稿』 권1 상), 박공구朴珙衢(1587~1658)의 「자만삼수自挽三首」(『기옹집畸翁集』 권4), 유인배柳仁培(1589~1668)의 「자만십수自挽十首」(『원계집猿溪集』 권3), 김곤金錕(1596~1678)의 「자만自挽」(『노주집蘆洲集』 권4, 「선고절충장군첨지중추부사부군가장先考折衝將軍僉知中樞府事府君家狀」), 김휴金烋(1597~1638)의 「임종자만臨終自輓」(『경와집敬窩集』 권3)[16]

다만 자신의 죽음에 대한 애도라는 창작의식에 국한하지 않고 자신의 죽음이라는 주제에 집중해 찾는다면 더 많은 작품이 포함될 수 있다. 김시습金時習의 「아생我生」(『매월당집梅月堂集』 권14)과 같은 작품이 그러하다.[17] 하지만 이런 유형의 작품들은 본격적인 자만시라고 하기에는 미흡해 보인다. 죽은 자의 눈으로 자신의 삶을 돌아보는 기법이나, 자만시 특유의 상장례와 관련된 내용이 보이지 않기 때문이다. 또 이런 유형의 시를 모두 자만시로 분류한다면 시인이 만년에 이르러 일생을 개괄하거나 회고하는 시를 다 포함시켜야 한다는 문제가 있다. 이어지는 논의는 창작의식과 표현 방식에서 자만시라고 규정할 수 있는 작품만을 대상으로 한 것이다.

1) 창작의식의 층위

① 현실의 음화陰畫

조선조의 작가 가운데 가장 먼저 눈에 띄는 인물은 생육신의 한 사람인 남효온南孝溫(1454~1492)이다. 그의 「자만사장, 상점필재선생自挽四章, 上佔畢齋先生」(『추강집秋江集』 권1, 30쪽)은 오늘날 전하는 만시 중 최초로 '자만'이라는 제목을 단 작품이다.

1489년 시인의 나이 36세 때 지어진 이 시는 본래 스승인 김종직金宗直에게 올리는 편지의 별지에 쓰여 있던 것이다. 남효온은 편지에서 자신의 수명이 얼마 남지 않았음을 말하고, 자신의 병과 집안의 흉액·상사喪事로 인한 괴로움 속에서 얻은 깨달음을 자만시로 써냈다고 적고 있다.[18] 김종직은 남효온을 항상 '우리 추강吾秋江'이라고 불렀을 만큼 단순한 제자 이상으로 여기는 깊은 신뢰를 보였다고 한다. 그런 스승을 문안하는 편지에 굳이 자만시를 써서 질정을 구했다는 점이 의미심장하다.

「자만사장」은 죽음-장례-매장-사후세계-매장 이후의 일로 구성되어 있다. 이런 짜임새는 도연명의 자만시와 유사하다. 하지만 상장례의 과정이 선조적線條的으로 전개되는 도연명의 작품과 달리 남효온의 시는 상장례의 과정이 일정하게 반복(첫 번째, 두 번째, 마지막 수)되면서 그 사이에 삽입된 사후세계(세 번째 수)가 부각된다.

대체로 볼 때 첫 번째와 두 번째 수는 유사한 내용과 구조로 이뤄져 있다. 누구도 피할 수 없는 죽음-자신의 죽음-장례 정경은 양자의 공통된 부분이다. 하지만 두 수의 시는 서로 모순되는 표현으로 마무리된다는 점에서 이질성을 보이기도 한다. 이런 유사성의 반복과 상호 모순되는 의식의 대비는 반드시 의도된 것이라 할 수는 없지만 시 전반에 묘한 긴장감을 불러일으킨다.

첫 번째 수에서 우리 관심을 끄는 것은 자신의 죽음의 정경을 묘사하는 장면이다.

어느새 말은 묘지 앞에 이르고	佳城馬前至
내 이름 귀신 명부에 떨어져버렸구나	姓名墮鬼錄
땅강아지 개미들 내 입에 들어오고	螻蟻入我口
파리 모기 떼는 내 살을 물어뜯네	蠅蚋嘬我肉
새로 꼰 새끼로 내 허리 졸라매고	新繩束我腰
해진 거적으로 내 배를 덮는구나	弊苫蓋我腹

앞서 말했듯 만시에서는 대개 삶과 죽음의 현격한 대비가 두드러진다.[19] 내용 가운데 '귀록鬼錄'이라는 표현은 도연명 「의만가사」 첫 번째 수의 "어제 저녁에는 똑같이 산 사람이었으나, 오늘 아침에는 귀신

명부에 이름 올랐구나昨暮同爲人, 今旦在鬼錄"로부터 온 것이다. '땅강아지 개미螻蟻' 구는 육기 「만가시삼수」 두 번째 수의 "땅강아지 개미 너희를 어찌 원망하랴螻蟻爾何怨"를 연상시키지만, 주검의 참혹한 모습을 사실적으로 그려냈다는 점에서 특별하다. 이전의 만시 혹은 자만시에서 찾아보기 어려운 표현이기 때문이다. 참혹한 주검의 모습은 두 번째 시에서도 발견된다. "옛날 아버지 가시던 길로 내 영구도 보내니, 얼어붙은 시신은 나무토막 같아라相送南陽阡, 凍屍直如木"[20]가 그러한 예다. 이전의 만시에서 삶과 죽음의 공간적인 대비를 표현하는 데 그쳤다면, 남효온은 산 자와 죽은 자의 신체를 대비하는 데까지 나아가고 있다. 이런 표현들은 시에서 자연 삶과 죽음의 대비/대립을 심화시킨다. 그리고 그 현격한 격차는 죽음을 통해 삶의 문제를 부각시키는 데 더욱 효과적인 방식이 된다. 첫 번째 수의 마지막 부분은 다음과 같다.

다만 한스러운 건 살아 있을 적	但恨爲人時
슬프게도 여섯 액운 있었던 것	慘慘有六厄
생긴 모습 추하여 여색을 가까이 못 한 일	貌醜色不近
집안이 가난하여 술 넉넉히 못 먹은 일	家貧酒不足
하는 짓 거칠어 미친놈 소리 들은 일	行穢招狂號
허리가 곧아서 높은 어른 노하게 한 일	腰直怒尊客
신발이 뚫어져 발뒤꿈치 돌 부딪힌 일	履穿踵觸石
집이 낮아 대들보에 이마 부딪힌 일	屋矮椽打額

살아서의 '한恨' 운운은 도연명 「의만가사」(첫 번째 수)의 마지막 부

분 "다만 한스러운 건 세상에 있을 때, 술 충분히 못 마신 일但恨在世時, 飮酒不得足"에서 온 것이다.[21] 남효온은 이를 여섯 가지 액으로 부연하고 있는데, 이는 다시 가난과 세평世評의 문제로 묶어볼 수 있다. 동아시아 고전문학에서 음주는 세속의 질서에 반항하는 의지의 표시였다. 술의 쾌락은 사람의 평정 상태를 무너뜨리기 때문에 현실 체제와 조화할 수 없게 한다. 그런 점에서 술의 부족을 탓하는 것은 단순히 가난의 문제가 아닌 현실에 대한 불만을 제기하는 것으로 해석할 수 있다. 남효온은 여기에 자신에게 부정적인 세평을 덧붙임으로써 그런 의식을 노골적으로 드러낸다.

반면 두 번째 수 말미에서는 "인간 세상 있을 제 좋고 나쁜 감정들, 가슴속에 하나도 걸려 있지 않으리在世好惡念, 無一掛胸臆"라고, 이상에서 제시한 '생전의 한'을 무화시켜버린다. 이런 표현은 첫 번째 수와 두 번째 수가 유사한 내용과 구조를 공유하고 있음에도 의식은 물론 미적 국면에서조차 대비/대립되는 결과를 가져온다. 마치 진관 시의 '애원'과 도연명 시의 '초탈'을 보는 듯하다. 같은 작품 안에서 첫 번째 수와 두 번째 수가 갖는 구조적 반복과 주제의식상의 대비/대립, 그리고 양자의 논리적 모순은 역설적으로 남효온의 버리지 못한 삶에 대한 열망을 보여준다. 이 점은 세 번째 수에서 극명하게 드러난다.

무양이 내 충성 천거하니	巫陽薦我忠
상제는 내 재주 보시곤 기뻐하네	上帝悅我才
용백국의 거인은 잉어를 타고	龍伯駕文鯉
우사는 비로 먼지를 가시게 하는구나	雨師開塵埃
뇌공은 우레로 도로를 깨끗이 하고	雷公淸道路

화양동에서 나를 맞이한다	逆我華陽來
자색 진흙으로 봉한 조서를 받드니	詔書紫泥封
추강의 모퉁이에 서광이 비치누나	照輝秋江隈
(…)	
오늘 저녁은 또 무슨 저녁인고	今夕復何夕
이 몸이 연화대에 앉았다네	立我蓮花臺
궁궐은 붉은 고대광실인데	彤庭赫弘敞
구빈의 예법 엄숙하고 경건하다	秩秩九賓開
상수가 아황 여영은 「녹명」을 노래하고	湘濱歌鹿鳴
낙수의 복비는 「남해」 곡을 연주한다	虙妃彈南陔
갖가지 관악기 소리 신묘하게 뒤섞이고	簫管混希夷
선계의 붉은 구름 금술잔에 가득하다	紅雲盛金罍
궁궐 섬돌에서 붉은활을 하사하고	陛陳彤弓招
광주리로 신성한 예물을 받들고 돌아왔네	承筐玄幣回
옥황상제 나를 보고 웃으시고	玉皇向我笑
신선 무리들은 날 에워싸고 도는구나	群仙擁徘徊
하루아침에 은혜를 받자오니	承恩一朝間
명성이 천하팔방에 진동하네	聲名振八垓

시인이 상정한 사후세계는 불우한 현실과 대비된다는 면에서, 몽기夢記·몽유록夢遊錄 계열 작품의 서사 방식을 연상시킨다. 이런 기법은 비슷한 시기 김시습 『금오신화金鰲新話』의 「남염부주지南炎浮洲志」「용궁부연록龍宮赴宴錄」이나 심의沈義의 「기몽記夢(대관재몽유록大觀齋夢遊錄)」과 같은 몽기·몽유록류 작품과 기식을 같이한다. 이런 구도는 남

효온의 다른 작품에서도 발견된다. 「수향기睡鄉記」(『추강집』 권4)가 그런 예다. 시의 구조상 시인이 천상의 궁궐에서 받는 대접이 융숭하면 융숭할수록 현실의 누추함은 도드라진다. 남효온은 이를 숨기지 않고 직설적으로 토로하기까지 한다. 사후세계에서의 영예와 즐거움을 누리는 내용 중간에 다음과 같은 내용이 들어가 있다.

내 일찍이 살았을 적엔	余嘗爲人時
온 세상이 쓸모없다 조롱했지	擧世嘲散材
어진 이는 내 방랑벽 미워했고	賢人憎放浪
귀한 이들은 영락한 내 처지 멸시했네	貴人陵傾頹
궁귀는 쫓아도 오히려 달라붙고	窮鬼逐猶隨
오라는 돈은 떨어지고 오지 않네	孔方絕不徠
서른하고 여섯 해 동안	三十六年間
언제나 세상의 시기를 받았던 게지	長被物情猜

현실의 자아는 세상으로부터 쓸모없다 조롱당하고, 때로는 방랑벽으로 때로는 영락한 처지로 인해 미움과 멸시를 받는다. 시인은 이것을 평생토록 세상의 시기를 받은 것이라고 말한다.

마지막 수에서 시인은 다시 자신의 장례 정경으로 시선을 돌린다. 시인의 죽음은 "모지라진 붓 한 자루 거미줄 쳐져 있고, 말라버린 벼루는 누런 먼지 쓰고 있네禿筆罥蛛網, 枯硯沒黃塵"와 같이 상징되고, 마지막 가는 길은 "호리사 만가 소리 헛되이 부르는데, 길옆에는 만장만 분분히 날리운다. 누런 구름 얼어붙어 날리지도 않는데, 삐걱삐걱거리며 흰 상여 굴러가네空成蒿里詞, 路左挽紛繽. 黃雲凍不飛, 素車驅轔轔"와 같이 스산하기 그지없다. 이런 결말은 앞서 사후세계에서의 영예와 대조되어 현실 속 자아의 비극적인 운명을 부각시킨다.

자만시가 상정하고 있는 독자인 김종직 역시 이 여섯 가지 한과 36년 동안 세상으로부터 받은 시기를 주목하고 있다.

> 우리 추강은 세상의 여섯 가지 액을 슬퍼한 것 같지만 마침내는 "서른하고 여섯 해 동안, 언제나 세상의 시기를 받았다" 하였으니, 그 자찬이 매우 깊다 하겠고, 또 못내 이 세상을 잊지 못하는 생각이 있으니, 이를 어찌 갑자기 아침 이슬처럼 사라질 사람의 소리라 하겠습니까?[22]

김종직은 남효온의 시가 자신의 불운을 슬퍼하는 듯하지만 사실은 강한 자부심이 깃들어 있다고 말한다. "서른하고 여섯 해 동안, 언제나 세상의 시기를 받았다"는 말은 불우가 자신의 문제가 아니라 자신을 정당하게 평가하지 못하는 세상의 문제임을 이야기하고 있다는 것이다. 그리하여 이 작품은 자신의 죽음을 읊는 듯하지만 실제로는 삶의 문제를 다루고 있고, 그중에서도 특히 부정한 현실의 모순들을 넌지시 드러내고 있는 것이다.

김종직은 같은 편지에서 남효온의 시가 도연명과 진관의 자만시를 계승했음을 밝히고 있다. 진관 시의 흔적은 자기 연민의 미감으로부터 "저승길 지전은 숲의 나무들에 걸렸구나紙錢掛林薄"[23]와 같은 표현에 이르기까지 다양한 층위에서 발견된다. 도연명의 시가 '초탈'을, 진관의 시가 '애원'의 방식을 취했다면, 남효온은 자신의 삶을 사후와 현생으로 대비시키며 광달曠達과 비감의 정서를 오가고 있다. 사후세계를 긍정한다는 점에서 달관을 연상시키기도 하지만 동시에 현생에서의 불우를 자탄하고 있다는 점에서 자기연민의 면모 또한 지니고 있다. 이 시가 보여주는 혼란상을 스승 김종직은 어떻게 받아들였을까? 김종직은 자신의 느낌을 다음과 같이 재치 있게 밝히고 있다.

> 나는 옛사람이 자기 묻힐 자리를 미리 만들어놓는 경우가 많다는 말을 들은 적이 있습니다. 또 시골 노인이 스스로 관을 만들고 의복과 이불 등 염습의 물건까지도 빠짐없이 다 준비하고, 죽을 때까지 관 속에 누워보곤 하는 것을 본 적이 있습니다. 이는 다만 미리 준비해둔다는 의미만이 아니라 은연중 오래 살기를 기원하는 것이라고 비웃는 자도 있습니다. 지금 추강이 만시를 모의한 것도 이런 유가 아닙니까?[24]

김종직은 이 시가 실제 죽음을 예비한다기보다 삶에 대한 욕구를 은연중 표출한 것이라고 지적한다. 이런 점은 자만시의 계보에서 볼 때 결코 드물지 않지만, 남효온의 작품은 이를 극대화했다고 평가할 만하다. 그것은 무엇보다도 사후세계의 설정과 같은 독특한 표현 방식에서 이유를 찾을 수 있다. 앞서 말했듯 남효온의 작품 안에서 사후세계는 시인이 처한 현실과 상대된다. 시인은 이 사후세계를 조명함으로써 은연중 현실의 문제를 부각시키고 있다. "죽은 뒤의 이 복록 누가 나와 견줄 건가, 내 장사 치른다고 재물일랑 허비 말게冥福誰我竝, 毋爲我傾財"(세 번째 수)라고 현실에 미련이 없음을 가장해도, 그 말이 도리어 어떤 바람으로 들리는 것도 그 때문이다. 애써 현실을 외면하면서도 결국 현실적 가치에 대한 미련을 버리지 못하는 자아의 모습, 그것이 이 시가 어떠한 경로를 거치더라도 결국 현실의 음화陰畫가 될 수밖에 없는 이유일 것이다.

② 기억의 각인

남효온의 작품은 자만시의 문학적 전통에 대한 깊은 이해를 바탕으로 수사 전략을 극대화한 작품이라고 할 수 있다. 하지만 아쉽게도 이후의 작품들에서는 유사한 예를 찾아보기 어렵다. 그 이유는 무엇보다 자만시가 짧아짐에 따라 서사성이 위축된 데서 찾을 수 있다. 장편고시보다 절구·율시 등이 선호된 것은 당대唐代 이후 만시의 경향과 궤를 같이한다고 볼 수 있다.[25] 조선 중기 이후 일부 작가들에 의해 이런 수사 방식이 제한적으로 활용되기도 하지만[26] 대개는 전기의 작품들과 마찬가지 성향을 보인다. 자만시 안의 이런 변화 양상이 갖는 의미에 관한 탐구는 추후 다른 시각의 접근을 필요로 한다. 여기서는 다만 남효온의 작품과는 다른 계열의 자만시들이 지어졌다는 현상적 특징을 강조하려 한다.

다른 유형의 작품을 남겨 눈에 띄는 인물로는 홍언충洪彦忠(1473~1508)이 있다. 그는 연산군대의 인물로 「자만自挽」이라 제목 붙인 작품과 자만시라고 일컬어지는 시 한 수를 남겼다. 그는 이조판서를 지낸 귀달貴達의 아들로, 본관은 부계缶溪이고 자는 직경直卿, 호는 우암寓菴이다. 문학에 뛰어난 재능을 발휘해 열일곱의 나이에 「병상구부病顙狗賦」를 지어 문명을 떨치기도 했다. 그는 정희량鄭希良·박은朴誾·이행李荇 등 당대를 대표하는 걸출한 시인들과 절친한 사이였는데, 이들과 함께 문장 사걸四傑로 일컬어지기도 했다.

홍언충의 문집 『우암고寓菴稿』에는 240여 수의 시가 실려 있는데, 그중 「자만」(권3, 323쪽)이라는 작품이 있다. 시의 병서幷序에서는 작시의 배경을 다음과 같이 기록하고 있다.

> 갑자년에 내가 진안현으로 귀양을 갔는데, 앞일을 예측할 수가 없었다. 스스로 반드시 죽겠다 여겨 옛사람들이 자만한 것을 모의하여 명을 짓고, 또 자식들에게 경계로 삼도록 했다.[27]

갑자년(1504)은 연산군의 학정이 극해 달했던 때다. 연산군은 어머니 윤씨가 내쫓겨 죽은 것을 한스럽게 여겨 성종조의 신료들을 거의 다 죽였다. 이 갑자사화의 소용돌이에 휘말리는 데에는 홍언충과 그의 주변 인물들 역시 예외가 아니었다. 이해 5월 홍언충은 궁중의 일을 함부로 짐작하여 간했다는 죄목으로 곤장 100대를 맞고 멀리 진안까지 유배된다.[28] 또한 6월 부친 홍귀달은 손녀딸을 궁중에 들이라는 왕명을 거역한 죄로 교살되는데, 그 여파로 나머지 형제들인 언승彥昇·언방彦邦·언국彦國도 모두 유배에 처해진다. 나아가 절친한 벗인 박은이 참수되었으며, 이행은 곤장을 맞은 뒤 귀양 갔다.

「자만」은 이때 지어진 작품이다. 시인은 자신이 죽을지도 모른다는 위기감에서 이 시를 지었던 것으로 보인다. 비슷한 시기 이배되던 중 지은 시에서 이런 위기감을 비감한 어조로 드러내기도 했다.

맑은 바람 부는 밤 외로운 관사에 누워 있다가	一枕清風孤館裏
늙은 홰나무 옆에서 막걸리 세 잔 마신다	三杯薄酒老槐邊
이번 길 살아 돌아오기는 힘들지니	此行未料生還日
모든 일을 유유히 하늘에 부친다	萬事悠悠只付天

—「유곡역관幽谷驛館 적시謫時」[29]

절친한 벗이었던 정희량 같은 인물은 이 시를 '자찬만사自撰挽詞'라

보지만,[30] 오히려 임종시臨終詩에 가깝다. 지친과 벗들의 죽음을 지켜보며 시인 자신의 죽음을 예감하고 있기 때문이다. 다만 위 시는 비슷한 시기에 지어진 「자만」이라는 작품을 이해하는 참고 자료로 삼을 만하다.

대명 천하	大明天下
해가 먼저 비치는 나라	日先照國
남자의 성은 홍이요	男子姓洪
이름은 언충 자는 직경이라	名忠字直
반평생이 오활하고 졸해서	半生迂拙
문자만을 배웠도다	文字之攻
세상에서 32년을 살고 끝마치노라	在世卅有二年而終
명은 어찌 이다지도 짧은데	命何云短
뜻은 어찌 이다지도 길단 말인가	意何其長
옛 무림현 고을에 묻는다	于古縣茂林之鄉卜
운산은 위에 있고	雲山在上
굽어 흐르는 강물은 아래 있다	灣碕在下
천추만세에	千秋萬歲
누가 이 들판을 지나가려나	誰過斯野
손가락질하고 서성대며	指點徘徊
반드시 서글퍼하는 자가 있을 것이다	其必有悵然者矣

옛사람들의 자만을 본떠 지은 이 작품은 일반적인 만시라기보다는 명銘에 가깝다. 시인은 자신의 죽음을 기록하며 가혹한 운명에 슬

펴하고 있다. 자신의 삶에 대한 객관적인 기록의 성격을 지닌 초반부와 달리 중반 이후는 개인감정의 진폭이 커진다. 특히 짧은 운명과 유장한 뜻의 대비는 그 비감의 정도를 짐작케 한다. 정희량은 이 시의 "말이 매우 비장하다詞甚悲壯"고 평한 바 있다. 시인은 자신의 죽음 앞에서 결코 담담해질 수 없었다. 도리어 "천추만세에, 누가 이 들판을 지나가려나. 손가락질하고 서성대며, 반드시 서글퍼하는 자가 있을 것이다"와 같이 억울한 죽음에 대한 비탄을 한껏 드러내는 것으로 작품을 마무리한다.

홍언충의 시는 갑자사화라는 엄혹한 정치 현실이 낳은 작품이다. 여기서의 죽음은 가정한 것이기는 하나 시인으로서는 곧 닥쳐올 현실이기도 했다. 비단 시인 자신뿐만 아니라 사화에 휘말린 많은 문인 지식인이 겪었음 직한 상황이다. 홍언충의 「자만」은 그런 점에서 시대적 상징성을 지닌다. 죽음의 그림자가 자신을 옥죄어올 때, 시인은 자만시를 썼다. 자신이 원하는 방식으로 자신에 관한 기억들을 세상에 새겨넣고 싶었기 때문이다. 홍언충의 시에 덧붙여진 "내 자손 된 자는 다른 날 반드시 묘 앞에 작은 묘갈을 세우고 이 글을 새겨야 한다. 그런 연후에야 참으로 내 자손이라 할 것이다爲吾子孫者, 他日必竪小碣於墓道, 刻此文, 然後眞吾子孫也"라는 기록은 시인이 자신을 세상에 각인시키는 방식으로 자만을 활용했음을 잘 보여준다.

③ 자성自省의 시간

홍언충의 예에서 보듯 자만시는 죽음과 삶의 경계에 선 시인의 결연한 자의식과 밀접한 관련을 맺는다. 때로는 생사와 무관하게 지어지기도 하지만 죽음을 가정하는 일 자체에 자의식의 심각한 각성이 뒤따른다는 점에서 둘은 불가분의 관계를 가질 수밖에 없다. 그런 면에서 볼 때, 한 시인이 여러 번 자만시를 짓는 것은 매우 예외적인 일이다. 그는 어떤 이유로 혹은 무엇을 위해 자신의 죽음을 되풀이하여 말했던 것일까?

명종·선조대에 활동한 걸출한 시인 중 한 사람인 노수신盧守愼(1515~1590)은 모두 세 수의 자만시를 남겼다. 시인은 을사사화로 인해 장장 19년에 걸쳐 유배생활을 했는데, 그가 남긴 자만시는 모두 이때 지어졌다.[31]

어지러운 티끌세상 이미 지난 세월 되었고	塵世紛紛成古今
이응李膺·두밀杜密과 이름 나란히 하니 또한 기남아일세[32]	齊名李杜亦奇男
관 삐뚤어지면 날 모욕한 듯 돌아보지도 않고 떠나고	其冠浼我望望去
섬기는 바를 만나는 사람마다 분명히 이야기하네	所事逢人歷歷談
한 번 바다 속에 누워 정신 스스로 지키고	一臥海中神自守
홀로 하늘 밖 감에 그림자에게 부끄러울 것 없네	獨行天外影無慙
가의賈誼 울 수 있고 난 웃을 수 있으니	賈生能哭吾能笑
함께 서른세 해 세상을 살고 갔다네	俱享行年三十三

—「자만自挽」[33]

위 시는 양재역良才驛 벽서사건에 연루되어 순천에서 진도로 이배되었을 즈음에 지은 것이다. 자신의 결백에 대한 신념 위에서 죽음에 대한 결연한 자세를 두드러지게 보인다. 경련 "한 번 바다 속에 누워 정신 스스로 지키고, 홀로 하늘 밖 감에 그림자에게 부끄러울 것 없네"는 도연명의 시「형영신形影神」을 연상시킨다.「형영신」은 삶에 대한 집착이 어리석은 일임을 형形·영影·신神이 각기 이야기하는 시로, 『장자』「제물론齊物論」 말미의 그림자들의 문답과 유사한 내용이다. 이 시에서 영影은 '착한 일을 하여 후세에 은혜를 남길立善有遺愛' 것을, 신神은 자연의 운행에 맡겨 죽음을 받아들일 것을 요구한다. 이 구절은 표면적으로 섬에 유배된 자신의 처지와 관련 있다. 하지만 한발 더 나아가 '신자수神自守'와 '영무참影無慙'의 대우對偶에 초점을 맞춘다면, 삶에 집착하지 않고 현실에서 올바른 길을 선택한 자기 삶의 자세를 드러낸 것으로 해석할 수 있다.

시인은 시 말미에서 가의와 자신을 나란히 놓아 자신의 억울함을 우회하여 드러내고 있다. 가의는 한漢 문제文帝 때의 인물로 문재로 이름나 약관의 나이에 박사博士가 되고 대부의 지위까지 올랐던 인물이다. 하지만 주발周勃·관영灌嬰과 같은 대신들의 시기로 장사왕長沙王의 태부太傅로 좌천되었고, 끝내 자신의 뜻을 펴보지 못한 채 서른세 살의 나이로 죽고 만다. 이해 노수신 역시 서른세 살이었는데, 가의의 울음과 자신의 웃음을 대비시킴으로써 자기 운명의 비극성과 함께 죽음에 대한 결연한 자세를 드러내고 있다.

첫 번째 시가 자신의 결백을 내세우면서 죽음에 대한 확고한 자세를 드러내고 있다면, 다음 시에서는 상대적으로 자기 연민과 비탄의 정회가 뚜렷이 배어난다.

5년 동안 바닷가에서 나그네로 지내며	五年客海上
하루 저녁도 황천으로 가지 않은 적 없었지	一夕無不之
종놈은 감히 검루黔婁의 머리에 휘장을 덮고	奴敢幠黔首
관원은 돌처럼 굳은 시신을 검사하리	官須檢石屍

불혹에 해당되니 요절한 게 아니고	非殤當不惑
스스로를 속이지 않았기에 주륙은 면했네	免戮爲毋欺
애통한 것은 늙으신 두 분 부모님이	所慟雙親老
살아 계시는 동안 헤어져 있어야 한다는 사실뿐	相離在世時

—「자만自挽 유월六月」[34]

유배지에서 다섯 해가 지나 시인의 나이는 어언 마흔에 가까워졌다. 이 시에서 화자의 어조는 앞 시에서와 같은 결연함을 드러내지 않는다. 도리어 자신에 대한 연민의 정을 노출함으로써 애상적 정조를 띤다. 함련에서 시인은 자신의 시신을 거두는 종과 관리의 모습을 그려낸다. 이는 도연명 「오류선생전五柳先生傳」의 찬贊에 나오는 검루黔婁의 고사와 진관 「자작만사」의 "관원은 와서 내 보따리의 물건을 기록하고, 아전은 내 시체를 살피더니官來錄我橐, 吏來驗我屍"라는 구절을 교묘하게 결합시킨 것이다. 검루는 몹시 가난해 시신 덮을 천 한 조각이 없었던 인물이다. 증자가 조문하러 오자 그의 아내는 자신의 남편이 "빈천하다고 투덜대지 않고 부귀하다고 기뻐하지 않았다"고 평한 바 있다.[35]

이 시에서 빈한한 검루의 형상과 고을의 서리가 시신을 검사한다는 상상의 결합은 고결한 자아의 비극적 상황을 부각시키기에 부족함이 없다. 앞서의 시와 달리 시인의 목소리가 많이 위축되어 있음을 볼 수 있다. 이러한 자기 연민과 비애는 진관 시의 자만 방식을 떠올리게 한다.

이렇게 살펴보았을 때, 노수신의 자만시는 본디 윤원형 일파가 득세한 현실정치에 대한 부정의식을 기반으로, 양재역 벽서사건에 휘말린 자신의 결백을 드러내고자 한 것임을 알 수 있다. 하지만 유배 기간이 길어짐에 따라 죽음에 대한 결연한 자세로부터 자기연민으로, 종국에는 "스스로는 기남자라 말하지만 세상은 어리석은 사내라 일컫지自謂奇男子, 時稱憃丈夫"(「자만」)[36]와 같은 현실과 자신 간의 해소 불가능한 간극을 드러내는 것으로 변해간다.

노수신의 자만시는 죽음에 대한 달관을 드러낸다는 점에서는 도연명의 시를, 자신에 대한 연민을 드러낸다는 점에서는 진관의 시와 유사한 특성을 보인다. 결연함과 자기연민, 그리고 죽음에 대한 달관과 비탄의 의식을 오가고 있다는 점에서 그의 시에는 자만시의 두 계열이 혼효되어 있다. 이런 점은 남효온의 시와도 서로 통하는 면이다. 하지만 그가 이런 자만시를 되풀이하여 썼다는 점을 주목할 필요가 있다. 심지어 그는 노년에 이르러서도 자명自銘을 한 편 지었다.[37] 도연명도 자제문自祭文과 자만시를 동시에 남긴 일이 있지만, 노수신은 모두 네 차례에 걸쳐 이런 자만류 작품을 남긴 것이다. 시인이 이렇듯 자신의 죽음에 집착하는 이유는 무엇일까?

표면적으로 그것은 시인이 처한 극단적인 상황과 관련 있을 거라고 볼 수 있다. 실제 자만시를 지을 지음의 작품들 중에는 죽음에 대한 공포감이나 강박관념이 드러난 것들도 있기는 하다.[38] 그러나 이런 반복적인 자만을 단순히 죽음 앞에서의 두려움이라고 보기는 어렵다. 시인 입장에서는 도리어 죽음이라는 극단적인 자기 성찰만이 고통과 번민에서 벗어날 수 있게 하는 것이 아니었을까? 그런 점에서 노수신의 자만시들은 시인이 삶의 고비마다 자신을 점검해보는 자성의 시간 같은 것이었다고 할 수 있다.

2) 표현 방식의 층위: 반어적 수사 방식과 역설의 미학

이처럼 자만시에서 죽음은 삶의 의지를 반어적으로 표현한 것일 때가 많다. 시적 효과라는 측면에서 볼 때도 실제 죽음에 대한 사고가 집요해질수록, 또 죽음의 의식에 집중할수록, 독자는 죽음에 대한 비탄보다는 삶의 소중함을 느끼게 된다. 그런 점에서 자만시는 역설을 내포한 미적 구조물인 셈이다. 자만시를 남긴 시인들은 대체로 이런 양식적 특성을 효과적으로 활용하고 있다. 도연명과 진관으로부터 남효온·홍언충·노수신에 이르기까지 이 점에서는 예외가 없다. 이것은 자만시 특유의 수사법에 대한 시인들 사이의 일정한 인식이 존재했음을 짐작하게 한다. 따라서 이들의 시에서 죽은 자의 눈으로 돌이켜본 삶의 모습이란 언제나 부족하고 아쉽기만 하다.

그런데 이와는 정반대의 내용으로 이뤄진 자만시도 있다. 죽음에 대한 달관을 넘어서 삶을 미련 없이 벗어던지고 선계로의 비상을 꿈꾸는 시다. 조선 전기 단학파丹學派의 한 사람인 정렴鄭𥖝(1505~1549)이 그러한 시를 썼다.

일생 동안 만 권 서적 독파하고	一生讀破萬卷書
하루에 천 잔의 술 다 마셔버렸었지	一日飮盡千鍾酒
복희씨 이전의 일만 고상하게 말할 뿐	高談伏羲以上事
속세의 말이란 종래로 입에 담지 않았었지	俗說從來不掛口
안회는 서른 살에 아성이라 칭송하는데	顏回三十稱亞聖
선생은 어찌하여 이토록 오래 사셨는가!	先生之壽何其久

—「자만自挽」[39]

정렴은 속세와 거리를 둔 자기 삶에 대한 자부심을 강하게 드러내며, 삶에 대한 미련이 조금도 남지 않았음을 말하고 있다. 심지어 요절한 공자의 수제자 안회와 견주며 왜 이렇게 오래 살았냐고 스스로 힐문하기까지 한다. 이런 내용은 대개 자성을 기반으로 죽음을 통해 삶에 대한 미련을 드러내는 이전의 자만시들과는 다른 수사 방식이다. 정렴은 다른 시에서 자신의 삶을 "손에 청사검을 잡고 세상 인연 끊어버리고, 몇 번이나 학을 타고 푸른 하늘에 올라갔던가. 물외의 삼천 겁 세월 지내고, 또 인간 세상에 귀양 온 지 20년手把青蛇斷世緣, 幾從笙鶴上蒼天. 曾經物外三千劫, 又謫人間二十年"(「자술自述」)[40]이라고 술회한 적이 있다. 그런 관점에서 본다면 삶에 대한 애착이란 불필요한 일임이 분명하다. 선계의 관점에서 볼 때 속세에서의 죽음이란 결국 원래 있던 곳으로 돌아가는 일일 뿐이기 때문이다. 그러나 창작 의도라는 측면에서 본다면, 이 작품은 미련 두지 않겠다는 속세에 대한 어떤 해소할 수 없는 불만을 동시에 표현하고 있다. 세상의 말을 입에도 담지 않았다는 술회란 사실 속세의 문제가 말할 가치도 없다는 이야기일 수도 있다. 즉 의도적인 외면을 통해 현실에 대한 불만을 표출한 것이라 볼 수 있다. 이런 점이 더욱 극대화된 작품으로 법도에 얽매이지 않았던 자유인 임제의 시가 있다.

강한풍류 40년 세월을[41]	江漢風流四十春
맑은 명성 당시 사람들 놀라게 하고도 남으리	清名贏得動時人
이제는 학을 타고 세간 굴레를 벗어나니	如今鶴駕超塵網
바닷가 반도야 열매 새로 익겠지요	海上蟠桃子又新

—「자만自挽」[42]

자만시는 만시의 변격이라고 할 수 있지만, 시의 구성 방식에서는 일정하게 공유하는 부분이 있다. 만시의 구성 요소로는 보통 비탄悲嘆·진혼鎭魂·칭양稱揚을 드는데,[43] 자만시에서는 이 가운데 칭양이 빠지고 자성이 들어오곤 한다. 애도의 대상이 타인이 아닌 자신인 까닭에 자연스럽게 생겨나는 변화다.

그런데 임제의 시에서는 자만시에서 찾아보기 힘든 칭양만이 극단적으로 드러나 있다. 자성도 비탄도 찾아보기 힘들다. 또 어떤 경로를 거치든 죽음을 통해 삶을 조명해내는 일반적인 자만시와 달리, 또 다른 공간인 선계를 이야기하는 것으로 마무리 짓는다. 죽음을 시공간의 초탈로 형상화해내고 있는 것이다. 만시 중에 선계의 영원성으로부터 삶의 유한성을 재확인하고 비탄하는 것들이 있긴 하나 이 시는 다소 과장된 정서로 애써 삶의 문제를 외면한 채 초월적 시공간을 제시한다. 자신의 삶에 회한이란 조금도 없는 듯 초월적 세계로의 상승을 담담히 그려내는 것이다.

시인의 실제 삶과 비교해볼 때, 이 시의 '맑은 명성淸名'이란 묘한 느낌을 주는 어휘다. 시인은 여러 사건으로 인해 구설에 오르고, 당시 사람들로부터 문사 외에는 평가할 것이 없는 인물이라는 평을 듣기도 했다. 그런 모습은 남효온의 시가 사후세계를 통해 현실을 반대로 그려낸 것과 상통한다. 하지만 임제의 자만시에서 선계는 단순히 부정한 현실의 반면이라기보다 현실의 왜소함과 한계성을 부각시키는 기능을 한다. 이 시에 삶에 대한 반성적 통찰이 없는 이유를 여기서 찾을 수 있다.

앞서 말했듯 자만시의 자아는 이중성을 띤다. 임제의 자만시에서는 반어적 표현을 통해 바깥의 자아와 시 속의 자아가 대비되고 이것이 작품 전체를 통해 역설의 미학을 만들어내고 있다. 작품을 읽고 작품과 현실의 모순/괴리를 발견하는 순간, 시인이 자만시를 통해 의도한 것은 결실을 거둔다. 임제의 시에서 그 효과가 두드러지는 까닭은 자만시의 수사 방식을 명료하게 인식하고 이를 의도적으로 변화시켰기 때문이다. 이런 특성은 비단 수사적인 문제에 국한되지 않고 현실과 자신의 삶을 바라보는 시인의 독특한 시각과 관련된다. 그런 점에서 이 시는 수사적 장치의 변화를 발생시킨 시인 내면의 에너지가 무엇인가라는 질문을 우리에게 남기고 있다.

4. 남는 문제: 결론을 대신하여

이 글에서는 자만시의 시적 계보를 탐구하고, 이를 기반으로 조선 전기 자만시의 특성을 살펴보았다. 명시하지는 않았지만 여기서는 자만시를 만시의 단순한 변격이라기보다는 일정하게 독자성을 갖춘 별개의 양식으로 보는 입장을 취했다. 이런 관점에 대해서는 다른 견해가 있을 수 있는데, 만시 양식 안에서 자만시를 짚어보는 일도 얼마든지 가능하기 때문이다. 하지만 자만시가 타인이 아닌 자아의 문제로서 죽음에 관한 기성관념에 대한 전복적 기호인 한, 이를 검토하는 일은 별도의 관점을 요구한다. 죽음을 매개로 자신을 세상에 각인시키는 표현 방식과 관련된 일련의 문학 양식들—자제문·자찬묘지명·자전—과의 연계 가능성을 고려할 때 이런 관점은 더욱 필요하다.

만시가 죽음을 통한 상실감을 드러내고 있다면, 자만시는 자신의 가장假裝된 죽음을 통해 삶에 대한 열망을 드러낸다는 점에서 주제의 성격을 달리한다. 그런 점에서 자만시는 자신의 죽음을 연기演技하는 것을 하나의 수사 전략으로 삼고 있다. 이것을 우리는 일종의 '가장된 죽음의 수사학'이라고 이름할 수 있다. 조선 전기의 자만시는 대체로 시대와의 불화에서 탄생했다. 홍언충의 작품이 이를 잘 보여준다. 이 점은 자만시 일반에서 보편적인 양태이기는 하나 동시에 조선 전기 나름의 시공간적 특수성이 발견된다는 점에서 주목을 요한다. 자만이라는 수사 방식에 담겨 있는 시인의 현실에 대한 불만스런 의식은 이른 시기에 고정되어 후대에도 계승되었다. 하지만 비교적 유사한 수사 방식을 유지하면서도 시대에 따라 자만시 자체는 변화해갔다.

살펴본 작품 중 남효온의 자만시는 문학적 전통에 대한 깊은 이해를 바탕으로 지어진 작품이라는 점에서 자만시의 시적 계보에서도 높이 평가할 만하다. 그의 시는 만가의 시초인 「해로薤露」와 「호리蒿里」로부터, 의만시 계열인 목습의 「만가挽歌」, 육기의 「만가시挽歌詩」를 거쳐 자만시의 전범인 도연명과 진관의 시들을 참작하거나 구체적으로 이어받고 있다. 더욱이 여기에 그치지 않고 나름의 변개를 시도해 독특한 문학적 개성까지 확보했다. 한편 노수신은 자만시를 일종의 자기 성찰의 도구로 활용했다는 점이 이채롭다. 이렇게 반복적으로 자만시를 지은 것은 유례를 찾기 어렵다. 또 임제의 시는 죽음에 관한 기성관념, 혹은 만시에서 기대되는 의식의 지평을 거스르거나 뒤집어 쓴 예로 주목할 만하다.

자만시의 시적 계보에서 볼 때 이런 수사 방식의 변화는 우리에게 몇 가지 흥미로운 문제를 남긴다. 먼저 이런 자기표현 방식의 등장이 문학사의 어떤 변화와 관계되는가라는 문제다. 이는 자만류 문학에 대해 전체적인 검토를 하고 통시적 변화의 징후가 규명된 뒤에야 답할 수 있을 것이다.

다음으로 자만이라는 수사 전략이 특정한 작가군의 창작의식과 관련된 것인가라는 문제다. 이에 관해서는 이미 '방외인 집단의 자아 인식'이라는 측면에서 검토된 바 있다.[44] 다만 자만시가 다른 성향의 작가군에서도 발견되는 특징이라는 점에서 상호 비교와 변별이 필요하다.

마지막으로 이런 수사 방식이 삶과 죽음에 관한 사유의 어떠한 변화와 관련되는가라는 문제다. 이는 생사관이라는 거시적인 문제와 관련 있기에 손쉽게 접근할 수 없지만, 자만시가 이에 관한 하나의 척도가 될 수 있을 것이다.[45]

단순히 자만시의 수사 기법에 집중해서 본다면, 삶에 대한 직설적인 애착이나 죽음에 대한 지나친 비탄은 결격에 해당된다. 그런 점에서 도연명의 작품이 후대 진관의 작품보다 높은 평가를 받는 것이다. 그렇다면 고려조, 나아가 조선 후기의 작품들은 어떤 경향을 보일까? 아직 필자는 이에 대한 답을 할 수 없다. 다만 18~19세기에 활동한 시인인 이양연李亮淵(1771~1853)의 다음 시는 자만시의 수사 방식이 더욱 난숙해져갔음을 짐작케 한다.

시름 속에 보낸 일생	一生愁中過
밝은 달은 암만 봐도 모자라더라	明月看不足
그곳에선 영원히 서로 대할 수 있을 터이니	萬年長相對
묘지로 가는 이 길도 나쁘지만은 않구려	此行未爲惡

—「자만自輓」[46]

현실의 음화, 기억의 각인, 자성의 시간, 그리고 역설의 미학을 넘어서 이제 시인의 가장된 죽음은 달이라는 개인적인 상징물로 응축된다. 이 시에서 역시 죽음을 통한 삶의 부각이라는 자만시의 기본 전략이 발견되지만, 달이라는 상징물로 그것을 풀어낸다는 점이 매우 세련된 느낌을 준다. 달을 아무리 바라봐도 부족하게만 느껴지는 이유는 자신의 시름 때문이건만, 사후에 달과 영원히 마주할 수 있기에 나쁘지 않다는 이러한 역설은 자만시의 수사 방식에 대한 깊은 이해가 있고서야 가능한 경지일 것이다.

제2장

조선시대 자만시의 유형적 특성

1. 머리말

이 글은 조선시대 자만시의 유형적 특성을 고찰한 것이다. 자만시는 자신의 죽음을 애도하는 독특한 성격의 만시로 자전, 자제문, 자찬묘지명, 화상자찬畫像自贊, 자찬연보自撰年譜 등과 함께 동아시아 자전적 글쓰기의 대표적인 양식 중 하나다. 본래 죽은 뒤 타인이 작성해야 할 글을 스스로 쓴다는 면에서 독특한 자기표현 방식으로서의 가치를 확보할 수 있었다. 자만시를 쓸 때 시인은 자신의 죽음을 가정하고, 죽은 자의 눈으로 자신의 삶을 되돌아보는 방식을 취한다. 이렇듯 자만시는 금기의 대상인 죽음을 다루고, 상장례와 관련된다는 점에서 자전적 글쓰기 중에서도 특수한 위치를 점한다.

필자는 앞서 이에 관한 보고를 학계에 최초로 제출한 바 있다.[1] 이 글은 이에 관한 후속 논의로서 조선시대 자만시의 윤곽을 전체적으로 그려보고 그 특징을 살피기 위해 기획되었다.[2] 이 글에서는 죽음을 받아들이는 태도와 자아 표현 방식을 중심으로 조선시대 자만시의 유형을 분류하고 그 특성을 검토하고자 한다. 자만시는 '나의 죽음'을 정면으로 다루고 있다는 점에서 주제사적 의의를 지닌다. 그런 측면에서 자만시의 유형적 특성 분석은 자전적 글쓰기는 물론 동아시아 전통사회의 죽음에 관한 태도를 살피는 데도 일정한 기여를 할 것으로 기대된다.

조선시대 자만시 전반의 윤곽을 살피는 만큼, 이 글에서는 부득이하게 앞서 검토한 작품 일부를 다시 언급할 수밖에 없었다. 다만 꼭 필요할 때만 최소한으로 제시하기로 한다.

2. 자료의 범위와 분류 기준

자만시는 과거 자만自挽, 자만自輓, 예만預挽(왕세정王世貞, 『예원치언藝苑巵言』 권8), 자만사自挽詞(하문환何文煥, 『역대시화고색歷代詩話考索』), 자작만사自作挽詞(이수광李睟光, 『지봉유설芝峯類說』 권14) 등으로 불려왔다. 하지만 자만시라고 부를 수 있는 자료의 범위가 어디까지인지는 분명히 이야기하기 어려운 부분이 많다. 이 글에서는 다음과 같은 기준으로 그 범위를 가설적으로 제시해 논의의 단초로 삼고자 한다.

자만적 성향의 작품들로는 자만自挽, 자만自輓, 임종자만臨終自輓, 자도自悼, 임종시臨終詩, 절명사絕命辭 등의 제목으로 지어진 시, 도연명 「의만가사」의 화운작和韻作, 자명自銘, 자작뇌문自作誄文, 운문으로 지어진 유장遺狀 등을 들 수 있다. 물론 이런 작품들 사이에는 일정한 차이가 있다.

우선 자신의 죽음을 목전에 두고 짓는 임종시나 절명사는 자신의 실제 죽음을 예비하는 성격이 두드러지는 데 반해, 자만시는 반드시 실제 죽음과 연결되지 않는다. 상당수의 자만시가 임종 이전에 지어진 것도 이 점을 짐작케 한다. 또한 자만시가 갖는 시적 화자의 특수성, 곧 죽은 내가 생전의 삶을 돌이켜보는 방식은 유언적 성격의 작품들에서 찾아보기 힘든 점이다.

다음으로 자도시는 임종시나 절명사와는 또 다른 면에서 자만시와 차이를 보인다. 내가 나를 돌이켜본다는 점에서 시적 발화 방식은 유사성을 띠지만, 그 내용이 반드시 자신의 죽음과 연결되는 것은 아니기 때문이다. 자도시는 자신의 현실적 고통을 토로하는 데 그칠 때도 많다.

마지막으로 자명, 자작뇌문, 스스로 쓴 유장은 자신의 죽음을 대상으로 한 글쓰기라는 점은 같지만 시가 아니라 운문이라는 양식적 차이가 있다. 이들 양식은 글쓰기 방식을 감안할 때 자만시가 아니라 자찬묘지명自撰墓誌銘과 같이 다루는 편이 적절할 것이다.

이러한 내용을 기준으로 자만적 성향의 작품들을 분류해보면 다음과 같다. 우선 협의의 자만시란 자만自挽, 자만自輓 등의 제목을 가진 시, 자신의 죽음을 가정하고 쓴 자도시, 그리고 도연명 「의만가사」의 화운작을 가리킨다. 한편 광의의 자만류 문학이란 그 밖의 자도시, 임종시, 절명사, 자명, 자작뇌문, 운문으로 지어진 유장 등을 포괄한다.[3]

이렇게 분류하더라도 김시습의 「아생我生」처럼 제목과 관계없이 자신의 죽음을 언급한 자만적 성향의 작품들을 어떻게 분류할 것인가 하는 문제가 남는다.[4] 필자는 이 부분에서 '자만'이라는 양식성에 대한 고려가 반드시 필요하다고 생각한다. 기본적으로 자만시 역시 만시挽詩의 양식성을 따르고 있다는 점을 감안할 때, 자만이라는 시제가 갖는 의미를 결코 소홀히 할 수 없기 때문이다. 자만은 말 그대로 자신의 죽음을 애도하는 것이어야만 한다. 단순히 죽음을 염두에 둔

시들까지 자만시로 포괄한다면 술회, 영회詠懷, 자술自述과 같은 자전적 작품들과 자만시의 경계가 모호해진다. 그런 측면에서 김시습의 「아생」과 같은 작품은 광의의 자만류 문학으로 분류해 참조 대상 정도로 삼는 편이 좋을 것이다. 이 글에서는 좁은 의미에서의 자만시를 중심으로 논의를 진행할 것이다. 그러므로 아래에서 쓰이는 자만시는 협의의 의미를 가리킨다.[5]

필자가 현재까지 조사한 바에 따르면, 협의의 자만시에 속하는 조선시대 작품들은 120수 정도 된다.[6] 여기에 작품이 전하지는 않지만 자만시를 창작했다는 기록들까지 감안하면 이 수치를 훨씬 웃도는 작품들이 있었을 것으로 추정된다.

앞 장에서 필자는 자만시가 자신을 자신이 원하는 방식으로 세상에 각인시키려는 욕구로부터 기인한다고 했다. 그런 측면에서 볼 때 자만시에 그려진 나의 죽음이란 사실상 자아를 표현하는 일이며, 죽음을 받아들이는 태도 역시 시인의 자의식과 긴밀하게 관련될 문제이다. 그런데 자만시의 죽음은 실제가 아니기 때문에 작가의 상상력을 요구하며, 이것이 작품의 표현 방식에 큰 영향을 미친다. 또 만시가 상장례와 관련된 문학 양식인 만큼 자만시 역시 상장례와 밀접한 관계를 갖게 된다. 따라서 자만시의 해명에는 허구화의 방식과 상장례의 가설假設에 대한 고려가 필요해진다. 앞의 두 가지가 자만시에 담긴 의식세계를 분석하는 기준이 된다면, 뒤의 두 가지는 자만시의 표현 방식과 작품 구조를 분석하는 데 유용한 기준이 된다.

이상을 바탕으로 자만시의 내용을 구성하는 기본 요소를 제시해 보면 다음과 같다.

- 죽음을 받아들이는 태도
- 자아 표현
- 허구성
- 상장례

이 네 요소를 기준으로 조선시대 자만시를 분류해보면 크게 세 유형으로 나뉜다. 즉 네 가지 구성 요소에 의한 세 가지 유형의 변주가 일어나고 있는 셈이다. 이 글에서는 죽음을 받아들이는 태도를 중심으로 세 유형을 각각 '죽음 앞의 고독' '초월적 죽음', 그리고 '가장假裝된 죽음'이라고 명명하고 그 특성을 살펴본다.

3. 조선시대 자만시의 유형

1) 죽음 앞의 고독

'죽음 앞의 고독'이라 명명된 첫 번째 유형은 네 가지 구성 요소 중 허구성과 상장례가 없거나 현저히 약화·축소되어 나타난 경우다. 이 유형의 작품들은 죽음을 목전에 두었거나 죽음이 닥쳐오리라 예상하고 지은 것이 많아 허구적 장치가 생략되어 있다. 또 죽음을 앞에 둔 자아의 결연한 의식이 강조되는 까닭에 상장례와 관련된 내용은 생략되곤 한다. 이런 유의 작품들은 대체로 임종시나 절명사와 크게 다르지 않은 성격을 지닌다.

시적 전통에서 볼 때 자만시는 본래 실제 죽음의 문제를 다루었던 것은 아니었다. 『도연명집陶淵明集』에 주석을 달았던 원대元代 이공환李公煥은 조천산趙泉山의 말을 인용해 위진남북조 시기 문인들 사이에 함께 만가를 부르며 즐기는 습속이 있었음을 밝혔다.[7] 이에 관한 기록은 『세설신어世說新語』 「임탄任誕」 편에서도 발견된다. 원산송袁山松이라는 인물이 나들이할 때 시종들에게 만가를 부르게 하는 것을 좋아했다는 기록이다.[8] 당시 인물들 사이에서 만가가 죽음에 대한 애도라는 본연의 목적과 달리 유희로 활용되기도 했음을 짐작할 수 있다. 자만시 역시 이런 분위기에서 형성된 것인 만큼 반드시 죽음을 눈앞에 두고 지어진 것은 아니었다. 최초의 자만시라 할 도연명의 「의만가사」 역시 그렇다. 중국학자 위안싱페이袁行霈의 고증에 따르면 도연명의 작품은 임종 무렵이 아닌 46세경에 지어졌다고 한다.[9] 송대 진관秦觀의 「자작만사自作挽詞」 역시 실제 죽음과 관계없이 전인들의 자만시들을 의식하고 지은 것이다.[10]

하지만 조선시대 자만시에서는 눈앞에 닥친 자신의 죽음을 다룬 것이 다수 발견된다. 조선 전기 사화기에 지어진 일련의 작품이 그런 예다. 대표적인 예로 홍언충洪彦忠, 기준奇遵(1492~1521), 노수신盧守愼(1515~1590)의 자만시를 들 수 있다.

〔1〕

옛 무림현 고을에 묻는다	卜于古縣茂林之鄉
운산은 위에 있고	雲山在上
강물은 아래 있다	灣碕在下
천추만세에	千秋萬歲
누가 이 들판을 지나가려나	誰過斯野
가리키고 서성대며	指點徘徊
반드시 서글퍼하는 자가 있을 것이다	其必有悵然者矣

— 홍언충, 「자만自挽」 부분[11]

〔2〕

해는 져서 하늘은 먹물을 뿌린 듯하고	日落天如墨
산은 깊어 골짜기는 구름이 깔린 것 같구나	山深谷似雲
임금과 신하의 천 년의 뜻이	君臣千載意
서글퍼라 외로운 무덤으로 남았네	惆悵一孤墳

—기준, 「자만自挽」[12]

〔3〕

한 번 바다 속에 누워 정신 스스로 지키고	一臥海中神自守
홀로 하늘 밖 감에 그림자에게 부끄러울 것 없네	獨行天外影無慙
가의賈誼 울 수 있고 난 웃을 수 있으니	賈生能哭吾能笑
함께 서른세 해 세상을 살고 갔다네	俱享行年三十三

—노수신, 「자만自挽」 부분[13]

이들은 모두 훈구와 사림 세력의 정쟁 과정에서 혹독한 고초를 겪었던 인물들이다. 홍언충은 갑자사화(1504)로, 기준은 기묘사화(1519)로, 노수신은 을사사화(1545)와 양재역 벽서사건(1547)으로 죽음 직전까지 갔다. 이 가운데 기준은 가까스로 기묘사화의 위기를 벗어났지만 결국 신사무옥(1521)으로 죽음을 맞는다. 홍언충은 죽음을 겨우 모면하긴 했지만 갑자사화의 와중에 부친 홍귀달과 절친한 벗 박은을 잃었으며, 노수신은 무려 19년에 걸친 유배생활을 한다. 시인은 자만시를 쓸 무렵 닥쳐올 죽음을 예비하고 자신의 삶을 정리하고자 했던 것으로 보인다. 홍언충과 노수신은 귀양지에서 곧 닥칠 죽음을 예감하며 지었고, 기준은 귀양지인 온성에서 사약을 앞에 두고 이 시를 읊었다.

홍언충의 시에서는 사후 자신의 무덤을 지나가다 서글퍼할 어떤 이를 상상한다. 한편 기준의 시에서는 부정한 현실로 인해 외로운 무덤으로 남은 자신의 육신을 비탄하고 있다. 이들 작품에서 펼쳐지는 상상력은 무덤과 외로움이라는 면에서 같다. 기준의 시에 나오는 '일고분一孤墳'이란 표현에서는 죽음 앞에서 시인이 느끼는 고독감이 잘 드러난다. 노수신의 시에서 '독행천외獨行天外'로 묘사되는 외로운 죽음 역시 마찬가지 맥락으로 볼 수 있다.

이들 시에서 공통으로 드러나는 '외로움'은 서로 연관된 복잡한 의미들을 담고 있다. 그것은 일차적으로 자신의 죽음은 누구와도 공유할 수 없는 것임을 이야기한다. 하지만 본질적으로 여기서 그려지는 외로운 죽음이란 정치 현실로부터 배제된 고독한 자아의 형상에 다름 아니다. 죽음 앞에서 이들이 느낀 절박한 감정은 외로움 중에서도 가장 참혹한 경우다.[14] 따라서 홍언충처럼 사후에 누군가의 동정을 기대하거나, 노수신처럼 과거 인물과의 정신적 연대를 통해서만 자신의 외로움을 보상받을 수 있다.

이들은 모두 죽음이 닥쳐오고 있다고 생각했기에 죽음을 대상화하고 음미할 만한 여유가 없었다. 그런 까닭에 그저 자신의 죽음을 비탄해 마지않는 데 그치고 만다. 이들의 자만시에서 외로이 죽어간다는 모티프만 강조되어 나타날 뿐 죽음의 정경(상장례)에 대한 묘사가 빠져 있는 이유가 여기에 있다. 작가에 따라 다소 층차를 보이긴 하나 자만시 본연의 자신의 죽음을 관조하고 대상화하는 면 역시 부족하다.

외로운 무덤으로 표현된 죽음에 대한 이미지란 시인 자신의 삶의 이미지이기도 하다. 그런데 이것은 기타 자전적 글쓰기 양식에서도 발견된다. 세상으로부터 외면당한 자신의 불우한 삶에 대한 연민을 담은 자찬묘지명이나, 자신을 끝내 이해하지 못하는 현실세계 타자들에 대한 불만을 담은 화상자찬 작품 등에서도 유사한 의식을 엿볼 수 있다.[15] 그런 측면에서 '죽음 앞의 고독' 유형의 자만시는 다른 자전적 글쓰기 양식과도 서로 통하는 점이 많다.

2) 초월적 죽음

'초월적 죽음'이라 명명된 두 번째 유형은 네 가지 구성 요소 중 자아 표현의 부분이 특히 두드러지게 나타난다. 동아시아 전통사회에서 죽음은 대체로 회피되고 금기시되어왔다. 심지어 죽음이란 말조차 쓰기를 꺼려 '기세棄世' '서거逝去' '작고作故' '선서仙逝' 등 의도적으로 죽음이란 말을 회피하기도 했다. 동아시아 전통사회에 중요한 영향을 미친 죽음에 대한 사고들 역시 마찬가지였다. 도가는 죽음에 중요성을 부여하길 거부했고, 유가는 삶의 중요성을 강조하며 죽음의 문제를 방임했다.[16] 그 결과 겉으로 보기에 동아시아 지식인들은 죽음의 문제를 심각하게 여기지 않고 달관하는 듯한 모습을 보인다.[17] 지금까지 수집된 자만시에서 가장 보편적으로 발견되는 의식 역시 죽음에 달관하는 자세다. 이는 동아시아의 문화적 전통과 무관하지 않다.

자만시에서 자주 나타나는 달관의 자세는 두 가지 패턴이다. 첫째는 죽음이 우리 모두의 것이라는 의식이다. 시인은 사람은 누구나 죽고 이는 곧 자연으로 돌아가는 것인 이상, 자신의 죽음만이 유별난 것은 아니라고 이야기한다. 조선 중기의 예학자로 퇴계와 남명학파를 화해시키고자 애썼던 권시權諰(1604~1672)는 "죽는 일 예로부터 있던 일이니, 함께 산모퉁이에 의지하네歸來逝終古, 同與託山阿"(「차도만가운삼수次陶挽歌韻三首」 두 번째 수)[18]라고 읊었으며, 18세기 강경파 노론 인물이었던 박치화朴致和(1680~1764)는 "장수하거나 요절하는 일 어찌 길고 짧음을 따지랴, 성인이든 평범한 이든 무덤에 묻히는 것은 한가지라네彭殤豈長短, 聖凡一丘陵"(「자만自輓」)[19]라고 읊은 바 있다.

두 번째 패턴은 죽음을 먼저 간 혈육들과의 만남으로 받아들이는 의식이다. 시인은 죽음이 앞서 간 가족에게 돌아가는 것이기에 기꺼이 받아들일 수 있음을 보여준다. 17세기 영남의 예학자 이유장李惟樟(1625~1701)이 "선영 밑에 몸 의탁함 얼마나 다행인가, 천고토록 무덤에서 길이 기쁘리라何幸托身先壟下 幽堂千古永怡怡"(「자만自輓」)[20]라고 읊은 것도 그런 이유에서였다. 이런 태도는 동아시아 전통사회의 '생사일여生死一如'라는 사고방식을 반영한다.

그런데 이런 의식을 보여주는 대부분의 자만시는 개체의 죽음보다는 공동체적 죽음 내지 '우리 모두의 죽음'을 전제한다는 점에서 '나의 죽음'을 이야기한다고 보기 어렵다. 그러나 모든 자만시가 그런 것은 아니다. 우리 모두의 죽음보다 나의 죽음에 집중한 작품들도 발견되는데, 이들 작품은 순응적으로 죽음을 받아들이기보다는 적극적인 태도를 보여주는 것이 특징이다. 이런 유형을 여기서는 '초월적 죽음'이라 부르기로 한다. 임제林悌, 조임도趙任道(1585~1664)[21]의 자만시가 그런 예다.

〔1〕

강한풍류 40년 세월을　　江漢風流四十春

맑은 명성 당시 사람들 놀라게 하고도 남으리　　清名贏得動時人

이제는 학을 타고 세간 굴레를 벗어나니　　如今鶴駕超塵網

바닷가 반도야 열매 새로 익겠지요　　海上蟠桃子又新

—임제, 「자만自挽」[22]

〔2〕

상봉정으로 봉황 돌아오지 않으니　　翔鳳亭中鳳不還

표연히 곧장 흰 구름 사이로 올라갔네　　飄然直上白雲間

이로부터 호수와 산에 일정한 주인이 없으니[23]　　湖山自此無常主

밝은 달과 맑은 바람 만세토록 한가롭겠네　　明月淸風萬古閒

—조임도, 「자만自輓」[24]

앞 장에서 언급한 것처럼 자만시는 만시의 변격이라고 할 수 있지만, 시의 구성 방식 면에서 일정한 공통점이 있다. 만시의 구성 요소로는 일반적으로 비탄·진혼·칭양을 드는데, 자만시에는 이중 칭양을 대신해 '자성'의 성격이 나타날 때가 많다.

그런데 임제의 시는 구성 요소 중 자만시에서 찾아보기 힘든 '칭양'만이 극단적으로 드러나 있다. 그의 시에서는 자성도 비탄도 찾아보기 힘들다. 어떤 경로를 거치든 간에 죽음을 통해 삶을 조명해내는 일반적인 자만시와 달리, 또 다른 공간인 선계를 이야기하는 것으로 마무리한다. 죽음을 시공간의 초탈로 형상화해내고 있는 것이다. 자신의 삶에 대한 회한이란 조금도 없다는 듯 초월적 세계로의 상승을 담담히 그려낸다.

시인의 실제 삶과 비교해볼 때 이 시의 '맑은 명성淸名'이란 묘한 느낌을 주는 어휘다. 시인은 여러 사건으로 인해 구설에 오르고, 당시 사람들로부터 문학 외에는 평가할 것이 없는 인물이라는 평을 듣기도 했다. 잘 알려져 있듯이 임제는 임종 무렵 자식들에게 칭제稱帝도 못하는 누추한 나라에 살다가 죽는 것을 슬퍼할 것 없다는 유언을 남긴 바 있다. 또 항상 우스갯소리로 오대나 육조 때에 태어났다면 돌림천자쯤은 되었을 것이라고 호언했다고 한다.[25] 따라서 이 시에서의 선계는 부정한 현실에 대한 단순한 비판을 넘어서 현실의 왜소함·한계성을 부각시키는 기능을 하게 된다.

자만시의 자아는 이중성을 띤다. 임제의 자만시에서는 반어적 표현을 통해 밖의 자아와 시 속의 자아가 대비되고 이것이 작품 전체에 역설의 미학을 만들어내고 있다. 작품을 읽고 작품과 현실의 모순·괴리를 발견하는 순간, 시인이 자만시를 통해 의도한 바는 결실을 거둔다. 그런 측면에서 '학을 탄 자아'는 단순한 현실 비판을 넘어서 현실을 야유하고 싶어하는 시인의 내면의식을 보여준다.

임제가 자신의 죽음을 학을 타고 세간 굴레를 벗어나는 것으로 형상화했다면, 조임도는 봉황의 승천에 빗대었다. 돌아오지 않는 봉황이란 이백李白이 "대붕은 날아올라 팔방에 떨치다가, 하늘에서 날개 꺾여 힘을 쓰지 못했네大鵬飛兮振八裔, 中天摧兮力不濟"(「임로가臨路歌」)라며 자신의 일생을 결산한 것을 연상시킨다. 기구起句와 승구承句는 최호崔顥의 시 「황학루黃鶴樓」에 나오는 "옛사람 이미 황학 타고 떠나, 이 땅엔 부질없이 황학루만 남았네. 황학이 한 번 떠나 다시 오지 않으니, 흰 구름만 천 년토록 헛되이 유유하네昔人已乘黃鶴去, 此地空餘黃鶴樓. 黃鶴一

去不復返 白雲千載空悠悠"와 이백의 시 「등금릉봉황대登金陵鳳凰臺」의 "봉황대 위 봉황이 노닐더니, 봉황 떠나 누대 비고 강물만 절로 흐르네鳳凰臺上鳳凰遊, 鳳去臺空江自流"를 교묘하게 교직交織하고 있다.

그는 퇴계의 재전再傳 제자인 김중청金中淸에게 배웠는데, 소나무의 절개와 지조를 본받고자 간송澗松이라고 자호自號하였다고 한다.[26] 광해조에 폐모론에 반대하다가 대북 세력의 보복을 피하기 위해 칠원현漆原縣의 금내禁內로 피신하였는데, 이때 그의 나이 34세였다. 조임도는 이곳에 상봉정翔鳳亭이라는 정자를 짓고 위의 자만시를 썼다.[27]

하지만 이 시에는 어디에도 자신의 삶에 대한 언급이 없다. 임제의 작품과 마찬가지로 초월적 시공간을 과장된 정서로 제시하고 있지만, 조임도 자신의 죽음과 이것이 어떤 관련을 갖는지도 분명히 드러나지 않는다. 그런 면에서 조임도의 작품은 또 다른 종류의 독특함을 보여준다. 특히 전轉·결구結句에서 제시된 한가로움이라는 말이 묘한 여운을 남기고 있다.

조임도는 「자전自傳」을 남겼는데, 자신의 성품을 "비록 부귀한 집안의 위세가 하늘을 찌를지라도 아첨하고 굽히지 않았으며雖貴家巨室勢焰熏天, 不欲諂屈" "시세에 적당히 따라 처신함은 내가 할 수 없는 것이고, 권력자에게 붙어 남을 농락하는 일은 내가 하려고 하지 않는 것俯仰浮沈, 翁不能也, 依阿籠絡, 翁不屑也"이라고 적고 있다. 그래서 조임도의 부친조차 "우리 애는 기질이 가을 물처럼 맑지만, 세속과 잘 어울리지 못하여 지금 세상에서 화를 면하지 못할까 두려울 따름吾兒氣質, 瑩若秋水, 但恐其不能諧俗, 難乎免於今之世耳"이라며 걱정했다고 한다.[28]

대북 세력으로부터 언제 화를 입을지 모르는 상황에서 시인은 자신의 죽음에 애써 초연함을 가장한다. 시인은 주인(자신)이 죽은 뒤

호산湖山이 만고에 한가로울 것이라고 사후의 정경을 서술하고 있다. '호산의 주인'이라는 말은 본디 소식蘇軾의 시로부터 온 표현으로,[29] 세속의 명리를 번거롭게 여겨 돌아가 호산의 주인이 되었다는 의미다. 이 시에서는 환란을 피해 숨어 사는 조임도 자신을 일컫는 말로 쓰이고 있다. 그런데 주인 잃은 호산이 오래도록 한가로울 것이라는 말이 무슨 의미인지는 분명하게 드러나지 않는다. 자신이 없으면 세상이 한가롭다고 했다는 측면에서는 자신으로 인해 세상이 시끄러워졌다는 의미일 수도 있고, 앞 구절의 봉황이 세상으로 돌아오지 않고 떠나버렸다는 점을 감안하면 현실이 머물 만한 곳이 못 됨을 반어적으로 표현했다고도 볼 수 있다. 그러나 어떻게 이해하더라도 시인이 당대 정치 현실에 대해 비판의식을 가지고 이 자만시를 지었음은 분명하다.

임제의 학, 조임도의 봉황과는 또 다른 상징적인 방식으로 스스로의 죽음을 표현한 예로 제1장에서도 인용했던 이양연의 작품을 들 수 있다.

시름 속에 보낸 일생	一生愁中過
밝은 달은 암만 봐도 모자라더라	明月看不足
그곳에선 영원히 서로 대할 수 있을 터이니	萬年長相對
묘지로 가는 이 길도 나쁘지만은 않구려	此行未爲惡

—「자만自輓」[30]

이양연은 낙척한 종실의 후손으로 평생 방외인을 자처했던 인물이다. 시인의 죽음은 '명월明月'이라는 개인적인 상징물과 연계되어 표현된다. 자만시에서 달은 자신의 죽음과 연계된 상징으로 즐겨 사용되는 의상意象이다.[31] 이양연은 「창연悵然」이라는 시에서 "밝은 달은 나의 등불이 되네明月爲我燭"[32]라고 쓰고 있다. 선행 연구에 따르면 '명월'은 '백운白雲'과 함께 이양연 시의 핵심적 이미지의 하나라고 한다. 달은 항구적으로 과거와 현재, 또 미래의 일을 비추며, 이지러지고 차오르면서도 연속성을 지니며 존재하기에, 시인에게 달은 인간 삶의 유한성을 극복할 수 있는 대체물로 존재한다.[33]

앞서 언급한 것처럼 자만시에 나타난 죽음의 이미지란 시인 자신의 삶에 대한 이미지와 밀접하게 연계되어 있다. 자신의 죽음을 임제는 학을 타고 속세를 벗어나는 것으로, 조임도는 봉황의 승천으로 형상화하고 있다. 또 이양연은 자신의 죽음을 달을 영원히 마주하는 것으로 형상화하고 있다. 이들 시에서 발견되는 자신의 죽음에 대한 이미지들은 '초월적 죽음' 유형의 시들이 가진 자아 표현 방식의 특성을 잘 보여준다. 대체로 이들은 스스로의 이미지를 자신의 현실에서의 삶과 대조되는 형상으로 설정하고 있다.[34]

'초월적 죽음' 유형의 자만시는 타인이 지은 정형화된 만시의 내용과는 분명히 다른 성격을 띤다. 17세기 유인배柳仁培(1589~1668)는 「자만自挽」 시의 병서幷序에서 만시가 없는 것을 수치로 여기던 당시의 풍습을 꼬집고, 실상에 부합하지 않는 억지스러운 내용이 들어가는 것보다는 스스로 쓰는 편이 낫다고 적고 있다.[35] 유력한 인물에게 만사를 받는 것을 큰 영광으로 여기고, 만시가 많은 것을 자상스럽게 여기는 당시 풍조에 대한 질타였다. 그런 점에서 '초월적 죽음' 유형의 자만시는 '나'의 죽음에 집중하고 정형화된 글쓰기 방식을 거부함으로써 개성적 자아 표현의 가치를 극대화했다고 할 수 있다. 상징적 자아 표현이라는 측면은 기타 자전적 글쓰기 양식에서도 발견된다. 화상자찬에서도 타인에게 온전히 이해받지 못하는 자아의 형상을 별도의 상징물로 표현한 예가 있다.[36] 하지만 자만시의 상징적인 자아 표현 방식은 자전적 글쓰기 양식 중에서 질적·양적으로 특출한 위치를 차지한다.

3) 가장된 죽음

'가장假裝된 죽음'이라 명명된 세 번째 유형은 네 가지 구성 요소가 고루 갖추어져 있는데, 상대적으로 상장례의 묘사와 허구성이 강화되어 나타난다. 죽음을 가정하는 것은 자만시 일반의 특성이지만, 이 유형은 거짓 죽음의 서사가 매우 의도적이고 구체적이라는 점이 특징이다.

중인문학 초창기 육가六家 중 한 사람인 최기남崔奇男(1586~1669)은 「화도정절만시삼장和陶靖節輓詩三章」을 남겼다. 이 작품은 도연명 자만시에 화운和韻한 작품이긴 하나 내용에서 차별성을 보인다. 작품 가운데 2장의 내용을 보자.

생전에 콩과 물도 배불리 먹지 못했는데	生不飽菽水
죽은 뒤에 어떻게 술과 안주 차려주길 바라랴	死何羅豆觴
한 잔 술도 다시 마시지 못하리니	一勺不復飮
한 점의 고긴들 어찌 맛볼 수 있으리오	一臠那得嘗
도성 문을 나서서	行出國都門

영원히 무덤으로 돌아가네 永歸西陵傍
숲 바람 슬피 목매이듯 울고 林風咽悲響
산 위에 뜬 달에는 시름겨운 빛 엉켜 있네 山月凝愁光
인간 세상은 임시로 사는 것이니 人間聊寄爾
저승이 참으로 내 고향이로다 九原眞我鄕
누가 해골의 즐거움을 알리오 誰知髑髏樂
천지와 더불어 끝이 없다네 天地同未央[37]

도연명의 자만시 3수는 입관-장송-매장 순으로 내용이 전개된다. 최기남의 시는 이와 달리 장마다 자신의 삶에 대한 회한과 상장례의 장면이 오버랩되는 한편, 저승이 자신이 진정 안주할 수 있는 곳임을 거듭 강조하고 있다. 이는 시인의 현실적인 처지와 밀접한 관련이 있는 듯하다. 최기남은 본래 동양위東陽尉 신익성申翊聖의 궁노宮奴였다. 타고난 재주로 신흠·신익성 부자에게 인정을 받아 사대부들 사이에 알려졌으나,[38] 신분의 한계로 인해 그의 삶은 빈궁함 그 자체였다. 그가 죽을 때 관조차 마련할 수 없을 만큼 가난하여 여러 문인이 돈을 대 장례를 치렀다는 기록이 이를 잘 드러내준다.[39]

최기남의 시에 등장하는 상장례의 공간은 아무도 돌보지 않는 고독하고 쓸쓸한 정경이 집중적으로 부각된다. "떠도는 혼 흩어져 어디로 가나, 바람 되어 무덤 앞 나무에서 울부짖겠지. 세상에 나를 진정 이해하는 이 없으니, 내 죽음 위로한다고 누가 슬피 곡해주랴遊魂散何之 風號墓前木 在世無賞音 吊我有誰哭"(1장), "북망산 길 돌아보니, 솔바람은 차고 쓸쓸하여라. 까마귀 떼 모였다 다시 흩어지더니, 황량한 들판을 에워싸면서 울며 날아가네睠言北邙道 松風寒蕭蕭 羣鴉集復散 飛鳴遶荒郊" "누가 내 무덤인 줄 알리오, 나무꾼·목동이나 와 슬프게 노래하려나誰知龜老藏 樵牧來悲歌"(이상 3장) 등이 대표적인 예다. 시인의 죽음이 외롭고 쓸쓸한 이유는 이처럼 자신을 진정으로 이해해주는 사람이 없기 때문이다.

인용 시에서 "한 잔 술도 다시 마시지 못하리니, 한 점의 고긴들 어찌 맛볼 수 있으리오一勺不復飮 一臠那得嘗"와 '해골의 즐거움髑髏樂'이라는 표현은 모두 『장자』「지락至樂」 편에서 온 내용들이다. 전자는 노나라 임금이 바닷새海鳥에게 어울리지 않는 음악과 주연을 베푸니 새가 당황하여 감히 한 잔의 술과 한 점의 고기도 못 하고 사흘 만에 죽었다는 고사로부터 온 것이다. 후자는 장자가 초나라로 가는 길에 맞닥뜨린 해골과의 대화 중에 나오는 내용이다. 장자가 해골이 된 것을 애처롭게 여긴 데 대해 해골은 자신의 즐거움을 이야기한다. 죽으면 산 자와 같은 괴로움이 없는데, 특히 죽음의 세계는 위로 군주가 없고 아래로는 신하가 없기에 즐겁다는 것이다. 이런 표현들은 신분제 질서하에서 자신의 가치에 걸맞은 대우를 받지 못한 채 가난과 고통 속에서 삶을 영위할 수밖에 없는 시인 자신의 처지를 암시한다.

최기남은 자만시 외에도 「자제문自祭文」과 자전인 「졸옹전拙翁傳」을 남기고 있다. 이 작품들은 각기 63세, 71세, 74세에 지어졌는데, 시기상 가장 뒤의 작품인 「졸옹전」 안에 다시 자만시와 자제문을 인용하고 있어 세 작품 사이의 밀접한 관련성을 짐작할 수 있다. 시인은 자신이 "생업은 농업이나 상업도 아니요, 그럴듯한 호칭도 없는業不農商身無號名" 어중간한 중인 출신임을 토로하면서, "보는 사람마다 조소하지만 어딘지 모르게 교만한 기색이 있다人見之 莫不調笑 熙然有驕傲之色"라고 하였다. 자신을 비웃는 양반들에 대해서는 "저들의 현달함이 지혜로 얻은 것이 아니요, 나의 궁함이 어리석음으로 인한 것이 아닌즉, 모두 타고난 것이요 인위적으로 어찌할 수 있는 일이 아니다. 그러니 저들과 같지 않음을 부끄러워한다면 본래부터 그렇게 된 이치를 모르는 것이다彼之達非智得 此之窮非愚失 則皆天也, 非人也, 以不若人爲恥 則不識固然之理矣"라며 자존심을 드러내고 있다. 하지만 현실은 결코 녹록지 않아서 자신의 신념대로 행할 수 없기에, "평생 졸拙로써 스스로 지켜 분수 밖의 일은 조금이라도 두려워 피할斯人生平, 以拙自守, 分外雖一毫, 瞿然畏避" 수밖에 없었음을 밝혀두고 있다.

최기남의 자만시에서 그려진 외롭고 쓸쓸한 상장례의 공간은 이렇게 현실에 대한 근원적인 부정의식으로부터 비롯된 것이라 할 수 있다. 아무도 돌보지 않는 쓸쓸한 무덤과 주변의 음산하고 처절하기까지 한 정경은 기실 현실에서 철저히 외면받았던 시인의 비극적인 처지를 형상화한 것이다. 이 시에서 가장된 죽음은 자신에 대한 연민을 드러내는 수사적 장치로서 기능하고 있다.

가장된 죽음이 자만시에서 가장 극적으로 활용된 예로 생육신의 한 사람인 남효온(1454~1492)의 「자만사장自挽四章」을 들 수 있다. 남효온의 자만시는 1489년 시인의 나이 36세 때 지어진 것이다. 이 시는 본래 스승인 김종직에게 올리는 편지의 별지에 쓰여 있었다. 남효온은 편지에서 자신의 수명이 얼마 남지 않았음을 말하고, 자신의 병과 집안의 흉액·상사로 인한 괴로움 속에서 얻은 깨달음을 자만시로 써냈다고 적고 있다.[40] 스승을 문안하는 편지에 굳이 자만시를 써서 질정을 구했다는 점에서 이 작품은 의미심장하다.

첫 번째 수에서 특히 우리의 관심을 끄는 것은 내 죽음의 정경을 묘사하는 장면이다.

땅강아지 개미들 내 입에 들어오고	螻蟻入我口
파리 모기떼는 내 살을 물어뜯네	蠅蚋嘬我肉
새로 꼰 새끼로 내 허리 졸라매고	新繩束我腰
헤진 거적으로 내 배를 덮는구나	弊苫蓋我腹

제1장에서 언급한 것처럼 '누의螻蟻'라는 표현은 육기陸機가 지은 「만가시삼수挽歌詩三首」 두 번째 수의 "땅강아지 개미 너희를 어찌 원망하라螻蟻爾何怨"를 연상시킨다. 하지만 주검의 참혹한 모습을 사실적으로 그려내고 있다는 점에서 단순한 모방에 그치지 않는다. 이전의 만시 혹은 자만시에서 찾아보기 어려운 표현이기 때문이다. 참혹한 주검의 모습은 두 번째 시에서도 발견된다. "아버님 무덤 가는 길로 내 영구도 보내니, 얼어붙은 시신은 나무토막 같아라相送南陽阡, 凍屍直如木" 같은 예가 그렇다. 이런 표현들은 죽음에 대한 강한 집착을 보여준다는 점에서 오히려 시인의 삶에 대한 열망의 강도를 짐작케 한다. 또한 삶과 죽음의 현격한 격차는 죽음을 통해 삶의 문제를 부각시키는 데 더욱 효과적인 방식이 된다.

그런데 인용 구절은 한편으로 중세 서구의 '마카브르macabre'를 연상시키는 측면이 있다. 15세기, 특히 16세기에 들어 서구인들은 죽음에 대한 허구적 관념 대신 실제의 죽음에, 곧 악취를 풍기며 구더기에 뜯어 먹히는 참혹한 시체의 모습에 부쩍 관심을 갖게 된다. 프랑스의 역사학자 아리에스Philippe Ariès에 따르면, 이것은 우리 모두의 죽음에서 '나의 죽음'으로 관심이 옮겨가는 증거라고 한다. 비록 남효온 시만의 예외적 사례이기는 하나, 시신 훼손에 대한 묘사는 우리가 아니라 '나의 죽음'을 부각시킨 특징 있는 사례로 주목함 직하다.[41]

마지막 수에서 시인은 다시 자기 장례의 정경으로 시선을 돌린다. 시인의 죽음은 "모지라진 붓 한 자루 거미줄 쳐져 있고, 말라버린 벼루는 누런 먼지 쓰고 있네禿筆罥蛛網, 枯硯沒黃塵"의 모지라진 붓과 말라버린 벼루로 형상화된다. 또 마지막 가는 길은 "호리사 만가 소리 헛되이 부르는데, 길옆에는 만장만 분분히 날리운다. 누런 구름 얼어붙어 날리지도 않는데, 삐걱삐걱거리며 흰 상여 굴러가네空成蒿里詞, 路左挽紛繽. 黃雲凍不飛, 素車驅轔轔"라고 묘사된다. 이런 자기연민의 상상력은 바로 가장된 죽음이라는 문학적 장치를 통해 극대화되고 있는 것이다.

「자만사장」은 죽음-장례-매장-사후세계-매장 이후의 일로 구성되어 있다. 이런 구성 방식은 도연명의 자만시와 유사하다. 하지만 상장례의 과정이 선조적線條的으로 전개되는 도연명의 작품과 달리 남효온의 시는 상장례의 과정이 일정하게 반복(첫 번째, 두 번째, 마지막 수)되면서 그 사이에 삽입된 사후세계(세 번째 수)가 부각된다. 제1장에서도 인용한 내용이지만 이해를 돕기 위해 다시 제시한다.

무양이 내 충성 천거하니	巫陽薦我忠
상제는 내 재주 보시곤 기뻐하네	上帝悅我才
용백국의 거인은 잉어를 타고	龍伯駕文鯉
우사는 비로 먼지를 가시게 하는구나	雨師開塵埃
뇌공은 우레로 도로를 깨끗이 하고	雷公淸道路
화양동에서 나를 맞이한다	逆我華陽來
자색 진흙으로 봉한 조서를 받드니,	詔書紫泥封
추강의 모퉁이에 서광이 비치누나	照輝秋江隈
(…)	

오늘 저녁은 또 무슨 저녁인고	今夕復何夕
이 몸이 연화대에 앉았다네	立我蓮花臺
궁궐은 붉은 고대광실인데	彤庭赫弘敞
구빈의 예법 엄숙하고 경건하다	秩秩九賓開
상수가 아황 여영은 「녹명」을 노래하고	湘濱歌鹿鳴
낙수의 복비는 「남해」 곡을 연주한다	虙妃彈南陔
갖가지 관악기 소리 신묘하게 뒤섞이고	簫管混希夷
선계의 붉은 구름 금술잔에 가득하다	紅雲盛金罍
궁궐 섬돌에서 붉은활을 하사하고	陛陳彤弓招
광주리로 신성한 예물을 받들고 돌아왔네	承筐玄幣回
옥황상제 나를 보고 웃으시고,	玉皇向我笑
신선 무리는 날 에워싸고 도는구나	群仙擁徘徊
하루아침에 은혜를 받자오니	承恩一朝間
명성이 천하팔방에 진동하네	聲名振八垓

시의 구조상 시인이 천상의 궁궐에서 받는 대접이 융숭하면 할수록 현실의 누추함은 도드라진다. 자만시의 시적 전통에서 남효온처럼 사후세계를 구체적으로 형상화한 예는 찾아보기 힘들다. 그런 점에서 「자만사장」에서 그려진 사후세계는 조선시대 자만시가 새롭게 개척한 국면이라고 할 수 있다. 남효온 이후에도 이런 작품은 찾아보기 힘들다. 또한 남효온의 자만시가 보여주는 가장된 죽음의 능수능란한 연기는 기타 자전적 글쓰기에서 유례를 찾아보기 힘든 매우 독특한 자기표현이라고 할 수 있다.

4. 남는 문제:
맺음말을 대신하여

이상에서 우리는 조선시대 자만시를 유형별로 분류해 다음과 같은 결론을 얻을 수 있었다.

첫째, '죽음 앞의 고독' 유형은 조선 전기 사화로 인해 죽음의 위기에 빠진 인물들에 의해 주로 창작되었다. 이들의 작품에서 공통으로 드러나는 외로움은 정치 현실로부터 배제된 고독한 자아를 표현한 것에 다름 아니다. 다만 죽음이 곧 닥칠 상황이었기에 자신의 죽음을 대상화하고 죽은 자의 눈으로 자신을 바라볼 여유는 없었다. 이런 유형의 작품은 자만시 본연의 글쓰기 방식을 충분히 활용하지 못했다는 점에서 소극적 자만시라고 규정할 수 있다.

둘째, '초월적 죽음' 유형은 대체로 현실의 문제를 우회적으로 토로하는 과정에서 형성된다. 이들 작품은 죽음을 달관하는 의식을 넘어서 죽음에 대한 초월적 의식을 보여주지만, 초월적 시공간은 대체로 현실사회의 왜소함과 부정적 성격에 대한 반면으로서 기능한다. 이 유형은 타인에 의해 정형화된 자아 기술 방식을 벗어나 있다는 점에서 개성적 자아 표현으로서의 가치를 확보한다. 특히 현실의 문제와 대조되는 상징물의 제시를 통해 그 가치를 극대화하고 있다. '초월적 죽음' 유형은 특정 시기에 국한되지 않고 발견된다. 허구성이 두드러진 자아 표현 중심의 자만시라고 규정할 수 있다.

셋째, '가장된 죽음' 유형은 죽음의 허구성이 강화되고, 상장례 과정의 묘사가 구체화됨으로 인해 '나의 죽음'이 두드러지게 표현된다. 쓸쓸한 상장례의 정경은 자신에 대한 연민을 드러내는 수사적 장치로 기능하며, 참혹한 시신에 대한 묘사는 우리가 아니라 '나의 죽음'을 부각시킨 특징적 사례에 해당된다. 이 유형에서는 사후세계의 상상과 같은 시인의 능수능란한 죽음의 연기가 발휘되기도 한다. 조선 후기에 들어서 이런 작품은 거의 찾아보기 힘들다. '가장된 죽음' 유형은 기타 자전적 글쓰기와 변별되는 본격적 자만시라고 규정할 수 있다.

제1장 말미에서 필자는 자만시의 등장이 우리에게 던지는 문제로 다음 세 가지를 제시한 바 있다.[42] 자만시라는 자기표현 방식의 등장이 문학사의 어떤 변화와 관계되는가, 자만이라는 수사 전략이 특정한 작가군의 창작의식과 관련된 것인가, 그리고 이런 수사 방식이 삶과 죽음에 관한 사유의 변화와 관련되는가라는 문제였다. 이제 우리는 이 문제에 대해 만족스럽지는 않지만 조금 진전된 답변을 내놓을 수 있을 듯하다. 현재까지 준비된 내용은 뒤의 두 가지 문제에 집중되어 있다. 첫 번째 문제에 대한 답변은 한국 자만시의 발생이 언제부터인가가 밝혀질 때까지 미루어두기로 한다.

두 번째 문제에 대한 필자의 답변은 자만시는 결코 특정한 작가군만의 수사 전략이 아니라는 것이다. '죽음 앞의 고독' 유형과 같이 특정 집단(사림)에 의해 창작된 작품이 다수 있기는 하나 그것이 반드시 집단 공통의 의식과 연결되어야 할 필연성은 없다. 예외가 훨씬 많기 때문이다. 그런 까닭에 자만시 창작을 방외인 집단의 자아 인식과 관련된 문제로 한정한 연구 결과는 재고해야 한다.[43]

세 번째 문제에 대해 필자가 답변할 수 있는 부분은 여전히 제한돼 있다. 생사관의 변화란 자만시만으로 해결할 수 없는 거시적이고 포괄적인 문제이기 때문이다. 여기서는 다만 현상적으로 드러난 결과를 제시하는 것으로 차후 논의의 단초를 마련하기로 한다.

현재까지 발견된 조선시대 자만시의 유형별 작품 수 분포를 보면, 죽음에 대한 달관적 시들을 포함한 '초월적 죽음' 유형의 자만시가 제일 많고, '죽음 앞의 고독' 유형과 같은 임종시 성격이 그 뒤를 잇는다. '가장된 죽음' 유형은 상대적으로 매우 드물다. 동아시아 자만시의 기원이라 할 도연명의 「의만가사」나, 후대 자만시에 큰 영향을 미친 송대 진관의 「자작만사」는 모두 '가장된 죽음' 유형에 속하는 작품이라고 할 수 있다. 특히 도연명의 자만시는 조선시대 문인들에게 아주 잘 알려져 있던 작품이었다. 조선 전기 김종직은 남효온의 자만시를 읽고는 도연명과 진관의 영향을 이야기했고, 조선 후기 이민보李敏輔(1717~1799)는 부모님이 돌아가신 해가 다시 돌아오자 그 비통함을 토로하며 도연명 자만시의 의미를 덧붙이기도 했다.[44]

이런 사실을 감안할 때, 조선시대 자만시 창작에서 '가장된 죽음' 유형이 제한적으로 창작되었다는 사실은 유의해야 할 대목이다. 이 점은 조선시대 시인들이 '나의 죽음'을 연기하고 형상화하는 데 소극적이었음을 시사한다. 그들의 관심사가 '나'의 문제에까지는 미쳤지만, 정작 '나의 죽음' 문제를 다루는 것은 꺼렸음을 알 수 있다. 특히 '나의 죽음'에 대한 형상화라는 측면에서는 조선 후기에 이르러 단순화되거나 위축되는 경향마저 보인다. 다른 자전적 글쓰기 양식들이 조선 후기에 이르러 활발하게 창작되고 다채로워지는 것과는 정반대의 현상이다. 자만시에서 발견되는 이런 차이는 자전적 글쓰기 양식 내에서 자만시에 대한 새로운 접근 시각을 요구한다. 자만시는 자전적 글쓰기일 뿐만 아니라 '나의 죽음'을 주제로 한 문학이기 때문이다. 이는 죽음을 받아들이는 태도의 변화와 관련될 문제로 앞으로 별도의 검토가 필요하다.

제3장

가장假裝된 죽음과 고통의 기억 : 이명오의 「자만」 12수

1. 서론

자만시는 자신의 죽음을 애도하는 독특한 유형의 만시挽詩다. 만시가 실제 장례의식에 수반된 것이라는 점에서, 또 상당 부분 청탁을 받아 타율적으로 지어진다는 점에서 자만시는 일반 만시 양식과는 커다란 차별성을 지닌다. 일반적으로 만시는 죽은 자의 일생을 되돌아보며 추모한다는 점에서 산문의 전傳과 통하는 면이 있다. 그런데 자만시는 그것을 스스로 짓는다는 점에서 자전적 요소가 두드러진다. 자만시를 쓸 때 시인은 자신의 죽음을 가정하고 죽은 자의 눈으로 자기 삶을 돌아보는 방식을 취한다. 자만시의 이런 특성들은 자연 죽음을 통해 삶을 조명해내는 결과를 가져오며, 특히 삶과 죽음의 경계에 선 시인의 결연한 자의식을 드러내게 한다. 자만시의 이런 특수성은 매우 의도적이고 허구적인 자기표현의 방식이란 점에서 주목을 끌기에 충분하다.

이 글에서는 필자가 한국 한문학 자료 중 자만시 작품들을 수집·역주하는 과정에서 특징 있다고 여겨진 작품들을 소개하려 한다. 18세기 후반과 19세기 전반을 살다 간 이명오李明五(1750~1836)의 「자만自挽」 12수가 그것이다. 이명오는 그동안 학계에서 큰 주목을 받지 못했던 작가 중 한 사람이다. 서얼 시인으로 유명한 이봉환李鳳煥의 아들로 언급되거나, 18~19세기 시단의 중요 시인들과 교유했던 인물 중 한 명으로 거론된 정도였다. 하지만 이명오는 아버지 이봉환, 아들 이만용李晩用과 함께 삼대가 예원藝苑에 시명詩名을 날린 뛰어난 시인이었다. 그는 현전 자료 가운데 자만을 주제로 한 최장 연작시인 「자만」 12수를 남기고 있다. 이 작품은 이명오의 삶과 시세계를 이해하는 데 빼놓을 수 없는 작품이면서, 동시에 자만시로서도 상당한 성취를 거두었다고 평가할 수 있다. 이 글에서는 자만시의 계보 속에서 그가 남긴 「자만」 12수를 검토함으로써 이명오의 문학을 이해하기 위한 하나의 단초를 마련하고자 한다.

2. 이명오의 삶과 「자만」 12수

이명오의 삶은 오늘날 전하는 자료가 많지 않기에 그 전모를 충분히 밝히기 어렵다. 다행히 시적 교유를 중심으로 그의 삶 일부를 검토한 글이 최근에 발표되었다.[1] 이 글에서는 문집에 실린 서발序跋 등 관련 자료와 기존 연구를 바탕으로 이명오의 자만시를 이해하는 데 필요한 점들을 짚어보는 것으로 전기적 검토를 대신하고자 한다.

이명오의 자는 사위士緯, 호는 박옹泊翁 서오생書娛生이고, 본관은 전주다. 그의 선대로는 목릉성세의 걸출한 시인 중 한 사람인 이춘영李春英이 있다. 이명오의 집안은 이춘영의 서자 수장壽長의 후손으로, 아버지 이봉환(1710~1770)은 초림체椒林體 한시의 창시자로 일컬어져 왔다. 그의 시가 구상은 날카롭지만 기교가 각박·첨예한 데로 흘러, 입에 올리면 "산초가 혀를 얼얼하게 하는 것椒粒辣舌" 같은 데서 붙여진 명칭이다. 서얼庶孽의 '얼'이란 혀가 얼얼하다고 할 때와 음이 같다는 점에서 산초를 의미하는 '초椒'자를 쓴 것이라 한다. 이규상은 『병세재언록幷世才彦錄』 「문원록文苑錄」에서 이봉환의 초림체 시풍을 설명하며, 서얼의 억울한 기운이 괴벽하고 기괴한 시를 쓰게 한 것이라고 설명한 바 있다.[2] 이런 시적 특성은 아들인 이명오와 손자 이만용(1792~1863)에게까지 이어져 삼대가 모두 시인으로 이름을 날렸다. 정원용鄭元容은 이들 삼대가 시로써 세상에 유명하여 당대 예원의 거장들로부터 환영을 받았다고 했다.[3]

이명오의 삶 전체에 영향을 미친 가장 중요한 사건은 아버지 이봉환의 경인년(1770) 옥사였다. 집안의 비극은 임오화변(1762)에서 비롯된다. 장헌세자(사도세자)로부터 지우를 받았던 이봉환은 세자의 비참한 죽음 이후 스스로 벼슬에서 물러나 '서정西汀'이란 호를 '우념재雨念齋'라 고쳤다. '우념재'라는 호는 주희의 "평생 비바람 치는 밤이면, 누워 명예와 절조 지키기 어려움 생각했노라平生風雨夜 臥念名節難"라는 시구에서 온 것이라고 한다.[4] 경인년 평소 이봉환과 교유가 있던 최익남崔益南은 영의정 김치인金致仁이 사도세자의 죽음에 죄가 큼을 논하고, 세손으로 하여금 사도세자의 묘사墓祠에 참배하게 할 것을 상소했다. 이 일로 최익남은 대신들의 맹렬한 탄핵과 영조의 노여움을 샀고, 이봉환은 최익남의 상소에 연루되어 영조의 친국을 받는다. 영조는 이봉환이 끝내 자복自服하지 않자 사형에 처하려고 하다가 옥사가 끝나지 않았다는 이유로 형을 일단 유예한다. 하지만 이봉환은 친국을 받은 다음 날 세상을 뜨고 만다.[5]

이명오를 포함한 오형제 역시 아버지의 일에 연좌되어 옥에서 모진 고초를 겪다가 3년간 유배에 처해진다. 이때 막내 동생 상오尙五의 나이는 겨우 열 살이었다. 이때 겪은 고초가 얼마나 심했던지, 이만용은 아버지 앞에서 경인庚寅이라는 두 글자를 입에 담을 수 없었다고 했다.[6] 이때의 일들은 이명오가 1776년에 지은 550구의 장편 고시 「만술漫述」(권1, 17~20쪽)에 상세히 묘사되어 있다.

이명오의 호는 박옹이지만 가까운 친구들은 그를 또 다른 호인 서오생으로 불렀고, 그의 서재를 서오헌書娛軒이라 했다.[7] 책을 즐기는 사람이라는 호의 의미대로 이명오는 장서가인 동시에 애서가이기도 했다. 이명오는 책에 대한 관심을 「장서藏書」「산서散書」「차서借書」「송서送書」「간서看書」(이상 권1, 13쪽) 등의 시로도 표현했다. 그는 "세도 있는 자는 빈손으로도 얻는 것이고, 어리석은 이는 한 푼에도 보려 하지 않는 것勢客還將空手取 癡僮不直一錢看"(「차서」)이 책이라고 했다. 그래서 책을 소유하기란 참으로 어렵고, 또 소유했다 하더라도 지키기가 쉽지 않다고 했다. 이명오는 아버지로부터 물려받은 책이 1만 권이나 되었는데, 경인년의 일로 집안이 풍비박산이 되었을 때 장서 역시 상당 부분 훼손되었다.

이명오의 시집 『박옹시초泊翁詩鈔』는 사후 아들 이만용에 의해 9권 4책으로 간행된다. 이만용에 따르면 이명오는 1만 수가 넘는 시를 지었다고 하는데,[8] 김정희金正喜는 3만 수가 넘는다고도 했다.[9] 그럼에도 불구하고 고작 9권4책의 문집만을 남긴 데에는 아버지 이봉환의 문집 분량을 넘지 않도록 하라는 이명오의 각별한 당부가 있었다.[10] 「자만」 12수는 권6에 실려 있는데, 문집의 편차로 볼 때 여기에 수록된 작품들은 1814년부터 1815년 사이에 지어진 시로 추정된다.[11] 하지만 「자만」 여덟 번째 수의 "여든 되도록 세상 깃든 지 오래니, 많은 인연으로부터 해탈함이 기이하네八耋居停久 衆緣解脫奇"라는 구절을 볼 때, 이 시는 여든 무렵에 창작된 것으로 보는 편이 타당할 것이다. 이명오의 자만시는 그의 여든일곱 해의 삶이 저물어가던 어느 시점에 지어진 것이라고 할 수 있다.

3. 유형적 특성: 가장된 죽음

이명오의 「자만」 12수는 자만을 주제로 한 현전 작품 중 가장 긴 연작시다. 자만시가 지닌 주제적 일탈성이나 예외성을 감안할 때, 자만시를 쓴다는 것 자체가 시인의 처지나 입장이 매우 특별함을 의미한다. 그래서 자만시를 짓더라도 보통 한두 수 정도로 간략하게 지었다. 현전 자료 가운데 자만을 주제로 세 수 이상의 작품을 남긴 경우는 도연명의 자만시 「의만가사」 3수를 계승한 작품들이나, 16세기 노수신, 17세기 박공구朴珙衢와 이언직李言直의 작품 정도밖에 발견되지 않는다. 자만시 창작이 자신의 죽음이라는 금기를 깨는 불경한 일탈이었음을 짐작케 하는 부분이다. 이런 자만시를 12수나 쓴다는 것은 그야말로 아주 특이한 예다.

이명오는 조선 전기 남효온이나 조선 중기 최기남이 도연명의 자만시를 계승하기 위해 고시 형식을 택한 것과 달리, 오언율시의 형식을 취하고 있다. 이는 조선 후기 자만시가 만시의 단형화에 발맞춰 절구와 율시 형식을 많이 택한 것과도 무관하지 않을 것이다.

앞서 필자는 자만시가 자신을 자신이 원하는 방식으로 세상에 각인시키려는 욕구에서 기인한다고 말했다. 그런 측면에서 볼 때 자만시에 그려진 나의 죽음이란 사실상 자아를 표현하는 일이며, 죽음을 받아들이는 태도 역시 시인의 자의식과 긴밀히 관련될 문제다. 그런데 자만시의 죽음은 실제가 아니므로 작가의 상상력이 요구되며, 이것이 작품의 표현 방식에 큰 영향을 미친다. 또 만시가 상장례와 관련된 문학 양식인 만큼, 자만시 역시 상장례와 밀접한 관계를 갖게 된다. 따라서 자만시의 해명에는 허구화의 방식과 상장례의 가설假設에 대한 고려가 있어야 한다. 이를 바탕으로 자만시의 내용을 구성하는 기본 요소를 다시 한번 언급하면 다음과 같다.

① 죽음을 받아들이는 태도

② 자아 표현

③ 허구성

④ 상장례

앞의 두 가지가 자만시에 담긴 의식세계를 분석하는 기준이 된다면, 뒤의 둘은 자만시의 표현 방식과 작품 구조를 분석하는 데 유용한 기준이 된다. 이러한 기준에 따라 「자만」 12수의 주요 내용을 정리하면 다음과 같다.

순번	구성 요소	상장례 과정	주요 내용
1	① ③ ④	죽음	요행히 장수할 수 있었음, 자신의 삶에 대한 반성적 회고, 내 영구의 줄은 누가 잡아줄까?
2	① ③ ④	죽음	죽음의 정경, 썩어가는 자신의 시신, 매장 후의 정경
3	① ② ③ ④	장례	장례에 대한 바람, 자신이 좋아했던 것은 오직 책뿐임, 저승으로 가더라도 지각은 있음
4	① ② ③ ④	장례	장례의 스산한 정경, 내 죽음을 슬퍼하는 가족들, 경인년 선친의 억울한 죽음에 대한 통한
5	① ② ③ ④	(사후세계)	자유로운 사후세계와 답답했던 현실세계의 대비, 고래와 학을 탄 자아 형상의 등장, 서계庶系로서 현실 속에서 겪은 괴로움에 대한 회한
6	② ③ ④	입관	자신의 죽음 앞에 곡하는 사람들의 정경, 염습하는 과정, 신분의 한계와 곤궁 속에서도 지켜온 자존심, 벗들은 이미 모두 세상을 떠났음
7	① ③ ④	(사후세계)	부모님 구존하셨을 때에 대한 회상, 사후세계의 끝없는 즐거움
8	① ③ ④	죽음	누구나에게 찾아오는 죽음, 자식에 대한 걱정
9	① ③ ④	죽음	아내에 대한 그리움, 자식에게 책을 전함
10	① ② ③ ④	죽음 (자신의 삶 회고)	죽음을 받아들이는 자세, 부정한 현실에 어떠한 기대도 가지고 있지 않음, 항상 힘겹기만 했던 자신의 삶에 대한 회고
11	① ② ③ ④	매장	문장은 썩지 않기에 문묵으로 대신 피를 흘림, 다음 생에도 바로잡히기 어려운 일이 있음
12	① ② ③ ④	(사후세계)	홍낙임과 노긍에 대한 그리움, 남인 이가환에 대한 언급, 저승에서 만날 날을 기약함

* 번호는 이명오의 「자만」 12수 시의 순서임

** 자만시의 내용을 구성하는 요소는 번호로만 표시한다. ① 죽음을 받아들이는 태도 ② 자아 표현 ③ 허구성 ④ 상장례

*** 상장례 과정은 죽음-입관-장례-매장 중 해당 단계를 표시하고, 그 외의 내용은 괄호 안에 표시한다.

이명오 「자만」 12수는 표에서 보듯 상장례의 과정, 사후 시신의 모습, 죽음에 대한 달관의 자세, 사후세계의 가설, 자아 형상화, 자신이 겪은 험난한 현실에 대한 회고, 먼저 세상을 뜬 선배들과의 만남 기약 등 매우 다채로운 내용으로 이뤄져 있다. 자만시의 남상濫觴이라 할 도연명의 「의만가사」는 죽음부터 입관까지(첫 번째 수), 장례의식과 운구(두 번째 수), 묘지에서의 매장과 매장 이후의 일(세 번째 수)을 차례대로 기록하고 있다. 대체로 죽음으로부터 매장까지 상장례와 관련된 일체의 과정이 선조적으로 이어진다. 반면 이명오의 「자만」은 죽음에서 매장에 이르는 과정을 의도적으로 도치시키고 이질적인 내용을 담아 시인의 내밀한 의중을 드러내고 있는 점이 특징이다.

간략히 정리한다면, 1·6·11수가 자만시로서 의당 갖추어야 할 상장례라는 구성 요소에 해당되고, 2·3·4·8·9·10수는 지난 삶에 대한 회고를, 5·7·12수는 사후의 문제를 담고 있다.

바로 앞 장에서 설명한 것처럼 자만시의 네 가지 구성 요소를 기준으로 조선시대 자만시를 분류해보면 크게 세 유형으로 나눌 수 있다. 죽음을 받아들이는 태도를 중심으로 '죽음 앞의 고독' '초월적 죽음' 그리고 '가장된 죽음' 유형이 그것이다.

현재까지 발굴된 조선시대 자만시의 유형별 작품 수 분포를 보면, 죽음에 대한 달관적 시들을 포함한 '초월적 죽음' 유형의 자만시가 제일 많고, '죽음 앞의 고독' 유형과 같은 임종시 성격의 자만시가 그 뒤를 잇는다. 반면 '가장된 죽음' 유형의 자만시는 매우 드물다. 동아시아 자만시의 기원이라 할 도연명의 「의만가사」나 후대 자만시에 큰 영향을 미친 송대 진관의 「자작만사」는 '가장된 죽음' 유형에 속하는데, 조선시대에 이런 유형이 잘 보이지 않는 것은 조선의 문인들이

'나의 죽음'을 연기하고 형상화하는 데 소극적이었음을 알려준다. 그런 관점에서 볼 때 이명오의 「자만」 12수는 자만시의 시적 계보에서 개별성과 함께 독특한 위상을 지닌다고 할 수 있다. 이명오 역시 이런 자만시의 시적 전통을 명징하게 인식하고, 자신의 작품 안에서 최대한 활용하고 있음이 감지된다.

이명오의 자만시에 나타난 특징적인 면 몇 가지를 살펴보면 다음과 같다.

땅강아지 개미는 두개골 뚫고[12]	螻蟻鑽頭骨
까마귀 솔개는 내장을 쪼는구나[13]	烏鳶啄腹腸
대나무 이으면 새 쫓아낼 수 있고[14]	逐飛竹可續
석관石棺에 넣는다면 벌레 구멍 막을 수 있을 텐데	防穴石堪藏
지혜와 용기 있는 이도 모두 운이 다했고	智勇運皆盡
우매하고 어리석어 꾀하는 일 불길했지	痴愚計不臧
성대한 장례식이든 초라한 장례식이든[15]	珠襦與藁葬
백초는 날로 무성해져가누나	白草日茫茫[16]

첫 두 구는 조선 전기 남효온의 「자만사장自挽四章」(『추강집秋江集』 권1, 30쪽)을 떠올리게 한다. 남효온의 시는 현재 전하는 한국 한시 중 최초로 '자만'이란 제목을 단 작품이다. 앞서 인용했듯이 남효온은 첫 번째 수에서 "땅강아지 개미들 내 입에 들어오고, 파리 모기떼는 내 살을 물어뜯네. 새로 꼰 새끼로 내 허리 졸라매고, 헤진 거적으로 내 배를 덮는구나螻蟻入我口, 蠅蚋嘬我肉. 新繩束我腰, 弊苫蓋我腹"라며 자신의 죽음을 묘사했다. 이 '누의螻蟻' 구는 주검의 참혹한 모습을 사실적으로

그려냈다는 점에서 특별하다. 이전의 만시나 자만시에서 찾아보기 어려운 표현이다. 참혹한 주검의 모습은 남효온의 두 번째 시에서도 발견된다. "아버님 무덤 가는 길로 내 영구도 보내니, 얼어붙은 시신은 나무토막 같아라相送南陽阡, 凍屍直如木."[17]

이런 표현들은 중세 서구의 '마카브르'를 연상시키는 면이 있다. 15세기, 특히 16세기 들어 서구인들은 죽음에 대한 허구적 관념 대신 실제의 죽음에, 곧 악취를 풍기며 구더기에 뜯어먹히는 참혹한 시체의 모습에 부쩍 관심을 가지게 되었다고 한다. 아리에스에 따르면, 이것은 우리 모두의 죽음에서 '나의 죽음'으로 관심이 옮겨가는 증거라고 한다.[18] 비록 남효온이나 이명오 시만의 예외적 사례이기는 하나, 시신 훼손에 대한 묘사는 우리가 아니라 '나의 죽음'을 부각한 특징적 사례로서 주목함 직하다. 이를 통해 이명오는 '나의 죽음'이란 개별성에 더욱 초점을 맞추어, 후술할 이 시의 창작 의도를 효과적으로 부각시키고 있다. 그런 측면에서 이 시의 내용은 매우 의도적으로 배치된 것이라 할 수 있다.

다음으로 이명오의 「자만」 시에 등장하는 현실과 대비되는 사후세계 역시 남효온의 「자만사장」 및 중인문학 초창기 '육가' 중 한 사람인 최기남의 「화도정절만시삼장和陶靖節輓詩三章」을 잇고 있다.

저승 문형 노릇도 기쁘지 아니한가?[19]	修文不快活
도솔천은 과연 청정하고 한가롭구나	兜率果淸閑
영혼은 얽매임 싫어하여	靈性厭拘管
허공에 마음대로 오고 가네	虛空任往還
고래 타고 사해에 조회하고	跨鯨朝四海

학을 타고 삼신산에 깃드네 騎鶴暮三山
인간 세상 좁음을 굽어보노라니 俯看塵寰窄
죽기 전엔 어찌 그리 힘겨웠던가 死前何太艱[20]

조선 후기 자만시에는 대체로 사후세계에 대한 내용이 구체적으로 제시되어 있지 않은 편이다. 시인이 상정한 사후세계는 현실과 대비됨으로써 현실의 누추함을 두드러지게 한다. 하지만 이명오의 시에서 저승은 단순히 현실의 반면으로서의 의미에 그치지 않는다. 첫 구절 저승의 문형 노릇이 즐겁지 않느냐는 말은 여러 층의 의미를 지니고 있다. 표면적으로 그것은 자신의 죽음을 의미하는 말이지만, 한편으로는 서출로서 바랄 수 없던 문인으로서의 입신 욕망을 드러낸 것이기도 하다. 욕망의 실현마저 흔쾌히 받아들일 수 없는 뒤틀린 심리는, 얽매임을 싫어해 허공을 마음껏 오간다는 표현과 함께 현실에서 그를 구속했던 상황들에 대한 불만을 암시한다. '인간 세상의 협착함塵寰窄'이란 바로 그것을 압축한 말일 것이다.[21]

이 시에서는 또 고래와 학을 탄 자아상을 등장시켜 자아 표현으로서의 성격도 분명히 보여준다. 앞선 시기 임제가 학을 탄 자아를 등장시키고, 조임도趙任道(1585~1664)가 봉황으로 자신을 빗댄 것처럼,[22] 이명오의 시 역시 '나의 죽음'을 상징화함으로써 현실의 문제를 우회하여 표현하고 있다. 생전에 온전히 대접받지 못한 자신의 처지와 대비되는 사후세계의 영예란 결국 부정한 현실에 대한 반어적 표현이 되기 때문이다. 한편 이 작품의 자아 형상화는 이명오가 남긴 또 다른 시와도 일정 부분 관련이 있다. 그는 「도학悼鶴」이라는 제목의 시 두 수를 남겼는데,[23] 학에 대한 애도는 이 시와 연관시켜볼 때 그 자신에 대한 애도라고도 볼 수 있다. 시인의 자의식과 현실이 사이의 간극이란 측면에서 이 시의 비극성은 더욱 도드라진다.

이상을 통해 이명오의 자만시가 지닌 유형상의 특성을 살펴보았다. '가장된 죽음' 유형은 거짓 죽음의 서사가 매우 의도적이고 구체적이라는 특징을 띠고 있다. 그렇다면 이명오는 왜 거짓 죽음의 연기가 필요했던 것인가? 이에 대한 답을 창작의식에 대한 분석을 통해 찾아보자.

4. 창작의식:
고통의 기억

대체로 볼 때 자만류 문학의 창작의식은 타인이 자신의 죽음 뒤에 지은 만시·제문·묘지명 등의 문학과는 다르다. 자만시를 남긴 작가들은 자기 죽음의 의미를 소유해야 하는 이는 바로 삶을 산 자신이 되어야 한다고 생각했다. 또 삶이 자신의 정체성을 찾아가는 기나긴 여로라고 한다면, 그런 정체성은 자만시와 같은 자기표현 안에서 이뤄질 수 있다고 확신했다. 이를테면 자만시는 이러한 자기 인식을 재구성하고 세상에 각인시킬 수 있는 최선의 혹은 최후의 기회였던 셈이다. 그렇다면 이명오가 세상에 새겨넣고자 했던 자기 인식은 무엇일까? 다음 시의 구절들을 살펴보자.

〔1〕 다섯 번째 수의 함련頷聯

인간 세상 좁음을 굽어보노라니　　俯看塵寰窄
죽기 전엔 어찌 그리 힘겨웠던가　　死前何太艱

〔2〕 열 번째 수의 함련

천수를 마치기까지 세상은 늘 어지럽고 終季長擾擾

처음부터 끝까지 팔방이 어둡기만 하구나 到底八幽幽

〔3〕 열한 번째 수의 경련頸聯

이 일 끝내 판가름하기 어려우니 此事終難辦

다음 생에라도 어찌 쉽게 바라랴 來生豈易期

예시에서 드러나는 것처럼 시인은 세상의 협착함(〔1〕), 어지럽고 어두운 현실(〔2〕), 해결을 기대하기 어려운 현실의 문제(〔3〕) 등을 이야기하고 있다. 이 표현들은 모두 자만시의 관습적인 틀인 상장례 사이사이에 배치되어 시인의 자기 인식들을 재구성하고 있다. 시인이 죽음이라는 극한 상황의 가설로써 드러내고자 했던 의식의 핵심은 역시 아버지 이봉환의 억울한 죽음이었다. 그 자신과 집안의 통한이 된 경인년(1770) 아버지의 억울한 죽음과 그로 말미암아 자식들이 겪은 고초, 그리고 신원伸寃을 위한 노력이 자신이 늙어서까지도 온전히 실현되지 못했다는 것과 관련이 있다. 이명오는 1786년부터 선친의 신원을 위해 백방으로 노력했는데, 정조는 이봉환의 신원을 약속하고 1797년 이명오에게 25결에 달하는 토지를 하사하기도 했다. 하지만 정조의 갑작스런 죽음으로 신원 약속은 미뤄진다. 이 과정에서 이명오는 임금의 수레를 가로막기도 하면서 그 억울함을 강력하게 호소했다. 결국 선친의 복권은 1809년이 되어서야 김이도金履度와 김조순金祖淳 등의 도움을 받아 이뤄진다.[24] 하지만 그것이 시인 자신이 희망한 완전한 명예회복은 아니었던 듯하다. 〔3〕에서 다음 생에도 바라기 어렵다고 한 것은 이 점을 잘 보여준다. 이명오가 1830년경 이 자만시편을 쓸 때도 여전히 풀리지 않은 억울함이 남아 있음을 짐작할 수 있다. 이 일에 대한 이명오의 내심이 네 번째 수에서 잘 드러난다.

어느 때에나 다시 나를 만날까	何時復見我
친척들 함께 슬퍼하는구나	眷屬悵然同
남은 자취 꽃 아래서 찾고	遺躅尋花下
초췌한 얼굴 술 마시며 떠올리겠지	凋顏想酒中
무덤엔 한 서린 풀 맺히고	蓬科結恨草
궂은비에 선명한 무지개 뜨네	陰雨發雄虹
만겁 경인년 아픔 비한다면	萬劫庚寅痛
곤궁 따위 어찌 근심거리 되랴	寧愁一切窮[25]

뒷날 삼대에 걸친 비원이 된 경인년 이봉환의 옥사는 이명오에게 특히 큰 영향을 미쳤던 듯하다. "만겁 경인년 아픔 비한다면, 곤궁 따위 어찌 근심거리 되랴萬劫庚寅痛 寧愁一切窮"라는 미련尾聯의 표현에서 드러나듯, 경인년의 참화는 만겁의 고통으로 영원히 잊을 수 없는 것이었다. 「자만」에서는 상징적인 표현만으로 그치지만, 관련 내용이 다른 시에 자세히 서술되어 있다. 1776년에 지은 550구의 장편 고시 「만술漫述」(권1, 17~20쪽)에서는 아버지의 억울한 죽음과 그 이후 집안이 겪은 고통을 매우 상세하게 읊고 있다.[26] 그는 그 고통을 "뱃속에 수레바퀴가 움직이는 것 같은腹裏車輪動" 지극한 슬픔이라고 썼다. 그는 자신이 "눈으로 본目所到" 사실들을 이야기하겠다고 한 뒤, 아버지의 죽음 이후 집안에 닥친 비극을 매우 사실적으로 그려내고 있다.[27]

그 내용을 간추리면 이렇다. 시의 전반부인 130구까지는 자기 집안에 대한 자부심을 드러내고, 아버지가 억울하게 죽은 과정을 서술하고 있다. 내용에 따르면 경인년의 상소는 다른 사람이 감히 이야기하지 못한 사도세자의 일을 언급했는데, 아버지가 오로지 충의를 담아 쓴 것이라고 했다.[28] 이것이 결국 참화를 당한 이유다.

이어 시의 후반부까지 이명오 오형제가 아버지의 일에 연루되어 겪은 고초들이 자세히 묘사되고 있다. 선친이 평소 사랑하던 막내는 겨우 열 살 남짓의 어린아이였는데 형들과 마찬가지로 투옥되어 고초를 겪었다고 했다.[29] 당시의 상황은 희망이라고는 품기 어려운 암울함 그 자체였다. 멸문지화를 걱정해 형제들끼리 죽지 않고 살아남아야 한다고 서로 권면했다고 했다. 이들은 끝내 서로 안부도 묻지 못한 채 각기 다른 장소에 유배되었는데, 이명오 자신은 강진현으로 유배된다.[30] 이명오는 유배지에서 홀로 남은 어머니에 대한 걱정으로 도망칠 생각도 해보았지만 방법이 없었다.[31] 나머지 형제들 역시 유배지에서 갖은 고초를 겪었는데, 어린 동생은 끼니도 잇지 못할 정도였다고 했다.[32]

이때의 고통은 「만술」 전체에서 가장 빈번하게 쓰인 어휘가 '혈血'이라는 사실에서도 잘 드러난다.[33] '혈'은 본래 시에서 잘 쓰지 않는다. 이러한 자극적인 표현은 작시할 때 금기시할 뿐 아니라 시를 읽는 사람에게도 좋은 느낌을 주지 못하기 때문이다. 명대 사진謝榛은 이를 사용하면 거칠고 저급한 시가 된다고 했고,[34] 조선 후기 이익李瀷도 음험괴삽陰險怪澁한 표현을 써서는 안 된다고 지적하면서 그 예로 '혈' '골骨(白骨)'이 들어간 시구를 들었다.[35] 그럼에도 이명오가 시에서 의도적으로 '혈' 자를 남발한 것은, 아버지의 사건에 연루되어 겪은 고통이 얼마나 사무친 것이었던가를 우리에게 잘 보여준다. 「자만」 열 한 번째 수에서도 그는 아버지의 유문遺文을 편찬하는 마음을 "털을 뽑아 붓을 만들고, 흐르는 피로 먹을 대신한다拔毛爲不律 漉血代隃麋"라고 표현했다. 뒷날 자식과 조카들이 이명오 형제 앞에서 경인이라는 두 글자를 입에 담을 수 없었다고(「제중부석한공문祭仲父石閒公文」)[36] 한 데서도 드러나듯이, 그때의 사건은 이명오 당대는 물론 아들 이만용 대까지 영향을 미친 집안의 비극이었다.

이명오 형제는 결국 3년 만에 유배가 풀려 어머니와 감격적인 해후를 한다. 하지만 하늘도 무심하게 어머니는 병으로 세상을 뜨고 만다. 이명오는 해배된 뒤 아버지의 임종을 하지 못한 한을 되새기며 신원에 적극적으로 나서게 된다. 이런 사이 집안은 풍비박산이 나서 1만 권이나 되던 집안의 장서들마저 상당수 산일되는 지경에 이르렀다. 이를 이명오는 '서액書厄'이라고 표현하고 있다. 권세가들이 빼앗아 가기도 하고, 시전 상인들이 훔쳐가기도 했다. 이 과정에서 소중한 책이 찢어지기도 했고, 한 푼어치의 책값도 쳐주지 않는 일도 당했다. 심지어는 기한飢寒에 지친 늙은 여종이 책에 손을 대기도 했는데, 서쾌書儈를 불러들여 한 짐 가득 책을 빼돌렸다고 적고 있다.[37]

앞서 언급한 것처럼 이명오는 책에 대한 관심을 「장서藏書」「산서散書」「차서借書」「송서送書」「간서看書」(이상 권1, 13쪽) 등의 시로도 표현한 바 있다. 그는 세도 있는 자는 빈손으로도 얻는 것이 책이고, 또 바보 같은 놈은 푼돈도 아까워하는 게 책이라고 했다. 그래서 책을 소유하기란 참으로 어렵고, 또 소유했다 하더라도 지키기가 쉽지 않다고 했다.[38] 이명오는 자만시에서도 자신의 서벽書癖을 드러내고 있다. 세 번째 수에서 "세상일로 코밑수염 완전히 세었지만, 책을 볼 땐 눈은 절로 청안이 되었네閱世鬢全白 觀書眼自靑"라고 하였고, 아홉 번째 수에서는 "책은 똑똑한 아이에게 주겠네書籍付佳兒"라고 썼다. 그런 그가 선대로부터 물려받은 장서를 잃었을 때 느낀 상실감이란 이루 말할 수 없었을 것이다.

이상을 통해 볼 때, 이명오가 여든이 넘은 나이에 자만시를 남긴 것은 단순히 남은 생을 정리하려 했던 것이 아니라, 고통의 기억을 세상에 분명히 각인시키기 위함이었다고 볼 수 있다. 네 번째 수에서 "어느 때에나 다시 나를 만날까 하고, 가족들은 함께 슬퍼하네何時復見我 眷屬悵然同"라며 시작된 내용이 "만겁 경인년 아픔 비한다면, 곤궁 따위 어찌 근심거리랴萬劫庚寅痛 寧愁一切窮"라고 마무리되듯이, 아버지의 일은 그 자신과 가족 공동체 모두에게 절대적인 영향을 미친 일이었기 때문이다. 자만시에서 '나의 죽음'만이 아니라 '아버지의 죽음'을 등장시킨 이유가 여기에 있다.

이명오 자만시의 창작의식에서 한 가지 독특한 점은 자신의 죽음을 이야기하는 시에서 다른 사람의 이름을 거명한다는 것이다. 마지막 수를 살펴보자.

지가공 잊기 어렵고	難忘遲稼公
한원옹 매번 생각나네	每憶漢源翁
촉급한 소리 빈 골짜기에서 나오고	急響出空峽
기이한 향기 바람 따라 풍겨오네	奇香送逆風
책 보실 땐 눈이 물처럼 맑고	卷中眼似水
술 드실 땐 기운이 무지개처럼 뻗어나네	盃底氣如虹
금대는 손꼽히던 분이었는데	錦帶指先數

세상 떠나면 마침내 함께 만나겠지 終歸會合同[39]

자만시의 마지막 수에는 보통 매장과 매장 이후의 일이 담긴다. 하지만 이 시는 수련首聯에서 두 사람을 거명하고 있다. 지가공遲稼公과 한원옹漢源翁이 그들이다. 지가공은 홍봉한洪鳳漢의 아들이자 혜경궁 홍씨의 동생인 홍낙임洪樂任(1741~1801)을 가리키고, 한원옹은 당대의 천재 문인으로 평가받던 노긍盧兢(1738~1790)을 말한다. 주지하는 것처럼 홍낙임은 풍산 홍씨 가의 기대를 한 몸에 받던 인물이었지만 당쟁 과정에서 희생되었고, 이 일을 혜경궁 홍씨가 두고두고 한으로 여겼다. 노긍은 『동패낙송東稗洛誦』의 편자로 알려진 노명흠盧命欽의 아들로 과책科策·과시科詩·과부科賦는 물론 고시문古詩文에도 능했던 문사였으나 과장의 일에 연루되어 유배를 당해 불우하게 살다가 죽었다.[40] 노긍의 아버지 노명흠은 30대 이후 홍봉한 가에서 평생 숙사塾師 노릇을 했으며, 노긍 역시 이 집안사람들과 가까웠는데 그중에서도 특히 홍낙임과 가깝게 지냈다고 한다. 이들은 모두 이명오를 진정으로 인정해줬고 이명오 자신 역시 존경했던 선배 문인이었다.

이명오는 해배된 이후 줄곧 선친의 신원을 위해 필사적인 노력을 했다. 길거리에 거적을 깔고 왕이 지나가는 길목에서 수차례 탄원하다가 귀양을 가기도 했다.(『국조인물지國朝人物志』) 이 과정에서 아버지 대부터 출입했던 홍봉한 집안으로부터 큰 도움을 받게 된다. 특히 홍낙임은 홍봉한의 셋째 아들로, 아버지의 신원을 위해 적극적으로 도와준 은인 같은 인물이었다. 아버지 이봉환은 홍봉한 대에 이 집안에 출입했던 인연이 있기도 했다. 홍낙임은 번천樊川(동강東岡) 시사詩社를 열어 30년간 문원文苑을 주도했다는 평가를 받는데, 이명오 역시 이

시사에 참여했다.[41]

하지만 홍낙임은 신유박해 때 서학의 배후로 몰려 사사되었고, 노긍 역시 불우하게 살다가 오래전 세상을 뜨고 말았다. 이명오는 이들을 결코 잊을 수 없고 또 매번 생각나는 인물이라고 썼다. 아마도 그의 머릿속에는 홍낙임이 이끌던 시사와 시사에서 함께 어울리던 노긍이 영영 잊히지 않았던 듯하다. 노긍은 1790년에, 홍낙임은 1801년에 세상을 떠 이미 40여 년이 지났음에도, 시인은 자신의 죽음을 선배들 있는 곳으로 돌아가는 일이라고 규정하고 있다. 시인이 자신의 죽음을 이들과 함께 세상에 각인시키고자 했던 것이다. 이명오의 시집 중에는 두 사람을 그리워한 시들이 유독 눈에 많이 띈다.[42] 그런 점에서 이 작품은 이명오 개인의 자만시에 그치지 않고, 먼저 세상을 뜬 홍낙임·노긍과의 정신적 연대를 분명히 한 작품으로 해석할 수 있다. 그들의 삶이 비극적이었던 만큼 이명오 자신의 가화家禍와 함께 일종의 동병상련으로서 시대적 아픔을 노래한 것이라고 볼 수 있다. 이는 이명오의 자만시 외에는 유례를 찾아보기 힘든 독특한 시적 국면이다.

한 가지 덧붙일 점은 저승에서 함께 만날 또 다른 이로 금대錦帶를 꼽고 있다는 것이다. 금대는 바로 노긍 심익운沈翼雲과 함께 조선 후기 삼대 천재로 불린 이가환李家煥(1742~1801)이다. 이가환은 남인으로 신유박해 때 천주교도로 몰려 옥사했다. 이가환은 심문 과정에서 당색이 다른 홍낙임과의 교유관계를 추궁당한 적이 있는데,[43] 노긍의 묘지명을 써주기도 했다.[44] 이명오 역시 서인 노론계로 분류될 수 있는 인물이지만, 색목色目이 다름에도 불구하고 이가환을 높이 평가했음을 짐작할 수 있다. 요컨대 이명오의 정신적 연대는 당파라는 틀을 넘어 인간 가치에 초점을 맞추고 있다. 자신의 사후 만날 인물로 홍낙임·노긍과 함께 이가환을 지목한 것은 그런 점에서 또 다른 의미가 있다.

5. 결론

시인이 자만시를 쓰는 것은 자신이 원하는 방식으로 자신을 세상에 새겨넣으려는 욕구에서 기인한다. 그런 면에서 볼 때 자만시에 그려진 나의 죽음이란 사실상 자아를 표현하는 일이며, 죽음을 받아들이는 태도 역시 시인의 자의식과 긴밀하게 관련될 문제다. 이명오 역시 「자만」 12수에서 죽음을 받아들이는 태도를 통해 자신의 현실을 조명하고, 나의 죽음을 통해 내밀한 자의식을 세상에 우회하여 드러내고 있다.

이명오의 「자만」 12수는 자만시의 시적 전통을 효과적으로 활용해 고통의 기억을 세상에 각인시키는 데 성공했다. 가장된 죽음의 서사를 통해 아버지의 억울한 죽음과 서계庶系로서 온당하게 평가받지 못한 자신의 가치를 세상에 하소연하고 있는 것이다. 죽음이 멀지 않은 늘그막에 이르러 그가 자만시를 쓴 이유는, 시적 재능을 통해 집안의 비원을 세상에 알리기 위함이었다.[45] 그 비원은 아들 이만용 대에 이르러서야 이뤄질 수 있었다. 또 가까이 교유했던 인물들의 비극적인 죽음을 자신의 죽음 안으로 끌어들여 개인을 넘어 집단의 문제를 제기하고 있다. 이를 통해 다른 자만시에서 찾아보기 힘든 독특한 국면에 이를 수 있었다.

이명오의 작품이 갖는 자만시로서의 특성은 최장 연작시라는 점, 특정한 사건에 대한 기억을 위주로 작성되었다는 점, 앞서 세상을 뜬 인물들에 대한 정신적 연대를 자만시에 담았다는 점 등을 들 수 있다. 그는 자만시를 남긴 주요 작가들이 그러하듯이 별도의 자전적 작품을 남기고 있어, 「자만」 12수 이해를 돕고 있다. 일종의 참조 자료를 남겨서 자만시가 온전히 세상에 이해될 수 있도록 배려하고 있는 셈이다. 어떤 측면에서 그의 작품은 정약용의 「자찬묘지명」과도 닮아 있다.[46] 양식과 내용은 다르지만, 정약용 역시 서학 문제로 인해 자신과 주변인들이 입은 고초를 담고 있기 때문이다. 이런 자기 인식의 표현은 문학사적으로 작가가 세상에 각인하고 싶은 자신의 진실을 담는 방식으로 주목할 필요가 있다.

문학의 계보는 기원을 중심으로 고정불변하는 체계가 아니라 항상 현재 시점에서 사후적으로 배열되고 구성되는 것이라 할 수 있다. 이명오의 「자만」 12수는 그런 측면에서 우리 자만시의 시적 계보를 새롭게 구성해낸 특징적 작품으로 기억되어야만 할 것이다. 이명오의 자만시로 인해 조선시대 자만시는 이전보다 더욱 다양한 표현의 매체로서 기능하게 되었다.

典型

제2부

초상화 속 내 얼굴 : 화상자찬畫像自贊

變奏

제1장

화상자찬류 문학의 존재 양상과 자아 형상화 방식의 특징

1. 문제 제기

이규보李奎報의 「경설鏡說」에서는 흐릿한 거울로 자신의 모습을 비추어보는 거사居士가 등장한다. 거사가 가진 거울은 먼지가 끼어서 흐릿하기 그지없지만, 자신의 추한 모습을 가려줄 수 있기에 그것은 자신을 비추는 훌륭한 도구가 된다.[1] 이규보가 말한 흐릿한 거울의 미덕이란 인식론이나 심성론의 측면에서 해석될 필요가 있지만, 자아와 자아 형상의 관계에만 집중해 본다면 자신의 모습을 직시하길 꺼리는 인간의 속성을 묘파했다고 볼 수 있다. 나르키소스Narcissos가 아닌 대부분의 사람에게 자신의 모습이란 이렇게 다소는 거북스런 자아의 또 다른 투영물이기 때문이다. 『장자』「어부漁父」편에 나오는 자신의 그림자를 떨어뜨리기 위해 달음질치는 사람의 이야기처럼,[2] 자아의 또 다른 형상은 어쩌면 나 자신과 떼려야 뗄 수 없으면서도 동시에 벗어나고 싶은 대상일지 모른다. 한국 한문학 자료 중에서 이런 자아 형상에 대한 시각적 경험을 테마로 하는 일련의 작품들이 있다. 자신의 초상화를 대상으로 한 한시 및 찬贊이 그것이다. 동아시아 고전문학의 역사에서 볼 때, 자아 자체를 문학의 중심 주제로 삼는 것은 예외에 속한다. 우리가 이들 작품에 주목해야 할 이유가 여기에 있다.

이 글은 이런 문제의식에서 본격적인 연구의 토대를 마련하기 위해 이들 자료의 존재 양상과 자아 형상화 방식의 기본 특성을 검토한 것이다. 이들 작품 유형은 동아시아 고전문학의 자전적 글쓰기 전통에서 하나의 계보를 형성하는 동시에, 전통사회 문인들의 자아에 대한 시각적 경험 및 그것의 형상화 과정에서 드러나는 자아의식의 특성을 보여주는 텍스트가 될 것으로 기대된다.

자신의 초상화를 소재로 한 찬 및 한시 작품들은 기본적으로 해당 문학 양식의 상례를 벗어난 일종의 변격이라고 볼 수 있다. 대개 이런 작품은 초상화에 그려진 인물이나 그림을 그린 화가에 대한 의례적인 수사로 이뤄진다. 자신의 초상화를 대상으로 하는 것은 상대적으로 드물뿐더러, 있다 하더라도 자명自銘·자경自警과 같이 수기적修己的인 자기반성과 경계를 위해 작성되곤 했다. 하지만 이 글에서 검토하려는 작품군은 그림 속의 나를 문학의 본격 테마로 삼았다는 점에서 우리 주목을 끈다.

학계에서는 아직 이런 유형의 작품군을 포괄하는 명칭이 없다. 여기서는 논의의 편의를 위해 잠정적으로 '화상자찬류畫像自贊類 문학'이라 부른다. 이는 화상자찬이 자아 형상에 대한 시각적 경험을 가장 현저하게 보여주는 양식이라는 대표성과 이들 문학이 공통으로 기반하고 있는 자찬적 성격을 감안한 결과다.

화상자찬류 문학에서 우리가 우선 주목해야 할 점은 이런 종류의 문학을 관통하는 자전적 글쓰기 전통과 자아 인식 및 자아 형상화 방식이다. 화상자찬류 문학은 자전, 자찬묘지명, 자만시, 자제문 등 동아시아 고전문학의 변종적 양식들과 한 계열로 볼 수 있다. 따라서 화상자찬류 문학의 특성에 대한 검토는 유비관계에 있는 제 양식들에 대한 고려가 전제되어야 한다. 이 글은 이런 점을 감안하여 자전적 글쓰기의 계보 안에 화상자찬류 문학을 놓고 검토하는 방식을 취할 것이다.[3]

다음으로 눈여겨볼 것은 화상자찬류 문학이 한국 한문학에서 보기 드문 특수한 자아 표현 방식의 하나라는 점이다. 주지하듯이 주체는 객체인 타자에 의지해 자신을 인식할 수밖에 없다. 이 '객체로서의 타자'의 첫 번째 요건은 자아의 형상을 얼마나 여실히 재현 혹은 복제하느냐에 있다. 이때 사람들이 사용하는 도구가 거울이며, 보는 대상이 그림이라고 할 수 있다. 자아 형상을 진실된 자아 형상, 이상적인 자아 형상, 타인의 눈에 비친 자아 형상의 세 층위로 나누어볼 수 있다면, 화상자찬류 문학은 타인의 눈에 비친 자아 형상과 주체가 생각하는 진실된 자아 형상 혹은 이상적 자아 형상 간의 간극을 표현한 문학 양식이라고 볼 수 있다. 앞으로의 검토 과정에서 거울에 비친 자신의 모습을 읊은 임경찬臨鏡贊이나 대경시對鏡詩를 참조의 대상으로 삼은 것도 양자의 밀접한 관련성을 염두에 둔 결과다.

이러한 과정을 통해 우리는 동아시아 자전적 글쓰기의 계보 속에서 한국 화상자찬류 문학의 좌표를 규정하고, 자아에 대한 시각적 경험과 그것의 형상화 과정을 통해 작가가 도달한 자아의식의 특성이 무엇인지에 대해 검토할 기회를 얻을 수 있을 것이다. 다만 여기서 전제해둘 것은 이 글의 관심사가 초상화 자체는 아니라는 점이다. 이는 기본적으로 자찬의 대상이 된 대부분의 초상화가 전하지 않는다는 데 이유가 있다. 하지만 좀 더 근본적인 이유는 이 글의 초점이 초상화와 찬문의 관계에 있는 것이 아니라 자아를 대상으로 한 글쓰기 자체에 있기 때문이다.

2. 화상자찬류 문학에 대한 예비 검토

1) 자료의 범위와 양식적 특성

동아시아 전통사회에서 초상화는 진眞, 상像, 영影, 사진寫眞, 영상影像, 화상畫像, 진영眞影, 진정影幀, 영첩자影帖子 등으로 다양하게 불렸다. 이들 용어에서 우리는 초상화를 일컫는 대부분의 용어에 '진眞' '상像' '영影'이 포함되어 있음을 알 수 있다. 초상화에서 진이 대상 인물 속에 내재하는 불변의 존재를 포착해내야 한다는 의미를 지니고 있다면, 상은 실물과 닮게 본뜬다는 뜻을, 영은 실체가 아닌 가상假象을 의미한다고 볼 수 있다. 결국 진과 상과 영이라는 말에는 초상화가 존재의 참모습을 재현하는 것을 목표로 하지만 결코 참모습에는 도달할 수 없다는 인식이 담겨 있는 것이다. 그것은 어디까지나 실체가 아닌 모상模像이며, 진의 그림자影일 따름이다.[4]

화상자찬류 문학으로 묶어볼 수 있는 자료 유형으로는 크게 그림을 대상으로 한 것들, 거울에 비친 자신의 모습을 대상으로 한 것들, 그리고 사진에 담긴 자신의 모습을 대상으로 한 것들로 나누어볼 수 있다. 이중 화상자찬류 문학의 본령이라 할 수 있는 것은 그림을 대상으로 한 것이겠지만, 나머지 둘도 일정한 비중을 차지하고 있다.

각각의 유형은 그 매체에 따라 자아 인식 내지 표현 방식에서 차이점이 발견된다. 먼저 자아 형상을 시각적으로 경험하는 매체로서 그림과 거울이 빚어내는 유형성의 차이를 검토해보자. 초상화는 대체로 그려진 자아 형상과 그것을 보는 자아 사이에 시간적 차이가 생긴다. 따라서 그림에서는 과거의 자신과 현재의 자신 사이에 차이와 대비가 일어난다. 당대唐代의 문인 가운데 화상자찬류 작품을 가장 많이 남긴 백거이白居易는 이를 "형체와 그림자가 말없이 서로 돌아보니, 마치 동생이 나이 든 형님을 마주하고 있는 듯하네形影默相顧, 如弟對老兄"(「제구사진도題舊寫眞圖」)[5]라고 표현한 바 있다. 초상화에 담긴 자신의 젊은 시절과 현재의 모습이 대비되기 때문이다. 이때 그림 속의 나는 지금의 나와 비교한다면 젊은 모습으로서 세월의 무상함을 절감하게 만드는 계기가 된다.

물론 거울로 자기 자신을 보면서 시를 짓는 경우도 이런 예가 없는 것은 아니다. 이른바 대경시는 대개 거울 속에서 자신의 백발을 확인하고 슬퍼한다는 패턴을 취했다. 이는 삶의 유한성에 대한 한탄이라는 점에서 자신의 초상화를 보고 느끼는 감회와도 유사한 면이 있다. 하지만 거울 속의 자신과 초상화의 나를 보는 것은 공통점도 있는 반면 차이점도 있다. 그림과 달리 거울에 비친 자신의 모습은 현재성을 지닌다. 곧 그림과 달리 과거가 아니라 바로 지금의 나를 보는 것이다. 거울과 그림 속의 나 모두 실체가 아니라 존재의 '그림자'라는 점에서는 동일하겠지만, 그림 속의 나는 거울 속의 나와 달리 시간적인 격차가 존재하기 때문이다. 따라서 그림을 보고 지은 작품에는 '회고'

'추억'이 필수 요건이 된다. 또한 거울과 그림은 자기 응시의 방식에서도 차이를 지닌다. 거울의 경우 자아 응시의 방식이 직접적이라면, 그림은 상대적으로 거리를 두어 객체화·대상화할 때가 많다. 그런 점에서 나의 초상을 본다는 것은 자기 자신을 바깥에서부터 보는 행위로서의 성격이 강해진다. 이에 따라 자아에 대한 표현도 백발을 확인하고 슬퍼한다는 패턴을 취하기보다는 대상화된 자신을 조소하고 희화화할 때가 많다. 같은 상황을 다루면서도 유형적인 감정으로 처리한 것이 아니라, 자기의 정황을 거리를 두고 바라봄으로써 자신을 조소하거나 희화화할 수 있었던 것이다. 그렇기에 화상자찬에서는 종래에 없던 자아 표현의 신선함을 느낄 수 있다.

그림이나 거울과 또 다른 성격을 갖는 것이 사진이다. 사진을 보고 쓴 자찬은 상대적으로 매우 희소하다. 서구 문물이 본격적으로 유입된 19세기 후반부터나 가능했던 일이기 때문이다. 사진은 재현이라는 측면에서는 그림과 유사하지만 좀 더 핍진하다고 볼 수 있으며, 거울처럼 자신의 모습을 그대로 비춰주지만 바로 지금의 나를 반영하는 것만은 아니다. 또한 사진은 피사체에 대한 사실적 재현으로서, 그림처럼 형사形似의 문제를 논의할 필요가 없다. 그렇지만 정작 당시 사람들에게 사진은 신기한 서구 문물이었던 만큼 어떤 면에서는 초상화보다 더 생경하게 다가왔던 듯하다. 이런 점 때문에 사진에 대한 자찬은 자기 자신을 대상화해서 보는 성격이 좀 더 강하게 드러나는 듯하다.[6]

찬贊은 본래 중국 고대의 국가의식에서 노래를 하기 전에 악관樂官들이 설명하는 행위를 일컬었다. 이 찬 양식을 사마상여司馬相如가 활용해 「형가찬荊軻贊」이라는 최초의 찬 작품이 나온다. 찬은 한편으로 역사서에서 쓰여 인물에 대한 비평과 기술 내용에 대한 간결한 요약의 역할을 하기도 했다. 『사기』의 본기와 열전 끝 부분에 기록되어 있는 총체적인 평가 역시 찬이라 할 수 있다. 또 곽박郭璞이 『이아爾雅』에 주석을 달면서 동식물에 대한 찬을 남기기도 했다.

찬은 크게 잡찬雜贊, 애찬哀贊, 사찬史贊으로 나누어볼 수 있다. 그림에 대한 찬인 화찬畫贊은 이중에서 대상에 대한 찬미에 집중하는 잡찬으로 분류된다.[7] 또 찬은 산문으로 쓰는 것과 운문으로 쓰는 것이 있는데,[8] 여기서 다룰 화상자찬은 운문에 속한다. 운문문학으로서의 찬은 4언구로 된 것이 많으며, 대체로 사물 및 타인에 대한 찬양을 나타내기 위해 쓰인 문학이라고 볼 수 있다.[9]

도찬圖贊 혹은 상찬像贊이라고도 부르는 화찬은 선진先秦부터 위진魏晉 시기까지 크게 유행했다. 진晉 하후담夏侯湛의 「동방삭화상찬東方朔畫像贊」 같은 작품이 대표 격이다.[10] 화찬은 그림에 대한 운문이라는 점에서 제화시題畫詩와도 서로 통하는 부분이 있다. 화찬은 특히 당대唐代에 이르러 제화시와 함께 내용과 형식이 난숙해졌다는 평을 얻었다.[11] 대표적인 화상자찬 작품인 배도의 「화상자찬」 역시 이런 문예적 환경 속에서 탄생되었다. 배도와 교유했던 백거이 역시 「자제사진自題寫真」과 같은 자제화상시自題畫像詩들을 남기고 있는 점이 흥미롭다. 이외에도 송대 육유의 「방옹자찬放翁自贊」이 후대에 상당한 영향을 미쳤던 것으로 보인다.

화상자찬은 그림에 대한 찬이라는 점에서 잡찬, 자신의 삶에 대한 회고적 반추이면서 죽음도 어느 정도 상정한다는 점에서 애찬의 성격도 일부 지니고 있다. 이런 면에서 화상자찬은 그려진 대상에 대한 찬사 위주의 일반 화찬과는 분명히 구별된다.[12]

한시도 마찬가지다. 자신의 초상화에 쓴 자제화상自題畫像, 자제사진自題寫眞, 자제전신自題傳神, 자제소조自題小照 등의 제목으로 쓰인 한시들은, 초상화에 그려진 상대에 대한 의례적 수사로 이뤄지는 일반적인 화상시畫像詩와는 다르다. 공신도功臣圖 등을 대상으로 지어진 시들이 그림 속 인물에 대한 단순한 칭송에 그치고 있는 데 반해, 자신의 초상화에 대해 쓴 시는 자아에 대한 시각적 경험을 바탕으로 다양한 자아 표현이 이뤄진다는 차이점이 있다. 동시에 자아에 대한 대상화를 통해 자신의 삶 전반을 회고·반추한다는 점에서 자전적 글쓰기로서의 성격을 띠게 된다.

2) 선행 연구의 검토와 자전적 글쓰기 전통과의 관계

화상자찬류 문학의 검토에서 또 한 가지 중요한 것은 그림과의 관계다. 이에 관해서는 이미 강관식이 한 차례 논의한 적이 있다. 그는 초상화에 대한 자찬과 자제시를 초상화의 원본이 모본을 보고 그린 또 하나의 초상으로 보고, 이를 다시 원본과 모본과의 관계 속에서 재성찰해 초상화 아이콘Icon의 실존적 의미와 기능에 대해 생각해보고자 했다. 이런 관점에서 그는 초상화와 화상자찬류 문학의 관계를 재현의 원본이 직접 자신의 재현 과정에 개입하고 또한 재현된 모본을 평가하고 발언함으로써 스스로 재현되기도 하고 재현하기도 하는 재현의 객체화·주체화 현상이 동시에 일어난다고 규정했다. 아울러 초상화에 대한 자찬은 성리학의 수기적 의식의 과정이고, 그 과정의 기록이며 또한 그 실천의 다짐이자 확인이었다고 설명했다.[13] 강관식의 연구는 이 방면의 선구적 연구인 동시에 초상화와 화상자찬류 문학의 관계를 깊이 있게 해명한 노작이라고 평가할 만하다. 하지만 원래 목적한 것이 초상화 자체의 실존적 의미와 기능인 만큼 화상자찬류 문학 자체에 대한 해명으로서는 미흡한 점이 있다. 문학적 관점에서 볼 때 이에 대한 연구는 다음 두 측면에서 보완이 필요하다.

먼저 화상자찬류 문학이 기본적으로 그림과 결부된 것이라 해도, 이런 글쓰기 방식이 그림에 대한 논의로만 해석될 수 있느냐라는 문제다. 화상자찬류 문학은 대체로 화가 스스로 쓴 자화상에 대한 코멘트가 아니다. 조선 전기의 김시습金時習, 조선 후기의 이광좌李光佐나 강세황姜世晃 같은 일부 문인화가의 예가 있긴 하나 대부분 문인이 자신을 그린 초상화를 시각적으로 경험하고 그에 대한 감상을 서술한 내용이다. 따라서 초상화에 대한 화론적畫論的 언급 위주로 이들 문학의 특성에 접근해서는 도리어 중요한 부분을 놓칠 가능성이 있다. 그런 측면에서 이들 문학의 자아 형상화 방식에 대한 더욱 포괄적으로 접근할 필요가 있다. 이런 글쓰기 방식은 일련의 자전적 문학 양식들과 함께 형성된 것으로 화상자찬류만의 특성이 아니기 때문이다. 조선 중기 이수광의 언급은 이를 분명히 보여준다.[14]

> 옛날 도연명은 스스로 자신의 만사와 「오류선생전」을 지었고, 배진공裵度은 스스로 자신의 화상찬을 지었으며, 백낙천白居易은 스스로 「취음선생전」과 자신의 묘지명을 지었다. 또 소강절邵雍은 스스로 「무명공전」을 지었으며, 진요좌는 스스로 묘지를 지었다. 근세에 노소재盧守愼 또한 지문을 스스로 지었으니, 혹시 이름에 뜻을 두었던 것일까?[15]

여기서 잘 드러나듯이 전통사회 문인들 역시 자만시, 자전, 화상자찬, 자찬묘지명 등을 같은 계열의 문학이라고 인식했다. 이들 문학의 공통점은 작가 자신이 원하는 방식으로 자신을 세상에 각인시키려는 욕망에 있다고 할 수 있다. 따라서 우리는 화상자찬류 문학의 자아 형상화 방식의 분석을 통해 그 욕망의 기저를 구명할 필요가 있다. 그러므로 초상화와의 관계에만 집중하는 것은 화상자찬류 문학의 또 다른 면모를 놓치게 할 수 있다.

이런 자전적 문학작품을 남긴 작가들 중 상당수가 한 종류의 문학만이 아니라 동시에 여러 종류의 자전적 작품을 남기고 있다는 점 또한 유의할 대목이다. 중국에서는 도연명이 자만시·자제문·자전을 남겼으며, 백거이는 자전과 자제화상시를 남겼다. 우리에게도 노수신이 자찬묘지명과 자만시가 전하며, 최기남은 자전·자만시·자제문을 함께 남겼다. 화상자찬류 문학을 남긴 작가들을 보더라도 이규보, 강세황, 남유용南有容, 이만수李晩秀, 유언호兪彦鎬, 유한준兪漢雋, 남공철南公轍, 이건승李建昇 등이 기타 양식의 자전적 문학작품을 함께 남겼다. 특히 남유용과 유언호는 화상자찬의 내용을 자찬묘지명에 활용하고 있어, 양자의 밀접한 관계를 짐작할 수 있다. 이런 점을 감안할 때 화상자찬류 문학은 의당 자전적 글쓰기 전통과의 관계 속에서 검토되어야 할 것이다.

다음으로 화상자찬류 문학이 과연 수기적 의식세계의 기록이며 실천의 다짐만을 위해 쓰인 것인가에 대한 의문이다. 필자가 살펴본 자료만을 놓고 보더라도, 이런 틀로 한정지을 수 없는 자유롭고 다양한 의식이 발견된다. 강관식이 언급한 수기적 작품들이 여러 편 존재하는 것은 사실이지만, 그것들은 대부분 자명自銘이나 자경自警 형식의 글로서 자찬과는 일정하게 다른 유형을 띤다. 문학적으로 볼 때도 이런 상투적 의식을 벗어난 작품에 대한 부각이 필요하며, 이것이 어떤 자아의식과 관련되었는가가 더 궁금한 문제일 것이다.

3. 화상자찬류 문학의 자아 형상화 방식

1) 보잘것없는 나: 자기평가와 숨겨진 동기

앞서 언급한 것처럼 사찬史贊은 전傳 뒤에서 입전 인물을 찬미하는 동시에 총체적으로 평가하는 역할을 한다. 종류는 다르지만 화상찬에서도 이 점은 유사하게 나타난다. 화상찬에서는 초상화에 그려진 인물을 대상으로 찬미와 평가가 이뤄지곤 한다. 평가 내용은 그림의 유형과도 일정한 관련을 맺는데, 공신도가 일반 초상화에 비해 찬양의 정도가 더 높은 것으로 보인다. 하지만 일반 초상화라고 하더라도 아무나 그려지는 것은 아니고, 한편으로 각별한 조상 숭모 사상과 관계된 만큼 그 화상찬 역시 객관적인 평가보다는 찬양 일변도의 내용이 되기 쉽다. 화상자찬류 작품에서는 찬 문체 일반의 인물 평가 방식이 작자 자신에게 적용된다. 조선 전기 채수蔡壽(1449~1515)의 화상자찬은 전형적인 예다.

네 모습은 출중하지도 못하고

네 재주는 뛰어나지도 않구나
옛날에 진국공晉國公(배도裵度)이 있었다면
오늘날엔 내(채옹蔡翁)가 있다네
운대에 그려진 공신도
내 분수 밖의 영예구나[16]

운대雲臺라는 표현을 볼 때 이 글은 자신을 그린 공신도에 대한 찬문으로 추측되는데, 그려진 자신의 모습에 대한 구체적인 묘사는 아예 빠져 있다. 이 점은 상당수의 화상자찬에 공통되게 나타나는 측면이다. 반면 화가 자신의 자화상에 대한 자찬에서는 그림 속 형상에 대한 구체적인 묘사나 설명이 뒤따르곤 한다. 이광좌나 강세황의 자화상에 대한 자찬이 대표적인 예다.[17] 이런 점은 그림의 구도를 직접 결정하는 화가와 그렇지 않고 단순히 피사체로서의 역할만 한 문인 사이의 차이점이라고 할 수 있다. 요컨대 일반 문인에게 화상은 타인의 눈에 비친 나의 모습에 해당되는 것이라고 할 수 있다. 이 작품에는 아울러 화상자찬의 전형적인 글쓰기 방식도 계승되어 있다. 「인천군화상자찬」의 첫머리인 "네 모습은 출중하지도 못하고, 네 재주는 뛰어나지도 않구나爾貌不揚 爾才不長"는 대표적인 화상자찬 작품인 당대 배도의 「화상자찬」 "네 재주는 뛰어나지도 않고, 네 모습은 출중하지도 못하구나爾才不長 爾貌不揚"로부터 온 것이다.[18] 다음 구절에서 채수 자신과 대비된 진공 역시 배도를 가리킨다. 배도는 번진藩鎭의 반란을 진압한 공로로 진국공晉國公에 봉해진 적이 있기 때문이다. "네 재주는 뛰어나지도 않고, 네 모습은 출중하지도 못하구나爾才不長 爾貌不揚"의 순서를 바꾸었지만 동일한 표현임이 분명하다. 글의 모두에서 자신을 대상화하는 동시에 자신의 가치를 낮추어 평가하는 이런 표현은 화상자찬의 전형적인 글쓰기 방식의 하나다. 채수가 쓴 화상자찬의 내용 역시 말 그대로 겸사다. 보잘것없는 자신이 과분한 영광을 얻었다는 것이다. 이런 표현은 자찬이기에 빚어진 자연스러운 결과일 것이다.

화상자찬류 문학에서 이뤄지는 자기평가는 이렇게 자신을 낮춤으로서 겸양의 미덕을 앞세우는 것이 일반적이다. 하지만 자기평가의 내용과 방식은 작가별로 조금씩 다른 모습을 보인다.

〔1〕 홀로 공부하여 고루하니
도를 들은 것은 자연 늦었지
불행은 모두가 자신이 만든 것이라
어찌 스스로 반성하지 않으리?
백성에게 덕을 보인 것이 무엇이기에
네 번이나 대신이 되었단 말인가
요행으로 그렇게 된 일이기에
모든 비난을 불러들였다[19]

— 이제현李齊賢, 「익재진자찬益齋眞自讚」 부분

〔2〕 이 늙은 것아, 너는 학술이 없으면서, 사문에 참여하게 되었으니, 다행스런 일이다.
너는 덕업이 없으면서, 대신의 지위에 올랐으니 다행스러운 일이다.
네가 아무리 적선한 것도 없는데, 계승할 자손이 있으니, 다행스러운 일이다.

아아, 그런데 너의 다행은 국가로서는 불행이로구나.[20]

— 이첨李詹, 「화상자찬畫像自贊」

〔3〕 (나 자신을) 만일 정몽주鄭夢周의 탁월함과

박의중朴宜中의 치밀함과

설장수偰長壽의 精敏함과

하륜河崙의 뛰어남과

권근權近의 온화함과

정도전鄭道傳의 해박함에 견준다면

이른바 가짜 옥과 아름다운 옥의 차이가 있다고 하겠다[21]

— 이숭인李崇仁, 「향승지암사여누진, 인작찬鄕僧止菴寫余陋眞, 因作讃」 부분

오늘날 전하는 것 중 비교적 초기에 속하는 세 작품은 모두 자기평가의 내용을 담고 있다. 이제현(1287~1367)의 화상자찬 〔1〕은 자신의 삶에 대한 반성적 회고의 측면이 강하다. 작가는 불행이란 모두 자초한 것이고 주변의 비난도 모두 자기로부터 비롯되었다고 했다. 이첨(1345~1405)의 화상자찬 〔2〕는 이런 반성이 자기 조소나 희화화의 방식으로 표출된 것이다. 그는 자신과 타인, 자신과 국가를 대비시켜 자신의 행운이 타인과 국가의 불행이 된다고 했다. 흥미로운 것은 그 비교 대상이다. 이숭인(1347~1392)의 화상자찬 〔3〕은 주변인들과의 비교를 통해 자신을 규정한다. 자신의 재주와 학문은 주변의 탁월한 인재들에 비해 보잘것없다고 말함으로써 자신을 비교 대상보다 가치가 낮은 존재로 평가하고 있다. 화상자찬류 문학에서 이런 유의 자기평가 내지 자아 인식들은 통시적으로도 꾸준히 유지되었다. 강세

황이나 이언진李彦瑱처럼 자부를 드러낸 경우가 없지 않지만,[22] 이는 극히 예외로서 별도로 다뤄야 할 것이다. 겸양을 앞세운 이런 글쓰기 방식은 앞서 말했듯 화상자찬의 전형적인 글쓰기 방식 중 하나다. 그런데 이런 작품들 중에는 단선적인 자기평가만이 아니라 작자 자신의 단순치 않은 심경을 담은 것도 있다. 김시습(1435~1493)의 「자사진찬自寫眞贊」이 그런 예다.

이하李賀를 내려다볼 정도니
해동에서는 대적할 자 없으리
소문 자자한 이름과 부질없는 명예
너에게 무엇이 걸맞으랴?
네 모습은 지극히 미세하고
네 말은 너무나 유치하다
네가 있어야 할 자리는
의당 산과 골짜기 속이리[23]

김시습의 화상자찬은 17세기 초반 간행된 『매월당시사유록梅月堂詩四遊錄』 책머리에 초상화와 함께 판각되어 전한다.

이 그림은 16세기 말 무량사無量寺에 있던 김시습의 자화상을 모각模刻한 것으로, 오늘날 전하는 초상화 가운데 원본에 가장 가깝다고 한다.[24] 초상화를 보면 김시습은 평량자형平涼子型(차양자遮陽子)의 갓笠을 쓰고 야복野服 차림인데, 안면 및 의습 처리가 조선 초기 초상화의 전형적인 양식을 보여준다.[25] 기록에 따르면 김시습은 생전에 노老·소少 두 상을 직접 그렸다고 하는데, 이 그림은 아마 그중 하나

김시습 자화상

일 것이다.[26]

김시습은 이 작품에서 '귀재鬼才'라 불렸던 중당中唐의 시인 이하李賀를 자신의 평가 척도로 삼고 있다. 이하를 내려다보고 해동에서 뛰어나다고 언급한 데서 시인의 남다른 자부심을 읽을 수 있다. 또 걸출한 시인 중에서도 굳이 이하 같은 괴짜와 비교한 데서 평범치 않은 면모도 동시에 드러낸다. 하지만 소문이 자자한 자신의 명성이란 그저 부질없고 자신에게 걸맞은 평가가 아니지 않느냐고 자문하고 있다. 후반부 4구는 그런 자신에 대한 자조적인 평가를 담고 있다. 보잘것없고 어리석은 자신이 있을 곳이란 외진 산과 골짜기라고 한 마지막 부분이 특히 강렬한 인상을 남긴다. 이 표현은 『세설신어世說新語』에 나오는 고개지顧愷之의 고사에서 비롯된 것이다. '이형사신以形寫神' '전신사조, 정재아도중傳神寫照 正在阿堵中'이라는 화론으로 유명한 동진東晉의 대화가 고개지는 사곤謝鯤의 초상화를 바위 속에 있는 모습으로 그렸다. 다소 뜻밖의 초상화 구도에 대해 다른 이들이 의문을 제기하자, 그는 사곤이 은거를 지향했음을 상기시키며 "이 사람은 의당 산과 골짜기 속에 두어야 한다此子宜置丘壑中"고 답했다.[27]

따라서 마지막 구절은 자신이 있어야 할 곳이 속세가 아니라 강호임을 밝힌 것으로 볼 수 있다.[28] 다만 바로 앞의 표현 "네 모습은 지극히 미세하고, 네 말은 너무나 유치하다爾形至眇, 爾言大侗"를 감안한다면, 그 은거 의지는 세상에 나가 제 몫을 할 수 없을 것이라는 자조적 의식의 일단이다. 그렇지만 다른 사람도 아닌 자신이 그린 그림에 이런 찬을 단 점, 자신이 그린 젊은 시절과 노년기의 자화상 중 노년의 화상에 썼다는 점, 이때 그는 아내의 죽음 후 다시 산으로 돌아가 출가자가 되어 있던 상태였다는 점 등을 감안할 때, 문면의 의미만으로는

드러나지 않는 숨겨진 동기가 있을 것이다.[29]

김시습의 「자사진찬」은 이전까지의 단선적인 자기평가로 이뤄진 화상자찬과 달리 굴절된 자기표현과 독특한 자기규정 방식을 보여주고 있다는 점에서 의의를 지닌다. 김시습은 시세계 안에서 유독 자신의 정신 지향을 드러내고 삶을 돌이켜보는 자화상과 같은 작품이 많은 것으로 보고된 바 있다.[30] 특히 도연명의 「형영신形影神」 시에 화운한 「화정절형영신삼수和靖節形影神三首」와 자신의 삶을 총결한 「아생我生」 같은 작품은 이런 특성이 잘 드러나는 예다. 그런 측면에서 이 작품의 미묘한 구성 방식과 마지막 구절 "네가 있어야 할 자리는, 의당 산과 골짜기 속이리宜爾置之, 丘壑之中"의 글쓰기 방식은 특히 주의 깊게 봐야 할 것이다.[31] 자기평가의 비교 대상으로 이하를 선정했다는 점이나 마지막 구절에서 자신의 지향을 분명히 드러내고 있다는 점에서, 「자사진찬」은 단순한 자기 비하나 자조적인 자기표현 방식과 차별성을 지닌다. 이를테면 그것은 그림 자체에 대한 것이라기보다 세상에 대한 자기 선언과 같은 것이었다고 볼 수 있다. 이이李珥가 쓴 「김시습전」을 보면, 이 무렵 양양부사로 있던 유자한柳自漢이 가업을 다시 일으키기 위해 세상에 나올 것을 권고했지만 김시습이 편지로 그 제안을 거절했다는 일화가 나온다. 편지에서 김시습은 낙백落魄한 채로 세상을 살기보다는 소요자적하면서 일생을 보내는 편이 낫다고 적고 있다.[32]

화상자찬은 기본적으로 그림에 대한 언급이지만, 김시습은 단순히 그림 속 자아 형상에 대한 불만이 아니라 그림 밖 현실에 대한 불만을 반어적으로 표현한 듯하다. 그가 굳이 자화상에 자신의 소신을 다시 한번 밝힌 것은 자신과 관련된 일체의 논란을 불식시키고 자신을 자신이 원하는 방식으로 세상에 새겨넣으려는 시도였다고 볼 수 있다. 그런 측면에서 자부와 자조가 엇갈리는 작품 구조는 무언가 뒤틀린 자기표현으로서의 의미도 동시에 지닌다고 할 수 있다. 작품이 갖는 이런 미묘함은 우리에게 작가의 뒤틀린 자기표현을 낳은 작자 내면의 숨겨진 동기에 대해 궁금증을 갖게 한다.

2) 낯선 나: 시간의 흐름과 이중의 자아

앞서 언급한 것처럼 화상자찬류 문학에는 일반적으로 시간의 경과라는 함수가 끼여 있다. 초상화에 그려진 모습은 고정불변하지만 인간은 세월의 흐름에 따라 변화하기 때문이다. 작가는 이 과거의 나를 대면하면서 자연스럽게 현재의 나 자신을 되돌아본다. 17세기 허목許穆(1595~1682)의 「사영자찬寫影自贊」은 바로 이런 과거와 현재 모습 사이의 격차를 문제 삼고 있다. 그의 둘째 아우 허의許懿가 그려준 두 점의 초상화가 있었다. 한 폭은 허목의 23세 때의 모습을 담고 있고, 또 다른 한 폭은 노년의 모습을 상상하여 그린 그림이었다.[33] 허목은 훗날 우연히 책을 보다가 23세 무렵의 초상화를 접하게 된다. 이때 그의 나이는 70세였다. 거의 50년이 지난 뒤라 마치 다른 사람처럼 낯설게만 느껴지는 자신의 모습에 서글퍼져 그는 다음과 같이 적고 있다.

모습은 형태가 있지만
정신은 형태가 없으니

유형인 것은 본뜰 수 있지만
무형인 것은 본뜰 수 없네
유형인 것은 일정하고
무형인 것은 완전하네[34]
유형인 것 쇠하면
무형인 것도 사라지고
형체 있는 것이 다하면
무형인 것도 떠나리[35]

허목은 세월의 흐르면서 자신의 모습이 변한 것을 병서幷序에서 "늙고 쇠잔해져 내 초상화를 대하고 있노라니 마치 다른 사람 같구나老敗對影, 如別人"라고 썼다. 작가는 형체가 없어지면 정신도 사라진다는 유가적儒家的 명제를 통해 삶의 유한성에 대한 회한을 내비치는 것으로 글을 맺고 있다.

허목의 화상자찬이 보여주듯이 세월의 무상함에 대한 인식은 작가가 자신의 초상화를 보고 느끼는 주요한 국면의 하나다. 이런 국면은 이미 동아시아 문학사상 가장 두드러진 자제화상시 작가 중 한 사람인 백거이에게서 발견된다. 그는 「자제사진自題寫眞」(39세 작), 「제구사진도題舊寫眞圖」(46세 작), 「감구사진感舊寫眞」(58세 작), 「향산거사사진시香山居士寫眞詩」(71세 작) 등 일련의 작품을 남겼는데,[36] 이들은 모두 시기별로 그려진 자신의 초상화를 대상으로 삼고 있으며, 시간의 흐름을 언급하고 있다. "옛날 내 나이 서른여섯 시절, 모습이 그림에 그려져 있구나. 이제 내 나이 마흔여섯, 쇠한 모습으로 강을 임한 성곽에 누워 있구나我昔三十六, 寫貌在丹青. 我今四十六, 衰顇臥江城"와 같이 그림에 그려진 나와 현재의 나 사이의 변화를 묘사한다. 두 나 사이의 시간상의 격차는 다른 작가들에게서도 많이 발견된다.[37]

그런데 이 그림 속의 나는 과거의 모습으로서 자연 현재의 나와는 다른 모습이다. 마치 타인과도 같은 이 낯섦은 때로는 객체화되기도 한다. 현재의 내가 또 다른 나(그림 속의 나)에게 말을 거는 것이다. 이만영李晚榮(1604~1672)의 화상자찬이 그런 예다. 병서幷序에 따르면, 이만영은 병자호란이 발발한 해인 1636년 동지성절천추진하사冬至聖節千秋陳賀使의 서장관으로 명나라에 갔다가 강남의 화가 호병胡炳을 만나서 초상화를 그렸다. 호병의 초상화는 매우 뛰어나서 보는 사람마다 꼭 닮았다고 하지 않은 사람이 없었는데, 이만영 스스로도 거울에 비친 자신의 모습과 똑같아 마음에 흡족했다. 이만영은 이 그림을 보배로 여겨 함에 넣어 소중하게 보관한다. 18년 뒤인 1653년 강릉부사로 있던 이만영은 공무를 마친 여가에 함을 열어 초상화 족자를 펼쳐놓고 거울에 비친 자신의 모습과 다시 비교해봤다. 하지만 그림을 그릴 때와 달라진 자신의 모습은 그림 속의 나와는 완연히 다른 형상이었다. 그는 낯선 옛날의 나에게 말을 건다.

> 네가 지금의 나란 말인가? 내가 오히려 젊었을 때구나.
> 내가 예전에 너였던가? 나 홀로 늙고 말았네.
> 십팔 년 사이에 나도 네가 내 참모습인지 몰라보게 되었으니
> 수십 년 뒤에 누가 내 그림자가 너인지 알겠는가?
> 오직 각자 몸을 온전히 보전하고
> 원래의 면모에 더 보태려 하지 말자꾸나.
> 명산에 간직되어

너는 너의 처소를 얻었고
나는 내 자신 존중하며 세상 살아가리니
내가 어찌 너를 부러워하랴?[38]

이만영은 현재의 자신과 그림 속 자신의 차이에 큰 충격을 받았음을 드러낸다. 18년 동안 나 자신도 그림 속의 내가 나의 참모습인지 몰랐으니, 앞으로 수십 년 뒤에는 누가 그림 속의 모습이 나의 그림자(초상화)임을 알겠느냐는 것이다. 그림 속의 나는 지금의 나와는 달리 젊은 모습을 유지하고 있기 때문이다. 하지만 이만영은 그림 속 나의 젊음을 부러워하지 않고 각자의 자리에서 본분을 지키며 살아가자고 다짐한다. 그런 까닭에 과거의 나는 나대로 지금의 나는 나대로의 삶이 있는 만큼 그림 속의 나를 부러워할 필요가 없어진다.

이만영의 화상자찬은 도연명의 「형영신」 시 중 형체形와 그림자影의 대화를 연상시킨다. 이는 두 존재의 내가 등장한다는 점에서 자아의 이중성을, 현재의 내形가 그림 속의 나影에게 말하고 있다는 점에서 자아의 분리를 유발한다. 다른 한편으로는 외재화된 나를 통해 나 자신을 재성찰하도록 하는 효과를 가져오기도 한다. 이런 자아 간의 대화가 매우 흥미롭게 제기되는 작품 중 하나가 18세기 조구명趙龜命(1693~1737)의 「소상자찬小像自贊」이다.

살아 있는 건천자가 그림 속 건천자에게 물었다. "너는 어찌해서 공자와 같은 단정하고 기다란 눈과 크고 깊은 입이 아니며, 어찌해서 여래와 같은 정수리와 손이 아니며, 어찌해서 나타태자 같은 머리 셋에 여덟 개 팔이 아닌가? 그대가 스스로 여느 사람과 다르다고 하는데, 나는 다른 점을 볼 수가 없구나." 그림 속 건천자가 웃는 듯 웃지 않는 듯, 웃음소리가 들리는 듯 들리지 않는 듯 말하기를, "그대는 한유의 「획린해獲麟解」를 보지 못했던가? (기린이 기린이 되는 것은) 덕 때문이지 형체 때문이 아니라네. 그대는 홍생洪生의 「천리마설千里馬說」을 듣지 못했던가? 마구간에서는 땅 위에 엎드려 있다가 채찍질을 받으면 번개처럼 훌쩍 달려 나간다네. 그러므로 형체만 비슷하고 덕이 없는 것은 기린이 아니며, 그 모습은 아니라도 달리는 재주가 있다면 천리마일세. 지금 하목河目과 해구海口는 아니지만 공자와 같고, 육계肉髻와 윤장輪掌은 아니지만 여래와 같고, 세 개의 머리와 여덟 개의 팔은 아니지만 나타태자와 같다면, 이것은 그 다름이 더욱 기이하지 않겠는가?" 살아 있는 건천자가 그림 속의 건천자에게 머리를 조아리고 두 번 절하며 큰 술잔으로 300잔을 주어 이 말에 사례하지 못함을 한스럽게 여기고는 "내가 자네 대신 마시고, 자네와 더불어 길이 사귀리라"고 했다.[39]

이 글에서 흥미로운 점은 '살아 있는 건천자活乾川'와 '그림 속 건천자畫乾川'의 관계에 있다. 여느 화상자찬 작품과 달리 이 글에서는 형체가 그림자에게 말하는 방식이 아니라 형체와 그림자가 서로 문답을 진행하고 있을뿐더러, 그림자가 대화를 주도하고 있다. '희제戲題'라고 했지만, 조구명은 현재의 나와 그림 속의 내가 문답을 하는 방식으로 자신의 남다른 가치가 외형에 있는 것이 아니라 내면에 있음을 강조하고 있다. 일반적으로 형체가 그림자에게 일방적으로 말할 때 그림 속 자아는 현실 속 자아의 객체 역할에 그치며, 낯선 나로서 끝내 자아와 통합하지 못한다. 앞서 인용한 이만영의 작품에서 자아와 자아는 끝내 합일되지 못한 채 각자의 길을 가는 것도 이런 예에 속한다. 반면 이 글의 '그림 속 건천자'는 또 다른 자아, 곧 작자 자신의 페르소나persona와 같은 역할을 하고 있다. '그림 속 건천자'의 입을 통해 말하는 내용들이란 사실 조구명 자신의 생각을 대변하는 것이다. 그런 까닭에 '살아 있는 건천자'와 '그림 속 건천자'의 문답은 결국 상호 이해를 통해 자아 간의 합일을 암시하는 단계에까지 도달한다.

유언호兪彦鎬(1730~1796)의 「제견본소상題絹本小像」은 자찬은 아니지만 이 낯선 나의 동일성에 대한 의문-수용-합일(통일)의 과정을 보여주는 좋은 예다. 세 부분으로 된 글 중 첫째와 마지막 부분의 글을 보자.

> 산중의 집에서 물아의 구별을 잊은 채 고요히 앉아 벽 사이를 돌아보니 홀연히 또 하나의 내가 나타났다. 나 같기도 하고 아닌 것도 같은 데 모두 좋아라 할 만한 것이었다. 나 같다고 여기면 내가 보는데도 어째서 눈동자조차 움직이지 않는지? 내가 말하는데도 무엇 때문에 입을 다물고 있는지? 아니라고 여기면 정수리는 어찌 그리 뾰족하고 광대뼈는 어찌 그리 돌출해 있으며 정신은 어찌 그리 침체되고 수염과 눈썹은 어찌 그리 하얘졌는지? 나 같은 것이 내가 아니고 나 아닌 것 같은 것이 나임을 알겠는가? 비교할 것도 없다. 오직 비슷하게 닮은 사이에서 마치 마음을 비우고 담담히 하여 얻음과 잃음이 같고 삶과 죽음을 하나같이 여기는 듯한 생각이 희미하게 보여 깨닫지 못하는 사이에 한 번 빙그레 미소 짓게 된다.
>
> (…)
>
> 그러나 그 없음의 관점에서 본다면 삼천대천세계三千大天世界가 마치 병자의 망상 속의 꽃과 같이 피었다 졌다 하고, 그 있음의 관점에서 본다

> 면 모습과 그림자, 참됨과 허망함이 모두 다 웃고 즐길 수 있게 해주는 것이다. 아! 나와 그대 늦게 비로소 만났지만 나이가 같고 모습이 같으며 그 마음 또한 같다. 의당 애지중지하며 더불어 무하유지향無何有之鄕과 태초의 세계에서 같이 노닐어야 하리.[40]

유언호에게 초상화 속 자아는 더 이상 현실의 내 모습과의 유비관계에서 진위를 따질 대상이 아니다. 재현은 그저 닮은 것이면 족하다. 하지만 작가는 그림을 보며 나라고 생각하자니 미흡하고 내가 아니라고 생각하자니 나와 같다는 혼란을 겪는다. 대면하고 응시하고 있지만 포착되지 않는 자아의 모호함이 잘 드러난다. 그는 이에 과감히 비교를 포기한다. 그림 속의 나를 가지고 같음과 다름, 참됨과 거짓됨을 따지는 것은 인식의 혼란만 더 무겁게 하기 때문이다. 이런 분별의 포기는 한편으로 생사와 득실을 한가지로 여기려는 만물제일萬物齊一(제물론)적 사고와 연계된다. 세 부분으로 이뤄진 이 글에서 작가는 초상화에 담긴 낯선 나를 바라보면서 닮음과 다름, 관인과 야인, 삶과 죽음, 있음과 없음, 진眞과 망妄 같은 차별상을 넘어 자유로운 정신의 소재처를 지향한다. 마지막에 시인은 이 낯선 나를 애지중지하며 함께 자유로운 정신의 소재처를 향하리라 다짐함으로써 자아 간의 화해와 통일을 꾀하고 있다. 이때 주목되는 것은 낯선 나를 받아들이고 함께하겠다는 다짐이다. 낯선 나를 자신과 구별함으로써 유발되는 자아의 분열을, 유언호는 일체의 분별을 무화시킴으로써 다시 통일시킬 수 있었던 것이다. 유언호는 자신의 삶을 자술한 「자지自誌」에서 자명自銘의 말을 바로 이 글에서 가져와 쓰고 있다. 이 점을 감안할 때, 이 글의 내용은 자신의 초상화에 대한 단순한 제발이 아니라 자

기 삶에 대한 언술로서의 의미도 갖는다고 할 수 있다.[41]

3) 남이 모르는 나: 지기知己의 부재와 자아의 또 다른 형상

화상자찬류 문학에 나타나는 자아의 혼란상은 비단 낯선 나라는 자아 균열에만 머무르지 않는다. 오히려 더욱 심각하게 제기되는 것은 타인의 눈에 비친 자아 형상의 문제라고 할 수 있다. 정범조丁範祖(1723~1801)는 이를 다음과 같이 제기하고 있다.

> 나를 보는 사람 중 어떤 이는 내가 어떤 사람인지 알지 못한다. 나에게서 나 비슷한 것을 보면서 얻는 것이 없구나. 참으로 얻는 것이 없으니, 저 성긴 눈썹과 초롱초롱한 눈동자에, 파리하고 하얗게 센 자는 단지 허깨비일 뿐이다.[42]

정범조는 타인의 눈에 비친 자아 형상이란 하나의 허상일 수밖에 없음을 지적한다. 그림 속의 나를 통해 내가 어떤 사람인지 알 수 없다면, 그림 속의 나는 단지 허깨비일 뿐이라는 것이다. 이런 문제 제기는 궁극적으로 타인이 알 수 없는 자신의 본질 및 가치 문제로 이어진다. 그것은 강세황이 말하듯 온 세상이 자신이 가진 능력의 정도를 알지 못하는 것이거나,[43] 조현명趙顯命이 지적하듯이 구방고九方皐와 같은 감식안이 없고서는 온전히 평가해내기 어려운 일이라고 할 수 있다.[44] 타인이 나를 알아주느냐 그렇지 못하느냐의 문제는 화상자찬류 문학이 가진 자전적 글쓰기의 한 특징이다. 자신을 자기가 원하는 방식으로 세상에 각인시키는 것을 목적으로 하는 글쓰기 흐름 안에서, 화상자찬류 문학은 형사形似와 전신傳神이라는 명제 가운데 외형으로 드러나지 않는 나의 숨겨진 가치를 적극적으로 제시하고 있는 것이다.

이것은 비단 그림 속의 나만이 아니라 거울에 비친 나를 대할 때도 반복되어 나타나는 주제 중 하나다. 조구명의 또 다른 글을 인용해본다. 그는 타인이 나를 이해한다는 것은 대체로 불가능한 일이라고 지적하고 있다.

> 멀리서 바라보면 곱기가 비단옷 입은 부잣집 도령 같고, 가까이 가서 살펴보면 단아하기가 산야에 묻혀 사는 은사隱士와 같다. 그 이마가 넓고 평평한 것은 시비와 영욕을 잊고 사는 듯하고, 그 온화한 낯빛은 마치 다른 이를 상하게 하고 외물을 해치려는 뜻이 없는 듯하다. 광대뼈가 솟아 하늘로 향한 것은 민사문이 내 관상을 본 것이요, 눈동자의 정채로움이 다른 사람을 쏜다는 것은 조학사가 나를 형용한 것이다. 몸이 약해 말도 타지 못할 뿐인데 사람들은 나를 정남장군征南將軍 두예杜預가 될 것이라 기대하였고, 기상(그릇)이 세상을 울릴 만하지 못한데, 사람들은 나를 『태현경太玄經』을 쓴 한나라 양웅揚雄같이 본다. 내가 공손히 행하는 것을 보고 염·낙의 도학자들을 본받았나 생각하고, 내가 나의 형체를 잊고 멍하니 앉아 있는 것을 보고는 장자·열자의 현묘한 도를 엿보았나 의심한다. 아, 내 7척의 몸뚱이를 알아주는 자 얼마나 되나? 내 마음을 알아줄 이 누가 있던가? 위로는 황천이 나를 알고, 아래로는 석여〔조구명〕가 나를 안다. 벗으로는 덕중〔임상정林象鼎〕이 칠팔 푼 나를 알고, 동기간으로는 치회〔조현명〕가 오륙 푼 나를 안다. 노자가 말하기

를 나를 아는 이가 드물수록 내가 귀하다고 했다. 아아, 조구명 한 사람을 안다는 자 대부분은 알지 못한다.[45]

조구명은 노자의 말을 인용해 타인들이 자신을 알지 못할수록 자신은 귀하다는 역설적인 논리를 편다. 세상 누구로부터도 온전히 이해받지 못하는 자신을 기꺼이 받아들이겠다는 자세에서 당대에 이질적인 학문과 문학으로 인해 경원시되었던 작자의 처지가 드러난다. 타인에게 이해받지 못한다는 것은 동아시아 전통사회 지식인들의 공통된 고민의 하나였다. 진정한 지음知音을 희구했던 일은 맹자가 '상우尙友'를 이야기한 것이나 양웅이 『태현경』을 쓰고 천 년 뒤의 양웅을 기다린다고 했던 데서도 잘 드러난다. 서영보徐榮輔의 「임경찬臨鏡贊」에서도 조구명과 마찬가지로 노자의 '지아자희즉아귀知我者希則我貴'[46]라는 명제가 제시되고 있는데, 그는 거울을 자신의 지기로 삼는다면 거울의 숫자만큼 지기가 생기는 것이라고 말하기도 했다.[47] 자아의 관조는 이렇듯 자아를 규정하는 타인의 편협한 시각에 대한 고민으로 이어지게 마련이다.

끝내 이해받지 못한 자신의 가치는 한편으로 또 다른 나의 형상으로 제시되기도 한다. 이런 방식의 표현은 일찍이 송대 육유의 「방옹자찬放翁自贊」에서 활용된 적이 있다. 그의 화상자찬은 후대 작가들에게 큰 영향을 미쳤는데, 끝내 이해받지 못한 자신의 형상을 '야학野鶴'과 '간저송澗底松'에 빗대었다.[48]

이런 방식이 권헌權攇(1713~1770)의 작품에서도 발견된다. 그는 타인에 의해 온전히 인식될 수 없는 자아의 가치를 별도의 형상으로 제시하고 있다.

네 모습이 졸렬하고 어리석으니 그 모습을 보면 그 뜻을 의심하게 되고, 너의 뜻이 혼웅하니 그 뜻에 즉해 본다면 그 용모가 미심쩍구나. 세상에 나가 뜻을 편다면 왕맹王猛과 같기를 스스로 기약하고, 물러나 숨는다면 서치徐穉로 모범을 삼으련다. 번잡하고 자잘한 일 사이에 분주하여도 졸하다 생각하지 않고, 천한 이에게 몸을 굽혀도 욕되다 여기지 않는다. 구름과 물 사이에서 소요하는 곳으로 돌아가 혹은 부춘산富春山의 낚시터를 바라고 혹은 적벽강의 조각배를 스쳐 서쪽으로 가리니, 소식蘇軾이 만난 학이런가? 엄광嚴光이 벗하던 갈매기런가?[49]

권헌은 자신의 용모에 콤플렉스가 있었던 듯하다. 자신의 외형을 좁은 얼굴과 누런 얼굴빛, 찡그린 이마와 짧은 눈썹이라고 묘사하며 종종 자신의 용모가 추하다고 언급하곤 했다.[50] 그래서인지 권헌은 초상화를 그려주겠다는 당대의 대화가 이인상李麟祥의 제안을 거부했을 뿐 아니라, 변상벽卞相璧으로부터는 조금의 수고만으로도 전신傳神이 가능하다는 기롱을 받기도 했다.[51] 하지만 그가 진정으로 고민했던 것은 못난 용모가 아니라 외형의 모습과 참된 자아의 불일치에 있었다. 권헌은 「전신론傳神論」에서 모습으로 사람을 취하는 것이 잘못이라는 공자의 말을 인용하고,[52] 차라리 모습의 닮음을 잃을지언정 신운神韻을 잃어서는 안 된다고 역설했다. 그가 「전신론」에서 밝힌 바를 감안한다면, 화상자찬을 쓴 것 역시 초상화 속의 내가 진정한 나를 반영할 수 없다고 생각했기 때문으로 볼 수 있다. 그가 초상화 속의 자아 형상을 통해 추구했던 정신의 가치는 소식의 「후적벽부後赤壁賦」에 등장하는 도사의 분신인 학과 엄광이 엄릉뢰嚴陵瀨에서 벗했던 갈매기로 형상화되어 제시된다.[53] 타인에 의해 온전히 이해되기 어려운 나의 진정한 모습을 작가는 또 다른 표현 방식, 곧 문학적 상징을 통해 제시한 것이다. 권헌은 화상자찬을 통해 자기 초상화에 또 다른 자아의 형상을 덧씌우고 있다는 점에서 특기할 만하다.

4. 남는 문제

앞서 언급한 것처럼 화상자찬류 문학은 타인의 눈에 비친 자아 형상과 내가 생각하는 자아 형상 사이의 간극을 표현하는 문학 양식이다. 작가는 이들 표상으로부터 자신이 생각하는 자아 형상을 찾아보려 하지만 그 시도는 매번 좌절을 맛본다. 자아란 유동적이기 때문이다. 그것은 한순간에 정지해 있는 것이 아니라 긴 시간의 흐름 속에 존재하는 것이기에 어떠한 방법으로도 완벽하게 형상화될 수 없다.[54] 신흠申欽(1566~1628)은 이를 다음과 같이 표현하고 있다.

> 내 자신이 현옹玄翁이라고 생각하면 이는 빠지고 머리는 벗겨지고 얼굴은 파리하고 몸은 야위어 지난날의 현옹이 아니고, 내 자신이 현옹이 아니라고 생각하면 흙탕물을 뿌려도 더러워지지 않고 곤경을 겪어도 더욱 형통하니 곧 지난날의 현옹이다. 따져보면 현옹이 아니라고 한 것이 옳은가, 맞다고 한 것이 그른가?[55]

신흠은 분명히 포착하기 어려운, 끊임없이 유동하는 자아에 대해 말하고 있다. 거울에 비친 자신의 모습을 보면서도 작가는 이것을 자아의 영상이라고 할지 아니라고 할지 혼란스러워한다. 자아가 자신의 영상이 불완전하다고 느끼고 이에 대한 불만을 품을 때 화상자찬류 문학이 탄생한다.

이상을 통해 우리는 화상자찬류 문학의 존재 양상과 자아 형상화 방식의 특징을 살펴보았다. 이를 통해 우리는 자전적 글쓰기 방식의 하나로 화상자찬류 문학의 성격을 점검하고 자아 형상화 방식을 유형별로 분류해 다음과 같은 결론을 얻을 수 있었다. 첫째, 화상자찬은 기본적으로 겸손한 자기평가라고 할 수 있지만, 이면에는 자신을 자신이 원하는 방식으로 세상에 각인시키려는 내밀한 욕망이 자리한다. 둘째, 시간의 흐름이라는 함수로 인해 초상화 속의 나는 과거의 내 모습으로서 현재의 나에겐 낯선 존재다. 이 낯선 나와의 대면은 동일성의 측면에서 갈등과 혼란을 야기하기도 하지만 한편으로는 자아 간의 합일을 이뤄내기도 한다. 셋째, 그림 속의 나는 나의 완전한 재현물이 될 수 없기에 타인에 의해 온전히 이해받지 못한다. 지기 부재에 대한 아쉬움은 또 다른 방식의 자아 표현으로 보완되며, 자아를 상징화하는 것이 그 대표적인 예 가운데 하나다.

그동안 문학 양식으로서 화상자찬류 문학을 검토한 예는 극히 드물었다. 이 글은 이 방면 연구의 첫걸음으로서 화상자찬류의 존재 양상과 자아형상화 방식이 갖는 기본적인 특성을 검토했다. 하지만 화상자찬류 문학을 계보적으로 접근할 토대가 마련되어 있지 않기에 양식 자체의 기본 성격을 살피거나 수집된 현전 작품을 중심으로 자아 형상화 방식을 유형화하는 데 그쳤다. 따라서 화상자찬류 문학의 계보 속에서 개별 작품의 위상을 좌표짓고, 통시적인 전개 양상을 살피는 일은 여전히 해결되지 못한 문제로 남는다. 이는 필자에게 남겨진 과제다.

도연명으로부터 비롯된 동아시아의 자전적 글쓰기 양식들은 현실에 대한 불만을 우회하여 표현하는 전통을 지니고 있다. 자만시, 자제문, 자찬묘지명, 자전 등 대부분의 양식이 작가가 처한 현실에 대한 불만을 토로하기 위한 하나의 수사적 장치로 활용되었다. 그중에서도 화상자찬은 자아의 시각적 경험을 통해 인식된 자아 영상의 불완전성에 대한 문제의식에서 비롯됐다. 하지만 그 불만은 단순히 그림 속 자아에 대한 불만이라기보다 자아와 직간접으로 연관된 현실의 문제에서 비롯된 것임을 알 수 있다. 따라서 그것은 나를 온전히 재현하지 못하는 그림 혹은 화가에 대한 불만이 아니라, 자신이 생각하는 자아의 영상을 제대로 보지 못하는 현실세계의 타자들에 대한 불만이 될 가능성이 높다.

다른 자전적 글쓰기 양식들, 이를테면 자전·자만시·자찬묘지명·자제문 등과 비교해볼 때, 화상자찬류 문학은 일정한 차별성을 지닌다. 다른 자전적 글쓰기 양식들이 작가에 의해 가공된 또 다른 자아 형상을 제시하고 있는 반면, 화상자찬의 자아 형상은 대체로 타인에 의해 제작된 것을 수동적으로 받아들인 것이다. 따라서 기타 자전적 글쓰기 양식들의 자아 묘사가 직접적·의도적인 성향을 띠는 데 비해 화상자찬류 문학은 간접적·반응적인 속성을 띤다. 화상자찬류 문학의 이런 특성은 그림·사진·거울 등의 매개물을 통한 자기 인식이라는 점에서 한결 복잡한 구조를 가질 수밖에 없다.

일반적으로 볼 때 자기 자신에 대해 쓴다는 것은 작가로서 매우 곤란한 문제임에 틀림없다. 타인에 대해 기록할 때와 달리 글쓴이가 대상과 유지해야 할 최소한의 거리가 사라지기 때문이다. 그런 점에서 화상자찬류 문학의 작가에게는 무엇보다도 자신을 냉정하게 성찰하려는 노력이 필요해진다. 이때 자신에 대한 진솔한 고백은 이런 종류의 문학의 성패를 결정짓는 중요한 잣대가 된다. 자아에 대해 서술한다는 것은 타인의 눈으로 본 나로부터 출발하는 것이기 때문이다.

그런 점에서 화상자찬류 문학에서 주목해야 할 부분은 단순히 '나-화자'가 그려내는 '그림 속 자아'의 모습이 아니라, 과거의 '그림 속 자아'를 그려내는 '나-화자'의 목소리에 있다. 그것이 '나-화자'와 '그림 속 나'가 맺는 관계에 따라 다양한 자아 표현 방식이 수립된다.

현재까지 수집된 자료를 중심으로 볼 때, 화상자찬류 문학의 자아 표현 방식은 상대적으로 조선 후기에 이르러 한층 복잡다기한 양상을 띤 것으로 보인다.[56] 자찬묘지명은 조선 후기 문인의 자아 표현 욕구의 소산이며 조선 후기에 등장한 새로운 인간상을 담기 위한 독특한 산문이었다고 규정된 바 있다.[57] 조선 후기 문학에서 자찬묘지명, 자찬, 자찬연보 등의 창작 성행은 이 시기에 이르러 자전적 글쓰기 방식이 유행했음을 보여주는 증거임에 분명하다. 화상자찬류 문학에서 발견되는 자아 표현 방식의 다변화도 이와 무관하지 않을 것이다. 화상자찬류 문학에 대한 검토 역시 기타 자전적 글쓰기 방식과의 비교와 참조를 통해 더욱 진전된 연구 결과를 얻을 수 있을 것이다.

김시습 자화상

이광좌李光佐(1674~1740) 자화상

유수柳綏(1678~?) 초상화

강세황姜世晃(1713~1791) 자화상

채제공蔡濟恭(1720~1799) 초상화

이건승李建昇(1858~1924) 사진

제2장

한국 화상자찬의 전형과 변주

漢文學

1. 문제의 소재

한국 한문학 자료 가운데 자아 형상에 대한 시각적 경험을 테마로 하는 일련의 작품이 있다. 자신의 초상화나 거울에 비친 자신의 모습을 대상으로 한 한시漢詩 및 찬贊 등이 그것이다. 동아시아 고전문학의 전통에서 볼 때, 자아 자체를 문학의 중심 주제로 삼는 것은 예외에 속한다. 필자는 앞 장에서 이런 유형의 작품군을 '화상자찬류 문학'이라는 명칭으로 포괄해 그 존재 양상과 자아 형상화 방식의 특성을 검토했다. 화상자찬류 문학으로 묶어볼 수 있는 자료로는 크게 그림을 대상으로 한 것과 거울에 비친 자신의 모습을 대상으로 한 것, 그리고 사진에 담긴 자신의 모습을 대상으로 한 것으로 나누어볼 수 있다.

이 글은 화상자찬류 문학에 대한 연구의 하나로 현전 자료를 중심으로 한국 화상자찬의 전형적인 특성과 변주 양상을 고찰한다. 예외적 변종 글쓰기라 할 화상자찬을 온전히 이해하려면 무엇보다 글쓰기의 전형을 살피는 일에서 출발할 필요가 있다. 개별 작가 단위로 접근하면 화상자찬 자체의 상투적인 글쓰기 방식이 특수한 의미로 오인되거나 전형적인 주제가 특수한 작가의식으로 과장될 위험이 있기 때문이다. 다소 기초적인 연구 방식이긴 하나 이 글에서 화상자찬의 전형적인 특성들을 기반으로 특수한 변주 사례들을 살피려는 이유가 여기에 있다. 이를 통해 화상자찬의 계보 속에서 특징적인 작품들의 가치가 더욱 부각되기를 기대해본다.

2. 자료 범위와 기본 성격

화상자찬은 화상자찬, 상자찬像自贊, 사진자찬寫眞自贊, 사영자찬寫影自贊, 영상자찬影像自贊, 진상반영자찬眞像半影自贊, 누상자찬陋像自贊, 소상자찬小像自贊, 소영자찬小影自贊, 자제화상찬自題畫像贊, 자제사진찬自題寫眞贊 등 다양한 제목으로 불려왔다. 동아시아 전통에서 초상화를 의미하는 화상·상·사진·사영·영상·소영 등의 용어에 '자찬'이라는 말이 결합된 형태다. 하지만 반드시 '자찬'이란 용어가 붙는 것만은 아니다. 때로는 '자경自警'이라는 용어가 결합되기도 한다. 화상자경畫像自警, 서화상자경書畫像自警, 제화상자경題畫像自警 등이 그런 예다. 이런 제목들은 주희朱熹의 「제화상자경題畫像自警」에서 유래한 것으로, 우리나라에서는 주로 17세기 이후 집중적으로 등장한다. 화상자경은 '자경'이라는 점에서 잠명적箴銘的 성격의 작품이라 볼 수도 있으나, 대부분의 문집에 찬으로 분류되어 있기에 화상자찬의 한 지류임을 짐작할 수 있다. 이밖에도 수효는 많지 않지만 화상의찬畫像擬贊, 사진자지寫眞自識, 자제소조自題小照, 제영정題影幀 같은 제목의 화상자찬적 작품도 있다.

화상자찬의 제목에는 대체로 그림이 그려진 시기가 밝혀져 있다.

그림 속의 나는 언제나 과거의 나라는 점에서 시간의 경과를 의식한 결과다. 이만영李晩榮의 「화상찬畫像贊 계사癸巳」, 안정복安鼎福의 「화상의찬畫像擬贊 경술庚戌」, 정조의 「화상자찬畫像自贊 경인庚寅」, 이대李旲의 「화상자찬畫像自贊 병술丙戌」 등이 그런 예다. 또 서명응徐命膺의 「자제육십세진自題六十歲眞」, 이만수李晩秀의 「사십삼세소진자찬四十三歲少眞自贊」, 서기수徐淇修의 「제육십일세소진題六十一歲小眞」, 장석영張錫英의 「칠십일세화상자찬七十一歲畫像自贊」처럼 아예 제목에 밝혀둔 것들도 있다.

운문문학으로서 찬은 본래 사물 및 타인을 찬양하기 위해 마련된 문학 양식이다.[1] 그런 측면에서 볼 때 자신의 초상화를 대상으로 한 화상자찬은 기본적으로 해당 문학 양식의 상례를 벗어난 일종의 변격이라고 볼 수 있다. 그런 점에서 화상자찬은 그려진 대상에 대한 찬사 위주의 일반 화상찬과는 분명히 구별된다.[2] 심지어 화가가 자화상에 자찬을 쓸 때면 말 그대로 '자화자찬自畫自讚'하는 모순에 빠질 수밖에 없다.

조선 중기 허균은 「고형조참판성공화상기故刑曹參判成公畫像記」라는 글을 통해 조선사회가 중국에 비해 초상화를 선호하지 않는다는 점을 지적한 바 있다. 중국 사람들이 일반적으로 화상을 남겨서 후세에 볼 수 있도록 하는 반면, 우리는 관에서 그려주는 공신상 외에는 화상을 남기지 않는다는 점을 개탄했다.[3] 우리 지식인들이 초상화로 남겨지는 것을 선호하지 않는 이유에 대해서는 18세기 남유용의 「증사진자박선행서贈寫眞者朴善行序」라는 글이 하나의 참고 자료가 될 만하다. 남유용은 당시 이름 높던 화가 박선행이 초상화를 그려주겠다고 했음에도 이를 거절한 일이 있다. 그는 군자가 소중히 여기는 것은 마음이지 형체가 아니기에, 그 마음이 후세에 전해지는 것이 중요할 뿐 형체가 전해지는 것은 긴요한 문제가 아니라고 쓰고 있다. 따라서 형체를 전하는 데 치중하는 초상화는 자신에게 필요 없다는 것이다.[4]

고려 중기 이규보는 「정이안사여진 자작찬왈丁而安寫予眞 自作贊曰」에서 "마음을 그리기란 매우 어렵겠지만, 조금 진형을 드러내었네寫心雖難, 微露于眞"[5]라고 썼다. 19세기 최한기 역시 「경조화진鏡照畫眞」에서 "거울에 얼굴을 비추면 거울의 바탕에 본모습을 빼앗겨 본 얼굴과 같지 아니하고, 초상으로 얼굴을 그리더라도 모사하는 데 따라 변하여 신태가 나타나지 않는다. (…) 거울에 비친 모습이나 그린 초상은 실로 사람을 헤아리는 데에 관계가 없고, 다만 세속에서 자기 형체를 아끼는 습성일 뿐이다開鏡照形, 奪於鏡質, 形色難肖, 畫眞較形, 幻於摹寫, 神態未著 (…) 鏡照畫眞, 實無關於測人, 惟爲世俗自愛形之習"[6]라고 쓴 것을 보면, 초상화로서 스스로의 참된 존재 가치를 드러내기 어렵다는 것이 우리 지식인들의 일관된 생각이었다고 볼 수 있다. 남유용의 글에서도 엿볼 수 있듯이 조선조 지식인들은 초상화에 대해 지나치게 무거운 의미를 부여하곤 했고, 이에 따라 자신의 초상화를 그리는 일에 대해 거부감마저 드러냈다. 자신의 초상화를 거부한 에피소드들은 다른 인물들에게서도 발견된다.[7]

우리 지식인들이 보였던 초상화에 대한 거부감은 명·청과 조선의 출판 문화를 비교해봐도 드러난다. 동아시아 전통사회에서 문인들은 보통 그림이 들어간 책은 속되다고 여겼다. 그러나 명말의 서적에는 도상이 들어간 것들이 현저히 늘어났고, 삽화를 넘어 도상 자체가 중심이 된 화본畫本이 많이 간행되었다. 이 가운데 특히 우리 관심을 끄는 것은 시문집에 작가의 초상화가 실렸다는 사실이다. 일본 학자 오키 야스시大木康에 따르면, 명대 중반에 이르러 시문집 앞부분에 작가의 화상을 넣는 일이 급격히 늘어났다고 한다. 작가의 모습을 알고 싶어하는 독자의 수요와 초상을 통해 독자에게 작가의 이미지를 전하고자 하는 편찬 의도 등으로 인한 변화였다. 그러나 조선시대에 간행된 문집들에서 1573년에 펴낸 『야은선생문집冶隱先生文集』과 1601년에 펴낸 『익재선생문집益齋先生文集』(익재난고益齋亂藁)에 초상이 수록된 것을 제하고는 작가의 초상이 실린 문집을 거의 찾을 수 없다.[8] 결국 동아시아 한자문화권 안에서도 유독 조선이 작가의 초상을 선호하지 않았고, 그런 점에서 화상자찬이 갖는 예외성 역시 우리가 더욱 두드러진다.

그림이 나의 진면모를 드러낼 수 없다는 불신은 작가들로 하여금 화상자찬을 통해 자신이 원하는 자아 형상을 보충하도록 만들었다. 요컨대 화상자찬은 글로 쓴 자아 형상이 되는 셈이며, 이것은 동시에 그림이 담지 못한 나의 참된 모습을 보완하는 역할을 한다. 따라서 화상자찬은 자연스럽게 작가 자신에 대한 자전적인 글쓰기로서의 면모도 지니게 된다. 비록 서사성이 부족한 한계가 있지만, 화상자찬은 자전·자찬묘지명·자만시·자제문 등 동아시아 고전문학의 자전적 양식들과 한 계열로 볼 수 있다. 화상자찬 역시 이들 변종의 자전적 양식들처럼 자기 인식을 재구성하고 세상에 그 모습을 새겨넣으려는 데 그 창작 목적이 있다.

필자는 2년여에 걸쳐 각종 문집과 공개된 초상화 자료를 중심으로 화상자찬에 대한 자료 조사를 진행해 총 94편의 화상자찬을 발굴했다(후첨 목록 참조).[9] 아래에서는 발굴된 작품을 중심으로 그 전형적인 특성과 변주 양상을 살펴본다.

3. 전형적인 특성들

1) 작품 구조와 글쓰기 투식

화상자찬의 원형이라 할 화상찬은 운문 문체 중 잡찬雜贊에 속한다. 명대 서사증徐師曾은 『문체명변文體明辨』에서 화상찬은 잡찬에 속하며 기타 찬 양식과는 달리 포폄을 겸하지 않고 대상의 아름다움을 찬양하는 데 주안점을 둔다고 설명한 바 있다.[10] 잡찬의 종류로는 인물·문장·서화 등의 찬이 있는데, 화상찬은 서화의 찬인 동시에 대상 인물에 대한 그림인 까닭에 인물찬적인 성격도 동시에 띤다.[11] 특히 일반 서화에 대한 찬과 달리 화상찬은 예술작품에 대한 미적인 평가보다는 대상 인물에 대한 칭송을 위주로 한다는 점에서 특징적이다. 어떤 측면에서 동아시아 지식인들은 초상화를 하나의 예술작품이라기보다 대상 인물 자체로 보는 경향이 강했다고 할 수 있다.[12]

화상자찬의 기본 구조는 화상찬으로부터 온 것이지만, 자찬인 까닭에 타인에 대한 찬과는 다른 면모를 지닌다. 화상찬의 서술은 대체로 서두 부분의 대상 인물 외모 형용, 내용 부분의 공적 혹은 인품에 대한 평가, 그리고 결말 부분의 인물에 대한 칭송이나 추모 단계로 구성되어 있다.[13] 화상자찬 역시 이런 구조를 이어받고 있지만, 자신의 초상화를 대상으로 한 만큼 일정한 변화가 일어난다. 양자의 차이를 간략히 나타내면 다음과 같다.

구성·종류	화상찬	화상자찬
서두	긍정적 외모 형용	부정적인 외모 형용(보잘것없는 나)
내용	공적·학문·인품 칭송	반성적 자기 성찰/ 자기 조소
결말	대상 인물 칭송	자기반성

이런 구조의 변화와 함께 글쓰기 방식에도 커다란 변화가 일어난다. 화상자찬 글쓰기의 첫 번째 특징으로 주로 서두에 배치되는 자아 형용 부분의 변화를 들 수 있다.

〔1〕 "**而**貌癯然, **而**目炯然."(이선李選, 『지호집芝湖集』 권6 찬贊, 「자찬自贊 기미시월己未十月」)

〔2〕 "**爾**貌不揚, **爾**才不長."(채수蔡壽, 『나재집懶齋集』 권2, 「인천군화상자찬仁川君畫像自讚」)

〔3〕 "**有人於此**, 傲骨瘦顔."(권섭權燮, 『옥소고玉所稿』 제천본堤川本 잡저雜著 일一, 「누상자찬陋像自贊」 다섯 번째 작품)

〔4〕 "**我**是**君**耶? **君**是**我**耶?"(채제공蔡濟恭, 『번암집樊巖集』 권58 찬贊, 「자제사진찬自題寫眞贊」 두 편 중 조복본朝服本)

작가는 화상자찬에서 초상화 속 내 모습을 '이爾' 혹은 '이而'라고 일컬음으로써 자신을 대상화하고 있다. 〔1〕과 〔2〕가 그런 예다. 이런 대상화는 일반 화상찬에서 타인의 외모를 형용하는 것과는 성격이 완전히 다르다. 일반 화상찬의 외모 형용이 주로 대상자의 덕성을 확인하고 칭송하기 위한 의례적 성격을 띤다면, 화상자찬은 자기 외양에 대한 묘사인 만큼 정반대의 성격을 띤다. 〔2〕에서 보이는 자신에 대한 부정적인 평가가 자기 형용의 전형적인 예의 하나다. "爾貌○○, 爾才○○" 방식으로 외모와 내면을 조응시키고, 불양不揚·부장不長과 같은 표현으로 자신을 낮추어 평가하는 방식이다. 김시습 「자사진찬自寫眞贊」의 "네 모습은 지극히 미세하고, 네 말은 너무나 유치하다爾形至眇 爾言大侗"(『매월당문집梅月堂文集』 권19 찬), 송시열 「서화상자경書畫像自警」의 "네 모습은 초췌하고, 네 학문은 텅 비었구나爾形枯臞 爾學空疏"(『송자대전宋子大全』 권150 찬), 18세기 조관빈趙觀彬의 「화상자찬畫像自贊」 "네 모습은 어찌 그리 파리하고, 네 거동은 어찌 그리 졸렬한가爾貌何瘦 爾儀何拙"(『회헌집悔軒集』 권15 찬), 안정복安鼎福 「화상의찬畫像擬贊 경술庚戌」의 "네 기질은 너무나 잔약하고, 네 모습은 지극히 볼품없구나爾質至孱 爾貌至眇"(『순암집順菴集』 권19 찬), 정조 「화상자찬畫像自贊 경인庚寅」의 "네 용모는 어찌 그리 파리하며, 네 몸은 어찌 그리 수척한가爾容何癯, 爾身何瘠"(『홍재전서弘齋全書』 권4 춘저록春邸錄 4) 등 많은 작품에서 이런 표현 방식을 활용하고 있다. 이런 글쓰기 투식은 당대 배도의 「화상자찬」 "네 모습 출중하지도 못하고, 네 몸뚱이는 뛰어나지도 않구나爾貌不揚 爾身不長"에서 유래한 것이다.

자신을 대상화하는 표현법으로는 또 〔3〕처럼 제삼자로 자신을 등장시킬 때가 있다. 이렇게 쓰면 상대적으로 자신의 객체화가 더 강조되는 효과를 거둘 수 있다. 이런 자기 대상화가 극단에 이른 것이 〔4〕

와 같이 그림 속 자신에 질문하는 방식의 표현이다. 이런 자문 형식은 이규보 「정이안사여진, 자작찬왈丁而安寫予眞, 自作贊曰」의 "이 어떤 사람인가? 춘경과 비슷하구나. 과연 춘경이라면 그림자인가 실형인가?此何人者 似若春卿 果是春卿 影耶形耶"(『동국이상국집東國李相國集』 후집 권11 찬)와 같은 예에서 보듯이 초기 화상자찬부터 발견되는 글쓰기 투식이라고 할 수 있다.

화상자찬 글쓰기 방식의 두 번째 특징으로는 자기 부정이나 조소의 표현이 두드러진다는 점을 들 수 있다. 화상찬은 초상화에 그려진 인물을 대상으로 찬미와 평가가 이뤄질 때가 많다. 평가 내용은 그림의 유형과도 일정한 관련을 맺는데, 공신도가 일반 초상화에 비해 찬양의 정도가 더 높은 것으로 보인다. 하지만 일반 초상화라고 해도 아무나 그려지는 것은 아니고, 한편으로 각별한 조상 숭모의식과 관계된 만큼 그 화상찬 역시 객관적인 평가보다는 찬양 일변도의 내용이 되기 쉽다. 반면 화상자찬에서는 찬 문체 일반의 인물 평가 방식이 작자 자신에게 적용되는 만큼 포褒보다는 폄貶이 주가 될 수밖에 없다.

여말선초 이첨李詹 「화상자찬畫像自讚」의 "이 늙은 것아, 너는 학술이 없으면서 사문에 참여하게 되었으니 다행스런 일이며, 너는 덕업이 없으면서 대신의 지위에 올랐으니 다행스러운 일이며, 네가 아무리 적선한 것도 없는데 계승할 자손이 있으니 다행이로다. 아아, 너의 다행은 국가로서 불행이로구나這老漢 爾無學術 托跡斯文 幸也. 爾無德業 致位相君 幸也. 爾無善慶 繼緖子孫 幸也. 嗚呼 爾之幸也 國家之不幸也",[14] 18세기 임매任邁의 "너는 어떤 사람이냐고 묻는다면, 아마도 이른바 세간의 진부한 사람이라고 하겠지問爾是何如人 蓋所謂世間之陳人也乎"[15] 같은 표현은 이런 글쓰기 방식을 활용한 전형적인 예다. 이외에도 이제현李齊賢의 「익제진자찬益齋眞自讃」(『익재난고』 권9 下 찬讚), 이숭인李崇仁의 「향승지암사여누진, 인작찬鄕僧止菴寫余陋眞 因作讚」(『도은집陶隱集』 권5), 김시습의 「자사진찬自寫眞贊」(『매월당문집』 권19 찬) 등은 자기 부정적인 평가 방식이 초기 화상자찬 이래 줄곧 유지된 상투적인 글쓰기 방식이었음을 보여준다.

화상자찬 글쓰기의 마지막 특징으로는 말미에 "○○ 사이에 두는 것이 마땅하리宜以置之○○之間"라는 방식의 표현이 많이 등장한다는 점을 들 수 있다. 이 표현은 『세설신어』에 나오는 고개지의 고사에서 비롯된 것이다. 동진東晉의 대화가 고개지는 사곤謝鯤의 초상화를 바위 속에 있는 모습으로 그린 적이 있다. 다소 뜻밖의 초상화 구도에 대해 다른 사람들이 의문을 제기하자, 그는 사곤이 은거를 지향했음을 상기시키며 "이 사람은 의당 산과 골짜기 속에 두어야 한다此子宜置丘壑中"고 대답했다.[16] 이 고사로 인해 화상자찬에서는 다음과 같은 표현이 곧잘 나타난다.

〔1〕 "구학의 뜻을 저버리지 않으리니, 네가 있어야 할 곳은 산택의 사이라네庶幾不負溝壑之志 宜以置之山澤之間"(안정복, 『순암선생문집』 권19, 「화상의찬畫像擬贊 경술庚戌」)

〔2〕 "네 관은 야인의 것이고 네 옷도 심의이니, 네가 있어야 할 곳은 산속 바위골짜기 은거처라네爾冠野爾衣深 宜爾置之巖壑之棲"(이만수, 『극원유고屐園遺稿』 권9, 「사십삼세소진자찬四十三歲少眞自贊」)

〔3〕 "네가 있어야 할 자리는, 책벌레가 있는 곳이라네宜爾置之 蠹魚之伍"(송시열, 『송자대전』 권150, 「서화상자경書畫像自警」)

위 예들은 모두 "○○ 사이에 두는 것이 마땅하리"의 방식으로 표현된 것이다. 조금씩 변형되기도 했지만 의미는 모두 그림 속 내 모습이 자신의 참된 면모를 반영하지 못했다는 것이다. 이것은 표면적으로는 초상화의 구도를 교정하는 듯하지만 실제로는 작가 자신이 지향하는 가치를 우회하여 표현한 것에 다름 아니다. 이런 글쓰기 방식은 화상자찬의 글쓰기 투식으로서 지대한 영향력을 미쳤다. 심지어 다른 방식으로 표현된 것들마저 '○○ 사이에 두는 것이 마땅하리'와 같은 표현의 영향 아래 있다고 볼 수 있다. 예컨대 조선 말기 이승희李承熙는 「영상자찬影像自贊」에서 "이제 너를 둘 곳이 없으니 장차 우주 속에나 부치련다今置爾無地 且付諸宇宙之中"라고 썼는데,[17] 이 표현 역시 전형적인 투식을 뒤집은 것이다. 또 18세기 남유용南有容의 「자제화상찬自題畫像贊」에 있는 "옛날 고개지의 솜씨를 만났다면, 반드시 너를 촌사람의 옷과 초립을 쓴 것으로 그렸을 것이라네向遇長康好手 必將使汝野服而山冠"[18]는 이 표현의 원 출처인 고개지의 고사를 가져온 것이다.

이상의 글쓰기 투식을 종합해볼 때, 저명한 화상자찬 작품 중 하나인 조선 전기 김시습의 「자사진찬自寫眞贊」(『매월당문집』 권19 찬) "네 모습은 지극히 미세하고, 네 말은 너무나 유치하다. 네가 있어야 할 자리는, 의당 산과 골짜기 속이리爾形至眇 爾言大侗. 宜爾置之 丘壑之中"[19]는 화상자찬의 전형적 글쓰기 방식을 계승한 것임을 확인할 수 있다.[20]

2) 주제 유형

주요한 주제 유형으로는 먼저 인생의 유한성과 연계된 시간의 경과를 다룬 작품들을 들 수 있다. 17세기 허목의 「사영자찬寫影自贊」[21]과 이만영李晩榮의 「화상찬畫像贊 계사癸巳」[22] 등이 대표적인 예다. 허목의 「사영자찬」은 그의 둘째 아우인 허의許懿가 그려준 젊은 시절 자신의 초상화를 70세의 나이가 되어 다시 보고 쓴 것이다. 이만영의 「화상찬 계사」는 1636년 동지성절천추진하사의 서장관으로 명나라에 갔다가 그려온 초상화를 18년 뒤 다시 보고 쓴 작품이다. 이들 작품은 모두 그림을 그릴 때와 달라진 자신의 모습에 대한 회한을 담고 있다. 당대唐代의 문인 중 화상자찬류 작품을 가장 많이 남긴 백거이는 이를 "형과 영이 말없이 서로 돌아보니, 마치 동생이 나이 든 형님을 마주하고 있는 듯하네形影默相顧 如弟對老兄"(「제구사진도」)[23]라고 표현한 바 있다. 초상화에 담긴 자신의 젊은 시절 모습과 현재의 모습이 대비되기 때문이다. 이때 그림 속의 나는 지금의 나에 비한다면 젊은 모습으로서 세월의 무상함을 절감케 하는 계기가 된다. 삶의 유한성을 성찰하는 허목과 이만영의 화상자찬 역시 이런 주제 전통을 계승한 것이다.[24] 시간의 경과를 주제로 한 유형은 대개 '늙음을 탄식歎老'하거나 인생의 유한성에 대한 자각 등으로 마무리된다.

두 번째 유형으로 그림으로 전달할 수 없는 자신의 내면이라는 주제의식을 담은 작품들이 있다. 작가가 초상화 속 모습을 진실한 진眞으로 보든 환幻으로 보든 간에, 동아시아 전통에서는 화가와 감상자 사이에 공통된 전제가 있다. 대상의 진眞은 외형의 닮음에 있지 않다는 사고가 그것이다. 그런 점에서 초상화와 화상자찬은 모두 초월적 성격을 띤다. 화가는 대상을 그릴 때 대상 인물의 외형을 모사하는 것이 아니라 전신傳神하는 데 그 목적이 있다. 그러나 여기서 주의할 점은 양자가 동일한 사유를 기반으로 할지라도 본질적으로는 추구하는 바가 다르다는 사실이다. 화가는 전신이라 해도 대상의 전달을 목적으로 초상화를 그리지만, 감상자(화상자찬의 작가)는 타인의 눈에 비친 자아 형상이 결코 자신의 생각과 같지 않다는 전제 하에 초상화를 받아들인다. 이 과정에서 화가는 전형적인 인물 형상 중 하나로 대상을 대하지만 감상자는 대체로 자신이 그런 전형 속에서 벗어난 인물임을 주장한다. 따라서 전형과 일탈이란 측면에서 양자는 근본적으로 일치할 수 없는 평행선을 유지한다. 화상자찬은 결국 타인의 눈에 비친 자아 형상과 내가 생각하는 자아 형상 간의 간극을 표현하는 것이기 때문이다. 그런 점에서 화상자찬 속의 자아 형상은 그림의 사실성 여부와 무관하게 작가의 내면을 비추는 거울과 같은 역할을 하게 된다. 화가가 그것에 도달하기란 원천적으로 불가능하다. 작가가 화상자찬 속에서 추구하는 자신의 참된 모습이란 외형이 아니라 내면의 닮음에 있는 까닭에, 때로는 아무도 볼 수 없는 자신의 내면 속 자아 형상을 창출해내는 것이 되기도 한다. 작가가 말하는 참된 나란 자의식이 투영된 것으로서, 타인으로서는 접근 불가능한 개별적인 형상이라고 볼 수 있다. 고려 이규보의 「정이안사여진, 자작찬왈丁而安寫予眞, 自作贊曰」, 조선 전기 신용개申用漑의 「자진찬自眞贊」,[25] 17세기 김명국金明國의 화상자찬畫像自贊, 그리고 조선 후기 김정희의 「자제소조自題小照」 등은 모두 이런 주제를 담고 있는 작품들이다.

또 초상화에 대한 불신이 극단에 이를 때 그림의 불완전성으로 인해 끝내 타인이 나를 알 수 없을 것이라고 읊는 경우마저 나온다. 조선 후기 이만부李萬敷의 「사진자찬寫眞自贊」에 "남이 나를 보는 것이 내가 스스로 앎만 못하구나人之視我 不如我則自知",[26] 권섭權燮의 「누상자찬陋像自贊」 세 번째 수에 "이 종이 위 칠 푼의 초상을 보는 자, 뉘라서 가슴속 백 가지 취미 알리오?觀此紙面七分之肖貌者 誰識胸中之百種趣事",[27] 정범조丁範祖의 「해좌옹화상자찬海左翁畵像自贊」 "나를 보는 사람 중 어떤 이는 내가 어떤 사람인지 알지 못한다. 나에게서 나 비슷한 것을 보면서 얻는 것이 없구나. 참으로 얻는 것이 없으니, 저 성긴 눈썹과 초롱초롱한 눈동자에, 파리하고 하얗게 센 자는 단지 허깨비일 뿐이다見我者或不知我之爲何如人也. 見似我者之於我也 無得焉爾矣. 誠無得焉爾矣 彼踈眉明目 癯而白者徒幻而已爾矣"[28] 등이 그런 예다.

세 번째 유형으로 그림 속 자신의 모습과는 다른 실제 자신의 정신적인 지향을 읊은 작품들이 있다. 전통 초상화에서는 인물 형상이 일종의 선험적인 관념으로 존재한다. 그것은 실제 그려진 대상과 무관한 하나의 인격적인 이상형으로서 형상 이면에 도사리고 있다. 따라서 화상자찬에서 자신의 모습에 대한 시각적 경험을 묘사하더라도 그것은 대부분 전제된 관념에 종속될 뿐이다. 화상자찬에서 묘사되는 형상은 반드시 실제 그려진 대상이 아니라 선험적인 모델, 곧 이상적인 인물 형상일 때가 많다. 그런 측면에서 화상자찬의 작가는 자기 초상화에서 그려진 자신을 보는 것이 아니라 선험적인 관념을 보고 있다고 할 수 있다. 여기서 선험적인 관념이란 동아시아 유가적 지식인이 지향하는 이상적 인간상을 말한다. 관복을 입은 자신의 초상화를 보면서 산림에 은거하는 처사處士를 떠올리거나, 은거의 상징인 구학丘壑을 배경으로 한 초상화 구도를 언급하는 이유가 여기에 있다. 이런 종류의 자찬은 17~18세기 작품 중 절반을 넘길 만큼 주요한 주제 유형을 이루고 있다.[29] 여기에는 유가적 지식인 일반의 출처관出處觀과 이은적吏隱的 의식이 작용했을 것으로 보인다. 송시열의 제자이기도 한 김간金榦의 「화상자찬畵像自贊」에 "그러나 이 칠푼의 모습을 본다면 혹 산야의 야윈 사람이라 말할 수 있으리然觀此七分之貌 或可謂山野之淸癯",[30] 남유용의 「자제화상찬自題畫像贊」에 "옛날 고개지의 솜씨를 만났다면 반드시 너를 야복과 초립을 쓴 것으로 그렸을 것이다向遇長康好手必將使汝野服而山冠",[31] 서명응徐命膺의 「자제육십세진自題六十歲眞」에 "아득한 네 형체와 정신은 산야에 묻혀 사는 것이 적합하리라藐爾形神 宜乎山野之沉淪"[32] 등이 그런 주제의식을 담고 있다.

마지막 유형으로 수기적修己的 자기 경계를 주제로 한 작품들이 있다. 고려 말 이숭인의 「향승지암사여누진, 인작찬鄕僧止菴寫余陋眞, 因作讚」에서는 자신의 재주와 학문은 주변의 탁월한 인물들에 보잘것없다고 말한 뒤 "비록 그러나 우리나라에 태어나서 중국에 대해 말하기를 좋아하며 혹은 먼 해변으로 쫓김을 당해도 더 섭섭히 여기지 아니하며 혹 중앙 정부에 벼슬한다 하여 더 기뻐하지 않았다. 다만 조심하는 마음으로 스스로를 수양하면 행여나 나의 마음을 속이지는 않을 것이로다雖然 托迹於東國 喜談於中原 或擯瘴海之濱 而無所加感. 或遊岩廊之上 而無所加欣 惟其惕然而自修 庶幾不欺於心君乎"[33]라며 자신의 정신 자세를 가다듬고자 했다. 고려시대 이제현의 「익재진자찬」이나 이첨의 「화상자찬」 역시 유사한 주제를 담고 있는 것을 고려하면, 수기적 자기 성찰 역시 비교적 초기부터 줄곧 내려온 주제적 전통이라고 볼 수 있다.

이런 주제가 특화된 경우로 또 자기 초상을 통해 수기를 지향하는 자경적自警的 주제의 작품들이 있다. 선행 연구에서는 이런 주제 특성이 조선 중후기 선비 화상자찬의 주요한 기능이었음을 밝힌 바 있다. 즉 초상화가 화가들이 그려낸 대상의 모습이라면 화상자찬의 심상은 선비들 자신이 그리고 싶었던 원본의 모습이라는 것이다.[34] 하지만 고려 중기부터 조선 전기까지도 야인/처사 지향과 유사한 내용이 다수를 차지하는 것을 보면, 이런 주제 유형은 비단 조선 중·후기뿐만 아니라 화상자찬 전반의 주요한 흐름을 이룬다고 할 수 있다.

수기적 주제 유형의 작품으로는 특히 「화상자경畫像自警」이라 제목한 일련의 작품이 두드러진다. 이는 남송시대 주희의 동명 작품으로부터 유래한 것이다.[35] 17세기 송시열의 「서화상자경書畫像自警」, 윤봉구尹鳳九의 「서화상자경書畫像自警」,[36] 18세기 서종화徐宗華의 「제화상자경題畫像自警」,[37] 19세기 이항로李恒老의 「서화상자경書畫像自警 갑인甲寅」,[38] 송병선宋秉璿의 「서화상자경書畫像自警」,[39] 전우田愚의 「화상자경畫像自警」[40] 등이 대표적인 예다. 이 작품들은 예외 없이 도학자들의 수기적 자기 경계를 담고 있기도 하다. 19세기 들어 주로 노론계 학자들이 「서화상자경」이나 「화상자경」이란 제목의 작품을 집중적으로 창작했는데, 이런 작품들은 잠명적 성격도 동시에 띤다. 홍직필洪直弼의 「속사조명續寫照銘 기묘己卯」가 이런 자경적 화상자찬과 유사한 성격의 작품으로, 자경적 작품과 잠명과의 유사성을 잘 보여준다.[41] 또 19세기 들어서는 화상자찬이라고만 한 작품들 중에도 화상자경과 같은 주제 유형의 작품들이 발견된다. 김평묵金平默의 「서화상자찬書畫像自贊」,[42] 이승희의 「영상자찬影像自贊」,[43] 송기면宋基冕의 「소영자찬小影自贊」[44] 등이 그런 예다. 조선 후기 들어 자경적 화상자찬의 점유율이 높아져감을 알 수 있다.

4. 변주 양상

살펴본 것처럼 화상자찬은 변격의 글쓰기이지만, 동시에 일정한 글쓰기 투식과 주제를 가지고 있다. 따라서 화상자찬의 이런 특성을 홀시한 채 개별 작가의 작품에 접근하면 종종 오해가 빚어지기도 한다. 김시습의 「자사진찬」이 그런 예다. 마지막 구절 "네가 있어야 할 자리는, 의당 산과 골짜기 속이리宜爾置之 丘壑之中" 같은 전형적인 주제와 표현이 선행 연구에서는 매우 특수한 작가의식으로 확대 해석되기도 했다.[45] 하지만 이런 전형적인 특성을 벗어나 말 그대로 개성적인 필치로 작성된 화상자찬도 있어 우리 주목을 끈다. 이는 다시 전형적인 수사 방식으로부터 일탈해 개성적인 자기표현에 도달한 것들과 상투적인 주제 유형을 벗어나 개성적인 자의식을 표출한 것들로 나누어 볼 수 있다.

먼저 전형적인 수사 방식을 벗어나 개성적인 자기표현에 도달한 작품들을 살펴보자. 앞서 우리는 화상자찬에서 초상화 속의 내 모습을 '이爾' 혹은 '이而'라고 호칭함으로써 자신을 대상화하게 됨을 지적했다. 이런 자기 대상화가 극단까지 간 예로 18세기에 개성을 뚜렷이 드러냈던 조구명의 「소상자찬小像自贊」을 들 수 있다. 이 작품에서는 현실의 나와 그림 속 나 사이의 대화가 매우 흥미롭게 펼쳐진다. 앞 장에서 나왔지만 다시 한번 인용한다.

> 살아 있는 건천자가 그림 속 건천자에게 물었다. "너는 어찌해서 공자와 같은 단정하고 기다란 눈과 크고 깊은 입이 아니며, 어찌해서 여래와 같은 정수리와 손이 아니며, 어찌해서 나타태자 같은 머리 셋에 여덟 개 팔이 아닌가? 그대가 스스로 다른 사람과 다르다고 하는데, 나는 다른 점을 볼 수가 없구나." 그림 속 건천자가 웃는 듯 웃지 않는 듯, 웃음소리가 들리는 듯 들리지 않는 듯 말하기를, "그대는 한유의 「획린해獲麟解」를 보지 못했던가? (기린이 기린이 되는 것은) 덕 때문이지 형체 때문이 아니라네. 그대는 홍생洪生의 「천리마설千里馬說」을 듣지 못했던가? 마구간에서는 땅 위에 엎드려 있다가 채찍질을 받으면 번개처럼 훌쩍 달려 나간다네. 그러므로 형체만 비슷하고 덕이 없는 것은 기린이 아니며, 그 모습은 아니라도 달리는 재주가 있다면 천리마일세. 지금 하목河目과 해구海口는 아니지만 공자와 같고, 육계肉髻와 윤장輪掌은 아니지만 여래와 같고, 세 개의 머리와 여덟 개의 팔은 아니지만 나타태자와 같다면, 이것은 그 다름이 더욱 기이하지 않겠는가?" 살아 있는 건천자가 그림 속의 건천자에게 머리를 조아리고 두 번 절하며 큰 술잔으로 300잔을 주어 이 말에 사례하지 못함을 한스럽게 여기고는 "내가 자네 대신 마시고, 자네와 더불어 길이 사귀리라"고 했다.[46]

이 글에서 흥미로운 점은 살아 있는 건천자活乾川와 그림 속 건천자畫乾川의 관계에 있다. 여느 화상자찬 작품과 달리 이 글에서는 내가 나에게 자문하는 제스처에 그치는 것이 아니라, 또 다른 나畫乾川를 등장시켜 대화를 나누고 있다. 이런 수사 방식은 자연 도연명이 「형영신形影神」이라는 시에서 형形이 영影에게 말하고形贈影, 또 영이 형에게 답했던影答形 내용을 떠올리게 한다. 그런데 이 작품에서 '살아 있는 건천자形'과 '그림 속 건천자影'의 대화는 형과 영이 서로 문답을 진행하고 있을뿐더러, 영이 형과의 대화를 주도한다는 특색을 지니고 있다. 조구명은 현재의 나와 그림 속의 내가 문답을 하는 방식으로 자신의 남다른 가치가 외형에 있는 것이 아니라 내면에 있음을 강조하고 있다. 앞서 검토한 것처럼 그림으로 전달할 수 없는 자신의 내면이라는 주제는 화상자찬의 보편적인 주제 유형의 하나다. 그런데 형이 영에게 일방적으로 말할 때는 그림 속 자아는 현실 속 자아의 객체로서의 역할에 그치며, 낯선 나로서 끝내 자아와 통합되지 못한다. 반면 이 글의 '그림 속 건천자'는 또 다른 자아 곧 작자 자신의 페르소나와 같은 역할을 한다. '그림 속 건천자'의 입을 통해 말하는 내용들이란 사실 조구명 자신의 생각을 대변하는 것이다. 자신을 결코 이해하지 못하는 세상 사람들과 달리 남다른 나의 진정한 가치를 이해해주는 그림 속의 나影란 존재의 설정은 그런 점에서 특기할 만하다.

그런데 나의 진眞은 외형의 닮음에 있지 않다는 사고는 때로는 확대되어 나의 존재를 회의하고 의심하는 데까지 이른다. 남공철南公轍이 비문을 썼던 동시대의 고승 성규聖奎(1728~1812)는 화상자찬에서 "네가 참인가, 아니면 내가 참인가? 본래의 면목으로 본다면야 둘 다 참은 아니겠지. 쯧쯧! 가을 시내가 하늘까지 닿듯 땅과 하늘은 둘이 아니어서 걸림 없이 트여 그림자도 없는 것이니, 하물며 색과 형상은 무슨 까닭에 찾는다는 말인가?爾是眞耶 我是眞耶? 若據本來人面目 則二皆非眞.

咄, 秋水連天乾坤若無 廓落無影 色相何求?"[47]라고 했고, 김정희는 만년인 과천 시절의 초상화에서 "나라고 해도 나이고, 내가 아니라고 해도 나다. 나라고 해도 좋고, 내가 아니라고 해도 좋다. 나란 존재는 시비의 사이에 있는 것이니 나라고 할 것이 없다是我亦我 非我亦我. 是我亦可 非我亦可. 是非之間 無以爲我. 帝珠重重, 誰能執相於大摩尼中. 呵呵"[48]라고 쓰기도 했다.

이런 자기 인식이나 규정의 모호성이 극단으로 갈 때 화상자찬에서 쉽게 찾아보기 어려운 자아 상징화가 활용되기도 한다. 자아 상징화는 본래 자신이 아닌 타인에 대한 초상화찬에서 상대의 외모나 인품이 뛰어남을 칭송하기 위해 쓰이는 수사법 중 하나였다.[49] 화상자찬은 자기 부정이나 조소가 전형적인 특징이기도 하지만 작가 입장에서는 자신을 대상으로 자신을 추켜세우는 수사 방식을 활용한다는 것 자체가 낯간지러운 일이기도 하다. 하지만 권필權韠의 후손으로 고시에 뛰어났던 18세기 권헌權攇(1713~1770)의 작품에서는 이런 금기가 무너지고 있다. 그는 타인에 의해 온전히 인식될 수 없는 자아의 진면모를 별도의 형상으로 제시하고 있다.

> 네 모습이 졸렬하고 어리석으니 그 모습을 보면 그 뜻을 의심하게 되고, 너의 뜻이 혼웅하니 그 뜻에 즉해 본다면 그 용모가 미심쩍구나. 세상에 나가 뜻을 편다면 왕맹王猛과 같기를 스스로 기약하고, 물러나 숨는다면 서치徐穉로 모범을 삼으련다. 번잡하고 자잘한 일 사이에 분주하여도 졸하다 생각하지 않고, 천한 이에게 몸을 굽혀도 욕되다 여기지 않는다. 구름과 물 사이에서 소요하는 곳으로 돌아가 혹은 부춘산富春山의 낚시터를 바라고 혹은 적벽강의 조각배를 스쳐 서쪽으로 가리니, 소식이 만난 학이런가? 엄광嚴光이 벗하던 갈매기런가?[50]

앞 장에서 언급했듯이 권헌의 글에서는 자기 용모에 대한 콤플렉스가 깃들어 있다. 자신의 외형을 좁은 얼굴과 누런 얼굴빛, 찡그린 이마와 짧은 눈썹이라 형용했던 데서도 드러나듯이,[51] 자신의 외모를 추하다고 여긴 듯하다. 하지만 그가 진정으로 고민했던 것은 못난 용모가 아니라 외형과 참된 자아의 불일치에 있었다. 그가 추구했던 정신적인 가치는 소식의 「후적벽부」에 등장하는 도사의 분신인 학과 엄광이 엄릉뢰에서 벗했던 갈매기嚴陵瀨로 형상화된다.[52] 타인에 의해 온전히 이해되기 어려운 나의 진정한 모습을 작가는 또 다른 표현 방식, 곧 문학적 상징을 통해 제시한 것이다. 이런 유의 표현은 일찍이 송대 육유의 「방옹자찬放翁自贊」에서도 활용된 바 있다. 그의 화상자찬은 후대 작가들에게 큰 영향을 미쳤는데, 그는 끝내 이해받지 못하는 자신의 형상을 '야학野鶴'과 '간저송澗底松'에 빗대었다.[53] 권헌의 화상자찬은 자기 초상화에 또 다른 자아의 형상을 덧씌우고 있다는 점에서 특기할 만하다.

다음으로 상투적인 주제 유형을 벗어나 개성적인 자의식을 표출한 작품들을 살펴보자. 앞서 말했듯이 동아시아 전통 초상화에서는 인물 형상이 하나의 관념으로 존재한다. 그것은 실제 그려진 초상과 무관한 하나의 인격적 이상형으로서 형상 이면에 선재하고 있다. 따라서 화상자찬에서 자신의 모습에 대한 시각적 경험을 묘사하더라도 그것은 대부분 전제된 관념에 종속될 뿐이다. 초상화 혹은 화상자찬의 장場은 개인이 대상에 대해 갖는 관계가 아니라 선험적이고 형이상학적인 모델, 곧 이상적 인물 형상에 의해 통어된다고 할 수 있다.

전통사회 지식인들의 상당수는 자신의 초상을 바라보면서도 실제 자신의 모습보다는 이상화된 인격 형상을 떠올리곤 했다. 그들의 사고 속에서는 성리학적 관념이 시각적 형태로 먼저 존재하고 있었기 때문이다. 따라서 그들이 남긴 화상자찬이 아무리 형상을 묘사한다 해도 그것은 우리가 오늘날 보는 실제 초상과는 상당히 다른 시각적 특질(회화성)을 지닌다. 앞서 살펴본 예들처럼 관복官服/조복朝服을 입은 자신의 초상화를 보면서 산림에 은거하는 처사를 떠올리거나, 은거의 상징인 구학丘壑을 배경으로 한 초상화의 구도를 언급하는 이유가 여기에 있다. 그러나 모든 화상자찬이 이런 관습의 장에 갇혀 선험적 관념을 중심으로 구심적으로 통제되는 것만은 아니다. 조선 후기 일부 화상자찬에서는 선험적 관념에서 벗어나고자 하는 원심적 운동성도 발견된다.

> 저 사람은 어떤 사람인가? 수염과 눈썹이 하얗구나. 머리에 오사모烏紗帽를 쓰고, 야인의 옷을 입었네. 여기서 마음은 산림에 있지만 이름이 조정에 오른 것을 볼 수 있다네. 가슴속엔 많은 책을 간직하고, 필력은 오악五嶽을 뒤흔들 정도라네. 세상 사람들이 어찌 알랴? 나 홀로 즐길 뿐이네. 늙은이의 나이는 일흔이고, 호는 노죽露竹이라네. 그 화상은 자신이 그린 것이고, 그 화상찬도 스스로 지었다네. 임인년(1782)에 쓰노라.[54]

이 글은 뛰어난 문인이자 화가였던 강세황이 자신의 70세 자화상에 자찬한 작품이다. 그가 이렇게 자화자찬한 이유는 자전적 작품인 「(표)옹자지(豹)翁自誌」의 한 대목을 통해 유추할 수 있다.

> 옹이 일찍이 자화상을 그렸는데 다만 그 정신에 치중하여 그린 것이라,

彼何人斯鬚眉皓白
頂烏帽披野服於以
見心山林而名朝籍
胸藏二酉筆搖五嶽
人那得知我自爲樂
翁年七十翁號露竹
其眞自寫其贊自作
歲在玄黓攝提格

강세황 70세 자화상

세속의 재주 있는 무리가 그린 초상화와는 아주 다르다. 이에 스스로 생각하기를 내가 죽어 남에게 묘지와 행장을 구하느니, 차라리 스스로 평소의 대략을 적어놓으면 사실과 비슷할 수 있을 것이라 여겼다. 마침 내 붓 가는 대로 이와 같이 써서 자식들에게 남긴다. 훗날 이 글을 보는 사람 중에 반드시 그 세상을 논하고 그 사람을 생각하면서 그 불우하였음을 슬퍼하고 옹을 위해 한숨 쉬며 탄식하는 이가 있을 것이다.[55]

강세황은 여러 폭의 개성 넘치는 자화상을 남긴 것으로 유명하다. 그는 두 편의 화상자찬을 남겼는데, 「옹자지」에서 말한 것은 그가 54세 때 그린 작품이다. 하지만 스스로 자신의 삶을 기록한 글을 남기는 이유를 밝혔다는 점에서, 칠십이 되어 자화자찬하는 의도 역시 미루어 짐작할 수 있다. 그가 염두에 둔 것은 타인이 그린 정형화된 형상이 아니라 진정한 내 모습이었다. 남들이 그것을 알 수 없는 이유를 그는 54세 때의 화상자찬에서 "평생 한 번도 내가 가진 능력을 펼쳐보지 못해서 세상 사람들이 그 깊이를 알지 못하기平生未試所有 擧世莫知其深"[56] 때문이라고 쓰고 있다. 그렇기에 화상자찬의 상례를 깨고 "가슴속엔 많은 책을 간직하고, 필력은 오악을 뒤흔들 정도라네胸藏二酉 筆搖五嶽"라며 자신의 능력을 애써 드러내고자 했다. 그러나 그것은 앞서 말했듯이 세상 사람들이 알 수 없는 것이기에, "나 홀로 즐길 뿐我自爲樂"이다. 강세황은 「옹자지」에서도 자신의 능력에 대한 자부심을 숨김없이 드러내고 있다. 정조의 각별한 지우를 입었던 60대 이후 그 자신의 처지는 달라졌지만, 화상자찬을 통해 그가 드러내고자 했던 것은 변하지 않고 있다.

그런데 이 화상자찬 못지않게 자화상도 특별한 구도로 그려져 있다. 머리에는 관모를 썼지만, 몸은 관복이 아닌 도포 차림이기 때문이다. 이 자화상은 관직에 있지만 마음만은 처사·야인의 삶을 지향하는 화상자찬의 주제적 전통을 이미지화한 것이기도 하다. 초상화와 자찬 모두에서 정형적인 틀을 일부러 깨고 있는 이런 예술 표현 방식은, 강세황이 자신을 관념적인 형상이 아니라 개별적 자아로서 부각시키려 했음을 확인할 수 있는 부분이다.[57]

앞서 말했듯이 초상화 속의 형상은 결코 내 자신의 진면모를 드러낼 수 없다는 것이 화상자찬 작가들의 공통된 생각이었다. 때문에 화상자찬은 아무도 볼 수 없는 자신의 내면 속 진정한 자아를 표현해 내는 계기가 되기도 한다. 작가가 말하는 참된 나란 타인으로서는 접근할 수 없는 개별적 자아라고 볼 수 있다. 이런 자아 형상이 매우 독특한 방식으로 표현된 것이 중인이라는 신분상의 한계로 인해 한 많은 삶을 살다 간 이언진李彦瑱(1740~1766)의 「화상자제畫像自題」라는 작품이다.

> 정승 약간에
> 장원 약간도
> 사람들은 영광으로 여기는구나
> 쯧쯧! (그런데) 무슨 놈의 궁유窮儒가 감히 천고의 문형을 쥐고 있나[58]

이언진의 화상자찬은 그의 문집 『송목관신여고松穆舘燼餘稿』에 작품만 전하고 있어서 원 초상화가 어떤 그림인지는 알 수 없다. 일본인 류 이칸劉維翰이 남긴 『동사여담東槎餘談』에 이언진의 작은 초상이 실려 전하는데,[59] 이 그림과 화상자찬은 특별한 관계가 없는 듯하다.

이언진 초상화

중인이었던 이언진의 불우함을 감안한다면 관복 초상화란 그 자신이 꿈꿀 수도 없는 그림이었을 것이다. 따라서 화상자찬으로서의 어떤 투식도 거부한 채 독특한 방식으로 쓰인 이 글은, 자신을 받아주지 않는 주류 사회에 대한 야유와 자신의 문학 능력에 대한 자부심을 반어적으로 표현한 것으로 볼 수 있다. 이 작품에서는 자기 모습에 대한 형용도, 의례적인 자기 겸양도 찾을 수 없다. 심지어 자신을 이상적인 형상에 투사하는 방식도 취하지 않는다. 어쩌면 이 글은 실재 초상화와는 무관하게 자신을 자신이 원하는 방식으로 새롭게 빚어내고 있는 것인지도 모른다. 이 점은 자기 초상화에 쓴 시에서도 마찬가지로 드러난다.

이백과 이필에다	供奉白鄴侯泌
철괴를 합한 게 바로 나라네	合鐵拐爲滄起
옛 시인과 옛 산인과	古詩人古山人
옛 선인은 성이 모두 이씨로구나	古仙人皆姓李[60]

인용 시는 이언진의 대표작 「호동거실衚衕居室」 연작 가운데 한 수다. 박지원은 「우상전虞裳傳」에 이 시를 싣고, 이언진이 자신의 초상화에 쓴 것이라고 했다.[61] 이덕무 역시 『청비록淸脾錄』에서 동일한 기록을 남겼는데,[62] 이상적李尙迪·김석준金奭準이 편찬하고 북경에서 간행한 『송목관집松穆館集』에도 "어떤 데에는 화상자찬이라고 되어 있다一作畫像自贊"라는 주가 덧붙여져 있다.[63]

이언진의 화상자찬과 자제화상시自題畫像詩의 내용은 모두 그림이 아니라 작가 자신의 내면을 형용하고 있다. 그는 천연덕스럽게 재능을 자부하는 방식으로 자신의 진면모를 드러내고자 했다. 흥미로운 지점은 묘사된 자신의 모습은 초상화는 물론 실제 자신의 처지와도 무관하다는 사실이다. 화상찬임에도 초상화에 담긴 자기 모습에 대해서 일언반구도 하지 않은 예는 이전에도 있었다. 심정沈貞의 동생이면서 기인으로 유명했던 조선 전기 심의沈義의 「대관재진상반영자찬大觀齋眞像半影自贊」[64]에서도 이런 면모가 발견된다. 하지만 이런 화상자찬은 극히 예외적이다.

이언진은 「호동거실」 연작을 통해 자신의 비참한 현실을 속속들이 드러낸 바 있다. 하지만 이 작품에서는 자신이 처한 현실적 한계를 '궁유窮儒'란 표지로 에둘러 표현하고 있다. 하지만 주변의 외적 평가에 무관심한 척하면서도, 도리어 자신의 가치를 천고의 문형을 잡았다고 과장된 자부심으로 부연해낸다. 그런데 이를 마치 제삼자인 것처럼 시치미를 떼고 표현함으로써 표현 의미를 극대화한다. 이 점은 자신의 초상화를 두고 쓴 시에서도 마찬가지다. 그가 묘사한 것은 자신의 형상이 아니었다. 이李라고 하여 자기 성씨와 동일한 역대의 시인과 산인山人, 선인仙人들을 호출하고 있다. 천재 시인 이백, 당나라 현종·숙종 때의 문인 이필李泌, 전설상의 여덟 신선 중 한 사람인 이철괴李鐵拐 등이 그들이다. 이백은 두보와 어깨를 나란히 한 역대 최고의 문학적 개성을 지닌 시인이고, 이필은 재주가 뛰어났지만 권신權臣에게 미움을 받아 은거할 수밖에 없었던 인물이다. 또 이철괴는 정신이 몸을 빠져나와 노닐 때 제자가 잘못해 그 몸을 태워버리는 바람에 결국 굶어 죽은 사람의 몸에 들어간 신선이다. 봉두난발에다 배를 드러내고 다리는 절뚝거렸다고 한다.[65]

사실상 자신의 형상을 무시하는 방식으로 역설적으로 자신의 진정한 모습을 드러내는 셈이다. 그런 점에서 이언진의 화상자찬은 자신의 실제 모습을 외면하고 싶은 내면의식이 존재하지 않는 그림 속 내 모습을 발견해낸 것이라고 할 수도 있다. 따라서 그것은 더 이상 시각의 문제도 그림의 문제도 아니다. 화상자찬의 전형성을 완전히 벗어난 이런 전도顚倒는 어떤 유형에도 속하지 않는 매우 이채로운 사례다. 관념적 형상으로부터 벗어나 개별적 자아를 지향하는 작가의 의중을 잘 보여준다. 현대적 관점에서 본다면 이런 시도는 그리 특별한 사례가 아닐 수도 있다. 하지만 시대와 표현 방식이라는 함수를 고려한다면, 이언진의 화상자찬은 작가의 개성적인 내면이 새로운 방식으로 표현된 작품이라는 점에서 주목할 필요가 있다.

5. 남는 문제: 결론을 대신하여

이상을 통해 총 94편에 달하는 현전 작품을 대상으로 화상자찬의 전형적인 특성과 변주 양상을 살펴보았다. 분석 결과 화상자찬의 작가들은 그림 속 정형화된 자아 형상보다는 보이지 않는 내면의 자아를 부각시키고자 노력했음을 확인할 수 있었다. 이 과정에서 수기修己를 목적으로 하는 자기 성찰적 면모를 보이기도 하지만 때로는 의도적인 자기 비하와 과시를 통해 자아를 부각시키는 방식을 취하기도 했다. 특히 조구명, 권헌, 강세황, 이언진의 화상자찬은 전형적인 글쓰기 방식과 주제를 의도적으로 비틀어 자신이 목적하는 새로운 자아 형상을 수립하는 데 성공하고 있다. 요컨대 화상자찬은 자아 형상에 관한 시각적 경험을 자의식의 자장磁場 안에 끌어들여 새롭게 표현해낸 독특한 글쓰기 방식이었다고 규정할 수 있다.

그런데 화상자찬에 대한 해명은 양식 자체의 계보만으로 해결될 수 있는 문제는 아니다. 화상자찬은 기본적으로 초상화로 인해서 존재할 수 있는 양식이며, 그 글쓰기 방식 역시 동아시아 자전문학의 전통과 긴밀하게 연관된 것이기 때문이다. 그런 측면에서 17세기 이후 화상자찬의 점증에는 초상화의 보편화란 함수와 함께 자전적 글쓰기의 유행이 상당한 영향을 미쳤다고 볼 수 있다.[66] 그런 점에서 일부 화상자찬의 해명에는 별도의 접근 방식이 요청되기도 한다. 다음 작품이 그런 예다.

무형의 정신을 가지고 유형의 모습을 만드니
모습 그릴 뿐이지 어찌 전할 말 있어서랴?
세상엔 시인이 많고 많다지만
뉘라서 이미 흩어진 혼을 불러주리오?[67]

17세기의 저명한 화가 김명국金明國(1600?~1663 이후)의 화상자찬이다. 이 그림은 본래 「은사도隱士圖」라고 알려졌는데, 화제를 분석한 결과 김명국 자신의 자화상과 화상자찬으로 밝혀졌다.[68] 이 작품은 독특한 그림 구도와 자만적 성향의 화상자찬이라는 점에서 호기심을 끈다. 여기에는 보통의 자화상과 달리 화가의 얼굴이 보이지 않을뿐더러 자찬에서는 닥쳐올 자신의 죽음을 이야기하고 있다. 초상화가 영정으로 쓰이기도 했듯이, 화상자찬 역시 죽음을 언급할 때가 없지 않다. 조선 중기 손처눌孫處訥이나 후기의 김만증金萬增에게서 보듯, 자신의 죽음을 이야기하는 유언적 성격의 화상자찬도 일부 있다.[69] 하지만 김명국의 화상자찬은 이와는 또 다른 특성을 보여준다. 화가 자신의 자화자찬일뿐더러 자찬과 연계된 초상화의 구도 역시 예외성을 띠기 때문이다. 앞 장에서 필자는 화상자찬을 남긴 작가들 다수가 다른 자전문학을 동시에 남기고 있음을 지적했다. 김명국은 다른 자전문학을 남기고 있진 않지만, 그의 화상자찬은 자만시와도 유사한

김명국 자화상

측면이 있다.[70] 그런 면에서 볼 때 김명국의 화상자찬과 같은 유의 작품들은 초상화와 자전문학의 변화라는 함수 속에서 해명될 필요가 있다.

■ 부록 ■

한국 화상자찬 목록

번호	작가명	출처	작품명	초상화
001	이인로李仁老 (1152~1220)	『東文選』 卷五十	「臥陶軒圖自贊」	부전
002	이규보李奎報 (1168~1241)	『東國李相國集』 後集 卷第十一 贊十三	「丁而安寫予眞, 自作贊曰」	부전
003	이제현李齊賢 (1287~1367)	『益齋亂藁』 卷九 下	「益齋眞自讚」	부전
004	이첨李詹 (1345~1405)	『雙梅堂先生篋藏文集』 卷二十二 雜著	「畫像自讚」	부전
005	이숭인李崇仁 (1347~1392)	『陶隱集』 卷五 雜著	「鄕僧止菴寫余陋眞, 因作讚」	부전
006	김시습金時習 (1435~1493)	『梅月堂文集』 卷十九 贊	「自寫眞贊」	현전
007	채수蔡壽 (1449~1515)	『懶齋集』 卷二 四言	「仁川君畫像自讚」	부전
008	신용개申用漑 (1463~1519)	『二樂亭集』 卷七 贊	「自眞贊」	부전
009	심의沈義 (1475~?)	『大觀齋亂稿』 卷四 雜著	「大觀齋眞像半影自贊」	부전
010	양배선楊拜善 (미상)	蘇世讓(1486~1562), 『陽谷先生集』 卷十 別集 「書贈楊上舍(拜善)」/ 작품은 전하지 않음	「寫眞自贊」	부전
011	허목許穆 (1595~1682)	『記言』 卷九 上篇 圖像	「寫影自贊」	부전
012	허목	『記言』 卷九 上篇 圖像	「又自贊」	부전
013	김명국金明國 (1600?~1663 이후)	국립중앙박물관 소장본 「隱士圖」	제목 없음	현전

014	이만영李晚榮 (1604~1672)	『雪海遺稿』 卷二	「畫像贊(幷序)」 癸巳	부전
015	송시열宋時烈 (1607~1689)	『宋子大全』 卷一百五十 贊	「書畫像自警」	부전
016	박장원朴長遠 (1612~1671)	『久堂先生集』 卷十六 贊	「畫像贊(辛亥病裏作)」	부전
017	김수증金壽增 (1624~1701)	『谷雲集』 卷六 雜文	「谷雲翁生於大明天啓甲子, 至乙亥七十有二, 兒輩命畫史寫眞, 遂戲題自贊」	부전
018	이선李選 (1631~1692)	『芝湖集』 卷六 贊	「自贊(己未十月)」	부전
019	김만증金萬增 (1635~1720)	『遯村遺稿』 卷三	「畫像自贊」 其一	부전
020	김만증	『遯村遺稿』 卷三	「畫像自贊」 其二	부전
021	김간金榦 (1646~1732)	『厚齋先生集』 卷四十 贊	「畫像自贊」 年七十六時寫	부전
022	김유金楺 (1653~1719)	『儉齋集』 卷二十一 贊	「儉齋畫像自贊」 其一	부전
023	김유	『儉齋集』 卷二十一 贊	「儉齋畫像自贊」 其二	부전
024	김진옥金鎭玉 (1659~1736)	『韞齋遺稿』 卷一	「像自贊」	부전
025	이만부李萬敷 (1664~1732)	『息山集』 卷二 贊	「寫眞自贊」	부전
026	권섭權燮 (1671~1759)	『玉所稿』 堤川本 雜著一	「陋像自贊」 其一	부전
027	권섭	『玉所稿』 堤川本 雜著一	「陋像自贊」 其二	부전
028	권섭	『玉所稿』 堤川本 雜著一	「陋像自贊」 其三	부전
029	권섭	『玉所稿』 堤川本 雜著一	「陋像自贊」 其四	부전
030	권섭	『玉所稿』 堤川本 雜著一	「陋像自贊」 其五	부전
031	권섭	『玉所稿』 堤川本 雜著一	「陋像自贊」 其六	부전

032	이덕수李德壽 (1673~1744)	『西堂集』	「畫像贊」	부전
033	이광좌李光佐 (1674~1740)	朝鮮史編修會 編, 『朝鮮史料集眞解說』, 京城: 朝鮮總督府, 昭和 11[1936]. 所收 自畫像	자화상에 대한 자찬	현전
034	김석일金錫一 (1674~1742)	『虛舟窩遺稿』 卷五	「畫像自贊」	부전
035	유수柳綏 (1678~?)	경기도 박물관 소장본	「畫像自贊」	현전
036	윤봉구尹鳳九 (1681~1767)	『屛溪先生集』 卷四十四 贊	「書畫像自警」	부전
037	조현명趙顯命 (1690~1752)	『歸鹿集』 卷十九 贊	「畫像自贊」	부전
038	조관빈趙觀彬 (1691~1757)	『悔軒集』 卷十五 贊	「畫像自贊(幷序)」	부전
039	조관빈	『悔軒集』 卷十五 贊	「又贊(幷序)」	부전
040	조구명趙龜命 (1693~1737)	『乾川藁』 第二冊	「小像自贊」	부전
041	유숙기兪肅基 (1696~1752)	『兼山集』 卷八	「寫眞自識(己巳)」	부전
042	남유용南有容 (1698~1773)	『雷淵集』 卷二十七 雜著	「自題畫像贊」	부전
043	서종화徐宗華 (1700~1748)	『藥軒遺集』 卷五	「題畫像自警」	부전
044	유언술兪彦述 (1703~1773)	『松湖集』 卷六	「畫像自贊」	부전
045	이의경李毅敬 (1704~1778)	『桐岡遺稿』 卷三	「畫像自贊」	부전
046	임매任邁 (1711~1779)	국립중앙박물관 소장본	「葆和翁自贊」	현전
047	안정복安鼎福 (1712~1791)	『順菴先生文集』 卷十九	「畫像擬贊(庚戌)」	부전

048	강세황姜世晃 (1713~1791)	『豹菴遺稿』 卷五	「畫像自讃」	현전
049	강세황	『豹菴遺稿』 卷五	「畫像自讃」	현전
050	권헌權攇 (1713~1770)	『震溟集』 卷二十四	「(自己)畫像草本自贊」(畫像自贊)	부전
051	서명응徐命膺 (1716~1787)	『保晩齋集』 卷第九 雜著	「自題六十歲眞」	부전
052	채제공蔡濟恭 (1720~1799)	『樊巖集』 卷五十八	「自題寫眞贊」 朝服本	부전
053	채제공	『樊巖集』 卷五十八	「自題寫眞贊」 黑團領本	부전
054	정범조丁範祖 (1723~1801)	『海左集』 卷三十九	「海左翁畫像自贊」	부전
055	성규聖奎 (1728~1812)	경상북도 예천 용문사 소장본	「眞影自撰」	현전
056	이삼환李森煥 (1729~1812)	『少眉山房藏』 卷六	「畫像自贊」	부전
057	유언호兪彦鎬 (1730~1796)	『燕石』 冊三 題跋	「題絹本小像」	부전
058	유한준兪漢雋 (1732~1811)	『自著』 續集冊一 雜錄	「寫影自贊(庚申)」	부전
059	이언진李彦瑱 (1740~1766)	『松穆舘燼餘稿』 贊	「畫像自題」	부전
060	홍원섭洪元燮 (1744~1807)	『太湖集』 卷五	「畫像自贊」	부전
061	이채李采 (1745~1820)	국립중앙박물관 엮음, 『조선시대 초상화』 I, 210면.	「華泉翁自題」	현전
062	정조正祖 (1752~1800)	『弘齋全書』 卷四 春邸錄四	「畫像自贊(庚寅)」	부전
063	이만수李晩秀 (1752~1820)	『屐園遺稿』 卷九 玉局集	「四十三歲少眞自贊」	부전
064	박윤묵朴允默 (1771~1849)	『存齋集』 卷二十四	「畫像自贊」	부전

065	김정희金正喜 (1786~1856)	『阮堂全集』 卷六	「自題小照」	현전
066	김정희	『阮堂全集』 卷六	「又(在濟州時)」	현전
067	양진영梁進永 (1788~1860)	『晩羲集』 卷十一	「寫眞自贊(二首)」 其一	부전
068	양진영	『晩羲集』 卷十一	「寫眞自贊(二首)」 其二	부전
069	이항로李恒老 (1792~1868)	『華西集』 卷二十七	「書畫像自警(甲寅)」	부전
070	허전許傳 (1797~1886)	『性齋集』 卷十七	「題影幀」	부전
071	이대李旲 (1809~1830)	『敬軒集』 卷七	「畫像自贊(丙戌)」	부전
072	이유원李裕元 (1814~1888)	『嘉梧藁略』 冊十三	「不知翁畫像自贊」	부전
073	송근수宋近洙 (1818~1902)	『立齋集』 卷十三	「自題五十九歲眞」	부전
074	김평묵金平默 (1819~1891)	『重菴集』 卷四十四	「書畫像自贊」	부전
075	강위姜瑋 (1820~1884)	『古歡堂收艸』 卷三	「李石帆(建弼)記注, 戱寫余小照, 強余作贊」	부전
076	송호宋護 (1830~1889)	『蘧觀聯芳集』 卷八	「畫像自贊」	부전
077	최익현崔益鉉 (1833~1906)	『勉菴集』 卷二十四	「畫像自贊」	부전
078	박세화朴世和 (1834~1910)	경기도 박물관 소장본	「書畫像自警」	부전
079	도한기都漢基 (1836~1902)	『管軒集』 卷十七	「書畫像自警(己亥)」	부전
080	송병선宋秉璿 (1836~1905)	『淵齋集』 卷二十八	「書畫像自警」	부전
081	전우田愚 (1841~1922)	『艮齋集』 後篇 卷十四	「畫像自警」(七十九歲, 臼山病夫題)	부전

082	유인석柳麟錫 (1842~1915)	『毅菴集』 卷四十四	「書畫像自警(甲辰)」	부전
083	조숙하趙肅夏 (1844~?)	국립중앙박물관 소장본	「蘭皐自題」	현전
084	이승희李承熙 (1847~1916)	『大溪集』 卷三十二	「影像自贊」	부전
085	이기李沂 (1848~1909)	『李海鶴遺書』 卷九 雜著	「自眞贊(三首)」 其一	부전 (사진)
086	이기	『李海鶴遺書』 卷九 雜著	「自眞贊(三首)」 其二	부전 (사진)
087	이기	『李海鶴遺書』 卷九 雜著	「自眞贊(三首)」 其三	부전 (사진)
088	김택영金澤榮 (1850~1927)	『韶濩堂集』 文集 卷六	「華裝寫眞自贊(壬子)」	부전 (사진)
089	장석영張錫英 (1851~1929)	『晦堂集』 卷三十 贊	「七十一歲畫像自贊」	부전
090	송병화宋炳華 (1852~1916)	『蘭谷集』 別集 卷十四	「書畫像自警」	부전
091	황현黃玹 (1855~1910)	『梅泉集』 卷七 贊	「五十五歲小影自贊」	현전 (사진)
092	이남규李南珪 (1855~1907)	『修堂遺集』 冊十	「畫像自贊」	부전
093	이건승李建昇 (1858~1924)	민영규 소장본	「寫眞自贊」	현전 (사진)
094	송기면宋基冕 (1882~1956)	『裕齋集』 卷四 贊	「小影自贊」	부전

* 위 목록은 2008년 10월부터 2012년 2월까지 필자가 조사한 결과와 김기완의 학위 논문에 부록으로 수록된 자찬 목록을 참조한 결과물이다. 그런 점에서 이상의 보고 결과는 연구자 개인의 노력 외에도 김기완의 작업에 일정한 도움을 받았다고 할 수 있다. 본 연구자와 김기완의 연구는 공교롭게도 비슷한 시기에 진행되어, 유사한 주제로 연구가 진행되고 있다는 사실을 알 수 없었다. 본 연구자는 2010년 2월이 되어서야 김기완의 연락을 통해 해당 학위 논문의 존재를 알게 되었다. 조사 결과는 양자가 크게 다르지 않으나 김기완의 학위 논문이 먼저 발표되었으므로 주요 참고문헌으로 명기하기로 한다.(김기완, 「조선 후기 사대부

초상화찬 연구」, 연세대학교 대학원 국어국문학과 석사학위 논문, 2009, 부록 173~180쪽) 다만 제시된 목록은 김기완의 논문에서 누락한 일부 자료를 추가한 것이다.

** 김기완의 목록 중에는 자료 성격이 모호한 것이 일부 있다. 자신의 초상화에 대한 자찬인지 아니면 단순한 자찬인지 분명하지 않은 작품들이나, 초상화에 부기된 글로서 반드시 화상자찬이라고 보기 어려운 것들이 그렇다. 이런 글들은 목록에서 일단 제외했다. 또 화상자찬류 문학에 해당되기는 하나 자찬이 아닌 시나 기타 형식의 글도 제외했다. 자경은 정확히는 자찬이 아니지만 문집에서 일반적으로 찬으로 분류하고, 자찬 안에 자경적 내용을 담는 경우도 많으므로 포함시키기로 한다. 잡문류의 자제화상문도 자찬적 내용을 담고 있을 경우 목록에 포함시킨다.

*** 출처가 초상화로 되어 있는 것은 현전 문헌에서 기록을 찾을 수 없는 경우로 한정했다.

典型

제3부

환영幻影을 만드는 사람들 : 마술공연의 관람 기록들

變奏

제1장

연행록에 나타난 환술 인식의 변화와 박지원의 「환희기幻戲記」

1. 문제의 소재

이 글은 동아시아 문화 교류라는 측면에서 연행록에 담긴 환술 기록의 흐름을 점검하고, 그 흐름 속에서 가장 뛰어난 박지원의 「환희기幻戲記」가 갖는 의미를 짚어보려 한다. 이미 앞선 연구들이 「환희기」에 대해 상당 수준의 논의를 펼쳤음에도 재론하는 이유는, 환희 기록으로서 「환희기」가 갖는 의미와 가치를 충분히 논하지 않았기 때문이다.[1] 이렇게 된 데에는 크게 두 가지 이유가 있을 것이다. 우선 기존 연구들은 박지원의 환술 논의를 가능하게 한 변화의 조건들을 충분히 검토하지 않았다. 따라서 기존의 환술 인식이 어떠했는지, 박지원의 글에서 어떤 것이 전·당대의 사고와 달라졌는지 알 수 없게 되었다. 다음으로 이 글을 해석하는 데 있어 지나치게 기록자에만 초점을 맞춤으로써 대화라는 측면이 간과되었다. 이 글을 맹인삽화 등 박지원의 말에만 집중해 읽어냄으로써, 조광련趙光連이라는 청조清朝 지식인과의 교류라는 측면이 홀시되거나 생략되는 경우가 많았다.

이런 문제점을 보완하기 위해 이 글에서는 연행록 전반의 환술 기록들 사이에 「환희기」를 위치시키고, 그 성격과 의미를 구명해볼 것

이다. 이 논의는 다음 세 가지 전제에서 출발한다.[2]

첫째, 여행은 단기간의 외국 체험이므로 대상에 대한 인식이나 느낌에서 여행자 자신의 고정관념과 편견이 나타나고 이를 통한 여행국의 문화에 대한 무의식적인 조작이 이뤄지곤 한다. 연행록을 하나의 여행 기록이라고 볼 때, 여행자의 편견을 추적해 이것이 만들어내는 여행 대상국의 허상에 주의할 필요가 있다. 이 글에서는 조선조 지식인들이 보여주는 환술에 대한 왜곡된 인식이 그 허상에 해당된다. 이러한 편견이 시공간의 특수성과 관련될 때, 우리는 그 허상을 만들어내는 조건들을 검토함으로써 자문화적 특수성을 점검할 기회를 얻을 수 있다.

둘째, 한 시대의 독특한 문화는 그 시기를 살아가는 구성원들의 집단 경험과 가치 및 정서들의 총합체인 특수한 '인식의 구조'에 근거한다고 볼 때, 동일한 문화 현상에 대한 인식차란 상호 간 '인식 구조'의 다름을 반영한다. 따라서 환술에 대한 한국과 중국의 인식 차를 비교하고, 그런 차이를 만들어낸 조건들을 검증한다면, 동아시아 문화 전통 안에서 두 나라의 차이를 변별할 수 있을 것이다.

셋째, 여행자는 여행지에서 마주치는 모든 것을 기록하는 것이 아니라 자기중심적인 소재 선택을 한다. 즉 여기에는 여행자의 배경과 관심, 취향이 크게 작용한다. 따라서 다른 기록과 구별될 만한 특정한 소재를 택하고 기록 방식과 내용이 달라지는데, 박지원의 환술 기록이 그런 예 중 하나다.

그동안 연행록에 담긴 환술 기록은 주로 민속학의 관점에서 검토되었다. 필자는 이것이 중국 전통 연희에 대한 의미 있는 기록이라는 의의 외에도, 이질적 문화 인소에 대한 우리 지식인의 반응이란 점에서 매우 가치 있다고 생각한다. 의학에서 말하는 면역반응처럼 이질적인 무언가가 우리 정신세계에 일으키는 반작용들이 어떤 것인지 구명될 때, 자문화적 특수성에 대한 깊이 있는 논의도 가능할 것이기 때문이다.

2. 동아시아 전통 환술과 연행록의 환술 기록

1) 동아시아 문화 전통에서의 환술

환술幻術은 여러 장치를 이용하거나 숙달된 손놀림 등의 몸동작을 통해 관중을 착각에 빠지거나 놀라게 하는 일체의 연희를 가리킨다. 동아시아 전통 연희의 역사에서는 산악백희散樂百戲 중 한 종목으로 분류되며, 현대 중국사회에서는 잡기雜技라로 통칭하여 부른다. 환술은 현대의 마술에 가깝지만, 단순히 '환술=마술'로 이해해서는 곤란하다. 방사方士의 술법과 같이 마술을 넘어서 비현실적인 이적異蹟을 행하는 것을 일컫기도 하기 때문이다.

환술은 변희법變戲法, 희법戲法, 법희法戲, 현술眩術, 마도魔道, 요술妖術, 잡희雜戲, 환희幻戲, 파희把戲 등으로 불렸다. 기법에 따라 세부 명칭이 붙기도 했는데, 송대에 유행한 손 기술 위주의 마술은 별도로 촬롱撮弄, 장엽藏擫이라고도 했다.[3] 현재의 마술이란 이름은 영어의 '매직magic'을 번역한 것으로, 19세기 말 서양 마술이 전래되면서 쓰였다.[4]

글자 의미상 '환술'의 '환幻'은 속임수로 사람의 눈을 현혹시키는 것을 뜻한다.[5] 원대 호삼성胡三省은 『자치통감資治通鑑』 주注에서 "환술이란 없는 것을 변화시켜 있는 것처럼 만들어내 사람들을 현혹시키는 것幻術者化無以有 以眩惑人"이라고 풀이해놓았다. 환술 공연자는 환인幻人, 환술인幻術人, 편자騙子, 환술사幻術師, 幻術士 등으로 불렸는데, 편자라는 명칭도 속임수를 쓰는 사람이란 뜻을 품고 있다.[6]

동아시아 전통 환술의 발생에 관해서는 크게 두 요인이 있다고 알려져 있다. 하나는 무당의 주술이고, 다른 하나는 서역으로부터의 전래다. 앞의 것은 무당이 신을 영접하는 과정에서 행해지는 행위들이 환술을 형성했다는 것이다.[7] 뒤의 것은 『사기』 「대원열전大宛列傳」과 『한서漢書』 「장건·이광리전張騫·李廣利傳」 「서역전西域傳」, 『후한서後漢書』 「남만서남이열전南蠻西南夷列傳」의 기록에 근거해 한대漢代에 서역으로부터 환술이 전래되었다는 시각이다.[8] 환술사는 『열자列子』 「주목왕周穆王」 편에서부터 발견되지만, 본격적으로 펼쳐진 것은 한대의 백희百戲와 더불어서다.[9] 장형張衡의 「서경부西京賦」에는 환술 공연이 비교적 상세히 묘사되어 있다. 이런 점들을 종합해볼 때, 동아시아의 환술은 자생적인 면도 있지만 상당 부분 서역에서 전래했다고 볼 수 있다. 이때의 서역은 중앙아시아는 물론이고 안식安息이라 불리던 페르시아, 탄국撣國이라 불리던 미얀마, 그리고 여헌黎軒이라 불리던 로마 및 이집트의 알렉산드리아까지 포함한다.[10]

환술 공연은 중국만이 아니라 한국과 일본에서도 행해졌다. 신라의 입호무入壺舞라는 고유 환술은 중국에까지 전해졌으며,[11] 고려시대에도 이색李穡이 "불을 토하고 칼을 삼키는 묘기를 펼치네吐出回祿呑青萍"라고 읊었던 토화吐火와 탄도呑刀 환술의 공연이 있었다.[12] 『지봉유설芝峯類說』 잡기조雜技條에 따르면, 고려조의 환술은 원나라 노국대장

공주를 따라온 사람들로부터 유래했다고 한다.[13]

하지만 정작 조선시대의 환술에 대한 기록은 찾기 힘들다. 조선 초기 명나라 사신을 대접하기 위해 공연한 백희 가운데 '어룡만연지희魚龍曼延之戲' 같은 환술 명칭이 보이고, 토화·탄도 환술이 공연된 흔적이 있으나 중국 사신과 동행한 환술사가 연행했던 것으로 보인다.[14] 반면 일본은 우리와 큰 차이를 보인다. 일본은 산가쿠散樂 안의 주요 종목으로 환술이 비교적 활발하게 공연되어, 18세기 무렵엔 명明 진계유陳繼儒의 환술서인 『신선희술神仙戲術』과 일본인의 환술서 『진곡초珍曲草』 『방하전放下筌』 등이 간행되는 단계에까지 이른다.[15] 조선조에 일본을 다녀온 통신사행 기록에서도 우리는 이 점을 엿볼 수 있다. 남용익南龍翼의 『부상일록扶桑日錄』(1655), 홍우재洪禹載의 『동사록東槎錄』(1682), 조엄趙曮의 『해사일기海槎日記』(1763) 등에는 일본에서 견문한 환술에 대한 기록이 발견된다.

이규경李圭景이 『오주연문장전산고五洲衍文長箋散稿』 「환희변증설幻戲辨證說」에서 "지금 천하에 환술이 없는 나라가 없는데 우리나라에만 유독 환술이 없다"고 썼듯이, 조선시대에 동아시아 삼국 중 우리에게만 환술 공연이 없었다.[16] 이런 현상은 뒤에서 자세히 살펴보겠지만, 환술에 대해 조선사회가 부정적으로 인식했기 때문인 듯하다. 또 국가 차원에서도 환술을 백성에게 해를 끼칠 수 있는 위험한 행위로 여겼던 듯하다. 그런데 우리 연행 기록 전반을 통람해보면 환술을 견문한 기록이 다수 발견된다. 일부 연행록은 중국에서도 유례를 찾아보기 어려울 만큼 환술 공연을 상세히 기록하고 있어 상당한 문화사적 의의를 지니고 있다. 우리 사회에서 볼 수 없는 것에 대한 신기함이나 호기심에서 유발된 역설적인 현상이라고 할 수 있다.

2) 조선 지식인의 환술 인식

조선시대 사행원들은 연행 기간에 각종 연희를 관람하곤 했다. 연행록을 읽어보면 그중에서도 가장 커다란 관심을 끈 것이 환술이었음을 알 수 있다.[17] 하지만 사행원들에게 환술은 호기심을 불러일으킴과 동시에 가치론적으로 부정의 대상이기도 했다. 환술이 불佛·선仙으로부터 유래한 것으로서, 유가에서 금하는 '괴력난신怪力亂神'이었기 때문이다. 18세기의 기록 두 가지를 살펴보자.

〔1〕 환술이란 귀신을 부르는 것이다. 육임六壬·둔갑遁甲은 그 유래가 오래되었다. 귀신이 간혹 대낮에 형체를 드러내 변태가 백 가지로 나타나는데, 주부呪符의 술법이 있으면 비어 있는 속에서도 들어 있는 것을 발견할 수 있다. 그러나 사람이 귀신과 접촉하게 되면, 귀신의 성질이 죽이는 것을 좋아하기 때문에 기백이 쇠진하여 도리어 귀신에게 해를 받게 되는 것이니, 비장방費長房 같은 유가 이것이다. 그러나 이미 불러서 오게 할 수 있는 것이라면 또 반드시 몰아내어 멀리하는 수도 있는 것이다.(이익, 『국역 성호사설』 권9 인사문 환술조)

〔2〕 『열자』를 보면, 주 목왕 때에 서역의 화인化人이 왔다고 했는데, 중들은 환술에 능하고 온갖 재주를 부리니, 이 또한 불교 계통의 사람일 것이다.(안정복, 『순암집』 권13 잡저雜著, 「상헌수필」 하 불법입중국조佛法入中國條)[18]

이 글들에서 말하는 환술은 모두 귀신이나 불교와 관련 있다. 이는 중국 쪽 기록에서 온 것도 있지만, 우리가 특히 불교 같은 이단이나 귀신과 같은 미신·주술적 문제와 연결시키는 경향이 강하다. 이익은 『성호사설』의 다른 항목에서도 환술은 불교가 중국에 들어온 뒤부터 시작되었다고 했으며, 안정복 역시 『동사강목東史綱目』에서 신라 이차돈의 순교를 환술이라고 평가하고 있다.[19] 중국의 환술이 반드시 불교와 관련된 것이 아님을 감안할 때 이런 인식은 실제와는 다소 동떨어진 것이라고 볼 수 있다. 더구나 연희로서의 환술에 대한 언급은 연행록 외에는 거의 찾을 수 없다. 조선왕조실록의 기록을 검토해보더라도 환술은 대부분 공연이 아니라 이단의 사술邪術이나 민간의 미신적 주술로서 일종의 요술과 같이 인식되었음을 알 수 있다.[20] 조선시대에는 환술을 사회질서를 무너뜨릴 수 있는 일종의 범죄 행위로 인식했던 면마저 있다.

연행록에서 발견되는 환술 인식도 이와 크게 다르지 않다. 환술 공연을 관람했으면서도 여전히 그것을 연희가 아니라 요법妖法이며 사술邪術로 보기에 관람 태도 자체가 경직되곤 했다.[21] 편견을 지닌 채 봤기에 대상에 대한 근거 없는 거부감이나 두려움을 낳기도 했다. 그리하여 아예 관람 자체를 거부하는 이마저 있었다.[22] 또한 관람 후 기록을 하더라도 봤다는 사실만 밝혀놓는 것이 많았다.[23] 특히 18세기 이전 연행록에서 많이 발견되는 소극적인 기술 태도는 환술에 대한 우리 사회의 부정적인 의식의 영향에서 비롯된 바가 컸다. 그러했기에 혹 환술을 보고 기록하더라도 신기하다거나 허황되다는 단편적인 인식에 그쳤다. 여행자의 편견이 여행국의 문화를 이해하는 데 장해물이 된 것이다. 이런 인식의 극단에 환술의 문제를 서학西學과 연결시켜 보는 시각이 있다.

서학의 술법이란 전해 들은 바를 참작할 때 한마디로 지극히 요사스럽고 괴이하다 할 만하다. (…) 오직 이른바 천당에 올라간다는 일설은 서학의 궁극적인 교리인데, 백성을 미혹시키는 것이 이 한 조목에 있는 듯하다. 단지 문자로 가르치고 말로 깨우쳐주고 직접 눈으로 보고 몸으로 체험하게 하지 않는다면, 비록 지극히 어리석은 자라도 결단코 참이라고 확신하여서 죽음에 이르더라도 후회하지 않게 하는 이치가 결코 없을 것이다. 내 생각은 이렇다. 환술 같은 사술은 예로부터 있었다. 주 목왕 때부터 서역에서 환술하는 사람이 왔다는 말이 이를 증명해준다. 예를 들어 한대의 장각·좌자·우길의 무리나, 당대 장도릉·장과의 무리가 그런 흐름일 따름이다. 명대에 서홍유 당의 백련교, 왕삼의 문향교 같은 것도 모두 환술 유파에서 나온 것일 뿐이다. 나중에는 이것이 점차 익숙해지고 환술하는 자도 잡박해져서 세상에서 기이하게 여겨지지도 않고 또 신령하다 여기지도 않게 되었다. 지금 중국에서 환술사를 유희의 도구로 삼아 비록 천백 가지 괴이한 일을 벌이더라도 별다른 감흥 없이 단지 한 번의 유희로 여기는 것이 이런 이유다. 연행燕行한 우리나라 사람들에게도 공연되어 환술을 보는 것이 매우 익숙한 일이 되었다. 특별히 괴이하다고 여기지도 않게 된 것은 환술이 눈에 익어 더 이상 이런 습속을 이상하게 여기지 않고 단지 유희로 받아들였기 때문이다. 이제 만약 우리나라 사람으로 하여금 중국에 가보지 않고 갑자기 환술을 부리는 사람을 보게 한다면, 크게 신이하다 여기고 귀신이나 신선이라고 알지 않음이 없을 것이다. 비록 조금 식견이 있는 자라도 고민하게 되는데 하물며 민간의 어리석은 백성이나 아녀자와 어린아이들은 어떠하겠는가? 생각건대 서양의 환술을 가지고 반드시 사람들이 그 환술을 믿게 해서 죽음에 이르더라도 변하지 않게 하려 했던 까닭에 그 술법을 사람들에게 가르쳐, 먼저 사람을 현혹하는 술법으로 농락하고 미혹시키는 것이리라. 혹자는 말하길 땅에서 재화와 음식을 산출하며, 혹은 온갖 물건을 변화시키며, 혹은 환상을 만들어내 배우는 자로 하여금 그 신통함에 신복信服하게 한 뒤 깨달음을 얻어 천당에 올라가는 형상을 가설하고 눈으로 목도하도록 해서 여러 차례 경험을 통해 차차 참이라고 믿게 하기 때문이라고 한다.[24]

이 글은 강호부姜浩溥의 『상봉록桑蓬錄』에 실려 있다. 강호부는 1727년 아버지 강석규姜錫圭의 문인이었던 이세근李世瑾을 따라 연행을 다녀왔다. 지금 전하는 『상봉록』은 강호부 자신이 어머니를 위해 한글로 쓴 『상봉록』을 증손인 강재응姜在應이 다시 한역한 것이다.[25] 강호부는 송시열·권상하·한원진으로 이어지는 노론 호론계湖論系의 정통선상에 위치하는 학자로, 서학에 부정적인 입장을 견지했다.[26] 이 글은 서학에 대한 강호부의 기록 말미에 덧붙여진 강재응이 쓴 「추설追說」의 한 대목이다. 비록 강호부 자신의 서술은 아니지만, 『상봉녹』 내용에 대한 부연이므로 조선 후기 보수적인 지식인이 지녔던 사고의 단면을 보여준다.

강재응은 천주교의 포교 방식을 설명하며, 그것을 환술에 빗대고 있는 점이 특징적이다. 증조인 강호부가 『상봉록』에서 천주교의 교리가 불·선을 합한 것이고, 『천주연의天主演義』 『천주진경天主眞經』 등의 책은 '탄망허환誕妄虛幻'해서 볼 것도 없다고 한 말에 대한 부연 설명인 셈이다.[27] 강재응은 이를 다시 환술의 문제와 결부시킴으로써 극력 비판하고 있다. 그가 서양의 천문학과 화법畫法에 대해서 '요괴의 재주妖怪之才'라고 폄하했던 것도, 서학을 학리學理의 대상이 아니라 인성을 현혹시키는 환술과 같은 것으로 보았기 때문이다. 이러한 인식의 저변에는 환술을 서역에서 유래한 것으로 본 동아시아의 전통 관념도 한몫했다. 그들에게 서양에서 온 천주학은 서역에서 유래한 불교와 마찬가지로 사문斯文을 어지럽히는 사교邪教였기 때문이다.[28]

강재응은 천주교도들이 죽음도 두려워하지 않고 자신의 신앙을 지키는 것을 부정적인 시각으로 바라본다. 그는 그럼에도 불구하고 사람들이 천주교를 신봉하는 이유를 환술에서 찾는다. 마치 환술을 본 적이 없는 사람이 환술을 속임수가 아니라 참이라 믿는 것처럼, 그들이 내세우는 교리와 이적異蹟을 처음 보는 사람은 속게 된다는 것이다. 요컨대 강재응은 서학의 선교사들이 들여온 앞선 과학 문명과 기술마저 환술이라고 보는 것이다. 강재응의 생각으로는 그것이 진실이 아니라 서학의 교리를 세뇌하기 위한 속임수일 뿐이다.[29]

이렇게 환술을 이단의 사술로 인식하는 한편 조선조 지식인들은 환술을 공연자의 속임수가 무엇인지에 초점을 맞춰 보곤 했다.

〔1〕 오늘 잡희를 하는 사람은 옥으로 만든 패물을 빼내거나 혹은 텅 빈 그릇에다 아름다운 꽃을 활짝 피웠다. 이것은 필시 환술일 터인데, 우리는 현혹되어 **눈으로 그 사특하고 망녕됨을 간파할 수 없었으니** 부혁에 비하면 부끄러워해야 할 점이 많다.(16세기 許篈, 『朝天記』)

今日雜戲之人, 或抽出玉珮, 或盛開彩花於中虛之器, 此必是幻術, 而余等爲所眩, 而**目不能燭破其邪妄**, 有愧於傅奕多矣."[30]

〔2〕 어제 환술사들이 또 왔다. 그 환술을 공연하는 것이 신속하고 신묘

하게 변화하여 두서를 알 수 없다. **이것이 곧 요법과 사술이 사람들의 이목을 속이는 것이니** 또한 신기하다고 할 만하다.(18세기 李健命, 『寒圃齋使行日記』)

昨來幻術人又來, 其所弄術, 揮霍神變, 莫知端倪, **此乃妖法邪術之瞞人耳目, 而亦可謂神奇矣**.[31]

〔3〕 대체로 보아 환술이란 것은 참과 거짓이 어지럽게 변화하여 사람의 눈을 미혹시키는 것인데, 종일 보아도 자리 가득한 사람들이 기이하다 고함만 치고 **끝내 그 거짓된 곳을 간파해낼 수 없으니** 그 술법이 또한 기묘하다.(19세기 초 李基憲, 『燕行日記』 下)

大抵幻術云者, 不過變幻眞假, 眩亂人目, 而終日見之, 滿庭叫奇, **卒不能覰破其假處**, 其術亦巧矣哉.[32]

〔4〕 대체로 보아 참과 거짓이 어지럽게 변화하고 사람의 눈을 미혹시키는 것이다. 지금 뜰 가득 천 개의 눈이 몇 사람에게 우롱을 당해 **종일토록 얕은 식견으로 살펴보아도 끝내 그 잘못된 곳을 찾지 못한다.** 비록 한두 가지 의심스런 단서는 있지만 미묘하고 혼란스러우니 또한 참으로 내장을 끄집어낸 것은 아니나 그 술법 부림이 교묘하다.(19세기 중반 李遇駿, 『夢遊燕行錄』 下)

大抵變幻眞假, 眩亂人目, 今滿庭千隻眼, 被數箇人愚弄, **終日虛見看**, **卒未有能得其破綻**, 雖有一二可疑之端, 而恍惚錯莫, 亦無眞的執臟, 其爲術亦巧矣.[33]

이 예문들은 16세기부터 19세기까지 시대별로 본 환술 관련 기록의 일부분이다. 명대와 청대라는 시간 차, 사행 목적이라는 배경의 차이에도 불구하고 이들은 한결같은 반응을 보이고 있다. 그들은 환술사의 다채로운 공연 방식에 감탄하면서도, 공연 자체보다는 환술사의 속임수(邪妄, 妖法邪術, 假處, 破綻)에만 집중하고 있다. 그저 속임수를 파악해내지 못한다는 점을 안타까워할 뿐 진전된 인식 태도는 보이지 않는다. 심지어 허봉처럼 환술을 불교와 동일시해 관람 자체를 부끄럽게 생각하기도 했다.

19세기까지도 이런 단선적이고 피상적인 인식 태도에 변화가 일어나지는 않지만, 환술 견문이 쌓이면서 환술 자체에 대해 좀 더 진지한 접근이 이뤄진다. 특히 환술 공연을 체계적으로 기록하는 것과 맞물려 이뤄졌다. 18세기부터 시작된 본격적인 환술 공연 기록은 이전에 한두 문장으로 소감을 말하는 데 그친 기록과는 질적으로 완전히 달랐다. 초기 양태로 이의현李宜顯의 『경자연행잡지庚子燕行雜識』(1720)과 강호부의 『상봉록』(1727)을 들 수 있다. 『경자연행잡지』에서는 11조목이, 앞서 언급한 『상봉록』에는 9조목의 비교적 상세한 환술 공연 내용이 실려 있다. 이 기록들은 또 기록자가 환술에 대한 지식을 바탕으로 공연 내용에 대한 평가와 해설을 덧붙이고 있다는 점에서 특기할 만하다. 환술에 대한 접근 자세가 변하면서 18세기 말 19세기 초에 이르면 환술을 본격 논의의 대상으로 삼은 기록들이 등장한다. 권복인權復仁은 1822년 부사副使의 자제군관으로 사은사행謝恩使行을 다녀온 뒤 남긴 「환희幻戲」(『수사한필隨槎閒筆』 하)라는 글에서 다음과 같이 적고 있다.

> '진眞'에 반대되는 것이 '환幻'이다. '환'을 믿을 수 있을까? 사람이 스스로 믿는 것으로는 마음과 눈만 한 것이 없다. 눈으로 보면서도 분명히 분별할 수 없고, 마음으로 알면서도 상상할 수 없어야 '환'이라고 할 수 있다.[34]

권복인의 글은 박지원의 「환희기」를 제하면 환술을 논의 대상으로 삼은 흔치 않은 기록으로서 의미가 있다. 권복인은 진과 반대되는 것이 환이라고 정의한다. 따라서 환은 믿을 수 없는 것이다. 그런데 환이 되기 위해서는 눈으로 보고 마음으로 알면서도, 분별할 수도 상상할 수도 없어야 한다고 설명한다. 내용은 이 시기 문예론에서 많이 언급되는 진환론眞幻論과 견주어볼 때 특별할 게 없어 보인다. 하지만 여기서의 환幻은 환술을 일컫는 것이다. 환술 공연의 원리는 관중에게 일정한 기대치를 설정하게 해 친숙한 상황에 대한 기대감을 유발시키는 데 있다. 환술은 언제나 우리 상상력을 앞질러감으로써, 우리가 어느 부분에서 속았는지조차도 깨닫지 못한 채 어쩔 수 없이 환영을 완성하도록 만드는 것이다. 이 글은 바로 그 점을 지적한 것이다. 환술 공연이 성공적으로 환영을 만들어내는 방식을 간명히 지적했다는 점에 이 글의 가치가 있다. 이런 인식들은 비슷한 시기 다른 인물들에게서도 드러난다. 박사호朴思浩는 『심전고心田稿』에서 환술을 '능견난사能見難思(볼 수는 있지만 헤아리기 어려움)'라고도 부른다고 했다.[35] 이 단계에 이르면 환술에 대한 인식 태도에 미묘한 변화가 일어난 게 감지된다. 하지만 이 역시 한계는 명확하다. 인용한 권복인에게서 환술에 대한 부정적인 시각이 여전히 엿보이기 때문이다. 「환희」의 결말 부분은 다음과 같다.

> 구경꾼들은 빙 둘러서서 눈을 닦으며 숨소리도 내지 못한다. 오직 자신들이 속는 것만 염려하다가 순간적으로 번쩍하는 각종 마술이 있으면 도리어 자신들의 마음과 눈이 가리어 가엽게도 멍하니 있다가 꾸물거리며 물러난다. 그것이 환이라는 것을 알면서도 감히 분명히 밝히지 못

> 하니 우스운 일이다. 그러나 이 기술을 사용하는 사람은 돌을 황금으로 만들지 못하고 쌀을 던져 단사丹砂로 만들어 단번에 부자가 될 수는 없고, 종일 고생하여 얻는 것으로는 의식도 자급할 수 없으니 환幻이 진眞에 미치지 못하며 믿을 수 없다는 것은 분명한 일이다.[36]

권복인은 환술은 거짓으로 현실에서 어떤 긍정적인 변화도 일으키지 못하기에 진眞보다 못한 것이라고 결론내린다. 권복인의 환술 논의는 환술을 과장해 이단으로 연결시키거나 단순한 속임수로 파악하는 것보다는 진전된 것이다. 하지만 그 역시 환술을 가치 있는 사고의 대상으로 삼은 것은 아니다. 그런 측면에서 환술 인식에 대한 진정한 변화의 모습은 박지원의 「환희기」에서 찾을 수 있다.

3. 환술 논의의 새로운 지평

위와 같은 문화적 풍토에서 박지원의 「환희기」가 탄생했다. 알다시피 박지원의 환희기는 크게 세 부분으로 나뉜다. 「환희기서幻戱記序」(「환희기제사幻戱記題辭」), 20조목의 환술 기록, 그리고 「환희기후지幻戱記後識」가 그것이다. 여기서는 「환희기서」와 「환희기후지」를 중심으로 환술 논의의 성격과 의의를 짚어본다.

1) 「환희기서」

「환희기서」의 내용은 광피사표 패루 앞을 지나가면서 우연히 목도한 환술 공연 정경·환술의 유래·중국에서 환술 공연을 허용하는 이유·환술 기록을 남기는 목적 순으로 구성되어 있다. 박지원은 환술의 유래를 다음과 같이 설명한다.

대개 상고시대부터 이런 환술에 능한 사람이 있어서 자그마한 귀신을

> 부려 사람의 눈을 현혹했기 때문에 이를 환술이라고 말한다. 하나라 때 유루라는 사람이 용을 길들여서 임금 공갑의 마음을 사로잡았고, 주나라 목왕 때는 언사라는 사람이 춤추는 나무인형을 만들어 놀렸다. 묵적은 점잖은 학자인데 나무로 만든 연을 날렸고, 후세 동한 때의 좌자와 비장방의 무리는 모두 이런 기술을 가지고서 사람들 사이에서 유희를 했으며, 연나라 제나라의 신이하고 괴상한 선비들은 신선을 이야기해서 당대의 임금을 홀렸다. 이런 것들은 다 환술이건만, 당시 사람들은 이를 능히 깨닫지 못했다. 생각건대 환술은 서역에서 나온 것이므로 구라마십·불도징·달마 같은 사람들이야말로 환술을 더욱 잘했던 사람이 아니었을까?[37]

인용문은 박지원이 환술과 불교와 도교, 환술사와 승려·방사를 한가지로 이해하고 있음을 보여준다. 환술과 귀신을 부리는 일을 연결시키는 것은 앞서 인용한 『성호사설』의 내용과 같다. 그가 기록한 20조목의 환술이 지금의 마술과 같은 일종의 눈속임이란 점을 감안할 때, 박지원의 환술 인식은 관찰한 내용을 넘어서 '마술+초현실적 현상'이라는 포괄적 관점에 기반함을 짐작할 수 있다. 이는 앞서 언급한 조선조 지식인들의 환술에 대한 통념과 크게 다르지 않다. 하지만 환술 공연이 민간에까지 파고들었던 청조의 인물들은 이와 다른 인식을 보였다. 홍대용과 교유했던 손유의孫有義(호는 용주蓉洲)와 같은 인물이 환술을 손을 민첩하게 놀리는 재주를 익혀서 남들로 하여금 볼 수 없게 하고 또한 부적·주문을 빌려서 사람들의 눈을 가리는 것일 뿐이라고 설명한 것이나,[38] 청대 전영錢泳이 『이원총화履園叢話』 잡희조雜戲條에서 환술 공연에 대해 기술하면서 방술이나 이적異蹟과 관련된 어떤 이야기도 싣지 않은 것은 이 점을 잘 보여준다.[39] 또 조선 후기 많이 읽혔던 장조張潮의 『우초신지虞初新志』나 이 무렵 우리 지식인들과 교유가 잦았던 기윤紀昀의 『열미초당필기閱微草堂筆記』 등에 수록된 잡희雜戲 예인들의 삶은 기예가 생활의 방편일 뿐임을 드러내고 있다.[40] 후대에 정리된 것이긴 하나 서가徐珂의 『청패유초淸稗類鈔』에 수록된 청대 야사필기野史筆記 자료들에도 청대의 환술 공연 정경이 일부 담겨 있다.[41] 요컨대 중국에서는 공연물로서의 환술과 도교의 방술이나 불교의 이적들은 어느 단계부터 별개의 문제로 인식되었던 것이다.

반면 환술을 사회를 위협할 만한 위험 인자로 인식하는 조선 지식인들 입장에서는 청나라에서 환술이 궁중의 연회는 물론 민간에서도 자유스럽게 허용되는 이유를 궁금해하지 않을 수 없었다. 조선에서는 배격되거나 암묵적으로 금지했던 환술을 중국은 왜 허용하는가가 의문이었던 것이다. 「환희기서」에서는 바로 이 문제를 제기하며 다음과 같이 해명한다.

> 중국 땅덩어리가 워낙 광대해서 능히 모든 것을 포용하여 아울러 육성할 수 있기 때문에 나라를 다스리는 데 병폐가 되지 않는다는 사실을 알 수 있습니다. 만약 천자가 이를 절박한 문제로 여겨서 환술사들과 법률로 잘잘못을 따져서 막다른 길까지 추격하여 몰아세운다면, 도리어 궁벽하고 눈에 띄지 않는 곳으로 꼭꼭 숨어 때때로 출몰하면서 재주를 팔고 현혹하여 장차 천하의 큰 우환이 될 것입니다. 그래서 날마다 사람들로 하여금 환술을 하나의 놀이로서 보게 하니, 비록 부인이나 어린애조차 그것이 속이는 환술이라는 것을 알아서 마음에 놀라거나

눈이 휘둥그레지는 일이 없습니다. 이것이 임금 노릇하는 사람에게 세상을 통치하는 기술이 되는 것입니다.[42]

박지원 역시 공연물로서의 환술에 대한 이해가 충분치 않았지만, 환술 공연이 허용되는 중국 문화 현실에 대한 나름의 진단을 내리고 있다는 점에서 의미가 있다. 이러한 시각은 이후의 연행록들에도 상당한 영향력을 미쳤던 듯하다. 19세기 연행 기록들에는 중국사회에서 환술이 하나의 유희로 받아들여진다는 점을 강조한 기록들이 나온다. 앞서 언급한 강호부의 『상봉록』에 덧붙여진 강재응의 「추설」에 "지금 중국에서 환술사를 유희의 도구로 삼아 비록 천백 가지 괴이한 일을 벌이더라도 별다른 감흥 없이 단지 한 번의 유희로 여기는 것"이 이런 이유라고 한 것이나, 이우준이 『몽유연행록夢遊燕行錄』에서 박지원의 논의를 그대로 받아들여 적은 것이 대표적인 예다.[43] 이규경이 「환희변증설幻戲辨證說」에서 환희 공연을 금하지 않아도 무방하다고 한 말 역시 박지원의 영향이라고 볼 수 있다.[44]

박지원은 「환희기」의 창작 목적을 환술을 보지 못한 우리나라 사람들에게 견문의 자료로서 제공하는 데 있다고 했다. 이는 환술의 위험성을 미연에 방지하기 위해서는 환술에 익숙해질 필요가 있다는 논지의 연장이다. 이는 물론 환술이라는 부정적인 대상을 기록하기 위한 하나의 명분으로 설정된 측면도 없지 않다. 그렇지만 기록 내용의 성격과 후대에 미친 영향을 감안할 때 목적에 들어맞는 효과를 거두었다고 할 수 있다. 특히 박지원의 환술 기록은 단순한 견문담에 그치지 않고 매우 의도적이고 계획적인 내용 구성과 이전과는 다른 기록 방식을 보여주기 때문이다.[45] 박지원에 의해 제고된 환술 기록의

가치는 훗날 김경선의 '일부一部의 환사幻史'를 이루고자 하는 의식에서 정점에 도달한다.[46]

2) 「환희기후지」

본격적인 환술 논의라는 측면에서 우리는 「환희기」 중에서도 특히 「환희기후지」에 주목하게 된다. 앞서 언급했듯이 이 논의가 양자 간의 대화라는 점을 감안하면 각각의 입장을 나누어 정리할 필요가 있다.

글의 순서대로 먼저 박지원의 입장을 살펴보자. 박지원은 옳고 그름과 참과 거짓을 온전히 분별하지 못하는 눈의 문제를 제기한다. 환술을 볼 때도 환술 공연자가 우리를 속이는 것이 아니라 보는 사람 스스로가 현혹된 것일 뿐이라는 주장이다.[47] 이것은 이전까지 공연자의 속임수가 무엇인지에 초점을 맞추어 보았던 조선 지식인들의 관점을 뒤집은 것이다.

박지원은 우리 인식의 부정확성을 드러내기 위해 화담花潭 서경덕徐敬德과 맹인의 대화를 담은 일화를 소개한다. 선행 연구를 통해 드러났듯이, 이 일화는 유한준兪漢雋에게 답한 편지인 「답창애答蒼厓」에도 실려 있다. 또 맹인삽화에서 등장하는 인식론적 명제란 「일야구도하기一夜九渡河記」 등 『열하일기』 전반을 관류하는 문제의식과 맞물려 있기도 하다. 그런 까닭에 선행 연구에서는 맹인이 갖는 의미를 『도강록』에 등장하는 맹인과 연결하여 세상에 대한 차별적 인식을 보이지 않은 진정한 평등안을 지닌 존재로 해석하기도 했다.[48] 맹인삽화가 갖는 의미는 그 논의가 충분히 이뤄졌으므로 인용문은 생략한다. 다만 지적할 점은 두 글에 동일하게 인용되어 있는 맹인삽화 간의 의미 차이다. 「답창애」에 비해 「환희기후지」의 맹인삽화가 길기도 하지만 후자가 감각기관을 통한 인식의 문제를 자세히 서술하고 있고 시각과 기타 지각과의 관계도 분명히 정의하고 있다. 전자가 본분으로 돌아가라는 점을 강조하고 있다면 후자는 우리가 믿는 감각기관이 도리어 오도된 인식을 낳을 수 있음을 강조한다. 맹인삽화는 두 글 모두에 들어가 있지만, 글 안에서 결국 서로 다른 의미로 규정된다. 박지원의 이런 주장은 이전까지 조선 지식인들이 환술에 대해 보여준 경시와는 상당히 다른 본격적이고 진지한 환술 논의라고 할 수 있다.

다음으로 청나라 관리 조광련趙光連의 입장을 살펴보자. 그는 박지원이 맹인삽화를 통해 제기한 우리 인식의 한계라는 문제의식에 동의하면서도 논점을 전혀 다른 곳으로 돌린다.

> 태백太伯이 (동생에게 왕위를 양보하기 위해) 몸에 먹으로 문신을 하고 약초를 캐러 간 것은 효도로써 환술을 부린 것이요, 예양豫讓이 (지백智伯의 원수를 갚기 위해) 몸에 옻칠을 하고 숯을 먹어 벙어리가 된 것은 의리로써 환술을 부린 것이요, 기신紀信이 황제의 수레를 대신 타고 (유방을 대신해서 죽은 것은) 충성으로써 환술을 부린 것이요, 패공沛公〔한漢 고조高祖가 천자가 되기 전의 봉호〕의 환술은 깃발로 부렸고, 장량張良의 환술은 황석공黃石公에게 얻은 병서로 부렸으며, 전단田單〔전국 때 제齊의 장수〕은 소로써, 황초평黃初平은 양으로써, 조고趙高는 사슴으로써, 황패黃霸〔한漢 선제宣帝 때의 승상〕는 참새로써, 맹상군孟嘗君은 닭으로써 환술을 부렸고, 치우蚩尤의 환술은 동두銅頭와 철액鐵額으로 부렸으며,

제갈량諸葛亮의 환술은 목우유마木牛流馬로 부렸다. 왕망王莽이 금등金縢으로 천명을 가장한 것은 환술이 되다가 만 것이요, 조조曹操가 동작대銅雀臺를 세우고 자기가 죽고 난 뒤에도 분향을 하라고 궁녀들에게 향을 나누어준 일은 파탄이 난 환술이요, 안녹산安祿山이 자신의 불룩한 배에 붉은 충성이 가득하다고 한 것과 노기盧杞〔당唐 덕종德宗 때의 간신〕가 남면藍面〔얼굴이 귀신의 얼굴처럼 생김〕으로 간사한 말을 잘한 것은 모두 서툰 환술이었습니다. 예로부터 부인들이 더욱 요술을 잘 부려 포사褒姒의 봉화烽火와 여희驪姬〔진晉 헌공獻公의 총희寵姬〕의 벌이 그러한 것이었습니다. 성인이 신성한 도로써 교화를 베푸는 데도 역시 그런 것이 있으니, 나는 비록 요 임금의 뜰에 난 풀이 아첨쟁이를 가리키고 순 임금의 음악韶樂을 듣고 봉황이 날아왔다는 것은 감히 의심 못한다 하더라도, 우 임금 때 황룡이 배를 등에 졌다는 것과 무왕이 정벌할 때 하늘에서 붉은 불이 날아와 빨간 까마귀가 되었다는 일은 다 믿을 수가 없습니다. 예로부터 신성한 자든 우범한 자든 누구나 한 가지쯤은 알 수 없는 일이 있는데, 혹은 유옹劉邕처럼 상처의 딱지를 즐기는 자가 있고, 혹은 왕찬王粲처럼 노새 울음소리 내는 것을 좋아하는 자가 있으니, 이것은 비록 환술이라 해도 될 것이고, 비록 타고난 천성이라 해도 될 것입니다. 환술의 술법은 비록 천변만화하더라도 족히 두려울 게 없습니다. 그러나 천하에 가히 두려워할 만한 환술이 있으니, 그것은 크게 간사한 자가 충성스러운 체하는 것과 향원鄕愿이면서도 덕행이 있는 체하는 것일 겁니다.[49]

조광련의 논의는 박지원의 맹인삽화와 전혀 다른 입장에 서 있다. 박지원이 어디까지나 환술을 바라보는 자의 입장에서 논의를 펼쳤다면, 조광련은 환술을 더 이상 인식의 대상으로 보지 않고 여러 현상을 만들어내는 하나의 방식으로 파악하고 있다. 환술이 없는 것을 가지고 있는 것처럼 꾸며 사람을 속이는 것이라고 할 때, 우리가 보는 현상이란 실체 없는 허상을 마치 참인 것처럼 꾸민 일종의 환술이라는 것이다.

우선 그는 효孝·충忠·의義와 같은 보편적인 가치조차 현상을 구성하는 하나의 환술로 받아들인다. 따라서 아버지의 의중을 헤아려 스스로 몸을 피한 태백의 효성이나, 주군의 복수를 위해 자신의 몸을 학대한 예양의 의리나, 위기에 빠진 군주를 지키기 위해 거짓 황제인 척한 기신의 충성심조차, 조고·황패·왕망·조조·안녹산·노기 같은 인물들의 부정한 행위와 마찬가지로 실상이 아닌 환술이 만들어낸 사람을 현혹시키는 환영일 뿐이다. 공자가 일찍이 '지극한 덕至德'이라고 칭송했던 태백의 행위마저도 진심이 아니라 하나의 거짓 흉내에 불과한 것이다.[50] 그것은 그저 환술의 미성未成과 완성完成, 파탄과 완수, 서툰 솜씨와 능수능란함의 차이일 뿐 본질적으로 다르지 않다는 논리다. 조광련은 이어 "예로부터 신성한 자든 우범한 자든 누구나 한 가지쯤은 알 수 없는 일이 있는데自古神聖愚凡 莫不有一番不可知之事"라고 말하여 환幻이란 성인과 범인 모두에게 해당되는 무차별적이고 불가지한 영역에 속하는 문제임을 밝히고 있다. 타고난 성性마저 환이라고 해도 좋다고 함으로써 결국 모든 것이 환으로 귀결된다는 인식을 극대화하고 있다.

현실의 여러 현상을 환술이라는 측면에서 보는 조광련의 시각은 현상계의 모든 존재란 단지 환상에 불과하다는 불교의 '환幻' 관념을 연상시킨다. 『금강반야바라밀경金剛般若波羅密經』에는 존재 상태의 환상적인 본질을 보여주는 일련의 비유가 있다. 모든 존재 상태는 '마술적 환상幻'이고 '꿈夢'이며, '물거품水中泡'이고 '그림자影'라는 말이다.[51] 물론 조광련의 논의와 불교의 '환' 관념이 완전히 일치하지는 않는다. 조광련이 말한 것은 현상을 구성하는 원리로서의 환이기에 모든 존재가 환이라는 불교의 '환' 관념과는 일정한 차이를 지닌다. 그렇더라도 양자의 관련성은 충분히 짐작할 수 있다.

논의의 결말에서 조광련은 세상에서 두려워할 것은 환술이 아니라 사이비한 이가 충성을 가장하고 덕을 꾸미는 일이라고 말한다. 이는 일면 사이비한 이들이 횡행하는 부정한 현실을 비판하는 언술로도 받아들임 직하다. 하지만 이 논의의 강조점은 그보다는 환술이 결코 두려워할 만한 대상이 아니라는 데 있다.("환술의 술법은 비록 천변만화하더라도 족히 두려울 게 없습니다幻之爲術也, 雖千變萬化, 无足畏者.") 조광련이 외교부의 접대 담당관쯤 되는 홍려시鴻臚寺 소경少卿의 직위에 있었음을 감안하면, 그는 조선 지식인들의 성향에 대해서도 어느 정도 정보가 있었을 것이다. 그런 면에서 보면 이 말은 환술을 이단의 사술邪術로서 지나치게 경계하고 두려워하는 외국인들에게 짐짓 충고하는 말일 수 있다. 조광련은 환술이 그저 공연물일 뿐이니 지나치게 정색하고 받아들이지 말라고 말하고 싶었던 것이다. 환술의 원리가 세상사의 문제와 다르지 않다는 논의도 그런 까닭에서 나온 것이다.

조광련의 대화를 통해 박지원의 환술 논의는 인식의 문제로부터 시작해 일체의 현상을 구성해내는 방식으로서의 환술이라는 문제에까지 나아가고 있다. 이는 환술에 대한 논의의 확장으로 받아들일 수 있지만, 양자가 환술을 보는 시각에 근원적인 차이가 있다는 점은 부인할 수 없다. 박지원이 환술을 인식의 문제로 보고 환영을 보는 사람이 현혹되는 과정에 집중해 논의를 전개했다면, 조광련은 존재론의 입장에서 모든 현상이 근본적으로 환술과 다를 것이 없음을 전제로 현실의 환영이 구현되는 방식을 지적하고 있다. 결국 양자는 환술이 만들어내는 환영의 구현 조건을 서로 다른 방향에서 인식하는 셈이다. 「환희기후지」에는 전혀 다른 성격의 두 가지 환술 논의가 공존하고 있는 것이다. 「환희기후지」에서 두 사람의 대화는 주고받는 듯하지만 어느 정도는 서로 다른 방향을 바라보고 있기도 하다.

다만 우리가 여기서 주목할 것은 자신의 논점과 다른 환술 논의를 받아들이는 박지원의 대응에 있다. 상대 의견에 대한 존중으로서 의례성이 없다고 할 수는 없지만, 조광련의 입장에 동의하는 것으로 이 글을 맺고 있기 때문이다. 이 부분과 관련된 박지원의 진의는 「환희기후지」만으로 해결할 수 있는 문제는 아닐 것이다.[52] 어떤 면에서 박지원은 의도적으로 논란의 여지를 두어 환술에 대한 새로운 방식의 논의를 유도하는 것인지도 모른다. 「환희기후지」의 결말은 그러 면에서 우리에게 미묘한 여운을 남긴다.

4. 남는 문제: 결론을 대신하여

이 글에서는 박지원의 「환희기」에 나타난 환술 인식의 변화가 갖는 문화사적 의미를 검토해보았다. 조선사회는 환술이라는 연희에 대해 기본적으로 부정적인 인식을 보였다. 이런 시대 분위기에서 지식인들의 환술에 대한 인식 역시 하나같이 부정적이었다. 16세기 허봉이 환술을 관람하고 "부혁에게 부끄러움이 많았다有愧於傅奕多矣"고 말했던 것은, 환술을 이단인 불교와 동격으로 생각했던 사회 통념이 바탕이 되었다.[53] 결국 이단의 사술邪術이 사람을 홀리는 환영을 만들어내는 것으로 인식하는 셈이다. 이런 인식은 한편으로 환술을 피상적인 대상으로만 보도록 했다. 따라서 대부분의 연행 기록은 오로지 공연자의 속임수라는 측면에만 초점이 맞춰져 있다. 눈속임의 기술이 어떤 것인지 알 수 없다는 의문에 그치는 다수의 기록이 이를 방증한다.

이런 흐름은 환술 공연에 대한 견문이 쌓여가면서 조금씩 질적 변화를 가져왔다. 환술을 바라보는 시각에 근본적인 변화가 일어난 것은 아니지만, 조금씩 진전된 관심들이 나타난 것이다. 이런 변화는 한편으로 환술을 진지한 사유 대상으로 삼아 논의하는 단계로 뻗어나간다. 진眞과 환幻이라는 대립항으로 환영 형성의 근원이 무엇인지를 따져본 권복인이 그러한 예다. 이런 진지한 사유의 또 다른 한편에서는 통념의 극단화가 이뤄진다. '환술=불교'라는 통념을 '서학=환술'이라는 새로운 인식으로 변화시킨 강재응의 예가 그러하다. 그는 환영의 형성 원리에 관심을 갖기보다는 환술 일체를 서학의 혹세무민 방식으로 단정하고 있다. 이 과정에서 서양의 '과학기술=환술'이라는 독특한 퇴행적 사고가 등장한다.

박지원의 「환희기」는 이러한 지적 풍토에 일대 문제를 제기한 색다른 방식의 환술 기록이었다. 그는 환술이 만들어내는 환영의 조건에 대해 이전과는 다른 문제제기를 한다. 그것은 속이는 자의 문제가 아니라 속는 자의 문제라는 인식론적 전환에 있다. 이는 환술을 단순히 공연자의 속임수라는 측면에서만 본 전대의 시각과는 차이를 보인다. 환영 형성의 조건을 보편적인 인식 영역으로 끌어들여 사유했다는 점에서 환술에 대한 가장 앞서나간 접근이었다. 하지만 박지원 역시 참眞과 거짓幻을 기준으로 진眞에 가치를 부여하는 사고방식에서 완전히 벗어나진 못했다. 「환희기서」의 논의들이 그 한계를 드러낸다. 이런 박지원의 사고에 일정한 충격을 준 것이 조광련의 환술 논의였다. 조광련은 현상을 구성하는 모든 것이 환幻과 다름없음을 이야기했다. 그리하여 박지원은 「환희기후지」에 이를 받아들임으로써 환술 논의를 완전히 새로운 차원으로 끌어올리고 있다. 우연한 만남이 문화사적으로 유례를 찾아보기 어려운 높은 환술 논의를 낳은 것이다. 그 가치는 무엇보다도 환술 문제를 인식론·존재론적 명제로 환치시켜 논의한 데서 찾을 수 있다.

박지원과 환술 논의를 나눈 조광련은 과연 어떤 인물인가? 또 조광련과의 만남 이후 박지원의 환술 인식은 어떤 방향으로 전환되었는가? 나아가 이후 조선사회의 환술 논의는 어떻게 펼쳐졌는가? 박지원의 「환희기」를 읽으며 떠오르는 자연스런 의문들이다. 아쉽게도 이 문제들에 대해 필자는 아직 분명한 해답을 찾지 못했다. 조광련을 추적하는 과정에서 그가 이 방면에 상당한 지식을 쌓은 인물일 것으로 추정되는 정보가 발견되었지만, 조광련의 환술 논의를 낳은 구체적인 배경을 파악하지는 못했다.[54] 그러므로 이 글은 아직은 미완이며, 후속 연구를 통해 이를 채워나갈 것이다.

제2장

18세기 이후 연행록 환술 기록의 형성 배경과 특성
: 홍대용·박지원·김경선을 중심으로

1. 논의의 실마리

중세의 세계적 대여행가인 이븐바투타(1304~1368?)는 『이븐바투타 여행기』(원제 『여러 지방의 기사奇事와 여러 여로의 이적異蹟을 목격한 자의 보록寶錄』)에서 다음과 같은 기록을 남겼다.

그날 밤 한 마술사가 왔다. 그는 칸의 노예다. 아미르(총독을 의미하는 아랍어-인용자)가 그에게 "너의 장기나 하나 보여주렴"이라고 하자, 그는 나무공 하나를 꺼냈다. 공에는 긴 줄이 달린 구멍이 하나 나 있었다. 그는 줄을 잡고 공을 하늘로 던졌다. 공이 계속 올라가더니 급기야는 시야에서 사라졌다. 무더운 날씨에 우리는 응접청 한가운데에 앉아 있었다. 마술사의 손에 쥐여 있는 줄이 얼마 남지 않았을 때, 그는 제자 아이를 불러 그 줄을 타고 하늘로 올라가게 하더니 더 이상 아이가 보이지 않는다. 세 번씩이나 불러도 대답이 없다. 그러자 성난 사람처럼 손에 칼을 들고 줄에 매달려 올라가더니, 그 역시 보이지 않는다. 이윽고 그는 그 제자의 잘린 손을 땅바닥에 떨어뜨린다. 계속해서 그의 잘린 발과 다른 한쪽 손을, 또 다른 한쪽 발을 떨어뜨린다. 그러고는 마지막으로 제자의 몸통과 머리까지 땅바닥에 떨어뜨린다.

그러고 나서야 마술사는 헐떡거리면서 내려왔는데, 옷은 피로 흥건히 물들어 있다. 그는 아미르 앞에서 땅에 대고 입을 맞추고는 아미르와 중국 말로 무어라고 말한다. 아미르는 그에게 무언가 부탁하는 눈치였다. 그러자 마술사는 제자의 사지를 주섬주섬 모아서 붙여놓고는 발길로 한번 툭 차니, 제자 아이는 곧바로 일어서는 것이었다. 나는 적이 놀라지 않을 수 없었다. 내가 일찍이 인도 왕한테서 이러한 괴상을 볼 때와 마찬가지로 내 심장은 방망이질을 했다. 그들이 주는 약을 먹고서야 가까스로 진정되었다. 그때 법관 파흐룻 딘이 내 곁에 있었다. 그는 나에게 "사실은 오르는 것도, 내리는 것도, 사지를 자르는 것도 실제로는 없는 일이지요. 그게 다 마술입니다"라고 했다.[1]

이븐바투타는 30년간 아시아·유럽·아프리카 세 대륙을 여행한, 당시로는 가장 폭넓은 문화지식의 소유자였다. 그런 이븐바투타마저 경악시킨 공연은 원대 대도大都(지금의 베이징)로 가는 길에 들른 항주에서 견문한 것이다. 이븐바투타가 보았던 중국의 환술은 포송령蒲松齡(1640~1715)의 『요재지이聊齋志異』에도 기록되어 있다. 이븐바투타는 공연 내용이 무엇인지 정확히 이해하지 못했지만, 『요재지이』「투도偸桃」편에서는 하늘로 올라간 인물이 제자가 아니라 마술사의 아들로 되어 있고, 서왕모의 복숭아를 훔치러 갔다가 화를 당해 사지가 잘려 땅에 떨어졌다고 묘사되어 있다. 마술사는 아들의 사지를 수습해 관에 넣고는 관객들에게 구슬프게 장례비를 부탁하는데, 돈을 받아내고는 천연덕스럽게 아이를 되살려내는 것으로 이야기가 마무리된다. 포송령은 자신이 직접 본 환술을 상세히 묘사하고서는 말미에

"그 환술이 얼마나 신기했던지 지금도 기억한다以其術奇, 故至今猶記之"며 소감을 밝혀놓았다.[2] 14세기 이븐바투타와 17세기 포송령을 놀라게 했던 이 환술을 1780년 북경에 간 조선의 한 사행원이 우연히 목도한다. 박지원의 「환희기서幻戲記序」(「환희기제사幻戲記題辭」)가 바로 그 기록이다.

> 아침나절에 광피사표의 패루를 지나가는데, 패루 아래에 수많은 사람이 빽빽하게 에워싸서 시장은 웃는 소리로 왁자지껄 떠들썩하다. 싸우다가 죽은 송장이 길에 널브러진 것이 한눈에 들어오기에 부채로 얼굴을 가리고 총총걸음으로 지나쳤다. 뒤따르던 종자가 나를 부르며, 괴상한 일이 있는데 아주 볼만하다고 한다. 그러기에 내가 멀찍이 떨어져서 무엇을 가지고 그러느냐고 묻자, 그는 "어떤 사람이 복숭아를 하늘 위에서 따다가, 지키는 사람에게 맞아서 털썩 땅바닥에 떨어졌답니다" 하기에 나는 해괴한 소리를 한다고 꾸짖고는 뒤도 돌아보지 않고 떠났다. 다음 날 다시 그곳을 지나갔다. 그랬더니 천하의 기이한 기술과 요란한 재주, 잡극을 하는 사람들이 모두 황제의 탄신에 열하로 부르는 것을 기다리며 날마다 패루 밑에 나와서 온갖 놀이를 하며 연습하고 있었다. 어제 종자가 보았다는 것이 바로 이 환술의 하나였음을 비로소 알겠다.[3]

어떤 사람이 하늘에서 복숭아를 훔치려다가 지키는 이에게 맞아 땅에 떨어졌다는 종자의 말은 이븐 바투나나 포송령이 기록한 것과 같은 내용이다. 이는 박지원이 나중에 깨달았듯이 도인屠人·지해支解·참인斬人·파승상천爬繩上天·살인부활殺人復活 등으로 불렸던 환술의 하나였다.[4] 훗날 김택영金澤榮이 『여한십가문초麗韓十家文抄』에도 수록한 박지원의 명문 중 하나인 이 글에는 이렇게 시대와 공간을 뛰어넘는 환술에 대한 공통된 호기심이 담겨 있다.

환술이란 각종 장치를 이용하거나 숙달된 손놀림 등의 몸동작을 통해 관중을 착각에 빠지거나 놀라게 하는 일체의 연희를 가리킨다. 동아시아에서 환술 공연은 본래 중국만이 아니라 한국과 일본에서도 행해졌다. 하지만 정작 조선시대의 환술에 대한 기록은 잘 찾아지지 않는다. 조선 당대를 보면 동아시아 삼국 중 우리에게만 환술 공연이 없었다.[5]

조선사회는 환술이라는 연희를 부정적으로 바라보았다. 국가 차원에서도 환술을 사회질서를 무너뜨릴 수 있는 일종의 범죄 행위로 인식하기도 했다.[6] 이런 시대 분위기에서 지식인들의 환술에 대한 인식 역시 하나같이 부정적이었다. 예컨대 16세기 허봉이 환술을 관람하고 "부혁에 비하면 부끄러워해야 할 점이 많다有愧於傅奕多矣"고 말했던 것은, 환술을 이단인 불교와 동격으로 여겼던 사회 통념이 바탕이 되었다.

그런데 우리 연행 기록 전반을 훑어보면 환술을 견문한 기록이 다수 발견된다. 일부 연행록은 중국에서도 유례를 찾아보기 힘들 만큼 환술 공연을 세밀하게 기록하고 있다. 우리 사회에서 볼 수 없는 것에 대한 신기함이나 호기심이 이런 역설적인 현상을 불러일으킨 것이다.

이 글은 동아시아 문화 교류라는 측면에서 연행록에 담긴 환술 기록의 흐름을 점검하고, 18세기 이후 변화된 환술 기록의 형성 배경과 특성을 검토하려 한다. 필자는 앞 장에서 환술 인식의 변화라는 측면에서 연행록에 나타난 환술 논의들을 검토했다. 이를 통해 환술이 만들어내는 환영의 구현 조건에 관한 서로 다른 몇 가지 관점을 확인할 수 있었다.

이 글은 앞서 논의에 이어 18세기 이후 변화된 환술 기록의 형성 배경과 특성을 검토하려 한다. 이에 먼저 연행록의 통시적 흐름 속에서 환술 기록의 변화가 어떻게 나타났는가를 살피고, 이것이 어떤 배경에서 형성되었는지를 추적할 것이다. 그리고 이를 바탕으로 주요 환술 기록들의 특성을 검토하려 한다.

환술 기록에 관해서는 그동안 주로 민속 연희의 관점에서 검토되거나,[7] 조선인의 중국 연희에 대한 인식이라는 측면에서 논의되었다.[8] 하지만 이 글은 이와 달리 환술 기록의 글쓰기 방식에 초점을 맞추려 한다. 어떤 내용이 담겨 있느냐를 넘어서 어떻게 기록된 것인가를 해명하는 일이 환술 기록 변화의 본질을 꿰뚫는 첩경이라 생각하기 때문이다. 필자의 관심은 환술 공연 자체보다는 이를 받아들이는 자세와 기록 과정에 있다. 따라서 이 글은 공연자가 아닌 관람자 관점에서 환술을 받아들이고 기록하는 방식에 초점을 맞출 것이다. 환술 기록은 단순히 견문담이라고만 볼 문제가 아니라, 인식 변화 및 글쓰기 방식과 연결시켜 접근할 필요가 있다.

이 글에서 검토 대상으로 삼은 연행록은 다음과 같다.

가. 『연행록선집』(상·하) 수록 연행록

나. 『연행록전집』(1~100) 수록 연행록

다. 『연행록선집 보유』(상·중·하) 수록 연행록

라. 『연행록해제 (1)』 『연행록해제 (2)』를 통해 발굴 소개된 연행록

2. 18세기 이전의 환술 기록

조선사회가 환술에 대해 보였던 부정적인 인식은 연행록의 환술 기록에도 크게 영향을 미쳤다. 환술 공연을 관람했으면서도 여전히 그것을 연희가 아닌 요술로 여겼기에 관람 태도가 경직되었고, 편견을 지닌 채 봤던 까닭에 대상에 대한 근거 없는 거부감이나 두려움을 보이기도 했다. 이런 거부감은 관람을 거부하는 것으로 이어지기도 했다.[9] 또한 관람 후 기록을 하더라도 단지 봤다는 사실만 밝혀놓았을 뿐이다. 특히 18세기 이전 연행록에서 발견되는 소극적인 기술 태도는 환술에 대한 사회의 부정적인 인식에서 많은 영향을 받았다.

필자는 대상 연행록들의 검토를 통해 명 사행 초기부터 환술 기록이 발견됨을 확인할 수 있었다. 상세한 기록이 담긴 것은 아니지만, 잡희를 관람했다는 기술에서 그 자취를 찾을 수 있다. 현전 자료 중 가장 이른 시기의 환술 기록은 권벌權橃의 『조천록朝天錄』이다. 이것은 1539년의 명 사행 기록인데, 환술을 견문했다는 사실만 간략히 남겼다. 앞으로 새로운 자료가 발굴된다면 더 앞선 시기의 것이 나올 수도 있지만, 최소한 16세기 전반부터 환술 기록이 존재하는 것은 분명하다. 그런 면에서 연행록의 환술 기록은 16세기부터 19세기까지 꾸준히 이어져왔다고 볼 수 있다. 다만 환술에 대한 부정적인 인식과 관심 부족으로 18세기 이전까지는 그 내용이 소략하다. 환술 기록의 시기별 사례들을 제시하면 다음과 같다.

〔1〕 오늘 잡희를 하는 사람은 옥으로 만든 패물을 빼내거나 혹은 텅 빈 그릇에다 아름다운 꽃을 활짝 피웠다. 이것은 필시 환술일 터인데, 우리는 현혹되어 눈으로 그 사특하고 망녕됨을 간파할 수 없었으니 부혁에 비하면 부끄러워해야 할 점이 많다.(16세기 후반 허봉許篈, 『조천기朝天記』)[10]

〔2〕 광대가 와서 재주를 보이는데 목우희 등 여러 기술이 매우 기이하니, 우리나라 광대 무리는 참으로 애들 장난일 뿐이다. 광대들의 천한 놀음도 대국과 소국의 차이가 이 같으니 다른 일도 미루어 알 수 있다.(17세기 초 황시黃是, 『조천록朝天錄』)[11]

〔3〕 밥을 먹은 뒤 환술사 몇 명이 와서 각자의 재주를 보였는데, 한인들의 환술이었다.(17세기 후반 이해철李海澈, 『경상도칠곡석전촌이진사해철연행록慶尙道漆谷石田村李進士海澈燕行錄』)[12]

〔1〕은 환술에 대한 부정적인 인식의 극단을 보여준다. 앞서 언급했듯이 허봉은 환술을 이단인 불교 신앙과 밀접한 관련이 있는 것으로 보았다. 부혁은 불교를 숭상했던 당 태종에게 불교의 척결을 주장했을 만큼 강경한 척불론자였다. 환술을 보면서 부혁을 떠올린 것은

『태평광기太平廣記』 권285에 수록된 「호승胡僧」과 관련이 있다. 이 이야기에서 부혁은 환술로 사람을 현혹시키던 호승의 속임수를 간파하고 결국 그를 굴복시킨다. 허봉에게 환술이란 결코 진지한 관심의 대상이 될 수 없었다. 그저 '환술=불교의 사술邪術'이란 관점에서 부혁처럼 속임수를 간파해 미혹을 떨쳐버리지 못한 것이 아쉬울 따름이다.[13] 환술 공연 내용을 아주 간략히 기록하면서 더 진전이 없는 이유가 여기에 있다. 이런 흐름은 17세기에도 그리 달라지지 않았다. 우리에게 생소한 17세기 두 연행 기록에서도 그런 점이 똑같이 발견된다. 〔2〕는 그저 환술 공연의 수준이 높다는 것을 사대적 관점에서 적시한 것이고, 〔3〕은 본 것이 한족漢族의 환술이라는 점만을 겨우 기록했을 뿐이다. 18세기 이전의 연행록에서는 환술 기록이 빠져 있는 것이 많을뿐더러 있더라도 단순히 견문 확인에 그친다.

3. 18세기 이후 환술 기록의 변화와 형성 배경

환술에 대한 단선적이고 피상적인 태도는 19세기까지도 크게 변하지 않는다. 하지만 환술 견문이 쌓이면서 환술 자체에 대한 진지한 접근이 이뤄지기 시작한다. 그것은 환술 공연에 대한 체계적인 기록과 맞물려 이뤄진다. 이전까지 우리 지식인들이 공연으로서의 환술과 불교·도교 등 이단의 술법으로서의 환술을 구분하지 않았던 것과 달리, 18세기 이후의 일부 지식인은 공연물로서의 환술을 인정하고 그 가치를 평가하는 단계로 나아갔다. 또 그 기록 내용을 보더라도 18세기 이후 일부 연행록은 본격적인 환술 공연 내용을 담고 있어 이전까지 한두 문장 정도로 소감을 밝힌 것과는 확연히 다른 모습을 보여준다.

초기 기록으로 김창업金昌業의 『연행일기燕行日記』(1712~1713), 이의현李宜顯의 『경자연행잡지庚子燕行雜識』(1720), 강호부姜浩溥의 『상봉록桑蓬錄』(1727~1728)을 들 수 있다. 『연행일기』에서는 2종, 『경자연행잡지』와 『상봉록』에는 각각 11종의 비교적 상세한 환술 공연 내용이 실려 있다. 이 기록들은 기록자가 환술에 대한 어느 정도의 지식을 바탕으로 공연 내용에 대한 평가와 해설을 덧붙이고 있다는 점에서 특기할 만하다.

이중 특히 우리 관심을 끄는 자료가 그동안 학계에 충분히 소개되지 않은 강호부의 『상봉록』이다. 앞 장에서 언급했듯이 강호부는 송시열·권상하·한원진으로 이어지는 노론 호론계의 정통선상에 위치한 학자로, 1727년 아버지 강석규의 문인이었던 이세근을 따라 연행을 다녀왔다. 지금 전하는 『상봉록』은 강호부 자신이 어머니를 위해 한글로 쓴 『상봉록』을 증손 강재응이 다시 한역한 것이다.[14] 강호부의 성향을 감안할 때 『상봉록』은 이시기 보수 지식인의 연행 기록이라고 할 수 있다. 하지만 환술 기록에 관한 한 『상봉록』은 이전과는 차원을 달리하는 내용을 담고 있다. 무엇보다 특별한 점은 환술 공연의 기원과 유형에 관한 저자의 사전지식에서 찾을 수 있다. 강호부는 총 11종의 환술 공연을 기록한 뒤 환술 공연의 유래가 오래되었음을 밝히고, 탄도呑刀·토화吐火·종과種瓜·도인屠人·참마斬馬·자박자해自縛自解 등 환술 종목을 구체적으로 거론하고 있다.[15] 또 실제 환술 기록에서도 이전까지 찾아보기 힘든 내용들이 발견된다.

> 또 주머니 속에서 마른 사슴 가죽 한 장을 꺼냈는데 길이는 한 자 남짓 되고 모양은 대략 뱀과 같았다. 사람들에게 다 보여주었으니 그것이 사슴 가죽임을 알게 하려는 것이다. 환술사가 손으로 마른 사슴 가죽을 어루만지니 그 가죽이 점차로 꿈틀거리면서 움직이고 머리를 들고 꼬리를 흔들었다. 이윽고 탁자 위로 뛰어내리고, 옆 사람의 어깨와 등으로 뛰어올라 다니다가 다시 탁자 위로 내려갔다. 입을 열고 혀를 날름거리는 것이 진짜 뱀이었다.[16]

사슴 가죽으로 뱀을 만드는 환술이다. 18세기 이전은 물론 이후에도 찾아보기 힘든 독특한 환술 종목에 대한 기록이다. 일정한 장치를 이용한 채법류彩法類 환술로 보이지만, 지금으로서는 정확한 내용을 알 수 없다. 이런 내용은 일차로 견문을 바탕으로 한 것이지만, 인식이나 기록 방식의 체계성이란 측면에서 이전 기록과 일정한 차이 또한 드러낸다. 요컨대 환술에 대한 부정적인 인식을 바탕으로 환술을 애써 외면하거나, 지나치게 확대해석했던 것과는 다른 차원의 객관적 인식 태도와 전문적인 기록 방식을 보여준다. 특히 이의현의 『경자연행잡지』와 강호부의 『상봉록』에 담긴 환술 기록들은 견문한 공연 내용을 환술 종목별로 기록해 이전과 달라진 면모를 보여준다. 여기에는 환술의 제 종목에 대한 분류 인식이 작용하고 있다는 점에서 이채를 띤다. 분류해서 인식한다는 것은 분명 대상에 대한 관심의 진전을 보여준다. 또한 분류 인식을 가능하게 한 배경지식의 존재 가능성도 암시한다.

이렇게 환술에 대한 접근 자세가 조금씩 변화하는 가운데 18세기 후반에서 19세기 전반에 걸쳐 환술을 본격적인 관심 대상으로 삼은 기록들이 등장한다. 홍대용의 『연기』 『을병연행록』(1765~1766), 이압의 『연행기사燕行記事』(1777~1778), 박지원의 『열하일기』(1780), 서유문徐有聞의 『무오연행록』(1798~1799), 이해응李海應의 『계산기정薊山紀程』(1803~1804), 권복인權復仁의 『수사한필隨槎閒筆』(1822), 박사호朴思浩의 『심전고心田稿』(1828~1829), 김경선金景善의 『연원직지燕轅直指』(1832~1833) 등이 대표적인 예다.

그런데 기록의 양적 확장 못지않게 주목을 끄는 것은 18세기 이후 연행록에서 환술 기록의 질적 수준이 높아졌다는 점이다. 환술은 여는 연희와 달리 공연 내용을 쉽게 파악하기 어렵다. 환술이 가진 기본 속성이 눈을 현혹하는 데 있기 때문이다. 자의상 '환술'의 '환幻'은 속임수로 사람의 눈을 현혹시키는 것을 의미한다.[17] 따라서 공연 내용을 상세히 기록하려면 환술사가 불러일으키는 착각을 냉정하게 관찰할 수 있는 자세와 함께 환술에 대한 사전지식이 필요하다. 더구나 환술사가 환술 비법의 노출을 막기 위해 동일한 환술을 반복하지 않으려 한다는 점을 고려하면 더더욱 그러하다. 오늘날 전하는 가장 방대한 환술서인 『아환휘편鵝幻彙編』에 따르면, 환술사들은 아무리 가까운 사이라 해도 그 비법을 알려주지 않는다고 한다.[18] 따라서 준비 없이 막연하게 환술을 접한다면, 18세기 이전처럼 목도한 내용을 다 기록할 수 없게 된다. 그런 측면에서 볼 때, 18세기 연행록의 환술 기록의 형성 배경에는 단순한 기록자의 관찰 능력을 넘어서는 무언가가 작용하고 있는 듯하다. 환술 기록의 질적 수준 향상에 직접적인 영향을 미친 요건으로 다음 세 가지를 추정할 수 있다.

먼저 환술에 대한 간접경험의 경로로 관련 서적의 열독을 들 수 있다. 직접 영향을 미쳤던 대표 서적으로 명말청초 포송령의 『요재지이』(「투도偸桃」「희술戲術」), 장조張潮의 『우초신지虞初新志』(「구우파관저희기九牛埧觀抵戲記」), 건륭 시기 우리 학자들과 돈독한 관계를 유지한 기윤紀昀의 『열미초당필기閱微草堂筆記』(「희술戲術」) 등을 들 수 있다. 이들 서적은 모두 조선 후기 문단에 영향을 준 명청 소품 및 소설류 저술로 조선 후기 지식인들에게 널리 읽혔다.[19] 이들 책에는 모두 환술 공연 내용을 담고 있는 작품들이 실려 있는데, 이런 서적들을 열독해 환술에 대한 간접경험과 관련 지식을 쌓았던 듯하다. 위 서적들은 대개 18세기 들어 우리 지식인들에게 수용된 책으로, 이후 연행록에 나타난 환술 기록의 변화와도 관계있어 보인다.

한편 이 시기 지식인들에게 환술에 관한 시각적 정보를 제공해준 책으로는 명대 왕기가 편찬한 『삼재도회』(1609년 초간)가 있다. 이 책은 우주 삼라만상을 그림으로 그려 해설한 유서인데, 환술 공연의 도상도 수록되어 있다. 그중 「탄검도呑劍圖」 「주화도走火圖」 등은 가장 이른 시기의 것으로 높은 가치를 지닌다.[20]

한 가지 흥미로운 사실은 조선 후기에 널리 읽혔던 『미공비급眉公祕笈』(『진미공정정총서陳眉公訂正叢書』)의 저자인 명대 진계유陳繼儒가 대표적 환술서인 『신선희술神仙戲術』을 찬술한 인물이라는 점이다.[21] 조선 후기 지식인들이 『신선희술』을 접했다는 증거는 아직까지 발견되지 않지만, 환술에 대한 정보가 우리가 짐작하는 이상으로 존재했을 가능성도 있다.

다음으로 우리 야담필기류에 수용된 환술 관련 정보다. 이원명의 『동야휘집東野彙輯』에는 환술 관련 내용인 "장희에서 돈을 엿보는 이야기로 재물 욕심을 경계하다場戲窺錢, 警財欲"가 수록되어 있다.[22] 이는 청대 심기봉沈起鳳이 지은 『해탁諧鐸』에 실린 「재계財戒」를 수용한 것이다.[23] 19세기의 기록이긴 하나 야담집에 수용된 중국의 환술담들이 환술 기록에 영향을 미쳤을 가능성을 보여준다. 그런 측면에서 조선 중기 유몽인柳夢寅의 『어우야담於于野談』에 수록된 전우치 이야기는 시사하는 바가 크다.

전우치가 일찍이 친구 집에 가서 모여 술을 마시는데, 좌중이 물었다. "그대는 천도天桃를 얻을 수 있는가?" 전우치가 말했다. "무엇이 어렵겠는가? 가는 밧줄을 100발만 가져오게." 남자 종이 명에 따라 밧줄을 가

> 지고 왔다. 또 동자를 가리키며 말했다. "이리 오너라." 동자가 명령에 응하여 나왔다. 전우치가 밧줄을 잡고 공중을 향해 던지자 밧줄이 하늘가 구름 속으로 높이 올라가 간들간들하게 드리워졌다. 전우치가 동자에게 밧줄을 타고 올라가라며 말했다. "밧줄이 다하는 곳에 벽도碧桃가 있을 것이다. 열매가 많이 열렸을 것이니, 따서 내려오너라." 이에 그 자리에 있던 사람들이 모두 나가 바라보니, 동자가 점점 공중으로 빠져 들어가는 것만 보였다. 한 시각쯤 지나자 벽도의 잎과 열매가 어지럽게 뜰에 떨어져 좌객이 다투어 그것을 집어 먹었다. 감미로운 즙이 넘쳐났으니 인간 세상의 것이 아니었다. 조금 있다가 공중에서 붉은 피가 점점이 떨어졌다. 전우치가 놀라 말했다. "복숭아 하나 먹으려고 하다가 잘못해서 동자 한 명의 목숨을 잃게 되었구나." 좌객들이 연유를 묻자 전우치가 대답했다. "이는 곧 복숭아를 지키던 자가 상제에게 달려가 아뢰어 이 아이를 죽인 것일세." 조금 있으니 팔뚝 하나가 땅에 떨어지더니, 연이어 팔뚝 하나가 또 떨어졌다. 두 다리와 몸과 머리도 계속해서 떨어졌다. 객들이 근심으로 하얗게 질렸는데 전우치가 천천히 걸어 내려가 사지를 수습해서 마치 붙어 있는 모양처럼 만들었다. 잠시 후 동자가 갑자기 몸을 일으키더니, 비틀비틀 걷다가 달음질을 쳤다. 좌객이 도한 서로 돌아보며 크게 웃었다.[24]

전우치가 친구들과의 술자리에서 동자를 시켜 천도를 따가지고 오는 내용은 이 글 모두에서 언급한 이븐바투타의 『이븐바투타 여행기』, 청대 포송령의 『요재지이』「투도」 편, 그리고 박지원의 『열하일기』 중 「환희기」에서도 확인할 수 있다. 이븐바투타는 14세기, 포송령은 17세기, 그리고 박지원은 18세기 중국에서 환술 공연을 보고 기록

을 남긴 것이다. 우리 연행 관련 기록에는 이와 관련된 내용들이 더러 발견되기도 한다.[25]

이 가운데 『이븐 바투타 여행기』와 포송령의 「투도」 편을 『어우야담』 전우치조와 비교해보면, 전우치가 환술사로, 동자가 환술사의 아들(혹은 조수)로 되어 있는 것 외에는 대체로 같다. 특히 천도를 따러 올라간 동자가 지키는 자에게 적발되어 죽고, 그 시신이 한 토막 한 토막 잘려 지상으로 떨어진 것을 수습해서 살리는 과정은 우연의 일치라고 보기 힘들다. 유몽인이 1591·1596·1609년 세 차례나 연행 경험이 있다는 점도 유의해야 할 대목이다.

물론 『어우야담』의 내용은 공연물로서의 환술과는 다르다. 하지만 이를 저술하는 데 환술 공연의 정보가 영향을 미쳤음을 짐작할 수 있다. 이런 유사성은 전우치와 관련된 다른 환술 기록에서도 발견된다. 이는 일정한 범위 안에서 조선 지식인들이 이른 시기부터 환술에 대한 정보를 접하고 있었을 가능성을 알려준다. 이를 추적하기 위해서는 추후 우리 야담필기류 자료와 명대 환술 자료들과의 세심한 비교·대조가 필요하다.

마지막으로 이전 연행록의 영향을 들 수 있다. 연행록 글쓰기 일반의 특징이기도 하지만 환술 기록 역시 전대 기록을 기반으로 자신의 견문담을 추가하는 일종의 '적층성積層性'을 보인다.[26] 가장 뛰어난 환술 기록을 남긴 박지원도 예외는 아니다. 알다시피 박지원은 연행 전 면밀한 자료 조사를 마친 뒤 장도에 올랐다. 『열하일기』에 그의 연행에 직접적인 영향을 미친 홍대용의 『연기』는 물론 김창업의 『연행일기』와 이기지의 『일암연기一菴燕記』 등이 언급되는 것을 보면, 선배 사행원들의 연행 기록과 여러 경로의 환술 관련 정보가 「환희기」를 저술하는 데 도움이 되었음을 짐작할 수 있다. 실제 『열하일기』에 기록된 20조목의 환술 가운데 특히 자세히 서술된 '자박자해自縛自解'(스스로 결박을 푸는 환술), '선인재두仙人裁豆'(작은 콩 같은 것을 크기와 숫자를 늘렸다 줄였다 하는 환술), '탄도呑刀'(칼을 뱃속 깊이 삼켰다 꺼내는 환술), '연환連環'(쇠로 만든 원형의 링을 연결하는 마술) '흘침吃針'(많은 바늘을 삼키고 실로 꿰어 토해내는 환술) 등의 환술은 이전의 연행 기록에서도 발견되는 종목들이다.

환술 기록의 적층성은 김경선에게서 가장 극명히 드러난다. 뒤에서 살펴보겠지만, 그는 '일부一部의 환사幻史'를 이루고자 모두 30종의 가장 방대한 환술 기록을 남긴 바 있다. 그런데 그의 환술 기록 중 상당 부분은 홍대용·박지원의 기록을 기반으로 한 것이다. 대표적인 예로 다음과 같은 것이 있다.

〔1〕 환술사가 바늘 한 줌을 입에 넣고 꿀꺽 삼키는데, 가려워하지도 아파하지도 않으며 평상시처럼 웃고 말한다. 밥을 먹고 차를 마시고 천천히 일어나 배를 문지르고는 붉은 실을 비벼서 귓구멍에 넣고 조용히 한참을 서 있더니, 재채기와 기침을 여러 차례 한다. 코를 쥐자 콧물이 나와서 수건으로 코를 닦고는 손가락을 콧구멍에 집어넣어 마치 코털을 뽑는 것처럼 하니, 잠시 뒤에 붉은 실이 콧구멍에 조금 보인다. 환술사가 손톱을 족집게처럼 만들어 그 끝을 뽑으니, 실이 한 자쯤 나오고 홀연히 바늘 하나가 콧구멍으로 누워서 나오는데 바늘귀에는 실이 꿰어져 있다. 실은 뽑을수록 더욱 길어지고 수많은 바늘이 모두 하나의 실에 꿰어져 쭉 딸려 나오는데, 더러 밥알이 바늘 끝에 붙어 있다.[27]
(박지원, 『열하일기』「환희기」)

〔1-1〕 환술사는 또 바늘 한 줌을 입에 넣어 삼켰는데, 아파하거나 간지럼을 타지 않고, 말하는 것이나 웃는 것이 평상시처럼 태연했다. 차를 마시고 밥을 먹은 뒤에 그는 서서히 일어서서 배를 문지르고 이내 붉은 실을 비벼서 귓구멍에 넣고 한참 동안 조용히 섰다가 재채기를 계속했다. 실 끝이 콧구멍에서 조금 드러나자 스스로 손톱으로 집어서 점차 끌어내니, 여러 개의 바늘이 주렁주렁 실에 꿰어져 있고 더러는 밥알이 바늘 끝에 붙은 것도 있었다.[28]
(김경선, 『연원직지』 권3, 유관록留館錄 상)

인용문은 바늘 한 줌을 삼킨 뒤 실에 꿰어 코로 뽑아내는 '구내천침口內穿鍼' 혹은 '흘침吃針'이라고 불리는 환술이다. 자성磁性을 띤 실을 이용해 입 속의 바늘들을 꿰어내는 것으로, 우리 사행원들이 많이 보았던 환술 중 하나다. 김경선 역시 이 환술 종목의 공연을 봤겠지만, 기록 내용은 자신의 견문만이 아니다. 박지원의 기록을 기반으로 작성한 흔적이 뚜렷하다. 특히 위 인용문은 거의 전재했다고 할 정도로 똑같다.

물론 연행록에 보이는 모든 환술 기록이 이러한 배경 아래 나왔다고 할 수는 없다. 하지만 앞서 언급한 것처럼 환술 관련 정보가 없으면 관찰자는 제대로 된 기록을 하기 어려워진다. 환술에 대한 지나친 두려움이나 과도한 반응이 자칫 대상을 제대로 인식하지 못하도록 하기 때문이다. 그래서 연행록 중에는 환술 공연의 내용은 제대로 기록하지 못한 채, "이루 다 기록할 수가 없다不可勝記"라든지, "차마 볼 수 없었다不忍見也"라고만 되어 있는 것이 많다.

4. 주요 환술 기록의 특성

앞서 18세기 이후 환술 기록의 변화 양상을 살피고, 이런 환술 기록을 가능케 한 형성 배경에 대해 시론적 검토를 했다. 이제 이 시기 주요 연행록에 담긴 환술 기록을 통해 각각의 특성을 살펴본다.

1) 홍대용 『연기』 「환술」의 특성

홍대용 환술 기록의 특성은 무엇보다도 현전 자료 가운데 최초로 '환술'을 독립된 주제로 다루었다는 점에 있다. 이는 물론 훗날 김경선에 의해 기사체紀事體로 평가된 『연기燕記』 특유의 서술 방식과 밀접한 관련성이 있다.[29] 하지만 환술을 연행 과정에서 견문한 주요 사안 중 하나로 설정했다는 점에서 그 의의가 적지 않다. 이렇게 환술을 주제 삼아 독립되게 기록한 것은 훗날 박지원의 『열하일기』 「환희기」, 권복인의 『수사한필』 「환희幻戲」조,[30] 김경선의 『연원직지』 「환술기幻術記」 등으로 이어진다.

『연기』「환술」 조는 유리창과 관소 안 두 곳에서 구경한 것을 결합해 기록한 것이다.[31] 홍대용은 환술을 기록하면서 공연 원리에도 깊은 관심을 보인다.

〔1〕 대개 여러 재주놀이 중에는 거의가 손을 민첩하게 놀리는 데 연유한 것으로, 그리 신이神異할 것은 없겠지만 보자기 속의 과일 접시와 물대접, 그리고 빈 종지 속의 술 같은 것은 술법이 없다고는 할 수 없을 것 같다.[32]

〔2〕 역관들이 말하기를 "환술하는 자가 재주를 보여주려고 할 때는 반드시 미리 밖에서 장치를 해가지고 들어오는데 절대로 다른 사람의 손을 빌리는 일이 없고 환술이 끝나고 돌아갈 때는 반드시 남을 시킨다"고 했다. 대개 없던 것을 드러내 보이는 데는 능하여도 있던 것을 감추지는 못하고, 올 때는 숨기고 갈 때는 숨기지 못하니 환술에 어찌 통하고 막히는 것이 있다는 말인가![33]

예문 〔1〕에서 드러나듯이 홍대용은 환술을 하나의 공연물로 받아들이며 그에 대한 평가를 하고 있다. 민첩한 손놀림에 의한 환술手法보다는 관객들이 눈치 채지 못하게 사물을 옮기는 환술 종류에 관심을 보인 것이다. 명·청대에는 이를 '당채堂彩'라 불렀는데, 당재풍의 『아환휘편』에는 '반운법搬運法'으로 분류해놓았다.[34] 홍대용의 환술에 대한 관심이 좀 더 분명하게 드러나는 것이 예문 〔2〕다. 홍대용은 중국 왕래가 잦은 역관들을 통해 환술 공연에 환술사의 비밀스런 장치가 동원됨을 파악하고, 환술이 결코 이적을 만들어내는 것이 아님을 확인하고 있다. 환술의 통색通塞에 대한 의문은 곧 공연으로서의 환술이 실제 무엇을 만들어내는 것이 아니라 하나의 기예일 뿐임을 분명히 한 것이다. 홍대용의 이런 기술방식은 단순 견문 기록을 넘어서 평가로, 또 단순 감상을 넘어서 공연 원리에 대한 탐구로 나아갔다는 점에서 큰 의미를 지닌다. 이는 홍대용이 이전의 조선 사행원들과는 달리 환술에 대해 상당한 관심을 지녔기에 가능했던 일이다. 청조의 통관通官 서종맹이 환술 공연을 본 소감을 묻자 홍대용이 우리나라의 재주로는 미칠 수 없는 경지임을 찬탄한 것도 그 관심의 정도를 보여준다.[35]

홍대용의 환술 기록과 관련해 한 가지 흥미로운 사실은 한문본 『연기』와 한글본 『을병연행록』 내용에 차이가 있다는 점이다. 한문본과 한글본, 또 주제별 기록과 일기식 기록이라는 차이를 감안하더라도 기록된 환술 내용이 차이를 보인다는 점은 이채롭다. 즉 『연기』는 환술 종목 자체의 특성을 소개하는 데 집중하는 반면, 『을병연행록』은 환술 공연의 현장성을 전달하는 데 주력한다. 환술 기록만으로 논단하긴 어렵지만, 이런 점은 한문본과 한글본 연행록의 독자가 다른 점에서 기인할 것이다.[36] 환술 기록은 그런 점에서 한글본 『을병연행록』의 작성 과정, 또 한문본 『연기』와의 작성 의도 차이를 추정해볼 수 있는 하나의 단서로 유용하게 활용될 것이다. 이는 이 글의 논의 범위를 넘어서는 것이므로 문제 제기로 그친다.

2) 박지원 『열하일기』 「환희기」의 특성

환술 기록의 세 가지 형성 배경을 감안하더라도, 『열하일기熱河日記』 「환희기幻戲記」는 18세기 이후 연행록 중 단연 돋보이는 환술 기록이다. 박지원의 환술 기록이 특히 정채로운 것은 그 기록의 현장성과 치밀함에서 찾을 수 있다. 환술의 공연 모습을 다 그려냈다고 평가한 이규경의 말이 결코 지나치지 않다.[37] 환술의 공연 성격이 현장에서 봐도 정확한 동작과 내용을 다 파악하기 어렵다는 점을 감안할 때 그 기록의 가치는 더욱 두드러진다.

「환희기」의 특성은 크게 두 측면에서 살펴볼 수 있다. 하나는 양과 질 모두에서 환술 기록 수준을 획기적으로 제고시킨 것이고, 다른 하나는 단순한 기록을 넘어서 하나의 논의로서 체계를 구축했다는 데 있다. 「환희기」는 기록 배경과 취지를 밝힌 '서序(제사題詞)', 환술 기록, 청의 관리 조광련과의 환술 논의를 담은 '후지後識'라는 삼단 구조를 통해 환술 기록을 완결해낸다.

앞 장에서 필자는 「환희기」가 환술이 만들어내는 환영의 조건에 대해 이전과는 다른 문제제기를 하고 있다는 점을 지적했다. '후지'에서 박지원은 속이는 자의 문제가 아니라 속는 자의 문제라는 인식론적 전환을 시도하고 있다. 이는 환술을 단순히 공연자의 속임수라는 측면에서만 바라본 이전 시대의 시각과는 다른 관점이다. 환영 형성의 조건을 보편적인 인식 영역으로 끌어들여 사유했다는 점에서 환술에 대한 가장 진전된 접근이라고 할 수 있다. 따라서 이런 인식론적 전환이 실제 환술 기록에 어떻게 반영되고 있는지 검토해야 할 것이다.

박지원은 「환희기」의 창작 목적을 환술을 보지 못한 우리나라 사람들에게 견문의 자료로 제공하는 데 있다고 했다.[38] 이는 중국에서 환술 공연이 허용되는 이유를 설명하면서 환술의 위험성을 미연에 방지하기 위해서는 환술에 익숙해지는 것이 필요하다고 한 논지의 연장선에 있다.[39] 물론 이 말은 환술이란 부정적 대상을 기록하기 위한 하나의 명분으로 설정된 면도 없지 않지만, 그 기록 내용의 성격과 후대에 미친 영향을 감안할 때 목적에 상응하는 효과를 거두었다고 할 수 있다.

환술 기록 내용 가운데 이 글의 작성 목적과 관련해 특히 주목할 점으로 다음 세 가지를 들 수 있다.

첫째, 환술 기록 중 등장하는 우리 측 인물들의 환술 공연에 대한 반응이다. 박지원의 환희 기록은 대체로 관중의 반응을 유심히 살피고 있다. 이는 이전 기록에서는 찾아보기 힘들다. 환술사의 공연 내용을 적는 데만 급급했던 것과는 크게 차이난다. 이는 환술 기록의 현장성과 입체성을 높인 것은 물론이고, 한편으로 박지원이 '후지'에서 제기하고 있는 속이는 자가 아니라 속는 자의 문제라는 인식론적 층위와 연결된다. 흥미로운 점은 환술 공연을 관람하는 우리 측 인물들의 반응이다. 다음 예문을 보자.

〔1〕 우리 일행 중 마부가 눈을 한군데로 모아서 뚫어지게 보다가는 속은 것처럼 마음속에 분노가 생기고 얼굴빛에 의심을 띠고는 주머니를 더듬어 돈을 꺼내서 환술사를 크게 부르며 돈을 먼저 줄 터이니 다시 자세히 보자고 했다. 그러자 환술사는 억울함을 호소하며 "나는 너를 속이지 않았는데, 네가 나를 믿지 못하니 어디 네 마음대로 한번 묶어

봐라"라고 한다. 마부가 화가 불끈 치밀어 요술쟁이의 끈을 던져버리고, 자기가 가지고 있던 채찍 줄을 풀어 입에 한번 물어서 말랑하게 만들어 환술사를 기둥에 등지게 하고 두 손을 젖혀서 뒤로 결박하는데, 처음에 묶었던 것보다 더 단단하게 조였다. 환술사는 슬피 울부짖는데, 통증이 뼛속까지 스미는지 녹두알 같은 눈물을 뚝뚝 흘린다. 마부가 크게 웃자 구경꾼은 더욱 불어났다. 그러자 벗어나는 순간을 보지도 못하는 사이에 환술사는 이미 스스로 기둥에서 떨어져 나왔고 묶인 손은 끝내 풀지 못했다. 신통한 기술을 보이기를 이렇게 세 차례나 했으나, 도무지 그 비결을 알 수 없었다.[40]

〔2〕 환술사가 모직 보자기 밑에 손을 집어넣어서 빈과蘋果 세 개를 더듬어 꺼낸다. 가지가 붙어 있고 잎도 붉은 사과를 우리나라 사람을 향해서 사라고 청한다. 우리나라 사람이 머리를 내저으며 기꺼이 사려 하지 않고 말하기를 "듣자 하니 과거에 당신들이 항상 말똥을 가지고 사람을 놀려 먹는다 하더이다" 하자, 환술사는 웃으면서 변명하려고 하지 않는다. 그러자 구경꾼들이 다투어 사서 우적우적 씹어 먹는다. 우리나라 사람이 그제야 팔기를 청하니, 환술사는 처음에는 아까워하며 뜸을 들이다가 그제야 사과 하나를 끄집어내어서 우리나라 사람에게 준다. 그가 덥석 한 번 깨물다가는 즉시 "왝" 하고 토한다. 말똥이 입안에 그득하게 되었으니, 온 시장 사람들이 모두 웃는다.[41]

〔1〕은 환술사가 다른 사람의 도움 없이 결박된 자신의 몸을 푸는 '자박자해自縛自解'라는 환술이고, 〔2〕는 관객들이 관중이 눈치 채지 못할 정도로 사물을 옮기는 '반운법류搬運法類'와 민첩한 손놀림에 의한

속임수를 이용하는 '수법류手法類' 환술이 결합된 것이다. 환술사의 결박 상태를 의심하는 마부나 말똥으로 사과를 만드는 환술에 등장하는 우리 측 인물들은 모두 환술을 어설프게 의심하거나 믿다가 망신을 당하는 역할이다. 이는 환술사가 관람경험이 부족한 이들을 지목해 속이는 하나의 공연 기법이기도 하지만 한편으로 우리나라 사람들의 견문 부족을 드러낸 것이기도 하다. 그런 점에서 이런 내용들은 「환희기서」에서 밝힌 기록의 필요성과 이유를 구체적인 사례로 제시한 것이라 할 수 있다.

둘째, 기록 말미에 배치된 환술 공연의 갑작스런 파국 장면이다. 환술사는 품속에 감춘 쟁반을 의도적으로 떨어뜨려 공연이 끝났음을 관중에게 알린다. 이를 두고 박지원은 "(환술을) 못해서가 아니라, 날도 저물고 공연을 끝내려고 일부러 파탄을 내서 구경꾼들에게 본래 이 환술들이 거짓이라는 점을 보여주려고 한 것非不能也, 日暮將罷, 故爲破綻, 以示衆人, 本此假者"이라고 해설한다. 이는 「환희기서」에서 박지원이 설명한 중국에서 환술 공연이 허용되는 이유와도 일정 부분 관련이 있다. 환술은 결코 세상을 위태롭게 할 만한 위험한 사술邪術이 아니며, 사람을 완전히 현혹시키는 데 목적이 있는 것도 아님을 밝히고 있기 때문이다.

셋째, 환술 기록 내용 가운데 가장 길고 공들여 묘사한 거울을 이용한 환술이 갖는 의미다. 이 종목은 가장 방대한 환술총집인 『아환휘편』에서도 유사한 예를 찾아보기 어려운 독특한 환술이다. 선행 연구에서는 이를 빛을 이용한 광학환술로 분류하기도 한다.[42] 박지원이 기록한 광학환술은 거울을 이용해 인간 부귀영화의 무상함을 관중에게 보여주는 내용이다. 거울 속 부자의 호화로운 삶은 잠시 거울을 가리고 난 사이에 영락하여 허무하기 그지없다. 이 과정을 박지원은 특히 공들여 기록한다. 마치 눈앞에서 환술 공연을 보는 듯 거울 속 장면의 극적인 전변을 형상화하는 비유를 동원해 묘사한다. 그리고 환술사 자신의 공연에 대한 해설을 다음과 같이 기록하고 있다.

> 이 세계가 꿈과 같고 환상적인 것이 본래 이처럼 거울 속과 같아서 염량세태가 갑자기 달라진다. 일체 세상 사이의 가지가지 만사가 아침에 피었다가 저녁에 시들며, 어제는 부자였다가 오늘은 가난하게 되며, 젊음은 잠시이고 갑자기 늙어 마치 꿈속에서 꿈 이야기를 하는 것 같다. 죽는 사람이 있는가 하면 태어나는 사람도 있고, 무엇이 있다가도 없기도 하니, 무엇이 진짜이고 무엇이 가짜란 말인가? 말하노니, 세간의 마음 좋은 선남자와 보살 같은 형제들아. 환상의 세계에 꿈같은 몸뚱어리, 물거품 같고 번개처럼 사라질 돈과 물건이라. 큰 인연을 맺어서 기를 따라서 잠시 세상에 거주하는 것이니, 원하건대 이 거울 속을 본보기로 삼아 따뜻하다고 몰려가려고 하지 말고, 차다고 물러나려고 하지 말라. 가진 돈을 골고루 베풀어서 이 가난하고 궁핍한 사람들을 구제할지어다.[43]

환술사가 한 공연 해설의 핵심은 일체의 현상이 환幻이라는 불교적 세계관에 있다. 앞 장에서 언급했듯이 『금강반야바라밀경』에는 존재 상태의 환상적 본질을 보여주는 일련의 비유가 있다. 모든 존재 상태는 '마술적 환상幻'이고 '꿈夢'이며, '물거품水中泡'이고 '그림자影'라는 말이다.[44] 이러한 비유는 현상계의 모든 존재란 단지 환상에 불과하다는 것을 알려준다. 이는 「환희기후지」에서 제시된 현실의 제현상이 환술과 마찬가지라고 한 조광련의 시각과 연결될 수 있다. 환술 내용 자체를 가공한 것이라고 보기는 어렵지만, 내용 구성과 기록 방식에서 박지원의 의도가 엿보인다. 이런 면들은 박지원의 환술 기록이 단순한 견문 기술에 그치지 않고, 의도를 지니고 계획적으로 내용을 구성했음을 시사한다.

3) 김경선 『연원직지燕轅直指』 「환술기」의 특성

김경선의 「환술기」는 무엇보다 연행록 환술 기록 가운데 가장 방대한 내용을 담고 있다. 「환술기」에는 총 29조목의 환술이 기록되어 있는데, 24번째 조목에 두 가지 환술이 함께 담겨 있으므로 총 30종의 환술이 실려 있다. 이는 현전하는 환술 기록 중 가장 많은 종수다.

김경선은 연행 기간 동안 숙소 옥하관玉河館에서 한 번, 백운관白雲觀 부근에서 한 번, 총 두 차례 환술을 목도한다. 그는 백운관에서 본 환술이 옥하관에서 본 것보다 월등한 수준이었기 때문에 함께 기록해 한 부의 '환사幻史'를 만든다고 그 취지를 밝히고 있다.[45] 「환술기」는 이렇게 각기 다른 장소에서 관람한 환술 공연 내용을 합한 것인데, 기록 과정에서 이전 환술 기록들을 참조하거나 전재하고 있다. 김경선의 환술 기록을 이전 연행 기록과 비교해보면 다음과 같다.

「환술기」 기록 내용 분석

순번	환술 분류	환술 내용	기록 내용 비교 및 출처
1	工夫法	장대 위에 여러 개의 접시 돌리기撲竿轉盆	• 이전 연행록에 동일 종목 환술 기록 있음 • 박지원, 「환희기」 15항과 유사함
2	搬運法	보자기와 접시를 이용하여 대추, 밤, 호두 만들어 내기	• 이전 연행록에 동일 종목 환술 기록 있음 • 홍대용, 「환술」 1항과 유사함
3	搬運法	보자기 속에서 새 꺼내기	• 이전 연행록에 동일 종목 환술 기록 있음 • 박지원, 「환희기」 7항과 유사함
4	搬運法	보자기 속에서 주발에 담긴 紅魚 꺼내기	• 이전 연행록에 동일 종목 환술 기록 있음 • 홍대용, 「환술」 2항과 유사함
5	搬運法	보자기 속에서 쟁반에 담긴 蘋果 꺼내기	• 이전 연행록에 동일 종목 환술 기록 있음 • 박지원, 「환희기」 11항과 유사함
6	搬運法	보자기 속에서 엽전 꺼내기, 엽전을 다시 밤으로 바꾸기	• 이전 연행록에 보이지 않는 내용임
7	彩法	쟁반에 담긴 물건을 작은 동이로 덮은 뒤 계속해서 다른 물건으로 바꾸기	• 이전 연행록에 동일 종목 환술 기록 있음 • 박지원, 「환희기」 11항의 기록과 거의 동일함
8	搬運法	보자기 속에서 대추, 수박 등 꺼내기	• 이전 연행록에 동일 종목 환술 기록 있음 • 홍대용, 「환술」 4항의 기록과 거의 동일함
9	手法	물건을 크게 만들었다 다시 작게 만들기泥丸	• 이전 연행록에 동일 종목 환술 기록 있음 • 박지원, 「환희기」 1항의 기록과 거의 동일함
10	手法	엽전 십여 개를 뒤집어 색깔 바꾸기小變金錢	• 이전 연행록에 보이지 않는 내용임
11	手法	실로 꿴 엽전 수십 개를 저절로 풀어지게 하기雙解金錢	• 이전 연행록에 동일 종목 환술 기록 있음 • 홍대용, 「환술」 3항과 유사함
12	彩法	둥근 주석 고리를 서로 연결시켰다 떼기巧打連環)	• 이전 연행록에 동일 종목 환술 기록 있음 • 박지원, 「환희기」 9항과 유사함

13	미상	차 종지를 깨뜨렸다가 다시 차 종지로 만들기	• 이전 연행록에 동일 종목 환술 기록 있음 • 김창업, 환술 기록 중 2항과 유사함
14	手法	두 사람의 입속에 넣은 작은 주머니 서로 바꾸기	• 이전 연행록에 동일 종목 환술 기록 있음 • 홍대용 「환술」 8항의 기록과 거의 동일함
15	彩法	공중에 水字를 쓴 뒤 빈 찻잔에 술 채우기	• 이전 연행록에 동일 종목 환술 기록 있음 • 홍대용, 「환술」 9항과 유사함
16	彩法	돌에서 관객이 원하는 술 흘러나오게 하기	• 이전 연행록에 동일 종목 환술 기록 있음 • 박지원, 「환희기」 10항의 기록과 거의 동일함
17	미상	큰 유리거울 속의 세상을 통해 人事의 무상함을 보여주기	• 이전 연행록에 동일 종목 환술 기록 있음 • 박지원, 「환희기」 19항의 기록과 거의 동일함
18	藥法	복숭아를 먹고 남은 씨를 땅에 심어 다시 복숭아를 만들기	• 이전 연행록에 동일 종목 환술 기록 있음 • 박지원, 「환희기」 18항의 기록과 거의 동일함
19	彩法	큰 물통 속에 종이를 풀어 넣었다가 원상태대로 건져 내기濕紙還原, 繼紙	• 이전 연행록에 동일 종목 환술 기록 있음 • 박지원, 「환희기」 2항의 기록과 거의 동일함
20	彩法	입속에 삼킨 종이 덩어리를 끊임없이 뽑아내기口吐百丈	• 이전 연행록에 동일 종목 환술 기록 있음 • 박사호, 「환술잡희」 6항의 기록과 유사함
21	搬運法	보자기 속의 금으로 된 호로葫蘆를 다른 사람 품 속으로 옮기기	• 이전 연행록에 동일 종목 환술 기록 있음 • 박지원, 「환희기」 17항의 기록과 거의 동일함
22	彩法	기둥에 단단하게 묶인 채로 스스로 빠져나오기仙人解帕, 自縛自解	• 이전 연행록에 동일 종목 환술 기록 있음 • 박지원, 「환희기」 3항의 기록과 거의 동일함
23	藥法	입 속에 겨를 넣은 뒤 불과 연기를 토하기吐火噴煙, 吐火	• 이전 연행록에 동일 종목 환술 기록 있음 • 박지원, 「환희기」 16항의 기록과 거의 동일함
24	彩法 / 工夫法	계란을 삼킨 뒤 귀로 빼내고, 눈으로 넣었다가 귀, 코로 빼내기月下傳丹 / 입 속으로 칼 삼키기	• 이전 연행록에 동일 종목 환술 기록 있음 • 박지원, 「환희기」 4항, 5항의 기록과 거의 동일함

25	藥法	바늘 한 줌을 삼킨 뒤 실에 꿰어 코로 뽑아내기 口內穿鍼, 吃針	• 이전 연행록에 동일 종목 환술 기록 있음 • 박지원, 「환희기」 12항의 기록과 동일함
26	彩法	병에 담긴 물을 자유자재로 조종하기仙人指水	• 이전 연행록에 동일 종목 환술 기록 있음 • 박지원, 「환희기」 8항의 기록과 동일함
27	藥法	어린아이 입속에 종이를 넣은 뒤 개구리를 뱉어내게 하기	• 『어우야담』 수록 전우치의 환술과 수법 유사 • 박지원, 「환희기」 6항의 기록과 동일함
28	工夫法	여러 개의 걸상을 쌓은 뒤 머리에 이고 달리기	• 이전 연행록에 보이지 않는 내용임
29	미상/환술 종료	작은 누대를 만들어 다양한 인물들이 순식간에 등장하고 퇴장하도록 연출하기/ 공연자도 함께 퇴장함	• 이전 연행록에 보이지 않는 내용임
결어		환술의 공연 원리를 설명함	• 홍대용, 「환술」 2항의 내용과 동일함

* 번호는 환술 기록의 순서임

* 환술 분류는 청말 민국 초에 편찬된 오늘날 전하는 유일한 환술 유편서類編書인 당재풍唐再豐의 『아환휘편』의 분류 기준을 따랐다.[46] 『아환휘편』에서는 환술을 크게 채법彩法, 수법手法, 사법絲法, 반운법搬運法, 약법藥法, 부법符法, 공부법工夫法 등으로 분류하고 있다. 채법은 도구를 숨겨서 하는 환술의 통칭이고, 수법은 손재주를 이용한 환술을 가리킨다. 또 사법은 실을 끌어당겨 물체를 조정하는 방식의 환술이며, 당채라고도 하는 반운법은 몸에 숨겼던 것을 보이는 방식의 환술이다. 대체로 붉은 보자기를 이용해 순식간에 감췄던 것을 보자기 속에 넣어놓는 따위를 가리킨다. 또 약법은 약력을 이용한 환술이며, 부법은 부적이나 주문을 쓰는 환술을 가리킨다. 공부법은 비결이 있는 것이 아니라 오랜 기간의 수련을 통해 행하는 환술을 가리킨다. 즉 환술이라기보다 기예에 가깝다. 미상으로 처리한 것은 『아환휘편』에 실리지 않은 것이다.

*** 환술 내용은 간략히 공연 내용을 설명한 것이다. 『아환휘편』과 일치하는 것에 한해 명칭을 밝혔다. 환술 공연 내용과 관련해 세 가지의 선행 연구 성과를 참조했다.[47]

**** 비교는 환술 항목별로 이전 연행록과 대조한 것이다. 출처는 동종의 환술 기록이 있을 때 가장 유사한 자료를 표기한 것이다. 유사 자료도 다시 그 정도에 따라 유사·거의 동일·동일의 단계로 나누어 기록했다.

김경선은 『연원직지』 서序에서 자신의 연행록을 여러 의술가의 학설을 모아 증세에 따라 방문을 낸 직지방直指方과 같은 것이라고 하고, 훗날 사행 가는 사람들이 참고로 삼으라며 이 글을 썼다고 했다.[48] 「환술기」 역시 자신의 견문을 기록하는 과정에서 전대 연행록의 환술 기록을 충분히 활용했음이 분명히 드러난다. 김경선은 환술 기록을 완비하는 데 상당한 노력을 기울인 듯한데, 이때 전대 연행록의 기록들을 적극 참고해 기록의 정확성을 높였다. 그중에서도 특히 홍대용과 박지원의 환술 기록을 적극 활용했다. 전체 30종의 항목 가운데 박지원의 「환희기」에서 온 것이 18항목이며, 홍대용의 「환술」에서 온 것이 6종이다. 전체 기록의 80퍼센트 이상이 홍대용과 박지원의 환술 기록에서 왔으며, 그중 일부는 문장까지 그대로 전재하고 있다. 또 환술 기록을 마무리하며 공연 원리를 서술한 부분도 홍대용의 글에서 온 것이다. 결국 「환술기」는 18세기 이후 변화된 환술 인식과 그 결과물로서의 환술 기록들이 존재하지 않았다면 아예 불가능한 내용이었을 것이다.

그런 면에서 김경선이 기획한 '환사幻史'란 양면적 의미를 지닌다. 일차로 그것은 『연원직지』 전반의 작성 의도와 마찬가지로 기록 완비라는 측면에서 중국에서 공연하는 환술 종목 모두를 담으려 했다고 이해할 수 있다. 하지만 다른 한편으로는 이전의 역대 환술 기록을 집대성했다는 측면에서, '우리가 견문한 환술의 역사'를 목적으로 한 것이라 볼 수도 있다. 「환술기」의 기록 내용 상당 부분이 서로 다른 시공간에서 이뤄진 것이지만, 글 안에서는 그것이 하나의 서술로 연결되어 있기 때문이다. 또 자신의 경험에만 한정된 수동적·제한적인 기술이 아니라 자신을 포함한 우리 모두의 경험을 아우르는 능동적·포용적 기술로 나아가고 있다. 「환술기」의 이런 성격은 반드시 의도한 것은 아니더라도 독특한 방식의 환술 기록으로서 동아시아 문화 교류사에서 일정한 의의를 확보하고 있다.

5. 남는 문제: 결론을 대신하여

앞서 언급했듯이 여행 기록은 여행자가 여행지에서 마주치는 모든 것을 기록하는 것이 아니라 반드시 자기중심적인 소재를 선택하기 마련이다. 특히 여기에는 여행자의 관심과 취향이 큰 역할을 한다.[49] 따라서 다른 기록과 변별될 만한 특정 소재의 선택과 기록 방식 및 내용의 변화에는 여행자의 관심과 취향의 변화가 반영되어 있다. 18세기 이후 연행록에 나타난 환술 기록의 변화도 그 한 예다. 이전까지 극단적인 부정과 의도적인 외면의 대상이었던 환술이 가치 있는 경험 대상으로 자리바꿈했기 때문이다. 이는 기록자인 연행록 작가들의 관심과 취향에 변화가 있음을 시사한다.

대체로 볼 때 조선 지식인들에게 환술을 포괄하는 환이라는 개념은 '거짓假'과 상통하는 것으로 '진실眞'과 대비되는 것이었다. 권복인權復仁은 1822년 부사副使의 자제군관으로 사은사행을 다녀온 뒤 남긴 「환희幻戲」(『수사한필』 하)라는 글에서, 진眞과 대립되는 가치로 환술을 정의하고 환술이 천변만화하더라도 실제로 현실을 바꿀 수는 없으므로 환幻이 진眞에 미치지 못하며 믿을 수 없음이 분명하다고 단언했다.[50] 또 이덕무의 손자 이규경 역시 「환희변증설幻戲辨證說」에서 환술은 진과 반대되는 것이며, 본래 법으로 금해야 할 대상임을 분명히 했다.[51] 하지만 이들이 이전까지 환술을 단순히 부정의 대상으로 봤던 것을 넘어서 환술 공연의 원리를 이해하거나(권복인), 그것이 결코 두려워할 만한 대상이 아니라 단순한 속임수에 불가함을 인지(이규경)했다는 점을 주목해야 한다. 이는 모두 18세기 이후의 환술 기록들, 그중에서도 특히 박지원의 「환희기」에서 계발받은 바가 클 것이다.

그런 점에서 박지원을 위시로 한 18세기 이후 환술 기록의 목적은 단지 세계 인식의 한계를 표현한 것이거나,[52] '주어진' 세계를 폭넓게 받아들임으로써 허환虛幻의 세계에 현혹되지 않는 인식 능력을 갖추기를 기대하는 데 그치지 않을 것이다.[53] 또 강력한 현실 비판을 위해 동원된 것만도 아닐 것이다.[54] 「환희기」는 다른 의도에서 환술을 이용했다기보다 그 자체를 의미 있는 논의 대상으로 삼고 있기 때문이다. 박지원의 환술 기록 전후의 맥락들을 살펴보면 이 점은 더욱 분명해진다. 그런 측면에서 박지원의 「환희기」는 그 자체로 완결된 글쓰기일 뿐 아니라, 조선조 지식인들의 환술에 대한 편견에 일대 변화를 일으킨 촉매제와 같은 것이었다.

이규경은 「환희변증설」에서 환술을 "신기루와 똑같은 것一如海市蜃樓"이라 규정했다. 공교롭게도 18세기 이후 우리 한문산문 작품 중에는 허환을 주제나 소재로 삼은 작품이 급증하는데, 신루기蜃樓記·몽기夢記·의원기意園記 등이 대표적인 예다.[55] 물론 환술 기록과 허환의 글쓰기의 성격이 같은 것은 아니다. 또 이들 18세기 연행록에 나타난 환술 기록이 동시대 유행한 허환의 글쓰기와 어떤 관련이 있는지도 분명하진 않다. 하지만 글쓰기에서 이렇게 허환의 문제에 대한 다양하고도 집중적인 관심과 추구가 있었음은 매우 흥미로운 현상이다. 그런 측면에서 18세기 이후 연행록에 나타난 환술 기록의 변화는 한문산문의 관심 주제 변화와 맞물려 검토될 필요가 있다. 조선 후기 야담 자료 중에 등장하는 환술 소재 한문 단편들은 이런 관점에서 검토가 필요하다.

제3장

환희시를 통해 본 청대 북경의 환술
: 김진수의 「환희연幻戲宴」 28수를 중심으로

1. 문제의 소재

이 글은 환희시幻戲詩에 담긴 청대 북경의 환술 공연을 살피고, 이를 통해 19세기 조선 지식인들의 환술을 바라보는 시각을 검토하려 한다. 여기서 환희시란 환술 및 환술 공연幻戲과 관련된 일체를 제재로 삼아 쓴 시를 가리킨다. 연희시演戲詩 혹은 관희시觀戲詩 등의 용어가 있음에도 굳이 환희시를 택한 이유는, 이 글이 환희에 초점을 두기 때문이다. 이런 시편들은 대체로 사행 과정에서 작성되어 개인 문집 안에 수록되거나 혹은 별도의 연행록으로 묶이기도 했다.

조선시대 사행원들은 연행 기간에 각종 연희를 관람하곤 했다. 연행록에 담긴 다양한 연희 관람 기록을 검토해보면, 그중에서도 가장 큰 관심을 끈 것이 환술이었다.[1] 하지만 사행원들에게 환술은 호기심의 대상인 동시에 가치론상 부정의 대상이기도 했다. 환술이 불佛·선仙으로부터 유래한 이단의 사술로, 유가에서 금하는 '괴력난신'에 속했기 때문이다. 이런 이유로 18세기 이전까지 환술을 다룬 산문과 시들은 많지 않을뿐더러 그 내용도 대체로 소략하다.

일반적으로 환희 산문들은 환술 공연 전반을 사실적으로 기록하는 데 역점을 두는 반면 환희시는 환술 공연의 특징적 장면들을 포착해 형상화하는 데 주안점을 둔다. 따라서 환술 공연에 대한 검토 역시 주로 산문 기록에 의지해 진행되어왔다. 단편적으로 포착한 장면의 제시에 그친 환희시만 가지고 환술에 대한 시각과 사고를 논하기 어렵기 때문이다. 하지만 일부 환희시는 산문 기록과는 또 다른 가치를 지닌다. 이 글에서 검토 대상으로 삼을 김진수金進洙의 「환희연幻戲宴」 28수가 그런 예다. 「연경잡영燕京雜詠」(『벽로집碧蘆集』)에 실려 있는 「환희연」 28수는, 현전 자료 가운데 환희를 다룬 가장 긴 연작시이면서 시와 자주自注 그리고 제삼자의 평이라는 독특한 구조로 이뤄져 있다. 이를 통해 「환희연」은 환술을 단편적인 소재로 쓴 시나 사실 보고적 산문에서는 찾아보기 어려운 환희에 대한 다양한 시각과 사고를 드러내고 있다. 김진수의 작품은 환희에 대한 시인과 평자의 이중적 관점을 보여주고 있을뿐더러, 내용도 대표적인 환술 산문들을 뛰어넘는 독특함을 갖추고 있다.

그동안 연행록에 담긴 환술 기록 및 시는 주로 민속학적 관점에서 검토되었다. 조선 전기 이후 국내에서는 사실상 환술 공연이 금지되었기에, 우리 지식인들에게 환술은 낯선 연희 중 하나였다. 필자는 이것이 중국 전통 연희에 대한 기록이라는 의의 외에도, 이질적인 문화 인소에 대한 우리 지식인의 반응이라는 점에서 매우 흥미로운 자료라고 생각한다. 의학에서 말하는 면역반응처럼 이질적인 인소가 우리 정신세계에 일으키는 반작용들이 어떤 것인지 밝혀질 때, 자문화적 특수성에 대한 깊이 있는 논의도 이뤄질 수 있기 때문이다. 그런 측면에서 환술을 단서로 삼은 이 연구는 조선 후기 지식인들의 감성적인 내면의식에 대한 '실마리 찾기'로서의 의의도 동시에 지닌다.

필자는 앞서 연행록에 담긴 환술 기록의 흐름을 점검해 환술 인식의 변화 양상과 이에 따라 변화된 환술 기록의 특성을 도출했다. 이 글은 그런 관심의 연장으로서, 또 다른 방면에서 환술을 중심으로 한 동아시아 문화 교류의 의미를 짚게 될 것이다.

논의에 앞서 한 가지 전제할 것은 이 글의 제목이 갖는 의미다. 여기서 말한 '청대 북경의 환술'이란 전통 연희의 시공간적 특성을 일컫는 것이 아니라, 김진수가 견문한 환술 공연의 시공간을 특정하는 의미로 쓴 것이다.[2] 이 글의 목적이 환술을 바라보는 우리 시각을 밝히는 데 목적이 있는 만큼 이 점에 대해서는 미리 밝혀둔다.

2. 연행록의 환희 산문과 환희시, 그리고 김진수의 「환희연」 28수

앞서 필자는 18세기 이후 연행록에서 환술 인식의 변화와 함께 관련 기록(산문)이 양적으로 급증했음을 언급했다. 18세기 이후 연행록 중 『연행일기』 『경자연행잡지』 『상봉록』 『연기』 『을병연행록』 『연행기사』 『열하일기』 『무오연행록』 『계산기정』 『수사한필』 『심전고』 『연원직지』 등을 대표적인 예로 들 수 있다.

그런데 기록의 양적 확장 못지않게 우리 주목을 끄는 것은 18세기 이후 연행록들의 환술 기록이 질적으로 한 단계 상승했다는 점이다. 환술은 여느 연희와 달리 공연 내용을 쉽게 파악하기 어렵다. 환술의 기본 속성이 눈을 현혹하는 데 있기 때문이다. 따라서 공연 내용을 상세히 기록하기 위해서는 환술사가 불러일으키는 착각을 냉정히 관찰할 수 있는 자세와 함께 환술에 대한 사전지식이 뒷받침되어야 한다. 더구나 환술사가 환술 비법이 노출되는 것을 막기 위해 같은 환술을 반복하지 않으려 한다는 점을 고려하면 더더욱 그러하다. 따라서 준비 없이 막연하게 환술을 접한다면 본 내용을 다 기록할 수 없다. 그런 면에서 볼 때 18세기 연행록 환술 기록의 형성 배경에는 단순한 기록자의 관찰 능력을 넘어서는 무언가가 작용하고 있다. 환술 기록의 질적 수준 향상에 직접적인 영향을 미친 요건으로 간접경험의 경로로서 환술 관련 서적의 열독, 우리 야담·필기류에 수용된 환술 관련 정보의 존재, 그리고 연행록에 수록된 환술 기록의 축적을 들 수 있다.[3]

18세기 이후 특히 주목되는 환술 기록(환희 산문)으로는 홍대용의 「환술」, 박지원의 「환희기」, 김경선의 「환술기」를 들 수 있다. 홍대용의 「환술」은 최초로 환술을 독립된 주제로 다루고, 공연 원리에 대한 본격적인 관심을 보여주었다는 데 그 특성이 있다. 박지원의 「환희기」는 양과 질 모두 그 수준을 획기적으로 끌어올린 최고의 환술 기록으로, 단순한 기록을 넘어서 하나의 논의로서 완정한 체계를 구축했다. 또 기록 방식을 보면 구성의 변화와 윤색을 통해 기록 목적을 효과적으로 구현하고 있다. 김경선의 「환술기」는 기록 완비를 목적으로 작성된 것이다. 그는 자신이 견문한 것을 기록하는 과정에서 전대 환술 기록, 특히 홍대용과 박지원의 환술 기록을 적극 활용했다. 「환술기」는 역대 환술 기록의 집대성을 통해 우리가 견문한 환술의 역사幻史를 서술했다는 점에서 그 가치를 평가할 수 있다.

18세기 이후 환술 전반에 대한 지식과 경험이 축적되면서 환술 공연을 대상으로 읊은 환희시도 늘어난다. 하지만 기록보다 형상화가 본령이라 할 시는 남아 있는 작품도 많지 않지만 내용마저 소략하다. 필자가 『연행록선집』(상·하), 『연행록전집』(1·100), 『연행록선집보유』(상·중·하)와 『연행록해제』(1)·(2)를 통해 발굴 소개된 연행록을 대상으로 조사한 것에 따르면, 18세기 이후에도 박제가朴齊家의 「연경잡절燕京雜絕」(1796 추정), 홍희호洪羲浩의 『담녕부록澹寧瓿錄』(1815) 중 「관

환희觀幻戲」, 성우증成佑曾의 『명산연시록茗山燕詩錄』(1818), 홍석모洪錫謨의 「황성잡영皇城雜詠」(1826~1827), 김진수의 「연경잡영」(1832~1833 추정) 정도가 눈에 띌 뿐이다.

그런 측면에서김진수의 「연경잡영」에 실려 있는 「환희연」 28수는 매우 이채롭다. 「연경잡영」 중 환희는 가장 많은 분량을 차지할 만큼 집중적인 관심의 대상이었을 뿐 아니라, 그 시적 포착 방식이나 내용도 이전과 다른 새로운 영역을 개척하고 있기 때문이다. 이는 현전 자료 중 환술 공연을 제재로 한 최다 연작시다.

김진수(1797~1865)는 자가 치고稚高, 호는 연파蓮坡 혹은 벽로재碧蘆齋이며 본관은 경주다. 19세기 중인문학의 리더 중 한 사람인 장지완과 인척관계로 중인 가문 출신이며 자세한 생애는 알 수 없다.[4] 그는 많은 저술을 남겼는데, 그중에서도 기행과 관련된 작품이 많다. 김진수의 『벽로집』은 연행 때 견문한 북경의 인물人物·풍토風土·유예遊藝·기예技藝·성지城池·산천山川·초목草木·금수禽獸 등을 주 내용으로 삼고 있다(황종현黃鍾顯의 「벽로집서碧蘆集序」). 「연경잡영」이 곧 『벽로집』인 것이다. 『벽로집』은 저자 자신이 편집한 책으로, 간년은 미상이다.[5] 자서自序에 따르면 『벽로집』은 저자 자신이 『홍루몽紅樓夢』의 범례를 본떠 편집한 책이라고 한다. 애초에 송주헌宋柱獻의 연행을 위해 작성되었는데, 주변의 권유로 자주自注를 달고 황종현의 평評을 통해 잘못을 바로잡고 내용을 가다듬을 수 있었다고 했다.[6] 김진수의 「연경잡영」은 사행 연도가 분명하지 않은데, 선행 연구에 따르면 같은 시기 주목할 만한 환술 기록인 「환술기」를 남긴 김경선과 함께 사행한 것으로(1832~1833) 추정된다.[7]

김진수의 「환희연」 28수는 시의 내용 외에도 시인 자신의 주석과 황종현의 평을 통해 환술을 바라보는 이 시기 지식인들의 사고를 보여준다는 점에서 의의가 크다. 김진수가 남긴 「연경잡영」에 평을 단 황종현은 김진수의 문집인 『벽로집』에 서문을 쓰기도 했다. 황종현의 본관은 창원이고, 1848년(헌종 14) 증광시에 병과로 입격한 뒤 대사간과 의주부윤을 거쳐 이조참판에까지 올랐다. 그는 구한말 일본과의 수호조규부록과 무역규칙 체결에도 참여한 당대 명문가의 인물이었다. 그런 그가 어떻게 신분과 처지가 다른 김진수와 교유했는지 지금으로서는 정확히 알 수 없다.

「연경잡영」 자체의 특성이기도 하지만 시 문면과 자주 및 평評의 결합은 시인과 평자 간의 환술 담론으로서의 성격도 동시에 지닌다. 또 평자의 수용 태도는 환술 공연을 접해보지 못한 조선 지식인의 반응에 해당된다는 점에서 의미가 있다. 우리가 김진수의 「환희연」 28수에 주목하는 이유가 여기에 있다.[8]

3. 「환희연」 28수에 형상화된 청대 북경의 환술

1) 환희 관람 내용과 평자의 반응

먼저 김진수의 「환희연」 28수에 담긴 내용을 간략히 소개하고, 그 내용 특성을 관련 자료들과 비교해보면 다음과 같다.

순번	환술 분류	주요 내용	비고
1		환술 공연장의 모습, 환술사의 등장	• 동일한 내용 없음
2	반운법 搬運法	주머니 속에서 매 꺼내기	• 김경선의 「환술기」 3항(박지원의 「환희기」 7항)의 보자기 속에서 새 꺼내기와 유사하지만 동일한 내용은 아님
3		음악 연주	
4		노래	
5		우동優童(미래의 환술사)의 외양과 행동거지 묘사	• 동일한 내용 없음 • 박제가의 「연경잡절」 기구십일 其九十一에 우동에 대한 묘사가 단편적으로 존재하지만 내용에 큰 차이가 있음

6		우동의 노래와 춤	• 동일한 내용 없음
7		소년기를 지난 우동의 처지	• 동일한 내용 없음
8		소년기를 지난 우동의 처지	• 동일한 내용 없음
9	수법 手法	띠를 잘랐다 다시 잇기	• 동일한 내용 없음
10	반운법	유리병을 물을 부은 뒤 뒤집어 물고기 쏟아내기	• 동일한 내용 없음
11	약법 藥法	바늘 한 줌을 삼킨 뒤 실에 꿰어 토하기口內穿鍼	• 김경선의 「환술기」 25항(박지원의 「환희기」 12항)의 바늘 한 줌을 삼킨 뒤 실에 꿰어 코로 뽑아내기와 유사하지만 동일한 내용은 아님 • 이전 연행록에 동일 종목 환술 기록 다수 존재
12	채법 彩法	보자기 속에서 진귀한 안주를 만들어내고, 술병으로 관객에게 끝없이 술을 따라주기	• 동일한 내용 없음
13	공부법 工夫法	긴 칼을 자루 끝까지 목구멍 속에 찔러 넣기呑刀	• 김경선의 「환술기」」 24항(박지원의 「환희기」 5항)의 계란을 삼킨 채 입 속으로 칼을 삼키기와 유사하지만 동일한 내용은 아님 • 이전 연행록에 동일 종목 환술 기록 다수 존재
14	미상	도사가 몽둥이로 학질 쫓기	• 동일한 내용 없음
15	채법 :象形技	포도주를 아무리 부어도 넘치지 않는 술잔, 사자춤	• 동일한 내용 없음
16	채법 :象形技	사자가 옥기린 토하기	• 동일한 내용 없음
17	수법	왼손에서 오른손으로 동전 옮기기	
18	채법	여러 개의 고리 연결하기巧打連環	• 김경선의 「환술기」 12항(박지원의 「환희기」 9항)의 둥근 주석 고리를 서로 연결시켰다가 떼기와 유사하지만 동일한 내용은 아님

18	채법	여러 개의 고리 연결하기巧打連環	• 이전 연행록에 동일 종목 환술 기록 다수 존재
19		장대 위에 올라가기竿技, 擧頂子	
20		줄타기繩技	
21		칼 타기	
22	공부법	접시 돌리기舞盤, 撲竿轉盆	• 김경선의 「환술기」 1항(박지원의 「환희기」 15항)의 장대 위에 여러 개의 접시 돌리기와 유사하지만 동일한 내용은 아님
23		검술 대결	
24		소설 읽어주기	
25		소설 읽어주기	
26		희곡 공연	
27		희곡 출연자의 복식	• 박제가의 「연경잡절」 其七十六과 유사함
28		환희연 감상 소감	• 강호부姜浩溥의 『상봉록桑蓬錄』에 실려 있는 '가인假人' 환술의 내용과 유사한 점이 있으나 내용에는 큰 차이가 있음

* 번호는 「환희연」 시의 순서임

** 환술 분류는 오늘날 전하는 유일한 환술 유편서인 청말 민국 초에 편찬된 당재풍의 『아환휘편』의 분류 기준을 따랐다.9

*** 주요 내용은 공연 내용을 간략히 설명한 것이다.

**** 비고는 환술 종목에 한정하여 관련 자료들과 그 내용을 비교한 것이다. 주요 비교 대상은 연행시 중 환술 공연 내용을 담고 있는 박제가의 「연경잡절燕京雜絶」, 홍의호의 「관환희觀幻戱」, 성우증의 『명산연시록茗山燕詩錄』 수록 환희시, 홍석모의 「황성잡영皇城雜詠」과, 함께 사행한 것으로 추정되는 김경선의 『연원직지』 중 「환술기幻術記」다. 다만 김경선의 「환술기」는 대부분의 기록이 다른 연행록에서 전재한 것이므로, 그 출처도 괄호 안에 아울러 표시한다.

「환희연」에 기록된 공연은 환술은 물론 가창, 음악 연주, 기타 잡희雜戲, 그리고 희곡 공연에 이르기까지 다양한 내용으로 구성되어 있다. 중국학계의 분류 기준으로 본다면, 잡기 공연과 음악·희곡 공연 등이 결합된 일종의 버라이어티 쇼였다. 환술은 보통 여러 장치를 이용하거나 숙달된 손놀림 등의 몸동작으로 관중을 착각에 빠지거나 놀라게 하는 일체의 연희를 가리킨다. 이에 따르면, 시에 담긴 내용 모두를 환술로 묶기는 어렵지만 환술이 공연의 중심이었던 것만큼은 분명하다. 「환희연」이라는 제목도 그 때문에 붙여진 것이리라.[10]

자세한 정황이 밝혀지진 않았지만, 김진수 일행이 본 환술 공연은 상설공연장에서 공연된 큰 규모의 전문 공연이었던 듯하다. 기록된 환술의 종목 수만도 상당하지만 손재주를 이용한 환술인 수법手法, 도구를 숨겨서 하는 환술인 채법彩法, 몸에 숨겼던 것을 보이는 방식의 환술인 반운법搬運法(堂彩), 비결이 있는 것이 아니라 오랜 기간의 수련을 통해 행하는 환술인 공부법工夫法은 물론 분장과 만들어진 기계를 이용한 상형기象形技와 채법彩法이 결합된 환술 등 다양한 성격의 환술이 등장한다.[11] 이는 사행원들이 숙소에서 뜨내기 환술사를 불러다 보았던 환술과는 차원이 달랐다. 환술 공연만 놓고 보더라도 매우 다양하고 다채로워서, 한두 사람의 공연이 아니라 각각의 환술을 전문으로 하는 여러 명의 환술사가 등장했던 것으로 추정된다. 또 내용으로 볼 때도 규모와 수준이 상당했던 듯하다. 열여섯 번째 수에 묘사된 상형기와 채법이 결합된 환술은 협소한 공간에서 이뤄질 수 없는 대형의 환술일뿐더러 다른 연행록에서는 찾아보기 힘든 공연 방식이기 때문이다. 그러면 김진수가 봤던 환술 종목 몇 가지를 살펴보자.

원앙무늬 가는 띠 무늬는 붉은데	鴛鴦細帶縠紋丹
칼로 분명히 둘로 자르네	刀截分明作兩端
손 안에 둘을 넣었다 뺌에 다시 이어지니	並入手中還續出
이은 흔적 어느 곳에서 다시 찾을까?	續痕何處更尋看[12]

허리띠를 칼로 잘랐다가 다시 감쪽같이 잇는 환술이다. 환술의 역사에서 볼 때, 명·청대는 빠른 손놀림에 의존하는 수법류手搬法 환술 종목이 증가했다고 한다.[13] 대형 환술의 퇴조와 맞물린 비교적 손쉬운 환술 공연이었다고 할 수 있다. 하지만 정작 환술 공연을 접해보지 못한 조선 지식인들에겐 눈앞에서 벌어지는 속임수에 지나치게 흥분하기 일쑤였다. 주지하듯이 박지원의 「환희기」에는 환술 공연을 관람하는 조선인들의 반응이 여러 차례 나온다. 환술사가 다른 사람의 도움 없이 결박된 자신의 몸을 푸는 '자박자해自縛自解'란 환술과 말똥으로 사과를 만드는 환술을 보고, 조선인들이 그 속임수를 어설프게 의심하거나 믿다가 도리어 웃음거리가 되고 마는 내용들이다. 그들은 자신들의 경험치를 벗어난 눈앞의 현상을 끝내 받아들이지 못해서 결국 웃음거리가 되고 만다. 이 시에 평을 단 황종현도 마찬가지다. 그는 "둘로 자를 때 자세히 보았나? 어떻게 끊어진 것을 이었는데도 흔적도 남지 않을 수 있겠는가分兩端時 仔細看看否? 安有續其斷而無其痕也"라며 환술 내용을 끝내 납득하지 못한다. 오히려 속임수를 발견하지 못한 것이 아닌가 하고 김진수의 부주의 쪽에 무게를 둔다. 박지원이 「환희기후지」를 통해 환술이 속이는 자의 문제가 아니라 속는 자의 문제임을 설파했음에도,[14] 환술이란 낯선 문화 인소에 대한 주된 반응은 여전히 속임수가 무엇인지에 초점이 맞추어져 있다. 조선 지

식인들은 대체로 환술 종목 자체의 특성에 대해선 큰 관심을 두지 않았다. 평자인 황종현 역시 그런 태도를 견지하고 있다. 전체 내용을 살펴볼 때 황종현은 환희 관람 경험이 없었던 듯한데, 평에서도 대체로 환술 자체에 대한 언급을 회피하고 있다. 그럼에도 평자인 황종현이 유독 관심을 보인 환술론 다음과 같은 것들이 있다.

〔1〕

쇠바늘 여러 웅큼을 입으로 삼키니 金針數掬沒呑之
고통스럽게 소리치며 스스로 지탱하지도 못하네 呌苦呀呀不自支
다시 보니 한가롭게 조금 있다가 更看拄頤差少頃
실로 꿴 바늘을 하나하나 토해내는구나 針針吐出貫絲絲[15]

〔2〕

새로 벼린 살기 띤 곤오도昆吾刀 가지고 춤을 추더니 發硎殺氣舞昆吾
입을 하늘로 향한 채 목구멍 사이로 손잡이까지 찔러넣네 仰刺喉間盡柄無
칼을 조금씩 뺄 때마다 비린 핏방울 비치는데 寸寸拔來腥血色
몸을 돌이켜 꼿꼿이 서선 입 벌리고 껄껄 웃네 回身起立笑掀鬚[16]

〔1〕은 환술사가 바늘 한 줌을 삼킨 뒤 실에 꿰어 코로 뽑아내는 '구내천침口內穿鍼' 혹은 '흘침吃針'이라고 불리는 환술이다. 자성磁性을 띤 실을 이용하여 입속의 바늘들을 꿰어내는 것이 공연 원리라고 한다.[17] 송대에 백희百戲 중 하나로 자리 잡아 청대까지 줄곧 공연되던 종목이다. 간략히 묘사되어 있지만, 본래 공연은 바늘을 삼키고 태연히 차를 마시거나 밥을 먹은 뒤에 바늘을 다시 토해내는 과정으로 이

뤄져 있다. 이때 일부러 밥풀을 묻힌 바늘을 토해서 공연의 사실성을 높이기도 한다. 〔2〕는 칼을 목구멍으로 넘겨 뱃속 깊은 곳까지 넣는 '탄도呑刀'란 환술이다. 환술사가 목구멍에 칼을 찔러 넣은 뒤 배를 드러내어 관객이 칼이 들어가는 과정을 볼 수 있게 하기도 하고, 칼을 하늘로 던진 뒤 입을 벌려 삼키기도 하여 관객을 놀라게 한다. 때로는 목구멍에 계란 같은 것이 걸린 것처럼 괴로워하면서 칼을 찔러 넣어 공포 분위기를 조성하기도 한다. 이 환술은 『사기』와 『한서』에도 기록되어 있을 만큼 유래가 오랜 종목으로, 서역으로부터 전래된 것으로 알려져 있다.

이 두 가지는 모두 연행록 환술 기록 중에 많이 보이는 환술 종목들이다. 유독 이런 기록이 많은 것을 보면 조선 지식인들이 특별히 관심을 가졌던 환술 종목이라고 할 수 있다. 황종현은 평에서 '흘침' 환술에 대해 "여러 기술이 차례차례 펼쳐지는데 모두 의거한 바가 있지만, 바늘을 삼켰다가 하나하나가 실에 꿰어져 나오는 것은 깊이 생각해보아도 알 수 없다群技齊陳 皆有依據 而至若呑針吐針箇箇絲貫 究思不得"라며 특별한 관심을 보이고 있다. 또 '탄도'에 대해서도 "『남사』「순백옥전」에 칼을 삼켜서 창자를 긁어내고, 재를 삼켜 위를 깨끗이 씻는다고 했는데, 지금 이 시를 보니 김진수가 본 것이 들은 것보다 더하다南史荀伯玉 呑刀刮腸 飮灰洗胃 今見此詩 見過於聞也"며 놀라움을 표현하고 있다. 『남사南史』의 표현은 비장한 각오로 잘못을 고쳐서 새사람으로 거듭날 것임을 비유적으로 이르는 말임에도, 황종현은 이것을 실제 있는 일처럼 보아 김진수가 본 환술이 더 대단하다고 경탄하고 있는 것이다.

조선 지식인들이 유독 이런 환술에 관심을 가졌던 이유가 무엇인지는 분명하지 않다. 다만 이것이 모두 신체에 해를 끼칠 수 있는 물건을

『삼재도회三才圖會』 중 「탄검도呑劍圖」

삼키고 뱉어내는 환술이기 때문에, 단순한 속임수 이상의 신체 단련 기술이란 점에 주목한 것이 아닌가 싶다. 특히 '탄도'가 그러하다.

이해를 돕기 위해 박지원의 「환희기」와 김경선의 「환술기」에 동일하게 실려 있는 '탄도' 환술에 대한 기록을 함께 살펴보기로 한다. 이 글은 김진수 시를 이해하기 위한 보조 자료가 될 만하다.

> 환술사는 그 계란을 다시 이전 장소에 놓았지만 한 개의 계란이 아직도 목구멍을 막고 있었다. 그래서 그는 뾰족한 댓가지로 계란을 쑤셔 깨뜨리려고도 해 보고 한 번 토하고 두 번 토해도 계란은 끝내 나오지 않았다. 이에 긴 칼을 모래에 시퍼렇게 갈아서 좌에서 우로 휘두르고 우에서 좌로 휘두르다가, 공중으로 한 번 던져서 손으로 그것을 받았다. 다시 한번 높이 던지고는 입을 벌려서 그것을 받으니, 칼끝이 수직으로 떨어져 입속에 꽂혔다. 구경꾼들은 모두 아연실색하여 말이 없었다. 환술사는 고개를 젖히고 두 팔을 늘어뜨리고 뻣뻣이 한참 동안 서서 하늘을 똑바로 쳐다보았다. 칼날이 점점 뱃속으로 들어가니, 목과 배 사이에서 사아槎牙(울퉁불퉁한 부분)가 버티고 일어나자 다행히 호인護刃(칼날 슴베 위에 날을 휩싸서 댄 덧쇠)이 이빨에 걸려 오직 칼자루만은 넘어가지 않았으나, 이빨과 호인이 맞부딪쳐 딱딱 소리가 났다. 구경꾼들은 머리털이 모두 서서, "이제 꼭 죽겠구나" 했다. 환술사는 또 고개를 젖히고 두루 돌면서 주먹으로 칼자루를 친 다음에 한 손으로는 배를 만지고 한 손으로는 칼자루를 잡고 뱃속을 마구 찔렀다. 사람들은 그것을 보고 마음이 언짢아 차마 똑바로 보지 못하였고, 어린애들은 무서워 울면서 모두 달아나다 엎어지고 자빠졌다. 이때에 환술사는 손뼉을 치며 사방을 돌아보고 바로 서서 늠름하게 칼을 서서히 뽑아 여러 사람에게 두

루 보였다. 칼끝에서는 핏방울이 뚝뚝 떨어지면서 더운 김이 무럭무럭 났다.[18]

현대 공연자들의 증언에 따르면, 이것은 고도의 신체 수련이 필요한 환술로 결코 단순한 눈속임이 아니라고 한다.[19] 일종의 신체 기술인 셈이다. 심지어 18세기 초 강호부의 『상봉록』에는 환술사가 쌍검을 삼켰다가 뽑아낸 칼끝에 변이 묻어 있다는 엽기적인 기록도 남아 있는 것을 보면,[20] 관람자 역시 그것이 속임수라는 생각을 하지 않았던 듯하다. 이상을 통해 볼 때, 조선의 지식인들은 일반적으로 눈속임보다는 신체 기예에 가까운 환술에 더 관심을 가졌다고 볼 수 있다. 이는 일정한 범위 내에서 조선의 지식인들이 눈속임으로서의 환幻에 대해 거부감을 가지고 있었음을 시사한다.

2) 환희 공간과 공연자에 대한 관심

김진수 시에 나타난 환술 종목에 대한 묘사는 다채롭기는 하지만 산문기록을 통해서도 접할 수 있는 정보인 만큼 그 자체가 특별하다고 할 수는 없다. 「환희연」 28수의 가치는 환술 자체가 아니라 다른 부분에서 찾을 수 있다. 환술이 공연되는 공간과 공연자인 환술사에게 초점을 맞추고 있다는 점이다. 이는 연행록에 수록된 대표적 환희 산문들에서도 찾아보기 힘든 내용이다. 먼저 공연장에 대한 묘사를 보자.

반천생가半天笙歌란 편액은 어느 관청의 이름인가?	笙歌扁額是何曺
깃발 꽂힌 입구엔 경비의 위의가 새롭네	鹵簿新儀植羽旄
보노라니 곽랑은 환술하는 기구도 많아	看取郭郎多幻器
적황색 보자기 속에 사람 키만큼 가득하네	柘黃袱裏等身高[21]

김진수는 「환희연」 첫 번째 수에서 공연장의 모습부터 환술 공연 시작까지의 정경을 묘사하고 있다. 그런데 단순히 공연 내용을 묘사하는 데 그치지 않고, 공연 공간의 명칭과 구조도 함께 스케치하고 있다. 여기에는 공연장을 관리하는 경비의 모습도 등장한다.

연행록에 기록된 환술 공연 장소로는 연행 노정 중의 일부 지역, 유리창·백운관·융복사 등 북경의 번화가, 그리고 회동관·옥하관·조선관 등 조선 사행원의 숙소가 있다. 기타 연희와 달리 궁중에서 환술을 접한 기록은 발견되지 않는다. 다만 희곡 공연 안에서 환술이 활용된 예는 있다.[22] 명·청대 「목련희目連戲」 같은 일부 희곡에 삽입된 환술(잡기) 공연이 인기를 모은 주요한 이유 중 하나였다고 한다.[23]

명·청대 연희는 민간 주도로 공연되었기 때문에 당·송대와 달리 소규모 공연이 주를 이루었다. 레퍼토리의 총합은 많아졌지만, 한 번의 공연에서 전체를 접하기는 어려웠다. 공연의 계기나 주체도 일정치 않았기 때문에 통일된 형식도 마련되지 않았다. 이 같은 가변성은 공식 행사 속의 공연, 출장공연, 그리고 극장공연 모두에서 마찬가지였다.[24] 김진수가 「환희연」이라고 했지만, 엄밀하게 말해 환술이라 할 수 없는 공연 내용이 섞여 있는 이유가 여기에 있다. 우리 사행원들은 이른바 출장공연이라 할 숙소에서의 견문 외에도, 북경 저자의 곳곳에서 이런 민간의 연희들을 관람하곤 했다. 청대 민간의 환술 공연장소로는 크게 두 가지가 있었다. 상설공연장廳堂과 노천 공연이 그것이다.[25] 청대 중엽 이후 이렇게 상설 공연장에서 공연하는 기풍이 유행하였는데, 특히 북경에서는 이런 환술류(잡기류) 연희를 공연하는 중요한 장소로 활용되었다.[26]

장소에 따라 공연 수준에도 차이가 있었던 듯하다. 홍대용은 일찍이 유리창琉璃廠과 숙소인 옥하관玉河館 두 곳에서 본 것을 가지고 『연기』「환술」 조목을 기록했고, 김진수와 같은 시기 사행한 것으로 추정되는 김경선은 연행 기간 동안 숙소인 옥하관과 백운관白雲觀 부근에서 총 두 차례에 걸쳐 환술을 보고 『연원직지』「환술기」에 이를 기록했다. 김경선은 백운관에서 본 환술이 옥하관에서 본 것보다 월등한 수준이었다고 보고한 바도 있다.[27] 역시 숙소에 와서 공연하는 뜨내기 출장 환술사보다는 상설 공연장 혹은 임시 가설무대에서 공연하는 전문 환술사들의 수준이 높았음을 미루어 짐작할 수 있다. 이는 한편으로 김진수 일행이 숙소의 공연에 만족하지 못하고 더 수준 높은 환술 공연을 견문하고자 했을 가능성을 시사한다. 이 시의 주석에는 다음과 같은 내용이 덧붙여져 있다.

> 환희하는 곳은 편액에 반드시 '반천생가半天笙歌'라고 쓰는데, 그 장소가 넓은 관청에 견줄 만하다. 사면의 층루에는 수백 사람이 앉을 수 있다. 좌석엔 다 정해진 가격이 있는데, 좋은 자리냐 아니냐에 따라 가격의 높낮이가 정해진다. 우리 일행이 반나절 관람하는 자리를 빌리는 값이 은 5~6량 정도이니, 한 번 공연에 수백 사람이 쓰는 돈을 또한 알 수 있다.[28]

주석의 내용에 따르면, 김진수 일행이 들른 환희 공연장幻戲處은 관청만큼 넓은 건물과 사면의 층루에 수백 명이 들어갈 수 있는 규모를 갖춘 곳이었다. 또 자리의 등급에 따라 요금에 차등을 두었음을 알 수 있다. 김진수 일행은 반일 치 공연 관람비로 은 5~6량을 지불했다고 기록하고 있다. 정확히 환산하기는 어렵지만 당시 화폐 가치로 상당히 비싼 입장료였던 것으로 추측된다.[29]

시기는 다르지만 다음 기록들은 입장료 수준을 짐작하는 데 참고가 된다. 김정중金正中은 1791년 동지겸사은사冬至兼謝恩使의 수행원으로 연행한 적이 있다. 그는 유리창의 가설무대에서 신체교예·수희獸戲 등으로 구성된 잡희를 구경하였는데, 그가 지불한 것은 고작 5푼짜리 동전이었다.[30] 반면 1826년 동지사행의 일원으로 연행한 홍석모洪錫謨의 「황성잡영皇城雜詠」에서는 잡희를 다 보려면 상당한 비용을 지불해야 함을 밝히고 있다. 그는 희대에서 잡희 한 편마다 은전을 내야 하기 때문에 잡희를 다 본다면 하루 동안 드는 비용이 수만 전이 넘는다고 기록했다.[31] 이들의 기록을 감안할 때 김진수가 관람한 공연장은 시설이나 가격 모두 높은 수준에 속하는 것임을 알 수 있다.

환술 공연장에 대한 시인의 관심은 한편으로 공연자인 환술사에 대한 관심으로 이어진다.

부용꽃 같은 머리 곱게 빗어 쪽 지었으니	一朶芙蓉綰翠鬟
미인들도 모두 무색할 얼굴이로구나	鶯鶯燕燕揔無顏
석류 문양 치마 밑으로 버선발을 차니	石榴裙底蹴羅襪
반달 모양 살쩍머리 가에 귀걸이 흔들린다	偃月鬢邊搖寶環[32]

이 시는 마치 아리따운 여배우의 모습을 묘사한 듯하지만 실제로는 여장을 한 우동優童의 모습을 형용한 것이다. 명·청대엔 지식인 사회에 일정하게 남색의 풍조가 있었다고 한다. 청대 중기 이후 특히 남색 풍조가 극성했는데, 그중에서도 특히 북경 지식인들이 남색을 즐기는 경우가 많았다고 한다. 『청패유초清稗類鈔』「우령류優伶類」에 실린 기록을 통해 우리는 당시의 풍조를 짐작해볼 수 있다.

> 오구五九는 광서光緖 연간 서울의 아름다운 배우였는데, 시랑侍郎 장초야張樵野가 무척 사랑했다. 일찍이 그를 집으로 불러들여 부녀자 복식으로 갈아입히고는 곁에서 시중들게 하며 날마다 50금을 주었으며, 집사람과 하인들로 하여금 그를 둘째 부인으로 부르게 했다. 시간이 지나자 마침내는 작은 마님으로 여기게 되었다.[33]

김진수의 시 역시 청대의 남색 풍조를 반영하고 있다. 하지만 대부분의 우동들은 『청패유초』에 실려 있는 이야기의 주인공처럼 안정된 삶을 누릴 수 있는 것은 아니었다. 이 시의 자주自注에는 다음과 같은 내용이 실려 있다.

> 소설에서 이른바 호한好漢이라고 하는 것이 지금의 우동을 말한다. 천하의 어여쁜 동남들을 사서 가무를 가르쳐 성가가 높아지면, 왕공귀인들이 그들을 사서 하룻밤을 함께하는데, 전비금纏臂金이 수백금뿐만이 아니었다. 하지만 3~4년이 지나 수염이 거뭇거뭇해지면 곧 환술을 배워 사방을 떠돌게 되는데 결국 평생 속신贖身할 수 없게 된다. 근체시(박제가의 「연경잡절」—인용자)에서 "천금 주고 행권을 구입하여, 사랑스

런 아이를 맘대로 하네"라고 한 것이 이들을 두고 한 말이다.[34]

잠시 부귀한 이들의 잠자리 상대가 되다가, 나이가 든 뒤 버려져 떠도는 환술사, 곧 전직 우동들의 비참한 처지가 잘 설명되어 있다. 청대에는 특히 북경의 우동이 최고라는 평가를 받았다고 하니, 그들에 대한 성적 착취가 다른 지역보다 더욱 심했음을 짐작할 수 있다.[35] 이런 주석 내용은 한편으로 청대 남색풍조에 대한 김진수 나름의 비판의식을 담고 있는 것으로 볼 수 있다.[36] 시의 내용 역시 주석을 통해 다시 살펴보면, 여장한 우동의 서글픈 처지가 우회적으로 표현된 것임을 짐작할 수 있다. 이는 이전의 환희 산문 및 환희시에서는 찾아보기 힘든 내용이다. 자주自注 끝에 인용한 박제가의 「연경잡절」 아흔한 번째 수나 김경선의 「장희기場戱記」 정도에서 소략한 내용을 접할 수 있을 따름이다.[37]

김진수는 환술사로 전락한 과거의 우동들에 대해 각별한 관심을 가졌던 듯하다. 다섯 번째 수부터 여덟 번째 수까지 그는 환술사의 비참한 인생유전을 동정어린 시선으로 바라보고 있다. "천금으로 웃음을 사도 웃음을 도리어 아끼니, 누구의 무릎 위에서 진정으로 즐거워할까千金買笑笑還慳 加膝誰家盡意歡?"(여섯 번째 수), "동안이 거울에서 사라질 때쯤 수염 거뭇거뭇하게 나니, 지난 세월에 대한 헛된 이야기는 하지 않는구나童顔辭鏡鬢髯蒼 枉道春光盡括囊"(일곱 번째 수), "연경의 속신贖身할 수 없는 가련한 인생, 분과 연지 지우지 못한 채로 평안하지 못함을 한스러워하네燕山馬角可憐生 零粉殘脂恨未平"(여덟 번째 수) 등은 이들에 대한 시인의 동정어린 시선을 잘 보여준다. 황종현 역시 여덟 번째 수에 대한 평에서 "파는 자나 사는 자나 모두 지옥에 떨어지리니, 너

홀로 무슨 죄로 자유의 몸이 되지 못하나賣者買者, 俱墮地獄, 爾獨何罪, 爾身不贖"라며 분노와 함께 동정을 표시하고 있다.

중국학자 왕정요王政堯는 『연행록선집』에 수록된 환술 기록만을 대상으로 환술 공연자에 대한 동정심이 주요 내용 중 하나라는 결론을 내린 바 있다.[38] 하지만 정작 그가 예로 든 내용들은 동정이라기보다 놀라움이나 경탄이라고 해야 할 성격의 내용들이었다. 환술 자체가 낯설었기 때문에 고통스러운 척하는 환술사의 연기에 속았던 것이지, 진정으로 환술사를 동정했던 것은 아니었다. 환술에 대한 무지로 인해 지나친 두려움이나 그에 대한 환상을 가지고 있었던 것이라 볼 수 있다. 반면 김진수의 시는 환술사들의 삶에 대한 구체적인 관심과 이해로부터 출발했다는 점에서 이와 다르다. 김진수의 시야말로 같은 인간으로서 환술사의 처지에 대한 진정한 동정을 보여준 예라고 볼 수 있다.

하지만 환술 공연자에 대한 관심이 모두 동정 일방으로만 흐르는 것은 아니다. 스물네 번째 수 자주에서는, 환술사들이 다 한인으로 죄를 지어 희장戲場에 몸을 숨긴 채 환술로 생업을 삼아 살아가지만, 양산박의 송강宋江 무리 같은 호걸도 없지 않을 것이라고 쓰고 있다.[39] 그들이 『수호지』나 『삼국지연의』를 공연할 때 등장인물과 이야기에 자신을 빗대어 몰입하는 이유가 여기에 있다고 보았다. 시인이 환술사를 유협과 같은 존재로 보고 있다는 점에서, 일정하게 그들의 인간형 자체를 긍정하고 있음을 짐작할 수 있다. 환술사에 대한 이런 긍정적 시각은 이전까지 환술사를 남을 속이는 사기꾼 정도로 인식하거나, 이적異蹟을 일으키는 존재로 지나치게 경계하던 태도와는 상당한 차이가 있다. 동정과 긍정을 오가는 환술사에 대한 시인의 감정은 환술에 대한 진전된 관심을 보여주는 하나의 예로서 의미가 있다. 여기에는 중인 신분의 작가 자신이 조선사회에서 겪은 차별과 신분적 한계도 일정 부분 투영되었을 것으로 보인다.

3) 환술을 바라보는 시각

환술 전반에 대한 김진수의 관심은 앞서 언급한 것처럼 공연 환경과 환술사의 일생이라는 이전에 찾아볼 수 없던 정보까지 우리에게 제공한다. 김진수는 분명 환술에 대한 진전된 관심을 가졌다고 평가할 수 있다. 그렇다면 김진수는 환술을 어떻게 생각하고 받아들였던 것인지, 또 그의 시각은 이전의 사행 인물들과 어떤 차별성을 갖는지 궁금해지지 않을 수 없다. 그런데 이 문제를 검토하기 위해서는 김진수만이 아니라 평자인 황종현의 시각도 함께 조명될 필요가 있다. 앞서 언급했듯이 김진수의 『연경잡영』은 시와 자주自注와 황종현의 평으로 구성되어 있다. 반드시 의도된 것은 아니지만 이런 구성은 환술에 대한 하나의 담론으로서의 성격도 갖기 때문이다.[40] 황종현의 평은 기본적으로 김진수의 시에 대한 비평의 성격을 띠지만, 동시에 환술에 대한 그 자신의 생각을 드러낸다는 점에서 의미가 있다. 그런데 그 생각은 김진수의 시각을 부연하고 해설한다는 점에서 김진수의 시각과 불가분의 관계를 갖게 된다. 그 특징적 양상 몇 가지를 들어보면 다음과 같다.

먼저 황종현이 환술을 받아들이는 방식으로서 상상력의 문제를 거론하고 있다는 점을 들 수 있다. 「환희연」 열여섯 번째 수에 대한 평에서 그는 다음과 같이 이야기하고 있다.

> 옛사람 중에 양을 치다가 잠든 이가 있었다. 양으로 인해 수레를 생각하게 되고, 수레로 인해 일산을 생각하고, 드디어는 일산과 음악 연주를 꿈꾸게 되어 자신이 왕공이 되는 꿈을 꾸었다. 양을 치는 것과 왕공은 거리가 먼 일이지만, 생각 말미암은 바로 보면 오히려 괴이할 것도 없다. 지금 역사力士가 사자가 되고, 사자가 기린을 토해낸 것은 또 양을 치는 일과 왕공이 되는 몽상과 비교할 때 상상력이 하나하나 기이하다고 하겠다.[41]

이는 「환희연」 열여섯 번째 수 "사자가 갑자기 옥기린을 토하니, 공자가 친히 안아서 보내주길 기다릴 것 없네. 수놓은 꽃무늬 강보 보고 모두 갑자기 판단하니, 아들인데 딸이라 잘못 쓴 사람 몇이나 되던가獅猊忽吐玉麒麒 不待尼山抱送親. 繡褓花綳皆猝辨 弄麞錯寫幾多人"에 대한 평이다. 거론된 환희는 상형기象形技의 하나로 무사자舞獅子라고 불리던 것인데,[42] 김진수가 본 것은 일반적인 사자춤과는 차이가 있었던 듯하다. 아마도 장치를 통해 갑자기 새로운 물건을 만드는 환술이 결합되어 있던 것으로 보인다. 이런 종류의 연희는 유래가 오래되었는데, '어룡만연魚龍曼延' 같은 것이 대표적인 예다. 이 환술은 상상의 동물인 함리에서 비목어, 비목어에서 황룡으로 변신하는 과정을 담고 있다.[43] 역사가 사자가 되고, 사자가 옥기린을 토한다는 환술 역시 유사한 방식으로 구성되어 있다고 볼 수 있다. 청말 민국 초에 나온 당재풍의 『아환휘편』에도 '이어화룡鯉魚化龍'이란 환술이 실려 있는데, 잉어 모양의 장치가 용 모양으로 변화하는 내용의 환술이다. 또 '금계독립金鷄獨立'이라는 환술은 분盆 안에서 살아 있는 동물들이 튀어나오는 장치를 이용한 환술이라고 소개되어 있다. 이런 환술들은 김진수가 본 환술과 유사한 방식의 환술이라고 볼 수 있다.

그런데 황종현은 이 시를 두고 상상력의 문제를 제기한다. 황종현은 옛사람이 양을 치다 잠들어 양으로부터 말·수레·일산을 거쳐 왕이 되는 꿈을 말하고, 이보다 역사가 사자 복장을 하고 사자가 기린을 낳는 일이 더 신기하다고 이야기한다. 이 말은 물론 송대의 문호 소식蘇軾의 「몽재명夢齋銘」으로부터 온 것이지만, 환술에 인간의 보편적 상상력을 뛰어넘는 무엇인가가 있음을 지적하고 있다는 점에서 의의가 있다. 이런 생각은 환술을 그저 사술邪術이나 사기일 뿐이라고 편견을 가지고 보았던 것과는 완전히 다른 시각이다. 환술을 상상력의 문제와 연결시켜 받아들인 것은 비슷한 시기 다른 인물에게서도 찾아진다. 권복인權復仁과 박사호朴思浩가 그들이다.

앞서도 언급한 것처럼 권복인은 「환희」(『수사한필』 下)라는 글에서 다음과 같이 적고 있다.

> '진眞'에 반대되는 것이 '환幻'이다. '환'을 믿을 수 있을까? 사람이 스스로 믿는 것으로는 마음과 눈만 한 것이 없다. 눈으로 보면서도 분명히 분별할 수 없고, 마음으로 알면서도 상상할 수 없어야 '환'이라고 할 수 있다.[44]

권복인의 글은 박지원의 「환희기」를 제외한다면, 환술을 논의의 대상으로 삼은 많지 않은 경우 중 하나로서 의미가 있다. 환술 공연의 일반적 원리는 관중에게 일정한 기대치를 설정하게 하여 친숙한 상황에 대한 기대감을 유발시키는 데 있다. 권복인은 환술은 언제나 우리의 상상력을 앞질러감으로써 우리가 어느 부분에서 속았는지조차 깨닫지 못한 채 어쩔 수 없이 환영을 완성하도록 만든다고 지적하고 있다. 또 박사호는 『심전고心田稿』(1828~1829)에서 환술을 '능견난사能見難思(볼 수는 있지만 헤아리기 어려움)'라고도 부른다고 적고 있다.[45] 이 무렵에 이르면 환술을 바라보는 시각에 미묘한 변화가 일어나고 있음을 짐작할 수 있다.

황종현과 권복인의 언술은 서로 층위를 달리하기는 하지만 환술이 보편적 상상력을 뛰어넘는 것임을 지적했다는 점에서 상통한다. 조선조 지식인들에게 환술은 신이한 이적으로서의 도술과 잡희로서의 마술을 오가는 대상이며, 또 일체의 반정통 사상·이단의 사술邪術을 상징하는 것이면서, 한편으로는 서양의 과학기술에 대한 막연한 두려움의 투사체였다고 할 수 있다.[46] 환술이라고 하면 조선 지식인들의 뇌리에는 이러한 이미지가 떠올랐던 것이다. 하지만 18세기 들어 환술 정보가 점차 축적되고 박지원의 「환희기」로 인해 환술에 대한 일정한 인식론적 전환이 이뤄진 이후, 이런 풍조에도 일정한 변화가 일어난 것이다. 19세기 초중반 권복인과 황종현이 환술을 상상력의 문제로 연결시킨 것도 작지만 유의미한 변화 중 하나라고 볼 수 있다.

이런 변화는 한편으로 환희 관람이나, 그것을 기록한 환희시나 산문에 대해서도 이전과는 다른 의미 부여로 이어진다. 황종현이 마지막 시 말미에 총평 형식으로 부기한 내용도 그런 인식을 보여주는 하나의 예일 것이다. 논의의 편의를 위해 시와 함께 인용한다.

가죽과 아교 어지럽게 자리 앞에 떨어져 있으니	革膠狼藉落筵前
귀신 팔면서도 오히려 돈 벌지 못할까 걱정하네	賣鬼猶嫌不得錢
12년 만에 꿈에서 깨어 눈 떴지만	十二年來開眼夢
포청천이 여전히 웃지 않는 것은 어찌할 수 없구나[47]	包翁無奈一仍然[48]

환희가 환몽으로 돌아가는 것이 마치 선리禪理를 통달하여 눈을 뜨는 것 같다고 한 것은 앞사람들이 미처 말하지 못한 바를 말한 것이다. 양기楊基는 이상은李商隱의 「무제無題」 시를 논하면서, 음조가 청완淸婉하고 매우 농려穠麗하지만 다 신하가 임금을 잊지 못하는 뜻을 기탁하여 풍인의 뜻을 깊이 깨달았으니, 저 하찮은 이나 한량들이 사랑에 빠져서 든 비유와는 다르다고 했다. 이 스물여덟 수의 시에서 비평하고 비흥한 바를 보니, 시 밖의 뜻이 있어서 또한 잠시 공연을 보고 부질없는 글을 쓴 경우에 해당되지 않는다.[49]

자주에 밝히고 있는 것처럼, 시의 기구起句는 『열자列子』 「탕문湯問」 편에서 언사偃師라는 공인工人이 주나라 목왕을 놀라게 한 이야기에서 온 것이다. 언사는 자신이 만든 인형으로 왕 앞에서 노래하고 춤을 추게 하였는데, 인형이 왕의 궁녀들을 유혹하자 목왕이 대로하여 언사를 죽이려고 했다. 그제야 언사는 인형을 해체해 왕에게 보여주었는데, 모두가 가죽과 나무와 아교 등으로 만든 것이었다는 이야기다. 이 구절은 18세기 초 강호부가 본 것 같은 '가인假人(사람이 조종하는 꼭두각시 인형)' 환술에 대한 묘사일 수도 있지만,[50] 환술이 결국 실상이 아니라 허상임을 깨달았다는 비유라고 할 수 있다. 전구轉句에서 말한 12년 만의 '개안몽開眼夢'이란 바로 그 깨달음을 말한 것이며, 황종현이 앞사람들이 미처 말하지 못한 바를 말한 것이라 경탄한 내용에 해당된다.

여기서 12년이란 숫자가 무엇을 의미하는지는 분명치 않지만, '개안'이 의미하는 바가 환술 자체의 공연 원리와 관련된 것임은 분명하다. 환희는 환몽으로 돌아간다는 황종현의 설명은 환술을 "신기루와 같다一如海市蜃樓"고 규정한 이규경의 입장과도 유사한 점이 있다.[51] 하지만 이규경이 진眞의 가치를 부각시키기 위한 방편적 도구로 환幻의 의의를 규정한 데 비해, 김진수는 환술이 환몽임을 깨달아 눈을 떴다고 함으로써 이것을 인식론적 문제로 확장시키고 있다. 편폭의 제한으로 그 의중은 정확히 알 수 없지만, 이 논의를 확장시킨다면 박지원의 「환희기후지」에 나오는 일체의 현상이 환幻이라는 사고와도 유사한 측면이 있다. 「환희기후지」에서 청나라 관리 조광련은 현실의 제 현상을 환이란 측면에서 보았다. 이는 현상계의 모든 존재란 단지 환상에 불과하다는 불교의 '환' 관념과 연결된다.[52] 김진수가 말한 개안몽 역시 단순히 환술 관람의 문제가 아니라 환술을 통해 세상에 대한 새로운 인식의 단계로 나아갈 수 있음을 말하는 것으로 보인다. 그래서 황종현은 이 작품이 결코 한 때 공연 구경을 하고 적은 의미 없는 문장이 아니라고 평가한 것이다.

한편 황종현은 만당晩唐 이상은의 「무제」 시처럼[53] 「환희연」 역시 환술을 빌려 김진수 자신의 은밀한 의식을 기탁한 것임을 암시하고 있다. 하지만 그 의미는 대체로 모호하다. 어쩌면 이상은처럼 의도적으로 모호함을 추구했던 것인지도 모른다. 다만 결구結句의 의미는 좀 더 탐구해볼 필요가 있다. 시에서 포청천은 아마도 강직하고 엄격하여 환술을 인식의 대상으로 받아들이려 하지 않는 주변 인물들을 가리키는 것으로 보인다. 여기서 한 걸음 더 나아가보면, 이 말은 '개안'한 자신을 받아들여줄 수 없는 완고한 주변 상황을 시사하는 것일 수 있다. 그것이 구체적으로 무엇을 말하려는 것인지는 분명치 않다. 김진수의 삶은 자세히 알려져 있지 않지만, 그가 중인 신분이었다는 것은 조선사회에서 그의 한계를 분명하게 보여준다. 황종현이 평에서 정치적 불우를 기탁한 이상은의 「무제」를 들어 김진수의 시를 평한 것은 그런 면에서 의미심장하다.

4. 남는 문제:
결론을 대신하여

이상을 통해 김진수의 「환희연」 28수에 형상화된 환술 공연의 이모저모와 이를 바라보는 조선 지식인들의 시각를 검토했다. 환희시는 일반적으로 환희 산문에 비해 미시적·단편적 성향을 보인다. 하지만 김진수의 「환희연」은 자신의 「연경잡영」 중에서 가장 큰 비중을 차지할 만큼 환술에 대한 집중적이고 심도 있는 관심을 보여주고 있다. 여기에는 김진수 일행이 상대적으로 수준 높은 전문적 공연을 본 것도 일조를 했다. 비록 비싼 입장료를 물기는 했지만, 상설 공연장에서 펼쳐진 환희는 숙소에서 뜨내기 환술사를 불러 구경하던 것과는 차원이 달랐다.

「환희연」 28수의 자료적 가치는 무엇보다 환술에 대한 관심과 이해 수준의 제고에서 찾을 수 있다. 연행록에 실린 여느 환희 산문이나 환희시와 다르게 시인의 시선은 허둥대지도 그렇다고 몰입하지도 않은 채 비교적 객관적인 거리를 유지하고 있다. 따라서 여느 작품들과 달리 환술 공연에 대한 세심한 관찰을 바탕으로 수준 높은 개별 환술 종목의 형상화에 성공하고 있다. 또 시로 쓴 것임에도 공연 전반을 두루 스케치하여 환희를 매우 입체적으로 조명해내고 있다. 이런 조명은 한편으로 공연자에 대한 각별한 관심으로 이어져, 그들을 성적으로 착취하는 지배계급에 분노하고 그들의 비참한 처지를 동정하는 데까지 이른다.

최치원의 「향악잡영鄕樂雜詠」 이래 한국 한문학 자료 중에는 연희를 소재 혹은 제재로 한 많은 연희시·관희시觀戱詩들이 존재한다. 김진수의 「환희연」 28수는 연희시의 역사에서 환희에 관한 가장 집중적이고 수준 높은 연작시라고 평가할 수 있다. 시, 자주自注, 평으로 구성된 이 작품은 시라는 한계에도 불구하고 환술에 대한 담론이라는 측면에서 상대적으로 풍부한 문화적 함의를 담게 했다. 이 시가 보여주는 면모는 극단적 부정이나 실상과 무관한 과장에 의해 한쪽 면의 묘사에만 그친 환술 기록들과 완전히 구별되는 것이다. 이것은 환술에 대한 정보의 축적에 따라 이뤄진 자연스러운 변화일 수도 있지만, 한편으로는 진眞/환幻이란 이분법의 약화 내지 환의 가치에 대한 일정한 개안의 가능성을 우리에게 보여준다. 물론 이것은 「환희연」만으로 섣불리 결론지을 수 있는 문제는 아니다. 하지만 이런 이질적인 문화 인소에 대한 우리 지식인들의 반응에 변화가 있다면, 그것은 단순히 경험의 축적만으로 설명할 수 없는 우리 내면의 변화를 시사하는 것이기도 하다. 그래서 조선 후기 지식인들의 환술을 바라보는 시각에 대한 탐구는 이에 대한 하나의 실마리 찾기로서 의미를 지닐 수 있다.

제4장

박지원 「환희기」의 환술 고증과 분석

1. 문제의 소재

공연으로서의 환술은 조선 사행원들에게 거부감을 불러일으키기도 했던 비교적 낯선 잡희 중 하나였다. 이규경이 『오주연문장전산고』「환희변증설幻戲辨證說」에서 지금 천하에 환희가 없는 나라가 없는데 우리나라에만 유독 없다고 썼던 것처럼,[1] 조선시대를 기준으로 삼는다면 동아시아 삼국 중 우리에게만 환술 공연이 없었기 때문이다. 16세기 허봉許篈이 환술 공연에 속는 자신들을 부끄럽다고 한 것으로부터[2] 19세기 김직연金直淵이 환술 관람을 거부하며 어떤 것이나 사람을 속이는 일일 뿐이라고 평한 것에 이르기까지,[3] 조선 지식인들은 대체로 환술에 대해 거부감을 가지고 있었다.

연암 박지원이라고 해서 사정이 크게 다르지는 않았을 것이다. 조선 개국 이후 사실상 금지된 환술 공연은 박식한 그에게도 낯선 대상이었다. 「환희기서」에서 환술 공연을 보고 호들갑을 떠는 종자에게 해괴한 소리를 한다고 꾸짖는 것을 보면, 박지원 역시 사행 전까지 환술 공연을 본 적이 없다는 사실이 드러난다. 홍대용이 『을병연행록』에서 "눈의 뵈는 거시 다 첫 소견이라 그 긔특하고 이샹ᄒᆞ믈 다 긔록디

못홀너라"라고 말했던 것처럼,[4] 처음 보는 대상을 정확히 기억하고 기록하기란 누구나 어려운 일이다. 더구나 환술은 다른 연희와 달리 공연 내용을 쉽게 파악하기 어렵기까지 하다. 환술이 가진 기본 속성이 눈을 현혹하는 데 있을뿐더러 환술사 역시 환술 비법의 노출을 막기 위해 동일한 환술을 반복하지 않기 때문이다. 오늘날 전하는 가장 방대한 환술 유편서인 『아환휘편』에도 환술사들은 아무리 가까운 사이라 해도 그 비법을 알려주지 않는다고 적혀 있다.[5] 따라서 공연 내용을 상세히 기록하기 위해서는 환술사의 현혹 수법을 냉정하게 관찰할 수 있는 자세와 함께 환술에 대한 일정한 사전지식이 반드시 필요하다. 환술 관련 정보가 전혀 없을 경우 관찰자는 공연을 객관적으로 기록하기 어렵게 된다. 환술에 대한 지나친 두려움 혹은 과도한 열광이 대상을 제대로 인식하지 못하는 결과를 초래하기 때문이다. 그래서 연행록 중엔 환술 공연의 내용을 기록하지 못한 채 "차마 볼 수 없었다不忍見也"라든지 "이루 다 기록할 수가 없다不可勝記"라고만 되어 있는 것이 많다.

이런 여러 난관에도 불구하고 박지원은 「환희기」라는 탁월한 환술 관람 기록을 남기고 있다. 그는 어떻게 이런 어려움들을 극복하고 이전까지 유례를 찾아보기 힘든 뛰어난 공연 관람기를 작성했을까? 박지원은 환술을 어떤 관점에서 보았으며, 또 그 관람기는 어느 정도의 가치가 있는가? 이 글은 이 같은 의문들로부터 시작되었다.

『열하일기』에 담겨 있는 이 독특한 기록물은 주제적 특성으로 인해 그동안 학계에서 일정한 관심의 대상이 되어왔다. 이 글은 본문보다는 「환희기후지」의 내용이 더 관심을 모았는데, 특히 서화담과 맹인 간 대화의 의미에 논의의 초점이 모아지곤 했다. 그 결과 『열하일기』 전반을 관통하는 사물 인식 방식과 연결되는 동시에 사실주의적 글쓰기의 대표적인 사례로 평가되었으며,[6] 비슷한 맥락에서 작가의 본다는 것에 대한 문제의식이 절묘하고도 이론적인 소품문을 만들어내었다는 지적이 나오기도 했다.[7] 이 글을 하나의 우언/우화로 보아서 겉으로 드러나는 현상에 현혹되지 말고 세계와 교통할 수 있는 자신의 본래 자리로 돌아가라는 뜻으로 보거나, 환술에 대한 충실한 묘사를 통해 새로운 인식의 전환을 촉구한 것으로 본 것도 같은 맥락이다.[8] 또 환술이라는 구경거리가 사물 인식이란 철학적 문제로 전환되고 다시 부조리한 현실 비판의 문제로 구체화되는 점층의 구조로 보거나,[9] 글쓰기 전략이나 담론 구성 방식이란 측면에서 「환희기」가 갖는 특성을 구명하기도 했다.[10] 최근엔 연행록 환술 관람 기록의 흐름 속에서 「환희기」의 위상을 짚는 논의도 제출되었다.[11] 하지만 이상의 모든 논의는 정작 「환희기」가 담고 있는 환술에 대한 고증 없이 진행되었다는 점에서 일정한 한계 또한 갖고 있다. 이런 문제는 『열하일기』 번역본들에서도 발견된다. 기존에 출간된 어떤 번역본에서도 환술 공연에 관한 주석을 찾아보기 어렵다.[12] 이들 번역본이 관련 연구에 큰 영향을 미치고 있는 점을 감안한다면, 이런 실정은 「환희기」에 대한 연구가 아직 충분히 이뤄지지 않았음을 시사한다.

기록한 대상의 실체가 무엇인지 모른 채 글의 의미와 가치를 평가하기란 무척 어려운 일이다. 「환희기」에 대한 검토도 당연히 견문 내용에 대한 확인으로부터 출발할 필요가 있다. 박지원의 기술만 따라가는 방식으로는 이 글이 작성된 배경을 분석하거나 환술 관람 기록 내의 보편과 특수를 구별하기 어렵게 된다. 기록된 환술 종목의 정체를 분명히 밝히지 않고서는 「환희기」의 진정한 의미와 가치를 변별해

낼 수 없다. 이 글은 이런 문제의식을 가지고 가능한 범위 안에서 「환희기」에 담긴 환술 종목들을 고증하고 기록 분석을 통해 환술 담론들의 근본 내력과 작성 의도를 밝힌 것이다. 이에 대한 검토는 「환희기」의 의미와 가치가 어디에 있는지 구명하는 데 일정한 도움을 줄 수 있을 것이다.

2. 「환희기」 예비 검토

박지원의 「환희기」는 크게 세 부분으로 나누어져 있다. 「환희기서(환희기제사)」, 본문의 20종의 환술 기록, 그리고 「환희기후지」가 그것이다.

앞서 언급했듯이 환술 관람 기록의 작성에는 환술 공연에 관한 일정한 정보가 필요하다. 그러나 「환희기」 작성을 위해 박지원이 참조했던 환술 관련 정보가 어떤 것이었는지는 분명하게 드러나지 않는다. 이 점은 「환희기」에 한정된 문제가 아니라 『열하일기』나 『연암집』 수록 글들 전반에 걸친 문제이기도 하다. 박지원은 자신이 참조한 글이 무엇인지 드러내는 것 자체를 극도로 피하고 있기 때문이다. 다만 「환희기」는 몇 가지 주변 정황을 통해 대략의 유추는 가능할 듯하다. 필자는 앞서 18세기 들어 양적·질적으로 제고된 환술 관람 기록의 배경에 다음 세 가지 요소가 있다고 지적했다. 환술 관련 서적의 열독, 우리 야담필기류에 수용된 환술 정보, 그리고 전대 연행록의 영향이 그것이다.[13]

이중 직접 영향을 미쳤던 대표 서적으로 『태평광기太平廣記』(환술조

幻術條), 홍매洪邁의 『이견지夷堅志』, 사조제謝肇淛의 『오잡조五雜組』, 포송령의 『요재지이』(「투도偸桃」 「종리種梨」), 장조張潮의 『우초신지虞初新志』(「구우파관저희기九牛坝觀抵戲記」), 심기봉沈起鳳의 『해탁諧鐸』(「재계財戒」), 기윤紀昀의 『열미초당필기閱微草堂筆記』(「희술戲術」) 등을 들 수 있다. 여기에 덧붙여 우리가 눈여겨봐야 할 부분이 시각적 도상이 담긴 서적의 영향이다. 이 시기 지식인들에게 환술에 관한 시각적 정보를 제공해준 책으로는 명대 왕기王圻·왕사의王思義 부자가 편찬한 『삼재도회』(1609년 초간)와 일본 학자 데라시마 료안寺島良安이 편찬한 『화한삼재도회和漢三才圖會』(1712)가 있다. 『삼재도회』는 우주의 삼라만상을 그림으로 그려 해설한 유서인데, 환술 공연의 도상도 수록되어 있다. 그중 「탄검도呑劍圖」 「주화도走火圖」 등은 가장 이른 시기의 환술 도상으로 그 가치가 높이 평가된다.[14] 『화한삼재도회』는 일본에서 『삼재도회』를 모방하여 편찬한 책으로, 서유구가 『임원경제지林園經濟志』를 편찬할 때 이 책을 참고하기도 했다. 최근 연구 성과에 따르면, 『화한삼재도회』는 통신사를 통해 조선에 수용되었고 이덕무·유득공·박제가 등 북학파 학자들이 적극 활용했다고 한다. 특히 이덕무가 이 책을 학계에 소개하고 적극 활용한 것으로 알려져 있다.[15] 환술과 관련하여 우리가 이 책들을 주목하게 되는 것은, 홍대용·박지원·이덕무 등 북학파들이 유독 구체적인 환술 관람 기록을 남겼을 뿐 아니라, 그 기록 방식도 일정 부분 『화한삼재도회』 환희조의 내용과 닮아 있기 때문이다.[16]

예컨대 홍대용은 청나라 선비 손유의孫有義에게 보낸 편지에서 환술을 마도魔道라고 일컬었는데, 이 용어는 데라시마 료안이 편찬한 『화한삼재도회』의 환희조에서 지금은 마법이라고 부른다고 주석한

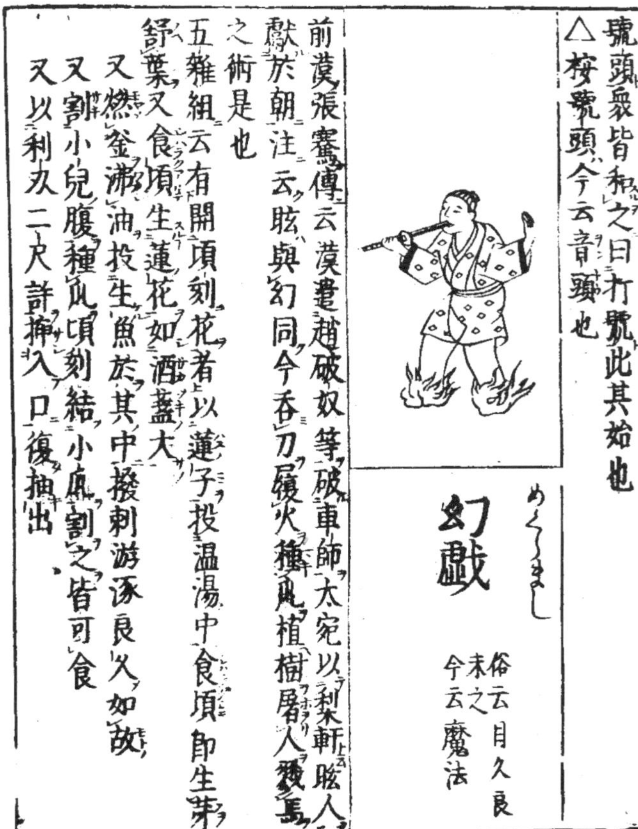
虢頭衆皆和之曰打虢此其始也
△按虢頭今云音頭也

幻戲 めくらまし
俗云目久良未之
今云魔法

前漢張騫傳云漢遣趙破奴等破車師太宛以犂軒眩人獻於朝注云眩與幻同今呑刀履火種瓜植樹屠人截馬之術是也
五雜組云有開頂刻花者以蓮子投温湯中食頃卽生芽舒葉又食頃生蓮花如酒盞大
又燃釜沸油投生魚於其中撥剌游泳良久如故
又剖小兒腹種瓜頃刻結小瓜割之皆可食
又以利刄二尺許插入口復抽出

『화한삼재도회和漢三才圖會』의 환희조幻戲條 부분

것과 무관하지 않은 듯하다.[17] 마도라는 말은 조선시대에 잘 쓰지 않던 용어이다. 현재 우리가 사용하는 마술魔術이란 용어도 일본에서 magic을 번안한 말에서 온 것이다. 이와 함께 『화한삼재도회』에 인용되어 있는 명대 사조제의 『오잡조』에 실린 환술 관련 내용들도 주목할 필요가 있다. 그 내용들은 훗날 이규경 『오주연문장전산고』의 환희 관련 변증들에 다수 인용되기도 했다.

「환희기」에 대한 본격적인 검토에 앞서 『열하일기』 이본 간의 차이를 간략히 언급해둔다. 근래 『열하일기』 정본 탐색에 대한 학위 논문으로부터 촉발된 『열하일기』 이본에 대한 논의들은 최근 김명호에 의해 다음 네 가지 계열로 정리되기에 이른다.[18]

① 초고본 계열: 가장 초기에 필사되었으며 아직 『열하일기』의 체제를 갖추지 못한 이본들
② 『열하일기』 계열: 『열하일기』의 체제를 갖추었으나 아직 『연암집』에 통합되지 않은 이본들
③ 『연암집』 외집 계열: 『열하일기』를 『연암집』 외집으로 통합하고자 한 이본들
④ 『연암집』 별집 계열: 『열하일기』가 『연암집』의 별집으로 통합되면서 『연암집』의 권차가 부여된 이본들

『열하일기』 이본의 계통 문제는 아직 확정할 수 있는 단계가 아니지만, 이 글에서는 잠정적으로 김명호의 분류에 따라 이본 간 「환희기」의 차이를 살펴보았다. 다만 시간과 자료의 한계로 인해 부득이 계열별로 한두 종씩을 선택하는 방식으로 총 9종의 이본을 대교對校

했다. 선택한 이본은 다음과 같다.

① 초고본 계열: 단국대 연민문고 소장본(표제: 『행계잡록杏溪雜錄』) 제5책 권수卷數 결缺, 제6책 권수 결 2종
② 『열하일기』 계열: 충남대 소장본 권25
③ 『연암집』 외집 계열: 전남대 소장본 권16, 연세대 소장 12책본 권16
④ 『연암집』 별집 계열: 단국대 연민문고 소장 계서본溪西本 『연암집』 권33 별집 열하일기 17, 일본 동양문고 소장 『연암집』 권33 별집 열하일기 17, 박영철본
⑤ 기타: 연세대 소장 『연휘燕彙』 수록 4책본 『연암집』 『열하일기』 권16

(총 9종)

검토결과 「환희기」는 계열별 성격 차이와 관련 없이 각 이본의 내용이 거의 같음을 확인할 수 있었다. 차이는 그저 환술 조목 당 한두 글자 정도가 다르거나 누락된 정도에 그친다. 「환희기」의 경우 충남대 소장본에서 누락된 부분이 발견되는데, 이로 인해 문장이 어색해지는 것으로 보아 필사과정의 오류라고 판단된다. 또 이본 간에 달라진 글자도 내용과는 크게 관계없는 부분이어서 이 글을 이해하는 데 큰 문제가 없다. 「야출고북구기夜出古北口記」 후지後識가 초고 수록 내용에서 대폭 개작된 것이나,[19] 『행계집杏溪集』 속 「혹정필담」에 실린 서학 관련 내용이 나중에 삭제된 것과는 달리,[20] 「환희기」에는 이본 간 차이가 거의 없다고 볼 수 있다. 이 글은 일단 「환희기」 이본 간에 차이

가 없다는 전제 하에 환술 종목을 고증하고 기록 내용을 분석해보기로 한다.

3. 「환희기」 환술 고증과 분석

1) 서序와 후지後識

① 공연 장소와 투도偸桃 환술

「환희기서(환희기제사)」는 다음과 같은 인상적인 에피소드로 시작된다. 이 대목은 제2장에서 인용한 바 있으나, 새롭게 논의할 필요가 있기 때문에 다시 제시한다.

> 아침에 **가)광피사표 패루**를 지나는데, 패루 아래에 무수한 사람이 둘러서서 거리의 웃음소리가 땅을 울릴 지경이었다. 싸우다 죽어 길에 가로누워 있는 사람을 졸지에 보고는 부채로 얼굴을 가리고 걸음을 재촉해서 지나쳤는데, 종자가 뒤처져 있다가 조금 뒤에 쫓아오면서 괴이한 구경거리가 있다고 소리쳐댔다. 내가 멀리서 무엇이냐고 물었더니, 종자는 말하기를, "**나)어떤 사람이 天上에 올라가 복숭아를 훔치려다가 지키는 자에게 얻어맞고서 땅에 툭 떨어졌답니다**"라고 했다. 나는 해괴한 소리라 꾸짖고는 돌아보지도 않고 갔다.

그 이튿날 또 그곳을 지나갔는데, 대개 천하의 기이한 재주와 요사스러운 놀림과 잡스러운 연극들이 모두 천추절(황제의 생일)에 맞춰 열하에서 대기하고 있으면서 날마다 패루에 나와 온갖 연희를 연출해 겨루고 있었다. 그제야 어제 종자가 본 것도 바로 환술의 한 가지임을 알았다.[21]

서문 가)에서 제시되어 있는 것처럼, 박지원이 환술 공연을 본 장소는 광피사표 패루였다.[22] 연행록에 실려 있는 환술 공연의 장소로는 백운관·융복사·유리창 등 북경의 번화가와 회동관·옥하관·조선관 등 조선 사행원의 숙소가 있다. 기타 연희와 달리 궁중에서 환술을 접한 기록은 발견되지 않는다. 다만 희곡 공연 내에서 환술이 활용된 예가 있는데,[23] 명·청대 「목련희」 같은 일부 희곡의 경우 삽입된 환술(잡기) 공연이 인기를 모은 주요한 이유 중 하나였다고 한다.[24] 박지원 이후 열하를 다녀온 기록 중의 하나인 서호수徐浩修의 『열하기유熱河紀遊』(1790)에는 관람한 희곡 제목들이 열거되어 있는데, 이 중에도 부분적으로 환술 공연이 삽입되어 있을 것으로 추정된다. 하지만 이렇게 열하에서 본 환술 공연을 직접 기록한 예는 박지원 외에는 찾아지지 않는다.

청대 민간의 환술 공연 장소로는 크게 두 가지가 있었다. 상설공연장廳堂과 노천 공연이 그것이다.[25] 청대 중엽 이후 상설 공연장에서 공연하는 기풍이 유행하였는데, 특히 북경에서는 이런 환술류 연희를 공연하는 중요한 장소로 활용되었다.[26]

박지원이 환술 공연을 본 열하의 광피사표 패루는 「환희기서」의 내용으로 볼 때 준상설 공연장쯤 되는 임시 가설무대였다. 따라서 숙소에 와서 공연하는 뜨내기 출장 환술사보다는 이곳에서 공연하는 환술사들의 수준이 높았을 것으로 추측된다. 이날 공연을 함께 본 사람은 「환희기후지」에 기록되어 있는 것처럼 홍려시鴻臚寺 소경少卿인 조광련趙光連이었다. 홍려시는 각종 국가의례를 주관하고 외국의 사절을 관리하는 부서로서, 오늘날의 외교부 의전 담당 부서쯤 된다. 중국학자의 연구에 따르면, 조광련은 열하의 피서산장에서 건륭제에게 희곡의 내용을 해설할 만큼 연희 전반에 해박한 지식을 가지고 있었던 인물이라고 한다.[27] 조광련이 함께 관람한 것만 보더라도 박지원이 본 환술 공연은 이전 사행원들이 보았던 공연과는 차원이 다른 것임을 알 수 있다. 한편 홍려시의 관원이 동석했다는 점은 이것이 청나라 아문의 접대 성격의 공연이었을 가능성도 시사한다. 천추절을 맞이하여 대기 중인 공연이었다는 점을 감안한다면, 박지원이 본 환술은 연행록에서 유례를 찾기 어려운 특별한 공연물이었던 셈이다.

그렇다면 공연을 본격적으로 구경하기 전날 이곳을 지나간 이유는 무엇일까? 그 답은 「피서록避暑錄」에서 찾을 수 있다. 「피서록」에는 광피사표 패루 남쪽 호동衚衕(골목)의 동씨董氏 집에 강희제와 건륭제가 직접 쓴 현판이 남아 있다고 기록되어 있다. 아마도 이날 이 현판을 구경하기 위해 동씨 집으로 가는 중에 광피사표 패루를 지나가지 않았을까 싶다.

그런데 『열하일기』엔 실려 있지 않지만, 박지원이 속한 사행단은 열하 외에도 북경에서 환술을 관람한 적이 있다. 박지원과 함께 사행한 노이점盧以漸(1720~1788)은 『수사록隨槎錄』에 모두 세 차례에 걸쳐 환술 공연 관람 기록을 남기고 있다.[28] 「황도기략黃圖紀略」 속 「황금대黃金臺」 「황금대기黃金臺記」에 등장하는 노이점은 박지원과는 다른 성향의 인물이었다. 그는 춘추대의를 고집하여 청인들을 무조건 '되놈'이라고 불렀고, 지나는 곳의 산천이나 누대는 노린내 나는 고장의 것이라고 하여 전혀 거들떠보지도 않았다. 노이점은 숭명배청적崇明排淸的 의식에 투철한 당대 전형적인 지식인으로서 청대 문물을 받아들이는 태도 자체가 박지원과는 확연히 달랐다. 그래서인지 그의 환술 견문 기록 역시 내용이 소략한 편이어서 「환희기」에 담긴 내용과는 큰 차이가 있다. 노이점의 기록은 연행록의 일반적인 환술 관람 기록과 궤를 같이한다고 볼 수 있다. 노이점이 본 공연 중 박지원이 열하를 다녀 온 기간에 열린 한 차례를 제외하곤, 나머지 두 차례는 박지원이 북경에 있을 때 공연된 것이다. 박지원이 공연을 함께 보았는지는 분명하지 않지만, 견문했더라도 열하의 공연 수준과 견주어 기록 가치가 없다고 판단했을 가능성이 높다.

나)에 제시된 정체불명의 환술은 흔히 투도偸桃라고 불리는 종목이다. 이 환술은 다음과 같은 내용으로 공연된다. 먼저 주공연자는 천상세계에 있는 서왕모西王母 정원 속의 복숭아를 따오기 위해 보조공연자를 하늘로 올려 보내기로 한다. 주공연자가 하늘 높이 던진 줄은 어딘가에 걸리고, 보조공연자는 이 줄을 타고 하늘로 올라가 마침내는 관중의 눈에 더 이상 보이지 않게 된다. 이제 하늘로 올라간 보조공연자는 목소리만 들릴 뿐이고 커다란 천도天桃 하나가 땅으로 떨어진다. 이윽고 천도를 따려다 감시자에게 적발되었다는 다급한 목소리가 들린 뒤 처절한 비명 소리와 함께 머리부터 다리까지 온 몸이 잘려 한 조각 한 조각 지상으로 떨어진다. 주공연자는 이때 최대한 비통한 모습으로 시신의 조각조각을 모아서 관 속에 넣은 뒤 관객의 동정을 구한다. 관객의 동정이 극대화되어 상당액의 조의금이 건힌 뒤 주공연자는 관 속의 시신에게 감사 인사를 하라고 권한다. 보조공연자는 이때 아무 일도 없었다는 듯이 멀쩡한 모습으로 관 속에서 나와 관중에게 인사를 한다.[29]

「환희기서」에서 투도 환술은 글의 앞부분을 여는 효과적인 에피소드로 활용되고 있다. 박지원은 아무 설명 없이 환술의 일단을 제시하고 나중에 그 정체를 드러내는 방식으로 환술에 대한 독자의 주의를 환기시키고 있다. 주제 전달력을 높이기 위한 장치로 초반의 에피소드가 활용된 셈이다. 이는 한편으로 박지원이 환술에 대해 일정 수준 이상의 정보를 가지고 있음도 시사한다. 투도 환술은 비교적 이른 시기부터 공연된 대형 환술로, 14세기 이븐바투타의 여행기나 명말 청초 포송령의 『요재지이』「투도」 편에도 그 기록이 남아 있다.[30] 우리의 경우도 조선 중기 유몽인의 『어우야담』 전우치조에서 유사한 내용을 발견할 수 있다.[31] 하지만 정작 이 환술의 관람 기록은 중국에서도 찾기 어려운 편이다.[32] 청말 서가徐珂가 편찬한 『청패유초清稗類鈔』에 '투도지환술偸桃之幻術'이란 제목으로 이 공연 내용이 실려 있지만, 그 내용은 『요재지이』「투도」 편을 전재해놓은 것일 뿐이다.[33] 이 환술은 현대에 전승되지 않았을뿐더러 그 요령도 알 수 없는 경우에 속하는데,[34] 박지원의 기록은 18세기 말 북경에서 이 환술이 공연되었음을 보여주는 자료로서도 상당한 가치가 있다. 투도 환술에 대한 관람 기록은 오늘날 전하는 선행 연행록 중에는 발견되지 않는다. 박지원의 견문이 최초인가는 분명하지 않지만, 글로만 보았던 환술을 실제 확인한 뒤 느낀 놀라움이 「환희기서」에 담겨 있는 셈이다.

② 환술에 대한 시각

투도 환술에 대한 인상적인 소개 이후 박지원은 환술의 본질에 대한 본격적인 논의를 펼친다. 그런데 이 내용들을 자세히 살펴보면 환술에 대한 여러 시각이 혼재되어 있음을 알 수 있다.

> 대개 상고시대부터 이런 환술에 능한 사람이 있어서 **가)자그마한 귀신을 부려 나)사람의 눈을 현혹했기 때문에 이를 환술이라고 말한다.** 하나라 때는 유루라는 사람이 용을 길들여서 임금 공갑의 마음을 사로잡았고,[35] 주나라 목왕 때는 언사라는 사람이 춤추는 나무인형을 만들어 놀렸다. 묵적은 점잖은 학자인데도 나무로 만든 연을 날렸고, 후세 동한 때의 **다)좌자**와 **라)비장방**의 무리는 모두 이런 기술을 가지고서 사람들 사이에서 유희했으며, 연나라 제나라의 신이하고 괴상한 선비들은 신선을 이야기해서 당대의 임금을 홀렸다.
> 이런 것들은 모두 환술이건만, 당시 사람들은 이를 능히 깨닫지 못했다. **마)생각건대 환술하는 기술은 서역에서 나온 것이므로** 구마라십, 불도징, 달마 같은 사람들이야말로 환술을 더욱 잘했던 사람이 아니었을까?
> **바)어떤 사람이 묻기를 "이런 환술하는 재주를 팔아서 살아가는 사람들은 본래 나라의 법 밖에서 활동하는 것인데도 그들을 처벌하여 멸절시키지 않음은 무슨 까닭입니까?" 하기에, 내가 "중국의 땅덩어리가 워낙 광대해서 능히 모든 것을 포용하여 아울러 육성할 수 있기 때문에 나라를 다스리는 데 병폐가 되지 않는다는 사실을 알 수 있습니다. 만약 천자가 이를 절박한 문제로 여겨서 환술쟁이들과 법률로 잘잘못을 따져서 막다른 길까지 추격하여 몰아세운다면, 도리어 궁벽하고 눈에**

띄지 않는 곳으로 꼭꼭 숨어 때때로 출몰하면서 재주를 팔고 현혹하여 장차 천하의 큰 우환이 될 것입니다. 그래서 날마다 사람들로 하여금 환술을 하나의 놀이로서 보게 하니, 비록 부인이나 어린애조차 그것이 속이는 환술이라는 것을 알아서 마음에 놀라거나 눈이 휘둥그레지는 일이 없습니다. 이것이 임금 노릇하는 사람에게 세상을 통치하는 기술이 되는 것입니다"라고 대답했다. 드디어 보았던 여러 환술을 기록한다. 모두 스무 가지인데, 환술을 아직 보지 못한 우리나라 사람들에게 장차 보여주려고 한다.[36]

우선 내용 중에서 이전의 연행록이나 환술 관련 기록에서 발견되는 부분을 제시해 보면 다음과 같다. 가)는 이익의 『성호사설』 권9 인사문 환술조에서,[37] 나)는 『화한삼재도회』 권16 환희조에서, 다)는 이압의 『연행기사』에서, 라)와 마)는 이익의 『성호사설』 권9 인사문 환술조에서 동일한 내용이 발견된다. 박지원이 반드시 제시된 글들에서 정보를 취한 것이라 볼 수는 없지만, 박지원의 환술에 대한 논의가 상당 부분 당시까지의 통념에 기반한 것임을 추측할 수 있다. 「환희기서」에 담긴 논의 모두가 그 자체로 특별하거나 새로운 것은 아니다. 박지원 역시 현대적 관점에서는 납득하기 어려운 서로 다른 개념을 가지고 환술에 대한 설명을 시도하고 있다. 작은 귀신을 부린다는 것과 고승들의 이적異蹟을 서역에서 온 환술사의 행위와 묶어서 보는 것, 그리고 사람의 눈을 현혹시킨다는 것은 분명 서로 다른 관점이기 때문이다. 박지원 글쓰기의 특성을 감안한다면, 제시된 사항보다 참조한 문헌이 더 광범위할 가능성이 높다.

내용 중 흥미로운 부분은 바) 부분이다. 이 대목은 환술에 대한 기록이 왜 필요한지를 밝힌 내용으로「환희기서」의 주제가 담겨 있다. 일반 백성에게 환술을 금지하지 않고 자유롭게 경험하게 하는 일이 왜 필요한지를 설명하고 있다.『열하일기』전반에 걸친 주제의식이기도 하지만 우리가 가진 경험과 인식의 한계를 드러내고 이를 넘어서야 한다는 메시지가 담겨 있다고 볼 수 있다. 이는 박지원의 독창적인 견해로「환희기」의 가치를 스스로 밝힌 것이라고 볼 수 있다. 이런 견해는 19세기 연행록들에까지 영향을 미쳐, 중국사회에서 환술이 하나의 유희로서 받아들여진다는 점을 강조한 기록들이 나오게 된다. 강호부의『상봉록』에 부기된 강재응의「추설」에 "지금 중국에서 환술사를 유희의 도구로 삼아 비록 천백가지 괴이한 일을 벌이더라도 별다른 감흥 없이 단지 한 번의 유희로 여기는 것이 이런 이유今中國以幻人爲戲具 雖千詭百怪 視之尋常 只作一場矣"라고 한 것이나,[38] 이우준이『몽유연행록』에서 박지원의 논의를 그대로 받아들여 기술하고 있는 것이 대표적인 예다.[39] 이규경이「환희변증설」에서 환희 공연을 금하지 않아도 무방하다고 한 말 역시 박지원의 영향이라고 볼 수 있다.[40]

한 가지 더 주목할 점은 박지원이 사회의 위험분자로서 환술사의 존재를 언급하고 있다는 사실이다. 표면적으로 이 글은 중국사회에서 환술 공연이 허용되는 이유를 밝혀서 자신의 환술 관람기의 명분을 마련한 것이라고 볼 수 있다. 하지만 다른 가능성도 얼마간 있다. 공교롭게도 1768년에 청나라를 뒤흔든 환술 관련 역모사건이 터졌기 때문이다. 1768년 청나라에는 전국을 돌아다니면서 사람들의 영혼을 훔친다는 환술사들에 대한 소문이 떠돌았다. 환술사들은 누군가의 이름이 적힌 종잇조각이나 머리카락 옷가지를 가지고 환술을 통해 병들어 죽게 한 다음 영혼의 힘을 훔쳐 자기 마음대로 이용한다는 것이었다. 백성은 이 환술이 사실이라고 믿었던 반면 황제는 이를 청조에 대한 음험한 역모라고 받아들였다. 건륭제는 이 떠돌이 환술사들을 소탕하는 데 전력을 다하였고, 이것은 당대 사회에 커다란 소용돌이를 불러일으켰다.[41] 1780년 연경을 다녀온 박지원 역시 이에 대한 일정한 정보를 가지고 그 문제를 염두에 둔 발언을 한 것은 아닐까?

이상을 단서로 삼아 검토해볼 때 「환희기서」에는 다음 세 가지 층위의 시각이 공존하고 있음을 알 수 있다.

① 신선술神仙術, 불교 고승의 이적異蹟
② 혹세무민의 사기수법
③ 공연으로서의 마술

「환희기서」에서 박지원은 이런 세 가지 서로 다른 시각을 독자에게 제시하고 있다. 하지만 이어지는 본문과 「환희기후지」에서 박지원은 결코 ①과 ②의 시각에서 환술을 바라보지 않는다. 결국 박지원은 환술에 대한 당대의 통념을 일정 부분 수용하면서도, 환술 공연이 결코 ①과 ②의 문제와 같지 않음을 독자에게 보여주고 있는 셈이다. 이 점은 박지원만의 새로운 의견이라고 할 수는 없지만 환술에 대한 새로운 접근 방식의 하나라고 볼 수 있다. 박지원보다 앞서 환술을 마술 공연이란 관점에서 주목한 경우로 홍대용이 있지만, 홍대용은 마술 공연 수법에 집중했을 뿐 환술이 포괄하는 다양한 스펙트럼에 대해서는 큰 관심을 두지 않았다.

2) 본문

① 환술 종목 고증과 이전 연행록과의 비교

「환희기」에 기록된 환술 종목을 그동안의 연구에서는 20종이라 보았지만, 「환희기서」에 실린 투도 환술까지 계산한다면 21종으로 보는 편이 온당할 것이다. 여기서는 편의상 「환희기서」에 기록된 환술까지 포함하여 분석하기로 한다. 다음 표는 각각의 종목을 가능한 범위 안에서 고증하고 이전 연행록들과 비교 분석한 결과다.

「환희기」 환술 종목 분석표

순번	환술 분류	환술 내용	환술 명칭	이전 연행록과의 비교	비고
1	여러 환술유형의 종합	보조공연자가 하늘에 올라가 천상세계의 복숭아를 따려다 문지기에 의해 몸이 산산이 찢겨 지상으로 떨어진다. 주공연자는 시신의 조각조각을 모아서 관속에 넣은 뒤 다시 몸을 원상태로 돌린다.	偸桃(屠人, 斬人, 爬繩上天, 殺人復活, 殺孩不死)	• 있음 • 姜浩溥의 『桑蓬錄』, 朴齊家의 「燕京雜絶」에 이 종목에 대한 언급이 간략하게 있음(유사)	현재는 전승되지 않는 대형 환술, 정확한 명칭은 미상임, 柳夢寅의 『於于野談』과 蒲松齡의 『聊齋志異』 「偸桃」 편에 유사한 환술 내용이 실려 있음, 洪大容에게 보낸 淸人 孫有義의 편지 중에 이 종목에 대한 언급이 있음
2	手法	좁쌀만 한 물건을 크게 만들었다가 다시 작게 만들기	미상	• 있음 • 洪大容의 『燕記』 「幻術」 5항과 유사하지만 공연 내용에 차이가 있음(유사)	傅起鳳은 手法과 藏掖의 결합으로 봄, 현재는 전승되지 않는 환술
3	彩法	물속에 종이를 넣어 풀었다가 다시 꺼내서 원상태로 돌리기	水接紙連, 繼紙, 濕紙還原(扯紙還原, 口吐百丈)	• 없음	傅起鳳은 水接紙連과 口吐百丈의 종합으로 보고, 박지원이 이 두 가지 종목을 함께 쓴 것이라고 봄. 하지만 공연 내용상 口吐百丈과는 일정한 차이가 있는 것으로 보임
4	手法	기둥에 묶인 상태에서 묶인 줄을 풀지 않고 순식간에 빠져 나오기	束指(自縛自解, 自繫自解, 仙人解帕)	• 있음 • 李德懋 『入燕記』에도 유사한 내용이 있으나 공연 내용이 훨씬 상세함(유사)	조선의 마부가 공연효과를 증대시키기 위한 보조공연자로 활용됨, 유래가 오랜 환술 종목

5	彩法	입으로 삼킨 수정 구슬을 귀로 코로 눈으로 자유자재로 빼기	月下傳丹, 大苗子(泥丸, 仙人栽豆, 仙人採豆)	• 있음 • 洪大容의 「幻術」 5항과 비슷하지만 공연 내용에 차이가 있음(유사)	
6	工夫法	칼을 삼켜서 뱃속 깊은 곳까지 넣었다가 빼기	呑刀, 呑劍, 呑寶劍	• 있음 • 姜浩溥의 『桑蓬錄』, 李押의 『燕行記事』 등 에도 유사한 내용이 있으나 공연 내용이 훨씬 상세함(유사) • 조선 사행원들이 특히 관심을 많이 가졌던 환술 종목 중의 하나	사전 지식을 가지고 관찰했을 가능성이 높음, 유래가 오랜 환술 종목
7	미상	나비 모양으로 종이를 오려 어린 아이 입에 넣은 뒤 청개구리를 토하게 만들기	미상	• 없음	傅起鳳은 공연 내용에 과장이 있다고 봄
8	搬運法, 彩法	보자기 속에서 새 꺼내기	미상	• 있음 • 李宜顯의 『庚子燕行雜識』, 홍대용의 「환술」 1항의 기록과 유사하나 공연 내용이 훨씬 상세함(유사)	傅起鳳은 현재 전승되지 않는 종목으로 추정
9	彩法	주석병 밑을 대젓가락으로 찔러 흘러내리는 물을 이었다 끊었다 하기	仙人指水, 空壺取酒(撮美酒)	• 있음 • 홍대용, 「환술」 9항의 기록과 유사한 부분이 있음(유사)	傅起鳳은 空壺取酒라고 봄

10	彩法	금 고리를 서로 연결시켰다가 다시 분리하기	連環(巧打連環)	• 많이 있음 • 李押의 『燕行記事』 등에 유사한 기록이 보임(유사)	사전 지식을 가지고 관찰했을 가능성이 높음
11	彩法	돌을 칼로 찔러 관객이 원하는 각종의 술을 흘러나오게 만들기	千色巧酒, 五色酒壺	• 없음	傅起鳳은 五色酒壺의 변형이라고 봄
12	搬運法, 彩法	보자기 속에서 蘋果를 꺼낸 뒤 다시 똥으로 만들기	미상, 滑稽 환술의 한 종류인 듯	• 있음 • 홍대용의 「환술」 9항의 기록과 유사한 부분이 있음(유사)	조선 사행원이 공연효과를 증대시키기 위한 보조공연자로 활용됨
13	藥法	바늘 한 줌을 삼킨 뒤 실로 꿰어 코로 뽑아내기	吃針, 口內穿鍼	• 많이 있음 • 李宜顯의 『庚子燕行雜識』, 홍대용의 「환술」 7항의 기록과 유사하지만 공연 내용이 훨씬 상세함(유사)	사전 지식을 가지고 관찰했을 가능성이 높음
14	彩法	대접 속에서 은 다섯 조각을 만들어낸 뒤 다시 주화 다섯 개로 바꾸기	空碗取錢	• 없음	
15	彩法	쟁반에 담긴 은행을 항아리로 덮고 山査, 荳蔲, 丹柰, 念珠 등으로 차례대로 바꾸다가 마지막엔 물속의 금붕어로 변화시키기	連年有餘	• 있음 • 홍대용의 「환술」 2항의 기록과 유사하지만 공연 내용이 훨씬 상세함(유사)	

16	工夫法	대꼬챙이 위에 여러 개의 접시 돌리기	撲竿轉盆, 轉盤子, 軟竿子, 飴弄盤子의 조합	• 많이 있음 • 李宜顯의 『庚子燕行雜識』, 姜浩溥의 『桑蓬錄』, 李押의 『燕行記事』, 그리고 홍대용의 『燕記』에서도 신무문 앞에서 유사한 환술 종목을 보았다고 기록함(유사)	사전 지식을 가지고 관찰했을 가능성이 높음
17	藥法	입속에 겨를 넣은 뒤 불을 붙여 태운 뒤 숯을 젓가락으로 끄집어내기	鋸末吐火	• 있음 • 李押의 『燕行記事』에도 비슷한 내용이 있으나 공연 내용이 훨씬 상세함(유사)	
18	彩法	갑자기 사라진 탁자 위의 金葫蘆甁을 관람객의 품속에서 다시 찾아오기	飛杯還原	• 있음 • 李德懋의 『入燕記』에 비슷한 내용이 있으나 약간의 차이가 있음(유사)	
19	藥法	유리접시에 담긴 복숭아 세 개가 잠깐 사이에 가지와 잎을 피워 열매를 맺는 사이, 등장한 여러 인물도 머리가 반백으로 변화함	미상(種瓜卽生, 種梨)	• 없음	蒲松齡의 『聊齋志異』에 種梨 환술을 소재로 한 「種梨」 편이 있음, 傅起鳳은중국 전통 환술 중에서 드물게 발견되는 대형 환술 종목이며, 年華易逝의 주제의식을 담고 있다고 설명하고, 후반부는 種梨환술과 유사하다고 봄

20	미상	큰 유리거울 속 세계의 변화를 통해 人事의 무상함을 보여주고, 관중에게 보시를 통해 善業 쌓을 것을 권유함	미상	• 없음	전통 환술에서 거의 찾아볼 수 없는 종목, 요지경과 비슷함, 불교의 諸行無常을 표현한 환술
21	미상	파장을 위해 의도적인 실수를 통해 이것이 한갓 환술 공연일 뿐임을 관중에게 알리기	미상	• 없음	

* 번호는 「환희기」 내 환술 기록의 순서이다. 여기에는 「환희기서」와 「환희기후지」도 포함된다.

** 환술 분류는 청말에 편찬된 환술 類編書인 唐再豐의 『鵝幻彙編』의 분류 기준을 따랐다.[42] 사용된 용어에 대한 설명은 제2장 표의 범례를 참고하시오. 미상으로 처리한 것은 『鵝幻彙編』에 수록되어 있지 않는 경우다.

*** 환술 내용은 간략히 공연 내용을 설명한 것이다. 환술 공연 내용과 관련하여 일곱 가지 선행 연구 성과를 참조했다.[43]

**** 환술 명칭은 唐再豐의 『鵝幻彙編』을 기준으로, 중국의 저명한 雜技 연구자이며 마술사인 傅起鳳의 고증을 참고했다. 명칭을 확인할 수 없는 것은 미상으로 처리했다. 이해를 돕기 위해 괄호 안에 유사한 환술 종목의 명칭을 적었다.

***** 이전 연행록과의 비교는 환술 종목별로 이전 연행록의 환술 기록과 비교한 것이다. 기록 여부에 따라 '있음'과 '없음'으로 표시하고, 이전 기록이 많을 때만 '많이 있음'으로 표기했다. 환술 기록 내용도 다시 그 정도에 따라 유사·거의 동일·동일의 단계로 나누어 표기했다.

****** 비고는 해당 환술 종목과 관련된 기타 정보들을 기록한 것이다.

② 기록 방식의 특성

이상의 분석 결과를 바탕으로 「환희기」의 내용 특징을 제시해보면 다음과 같다.

첫째, 기록된 환술 종목 21종 중 7종은 이전 연행록에서 찾아보기 힘든 종목이다. 「환희기」의 기록이 특별해 보이지만, 실제로는 전체의 3분의 1 정도만 새로운 종목이고, 나머지는 이전 기록이 있는 것들임을 확인할 수 있다.

둘째, 대체로 이전 기록이 있거나 관련 정보가 많은 종목의 기록 내용이 더 상세하고, 그렇지 않은 것은 기록 내용이 단순한 편이다. 이는 「환희기」가 단순히 현장에서 관람한 기억만으로 작성되지 않았을 가능성을 시사한다.

셋째, 앞서 사행한 북학파 인물들, 곧 홍대용·박제가·이덕무의 기록과 중복되는 내용이 많은 편이다. 이중 특히 홍대용의 기록과 중복되는 것이 많아서, 「환희기」의 작성에 『연기』 「환술」이 큰 영향을 미쳤음을 확인할 수 있다.

기록 내용상 「환희기」는 이전 연행록과 비교할 때 다양한 환술 종목이 기록되어 있다는 점이 특징적이라고 할 수 있다. 하지만 「환희기」가 갖는 진정한 가치는 양적 측면보다 질적 수준의 제고에서 찾을 수 있다. 기록 방식의 독특함은 그중에서도 유독 두드러지는 국면이다. 이런 점은 박지원의 「환희기」에 큰 영향을 미친 홍대용의 「환술」과 비교해보아도 분명히 드러난다.

〔가〕 다음에는 또 가는 바늘 한 쌈과 실 한 타래를 입에다 넣어서 씹다가 조금 후 꺼내는데 보니 40~50개의 가는 바늘이 귀를 꿰고 얽혀서

매달려 나왔다.[44]

〔나〕 ①환술사가 바늘 한 줌을 입에 넣고 꿀꺽 삼키는데, 가려워하지도 아파하지도 않으며 평상시처럼 웃고 말한다. ②밥을 먹고 차를 마시고 천천히 일어나 배를 문지르고는 붉은 실을 비벼서 귓구멍에 넣고 조용히 한참을 서 있더니 재채기와 기침을 여러 차례 한다. ③코를 쥐자 콧물이 나와서 수건으로 코를 닦고는 손가락을 콧구멍에 집어넣어 마치 코털을 뽑는 것처럼 하니, 잠시 뒤에 붉은 실이 콧구멍에 조금 보인다. ④환술사가 손톱을 족집게처럼 만들어 그 끝을 뽑으니, 실이 한 자쯤 나오고 홀연히 바늘 하나가 콧구멍으로 누워서 나오는데 바늘귀에는 실이 꿰어져 있다. ⑤실은 뽑을수록 더욱 길어지고 수많은 바늘이 모두 하나의 실에 꿰어져 쭉 딸려 나오는데, 더러 밥알이 바늘 끝에 붙어 있다.[45]

홍대용의 『연기』 「환술」은 박지원의 「환희기」 이전까지 연행록에서 발견되는 가장 상세한 환술 관람 기록이라고 평가할 수 있다. 홍대용의 연행 경험이 박지원에게 미친 영향을 감안한다면, 환술 종목에 대한 사전 정보 역시 일정 부분 홍대용으로부터 얻었을 가능성이 높다. 양자를 비교해보면, 총 6항목에 걸쳐 환술 종목이 중복됨을 확인할 수 있다. 위의 예문도 동일 종목을 기록한 것이다. 환술사가 바늘 한 줌을 삼킨 뒤 실에 꿰어 코로 뽑아내는 '구내천침口內穿鍼' 혹은 '흘침吃針'이라고 불리는 환술 공연을 각각 기록한 것이다. 이 환술의 공연 원리는 자성磁性을 띤 실을 이용하여 입속의 바늘들을 꿰어내는 데 있다.[46] 송대에 백희百戲 중 하나로 자리 잡아 청대까지 줄

곧 공연되던 종목이다. 같은 종목이지만 홍대용은 공연의 핵심만을 간략히 적었던 반면 박지원은 공연의 단계 단계를 밟아가면서 환술사의 동작 하나하나를 세밀하게 묘사하고 있다. 홍대용이 한 문장으로 요약한 공연 내용을 박지원은 다섯 단계로 나누어 상세하게 표현하고 있다.

홍대용과 박지원의 환술 기록이 보여주는 이런 차이는 한편으로 두 사람의 환술에 대한 접근 방식에 차이가 있었던 것과도 무관하지 않다. 홍대용이 주로 환술의 공연 원리에 관심을 두었던 반면 박지원은 「환희기서」에서 밝힌 것처럼 경험 대상의 확장이라는 측면을 더 중시했기 때문이다.[47]

「환희기」 기록 방식의 이런 특성은 이전 연행록의 동종 환술 관람 기록과 비교해보면 더욱 극명하게 드러난다.

〔가〕 또 한족 사내가 장검을 가지고 와 혀로 핥아 침을 묻히더니, 입으로는 주문을 외우곤 문득 입속으로 검을 넣어 가슴까지 내려꽂았다. 몇 자나 되는 검이 다 들어가서 그 자루마저 보이지 않게 되었는데, 뛰고 이리저리 다니다가 한 식경이 지난 뒤에야 뽑아냈다.
또 늙은 호인이 두 자루의 검을 입에 꽂아 삼키는데, 잠깐 도는 듯하더니 한참 뒤에 검을 뽑아냈다. 역졸이 말하길 그 검 끝에 대변 같은 것이 묻어 나왔다고 한다. 호인의 얼굴이 기가 꽉 막인 것처럼 파랗게 질렸다가 한참 뒤에야 안정이 되니, **무서워서 차마 볼 수가 없었다.**[48]

〔나〕 또 한 자가 넘는 긴 포검 한 자루를 가져다가 입에 물을 머금고 칼날을 담근 뒤 얼굴을 치켜들고 눈을 감은 채 곧장 목구멍에다 꽂아 넣

고, 차차 꽂아 내려가면 그 자루까지 아주 들어가버린다. 조금 있다가 도로 빼내는데 차츰차츰 빼내면서 빼기 힘든 듯한 빛을 보인다.[49]

〔다〕 환술사가 한 덩어리의 흰 흙으로 땅에 금을 그어서 큰 동그라미를 치고는 구경꾼들을 동그라미 밖으로 나가서 둘러앉게 했다. 그리고 환술사는 모자와 옷을 벗고, 시퍼렇게 날이 서서 빛이 번쩍거리는 칼을 땅에 꽂았다. 다시 대나무 젓가락으로 목을 쿡쿡 쑤셔서 걸려 있는 계란을 깨려고 했다. 땅을 짚고 엎드려 한 번 토해보았으나 계란은 끝내 나오지 않았다. 그러자 칼을 뽑아서 왼쪽으로 휘두르고 오른쪽으로 돌리다가, 다시 오른쪽으로 휘두르고 왼쪽으로 돌리더니 하늘을 향해 한 번 던지고는 손바닥으로 칼을 받는다. 또 높이 한 번 던지고는 하늘을 향해 입을 벌리니 칼끝이 곧바로 떨어져 입속으로 내리꽂혀서 들어간다. **그러자 구경꾼들의 얼굴이 새파랗게 질려 일제히 일어나 놀라서 찍소리도 없다.**
환술사는 얼굴을 위로 향하여 두 손을 늘어뜨리고 한참 동안 빳빳하게 서서는 눈도 깜빡하지 않고 푸른 하늘을 똑바로 쳐다본다. 잠시 만에 칼을 꿀꺽꿀꺽 삼키는데 마치 병을 기울여 뭘 마시는 듯하고, 목과 배를 실룩거리는 것 같다. 칼의 고리가 이빨에 걸려서 오직 가죽으로 된 줄만 안 넘어가고 있다. 환술사는 네 발로 기어가듯 땅바닥을 짚고서 칼자루로 땅을 다지는데, 이빨과 칼의 고리가 서로 부딪치며 꺽꺽 소리를 낸다. 또 다시 일어나서 주먹으로 자루 끝을 치고, 한 손으로는 배를 문지르고 한 손으로는 칼자루를 쥐었는데, 뱃속에서 칼이 어지럽게 논다. 칼이 뱃가죽 사이에서 오가는 모습이 마치 붓이 종이에 금을 긋듯 왔다 갔다 하니, **구경꾼들이 전율을 하며 차마 똑바로 쳐다보지를 못한**

다. 어린아이들은 겁에 질려 울면서 등을 돌리고 달아나다 엎어지고 넘어진다. 그러자 환술사가 손뼉을 치고 사방을 돌아보고는 의연하게 바로 서서, 서서히 칼을 뽑아 두 손으로 받쳐 들고 두루 구경꾼에게 보이고는 앞으로 나와서 예를 표한다. 칼끝에서는 핏방울이 뚝뚝 듣고, 더운 김이 모락모락 난다.[50]

이상은 모두 탄검呑劍 혹은 탄보검呑寶劍이라 불리는 환술 종목을 기록한 글들이다. 이 환술은 『사기』와 『한서』에도 기록되어 있을 만큼 유래가 오래된 것으로, 서역으로부터 전래되었다고 알려져 있다. 현대 공연자들의 증언에 따르면, 이것은 고도의 신체 수련이 필요한 환술로 결코 단순한 눈속임이 아니라고 한다.[51] 일종의 신체 기술인 셈이다.

〔가〕는 18세기 초에 연행한 강호부의 『상봉록』에 실려 있는 내용이고, 〔나〕는 박지원보다 두 해 먼저 연행한 이압의 『연행기사』에 기록된 내용이다. 동일한 종목의 환술을 기록했지만, 박지원(〔다〕)과는 달리 단순히 공연 내용이 무엇인지 기록하는 데 그치고 있다. 그런데 이런 기록의 한계는 한편으로 기록자가 해당 환술에 대한 사전 이해가 전무함을 드러내기도 한다. 〔가〕의 강조한 부분처럼 무서워서 차마 보지 못했거나, 〔나〕처럼 환술사의 외양에만 집중해서는 제대로 된 관찰을 할 수 없기 때문이다. 반면 박지원의 기록은 이와 완전히 다르다. 우선 환술사의 공연 동작을 세세하게 묘사함으로써 공연 내용을 사실적으로 전달하고 있다. 기록대로 공연을 재연할 수 있을 정도인데, 현대에 공연되는 탄보검도 이와 같다고 한다.[52] 이와 동시에 박지원은 강조한 부분처럼 관람객의 반응에도 유의하고 있다. 이런 기술

현대의 탄보검呑寶劍 공연 모습

방식은 공연을 극적으로 재구성해냄으로써 독자로 하여금 환술 공연을 마치 눈앞에서 보는 것과 같은 효과를 거두게 된다. 또 「환희기후지」에서 제기한 속이는 자가 아니라 속는 자의 문제라는 인식론적 층위와도 자연스럽게 연결된다.

중국도 환술 공연에 대한 구체적인 기록은 많지 않은 편이다. 필자가 조사한 바로는 홍매洪邁의 『이견지夷堅志』, 사조제謝肇淛의 『오잡조五雜組』, 포송령의 『요재지이』(「투도」 「종리」) 정도가 있다. 이중 허구와 부연이 있을 가능성이 높은 『요재지이』를 빼면, 송대 홍매의 『이견지』, 명대 사조제의 『오잡조』 정도가 실제 환술 공연을 기록한 글이라고 볼 수 있다. 사조제의 『오잡조』 권6에는 『이견지』의 환술 공연과 함께 사조제 자신의 관람 기록이 수록되어 있는데,[53] 이 내용이 『화한삼재도회』 환희조에도 있어 그 영향력을 짐작케 한다. 하지만 이상의 기록들마저 박지원 「환희기」의 구체성과 사실성에 비교한다면 크게 미흡하다.[54] 동아시아 환술 관람 기록에서 「환희기」가 갖는 우수성과 희소성을 짐작할 수 있다.

이밖에도 이 글의 작성 목적을 짐작할 수 있는 특성이 몇 가지 더 눈에 띈다. 곧 4항과 12항에서 보이는 우리 측 인물들의 환술 공연에 대한 반응이라든지, 21항의 공연의 파장 장면, 그리고 20항의 거울을 이용한 미지의 환술이 갖는 의미 등이 그것이다. 이에 관해서는 앞서 논의했기에 구체적인 것은 생략하기로 한다.[55]

③ 기록의 오류와 과장

이상에서 제시된 여러 미덕에도 불구하고 「환희기」의 관람 기록이 모두 완벽한 것은 아니다. 박지원 역시 환술 공연에 대한 전문적인 식견을 가지고 있지 않았기 때문에 기록 내용에 착각이나 오류 또한 발견된다. 앞서 인용한 예문 중 '구내천침'(흘침) 환술을 보면, 일반적인 경우라면 바늘을 입으로만 토해내는 것이기 때문에 귀나 코로 뽑아냈다는 것은 박지원의 착각이거나 과장이라고 볼 수 있다.[56] 따라서 박지원의 환술 기록이 언제나 성공적인 것만은 아니다. 특히 전대 연행록에 기록된 적이 없는 독특한 유형의 환술을 다룰 때 그럴 가능성이 높아진다.

> 환술사가 종이를 나비 날개처럼 얇게 잘라서 수십 조각을 만들고는 손바닥 안에 넣어 비비고, 구경꾼 중 한 어린아이를 불러내어 눈을 가리고 입을 벌리게 했다. 환술사는 손바닥으로 어린아이의 입을 틀어막으니, 어린아이는 발을 동동 구르며 운다. 환술사가 웃으며 손을 놓으니, 어린아이는 울면서 한편 뭔가를 토해내는데, 청개구리다. **청개구리가 튀어나와 폴짝폴짝 뛰는데, 연신 수십 마리를 토해낸다. 개구리들은 모두 땅에 폴짝거리며 뛰어다닌다.**[57]

「환희기」 내에서 유독 기술 내용이 짧은 환술 종목이다. 여느 종목과 달리 내용이 단순하고, 상대적으로 공연 내용만 요약하여 제시되어 있다. 앞서 인용한 두 가지 환술과 비교할 때 이런 점은 더욱 두드러진다. 그런데 현대 중국의 저명한 마술가이며 연구자인 푸치펑傅起鳳은 이 대목을 두고, 공연 내용 중 청개구리 숫자에 과장이 있다고 지적했다. 실제 환술에 등장하는 청개구리는 몇 마리에 불과하다는 것이다.[58] 박지원이 환술사의 공연 내용을 착각했거나 의도적으로 과장했을 가능성을 보여준다. 이중 우리가 주목하게 되는 측면은 단순한 기록 오류보다 의도적인 과장과 부연의 가능성에 있다. 다음 항목을 살펴보자.

> 환술사가 커다란 유리거울을 탁자 위에 올려놓고 받침대를 만들어 거울을 세웠다. 그러고는 환술사가 구경꾼들을 두루 불러서 그 거울을 열어서 속을 들여다보게 했다. 층층의 누각과 겹으로 된 전각에 단청이 아름답게 칠해져 있다. 벼슬아치 하나가 손에 총채를 들고 난간을 따라서 어슬렁거리며 걸어가는데, 곱게 생긴 미녀들이 삼삼오오 짝을 지었다. 어떤 이는 보검을 받쳐 들고, 어떤 이는 금 호리병을 받들며, 어떤 이는 피리를 불고, 어떤 이는 비단실로 얽은 공을 차는데, 투명한 귀고리에 구름 같은 머릿결이 아름답고도 묘하여 어디 비길 데가 없다. 방 안의 온갖 물건은 가지가지가 보물 노리개여서 정말 세간의 아주 큰 부자인 것 같다. 그러자 구경꾼들이 흠모하고 기뻐하지 않는 사람이 없고, 탐닉해서 다투어 구경하기에 정신이 빠져서 이것이 거울 속이라는 사실도 잊고서 곧바로 뚫고 들어가려고 한다. 그러자 환술사가 구경꾼들을 내몰며 물러나라고 소리를 치며 즉시 거울의 가리개를 덮어서 오래 보지 못하게 했다. 환술사가 한가롭게 걸어가며 사방을 향해서 노래를 하고는, 또 그 거울을 열어서 구경꾼을 불러와서 보게 했다. 전각은 적막하기 짝이 없고, 정자와 누각은 황량하다. 세월은 얼마나 흘렀으며, 아름다운 여자들은 모두 어디로 간 것인가? 사람 하나가 침상 가에서 모로 누워 자고 있는데, 곁에는 아무 물건도 없다. 팔베개를 하고 잠을 자는데, 정수리에는 이상한 기운이 나와 하늘거리고 모락모락 하는 모습이 마치 연기 같고, 가운데는 가늘고 끝은 둥근 것이 마치 늘어진 젖통 같다. 종규란 귀신이 여동생을 시집보내고 수리부엉이가 아내

를 맞이하는데, 푸른 하늘의 기운인 버들 귀신이 앞에서 인도하고, 복을 가져다준다는 박쥐가 깃발을 잡고서 그 정수리에서 나오는 기운을 타고서 공중에 뛰어올라 안개 속에 노니는 것 같다. 잠자던 사람이 기지개를 켜며 잠을 깨려고 하다가 다시 잠이 들었는데, 잠깐 사이에 두 허벅지가 변해서 두 개의 바퀴가 되었으나 아직 바퀴살과 굴대는 만들어지지 않았다. 그러자 구경꾼들이 겁을 내고 상심하여 거울을 닫고 등을 돌려 도망가려고 하지 않는 사람이 없다. (환술사가 말한다.) **"이 세계가 꿈과 같고 환상적인 것이 본래 이와 같이 거울 속과 같아서 염량세태가 갑자기 달라진다. 일체 세상 사이의 가지가지 만사가 아침에 피었다가 저녁에 시들며, 어제는 부자였다가 오늘은 가난하게 되며, 젊음은 잠시이고 갑자기 늙어 마치 꿈속에서 꿈 이야기를 하는 것 같다. 죽는 사람이 있는가 하면 태어나는 사람도 있고, 무엇이 있다가도 없기도 하니, 무엇이 진짜이고 무엇이 가짜란 말인가? 말하노니, 세간의 마음 좋은 선남자와 보살 같은 형제들아. 환상의 세계에 꿈같은 몸뚱어리, 물거품 같고 번개처럼 사라질 돈과 물건이라. 큰 인연을 맺어서 기를 따라서 잠시 세상에 거주하는 것이니, 원하건대 이 거울 속을 본보기로 삼아 따뜻하다고 몰려가려고 하지 말고, 차다고 물러나려고 하지 말라. 가진 돈을 골고루 베풀어서 이 가난하고 궁핍한 사람들을 구제할지어다."**[59]

위 내용은 「환희기」 본문 속 19번째 항목(전체 20번째)에 기록되어 있다. 거울 속 세계를 보여주는 요지경과 같은 이 종목은 가장 방대한 환술총집인 『아환휘편』에서도 유사한 예조차 찾아보기 어려운 독특한 환술이다. 선행 연구에서는 이를 빛을 이용한 광학환술로 분류하기도 했지만, 유사한 전통 환술 종목을 제시하진 못하고 있다.[60]

『태평광기』 권285 환술조에 수 양제隋煬帝 때 송자현宋子賢이 거울을 이용한 환술을 부렸던 내용이 실려 있기는 하나 「환희기」의 내용과는 현격한 차이가 있다.[61]

그런데 이 항목은 이전 연행록에 기록된 내용일수록 상세하고 정보가 없을수록 간략하게 기술되는 「환희기」의 일반적 기록 특성과도 상반된 모습을 보여준다. 더구나 이 환술에만 환술사의 장황한 대사(강조 표시한 부분)가 기록되어 있다는 점도 흥미로운 부분이다.[62] 주지하는 것처럼 박지원은 중국어를 하지 못했다. 홍대용처럼 어느 정도 회화가 가능하다고 해도 환술사의 대사를 구체적으로 기억한다는 것은 불가능에 가깝다. 홍대용은 물론 연행록의 어떤 환술 기록에도 이렇게 구체적으로 환술사의 장황한 대사가 기록된 예가 없다. 심지어 중국 기록에도 유사한 예를 찾아보기 어렵다. 또 환술 공연에서 대사가 이렇게 긴 것도 예외적인 경우다. 「환희기」 내에서도 다른 환술 종목들이 대사가 없거나 꼭 필요한 최소한의 대사만으로 이뤄진 것과는 차이가 있다.

환술사가 한 공연 해설의 핵심은 일체의 현상이 환幻이라는 불교적 세계관에 있다. 「환희기후지」에 나오는 현실의 제현상이 환술과 마찬가지라고 말한 조광련의 시각과 연결될 수 있다. 환술 내용 자체를 가공架空한 것이라 보기는 어렵지만, 내용 구성과 기록 방식에 있어서 박지원의 의도가 엿보이는 부분이다. 이런 측면들은 박지원의 「환희기」가 단순한 관람 기록에 그치지 않고, 매우 의도적이고 계획적인 내용 구성이었을 가능성을 우리에게 시사해준다.

4. 새롭게 드러난 사실들

이상의 환술 고증과 분석을 통해 우리는 「환희기」에 대해 몇 가지 새로운 사실들을 확인할 수 있다.

첫째, 「환희기」 작성 과정에서 전대 연행록의 환술 정보를 활용하였을 가능성이 높다. 「환희기」의 기록이 특별해 보이지만, 실제로는 전체의 3분의 1 정도만 새로운 종목이고, 나머지는 이전 기록이 있는 것들임을 확인할 수 있다. 분석표에서 제시된 것처럼 먼저 연행한 북학파 인물들, 그중에서도 특히 홍대용의 환술 기록과 많은 부분이 중복되는 것은 단순한 우연이라고 보기 어렵다. 많지는 않지만 박제가나 이덕무의 기록과의 유사성도 눈여겨볼 부분이다. 또 이덕무가 『화한삼재도회』를 적극적으로 활용했다는 점을 고려하면, 『화한삼재도회』나 『오잡조』 같은 환술 정보를 담은 서적들도 영향 미쳤을 가능성이 있다.

둘째, 홍대용의 『연기』 「환술」 조의 영향을 어느 정도 받았지만, 저술 의도에는 일정한 차이가 있다. 홍대용이 환술 공연의 원리에 좀 더 관심을 가졌다면, 박지원은 환술을 재구성하여 현장에서 보는 것처럼 독자에게 극적으로 제시하는 데 그 목적이 있다. 이는 한편으로 「환희기후지」에 나오는 조광련과의 대화 내용처럼 환술을 매개로 한 인식론적 논의로 수렴된다.

셋째, 박지원이 본 공연은 황제의 생일을 맞아 열하에서 공연된 것으로, 역대 어떤 연행록에 기록된 환술보다 수준 높은 공연물이었다. 사행단 숙소에서 뜨내기 출장 마술사를 불러 보았던 것들과는 차원이 다른 공연이었다. 실제, 본문에 기록된 환술 중 1항과 19항은 대형 환술로 청대에는 이런 유형의 공연이 흔치 않았던 것으로 알려져 있다. 환술의 역사에서 명·청대는 일반적으로 대형 환술의 퇴조기로 평가되는 만큼 박지원은 당시로선 희소한 매우 특별한 환술 공연을 보고 그것을 기록한 셈이다.

넷째, 박지원은 열하 외에도 북경의 숙소에서 환술을 견문했을 가능성이 높다. 박지원과 함께 사행한 노이점은 『수사록』에 모두 세 차례에 걸쳐 관람한 환술 내용을 기록하고 있는데, 박지원의 「환희기」에 담긴 공연 내용과는 큰 차이가 있다. 이중 두 차례의 공연은 박지원이 북경에 머물고 있을 때 공연된 것이었다. 박지원이 이들 공연을 함께 보았는지는 분명하지 않지만, 견문했더라도 열하의 공연 수준과 견주어 기록 가치가 없다고 판단했을 가능성이 높다.

다섯째, 「환희기서」에는 환술에 대한 서로 다른 층위의 시각이 혼재되어 있다. 환술을 신선술이나 불교 고승들이 보여주는 이적으로 보는 시각, 혹세무민하는 위험한 사기수법으로 보는 시각, 그리고 여흥을 위한 순수한 공연물로서 보는 시각이 그것이다. 이 모두는 당대의 통념을 반영한 것으로, 「환희기」는 이 세 가지 서로 다른 시각을 독자에게 제시하면서도 그 초점이 공연으로서의 환술을 벗어나지 않음을 분명히 하고 있다.

여섯째, 「환희기」 관람 기록의 특징은 공연 내용의 사실적이고 구체적인 묘사에서 찾을 수 있다. 공연 순서, 환술사의 연기 방식, 관객의 반응 등을 효과적으로 배치하여 핍진하게 기록하고 있다. 이는 이전 연행록은 물론 중국의 환술 관람 기록에서도 찾아보기 힘든 기록 방식으로서, 동아시아 환술 관람 기록 내에서 「환희기」가 갖는 우수성과 희소성을 짐작하게 한다.

일곱째, 박지원 자신이 의도했던 것은 아니지만, 이 뛰어난 환술 기록은 오늘날 중국 연희사의 중요 자료로서의 위상도 동시에 확보하고 있다. 예컨대 「환희기서」의 투도 환술에 대한 기록은 18세기 말 북경에서 이 환술이 실제 공연되었음을 보여주는 자료로 상당한 가치가 있으며, 현전하지 않는 종목으로 확인된 일부 환술은 그 자체로 전통 환술의 공연실상을 보여주는 소중한 기록물이다.

여덟째, 환술 종목 중에는 일부 기록의 오류나 과장·부연의 가능성도 발견된다. 하지만 중국 쪽에도 같은 수준의 환술 관람 기록이 없는 만큼 현 단계로서는 기록의 신빙성을 정확하게 판가름하기란 어렵다. 다만 의도적으로 과장·부연한 것으로 추정되는 「환희기」 본문 속 19번째(전체 20번째) 항목을 통해 볼 때, 박지원이 이 글을 작성한 의도가 단순한 환술 기록보다는 환술을 매개로 한 환에 대한 인식론적 논의에 있었음을 짐작할 수 있다.

5. 남는 문제: 결론을 대신하여

19세기 이후 연행록 및 기타 관련 기록물 중에는 박지원의 「환희기」에 영향을 받은 환술 기록들이 대거 등장한다. 서유문徐有聞의 『무오연행록』(1798~1799), 이해응李海應의 『계산기정薊山起程』(1803~1804), 2710구로 이뤄진 장편 연행가사인 김지수金芝叟의 『무자서행록』(1828), 박사호朴思浩의 『심전고心田稿』(1828~1829), 김경선金景善의 『연원직지燕轅直指』「환술기幻術記」(1832~1833), 이우준李遇駿의 『몽유연행록夢遊燕行錄』(1848) 등이 대표적인 예다. 특히 일부一部의 환사幻史를 목표로 삼은 김경선의 『연원직지』「환술기」는 대부분의 내용이 홍대용과 박지원의 환희 기록을 전재한 것으로, 「환희기」의 영향력을 확인하게 해준다.

하지만 이러한 분석을 통해서도 「환희기」에 기록된 환술 종목의 정체는 여전히 석연하지 않은 점이 있다. 특히 「환희기」 본문 속 19번째(전체 20번째) 항목에 기록된 환술 종목이 그렇다. 현재로서는 이 글을 과장 혹은 부연했는가에 대한 분명한 단서를 찾을 수 없다. 환술 고증 문제를 넘어서 이 글의 의도를 정확하게 파악하기 위해서라도 분명히 밝힐 필요가 있다. 차후 동일 환술 종목 혹은 관련 문헌의 존재 여부에 관한 광범위한 자료 조사가 필요할 것이다. 언젠가 이 문제가 분명히 해명될 수 있다면 「환희기」에 대한 우리의 이해도 한 층 더 심화될 수 있을 것이다. 필자에게 이 문제는 풀어야 할 과제다.

동아시아 전통 연희 중에서 환술은 관련 문헌이 극히 드물고, 학계에서도 전통 환술 공연을 고증할 만한 연구 성과가 충분히 축적되어 있지 않다. 필자 역시 이 방면에 전문적인 식견을 가지고 있지 않아 여러 부족한 점이 있을 것이다. 미흡한 부분에 대해서는 관련 전문가들의 질정을 구한다.

典型

제4부

연행록의 계보학
: 처음과 끝

變奏

제1장

조선시대 최초의 북경 사행시, 장자충의 『판서공조천일기』

1. 문제 제기

이 글에서는 오늘날 전하는 조선시대 최초의 북경 사행시使行詩인 장자충張子忠의 『판서공조천일기判書公朝天日記』를 학계에 소개하려 한다. 근래 동아시아 학계에서는 '연행록燕行錄'이라 통칭하는 사행 문헌에 대한 관심이 날로 늘어나고 있다. 그러나 정작 '연행록'이라 규정하는 자료군의 통시적 전개 양상에 관한 이해는 아직 걸음마 단계를 벗어나지 못하고 있다. 특히 한국의 '연행록'이 어떻게 시작되어 변화해 갔는가에 관해서는 충분히 밝혀진 적이 없다. 이 글에서 검토하려는 장자충의 『판서공조천일기』는 오늘날 전하는 조선 최초의 북경北京(연경燕京) 사행시로서, 연행록의 역사를 파악하는 데 빠뜨릴 수 없는 자료다. 이 자료는 필자에 의해 처음 학계에 보고되었으나,[1] 아직까지 그 내용과 특성이 충분히 구명되지 않은 채로 남아 있다. 이 글에서는 장자충의 『판서공조천일기』에 관한 기초적인 소개로부터 출발하여, 연행록의 흐름 속에서 이 자료가 갖는 위상을 전후 연행록과의 대비적 관점에서 검토할 것이다. 이를 통해 그동안 상대적으로 홀시되었던 조선 전기 연행록에 대한 이해가 좀 더 진전될 수 있길 기대해본다.

2. 예비 검토

본격적인 검토에 앞서 『판서공조천일기』의 서지를 제시해본다.[2]

이 책은 목활자본이며, 간년·간자·간지는 미상이다. 분량은 면수로 52쪽이다. 사주단변四周單邊에 반곽半郭이 22.3×15.3센티미터, 유계有界이다. 10행 18자이고 주註는 쌍행雙行이며, 내향이엽화문어미內向二葉花紋魚尾로 되어 있다. 책 전체는 32.2×19.8센티미터 크기다.

표지에는 '판서공조천일기'라고 쓰여 있고, 표지 오른쪽 가장자리에는 "영락 기해년 명을 받들어 사신 갈 때 매일 기록한 시永樂己亥奉使時日記吟詠"라고 기록되어 있다. 본문 첫 장에는 첫 줄에 "선조는 호조판서로 휘는 자충이니, 왕자를 모시고 왕명을 받들고 사신으로 명나라에 조회 간 일기다先祖戶曹判書諱子忠, 陪王子奉使朝天朝日記"라고 인쇄되어 있는데, 누군가가 '선조先祖' 위에 '장공張公'이라고 고쳐 써놓았다. 책의 판심版心에는 조천일기朝天日記라고만 되어 있어서, 서명 중 판서공이라는 부분은 생략되기도 했음을 알 수 있다.

책 말미에는 "갑진년 12월 북평에서 펴냄甲辰十二月日北坪開刊"이라는 간기가 있지만, 간기의 갑진년이 언제인지 현재로서는 알 수 없다. 간행지인 북평北坪이라는 지명은 『신증동국여지승람新增東國輿地勝覽』에 따르면, 충청도 단양군丹陽郡의 북평천北坪川, 경상도 진주목晉州牧의 북평北坪, 강원도 정선군旌善郡의 북평소北坪所 등에서 보이는데, 책에 기록된 북평이 이중 어느 곳인지는 미상이다. 간행시기를 알 수 없긴 하지만 이 책은 연행록만을 독립해서 간행한 드문 사례 중 하나로 서지학적으로도 가치가 있다.[3]

1) 사행 경위와 내용 구성

이 사행의 목적은 태종이 세종에게 양위한 것을 명 황제가 추인해 준 것에 대해 사은하기 위함이었다. 특징적인 부분은 상왕 태종의 사은사謝恩使와 세종의 사은사를 각각 보냈다는 점이다. 태종의 사은사로 경녕군敬寧君 이비李裶, 세종의 사은사로 판한성부사判漢城府使 정역鄭易, 부사副使로 형조참판刑曹參判 홍여방洪汝方, 그리고 이 책의 저자인 장자충, 통사로 선존의宣存義와 민광미閔光美 등이 사행단을 구성했다. 본래 상왕(태종)의 사은사로는 태종의 막내 사위인 의산군宜山君 남휘南暉가 예정되어 있었지만,[4] 이 무렵 명의 사신으로 온 태감太監 황엄黃儼의 요구로 경녕군 이비가 대신하게 된다. 황엄은 사은사로 정비 소생이 아니더라도 반드시 친왕자親王子를 보내라고 요구했는데, 상왕인 태종은 정비 소생 막내 왕자가 어리다는 이유로 결국 서자 중 연장자인 경녕군을 택했다.[5] 이때 경녕군은 명나라 사신 일행을 왕자를 대신하여 태평관에서 접대하기도 했다. 본래 사행단의 정사正使는 2품 이상의 대신이 임명되는 것이 상례였는데, 3품 이상의 종반宗班에서 선임하기도 했다.[6] 그러나 왕자를 보내는 일은 흔치 않아서 『판서공조천일기』에서는 "조선이 조회간지 몇 해런가, 왕자 모시고 가는 일은 예로부터 드물었다네朝鮮朝覲幾多年 王子陪行罕古先"라고 읊기도 했다.[7]

태종과 세종의 사은사였던 만큼 일체의 절차 역시 두 왕이 함께 진행했다. 수강궁壽康宮에서 거행된 사은謝恩 표表·전箋을 보내는 예식에는 상왕과 현왕이 함께 참여했다. 또 사행단이 출발할 때도 세종은 모화루에 직접 거둥하여 전송했고, 상왕인 태종은 효령대군孝寧大君 이보李補를 보내 전송하게 했다.[8]

『판서공조천일기』의 내용은 1419년 8월 25일 모화루에서 열린 전별연으로부터 시작되어 같은 해 12월 3일 평양에 귀환하는 날까지 거의 매일 일기식 시로 구성되어 있다. 총 121제題 131수首가 수록되어 있는데, 마지막 기록인 12월 3일조는 평양감사와의 각별한 인연을 기록하는 것만으로 대신하고 있다. 내용에 따르면, 사행단이 떠날 때 이 선생李先生(이름 미상)이 호조참판으로 수천 리를 달려 평양성 서쪽 반송정盤松까지 전별하였는데, 귀환길에 평양에 도착하니 이 선생이 평양감사를 맡고 있더라는 것이다. 이 선생에게 장구사운長句四韻을 지어 드렸으나 시가 되지 못해서 탄식한다고 했다. 따라서 이 조목에는 시는 부기되어 있지 않다. 최강현의 해제에는 이 책에 총 133수가 실려 있다고 했으나 약간의 착오가 있는 듯하다. 시에는 간혹 원주로 보이는 주석이 부기되어 있으나, 저자의 주인지는 확신할 수 없다.

『판서공조천일기』에 수록된 전체 작품 제목을 일별로 노정과 함께 제시해보면 다음과 같다.

往還	월일	노정	작품 제목	비고
赴京	8월 25일	漢陽	「永樂己亥八月二十五日 侍宴慕華樓」	
	8월 26일	延曙-碧蹄	「二十六日早發延曙到碧蹄」	
	8월 27일	金郊	「二十七日到金郊」	
	8월 28일		「二十八日早行」	
	8월 29일	龍泉	「二十九日到龍泉」	
	8월 30일	鳳山	「三十日經由鳳山」 「是日宿黃州, 次待鶴亭詩韻, 贈玄牧使」 「又」	
	9월 1일	平壤	「九月初一日到平壤中流浮碧樓下」	
	9월 2일	平壤	「初二日登大同樓門」	
	9월 3일	肅寧	「初三日宿肅寧聞鴈」	
	9월 4일		「初四日路遇曺李兩摠制」	조이양총제는 조흡과 이홍발을 가리킴
	9월 5일	安州江-愽川中流	「初五日到安州江, 次樓船板上詩韻」 「日午到愽川中流」	
	9월 6일	德濟院	「初六日到德濟院, 醉贈定州牧兄」	
	9월 7일	林畔	「初七日宿林畔, 次東軒詩韻」	임반은 선천의 산성 이름임. 동헌에 권근의 시가 걸려 있다고 함

	9월 9일	義州	「初九日到義州, 次望華樓詩」 其一 「初九日到義州, 次望華樓詩」 其二 「望華樓上重陽歌, 詠皇恩更有先」 「贈禹牧使口號」 「贈禹經歷鴨江西汀口號」	
	9월 10일		「十日宿土城北原」	
	9월 11일	開州	「十一日宿開州」	
	9월 12일		「十二日留開州」 「又次執義詩韻, 呈鄭贊成」 「又次執義詩韻」	정찬성은 정사 중의 한 사람인 정역鄭易을 가리킴. 정역은 사행 당시 좌찬성이었음
	9월 14일		「十四日次權執義韻」	사행기간 중 권집의와 차운한 작품이 많이 보임. 권집의는 권도權蹈를 말하는 듯. 권도는 권근의 아들임.
	9월 15일		「十五日次權執義留開州詩韻」 「又次着碁詩」 「又次執義有感詩韻」	
	9월 16일	松店	「十六日又次執義早發開州詩韻」 「過松店宿北原川邊」	
	9월 17일	連山關	「十七日曉, 所搆茅茨, 適有風吹, 移宿從事官幕」 「復用前韻, 贈權執義 二首」 其一 「復用前韻, 贈權執義 二首」 其二 「是日宿連山關」	노숙하던 중 숙소의 지붕이 바람에 날라가 종사관의 숙소로 옮겨서 묵음

	9월 18일		「十八日戱題」	
	9월 19일	遼東	「十九日到甘泉寺」	이 날 요동에 도착함
	9월 20일		「二十日詠月」	
	9월 21일		「二十一日寄子」	아들에게 학문에 정진하도록 권면하는 내용임
	9월 22일		「二十二日次權執義寄兄弟詩韻」 「又次權執義」	
	9월 23일		「二十三日次權執義」 「走呈金判書」	
	9월 24일	海州	「二十四日過海州城池」	
	9월 25일	三叉河-沙嶺	「二十五日渡遼三叉河」 「夜入宿沙嶺」	
	9월 26일	高平-盤山	「二十六日過高平宿盤山」	
	9월 27일	廣寧驛	「二十七日宿廣寧驛」	
	9월 28일	閭陽-十三山	「二十八日過閭陽宿十三山」	
	9월 29일	凌河	「二十九日凌河路上遇李摠制走筆」 「贈許參判」	
	10월 1일	錦州衛	「十月初一日, 次錦州衛軍適敬詩韻」	금주위군 체경適敬의 나이는 당시 81세였음
	10월 2일	曹家莊	「初二日宿曹家莊, 與李惠生」 「又」	

	10월 3일		「初三日」	
	10월 4일	沙河	「初四日路過沙河, 次壁上韻」	
	10월 5일	山海衛	「初五日朝入山海衛」 「贈山河衛三舍人曁指揮」	산하위는 산해위의 오기임
	10월 6일	楡關	「初六日, 次楡關壁上韻」	
	10월 7일	蘆峯驛	「初七日, 贈楊教授」 「道過蘆峯驛, 次壁上韻二首」 其一 「道過蘆峯驛, 次壁上韻二首」 其二	
	10월 8일	遼河關-玉田縣	「初八日過遼河關」 「過玉田縣, 與課命人」	
	10월 9일	永濟驛	「初九日宿永濟驛, 次壁上詩韻 二首」 其一 「初九日宿永濟驛, 次壁上詩韻 二首」 其二	
	10월 10일	陽樊驛-漁陽	「初十日過陽樊驛」 「是日宿漁陽, 次柱上韻」	
	10월 11일	公樂	「十一日宿公樂 二首」 其一 「十一日宿公樂 二首」 其二	
	10월 12일	夏州	「十二日道過夏州, 次壁上山水圖詩韻」	
	10월 13일	通州	「十三日題通州館, 是日入京」	

在京	10월 14일		「十四日」	『명태종실록』 14, 권217, 영락 17년 10월 丙戌, 臺北: 중앙연구원 역사어언연구소, 1962, 2162~2163쪽에 "朝鮮國王李裪遣陪臣鄭易貢方物謝賜"라는 기록이 보인다.
	10월 15일		「十五日」	
	10월 16일		「十六日侍宴奉天殿」	
	10월 17일		「十七日呈贊成」	정사 정역에게 준 시
	10월 18일		「十八日帝坐奉天殿示三獸」	황제가 봉천전에서 사행단에게 기린·사자·얼룩말을 보여줌
	10월 19일		「十九日被召見猉麟獅子福祿等獸」	기린·사자·얼룩말 등을 봄
	10월 20일		「二十日退朝」	
	10월 21일		「二十一日謝恩退朝」	
	10월 22일		「二十二日扈從觀獵」	영락제를 호종하여 사냥하는 것을 구경함
	10월 23일		「二十三日同前」	영락제를 호종하여 사냥하는 것을 구경하고 잡은 짐승을 하사받음
	10월 24일		「二十四日餞宴於奉天殿」	봉천전에서 전별연이 열림
	10월 25일		「二十五日謝恩」	영락제가 『성리대전』·사서·불경과 금은·세마·면양·나기 등을 하사함
	10월 26일		「二十六日陪王子謁闕, 帝特命臣姑留數日待畫成諸獸等賚去, 承命還館, 送王子及鄭贊成先行, 獨坐偶吟」	홀로 남겨져 영락제가 명한 그림이 완성되기를 기다리게 됨

	10월 27일		「二十七日戀王子暨鄭贊成」	먼저 출발한 정사 경녕군과 정역을 그리워함
	10월 28일		「二十八日, 贈潘序班友諒」	
	10월 29일		「二十九日作, 效演雅」	연아체演雅體 한시
	11월 1일		「十一月初一日參朝, 受庚子曆」	황제로부터 庚子曆을 하사받음
	11월 2일		「初二日退朝」	
	11월 3일		「初三日」 「又被召更詣闕」 「日暮命授猉麟獅子諸獸如來空觀等圖」	三獸와 如來空觀 등의 그림을 하사받음
回還	11월 3일		「是日出宿南門外遞運所, 次北邱淨戒贊蓮花佛像韻」	그림을 받자마자 귀국길에 오름
	11월 4일	通州	「初四日宿通州」	
	11월 5일	夏州	「初五日宿夏○, 待從事官, 夜深不至」	夏州의 州자가 빠져 있음
	11월 6일	公樂-漁陽	「初六日過公樂宿漁陽, 復次前韻」	
	11월 7일	永濟驛	「初七日以癨亂不食, 晩到永濟驛」	곽란이 생겨 먹지 못함
	11월 8일	七家嶺	「初八日宿七家嶺」	
	11월 9일	永平-盧峯口	「初九日道過永平, 是日宿盧峯口」	
	11월 10일	古茂寧-楡關	「初十日待脚力於古茂寧劉家門前, 劉請入飮之酒, 又以妻與女行酒禮, 醉題戱詩一首, 贈其女, 是日宿楡關」	

	11월 11일	山海衛	「十一日過山海衛」 「贈安參判, 是日宿高嶺, 安相以賀正先到」	
	11월 12일	沙河	「十二日宿沙河館, 次葉官人贈詩」	
	11월 13일	東關-曹家莊	「十三日曉起, 是日過東關宿曹家莊」	
	11월 14일	連山	「十四日宿連山, 請課命於老徐」	
	11월 15일	杏山-淩河	「十五日道過杏山」 「是日宿淩河, 謝遆敬先生惠詩」	체경은 가는 길에도 만났던 인물임
	11월 16일	三十山	「十六日宿三十山」	
	11월 17일	廣寧	「十七日宿廣寧」	
	11월 18일	盤山-高平	「十八日過盤山宿高平」	
	11월 19일	平洋橋	「十九日過平洋橋」	
	11월 20일	牛莊-海州	「二十日過牛莊宿海州」	
	11월 21일	遼河	「二十一日到遼河, 次權執義詩」 「又」	
	11월 22일	遼東	「二十二日留遼東, 贈鎭撫許雋」	요동진무 허준許雋이 시권을 꺼내 보여주고는 화답을 요구함.
	11월 23일		「二十三日留別李鎭撫謙口號十六韻」	李鎭撫를 留別하는 시 말미에 자신을 南陽 張子圓이라고 썼음
	11월 24일	高嶺	「二十四日雪後踰高嶺」	

	11월 25일	分水嶺	「二十五日過分水嶺」 「又」	
	11월 26일	開州	「二十六日冬至, 宿開州」 「又」	
	11월 27일	婆娑鋪	「二十七日婆娑鋪上吟」	
	11월 28일		「二十八日及到敬寧君行次, 贈執義」	먼저 귀국길에 오른 正使 敬寧君의 行次를 따라 잡음
	11월 29일	茂州-良策-龍泉-鐵山	「二十九日發茂州, 贈節制宋半刺口號」 「是日道過良策, 贈宋巖山」 「又贈龍泉守崔倫」	宋巖山은 宋仁裕임. 이 날 鐵山에서 묵음. 귀국 노정의 절반이 지남
	11월 30일	林畔	「三十日朝, 次林畔賡東軒陽村韻」	다시 한번 權近의 시에 次韻함
	12월 1일	定州	「十二月初一日, 次定州金教授贈詩」	이날 綠楊春이라는 기녀가 모심
	12월 2일	安主	「初二日到安主, 次李經歷孟嘗卷裡金佐郎閱詩韻」	
	12월 3일	平壤	「初三日到平壤, 贈監司李先生, 永樂己亥秋八月有日, 奉使朝天, 特先生以戶曹參判, 餞至城西盤松亭, 驅馳數千里, 未嘗一日忘于懷, 還到平壤, 公仗鉞來ㅁ巡, 偶成長句四韻以呈, 非敢爲詩, 所以感歎」	平壤監司 이 선생은 미상, 떠날 때 이 선생이 戶曹參判으로 平壤城 서쪽 盤松亭까지 전별하였던 것을 수천 리를 가는 동안 하루도 잊은 날이 없는데, 평양에 돌아오니 이 선생이 마침 평양감사로 부임해 해후하게 됨. 시는 없음

2) 장자충과 사행 인물들

『판서공조천일기』의 저자가 누구인가는 이 책 본문 첫 장의 "장공은 호조판서로 휘는 자충이니, 왕자를 모시고 왕명을 받들어 사신으로 명나라에 조회하고 온 일기다張公戶曹判書諱子忠, 陪王子奉使朝天朝日記"라는 기록을 통해 확인할 수 있다. 그러나 단양丹陽 장씨張氏 문중에서는 이 책의 저자에 대한 다른 이야기가 전하기도 한다. 장자충의 아버지 장천지張天志가 저자라는 전언이다. 서명도 『노정기路程記』 혹은 『판서공(휘)천지유고判書公(諱)天志遺稿』라고 부르는데, 실물을 확인할 순 없지만 『판서공조천일기』의 내용과 동일한 내용을 담고 있는 것으로 보인다.[9] 자료의 한계로 인해 현재로선 저자가 장자충인지 아니면 장천지인지 분명하게 규명하긴 어렵다. 다만 대체적인 생몰연대나 책에 명시된 작가명을 감안할 때 사행에 참여한 사람은 아버지 장천지보다는 아들 장자충일 가능성이 높다. 여기서는 일단 『판서공조천일기』의 기록을 따라 저자를 장자충으로 보고 논의를 진행하기로 한다.

장자충(?~?)은 본관이 단양丹陽이고 자는 자원子圓이다.[10] 여말선초의 인물로 생애에 대해선 자세히 알 수 없다. 『고려사』와 조선왕조실록에 남아 있는 단편적 기록들에 의거하여 그의 생애를 살펴보면 다음과 같다.

가장 눈에 띄는 내용은 고려말 판사로 재직할 때 김극공金克恭 사건에 연루되어 유배 간 사건이다. 고려 우왕 8년에 이인임李仁任의 사위 강서姜筮의 집에 누가 임견미林堅味·염흥방廉興邦 등이 이인임과 최영崔瑩을 제거하고 정창군定昌君 왕요王瑤를 왕으로 세우려 모의한다는 익명의 투서를 했다. 이를 들은 전판사 김극공이 다른 사람에게 이 말을 전하고, 그 사람이 다시 임견미에게 전하자, 임견미는 이를 김극공이 꾸민 일이라 보고 가혹한 심문을 하여 자복을 받아냈다. 이때 장자충은 김극공의 말을 듣고 나라에 보고하는 대신에 정창군에게 사사로이 알렸다는 죄목으로 연루되어 고초를 겪은 것이다.[11]

장자충은 여말선초의 혼란기에 조선 개국에 가담하여 개국 후 비교적 순조로운 관직생활을 했던 것으로 보인다. 개국 후 삼등공신으로 책록되었으며, 내직으로는 공조전서·호조전서·중추원부사·호조판서 등을, 외직으로는 경홍윤·전라도 풍해도 강원도의 도관찰출척사 등을 역임했다. 권근權近의 문집에 관찰사 장자충을 전송하는 시 한 편이 전하는데, 그 내용은 다음과 같다.[12]

강개함과 고상한 포부 사림 중에서 뛰어나더니	慷慨高懷出士林
몇 고을에 끼친 혜택 민심을 흡족하게 했네	數州遺愛洽民心
관찰사로 부임하여 위엄을 떨쳤고	按臨左部威聲振
중추원 높은 자리 임금 총애와 은택 깊구나	秩峻中樞寵渥深
새벽에 대궐에서 황월을 받드니	黃鉞曉分丹闕下
금강 남쪽 봄이 수의를 비춰주리	繡衣春照錦江陰[13]
세상 구제할 방책 더욱더 펼쳐	勉旃更展匡時策
공명이 고금에 으뜸 되도록 하게나	須使功名冠古今

장자충에 대한 따뜻한 격려의 마음이 담긴 이 시는 권근과 장자충과의 돈독한 관계를 잘 보여준다. 『판서공조천일기』에 가장 빈번하게 등장하는 인물 중 한 명이 권집의權執義라 호칭된 권도權蹈인데, 그는 권근의 둘째 아들이기도 했다. 권근 사후에도 아들인 권도와

교유가 있었던 것으로 보아 두 집안의 관계가 비교적 돈독했음을 알 수 있다. 『판서공조천일기』에는 권도의 시에 차운한 작품이 유독 많이 실려 있을뿐더러, 장자충은 오고가는 길에 모두 선천宣川의 임반산성林畔山城 동헌東軒에 걸려 있는 권근의 시에 차운한 작품을 남기기도 했다.

이 시의 함련은 장자충이 관찰사와 중추원부사를 역임한 것을 가리키고 있는데, 경련에서 금강 남쪽이라고 한 것으로 보아 지금의 전라도 지역에 관찰사로 부임할 때 지은 시임을 알 수 있다. 왕조실록의 기록에 따르면, 태조 7년 무인(1398)에 장자충을 전라도 도관찰출척사로 임명했다는 기록이 나오는데,[14] 이 무렵 지은 시가 아닌가 한다.

장자충은 모두 두 차례 사행을 했는데, 첫 번째는 1395년(태조 4, 홍무 28, 을해)에 정례사행인 천추절사千秋節使로 남경南京에 갔다가 이듬해 돌아온 것이고, 두 번째는 1419년(영락 17, 세종 1, 기해) 사은사謝恩使로 북경을 다녀온 것이다. 자신의 두 번째 사행 기록이 바로 『판서공조천일기』다.

이제 『판서공조천일기』에 대한 좀 더 심도 있는 이해를 위해 함께 사행한 인물들을 간략히 소개해본다.

태종의 사은사 경녕군敬寧君(?~1458)은 이름은 비裶이고,[15] 자는 정숙正淑이다. 태종의 제1서자로, 어머니는 효빈孝嬪 김씨金氏, 부인은 청풍淸風 김씨金氏로 관灌의 딸이다.[16] 학문에 밝아 양녕대군·효령대군·세종에게 글을 가르쳤고, 태종·세종·문종·단종·세조의 5조에 걸쳐서 왕실과 국정에 어려움이 있을 때 문제를 해결하기 위해 노력했던 인물이다. 태종의 상중에 기녀 일점홍一點紅과의 염문이 문제되어 여러 차례 탄핵을 받기도 했다.[17] 그는 훗날 세조가 즉위하자 충주로 피하여 여생을 마쳤다. 시호는 제간齊簡이다. 경녕군의 후손으로 눈에 띄는 인물로 이희검李希儉, 이수광李睟光, 이민구李敏求 등이 있고, 조선 전기 이행李荇의 아내도 경녕군의 후손이 된다.[18] 왕조실록의 기록에는 1419년(세종 1) 1월 공신과 여러 군君이 사은사로 떠나는 경녕군에게 전별연을 베풀었다는 기록이 보인다.[19]

세종의 사은사 정역鄭易(?~1425)은 본관이 해주海州이고, 자는 순지順之, 호는 백정栢亭이다. 아버지는 판례의사사 윤규允珪이며, 어머니는 대사성 설문우薛文遇의 딸이다. 1383년(우왕 9) 훗날 태종이 되는 이방원李芳遠과 함께 문과에 급제하여 친밀한 사이가 되었다. 조선 개국 후 은둔해 있다가 이방원의 권유로 출사하고 혼인을 하기로 약속했다. 훗날 그의 큰 딸이 효령대군 이보李補에게 시집가 효령대군의 장인이 되었다. 1411년(태종 11)에 정조부사로 명나라에 다녀왔으며, 각종 청요직을 역임하고 대제학의 자리에까지 올랐다. 정역 역시 두 번째 사행길인 셈이다. 시호는 정도貞度다.[20]

정역은 사행 기간 중 경녕군과 갈등이 있었던 듯하다. 조선왕조실록에 따르면, 정역은 귀국 후 상왕에게 경녕군이 북경으로 가는 도중 남의 말을 잘 듣지 않고 고집불통이었다고 비판한 바 있다.[21] 상왕은 권근의 아들인 권도와 경험 많은 통사 선존의를 불러 사실관계를 확인하고는 결국 경녕군에게 실례했다는 문제로 정역을 질책했다. 정역은 태종의 벗인 동시에 효령대군의 장인으로서, 왕자이긴 하나 서자인 경녕군을 다소 경시했던 것이 아닌가 추측된다. 장자충은 『판서공조천일기』에서 정역에게 주는 시를 여러 수 남기고 있다.[22]

사행단의 부사로 참여한 홍여방洪汝方(?~1438)은 본관이 남양南陽이고, 자는 자원子圓, 호는 연생당戀生堂이다. 판서 길민吉旻의 아들로,

사마시를 거쳐, 1401년(태종 1) 증광문과에 병과로 급제했다. 세종 즉위 후 예조·형조참판을 거쳐 대사헌, 이조판서까지 올랐다. 그는 1419년과 1438년 두 차례에 걸쳐 대명 사행을 경험했다. 시호는 문량文良이다.[23]

사은 사행을 수행한 통사通事 민광미閔光美와 선존의宣存義는 모두 당시 손꼽히던 한어역관漢語譯官 중 한 사람이었다. 그중 선존의는 한어역관으로서 대명외교 과정에서 상당한 역할을 했던 것으로 평가된다.[24] 앞서 언급한 사행 중 일어난 경녕군과 정역의 갈등 문제를 조사할 때 태종이 통사인 선존의를 불러 확인한 데서도 그의 사행단 내 위상을 엿볼 수 있다.

『판서공조천일기』 안에는 부사인 홍여방과 통사인 민광미·선존의를 언급하거나, 그들과 주고받은 시는 실려 있지 않다.

3. 노정의 변화

『판서공조천일기』는 오늘날 전하는 조선 최초의 북경 사행시로서 연행록의 노정 변화 양상을 살펴보는 데 매우 유용한 자료다. 이 책은 시만으로 이뤄져 있고 별도로 노정기를 갖추고 있지는 않다. 하지만 앞서 내용 구조를 검토하는 과정에서 드러난 것처럼, 일기식의 제목 부여를 통해 사행시로서는 비교적 상세한 노정을 담고 있기도 하다.

고려시대의 중국 사행은 대개 해로를 이용했다. 송대는 물론이고 북경에 도읍한 원대에도 해로로 등주에 간 뒤 다시 육로로 북경에 가는 방식을 취했다. 명 건국 후의 연행 역시 대개 육로와 해로가 결합된 형태였다. 주원장은 고려 사신의 육로 입경을 금지하다가 1389년(공양왕 1, 홍무 22)에 이르러서야, 사신의 육로 이용을 허락했다.[25] 명 초기엔 수도가 남경이었기 때문에 조선 개국 후에도 사행단은 육로로 요동을 거쳐 등주에 이르러 해로를 통해 입경入京하는 방식으로 사행했다. 이런 사행길이 요동과 산해관을 거쳐 북경으로 가는 육로로 변화된 것은 영락제永樂帝가 정난지변靖難之變을 통해 제위에 오른 뒤였다.

영락제는 먼저 이전까지의 해로로 오던 사행길을 육로로 바꾸어 주었다. 1409년 권영균權永均에게 "네가 다시 올 때에는 해상을 지나는 것을 그만두고, 다만 육로로 오도록 하라. 너희 나라에서 오는 사신도 그로 하여금 또한 육로로 오도록 하겠다"라고 선유宣諭한 바 있다.[26] 당시 금지되어 있던 육로 사행 허락을 받은 권영균은 현비賢妃 권씨權氏의 오빠였다. 권씨는 옥피리를 잘 불어 영락제의 사랑을 받았던 조선 여인으로 1409년 현비에 봉해졌다. 이때 권영균은 광록경光祿卿에 임명되었는데, 육로 허락도 본래 그에 대한 배려 성격으로 이뤄진 일이었다. 현비 권씨는 1410년 영락제의 북정北征을 따라나섰다가 돌아오는 길에 사망했다.[27]

영락제는 제위에 오른 뒤 연왕燕王 시절 자신의 근거지였던 북평北平, 곧 지금의 북경으로 천도를 준비했는데, 이 사행이 있던 1419년에는 이미 북경에 머물고 있었다. 정식 천도는 한 해 뒤의 일이지만, 황제의 거소行在인 북경이 사실상 수도 역할을 하고 있었다. 장자충이 속한 사행단은 바로 이때 북경 사행길에 올랐던 것이다. 이때는 북경의 궁궐 등이 완전히 낙성되기 전이었는데, 그들은 새롭게 수도로 정비되어 가는 북경의 모습을 보았던 것이다.

의주로부터 북경까지의 사행로를 제시해 보면 다음과 같다.

의주義州 →토성북원土城北原 →개주開州 →연산관連山關 →요동遼東 →해주성지海州城池 →삼차하三叉河 →사령沙嶺 →고평高平 →반산盤山 →광녕역廣寧驛 →여양閭陽 →십삼산十三山 →능하凌河 →조가장曹家莊 →사하沙河 →산해위山海衛 →유관楡關 →노봉역蘆峯驛 →요양역遼河關 →옥전현玉田縣 →영제역永濟驛 →양번역陽樊驛 →어양漁陽 →공락公樂

→하주夏州 →북경北京

『판서공조천일기』의 사행로를 이보다 앞서 명 사행을 다녀온 이첨李詹의 경우와 비교해보면 그 차이를 분명히 알 수 있다.

『관광록觀光錄』(1400): 압록강鴨綠江→송참松站→연산참連山站→분수령分水嶺→게수참憩水站→안산鞍山→해주海州→웅악참熊岳站→오십채五十寨→고패란참古孛蘭站→갑장포甲匠鋪→목양포木場鋪→여순구旅順口→등주登州→황현黃縣→주교역朱橋驛→대산岱山→분수령分水嶺→동해역東海驛→청회역淸淮驛→계수참界首站→고우高郵→소백일邵伯騆→양주揚州→용담龍潭→용강역龍江驛→남경南京

『관광록』(1402): 압록강→의순관義順館→파사부婆娑府→송골산松骨山→개주참開州站→거지개산巨之介山→사리邪梨(송참松站)→용봉참龍鳳站→연산참連山站→투관참投觀站→요동遼東→해주海州→개주蓋州→오십채五十寨→난고참欒古站→금주金州→목양역木場驛→여순旅順→등주登州→사문도沙門島→용산역龍山驛→내주萊州→밀수역密水驛→약구역藥溝驛→동관역東關驛→백석참白石站→왕방王坊→상허포桑墟鋪→방거邦渠→계수界首→용강龍江→남경

이첨의 1400년과 1402년 두 차례 사행 노정이 완전히 동일한 것은 아니지만 대체로 육로로 요동을 경유해 여순에서 해로로 등주로 이동한 뒤, 다시 육로와 수로로 남경으로 가는 노선을 이용하고 있음을 알 수 있다. 반면 장자충 일행의 경우는 요동을 거쳐 북경까지 육로만

으로 이동하고 있다. 이는 이후 연행 노정 변화의 분수령이 된 중요한 변화로서 주목할 가치가 있다.[28]

그렇다면 요동을 거쳐 북경까지의 이 노정은 언제부터 시작된 것일까? 현재 남아 있는 자료만으로는 이 부분을 분명하게 구명하기란 어려운 점이 있다. 다만 앞서 여말에 명 사행을 다녀온 권근의 노정을 통해 어렴풋하게 그 시작을 가늠해볼 수 있다. 권근의 사행은 최종 목적지가 남경이었지만, 북평(북경)을 경유해서 이동하는 방식을 취했다. 의주로부터 북평까지의 노정만 따로 떼어서 제시해보면 다음과 같다.

권근, 『봉사록奉使錄』(1389): 의주義州 → 압록강鴨綠江 → 탕참湯站 → 개주開州 → 용봉참龍鳳站 → 연산참連山站 → 감수참蚶水站 → 두관참頭館站 → 요동성遼東城 → 안산역鞍山驛 → 우장역牛莊驛 → 사령역沙嶺驛 → 사령沙嶺 → 판교역板橋驛 → 노구포蘆溝鋪 → 십삼산역十三山驛 → 연산도역連山島驛 → 조가장역曹家莊驛 → 동관역東關驛 → 사하역沙河驛 → 서천고성瑞川古城 → 산해위천안역山海衛遷安驛 → 유관楡關 → 노봉역蘆峯驛 → 영평위난하역永平衛灤河驛 → 영제역永濟驛 → 계주어양薊州漁陽 → 북평성北平城

북평까지의 사행 노정은 대체로 『판서공조천일기』의 경우와 동일함을 알 수 있다. 요동에서 산해관까지의 역로가 정식으로 개통된 것은 1387년 이후부터이고, 고려 사신의 육로 입경이 허락된 것은 1389년 이후의 일이라고 한다.[29] 결국 명 개국 이후 새롭게 마련된 요동 노정이 1419년 북경 사행로의 단초가 된 셈이다.

그러나 요동을 경유하는 이 육로 사행로에 대해서 우리가 만족했던 것은 아니다. 1480년 주청사奏請使로 북경에 간 한명회韓明澮는 여진이 조선 사신을 겁략劫掠하려고 한다는 이유로 명나라에 진공進貢하는 길을 바꾸어달라고 청한 바 있다. 한명회의 요구는 노정을 단축하는 데 목적이 있었는데, 명나라 조정에서는 노정의 단축이 가져올 부작용을 걱정한 나머지 결국 거절한다.[30] 결국 15세기 들어 변화된 사행 노정이 명·청 교체기까지 유지되어 운용되었음을 짐작할 수 있다. 이제 『판서공조천일기』의 연행 노정을 『통문관지』에 실려 있는 중원진공로中原進貢路와 비교해보면 다음과 같다.

『판서공조천일기』의 연행 노정

의주義州 →토성북원土城北原 →개주開州 →연산역連山驛 →요동遼東 →해주성지海州城池 →삼차하三叉河 →사령沙嶺 →고평高平 →반산盤山 →광녕역廣寧驛 →여양閭陽 →십삼산十三山 →능하凌河 →조가장曹家莊 →사하沙河 →산해위山海衛 →유관楡關 →노봉역蘆峯驛 →요하관遼河關 →옥전현玉田縣 →영제역永濟驛 →양번역陽樊驛 →어양漁陽 →공락公樂 →하주夏州 →북경

『통문관지』에 실려 있는 중원진공로中原進貢路

압록강 →진강성鎭江城(구련성九連城, 진강유격부鎭江遊擊府) →탕참湯站 →책문柵門 →봉황성鳳凰城 →진동보鎭東堡(설류참薛劉站) →진이보鎭夷堡(통원보通遠堡) →연산역連山驛(아골관鴉鶻關) →첨수참甛水站 →요동遼東 →십리보十里堡 →성경盛京(심양瀋陽, 성경봉천부盛京奉天府) →변성邊城 →거류하巨流河(주류하周流河) →백기보白旗堡 →이도정二道井 →소흑산小黑山 →광령廣寧 →여양역閭陽驛 →석산참石山站(십삼산十三山) →소릉하小

凌河 → 행산역杏山驛 → 연산역連山驛 → 영원위寧遠衛 → 조장역曹莊驛 → 동관역東關驛 → 사하역沙河驛 → 전둔위前屯衛 → 고령역高嶺驛 → 산해관山海關 → 심하역深河驛 → 무령현撫寧縣 → 영평부永平府 → 칠가령七家嶺 → 풍윤현豐潤縣 → 옥전현玉田縣 → 계주薊州 → 삼하현三河縣 → 통주通州 → 북경

『판서공조천일기』의 요동→해주→사령→고평→반산→광령역 노정이 『통문관지』에 제시된 청대 사행 노정에서는 성경(심양)→변성→거류하(주류하)→백기보→이도정→소흑산→광녕으로 변화되었음을 알 수 있다. 『통문관지』에 따르면 이는 1679년(숙종 5, 강희 18, 기미)에 바다를 방어하기 위해 우가장牛家莊에 성보城堡를 설치했기 때문에 사행로를 변경한 것이라고 한다. 사행 노정이 바뀌면서 사행로는 전에 비해 90리가 더 멀어졌는데, 사행 노정 설정의 배경에 명·청의 조선에 대한 견제의식이 있음을 짐작할 수 있다.[31]

4. 특징적 사항들

장자충은 『동문선』에 그의 시가 한 수도 실려 있지 않은 데서 알 수 있듯이 당대 높은 평가를 받았던 작가는 아니었던 듯하다. 실제 『판서공조천일기』의 내용을 검토해보면 사행시라는 특수성을 감안하더라도 그 주제와 표현 방식은 대체로 특별할 것이 없다. 다만, 형식과 내용 측면에서 볼 때 몇 가지 특징적인 부분이 발견된다.

형식 측면에서 우선 주목되는 것은 일기식의 시 쓰기 방식이 두드러진다는 점이다. 『판서공조천일기』는 일기 형식으로 일정과 내용, 그리고 작자의 심회를 시로 기록해두고 있다. 여말선초 사행시 중 장자충처럼 일별로 시를 나열한 것은 잘 보이지 않는다. 장자충과 교유가 있었던 권근의 『봉사록』이나 이첨의 『관광록』을 보더라도 모든 시에 날짜가 명시되어 있지는 않다. 이 점은 비록 시만으로 이뤄져 있지만, 『판서공조천일기』가 여말선초 연행록들 중에서 상대적으로 충실한 기록물임을 보여준다.

다음으로 사행시로서는 흔치 않은 시적 시도를 하고 있다는 점이 눈에 띈다. 「이십구일작, 효연아二十九日作, 效演雅」가 그런 예다.

일찍 홍려시鴻臚寺로 달려가니	早向鴻臚走
도로 위에 수레 방울 소리 길게 울린다	鸞聲紫陌長
대궐 문이 열리니	金門開鳳闕
조정 관원 행렬의 옥장식 소리 들리네	玉佩接鵷行
촛불은 상서로운 용이 날아올라가는 듯하고	燭颺龍祥瑞
바람은 짐승 모양 향로의 연기를 가르네	風分獸爐香
문왕 같이 성스러운 천자께 배알할 뿐이니[32]	詩雍惟虎拜
어찌 위무를 본받을 수 있으리오?	何用效鷹揚

이 시는 10월 29일 사행단이 떠난 뒤 홀로 북경에 남아 있을 때 지은 작품이다. 시의 내용은 사행단이 황제에게 조회하는 과정에서 본 정경들을 스케치하고 영락제의 성덕盛德과 위무威武를 칭송하는 것으로 마무리된다. 사행시에서 흔히 볼 수 있는 주제와 내용이다. 흥미로운 점은 이를 연아체演雅體로 썼다는 것이다. 연아演雅란 『이아爾雅』를 변화·발전시켜 표현演出한다는 의미다.[33] 『이아』가 '충어금수蟲魚禽獸'의 이름을 기록하고 있는 것처럼, 시 구절마다 '충어금수'의 이름을 사용해서 쓰는 방식이다. 송대 황정견黃庭堅을 위시로 한 이른바 강서시파江西詩派에 의해 주로 창작되어, 고려 후기부터 우리 시단에도 일정한 영향을 미친 시체이기도 하다. 고려 후기부터 조선 전기까지 일군의 시인들이 이 시체를 이용하여 습작을 하거나, 자신의 작시능력을 과시하는 수단으로 활용했던 것으로 보인다.[34] 장자충은 사행단의 조회라는 평범한 소재를 색다른 방식으로 시화하여 나름의 효과를 거두고 있다. 시에서 사용된 홍鴻, 난鸞, 봉鳳, 원鵷, 용龍, 수獸, 호虎, 응鷹 등의 동물명은 황제를 조회하는 과정에서 거쳐

가는 관청鴻臚寺,[35] 수레의 방울 소리鸞聲, 궁궐鳳闕, 조정 관리들의 행렬鵷行, 궁궐 조명의 착시효과龍, 향로의 모양獸, 황제에게 절한다는 의미의 용어虎拜, 황제의 위무威武를 나타내는 말鷹揚을 활용한 것이다. 이를 통해 자칫 식상해지기 쉬운 주제를 비교적 새로운 형식으로 표현하여 일정한 시적 효과를 거두고 있다.

『판서공조천일기』에 수록된 시 중에는 연행 기간에 만난 인물들과의 창수작唱酬作이나 특정 제재의 시도 일부 있으나, 연행 일정을 시화한 것이 대부분을 차지한다. 수록 작품들은 대체로 연행에 대한 기대, 노정의 고단함, 고향에 대한 그리움, 명 황제가 조선에 베풀어진 은혜에 대한 찬미를 주제로 하고 있다. 이는 동시대 사행시의 일반적 주제와 큰 차이가 없다.

사행단은 10월 13일 연경燕京에 도착한다. 8월 26일에 출발했으니, 48일 정도가 소요된 셈이다. 『통문관지』에서 청대 사행 노정이 총 2049리 28일의 노정이라 한 것과 비교한다면, 조선 초의 연경사행燕行은 시간이 다소 지체되었다고 할 수 있다. 그동안의 여정이 힘들었던 탓인지 시인은 "천조에 조회하러 오느라 거쳐간 만릿길에서, 산 높고 바다 또한 깊었음을 비로소 깨닫네朝天萬里經由地, 始覺山高海亦深"(「十三日題通州舘, 是日入京」)라고 쓰고 있다.

장자충이 참여한 사은 사행단은 모든 일이 비교적 순조롭게 진행되었던 것으로 보인다. 부경赴京하는 과정에서 경녕군의 노자가 부족해져 세종이 급히 세포 20필을 보충해주기도 했고,[36] 앞서 언급했듯이 상왕과 세종의 사은사 사이의 일정한 알력이 일어나기는 했다. 하지만 영락제 즉위 후 조선과 명 사이의 화해 분위기로 인해 사행단의 임무 수행에 큰 장애는 없었던 듯하다. 이는 양국 관계에 상당한 갈

등이 있었던 이전 홍무제洪武帝나 건문제建文帝 때와는 사뭇 달랐다. 이에 따라 『판서공조천일기』의 내용 역시 특별한 갈등이나 어려움이 발견되지 않는 비교적 평이한 내용으로 구성되어 있다.

사행 과정 중 발견되는 특징적인 사항으로는 크게 다음 두 가지를 들 수 있다.

1) 영락제의 환대

첫 번째는 영락제가 경녕군에게 보인 호의적인 태도다. 영락제는 경녕군을 양녕대군讓寧大君 이제李禔가 조견朝見할 때의 예에 따라 접대하게 하였고, 경녕군을 전 위에 오르게 하고는 자신이 직접 어좌에서 내려와 경녕군의 모자를 벗기고 한 손으로 상투를 어루만지기까지 했다. 왕조실록에는 영락제가 경녕군에게 다음과 같이 말했다고 기록되어 있다. "너의 아버지와 너의 형이 모두 왕이고, 너는 걱정 없는 처지에 있으니, 평소에 힘쓰는 바가 없어서는 아니 될 것이다. 학문을 공부하든가, 활쏘기를 공부하든가, 자중하고 근신하면서 글을 읽을 것이다汝父汝兄皆王, 汝居無憂之地, 平居不可無所用心. 業學乎, 業射乎, 宜自敬愼讀書."[37] 이와 함께 어제서문이 붙은 『신수성리대전新修性理大全』과 『사서오경대전』, 황금·백금, 색비단色段羅·채색 비단彩絹·생명주生絹, 준마·양 등을 하사했다는 것이다. 이는 『대명회전大明會典』에 규정된 사은사에게 내리는 상보다 상당히 후한 내용이라고 할 수 있다.[38] 이상의 내용은 사행단 중 먼저 귀국한 통사 선존의와 민광미 등이 황제가 경녕군을 극히 후대한 일을 세종에게 아뢰는 과정에서도 상세히 설명되어 있다.[39] 10월 25일에 지어진 「이십오일사은二十五日謝恩」이라는 시는 바로 이런 후대에 감읍하여 지은 작품이다.

도학의 연원 밝히려 『성리대전』 편찬하니	道學淵源纂大全
황제의 성명 억만년 영원히 전하리	皇明億載永相傳
중도 잡고 준칙 세워 천지 화육에 참여하고	執中建極參天地
성현의 미언오지를 모았다네	奧旨微言集聖賢
이미 은혜롭게 경서 내려주신 일에 감읍하였고	已感經書多寵錫
이에 더욱 힘써 성현의 가르침 선양하라는 훈계 받들었네	仍承訓戒更昭宣
겸하여 준마 거의 열다섯 필에다가	兼將細馬幾三五
또 오백 마리에 달하는 면양을 하사하셨네	又致綿羊過半千
광주리 가득한 비단으로 의복을 더해주시고	羅綺盈筐加服飾
상 무너질 정도의 금은은 오히려 돈꿰미 같구나	金銀頹案尙緡錢
왕자와 조신 등에게 은혜 베푸시니	恩垂王子廷臣等
기뻐 춤추며 황제의 만수 축원하네	蹈舞懽忻祝萬年

영락제의 사행단에 대한 후대는 당시 수차례에 걸친 막북漠北 친정과 정화의 남해 원정을 통해 얻은 자신감에서 비롯된 듯하다. 장자충의 북경 체재 기간 시 역시 황제의 자존의식을 외교적 수사로써 칭양稱揚하는 의례적 성격에 다름 아니다. 그런데 이 과정에서 사행단은 매우 특별한 경험을 하게 된다. 바로 당시 동아시아에서 거의 볼 수 없던 특별한 동물과의 조우가 그것이다.

2) 미지의 동물과의 조우

1419년 사은사행만의 특별한 경험을 통해 우리는 『판서공조천일기』의 두 번째 특징적 사항을 발견할 수 있다. 「십팔일제좌봉천전시삼수十八日帝坐奉天殿示三獸」라는 시를 살펴보자.

위대하도다 황제가 바른 표준을 세움이여[40]	大哉皇建極
봉청전 가운데 황제가 계시네	展也日當中
기린은 숭문하는 다스림에서 나왔고	麟出崇文治
사자는 상무의 공에서 왔다네	獅來尙武功
삼대의 성군을 만나	遭逢三代主
주남과 소남을 노래하네	歌詠二南風
다시 한 마리 진기한 짐승이 있으니	更有一奇獸
이름이 복록 융성한다는 말과 걸맞구나	名符福祿隆

사행단은 10월 18일 봉천전에서 사자·기린·복록福祿을 구경했다. 이중 우리 사행단에게 특히 기이하게 보였던 복록이란 짐승은 얼룩말을 일컫는 말이다. 그렇다면 아프리카에 주로 서식하는 짐승들이 어떻게 북경까지 오게 된 것일까?

영락제는 1416년(영락 14) 12월 10일 정화鄭和에게 남경을 방문하고 있던 믈라카·캘리컷의 왕후와 조공사를 귀국시키라는 명을 내린다.[41] 정화 함대의 제5차 원정은 1417년(영락 15) 겨울 무렵 출발하여, 1419년(영락 17) 8월 8일 귀국으로 마무리된다.[42] 제5차 원정에서 정화 함대는 진기한 헌상품들을 영락제에게 가져왔다. 이슬람의 대표적 상업항구인 페르시아만의 호르무즈忽魯謨斯에서는 사자·표범·대서마(아라비아 말)를, 아라비아 반도의 아덴阿丹에서는 기린과 장각마합수長角馬哈獸(미상)를, 아프리카의 모가디슈木骨都束에서는 화복록花福祿(얼룩말)과 사자를, 아프리카의 브라와卜剌哇에서는 낙타와 타조가 들어온 것이다.[43]

이보다 앞서 1415년(영락 13)에는 정화 함대와 함께 명나라를 찾아온 아프리카 마린디麻林의 사신이 기린을 공물로 가져온 적도 있다. 『명태종실록』에는 "마린디와 여러 번국이 기린·천마天馬·신록神鹿 따위를 바치니 황제께서 봉천문으로 나와 이를 받았는데, 문무 신하들이 머리를 조아려 경하하기를, '폐하의 성덕聖德이 광대하여 먼 오랑캐에까지 미친 까닭에 이런 상서로운 동물이 오게 된 것입니다'라고 말했다"라는 기록이 있다.[44] 기린은 본래 목이 긴 초식 동물을 일컫는 소말리아어였다. 알다시피 중국에서 기린麒麟은 상서로운 일을 예고하는 전설상의 동물이기도 했다. 그렇기 때문에 이름이 비슷한 목이 긴 기묘한 동물이 도착하자 많은 사람이 놀랐다. 기린이 명나라에 들어오자 영락제는 유가儒家에서 가장 이상으로 여기는 시대가 다시 온 것이 분명하다며 크게 기뻐했다.[45]

일찍이 본 적이 없던 진기한 세 짐승을 보고도, 이날 장자충은 특별한 반응을 보이지 않는다. 그저 영락제를 외교적 수사로 찬양하는 데 활용할 뿐이었다. 기린은 숭문지치崇文之治에, 사자는 상무지공尙武之功에, 그리고 복록福祿(얼룩말)은 그 자의字義를 따라 복록福祿의 융성과 연관짓고 있는 것이다. 사은사로서의 역할은 충실히 이행했다고 하겠지만, 아쉽게도 장자충 자신의 솔직한 감상을 찾을 길이 없다. 동물 자체에 대한 관심을 보인 것은 다음 날 다시 봉천전에서 이 짐승들을 보고 나서였다. 10월 19일에 지은 「십구일피소견기린사자복록등수十九日被召見猉麟獅子福祿等獸」라는 작품을 보자.

황제의 다스리는 도 지극히 가상하니 於皇治道極休嘉
기린과 사자 보내옴은 하늘 내린 상서가 많음이라 獜與獅來瑞應多
여기 짐승이 있는데 문과 덕을 겸하여 갖추고 있으니 有獸有文兼有德
용도 말도 아닌데 낙타도 아니라네 非龍非馬亦非駝
시를 외우긴 했지만 사신가서 혼자서 처결하지 못하였고 誦詩未會能專對
주역을 읽음에 오직 대화大和를 보합한다는 것만 들었을 뿐 讀易惟聞合大和
비루한 변방 출신이라 비록 견식은 없지만 邊鄙縱然無見識
그래도 천자 위해 만세 축원하는 노래 부른다 尙爲天子萬年歌

인용 시는 다음 날 다시 불려가 세 짐승을 보고 느낀 감회를 담고 있다. 세 짐승이 명 조정에 온 것이 '서응瑞應'이라고 영락제를 추켜세우고 있다. 함련은 복록에 대한 묘사로 보이는데, 그 생경함을 "용도 말도 아닌데 낙타도 아니라네非龍非馬亦非駝"라고 표현하고 있다. 왕조실록에서는 이중 복록에 대해서만 "당나귀와 같으나 높고 크며, 목은 길고 흰 바탕에 검은 무늬가 있는데, 사람들이 이름을 알지 못하므로, 황제가 스스로 복록이라고 이름한 것이다"라고 설명하고 있다.[46] 장자충 역시 가장 기이하게 느꼈던 동물은 얼룩말이었던 셈이다.

장자충을 포함한 사행단은 정화 함대의 원정 결과로 북경에 도착한 사자·기린·얼룩말을 우연하게도 목도할 수 있었다. 아마도 이는 우리 역사상 최초로 사자·기린·얼룩말을 본 사례라고 할 수 있을 것

정화가 남해원정에서 가지고 온 기린을 그린 명대 그림

이다. 사행단과 미지의 동물과의 조우는 서양의 신대륙 발견보다 앞서 이뤄진 당시로서는 획기적인 대항해의 결과물이란 점에서 문화사적으로 상당한 의의를 갖는다. 이때 전래된 기린을 그린 그림이 지금도 중국에 전한다. 하지만 아쉽게도 『판서공조천일기』에는 이에 대한 더 이상의 언급은 없다.

영락제는 정화 함대의 원정 결과로 얻은 이들 동물을 통해 자신의 치세가 태평성세임을 조선에 알리고자 했다. 사행단이 사은謝恩을 마치고 돌아가야 하는데도 애써 사행단을 잡아두고 이들 짐승의 그림을 받아가도록 명한 것도 이 때문이다. 이때 세 짐승의 그림을 받아가는 임무가 장자충에게 주어졌고, 장자충은 홀로 남아서 사행단의 출발을 아쉽게 바라볼 수밖에 없었다.[47] 10월 26일 다른 사행단이 떠난 뒤 11월 3일이 돼서야 이 '삼수도三獸圖'는 완성된다. 장자충은 이 그림을 받아들고 바로 귀국길에 오른다.[48]

5. 남는 문제

지금까지 발견된 연행록 중 선초의 대명사행 관련 자료는 상대적으로 드문 편이다. 이른 시기 명 사행시로 권근의 『봉사록』(1389)이 있지만, 이때는 아직 조선이 개국하기 이전이었다. 지금까지 발견된 자료 중엔 이첨의 『관광록』(1400·1402)이 가장 이른 시기의 사행시로 알려져왔다. 그러나 『관광록』은 명 초기의 수도였던 남경을 다녀온 내용이어서 엄밀하게는 '연행燕行'이라 할 수 없는 자료다. 그런 측면에서 장자충의 『판서공조천일기』는 지금까지 발견된 조선시대 연행록 중 가장 이른 시기의 자료로서, 상당한 가치가 있다.

하지만 『판서공조천일기』는 대부분 사행 일정을 평면적으로 담은 시편만으로 구성되어, 후대의 연행록들과 비교한다면 내용이 소략하다는 한계 또한 지니고 있다. 그러나 조선 최초의 북경 사행이란 시공간적 의의가 연행록의 통시적 전개 양상을 가늠하는 데 긴요하다는 점에서 주목할 필요가 있다. 『판서공조천일기』는 사행 시기(1419)가 사행 노정이 해로에서 육로로 바뀐 즈음이라는 측면에서, 또 조선 최초의 북경사행이라는 측면에서, 연행 노정의 변천과정에 중요한 참고

자료로서 활용될 수 있으리라 보인다. 또 사행단이 북경의 봉천전에서 목도한 아프리카의 동물들은 어쩌면 우리가 본 최초의 사례라는 점에서 문화사적으로 가치가 있다.

단양 장씨 판서공파 문중의 전언에 따르면, 장자충의 집안은 할아버지 장공려張公呂, 아버지 천지天志, 그리고 아들 자충子忠 3대에 걸쳐 조천시집朝天詩集을 남겼다고 한다.[49] 이렇게 한집안에서 3대에 걸쳐 연행록을 남긴 사례는 조선 후기에도 흔치 않은 일이다. 필자는 아쉽게도 현재까지 장자충 선대의 조천시집의 존재 여부를 확인할 수 없었다. 이들 자료에 대한 추적과 탐구는 필자의 차후 과제로 삼고자 한다.

제2장

대청사행의 종결과 마지막 연행록

1. 머리말

연행록은 근래 동아시아 학계에서 많은 연구자의 관심을 모으고 있다.[1] 지금까지 학계에 알려진 연행록은 500종을 훌쩍 넘고 있다.[2] 이중 연행록이라고 규정하기에 문제가 있는 일부 자료를 제외하더라도 아직까지 발굴이 되지 않은 자료까지 감안한다면, 600종 가까이 될 것으로 추정된다. 그런 점에서 연행록은 특정 경로 여행 기록의 집적물으로서는 세계적으로 유례를 찾기 어려운 방대한 문헌군이다. 또한 그 내용이 한·중 및 동·서 교류와 관련된 다양한 역사·문화·학술·문학 정보를 담고 있다는 점에서 활용 가치도 크다.[3]

연행록의 가치는 비교문학/문화사의 측면에서 볼 때 더욱 두드러진다. 한·중·일 동아시아 삼국이 근세에 들어 대외적으로 문호를 닫고 상호 내왕과 무역을 극히 제한하는 상황에서 연행록만은 오히려 양적 질적으로 풍부한 결과물을 산출했기 때문이다.[4] 대체로 14세기 말로부터 20세기 직전까지 이어진 이 특정 경로의 여행 기록이 국내를 넘어서 국외의 연구자들에게까지 큰 관심을 모으고 있는 이유가 여기에 있을 것이다.

연행록이란 양식은 여행의 기록이란 점에서 시공간이라는 함수가 큰 영향력을 미친다. 최고 수준의 연행록이라 평가되는 김창업의 『노가재연행일기』, 홍대용의 『연기』, 박지원의 『열하일기』를 보더라도 작가 개인의 능력 못지않게 그들이 처한 특정한 시공간이 그들의 기록에 큰 영향을 미쳤음을 알 수 있다.

이 글에서 소개하려는 『연행록』은 유탁일 소장본으로 1894년 마지막 사행의 기록이라는 측면에서 주목되는 자료다.[5] 당시 동아시아 정세의 격변으로 인해 사행단은 이전과 다른 독특한 경험을 하게 되었다. 이에 따라 그 견문의 기록인 『연행록』 역시 연행록의 역사에서 독특한 위치를 점하게 되었다. 이 연행록은 1983년 학계에 공개된 이래 지금까지 작자가 누구인지 밝혀지지 않았다. 이 글에서는 작가 구명과 함께 자료의 특성을 소개하고, 대청사행의 종결과 관련하여 마지막 연행록이 갖는 의미를 중심으로 논의하려 한다. 그간 연행록 전반에 대한 통시적 검토는 충분히 이뤄지지 않았다. 이 연행록에 대한 검토는 연행록의 역사 끝자리에 놓이는 자료의 검토로서 이에 관해 일정한 기여를 할 수 있을 것이다.

2. 19세기 말 동아시아 정세와 마지막 사행

19세기 말 동아시아 사회는 전통적인 '중국 중심의 세계질서'가 종지부를 찍고 일본이 이 지역의 패자로 등장하는 커다란 변화가 일어났다. 이런 변화는 당시 아시아에서 각축하고 있던 영국과 러시아 등 열강 간의 제국주의적 영토분할 경쟁과 맞물린다는 점에서 세계사적 사건이기도 했다. 1894~1895년에 벌어진 청일전쟁은 이런 변화의 핵으로서 동아시아 정세에 큰 영향을 미쳤다. 이 시기 조선 내부에서는 외세의 침탈에 맞선 동학농민운동이 싹텄으며, 전통적인 통치체제를 혁파하고 근대적인 체제로 개편하려는 제도 개혁 조치인 갑오개혁이 있었다.[6]

청일전쟁의 결과 조선은 청과의 주종 관계로부터 벗어나게 된다. 양국은 17세기 전반 양차의 호란을 거치면서 주종관계로 굳어져 이후 전형적인 조공관계로 약 250년간 유지되었다. 하지만 청과의 관계는 이전 명과는 일정한 차별성을 지니고 있었다. 여진족 왕조인 청에 대한 조공이란 측면에서 이 시기 지식인의 전통적 화이관華夷觀 내지 중화주의적 사고방식에 일대 혼란을 가져왔기 때문이다. 이에 따라 이전과 달리 사행에 대한 부정적인 사고들이 지식인 사회에 팽배했으며, 적어도 이념적으로는 조공질서의 근간이 뒤흔들릴 수도 있는 강경한 입장들이 개진되기도 했다. 한편에서는 청의 선진 문물을 수용하고자 하는 실용적인 태도를 견지하기도 했지만, 이 역시도 중화/사대관념의 전변이라는 측면에서 전통적인 중국 중심적 세계관과는 차이가 있었다.

이렇게 조공관계를 지탱하는 이념적 근간이 흔들렸음에도 불구하고 대청사행 자체는 19세기의 마지막 순간까지 지속되었다. 대명사행과 대청사행 사이에 형식과 내용에 있어 일부 차이가 발생하긴 했지만, 조공이란 전근대적 외교관계의 본질이 바뀐 것은 아니었다.[7]

대청사행은 약 607차에 걸쳐 이뤄지는데,[8] 1895년 청일전쟁에서 청이 패함에 따라 종막을 고한다. 기록에 따르면, 1894년(고종 31, 청 광서光緖 20) 6월 10일부터 이듬해 5월 3일까지 북경을 다녀온 진하겸사은사행進賀兼謝恩使行이 그 마지막을 장식하고 있다. 정사 이승순李承純, 부사 민영철閔泳喆, 서장관書狀官 이유재李裕宰로 구성된 이들 사행단은 동학농민운동·청일전쟁·갑오개혁의 와중에 북경을 다녀오게 된다. 이들의 사행 목적은 황태후(서태후西太后)의 탄일(환갑)을 축하하고進賀 광서제가 지난번 동지사 편에 보낸 하사품에 대한 감사의 뜻을 전하려는謝恩 데 있었다. 본래 부사론 조병우趙秉友가 임명되었으나 출발 전 민영철로 교체되었다.[9]

1894년 6월 10일 고종은 사행단의 삼사三使를 건청궁乾淸宮에서 소견召見한다. 고종은 이 자리에서 이승순 등에게 일본군의 경성 진주를 청에 알리라는 밀명을 내린다. 이날 정사 이승순은 이듬해 12월 초순쯤 복명復命하겠다는 계획을 아뢰었다. 1894년의 진하겸사은사행단은 자신들이 마지막 사행이 될 것이라곤 상상도 못한 채 고종이 하사한 부채와 약물 등을 가지고 다음 날 북경을 향해 출발한다.[10]

이즈음 동학농민군은 6월 2일 전주를 함락시켰고, 고종과 대신들은 긴급하게 청군 차병借兵 문제를 논의하고 있었다. 한 해 전 동학의 보은집회에 대한 대책으로 제기되었던 청군 차병 문제는 정범조鄭範朝·심순택沈舜澤 등의 반대로 일차 무산되었다. 하지만 이듬해 양호초토사兩湖招討使로 동학군을 진압하던 홍계훈洪啓薰에 의해 다시 제기되어 반대 의견에도 불구하고 당시의 실력자 민영준閔泳駿(나중에 영휘泳徽로 개명)에 의해 관철된다. 1885년부터 1894년 청일전쟁의 발발까지 10년간은 청이 조선에서 위안스카이袁世凱를 통해 이른바 '감국監國' 정책을 실시한 시기였다. 1885년 10월 '조선총리교섭통상사의朝鮮總理交涉通商事宜'라는 직함으로 부임한 위안스카이는 조선의 외교 및 통상 문제를 감독하는 권한을 가지고 있었다. 당시 민씨 척족 중 한 사람인 민영준은 위안스카이와 비공식 교섭을 진행시키고 있었는데, 위안스카이를 앞세워 고종을 설득한 끝에 반대 의견을 누르고 청군 차병안을 관철시킨다.[11] 민영준은 고종의 명을 받아 위안스카이에게 구원 출병을 의뢰했고, 결과적으로 이 요구가 청일전쟁의 도화선이 되었다. 이에 일본은 오토리 게이스케大鳥圭介 공사를 보호한다는 명목으로 파병하여 6월 10일 해군 300~400명을 서울에 주둔시켜놓는다. 아울러 중국 측에 '제물포조약' 제5조에 따라서 파병을 준비하고 있음을 통보했다.[12] 사행단의 부사 민영철은 민영준과 마찬가지로 민씨 척족 중 한 사람이었다.

당시 동아시아 정세의 급박한 변화로 인해 사행단의 출발은 매우 비밀스럽게 이뤄졌다. 6월 11일(음력) 사행원들은 집결 장소로 향하는 도중 일본군 수천 명이 만리창萬里倉 앞에 줄지어 서 있는 광경을 목도한다. 이들은 홍제원弘濟院으로 가는 길에 용산龍山·영은문迎恩門 등에서 여러 차례에 걸쳐 일본군의 검문을 받는데, 왕명으로 평안도 등지를 가는 길이라고 사행 자체를 숨긴다. 이는 분명한 기록은 없지만 이들의 사행 목적이 단순히 진하겸사은에 있지 않음을 암시하는 것으로 보인다.

어수선한 분위기 속에서 서울을 떠난 사행단은 6월 27일 철산鐵山을 거쳐 용천龍川으로 향하는 길에 청군과 맞닥뜨린다. 청 후군後軍 총통總統 마옥곤馬玉昆·위여귀衛汝貴가 이끄는 4000여 청군이 이곳에 진을 치고 있었던 것이다. 마옥곤은 섭지초葉志超와 함께 북양北洋 육군의 제1선 부대를 이끌던 인물이고, 위여귀는 섭사성聶士成과 함께 제2선 부대를 이끌던 인물인데, 양 부대가 합류하여 일본군과의 일전을 위해 평양으로 향하는 길이었다.[13] 사행단은 마옥곤 등에게 위안스카이의 소식을 묻는데, 이는 사행단이 위안스카이와의 접촉을 별도의 임무로 하고 있음을 짐작케 한다.

사행단은 이후 국경까지 이르는 과정에서 수시로 전보국電局을 통해 경성의 소식을 수집하고, 청일전쟁의 전황을 확인한다. 사행단이 당시 급변하는 정세에 관한 탐문을 게을리하지 않았음을 보여주는 일화이다.

전쟁이라는 극한 상황은 사행단의 여로에도 영향을 미쳤다. 조선에 진주 중인 청군들이 기녀들에 눈독을 들여 사행사의 연회에 난입하는 만행을 저지른 것이다. 사행단은 청군의 눈을 피해 기녀를 남장시켜 피신시킴으로써 이 위기에서 가까스로 벗어날 수 있다. 일개 병졸들이 사행사를 모욕하는 일이 벌어졌음에도 어떠한 조치도 취해지지 않은 것을 보면, 당시 조·청 국경 부근의 혼란과 청군의 규율이 무너져 있음을 유추해볼 수 있다.

사행단은 이런 우여곡절 끝에 8월 6일 산해관에 도착한다. 여기까지는 일반적인 육로사행의 노정과 다를 게 없었다. 그러나 이들은 북경을 향해 가지 않고, 돌연 산해관에서 기차를 타고 천진天津으로 향한다. 본래 개평開平 광산의 석탄 운반과 동북지역에서 러·일의 공격을 방어하기 위해 건설된 철로를 이용 사행단은 불과 7시간여 만에 천진에 도착한다. 전근대적 이동 수단으로는 여러 날이 걸렸을 거리였다. 이들은 이곳에서 천진에 파견되어 있던 주진독리駐津督理 이면상李冕相과 주진주사駐津主司 서상교徐相喬, 승지承旨 민상호閔商鎬 등을 만난다. 당시 승지 민상호는 고종의 밀지를 받들고 은밀하게 천진에 와 있었다.

사행단이 사행 노정을 변경한 구체적인 이유가 무엇인지는 분명하지 않다. 다만 앞서 청군 총통 마옥곤에게 위안스카이의 소재를 문의했고, 천진에 도착한 뒤 부사 민영철이 위안스카이를 만나고 돌아온 것을 보면, 사행 본연의 임무 외에 별도의 지령을 수행하기 위함임을 유추할 수 있을 따름이다. 이는 동학농민군 문제 및 일본군의 경성 진주와 관련하여 조정과 청, 혹은 민씨 척족과 위안스카이 사이에 은밀한 의견 교환이 있었음을 시사한다. 청일전쟁 발발 무렵 일본군의 서울 진입을 만류하는 임무를 맡았던 민상호가 천진으로 은밀하게 파견되어 있던 것도 이런 추측을 뒷받침한다. 사행단은 천진에서의 임무를 완수한 뒤 비로소 북경으로 향한다.

북경 도착 후 이들은 본연의 임무인 서태후(자희태후慈禧太后) 환갑연 축하와 광서제가 하사한 물건에 대한 사은의 예를 무사히 마치고 돌아갈 준비를 하게 된다. 하지만 청일전쟁으로 인해 사행단의 귀환 일자는 하루하루 연기가 되더니 급기야는 해를 넘긴다. 결국 이들은 1894년 8월 12일부터 이듬해 4월 17일까지 약 8개월여를 북경에 체류하게 된다. 사행단이 북경에 체류할 수 있는 기간은 명대에는 40일로 제한되었으나 청대에는 정해진 기한이 없었다. 하지만 통상적인 예로 볼 때 최장 60일 정도가 체류할 수 있는 한계였다.[14] 통례와 비교할 때 이들은 허용된 기간의 거의 4배에 달하는 기간을 체재했던 것이다. 이 와중에 정상적이라면 후속 사행으로 와야 할 동지사행단마저 끝내 파견되지 못해 사행단의 불안감은 점점 커져만 갔다. 이들의 귀환은 청의 패배가 확정되고 양국이 시모노세키下關에서 강화조약을 맺은 뒤에야 이뤄질 수 있었다. 이들은 이홍장李鴻章을 통해 일본 측의 허락을 얻고 나서야 청의 근대식 군함(기선)을 타고 인천으로 귀환할 수 있었다.

사행의 역사에서 볼 때 1894년 진하겸사은사행단의 노정은 유례를 찾기 어려운 특이한 예다. 특히 육로 노정에 기차 탑승 이동이 결합되었고, 근대식 전함을 타고 해로로 귀환했다는 점에서 근대 과학기술 문명의 발전과 궤를 같이하고 있다. 조선 건국 이후 사행 노정은 대체로 육로로 이뤄졌고, 전쟁 등 특별한 때에만 해로(수로)가 이용되었다. 육로로 갔다가 해로로 돌아온 예는 더욱 드물어서 명·청 교체기에 한시적으로만 이뤄졌을 뿐이다.

더욱 흥미로운 것은 이들 사행단의 귀국 후의 행적이다. 사행단이 의당 행해야 할 국왕에 대한 일체의 보고 절차復命가 수행되지 않은 것이다. 본래 사행단이 귀국하면 왕은 삼사를 소견하고, 서장관은 사행 중에 견문한 사실을 기록하여 보고해야 한다. 심지어 역관 중 상위자인 수역首譯도 문건으로 보고할 때가 있었다.[15] 하지만 이들은 어떠한 보고 절차도 행하지 않고 해산했던 것으로 보인다. 이것은 이들의 사행 기간 중 조·청관계가 획기적으로 변화했기 때문이다. 이홍장과 이토 히로부미伊藤博文 사이에 조인된 시모노세키 강화조약의 제1조는 조선이 완전무결한 자주독립국임을 청이 확인하는 것이었다. 이는 외세에 의한 것이란 근본적 한계가 있기는 하지만 전통적 사대관계의 공식적인 해체를 의미하며, 한편으로는 명·청 교체기의 혼란을 거쳐 재조정된 조공질서의 완전한 종지부였다고 할 수 있다.

본래 정사 이승순은 이듬해 섣달 초순 즈음에 복명하기로 고종과 약속했다. 하지만 이들은 기한을 훌쩍 넘겨 돌아왔을 뿐만 아니라 끝내 복명하지 못했다. 이들의 사행을 끝으로 대청사행은 막을 내리고, 동아시아는 새로운 질서로 재편되어 이전과는 다른 시대를 맞이한다.

3. 마지막 연행록의 작자 문제

1894년의 마지막 사행단이 남긴 연행록으로 지금까지 알려진 것은 작자미상의 『연행록』이 유일하다. 이 자료는 소장자에 의해 1983년 학계에 공개된 이래 지금까지 작자가 구명되지 않은 채로 남아 있었다. 윤용출은 해제에서 내용 중 저자가 부사 민영철을 개별적으로 시중·보조하는 부분이 많이 나타나고 부사를 '사신 어르신使爺'이라 호칭하는 점에 주목 저자가 민영철의 자벽군관自辟軍官이었을 것이라고 추정했다. 하지만 저자가 누구인지는 밝히지 못했다.[16]

실제 『연행록』의 내용을 살펴보더라도 저자 자신에 대한 정보는 매우 단편적이어서 저자가 누구인지 밝히기 어려운 것이 사실이다. 내용 중 발견되는 저자 관련 정보를 정리해보면 다음과 같다.

〔가〕 평양의 10리에 이르는 장림長林은 나의 방조傍祖인 하담공荷潭公이 이곳에 부임하셨을 적에 심은 것으로 감회가 없을 수 없었다.[17]

〔나〕 (중양절을 맞아) 부사와 정사·서장관을 모시고 또 상방의 예방 학관 정창묵鄭昌默과 함께 달구경하며 옥하교 유람을 하다. 망향의 그리움

을 견딜 수 없어서 함께 율시를 한 수 읊었다. (시에 부기된 기록을 볼 때 저자의 호가 하일荷一임을 알 수 있다. 시 뒤에는 저자에게 글씨를 부탁하러 찾아왔던 청나라 사람 용씨龍氏의 시평詩評이 덧붙여져 있다.)[18]

〔다〕 일본 군대가 문경 조령성에 진을 쳤다고 한다. 나의 집이 지근거리니 걱정을 안 할 수 없어서 밤낮으로 초조함을 말로 형용할 수 없다.[19]

〔가〕에서 평안감사를 지낸 하담공荷潭公은 김시양金時讓(1581~1643)을 가리키는 듯하다.[20] 호가 하담인 김시양은 평양감사를 지낸바 있다. 이를 통해 볼 때 저자가 김시양의 방손임을 알 수 있다. 김시양은 1610년 동지사의 서장관으로 명나라에 다녀온 적도 있다. 저자의 선대에 이미 사행경험이 있었음을 보여준다. 이 책의 첫 장에 '안동김씨인安東金氏印'이라는 장서인이 찍혀 있는 것을 보면 본래 안동 김씨 문중에 소장되어 있던 필사본이 어떤 경로를 거쳐 유탁일의 소장서가 되었음을 짐작할 수 있다. 〔나〕의 정보는 저자의 호가 '하일荷一'임을 알려주고, 〔다〕의 정보는 저자의 거주지가 문경에서 멀지 않음을 보여준다.

이상의 정보를 바탕으로 안동 김씨 족보를 조사하고, 또 문중에 탐문한 결과 이 조건에 부합하는 유력한 인물로 김동호金東浩(1860~1921)를 찾을 수 있었다.[21]

김동호는 자가 진종振宗 호는 하일로 영년永年의 아들이다. 족보의 기록에 따르면, 음사蔭仕로 벼슬이 비서원祕書院 비서감승祕書監丞에 이르렀다고 한다.[22] 문중의 전언에 따르면 정사 민병석閔丙奭(1858~1940)을 따라 서장관으로 북경에 가서 옹방강체를 배웠다고 한다.[23] 그는 당대에 명필가로 명성을 떨쳤는데 현재 그의 영정과 필적이 전한다.[24]

하일荷一 김동호金東浩의 영정과 필적(김항용 제공)

족보 기록이나 문중의 전언과 『연행록』의 내용이 정확하게 일치하는 것은 아니지만, 김시양의 방손으로 호가 하일이며 거주지가 문경에서 멀지 않은 충북 괴산이었다는 점을 고려할 때, 김동호가 마지막 『연행록』의 저자일 가능성이 높다. 이런 심증을 더욱 굳히는 것은 이상의 단서를 바탕으로 『연행록』의 내용을 다시 검토한 결과 확인된 또 다른 단서다. 7월 12일의 기록을 보면, 저자가 청인 위가기魏家麒와 주고받은 시들이 실려 있다. 그런데 위가기의 시 말미에 '동호인형대인전감東浩仁兄大人電監'이라는 표현이 붙어 있다. 여기서 '동호'는 바로 저자 김동호를 가리키는 것으로, 이를 통해 연행록의 저자가 김동호임을 확증할 수 있다.

저자의 집안사람 중 관심을 끄는 인물로 쌍둥이 동생인 김용호金龍浩(1860~1937)가 있다. 두 사람은 을유(1885) 식년式年 감시監試 초시初試에 함께 입격하기도 했다. 자가 응왕應王, 호가 석연石淵인 김용호는 고종의 신임을 받아 벼슬이 시종원侍從院 부경副卿에 이르렀다. 을사늑약 이듬해인 1906년(광무 10) 김용호를 시종원부경에 임용하고 칙임관勅任官 3등에 서임했다는 기록이 보인다.[25] 그는 훗날 이름을 '항묵恒默'으로 바꾸었는데, 한일합방 즈음의 정치 현실에 대한 비분강개한 심회를 침묵으로 표현한 것이 아닌가 추측된다. 문중의 전언에 따르면, 당시 일제의 침략으로 국운이 점차 쇠퇴함을 비분강개하여 벼슬을 버리고 괴산군 칠성면 성산에 우거寓居하면서 유명한 선비들과 시문으로 자적했다고 한다.

저자는 삼사 중 부사 민영철(1864~?)[26]을 수행했던 것으로 보이는데, 두 사람이 어떤 관계인지는 정확히 알 수 없다. 다만 사행 출발 전 민씨 척족들의 전별 모임에 참석하고 민영철의 조부묘 성묘에 수행한 것을 볼 때, 상당히 가까운 사이였던 것만큼은 분명하다. 이 과정에서 민영철 주변의 민씨 척족들과도 친분이 드러나고 있다. 다만 드러나는 혈연관계로 볼 때 친인척은 아닌 것으로 보인다. 양자의 관계는 삼사와 수행원들 간의 밀접한 관련성을 감안할 때 좀 더 검토해야 할 것이다.

4. 마지막 연행록의 생성 양상

앞서 언급했듯이 김동호의 『연행록』은 마지막 대청사행의 기록으로서 적지 않은 의의를 지닌다. 또한 동학농민운동, 청일전쟁, 그리고 갑오개혁의 틈바구니에 이뤄진 사행이니만큼 동아시아의 근대화 과정에서 빚어진 여러 사건과 직간접적으로 연관되어 있다. 이점은 연행록 양식이 시공간의 좌표에 예민하게 영향을 받는 기록물임을 감안할 때 눈여겨봐야 할 대목이다. 아래에서는 김동호의 기록이 생성된 시공간상의 특수성을 중심으로 그 내용을 검토해본다.

1) 사행 수단의 진화

김동호가 속한 1894년의 진하겸사은사행단은 이전의 연행록에서 볼 수 없었던 여러 새로운 경험을 하게 된다. 그것은 무엇보다도 사행 수단의 진화라는 측면에서 주목할 필요가 있다. 사행 수단의 진화는 크게 전신電信의 이용과 기차, 기선의 탑승으로 나누어볼 수 있다.

먼저 사행 연락 체계의 변화를 가져 온 전신의 이용이 있었다. 일반적으로 사행은 국가적으로 중요한 외교 행사인 만큼 본국과의 일정한 연락 체계를 갖출 필요가 있었다. 그것은 주로 인편을 통한 편지·문서를 통해 이뤄졌고, 때로는 선행과 후속 사행단 간의 인수인계 형식으로 직접 이뤄지기도 했다. 하지만 1894년 진하겸사은사행단은 전보를 통해 조정 및 천진 주재 조선 외교사절들과 연락을 취하고 있다는 점이 이채롭다.

김동호는 사행단에서 전보 관련 업무를 담당했는데, 의주에서 국경을 넘기 전은 물론 북경 도착 후에도 수시로 전보를 이용 국내외와 연락을 취하고, 전보국을 통해 시시각각으로 전해오는 청일전쟁의 전황을 탐문했다.

이 시기 사행단의 중요한 연락 수단이 된 전보는 청나라에 의해 설치된 것이었다. 1885년 청과 조선은 전선조약을 맺고 중국전신국의 차관으로 서울과 인천 그리고 서울에서 의주를 거쳐 중국 경내의 봉황성鳳凰城까지 이르는 전선을 개통시켰다.[27] 이홍장은 일본의 조선 전신권 침탈을 방지하기 위해서는 청이 조선 전선 가설을 담당해야 한다고 생각했다, 이렇게 청의 조선에 대한 통제력을 유지하기 위해 설치된 전보국을 김동호의 『연행록』에서는 '청인전보국淸人電報局' '청마랑淸馬廊 전보국電報局(전국電局)' 등으로 부르고 있다.[28] 청의 자금과 기술로 만들어졌고, 또 이를 담당하는 기술자 역시 청나라 사람이었기 때문이다.

전보국이란 새로운 연락망을 통해 조정과 연락을 취하고, 국내외 정세에 대한 정보를 얻는 방식은 분명 이전과 다른 획기적인 변화였다. 하지만 그 변화가 사행업무 전반에 긍정적인 영향만을 준 것은 아니었다. 청일전쟁의 영향으로 가설된 전신선이 끊겨 사행단은 경성과의 소식이 불통되기도 하고, 천진에 먼저 파견되어 있던 이면상·서상교 등과 필요한 연락을 주고받지 못하는 갑갑한 처지가 되기도 했다. 하지만 무엇보다도 전보국이 전적으로 청에 의해 운영되었기 때문에 사행단은 필요한 정보를 얻지 못하고, 왜곡된 정보를 통해 당시의 동아시아 정세를 온전히 파악하는 데 실패한다.

김동호가 의주에서 자주 드나들었던 청인전보국의 전주電主 장씨(장노야張老爺)가 전해준 청일전쟁의 전황은 대개 청군의 승리였다. 7월 2일의 기록을 보면, 전보국에서 섭지초聶志超가 이끄는 청군이 충청도 아산포 등지에서 일본군과 전투를 벌여 수천 명을 섬멸했다는 승전보를 들었다고 적고 있다. 하지만 실제 아산만 부근 풍도豐島에서 벌어진 양국의 해전에서 청군은 일본군의 기습에 전함이 좌초되는 등 커다란 타격을 입은 채 퇴각했다. 전보국을 통한 소식에 상당한 왜곡이 있었음을 보여주는 단적인 사례다. 본래 전보국의 설치 목적이 청의 조선에 대한 통제력 강화에 있었고 운영하는 기술자마저 청인들이었음을 감안한다면, 이런 정보 왜곡은 어느 정도 예상되는 결과이기도 했다.[29] 사행단은 전보라는 근대의 이기를 빌릴 수는 있었지만 주체적으로 활용할 수 없었기 때문에, 중국 중심의 동아시아 질서가 무너져가는 현 상황을 인지할 수는 없었다.

이 시기 전신 체계를 언급한 경우는 현전 연행록 중 이승오李承五(1837~?)의 『연사일기燕槎日記』(1887년 사행)[30] 정도가 있을 뿐이다. 하지만 그 내용은 매우 피상적이어서 본격적인 기록이라고 하기 어렵다. 이에 비해 김동호의 『연행록』에서는 전보국과 관련된 많은 기록이 발견된다는 점에서 의미를 찾을 수 있다.

다음으로 사행 이동 수단의 획기적인 변화를 가져온 기차와 기선의 이용이 있었다. 사행단은 부경赴京 과정에서 기차를 이용했고, 귀환 시엔 증기선(전함)에 탑승했다. 이 역시 현전 연행록 중에서는 발견되지 않는 독특한 사례다. 기차를 탑승했을 때의 기록을 소개해본다.

> 산해관山海關에서 화륜차火輪車(기차)를 타고 천진으로 향했다. 거리는 1000리인데 묘시 정각에 출발하여 미시 초가 되자 천진의 해관海關에 도착했다. 철로 위를 오가는 윤거輪車(기차)는 그 수를 알 수 없을 정도였다. 화륜차의 모양은 마치 화륜선火輪船(기선) 같은데, 화륜차의 길이는 5리쯤 되고 폭은 2간쯤 되어서 싣지 못하는 물건이 없었다. 철로로 강을 건너는데 가로질러 건설된 모양이 홍교 같았다. 좌우 난간은 홍자색 철로 만들었다. 그 아래에는 큰 배들이 왕래할 수 있는데, 철교의 높이는 수백 장이나 되었다. (…) 지나가는 산천의 모습은 앞에 있다가 어느새 뒤로 사라지는데, 마치 길이 한 자쯤 되는 원림의 커다란 가산假山(주먹만 한 돌덩이)을 보는 것 같고 작은 바위들은 보이지도 않는다. 천진에 도착하니 화륜차와 화륜선이 셀 수 없을 정도였다. 이런 장관 역시 처음 보는 것이었다.[31]

사행단은 산해관에서 천진까지 기차를 이용하여 이동한다. 기차 탑승은 다음 두 가지 측면에서 시대적 의미를 갖는다.

첫째, 이들이 탑승한 철로가 양무파와 보수파 간의 첨예한 대립 끝에 건설된 양무운동洋務運動의 산물이라는 점이다. 이홍장은 전통적인 육방陸防 논의를 반대하고 서구에 대한 해방海防의 중요성을 강조하면서 국방력 강화를 위해 해군 창설을 본격화했고, 아울러 군사 수송로를 개선하기 위해 철로부설을 지시했다. 또한 군수공장에서 필요로 하는 석탄·철·구리 등의 원료를 공급하기 위해 광산 개발에 착수했으며, 광산에서 채굴된 원료들을 신속하게 각 공장으로 운반하기 위해 철로의 부설이 뒤따랐다.[32] 그중에서도 사행단이 이용한 노선은 1888년에 개통된 당산唐山-천진天津 간 진고철로津沽鐵路와 1894년에 개통된 당산-산해관山海關-중후소中後所를 연결하는 관동철로關東鐵路였다. 관동철로 부설 공사는 순조롭지 못했는데, 자금 부족이 가장 큰 이유였다.[33] 청조가 관동철로 경비를 전용하여 서태후 환갑연에 거액을 유용했기 때문이다. 서태후의 환갑을 축하하기 위한 사행단이 환갑연에 드는 비용 때문에 건설이 지연된 철로를 이용했다는 것은 역사의 아이러니가 아닐 수 없다.

둘째, 기차 탑승이 사행 노정의 변경을 가져왔다는 것이다. 이들의 기차 탑승이 원래 계획된 일인지 여부는 확인할 수 없다. 다만 분명한 것은 철도의 부설과 함께 종래의 사행 노정이 변경되었다는 사실이다. 그 이유는 일차적으로 사행 시간 단축에서 찾을 수 있다. 일반적으로 산해관으로부터 북경까지 일주일가량이 소요됨을 감안한다면 새로 개통된 철도를 이용해 불과 7시간 정도 만에 북경에서 멀지 않은 천진까지 갈 수 있다는 것은 획기적인 일정 단축이다. 하지만 사행 노정 변경이 단지 시간적 문제에만 있었던 것은 아닌 듯하다. 원칙적으로 사행단의 노정은 임의로 조정될 수 있는 문제가 아니었다. 노정 자체가 중국 중심의 질서에 손상이 가지 않도록 획정된 것이었기 때문이다.[34] 그럼에도 이런 사행 노정의 변경이 이뤄진 것은 천진이라는 지역의 중요성[35]과 함께 전통적 조공질서가 와해되고 있음을 보여주는 일이다. 앞서 1883년의 사행에서 조선 사행단은 청나라에 천진을

거쳐 뱃길로 돌아올 것을 청했다가 거절된 기록도 있기 때문이다.[36]

반면 군함의 탑승은 이들의 귀환이 청일전쟁으로 인해 무기한 연기되면서 우연하게 이뤄진다. 사행단의 귀환은 예기치 못한 상황으로 인해 차일피일 미루어진다. 이로 인해 후속 사행으로 예정되어 있던 동지사행의 업무를 대신해야 하는 상황에까지 이르게 된다. 언제 돌아갈지 모르는 기나긴 기다림 끝에 1894년의 진하겸사은사행단은 이듬해 4월 말이 되어서야 귀국길에 오르게 된다. 이때는 이홍장과 이토 히로부미 사이에 시모노세키 조약이 조인된 직후였다. 이홍장이 일본 정부에 전문을 보내 왕래를 허락받은 뒤 사행단은 석탄을 연료로 사용하는 증기선인 전함 진해鎭海를 타고 귀국했다. 사행단이 천진과 연대煙臺를 거쳐 흑수양黑水洋(황해)을 통해 인천으로 귀환한 것은 1895년 5월 2일이었다.

앞서 언급했듯이 사행의 역사에서 부경과 귀환에 각각 육로와 해로가 이용된 예는 극히 드물다. 명·청 교체기에 후금(청)의 세력 확장에 따라 육로 사행이 불가능해져서 일시적으로 수로 사행이 이뤄진 적은 있으나, 이조차도 극히 예외에 속했다.[37] 또한 그 과정에서 전보를 통해 소식을 주고받고 기차와 전함을 이용해 이동하고 있다는 점에서 사행 수단의 발전상을 분명하게 보여주고 있다. 이는 일차적으로 19세기 말이라는 동아시아의 극적인 역사 전환의 시공간상에 위치했기 때문에 겪게 된 일일 것이다. 하지만 사행단의 경험은 단순히 특수한 사행 노정이란 일회적 해프닝으로 치부될 문제만은 아니었다. 19세기 말 동아시아 지식인들 사이에서는 만국공법萬國公法과 함께 만국교통萬國交通이 주요 명제였다.[38] 이에 따라 기차·기선·전신·신문·우편 등 교통의 문제가 국가의 급선무로 제시되곤 했다.[39] 새로운 교통 수단의 중요성을 강조하는 만국교통의 문제는 기실 중국 중심의 세계질서(조공)와는 정면으로 상충되는 가치 지향이었다. 해금海禁으로 상징되는 조공체제가 국가 간의 수직적 질서를 고수하고 있다면, 만국교통은 상대적으로 수평적 질서를 지향하고 있기 때문이다. 그런 면에서 사행단이 기차를 통해 육로 사행 노정의 통례를 이탈하고, 해금 원칙을 깨고 기선(전함)을 타고 귀환한 것은 동아시아 구질서의 해체를 상징적으로 보여주는 사건이었다.

2) 정보 습득 방법의 변화

19세기 동아시아에 미친 서구 근대문화의 영향은 조선 사행단의 기록물에도 변화를 가져왔다. 특히 눈에 띄는 변화는 귀국 후 보고를 위한 정보 습득에 근대적 신문이 활용되고 있다는 점이다. 사행단이 북경에 체류하던 1894년 8월 12일부터 1895년 4월 17일까지 8개월여 동안, 김동호는 주로 신문을 통해 급변하는 당시 정세를 살피고, 또 그 내용을 간추려 기록하고 있다. 이전 시기 사행원들이 주로 서적 구입과 청조 인사들과의 교류를 통해 정보를 얻었던 것과는 다른 모습이라고 하겠다.[40]

동아시아에는 전통적으로 관영 언론이 존재해왔다. 조선의 『조보朝報』, 청의 『저보邸報』 『당보塘報』 같은 것이 대표적이다. 청말의 경우 민간에서 발행되는 『경보京報』가 있기는 했지만 그 내용에 있어서는 관보와 크게 다를 것이 없었다.[41] 정보의 수평적 이동, 그리고 여론 형성이란 측면에서 근대 언론을 규정한다면, 동아시아의 전통 언론은 정부 정책을 수직적으로 하달한다는 점에서 근본적인 한계를 지닌다.

동아시아 근대 언론이 대체로 그러하지만 중국도 근대적 신문의 간행은 서구의 영향으로 이뤄졌다. 중국에서는 19세기 초부터 서구에서 유입된 잡지와 신문이 발행되기 시작했는데, 1860년 무렵에는 중문 일간지들이 창간된다. 하지만 이 신문들은 서구인들이 펴낸 자국어 신문의 중문 번역판이거나 서구인이 발행한 신문이라는 점에서 중국의 독자적 언론이라 하기에는 미흡한 점이 있었다. 서양인에 의해 발행된 초창기 중문지로는 『상해신보上海新報』(1861년 창간), 『신보申報』(1872년 창간), 『시보時報』(1886년 창간), 『신문보新聞報』(1893년 창간) 등이 있었다.

김동호의 『연행록』에는 당시 북경에서 구득할 수 있던 민간 발행 신문에 대한 언급이 자주 보인다. 물론 신문을 통한 정보 습득이 완전히 새로운 일만은 아니었다. 이전에도 북경 체재 시 관보 성격의 저보·당보에 기재된 각종 정보들을 취사선택하여 기록하거나, 민간의 보방報房에서 인행印行되어 일반 백성에게 판매된 경보의 내용을 전재한 예가 있기 때문이다. 하지만 이들 신문이 제공하는 정보란 관보의 한계를 벗어나지 못하는 것이었다. 반면 김동호가 접한 서구인 발행의 근대적 신문들이 제공하는 정보는 이와 분명 다른 점이 있었다.

이중 『연행록』에 가장 자주 등장하는 신문은 『신보申報』였다. 『신보』는 영국인 어니스트 메이저Ernest Major와 동료들에 의해 상해에서 창간된 신문으로, 객관적 보도·편집 원칙과 효과적인 경영 전략을 통해 전국적인 영향력을 확보하고 있었다. 1872년 창간된 『신보』는 창간사에서, 정치·경제·외교 등 모든 새로운 사건을 보도하되, 오직 진실무망眞實無妄한 것만을 게재하며, 그 기사들을 명백하고 이해하기 쉽게 작성한다는 것을 보도·편집의 원칙으로 제시했다. 『신보』는 중국 각지에 발행처와 판매망을 확보하여 누구나 쉽게 구할 수 있는 일간지였기에 김동호 역시 손쉽게 손에 넣었던 듯하다.[42] 이들 근대적 신문을 통해 김동호는 서구열강의 동향, 청일전쟁의 전황, 청·일의 국내 상황 등에 관한 정보를 수합 정리하고 있다.

당시 김동호를 포함한 사행단의 가장 큰 관심은 역시 청일전쟁의 추이였다. 사행단의 출발은 물론 부경과정 및 귀환에 이르기까지, 청일전쟁의 승패는 사행단의 행로와 직결되는 중요한 문제였다. 김동호는 청일전쟁의 전황이 실린 신문을 구입하기도 했고, 때로는 지난 신문을 구해서 관련 소식을 기록하기도 했다. 또 앞서 언급했듯이 전보국을 통해 국내 소식을 탐문하기도 했다.

김동호의 청일전쟁 관련 기록 방식을 보면 그가 청 중심의 동아시아 질서에 대해 추호의 의심도 하지 않음을 짐작할 수 있다. 김동호는 청의 패배가 확인되었을 때는 단순한 사실 기록만을 남기고 있는 반면 청에 유리한 전황이 전개될 때 확신에 찬 어조로 청의 승리를 장담하고 있다. 심지어 청의 패전 사실을 인편을 통해 전해 듣고도, 다음 날 『경보京報』에 실린 승전 사실을 별다른 의심 없이 받아들이고 있다. 이것은 그가 민씨 척족인 부사 민영철의 수행원으로서 갖는 정치적 입지와도 무관할 수 없겠지만, 당시 일반 지식인들이 가지고 있던 중국 중심의 질서에 대한 관성적인 믿음 때문이기도 했다. 김동호는 개화파 세력에 대한 강한 거부감을 지니고 있었고, 일본의 근대화 상황에도 정보가 어두웠다.

김동호의 이런 인식 태도에 일대 충격을 준 것이 근대적 신문에 실린 글들이었다. 대표적인 예로 9월 24일 기록 말미에 부기된 성명 미상의 청조 인물이 쓴 「호유편呼籲篇」이라는 글을 들 수 있다.[43] 호소문이란 의미의 이 글에서, 저자는 당시 일본과 서구열강의 군사력을 열거한 뒤 중국의 전력으로 그들을 당해낼 수 없음을 냉정하게 지적하고 있다. 이에 대해 김동호는 특별한 언급을 덧붙이지 않았지만, 여느 기록과 달리 전문을 해당 날짜 일기에 실어놓았다는 점에서 큰 의미를 부여하고 있음을 알 수 있다.

『연행록』의 기록에서 현상적으로 두드러지는 점은 이 시기 전보와 신문이 담고 있는 정보의 정확성이 매우 떨어진다는 것이다. 『연행록』의 기록을 검토해보면, 상대적으로 전보가 더 정확성이 떨어지지만 신문이라고 해서 예외는 아니었다. 일본의 국력을 객관적으로 인식 못하고, 대개는 아전인수식의 정보 왜곡을 통해 청의 승리를 장담하고 있었다. 이에 따라 사행단의 인물들 역시 청의 승리를 믿어 의심치 않고 있었다. 하지만 『신보』와 같이 다른 시각과 정보를 제공해주는 경우도 있었다.

근대적 신문으로서 『신보』가 가지는 가장 큰 특징은 중국 신문 최초로 사설을 실었다는 것이었다. 청일전쟁 기간 동안 『신보』는 일본에 대해 항전할 것을 주장하고 강화를 반대했다. 패전 후 양국 간에 시모노세키 조약이 체결되자 청조의 무능을 강하게 비판했다. 『신보』 역시 일본을 폄하하는 시각이 없었던 것은 아니지만, 사설을 통해 현재 일본이 중국보다 정치·군사·경제 등 다방면에서 뛰어나다고 인정한 바 있다.[44] 제한적이긴 하지만 『신보』가 근대적 신문으로서 지니고 있던 비판 기능과 국제정세에 대한 비판적 성찰은 저자에게도 일정 부분 영향을 미치고 있다.

특히 『신보』의 보도는 저자 자신이 평소에 가지고 있던 동학농민군에 대한 생각을 교정하는 데 큰 영향을 미쳤다.

> 지난달 27일자 『신보』에 다음과 같은 기사가 보인다. 우리나라 동학교도가 왜노倭奴가 왕을 가두고 영토를 차지하려 함을 보고 한이 골수에까지 사무쳐 여러 차례 무리를 이끌고 왜인을 공격했다. 왜인도 군대를 이끌고 막아서 각기 죽고 다쳤는데, 우리나라 사람들 중 가슴속에 의분을 품고 동학당에 가담하는 이가 점점 많아진다고 한다. (…) 중국인들이 이런 보도를 보곤 조선은 예로부터 충절과 의리를 지닌 선비의 나라더니, 지금도 그런 선비가 있다고 했다.[45]

『신보』에 보도된 동학교도들의 반일 활약상과 이 보도를 접한 중국인들의 우호적인 평가를 기록해놓고 있다. 『신보』는 일간지로 당시에는 일요일까지도 발행될 정도였는데, 지난 지 한참 된 소식을 전재해 놓았다는 점에서 김동호가 이 기사를 중요하게 생각했음을 짐작할 수 있다. 신보 보도의 핵심은 동학농민운동이 갖는 애국적 동기에 있다. 『연행록』의 단편적인 기록들을 볼 때 김동호의 동학농민운동에 대한 인식은 '동학난' 이상도 이하도 아니었다. 민씨 척족 세력이 동학농민운동의 진압을 위해 청군 파병을 요청했던 점을 감안할 때, 민영철의 수행원인 그의 입장도 동학교도를 반란의 무리로 보는 시각과 크게 다르지 않았던 듯하다. 그는 동학농민군의 북상을 걱정하고, 난이 하루빨리 진압되기를 염원하고 있었다.[46] 하지만 『신보』의 우호적 보도 내용과 이에 대한 중국인들의 긍정적인 평가를 접하면서 김동호 스스로도 일정한 사고의 변화를 일으켰던 것으로 보인다.

이 무렵 조선에서도 박영효朴泳孝 등의 노력으로 『한성순보漢城旬報』라는 관보가 발행된 적이 있었다. 하지만 개화파의 몰락과 함께 폐간되었고, 근대적 민간 신문의 발행은 사행단이 돌아 온 이듬해에야 이뤄질 수 있었다.[47] 그런 점에서 김동호가 접한 근대적 신문들은 특별한 의미를 갖는다. 김동호는 개화파 인사만큼 신문의 사회적 필요성에 투철한 의식을 가지고 있지는 않았지만, 북경 체재 기간의 견문을 통해 일정한 각성에 도달할 수 있었다. 그가 근대적 신문을 통해 정보를 얻으려 했던 것은 신문의 정보 가치에 일정 수준 이상의 신뢰를 가지고 있었음을 보여주는 것이기 때문이다.

3) 시대 변화에 대한 불안감

김동호가 속한 1894년의 진하겸사은사행단의 공식적 임무는 동년 10월 10일(음력) 서태후의 환갑연 축하로 마무리되었다. 저자는 수행원의 신분이라 직접 참석하지는 못했지만, 환갑연을 위해 만수산에 새로 지은 거대한 누각에 대한 견문담을 기록해놓고 있어서 그 호화스러움을 짐작해볼 수 있다.[48] 하지만 사행단의 임무 수행 과정은 결코 순조로웠던 것만은 아니었다. 사행단은 출발 시 황태후 환갑연 진하進賀를 위해 10만 냥이라는 거액의 지참금과 각종 방물을 준비했지만,[49] 청일전쟁의 영향으로 조공품의 전달에 큰 차질이 빚어졌다. 홍삼 300여 근과 대내삼 수천 근은 일본군에게 탈취당했으며 나머지 조공품들도 제때 도착하지 못했다.[50] 일반적으로 이런 조공 업무의 차질은 사행단에게 큰 고민거리가 되곤 했다. 조공을 임무로 하는 사행단 입장에서 조공품의 분실이나 기한을 넘긴 진상이라는 외교 문제로까지 비화될 수 있는 중차대한 것이었기 때문이다.

그러나 청조의 반응은 자비와 아량 그 자체였다. 조공품의 진상을 강압하지도 않았으며, 심지어 조선의 현 상황을 감안 방물을 받을 수 없다는 제스처를 취하기까지 했다. 광서제는 조선이 왜의 창궐로 인해 도탄에 빠졌으니 조공품을 차마 받을 수 없다는 교시를 내리기도 했으며,[51] 사행단을 관리 감독하는 예부禮部에서도 별다른 독촉이나 지시가 없었다.

이런 변화는 사행단이 귀국 지연으로 예정보다 7개월 이상을 북경에 더 체류하는 동안에도 발견된다. 사행단의 유례가 없는 장기 북경 체류에 대해서 청조는 전례에 구애받을 필요가 없으며, 사행단의 숙소인 조선관朝鮮館도 계속 사용해도 좋다는 관용을 베푼다. 이후에도 전황은 계속 악화되어 본래 진하겸사은사행을 뒤따라야 할 동지사행의 부경마저 무기한 연기된다. 이때에도 청조는 일체의 공식 절차를 생략하고, 현재 체류 중인 사행단이 그 임무를 대신할 수 있도록 배려하기까지 했다.[52]

사행단이 북경에 장기 체류하는 동안 청조가 보여준 관용과 아량은 사실상 무너져가는 조공질서의 한 반영이라고 할 수 있다. 앞서 조공노정의 변경 과정에서도 일부 드러나듯이, 당시 동아시아의 정세는 구질서를 대체하는 새로운 시대의 도래를 예고하고 있었기 때문이다. 김동호는 조공품을 사양하는 제스처를 취한 광서제의 하교에 대해 "황상의 어질고 성스러움이 편방에까지 미침이 기쁘기는 하지만 적실하지 않은 듯하다"고 적고 있다.[53] 조공질서의 와해 과정을 보여주는 상징적인 대목이다.

사행단이 중국에서 조공질서의 혼돈을 몸소 겪고 있는 동안 조선 내부에서도 커다란 변화가 일어났다. 갑오개혁이 그것이다. 사행단이 서울을 떠나고 한 달쯤 뒤인 1894년 7월부터 시작된 이 미완의 개혁으로 인해 조선은 제한적이나마 근대화의 단초를 마련할 수 있었다. 이 개혁은 사행단이 조선을 떠난 이후 이뤄졌던 까닭에 사행단은 그 정확한 실상을 알기 어려웠다. 조선으로부터 온 소식을 통해 단편적으로 그 내용을 접했을 뿐이었다. 갑오개혁에 대한 김동호의 명시적인 언급은 발견되지 않는다. 다만 갑오개혁이 가져온 변화에 대해 대체로 부정적인 입장을 가지고 있었던 듯하다. 특히 그 변화가 일본 색채를 띤 것에 대해선 한심하다고 기록하고 있다.[54] 그가 갑오개혁으로 인해 축출된 민씨 척족 세력과 일정한 관련을 맺고 있고, 평소 개화파 인사들에 대해 부정적인 사고를 했던 것을 감안할 때,[55] 어느 정도 예상되는 반응이기도 하다.

하지만 이런 변화에 대한 김동호의 반응을 단순히 부정적인 견해라고만 볼 수는 없다. 북경 체류 중 그가 신문·전보 등을 통해 접한 정보들은 이런 변화가 피할 수 없는 것임을 인식하는 데 충분한 자료가 되었을 것이기 때문이다. 앞서 언급했듯이 그는 근대적 신문을 통해 당시 국제정세의 흐름을 어느 정도 파악하고 있었다. 따라서 개화에 대한 그의 거부감은 일면 변화의 속도에 적응하지 못하는 것에 대한 불안함으로 해석될 여지가 있다.

『연행록』의 기록 방식에서도 이런 추론을 뒷받침할 근거를 찾을 수 있다. 김동호는 대체로 익숙한 구질서에 손쉽게 반응하고 새로운 변화에 대해서는 언급하길 꺼리고 있다. 이에 따라 신문·전보 등을 통해 얻은 정보를 기록할 때도, 전자의 경우 적극적으로 자신의 의견을 개진하고 있는 반면 후자의 경우 단순 기록에 그치고 있다. 자신의 생각을 말하지 않을 때와 말할 때 사이에 놓인 간극은 그가 느낀 혼돈과 불안함의 정도를 반영한다.

앞서 언급한 것처럼 전신(전보)·기차·기선의 이용은 사행 수단의 획기적인 진화였다. 또 근대적 신문의 구독은 정보 습득 방법의 새로운 변화였다. 하지만 이는 단순히 수단과 방식의 진전이란 차원에 그치지 않고, 동아시아 교류라는 측면에서의 감각 기관의 확장과 교통 수단의 진화로 이어졌다고 평가할 수 있다. 이런 변화는 사행원들에게 응당 이에 상응하는 새로운 인식과 사고를 낳게 했을 것이다. 북경 체재 중 김동호는 자신이 견문한 중국 풍경들을 기록하고 있다. 하지만 그 기록 어디에도 중국의 문물제도에 대한 선망이나 경탄이 발견되지 않는다. 오히려 황실 및 청조의 위의와 문물제도가 기대에 미치지 못함을 지적하고 있다.[56] 이는 그가 근대적 신문을 통해 접한 서구열강과 일본에 비해 현저히 뒤처진 중국의 현실에 대한 지적이기도 했다.

하지만 문제는 이 새로운 감각 기관과 교통 수단이 김동호와 같은 전근대 지식인에게 주는 이질감과 불안감에 있었다. 『연행록』의 내용 중 선진 문물에 대한 기록들이 대개 독자의 기대를 충족시키지 못하는 이유도 여기에 있다고 보인다. 그저 놀랍고 신기한 데 그칠 수밖에 없는 것은 이런 변화가 일반적인 전근대 지식인이 감당할 수 없는 수준이었기 때문이다.

김동호가 느낀 변화의 속도에 대한 불안감은 앞서 인용한 기차를 처음 탔을 때의 기록을 떠올리게 한다. 기차의 속도로 인해 시시각각으로 변화하는 주변 경관에 대해 김동호가 느꼈던 놀라움은 전근대

사회에서 근대사회로 이행하는 시기를 살아간 구지식인들의 내면풍경을 상징적으로 보여준다. 김동호가 묘사한 것처럼 기차의 속도는 속도에 둔감한 전근대인에게 주변 경관을 제대로 인식하지 못하게 하거나 모호하게 만들었다. 근대로 이행하는 시대 격변의 속도감은 기차를 처음 탑승했을 때처럼 자신들을 둘러싼 주변 환경을 정확히 인지할 수 없게 만들었던 것이다.

5. 맺음말:
연행록의 종언이 갖는 의미

연행록의 역사에서 볼 때 19세기의 연행록 중 상당수는 이전 시기 기록에 비해 생동감을 잃고 있다. 청 문화와 문물에 대한 인식수준이 제고된 것에 반비례하여 새로운 기록 내용을 찾기 어려울뿐더러, 그 내용도 전대 연행록의 반복이거나 심지어 표절에 가깝게 그대로 실어 놓은 것들마저 발견된다.[57] 실제 내용을 살펴보더라도 18세기의 삼대 연행록들에 필적할 만한 경우를 찾기 어렵다. 이것은 한편으로 연행록 양식이 더 이상 선진 문화의 수용 경로가 되지 못하고, 그 소임을 다해갔음을 나타낸다. 이 글에서 검토한 마지막 연행록 역시 18세기 연행록이 보여주는 활력과 역동성을 발견하기 어렵다. 청의 똥덩어리에도 감동을 느꼈던 박지원과 비교할 때, 19세기 연행록에서는 확실히 청의 문물에 대한 호기심이 줄어들어 있다. 이 점은 양국 간 교류의 역사가 길어짐에 따라 자연스럽게 이뤄진 결과이긴 하지만 서구열강과 일본이 국제질서의 새로운 주인으로 등장한 것과도 무관할 수 없는 문제다.

마지막 사행단이 돌아온 해인 1895년은 공교롭게 유길준兪吉濬

(1856~1914)의 『서유견문西遊見聞』이 출판된 해이기도 하다.[58] 우리나라 최초의 미국 유학생이기도 한 유길준의 이 서구 견문담은 당시 사회 전반에 큰 영향을 미쳤다. 과거 북학파들의 신진 문물 수용의 통로였던 연행록이 그 수명(시대적 효용)을 다하는 순간, 19세기 후반 서구 신문화의 첨병이 된 새로운 기록물이 등장하게 된 것이다. 양자의 차이는 김동호의 『연행록』과 유길준의 『서유견문』이 보여주는 기록 방식의 차이를 통해서도 극명하게 드러난다. 두 기록 모두 기차·기선·전신에 대해 기록하고 있지만, 전자가 단순한 현상 기록에 머물고 있는 반면 후자는 그 원리를 해명하여 지식인들의 근대적 각성을 독려하고자 했다.[59]

김동호의 『연행록』이 보여주는 세계 인식의 한계와 글쓰기의 취약성은 단순히 작자 개인의 문제라기보다 연행록의 글쓰기가 실효성을 잃어가는 문학/문화적 상황 변화와 관련 있다고 보인다. 다만 김동호가 남긴 마지막 연행록은 세계사적 전환의 시기에서 그 변화의 속도에 적응할 수 없었던 대다수 구지식인의 모습을 보여준다는 점에서 나름의 가치를 지닌다. 비록 그것이 선진적이기보다 퇴행적인 면모를 많이 보여주지만 동아시아 질서변화와 관련된 하나의 사실적 기록이란 점에서 주목할 만하다.

앞 장에서도 언급한 것처럼 그간의 연구에서 연행록 양식에 대한 통시적 접근은 충분히 이뤄지지 않았다. 처음과 끝이란 좌표를 통해 앞으로 연행록 전반의 통시적 흐름이 좀 더 분명히 밝혀지길 기대해 본다.

典型

제5부

협객의 형상 : 유협시遊俠詩

變奏

유협시의 유형적 전통과
17세기 조선 시단의 유협시

漢文學

1. 서론

이 글은 17세기 들어 점증된 유협시遊俠詩의 특징을 유협시 유형의 전통에 비추어 살펴본 것이다. 동아시아 한시에서 유협시는 일정하게 유형성을 띠고 있음에도 불구하고, 변새邊塞·유선遊仙·염정艶情 등 다른 주제 유형의 시들에 비해 연구자들의 관심을 받지 못했다. 한국 한시에서도 정두경鄭斗卿의 유협시에 대한 관심을 제외한다면, 본격적인 탐구의 예를 찾아보기 어렵다. 여기에는 유협시 유형의 농후한 의고적擬古的 특성으로 인해 개별 작품의 가치를 가려내기 어렵다는 문학 내적 이유 외에, 우리 역사와 문화에서 유협이란 코드가 익숙지 않다는 문학 외적 배경도 크게 작용했다. 조선 후기 이옥李鈺이 "우리나라엔 예로부터 협객이 없다三韓古無俠人"(「장복선전張福先傳」)라고 말했듯이, 유협은 우리 역사·문화와는 어느 정도 거리가 있다. 하지만 우리 한시사에서 유협시는 꾸준히 존재해왔고, 특히 17세기 즈음부터 작품 수의 증가라는 현상적인 변화가 발견된다. 또한 단순한 모의에 그치지 않고, 변이 내지 개성화라 할 만한 독특한 양상들이 확인된다. 우리에게 다소 생경한 유협시가 별도로 논의되어야 할 필요가 여기에 있다.

이 글은 유협시 검토에 크게 두 가지 방면에 주안점을 두고자 한다. 그 하나는 유협을 읊은 시의 탐구라는 주제사적 연구 방법을 통해, 관련 작가와 작품을 문학적 계보 속에 놓고 파악하는 것이다. 필자는 앞서 조선 중기 한시의 전형의상典型意象을 검토하는 자리에서 이에 관한 부분적 탐구를 진행한 바 있다.[1] 이 글은 전형의 계승과 변이를 탐구한다는 점에서 앞의 논문의 연장선상에 있는 동시에, 유협시 전반에 대한 본격적 탐구라는 점에서 앞의 논문을 보완할 것이다. 다른 하나는 동아시아에서 유협이라는 특수한 인물 형상이 차지하는 위치와 그 문학적 관습을 감안 비교문학적 관점에서 우리 유협시의 특수성을 변별해내는 것이다. 이는 중국의 고전시가로부터의 일방적 영향관계의 규명에만 치중할 때 자칫 놓치기 쉬운 우리 한시의 변별적 특수성을 부각시키는 데 일정한 기여를 할 수 있을 것이다.

2. 유협시 유형에 관한 예비적 검토

중국에서 유협을 읊은 시의 유형적 변별성에 대한 인식은 최소한 당대唐代로 소급될 수 있다. 구양순歐陽詢이 편찬한 『예문유취藝文類聚』가 상징적인 예다. 『예문유취』(권33, 인부人部 17)에서는 '유협遊俠'조를 별도로 두고, 위진남북조 시기 진晉의 장화張華, 송宋의 포조鮑照, 양梁의 오균吳筠·하손何遜, 주周의 왕포王褒·유신庾信 등의 시 15수를 싣고 있다. 이 후에도 송대 정초鄭樵의 『통지通志』(권49 「악략樂略」, 유협遊俠), 원대 방회方回의 『영규율수瀛奎律髓』(권46, 협소류俠小類), 청대 장영張英의 『연감유함淵鑑類函』(권311, 인부人部 70, 유협) 등에서 별도의 항목을 두고 시제 혹은 시를 싣고 있는 것을 보면, 유협시가 가진 변별적 특성에 관한 인식이 있었음을 짐작할 수 있다. 이중 『영규율수』가 조선시대에 여러 차례 간행되었을 정도로 보편적 학시서學詩書 중의 하나였음을 감안한다면, 유협시 양식에 대한 변별적 인식은 우리 시인들에게도 있었을 것이다. 그런 짐작을 확인하게 해주는 좋은 예가 이수광李睟光의 언급이다. 그는 『지봉유설』에서 "이백은 유협시 쓰기를 좋아했다李白喜作遊俠詩"라고 하여 유협시란 용어를 쓰고 있다.[2] 이수광의 언급에서 전통적으로 이런 내용의 시에 대한 인식이 있었고, 그것을 유협시라고 불렀던 것을 우회하여 확인할 수 있다.

하지만 사적史籍 및 유서類書 등에서 발견되는 유협시 유형에 대한 구체적 인식 태도나 선명한 분류 기준과는 달리 동아시아 한시에서 이 방면에 관한 연구는 상대적으로 영성했다. 그나마도 대부분 유협이란 특수한 인물 유형에 대한 역사·문화적 접근의 일환으로서 이뤄지거나 현대의 무협소설 연구를 위한 전사적前史的 성격으로서 다루어졌을 뿐,[3] 유협시 자체를 본격적인 주제로 삼아 연구한 예는 매우 드물다. 특히 유협시의 유형적 전통이 무엇인가는 아직 충분히 규명되지 못한 부분이다.[4] 이런 점은 자연 관련 연구에서 유협시의 보편과 특수, 전통과 창신을 구분하지 못하는 데서 기인한 오독을 야기하게 했다. 아래에서는 유협시 유형에 관한 예비적 검토를 통해 17세기 조선 시단의 유협시의 특징을 논하기 위한 기반을 마련하기로 한다.

1) 유협시의 명칭과 정의

지금까지 나온 국내외 연구 성과를 검토해보면 유협을 읊은 시를 일컫는 명칭으로는 유협시遊俠詩, 협객시俠客詩, 영협시詠俠詩, 협의시俠義詩, 유협악부遊俠樂府 등이 쓰였음을 확인할 수 있다.

우리 학계에서는 남은경이 '협객시俠客詩'라는 명칭을, 필자가 '유협시遊俠詩'라는 명칭을 쓴 바 있다.[5] 정두경鄭斗卿에 국한된 것이기는 하나 남은경의 연구는 이 방면에 관한 최초의 연구로서 연구사적 의의를 지닌다. 남은경은 협객시를 협객 소재 한시를 의미하는 용어로 사용했고, 필자는 유협을 읊은 시라고 간략히 정의했다. 한편 이치수는 중국 고전시가에 나타난 협을 검토하는 자리에서 영협시詠俠詩라는 명칭을 쓴 적이 있는데, 명시적인 개념 규정을 하고 있지는 않다.[6]

대만과 중국 학계에서는 유협악부遊俠樂府(王文進), 협의시俠義詩(鍾元凱), 영협시咏俠詩(陳山), 유협시遊俠詩(陳平原) 등의 명칭이 쓰이고 있다.[7] 왕원진王文進의 유협악부遊俠樂府는 악부시 중 유협을 읊은 경우를 특칭한 것이고, 중위안카이鍾元凱의 협의시俠義詩란 명칭은 협의소설俠義小說과 대응되는 용어로 당시唐詩의 임협정신任俠精神을 설명하는 과정에서 사용된 것이다. 또, 천산陳山의 영협시咏俠詩(詠俠詩)는 영물시詠物詩의 예처럼 시인이 노래하는 대상 자체를 명칭으로 삼은 것이다.

이런 명칭들은 연구자 각각의 접근 시각을 반영하고 있는 것으로 서로 포착 지점이 다르다. 하지만 이런 종류의 시들을 포괄할 수 있는 명칭이란 측면에서 볼 때는 상대적으로 적절하지 못한 것들이 있다. 유협악부, 협의시, 영협시란 명칭이 그런 예다. 유협악부는 악부제 유협시에 한정된 명칭으로, 『영규율수』에 수록된 시와 같은 근체시 형식의 시를 포괄하지 못한다는 문제점이 있다. 또 협의시는 협의가 유협적 절조의 총칭이기는 하지만 이들 시가 읊고 있는 것이 반드시 협의의 문제에만 국한되지 않는다는 점에서 적절치 못한 면이 있다. 영협시도 '영詠'이 송찬頌讚, 포양褒揚의 의미가 있음을 감안할 때 반드시 유협을 찬양·긍정하는 것만이 아닌 시들의 명칭으로는 부적절한 바가 있다. 이런 측면에서 필자는 시의 주인공 혹은 주요 음영 대상인 유협을 명칭으로 삼은 유협시가 가장 적절하다고 본다. 물론 협객시라는 명칭도 가능하지만 앞서 언급한 것처럼 전통적으로 유협시라는 명칭이 많이 쓰이기도 했고, 이런 인물형을 통칭하는 명칭으로 유협이 좀 더 보편적·전통적인 고유명사임을 감안해야 할 것이다. 이런 이유로 이 글에서는 유협시란 명칭을 제안하며 이것을 쓰기로 한다.

앞서 거명한 유서類書·시선집 등에서 유협시로 분류되는 작품들의 특성을 기반으로 유협시를 정의해보면 다음과 같다. 유협시는 유협을 시적 서사 구조상의 주인공으로 삼거나, 유협과 관련된 일체의 고사, 관념, 의식세계 등을 시의 주요한 내용으로 하는 시다. 즉 유협이 시의 주요한 모티프가 되는 시인 것이다. 유협과 관련된 고악부제古樂府題를 모의했거나, 유협을 시제로 삼은 경우, 또는 시제와 관계없이 유협 관련 고사를 주요한 내용으로 하거나, '협객지의俠客之義'로 대표되는 유협적 정신세계를 주제의식으로 삼은 시들 모두가 이 범위에 속한다.

2) 유협시의 연원과 특성

동아시아 고전문학에서 유협을 제재로 한 문학작품은 시는 물론이고 산문과 소설에 이르기까지 다양한 양식에 걸쳐 이뤄져왔다. 그 중에서도 가장 먼저 유협을 형상화한 것은 운문 문학으로부터 비롯되었다. 유협이 문학작품에 처음 등장한 것은 동한東漢시대 부賦 작품들이다. 반고班固의 「서도부西都賦」와 「동도부東都賦」, 장형張衡의 「서경부西京賦」 등에서는 당시 도읍지의 융성을 묘사하는 과정에서 유협을 등장시키고 있다. 한시사에서 유협을 소재 혹은 제재로 한 시가 출현하기 시작한 것도 이즈음이다. 특히 한위漢魏의 악부樂府는 유협시의 남상濫觴으로서 후대의 시에 큰 영향을 미쳤다. 한대 이래의 유협문학의 발생과 발전에는 다음과 같은 역사·사회적 정황이 그 배경이 되었을 것으로 보인다.

유협은 본래 중국 전국시대의 특수한 사회 환경에서 발생한 일종의 특수한 인물 유형을 일컫는다. '협俠'(유협)이란 명칭은 이미 『장자莊子』「도척盜跖」 편, 『여씨춘추呂氏春秋』「음률音律」 편 등에서 보이는데, '협俠'이란 명칭을 구체적으로 논단한 예는 『한비자韓非子』「오두五蠹」 편에서 처음 보인다. 한비韓非는 이 글에서 "유자는 문을 가지고 법을 어지럽히고, 협객은 무를 가지고 금령을 어긴다儒以文亂法, 俠以武犯禁"라고 유儒와 대비적 관점에서 협俠을 비판했다. 이는 후세의 유협관에도 큰 영향을 미친다. 이렇게 나라를 좀먹는 '폭호지도暴豪之徒' 정도로 치부되던 유협이 일정한 존재 의의를 평가받게 된 것은 한대 사마천의 『사기』에 이르러서다. 그는 「자객열전刺客列傳」과 「유협열전遊俠列傳」에서 정통 사가들의 관심을 받지 못했던 많은 유협 인물들의 사적을 기록한 바 있다. 사마천은 특히 한비와는 다른 시각에서 유협의 가치를 평가하고 기술했다. 그는 「유협열전」에서 "유협은 그 행위가 정의에 어긋나기는 하지만 그 말은 반드시 신의가 있고 행동은 과감하며, 이미 허락한 일에는 꼭 성심을 다한다. 자신의 몸을 아끼지 않고 남의 곤란한 지경에 달려가 생사존망의 위기를 넘나들면서도 그 재능을 뽐내지 않으며 그 덕을 자랑하는 것을 부끄러이 여기니, 족히 칭찬할 만한 점이 있다. 그리고 또 완급이란 사람에게 흔히 있는 것이다遊俠, 其行雖不軌於正義, 然其言必信, 其行必果, 已諾必誠, 不愛其軀, 赴士之阨困, 既已存亡死生矣, 而不矜其能, 羞伐其德, 蓋亦有足多者焉. 且緩急人之所時有也"라며 유협의 존재 가치를 평가했다. 사마천의 이런 시각은 당대에도 논란을 야기할 만큼 반드시 보편적인 공명을 얻었던 것은 아니지만, 유협을 주제로 한

문학이 탄생하는 데 일정한 영향을 미쳤을 것으로 보인다. 형가를 읊은 대표적인 유협 시인 진晉 좌사左思의 「영사咏史」(8수 중 여섯 번째 수), 도연명의 「영형가이수詠荊軻二首」 시나 한위漢魏의 일부 악부제 유협시들은 사마천의 「자객열전」 「유협열전」과 관련되어 있다.

유협시의 탄생에 사마천의 영향이 크다면, 유협시의 발전에는 사회문화적 요인이 영향을 미쳤다. 특히 위진魏晉 시기로부터 비롯된 귀족 문인 집단의 유협에 대한 관심은 상층 사회에 임협任俠 숭상의 풍조가 널리 퍼지게 되는 결과를 가져온다. 귀족의 일부 자제들은 전국시대와 한대의 유협을 흉내 내 말 타고 사냥하며 활쏘기를 배우고 검술을 겨룸으로써 자신들의 사치스럽고 공허한 생활을 장식하고, 자신들의 안락한 삶 속에 결여된 부분들을 보상받고자 했다.[8] 이 시기 「유협편遊俠篇」 「결객소년장행結客少年場行」 「소년행少年行」 「경박편輕薄篇」 등 악부시의 유행은 이런 사회문화적 배경과 긴밀히 연관되어 있다.

현재 전하는 작품 중 이름을 알 수 있는 최초의 유협시 작가는 위魏의 조식曹植이다. 그의 「결객結客」 「백마편白馬篇」은 모두 유협을 주인공으로 하는 악부시다. 이중 「백마편」은 유협과 변새의 내용을 결합시켜 국가를 위해 희생하는 유협의 형상을 창조한 바 있다. 「백마편」의 애국적 유협 형상은 훗날 변새시에 받아들여져 일정하게 유형화되었는데, 변새시 전통에서 유협시적인 요소가 발견되는 이유가 여기에 있다. 이 시기 대표적인 작가로는 이외에도 진림陳琳, 좌연년左延年, 장화張華, 포조鮑照, 부현傅玄, 왕포王褒 등을 들 수 있다.

이렇게 한위漢魏 악부로부터 시작된 유협시는 이후 남북조 시기 및 수隋나라를 거쳐 당대唐代에 이르러 극성하게 되는데, 특히 성당盛唐의 시에서 유협에 대한 찬미는 하나의 시대적 풍기를 형성했다. 당대의 유협 기풍은 위진 시기 임협 숭상 풍조의 계승이기도 하지만 한편으로는 당대 특유의 사회적 분위기가 작용했다. 이 시기 유협적 시풍이 두드러진 시인들 중에는 종군이나 유람 등으로 변새 체험을 가진 이들이 꽤 있는데, 이민족의 사납고 용맹한 기상의 영향으로 인해 시에서도 상무尙武 정신을 바탕으로 협풍俠風을 찬양하곤 했다. 이 시기 시인들이 약속이나 한 듯 임협의 기풍을 시에 담고 있는 더욱 근본적인 이유는 시대가 이런 정신을 필요로 했기 때문으로 볼 수 있다.[9] 특히 이백李白은 자신의 삶과 시세계 모두에서 유협적 기풍을 강하게 띠고 있어 이 시기 나아가 중국 시사 전체에서 가장 걸출한 유협 시인이라고 하기에 부족함이 없다.

중국 시사에서 유협시는 당대에 절정에 올랐다가 이후 침체기에 빠진다. 유협시는 명대에 이르러 다시 유행하는데, 여기에는 사회 분위기보다는 문예의식의 변화가 크게 작용했던 듯하다. 전후칠자前後七子의 복고적 시론은 대표적인 양상의 하나다. 이들은 성당시를 추구하는 방법의 하나로 당대 유행한 유협시를 모의하기도 했는데, 이몽양李夢陽, 하경명何景明, 이반룡李攀龍, 왕세정王世貞 등의 시에서 이런 작품들을 발견할 수 있다.

유협시는 다음 몇 가지 측면에서 다른 유형의 시와 뚜렷하게 구별되는 특성을 갖는다.

먼저 시의 내용을 구성하는 요소의 특성을 들 수 있다. 유협시의 주요 구성 요소로는 인물俠, 신변사물身邊事物(복식, 말, 마구, 무기, 장신구 등), 활동 시대(전국戰國, 한漢 등) 및 공간(장안長安·한단邯鄲, 창루娼樓·주루酒樓 등), 유협적 정신과 행동(경생중의輕生重義·상무경유尙武輕儒·

배난해분排難解紛·은원보구恩怨報仇·유락遊樂 등)이라는 네 가지를 들 수 있다.[10] 이들 구성 요소는 한위 악부시 이래 정형화된 유협을 형상화하는 방식과 관련되어 있다. 따라서 역사적 인물의 사적을 읊은 영사시詠史詩나 현실의 유협을 읊은 것을 제외하고는, 대부분의 유협시가 가공의 인물과 사건을 읊고 있다.

다음으로 시에 사용된 의상意象의 관습성을 들 수 있다. 한시사를 통관해보면, 특정한 주제의 시들에는 일정한 범위 안에서 해당 주제의 풍정을 띤 의상들이 쓰이고 있음을 알 수 있다. 유협시의 경우는 그 전형성의 정도가 특히 강한 편이다. 유협시의 의상으로는 역사적으로 유협과 관련된 지명과 물상이 많이 활용되었다. 대표적인 예로 '유주幽州' '병주幷州' '한단邯鄲' '낙양洛陽' '장안長安' '함양咸陽' '위성渭城' 등의 지명과 백마白馬·백비왜白鼻騧·유柳·청루靑樓·주酒·투계鬪鷄·검劍 등의 물상을 들 수 있다. 이들 지명은 유협 인물을 많이 배출한 곳으로서 '유병아幽幷兒' '한단소년邯鄲少年'의 예와 같이 유협 인물의 범칭으로 쓰이기도 한다. 식물류로는 유독 버드나무柳가 많이 등장한다. 유柳는 주로 청루靑樓·창루娼樓·기녀妓女 등과 함께 등장하는데, 천금을 하루에 탕진하는 유협의 방탕한 면모와 관련된다. 이런 방탕한 면모는 투계鬪鷄와 같은 도박의 형태로 나타나기도 한다. 동물류 중에선 특히 말이 많이 등장하는데, 말은 유협과 불가분의 존재이기도 하다. 이에 따라 말과 관련된 부속 장식들인 굴레勒·채찍鞭·안장鞍 등도 즐겨 사용된다. 유협시에서 즐겨 묘사되는 준마들이 분치奔馳하는 호쾌한 장면이 어디에도 속박되지 않는 유협의 성격을 상징한다면, 호사스런 마구들은 유협의 사치스러운 생활을 반영한다고 볼 수 있다. 말 중에서도 특히 백마白馬와 백비왜白鼻騧가 많이 등장하는데,

여기에는 「백마편白馬篇」 「백비왜白鼻騧」라는 대표적 유협 악부제의 영향 또한 크다. 검劍 역시 『한비자』 「오두」 편에서 유협을 '사사롭게 검술을 가지고 고용된다以私劍養'라고 일컫는 데서도 알 수 있듯이 유협과 떼려야 뗄 수 없는 의상이다.[11]

마지막으로 작자층과 주제 간의 이질성을 들 수 있다. 유협시는 창작 담당층을 고려할 때 매우 독특한 성격의 시라고 할 수 있다. 대부분의 시인이 유자儒者임을 고려할 때 유협은 그들의 삶과는 일정 정도 유리되거나 심지어는 대립적인 존재이기 때문이다. 역사적으로 볼 때 유협의 반사회적 행동들은 유자들로부터 환영받지 못했다. 사마천이 유협을 옹호한 예가 있기는 하지만 반고班固가 이를 두고 "처사를 낮추고 간웅을 추켜세웠다退處士而進奸雄"라고 강력하게 비판했던 것이나, 『사기』 『한서漢書』 이후로 정통 사서에 유협이 입전된 예가 없다는 사실은 이를 잘 보여준다. 예법에 구애받지 않고 심지어는 서슴없이 사회 규율을 위반하기까지 하는 유협의 속성은 유자의 보편적 행동 양식과는 동떨어진 것이었다. 하지만 유자와의 이런 차별성이 도리어 하나의 일탈로서 시인을 매혹시키기도 했고, 한편으로는 이에 기대어 시대에 대한 불만이나 자신의 내밀한 의식을 토로하는 계기가 되기도 했다. 따라서 시인이 유협시를 남기고 있다고 해서 모두 진정으로 유협을 칭송한 것으로 받아들여서는 안 된다. 문학적 전통이 시인 스스로 좋아하는 것도 뛰어난 것도 아닌 시를 써내게 하는 것은 결코 이상한 일이 아니기 때문이다.

3) 유협시의 형식과 내용

유협시는 형식과 내용 방면에서 다음 몇 가지 유형으로 나눠볼 수 있다. 먼저 형식 면에서는 악부제樂府題와 비악부제非樂府題 유협시로 분류할 수 있다. 일반적으로 악부제 유형은 그 제목만 봐도 유협시임을 알 수가 있을 만큼 전형성이 강하다. 의고악부시擬古樂府詩 상당수가 그렇지만 악부제 유협시는 원래의 악부 고사가 다른 내용으로 전용된 예를 찾기가 어렵다. 앞서 언급한 송대 정초鄭樵의 『통지通志』 「악략樂略」(권49)에서는 '유협이십일곡遊俠二十一曲'으로 「유협편遊俠篇」 「협객행俠客行」 「박릉왕궁협곡博陵王宮俠曲」 「임강왕절사가臨江王節士歌」 「소년자少年子」 「소년행少年行」 「자소년刺少年」 「한단소년행邯鄲少年行」 「장안소년행長安少年行」 「우림랑羽林郎」 「경박편輕薄篇」 「검객劍客」 「결객結客」 「결객소년장結客少年場」 「술욕자沭浴子」 「결말자結襪子」 「결원자結援子」 「장사음壯士吟」 「공자행公子行」 「돈황자燉煌子」 「부풍호사가扶風豪士歌」를 들고 있다. '유협이십일곡'이라 거명된 작품 중 일부는 악부제라 하기 어려운 것도 있지만, 대부분은 지금 전하는 악부제들과 일치한다. 하지만 실제 유협시로 분류할 수 있는 악부제는 21곡의 수준을 훨씬 넘는다. 후대 악부시 창작에 큰 영향을 끼친 송대 곽무청郭茂晴의 『악부시집樂府詩集』에 실려 있는 작품들을 대상으로 유협시로 분류할 수 있는 악부제를 제시해보면 다음과 같다.(괄호 안은 『악부시집』의 악곡 분류임)

「유생劉生」(한횡취곡漢橫吹曲), 「백비왜白鼻騧」(양고각횡취곡梁鼓角橫吹曲), 「진녀휴행秦女休行」 「우림행羽林行」 「백마편白馬篇」 「완가행緩歌行」 「결객소년장행結客少年場行」「소년자少年子」「소년락少年樂」「소년행少年行」「한궁소년행漢宮少年行」「장락소년행長樂少年行」「장안소년행長安少年行」「위성소년행渭城少年行」「한단소년행邯鄲少年行」「경박편輕薄篇」「경박행輕薄行」「파사경박편灞上輕薄篇」「유협행遊俠行」「유협편遊俠篇」「협객편俠客篇」「협객행俠客行」「박릉왕궁협곡博陵王宮俠曲」「유렵편遊獵篇」「행행유차렵편行行遊且獵篇」「장사편壯士篇」「장사음壯士吟」「장사행壯士行」「결말자結襪子」「춘유곡春遊曲」(이상 잡곡가사雜曲歌辭), 「공자행公子行」「청루곡靑樓曲」(이상 신악부사新樂府辭), 「동해유용부東海有勇婦」(무곡가사舞曲歌辭)

『악부시집』의 분류에 따르면, 유협 관련 악부제의 상당수가 잡곡가사雜曲歌辭에 속하는 것임을 알 수 있다. 이중 「백마편」「우림행」「백비왜」「완가행」「행행유차렵편」「결말자」 등의 악부제는 고사로 볼 때 반드시 유협시라고 볼 수는 없으나, 후대에 지어진 의고악부시에서 유협시적인 내용이 해당 악부제의 고사를 대체한 경우다. 이 작품들은 물론 원래의 고사를 따른 것들도 있다.

유협시의 형식은 비단 악부·가행 등 고시古詩 형식에만 국한되지 않는다. 근체시 형식으로도 많이 창작되었는데, 율시 선집인 『영규율수』의 '협소류俠少類'에 실려 있는 작품들이 한 예다. 근체시 형식의 작품들은 고시와는 달리 시제만으로 유협시 여부를 판단하기 어려운 예가 많다. 『영규율수』에 수록된 시들을 보더라도 「소년행」「한단협소년」 같은 전형적인 유협 제재를 사용한 것도 있지만 노상盧象의 「잡시」, 한굉韓翃의 「증장건」, 왕건王建의 「한설」과 같이 시제와 무관하게 내용에 따라 유협시로 분류되는 것도 있다. 이 밖에도 영사詠史·송별送別·창수시唱酬詩 형식의 유협시가 존재해서 그 다양성을 짐작하게 한다.

다음으로 내용 면에서는 크게 역사 기록에 보이는 유협에 대한 시와 관념적 유협을 묘사한 시로 나누어볼 수 있다. 역사 기록에 보이는 유협에 대한 시 중에는 이들의 사적에 대해 평을 가한 것들이 있는데, 위魏 왕찬王粲의 「영사咏史」, 완우阮瑀의 「영사이수咏史二首」 두 번째 수, 진晉 좌사左思의 「영사팔수咏史八首」 여섯 번째 수와 같이 영사시 형식으로부터 비롯되었다. 이런 유형의 시에서 주로 읊어진 대상으로는 『사기』 「자객열전」에 입전된 형가荊軻·예양豫讓·전저專諸·조말曹沫·섭정聶政, 「유협열전」에 입전된 주가朱家·전중田仲·왕맹王孟·극맹劇孟·곽해郭解, 『한서』 「유협전遊俠傳」에서 유협의 으뜸으로 꼽은 전국시대 사공자四公子(신릉信陵·평원平原·맹상孟嘗·춘신군春申君) 및 신릉군의 식객이었던 후영侯嬴과 주해朱亥(『사기』 「위공자열전魏公子列傳」), 평원군의 식객이었던 모수毛遂(「평원군·우경열전平原君·虞卿列傳」)가 있다. 이밖에도 정사에 기록된 인물은 아니지만 유협 악부제 「결말자結襪子」의 고사와 관련된 장정위張廷尉(장석지張釋之)와 「진녀휴행秦女休行」 「동해유용부東海有勇婦」 시의 주인공인 성명미상의 여성 유협이 있다. 이들 중 특히 형가, 예양, 극맹, 후영, 주해, 모수 등이 많이 읊어졌다. 관념적 유협은 소년少年·악소년惡少年·협소俠小·협객俠客·유협遊俠·장사壯士 등의 범칭泛稱으로 주로 등장한다. 이들은 그 자체가 유협 악부제를 연상시키기도 하는데, 그중에서도 소년과 협객은 가장 많이 사용된 관념적 유협의 범칭이었다. 이밖에 역사에 기록된 것도 관념적인 것도 아닌 시인들에 의해 만들어진 허구적 유협 인물이 등장하는 경우도 있다. 「유생劉生」이 그런 예인데, 이는 특수한 경우이므로 별도로 분류하지 않는다.

한편, 유협시에서 읊어지는 일체의 유협은 그 신분과 성격에 따라 다시 몇 가지 유형으로 나누어볼 수 있다. 유협시에 등장하는 대표적 유협형상으로는 크게 시정형市井型 유협, 자객형刺客型 유협, 전쟁영웅형 유협, 그리고 부귀공자형富貴公子型 유협으로 나누어 볼 수 있다.

시정형 유협은 「유협열전」에 입전된 주가, 극맹, 곽해와 같이 시정에서 의를 행하여 여항의 신망을 얻는 인물 유형이다. 이들을 읊은 시에선 의기를 중시하고 재물을 가벼이 여기며, 남의 어려움을 해결해 주고 신의를 중시하는 정신이 주요한 주제의식이 된다.

자객형 유협은 「자객열전」에 입전된 형가, 예양, 전저, 섭정 등과 같이 자신을 알아주는 이를 위해서라면 죽음도 불사한 채 복수를 결행하는 인물 유형이다. 이들을 읊은 시에서는 지기知己를 중시하고 중의경생重義輕生하는 유협의 보은報恩·보구報仇정신이 주요한 주제의식이 된다.

전쟁영웅형 유협은 조식의 「백마편」에서와 같이 그 행위가 사적 관계를 떠나 공적 성격을 띠는 인물 유형이다. 이런 종류의 유협시는 변새라는 공간과 종군의 내용이 있다는 점에서 변새시와도 일정 부분 성격을 공유한다. 이는 역사상 실제로 있었던 현상이기도 했지만, 한편으로는 관료 문인들에 의해 제도권 안에 포용될 수 있는 인물 유형으로 유협 관념이 조정된 것이기도 하다. 봉건적 질서체계를 부정하고 사적 복수를 거리낌 없이 결행하는 유협을 국난을 구원하는 난세의 영웅으로 탈바꿈시킨 것이다. 이런 시에서는 상무경유尙武輕儒하고 유협의 기개에 대한 찬양이 주요한 주제의식이 된다.

부귀공자형 유협은 호화로운 복식을 한 채 창루를 출입하며 퇴폐적인 유흥에 몰두하는 인물 유형이다. 「소년행少年行」 「경박편輕薄篇」

「유협편遊俠篇」「공자행公子行」 등과 같은 시에 나타난 유협소년의 형상이 대표적 예다. 이들 시에서 형상화된 유협의 모습은 대부분 사치스런 복식과 소지품을 지닌 채 사냥·투계·도박을 즐기고 창루에 출입하며 천금을 탕진하는 것에 거리낌이 없다. 또한 삶에 대해서도 쾌락적인 측면을 강조하여 유한한 삶을 최대한 즐기는 것이 중요하다는 태도를 보인다. 이들의 행동의 특색은 '협俠'보다는 '유遊'에 더 중점이 주어져 있다. 이런 시에서는 유흥·쾌락에 대한 긍정과 자유분방한 행동 양식에 대한 찬미가 주요한 주제의식이 된다.

이상에서 살펴본 것처럼, 유협시에서는 어떤 유협 형상이 등장하느냐에 따라 그에 따르는 주제의식도 달라진다. 따라서 이들 유협 형상의 선택에 드러나는 특정한 기호는 시인이 표현하고자 하는 특정한 의식세계가 연관되었을 수 있다.

3. 17세기 조선 시단의 유협시 창작 동인

우리 한시사에서 유협시의 창작은 이미 고려시대에 발견된다. 이색李穡(1328~1396)의 「소년少年」(『목은고牧隱藁』 권3, 550쪽), 김구용金九容(1338~1384)의 「소년행少年行 여강驪江」(『척약재학음집惕若齋學吟集』 권하, 48쪽) 등이 그런 예다. 조선조에 들어서도 서거정徐居正(1420~1488)의 「소년행, 화기중少年行, 和幾仲」(『사가집四佳集』 권3, 266쪽), 성현成俔(1439~1504)의 「백마편白馬篇」 「공자행公子行」 「결객소년장행結客少年場行」(『허백당집虛白堂集』 허백당풍아록虛白堂風雅錄 권1, 390·397쪽), 김안국金安國(1478~1543)의 「연단송형가입진燕丹送荊軻入秦」(『모재집慕齋集』 권4, 79쪽), 정수강丁壽崗(1454~1527)의 「소년행少年行」(『월헌집月軒集』 권4, 242쪽), 기준奇遵(1492~1521)의 「새상협소가塞上俠少歌」(『덕양유고德陽遺稿』 권2, 310쪽), 민제인閔齊仁(1493~1549)의 「송형가입진送荊軻入秦」(『입암집立巖集』 권3, 427쪽)와 같은 작품들이 창작되기는 했지만, 상대적으로 미미한 편이었다.

이런 양상은 조선 중기 특히 17세기에 들어 뚜렷한 변화를 보인다. 이런 변화는 무엇보다도 유협시를 남기고 있는 작가층의 급격한 증가에서 찾을 수 있다. 필자가 조사한 바에 따르면 이해수李海壽(1536~1599), 이산해李山海(1539~1609), 임제林悌(1549~1587), 성로成輅(1550~1616), 차천로車天輅(1556~1615), 유몽인柳夢寅(1559~1623), 임전任錪(1560~1611), 이준李埈(1560~1635), 허초희許楚姬(1563~1589), 허적許樀(1563~1640), 이정구李廷龜(1564~1635), 신흠申欽(1566~1628), 이경전李慶全(1567~1644), 구용具容(1569~1601), 조찬한趙纘韓(1572~1631), 심광세沈光世(1577~1624), 이식李植(1584~1647), 최명길崔鳴吉(1586~1647), 조경趙絅(1586~1669), 신익성申翊聖(1588~1644), 이민구李敏求(1589~1670), 김세렴金世濂(1593~1646), 이명한李明漢(1595~1645), 이경석李景奭(1595~1671), 정두경鄭斗卿(1597~1673), 권시權諰(1604~1672), 신정申晸(1628~1687), 남용익南龍翼(1628~1692), 김만기金萬基(1633~1687), 이민서李敏敍(1633~1688), 김석주金錫胄(1634~1684), 신익상申翼相(1634~1697), 김만중金萬重(1637~1692), 조지겸趙持謙(1639~1685), 이현석李玄錫(1647~1703) 등이 유협시를 남겼다.[12]

또 다른 한 가지 변화는 다양한 제재·주제 및 형식의 작품이 출현하고 있다는 점이다. 이전에 비해 이 시기 작품들은 확실히 유협 제재 및 주제 측면에서 다양성을 보인다. 또한 형식적인 측면에서도 이전의 유협시가 단형의 악부시 위주였던 데 비하여 근체시는 물론 장편고시 형식의 작품까지 창작되었다. 이 점은 단순히 유협시 창작만의 문제로 국한시킬 수 있는 것은 아니나, 대체로 유협시의 유형적 전통에 대한 난숙한 이해를 기반으로 창작 수준이 향상되었던 데서 온 변화라고 보인다. 이상을 종합해볼 때, 유협시의 창작은 조선 중기에 이르러 고조되었고 특히 17세기에 들어 만개했다고 할 수 있다. 아래에서는 이런 변화를 추동케 한 이 시기 유협시 창작 동인이 무엇인지를 문학 내적 요소와 문학 외적 요소로 나누어 간략히 살펴보기로 한다.

17세기 조선 시단의 유협시 창작은 조선 중기 이래 지속된 학당풍學唐風과 연계되어 있으며, 이는 물론 명대 전후칠자의 복고적 시론에 크게 영향을 입은 것이다. 앞서 검토한 것처럼 당대의 시인들은 열정적으로 유협을 읊어 하나의 시대적 풍기를 형성한 반면 송시의 경우 이런 유의 시가 상대적으로 드물다. 육유와 같이 이민족에게 빼앗긴 송의 북방 영토를 수복하고자 했던 경우를 제외하고는 구양수歐陽修·소식·왕안석王安石·황정견黃庭堅 등 송대의 대표적인 시인들에게선 이런 유협시를 찾아보기 힘들다. 그런 점에서 학당풍, 그중에서도 특히 성당풍盛唐風을 추구하는 풍조가 정점에 이른 16세기 말 17세기 전반기에 유협시가 두드러지게 창작된 것은 자연스러운 현상이라고 할 수 있다. 실제 이 시기 창작된 유협시 대부분은 당시의 영향을 받은 것으로 보인다. 이 시기 학당學唐을 위한 학습서로 많이 읽혔던 원대 양사홍楊士弘의 『당음唐音』에 수록된 많은 유협시들을 통해 이를 짐작할 수 있다. 당대의 시인 중에서는 특히 이백의 영향이 컸던 듯하다. 이백의 비중은 앞서 인용한 이수광이 이백이 유협시 쓰기를 좋아했다고 지적한 것이나, 차천로가 이백의 대표적인 유협시 「협객행俠客行」 시구의 해석문제를 거론한 것, 또 정두경의 유협제재 악부시가 대부분 이백이 모의한 악부제와 겹치는 것 등에서 우회적으로 짐작할 수 있다.[13]

하지만 유협시의 창작이 단순히 당풍唐風이라는 측면만으로 설명될 수 있는 것은 아니다. 특히 같은 학당의 흐름 내에서도 삼당파三唐派 시인들의 시세계에서 거의 발견되지 않던 유협시가 한위고시漢魏古詩의 창작을 통해 성당풍을 추구하고자 했던 일군의 시인들에게서 발견됨은 주목할 만하다. 임전, 허적, 김세렴, 정두경 등이 그런 예다. 이들은 앞 세대의 시인과 비교할 때 성당의 시를 배운 점에서는 같지만 당시의 테두리를 넘어서 한위고시의 학습을 중시했다는 점에서 일정한 차이를 보인다. 이들이 이를 중시한 가장 큰 이유는 명대 전후칠자가 고시의 전범을 한위漢魏에 두었던 것과 관련 있다.[14] 초기 학당 시인들이 대체로 전후칠자 시론의 수용이 충분히 이뤄지기 전에 활동했다는 점을 감안하면, 유협시 창작의 동인으로 전후칠자란 요소가 일정하게 작용했음을 추정해볼 수 있다.

그 단적인 예로 조경趙絅의 유협시 창작 경위를 들 수 있다. 이경석李景奭에 따르면, 조경은 왕세정王世貞의 "도연명의 웅대한 뜻이 실현되지 못했음이 「영형가」에서 나타나고, 위응물의 호장한 행적을 숨길 수 없음이 「봉양개부」에 기록되어 있다陶之壯志不能讐, 發之於詠荊軻, 韋之壯跡不能掩, 紀之於逢楊開府"(『엄주사부고弇州四部稿』 권69, 「장급사시집서章給事詩集序」)라는 말에 느낀 바가 있어 고풍古風의 유협시를 지어 자신의 뜻을 드러냈다고 한다.[15] 왕세정이 언급한 시는 도연명의 「영형가詠荊軻」와 위응물韋應物의 「봉양개부逢楊開府」란 작품이다. 도연명의 시는 형가를 통해 세상에 대한 자신의 분노를 드러낸 대표적 유협시의 하나이며, 위응물의 시 역시 시인의 젊은 시절 유협 행태를 엿볼 수 있게 하는 작품이다. 왕세정의 언급은 이런 유협시들이 시인의 숨겨진 진면모를 엿볼 수 있게 하는 도구임을 말한 것으로 받아들일 수 있다. 조경의 창작은 이런 언급에 의해 추동된 것으로, 전후칠자의 비평적 시각이 유협시 창작에 일정하게 영향을 미쳤음을 알 수 있다.

한편 전후칠자가 유협시 창작에 미친 영향은 비평적 영역에 국한되지 않고 그들의 실제 작품에까지 나아간다. 현전하는 명시明詩 선집

중 하나인 『황명오대가율시초皇明五大家律詩抄』가 그 좋은 예다. 이 선집은 명대 이몽양李夢陽, 하경명何景明, 이반룡李攀龍, 왕세정王世貞, 오국륜吳國倫의 근체시 일부를 뽑아놓은 것인데, 이중 전후칠자인 이몽양, 이반룡, 왕세정의 유협시가 실려 있다. 이 시초가 매우 약소한 양임을 감안할 때, 이들의 시에서 유협시가 뚜렷한 예술적 특징으로 인식되었음을 짐작할 수 있다. 전후칠자의 문집도 마찬가지인데, 이몽양·하경명·이반룡·왕세정의 문집 모두 이런 유협시를 쉽게 찾아볼 수 있다.

17세기 유협시 창작에는 한편으로 16세기 후반부터 17세기 전반의 조선 내외의 상황도 일정하게 영향을 미쳤던 듯하다. 왜란과 호란이라는 미증유의 전란, 그 중에서도 특히 호란 전후의 상황들이 유협시 창작에 직·간접적인 동인이 되었을 것으로 짐작된다. 17세기 조선사회는 인조반정이후 국제정세의 변화에 능동적으로 대처하지 못했고, 그 결과 후금(청)에 굴욕적인 패배를 당한다. 인조와 반정 주체들은 청으로 동아시아의 권력 중심이 옮겨갔음에도 불구하고 반정의 명분이었던 숭명배금崇明排金의 기조를 버리지 못하여 청과의 갈등을 자초한 점이 있었다. 또 이 시기 제정치諸政治 세력이 주도권을 놓고 예론禮論·예송禮訟으로 첨예한 대립을 보였던 데 반해, 점점 강대해져가는 후금 세력에 대한 대비는 상대적으로 부족했던 것이 사실이다. 병자호란 시의 무기력한 패배에는 이들이 중앙 군사력의 대종을 이루던 군영의 전투력을 국가 방위가 아니라 정권 안보를 위한 용도로 전용한 데도 그 이유가 있었다.[16] 효종이 북벌에 대한 강력한 의지를 바탕으로 군비 강화를 추진한 바도 있지만, 그 명분에만 동의했을 뿐 실천에 회의적이었던 서인 세력과 빈번하게 발생한 재이, 그로 인한 재정 악화 등으로 무산되고 만다. 이 시기 일부 유협시들은 전란 전후의 시대 상황, 청에 대한 복수의식, 무력하게 패배한 당시 사회의 문약함에 대한 반성 등이 창작의 동인이 되었던 것으로 보인다. 대표적인 예로 유몽인, 조찬한, 조경, 정두경의 작품을 들 수 있다.

4. 17세기 조선 시단 유협시의 특징적 양상

1) 현실의 유협과 시대상의 반영

앞서 유형적 특성의 검토에서 밝혔듯이, 유협시의 배경이 되는 시공간은 일반적으로 시인이 처한 역사적 현실이 아니라 유협이 횡행하던 전국시대 혹은 한대를 연상시키는 가공의 상황이다. 특히 의고제의 악부·가행歌行의 경우 이런 양상은 더욱 두드러져, 등장하는 유협 인물마저도 정형화된 가공의 인물일 때가 많다. 중국만 보더라도 한위 악부시 이래 정형화된 유협시 특유의 형상화 방식으로 인하여 가공의 인물과 상황을 읊는 예가 대부분이다. 유협으로 자처했던 이백마저도 그의 시가 배경으로 한 시공간은 당대가 아니라 관습적인 유협의 시공간이었으며 등장인물 역시 대개가 관념적 유협이었다. 따라서 유협시에서 시인이 처한 특수한 시공간이 반영되거나, 현실의 인물을 전면에 등장시키는 것은 흔치 않다. 이런 유협시의 유형적 조류 속에서 구체적인 시공간을 배경으로 실존 인물을 읊은 작품이 있어 눈에 띈다.

수양버들에 말 메고 강가에 앉아 있노라니	繫馬垂楊河上坐
화려한 황색 저고리의 건아가 지나가네	黃衫健兒來經過
말하길 유주의 장군집 자손인데	云是幽州將家子
젊은 나이에 종군하여 막료로 참여한다고	少年從軍叅幕佐
천조의 군대 왜적을 토벌하러 감에	天朝將士討海蠻
작은 칼 지닌 채 거침없이 부산으로 향하네	尺劍行行釜山下
(…)	
일생 동안 모자란 안목으로 호기심은 많았지만	人生畜眼多好新
좁은 우물 속에서 동해 넓음을 잊었다네	入井還忘東海大
극락이 이 내 목숨 끝내 저버리거든	西天佛界負此生
다음 생엔 중국에서 태어나고 싶구나	我願一死生中夏

1609년 성절사聖節使겸 사은사謝恩使로 중국에 가는 길에 지어진 유몽인의 「능하소년행陵河少年行」(『어우집於于集』 권2, 321쪽)은 왜란에 참전한 경험을 갖고 있는 명군明軍을 읊은 작품이다. 이 시는 사행길에 만난 어떤 인물이 그 계기가 된 듯하다. 이 시기 문인들의 문집을 보면 명군과의 교유사실을 알려주는 시문들이 적지 않게 발견되는데,[17] 위 작품은 그것이 유협시 형태로 표현되어 있다는 점에서 특이하다.

시의 내용은 왜란에 참전한 명군의 기개에 대한 찬양과 그의 유협적 풍류에 대한 시인의 선망을 담고 있다. 위난 상황에 국가의 부름에 응하여 참전한다는 내용유형의 유협시엔 일반적으로 변방에 사는 유주幽州 혹은 병주幷州의 소년이 등장하기 마련이다. 이들은 이민족과의 전쟁에 참여하여 국가의 은혜에 보답하고자 하는데, 이런 측면은 자연 변새시와 유사한 성격을 갖게 한다. 하지만 유협시는 변새시와 달리 변새생활의 괴로움이나 전쟁에 대한 비판과 같은 측면보다는 유협적 풍모에 집중하는 경향이 있다. 이런 시들은 대체로 유협에 대한 소개—국가의 부름에 응하여 참전하여 공을 세움—의 서사 구조를 보이는데, 이 시에서는 공을 세우는 부분이 생략되고 호사스럽고 퇴폐적인 유흥의 부분이 결합되어 있다. 하지만 이런 서사 구조의 변화보다 더욱 주목되는 것은 이 작품이 구체적 시공간과 실존 인물을 대상으로 하고 있다는 점이다. 「능하소년행」이라는 시제에서 명군의 출신지역이 능하淩河 부근임을 짐작할 수 있고, 왜적 토벌을 위해 부산으로 향한다는 데서 왜란과 관련된 작품임을 확인할 수 있다. 유협시의 일반적인 흐름으로부터 일탈된 이런 사실성·구체성은 작품에 자연 생동감이 넘치게 한다. 유몽인이 이런 독특한 작품을 창작할 수 있었던 것은 유협시에 대한 난숙한 이해와 함께 당시 명군들 사이에 일정하게 존재했던 유협 숭상의 풍조가 그 배경이 되었을 것이다. 그러나 유몽인의 작품은 말미에서 드러나듯이 중국 유협아의 삶에 대한 막연한 선망으로 귀결된다는 점에서 일정한 한계 또한 갖는다. 이런 한계는 당시 문인들의 모화적慕華的 의식의 일단을 보여주는 것이기도 하지만 좀 더 근본적으로는 유협이 우리 삶과 유리되어 있다는 인식에서 비롯된 것이다.

그런 점에서 조찬한趙纘韓의 「한양협소행, 주증나수양漢陽俠少行, 走贈羅守讓」(『현주집玄洲集』 권2, 241~242쪽)이란 작품은 조선의 유협을 읊고 있다는 점에서 주목할 가치가 있다. 이 작품은 제목부터 「한양협소행」이라 하여 그 공간이 조선에 있음을 밝히고 있거니와, 그 내용도 일정하게 당시의 시대상을 반영하고 있다는 점에서 이채롭다.

한양의 태평스런 200년 세월	漢陽昇平二百祀
도읍의 남녀 많고 또 아름다웠지	都人士女殷且美
집마다 솥 늘어놓고 악기 연주 들으며 먹고살았고	家家鍾鼎食如蟻
화려한 단장 빛나고 노랫소린 시끌벅적	明粧耀日喧歌吹
삼문 밖에 유협의 소굴이 있었으니	三門之外稱俠窟
세 정씨와 다섯 나씨가 오직 최고였다네	三鄭五羅唯其最
무지개처럼 기운 토하고 우레 같이 소리치며	吐氣如虹聲若雷
넓은 바지에 허리띠 늦추곤 어슬렁거리네	大袴緩帶相徘徊
삼월이라 꾀꼬리 소리 고운 꽃 궁성에 가득한데	三月鶯花滿禁城
아리따운 기녀를 끼고 송현 모퉁일 지나네	掠挾妖娥松峴隈
술 찾아 술집에 가 엉망으로 취하고	索酒酒肆醉如泥
못된 소년배 죽이기를 닭과 돼지처럼 하네	鬪殺惡少如豚鷄
단오라 좋은 때 씨름하기 좋으니	端陽令節好角觝
임비 같은 힘으로 상대를 메다꽂는다	力如任鄙任顚委
무창의 허씨와 풍천의 이씨는	武昌豐川許與李
준마 타고 종각으로 나오네	高馬躍出鍾樓市
용맹함을 다퉈 검을 빼 겨루니	爭雄較悍挺劍合
위세는 하늘을 뒤흔들어 먼지바람 일으키네	聲勢拉霄風埃起
무창 풍천의 허씨와 이씨 포효하는 호랑이 같지만	武昌許李似哮虎
명성은 나씨 형제를 넘지 못하네	名聲未出諸羅氏
이때 나씨 막내가 나이가 가장 어렸건만	是時季羅年最少
여러 유협을 지휘하기를 아이 희롱하듯 했지	指揮衆俠如兒戲
개돼지 잡으며 하루하루 보내니	殺狗屠豕日復日
봄바람 가없다가 어느새 가을 달빛	春風無邊秋夜月

세시 절기가 오면 예기가 더해	歲時伏臘銳氣加
말을 나란히 하고 다투어 달려나가네	連鑣共袂爭馳突
인가의 열 길 담을 뛰어넘고	超越人家十丈墻
성을 오르내리길 평지처럼 하네	上城下城如平陸
현달한 집의 절대가인을 훔쳐 나오니	偸出侯家絕代色
제나라 개도둑이 호백구 훔치는 솜씨뿐만이 아니네	不啻齊狗偸狐白
도성을 뒤흔듦에 이리처럼 두려워하는데	傾都振畿畏如狼
곽해 같은 날래고 용맹함 누가 대적하리오	郭解精悍人誰敵
하루아침에 왜구가 삼경을 짓밟으니	一朝海寇蹴三京
한양의 문물 잿더미 되고 악취만 진동하네	漢陽文物煙塵腥
화려했던 협객들도 연기처럼 흩어지고	豪華任俠散如煙
굶주림과 추위에 떠돌다 호남까지 이르렀네	飢寒流落湖州城
그 많던 호협 열에 하나도 남지 않았고	多豪多俠十無一
다만 두 나씨만이 부평초처럼 떠도는구나	只有二羅飄如萍
이제 머리털은 쇠하여 빠진 지 오래고	只今鬢髮已衰落
천리마는 늙어 떨칠 근력조차 없다네	驥老奮憊無筋力
용성 아래에서 우연히 만나니	龍城城下偶見之
손잡고 바라보며 지난날의 감회에 젖네	握手相看感疇昔
아! 집 안에 숨겨준 도망자가 주인 위해 복수했고	噫吁嘻 家藏亡命報人讎
후영은 비록 늙었지만 상객이 되었다네	侯生雖老爲上客
그대는 보지 못했나, 계단 오르며 얼굴빛 변한 진무양을	君不見 歷階色動秦舞陽
젊은이의 혈기 어찌 탓할 수 있으랴	少子血勇焉足責

이 시는 한양에서 협객 노릇을 하던 나수양羅守讓이라는 인물의 이야기를 담고 있다. 원주原注에 따르면, 나수양은 전란통에 형제들과 헤어져 홀로 호남으로 피신해왔는데, 임실에서 조찬한과 만난다.[18] 나수양의 오형제는 당시에 유협으로 횡행하던 인물인 듯한데, 시인은 이들의 처지의 변화를 통해 전란전후의 시대상을 그려내고 있다.

시의 내용은 크게 네 부분으로 나뉜다. 첫 단락(1~22구)에서는 평화롭고 문물이 번성한 전란 전의 한양을 배경으로 나씨 형제를 포함한 협객들의 모습을 나열하고 있다. 두 번째 단락(23~32구)에서는 유협시 유형에서 관습화된 유협 형상의 형용을 통해 이들이 「유협열전」이나 「자객열전」에 기록된 유협에 못지않은 인물임을 부각시킨다. 세 번째 단락(33~38구)에서는 시상이 완전히 전환되어 왜적의 침입으로 쑥대밭이 된 한양과 이로 인한 유협들의 몰락을 비감한 어조로 그려내고 있다. 마지막 부분(39~44구)에서는 몰락한 협객과 해후한 시인의 감회와 상대에 대한 위로와 권면 의식이 표현되어 있다.

조찬한의 작품에서 특히 정채로운 부분은 유협의 부침을 통해 시대의 성쇠를 그려내고 있다는 점이다. 초반부 한양 200년의 태평성대에 대한 다소 과장된 묘사는 후반부의 한양의 몰락을 부각시키기 위한 수사적인 장치라고 할 수 있다. 시인은 유협을 하나의 사회적 징표로 삼아 이들의 부침과 한양의 성쇠를 오버랩하는 방식으로 전란 뒤의 참혹한 현실을 부각시키는 데 성공한다.

유몽인과 조찬한의 유협시는 모두 현실의 인물이 등장하고, 그것이 일정하게 시대상을 반영하고 있다는 점에서 뚜렷한 특징을 지닌다. 이런 작품은 17세기 조선의 특수한 역사 환경의 산물로서, 정형화된 시공간을 배경으로 하고 현실과 유리된 관념적 인물이 등장하는 일반적인 의고擬古 유협시와는 차이가 있다.

2) 현실 비판과 유가적 출처관의 결합

유협시에서는 때로는 시인 자신이 유협이 되어 협객지의俠客之義를 실행하는 경우가 있다. 우리는 이것을 시적 자아의 유협화라고 정의할 수 있다. 임전任錪의 "백옥 같은 얼굴의 소년 백비왜 타고, 우쭐거리며 위성의 꽃구경하네. 손엔 삼척의 부용검 비껴 쥐고, 웃으며 평원군의 집으로 들어간다白玉少年白鼻騧, 翩翩驕踏渭城花. 手橫三尺芙蓉劒, 笑入平原公子家."(『명고집鳴皐集』 권2, 「십삼세작十三歲作」, 54쪽)나 정두경의 "장안의 협객이 관서로 떠나니, 버들 빛은 푸르고 꾀꼬리는 지저귀네. 통쾌하게 금포 벗어 술집에 맡겨두었으니, 그대들로 하여금 진탕 취하게 할 수 있으리長安俠客出關西, 柳色青青黃鳥啼. 笑脫錦袍留酒肆, 能令公等醉如泥."(『동명집東溟集』 권2, 「취별자문 · 휴휴醉別子文 · 休休」, 405쪽)는 이런 양상을 잘 보여주는 예다. 두 시는 모두 관련된 일화가 전하는데, 이들의 유협숭모가 시적 자아의 유협화라는 문학적 감정이입을 넘어서서 실제 삶에서까지 구현되고 있음을 보여준다.[19]

하지만 유협시 모두가 반드시 진정으로 유협을 긍정하거나 선망해서 지어진 것은 아니다. 때로는 심미적 이유에서 기인하기도 하고, 때로는 시인 자신의 처지와의 현격한 차별성으로부터 기인하기도 한다. 앞서 언급했듯이 예법에 구애받지 않거나 심지어는 서슴없이 사회 규율을 위반하기까지 하는 유협의 속성은 유자로서의 보편적 행동양식과는 동떨어진 것이었다. 하지만 유자와의 이런 차별성이 도리어 하나의 일탈로서 시인을 매혹시키기도 했고, 한편으로는 이에 기대어 시대에 대한 불만이나 자신의 내밀한 의식을 토로하는 계기가 되기도 했다. 다음 시는 이 시기 유협시 창작에 이런 요소가 중시되었음을 보여주는 예다.

그대는 보지 못했나, 태화봉 위에 쌓인 삼 척의 눈이	君不見 太華嶺上三尺雪
해가 내려 쬐면 녹지 않을 수 없음을	白日照之難爲節
그대는 보지 못했나, 한강 가 열 장이나 되는 얼음이	君不見 漢水江頭十丈氷
봄이 오자 끝내 녹아 버림을	靑春受謝終應滅
세상일의 번복이 또한 이와 같을지니	世間翻覆亦如此
모든 일이 성함이 있으면 또 끝이 있다네	萬事有盛還有歇
천종 술 취하도록 마시고 유유자적코자 하니	千鍾取醉欲自適
누군들 용렬하게 벼슬 구걸하길 일삼으랴?	誰能碌碌事干謁
눈 있어도 권귀의 얼굴은 보지 않고	有目不見七貴面
다리 있어도 현달한 이의 집엔 들어가지 않네	有足不入五侯宅
일생을 거리낌 없이 머리 흔들고 가노니	猖狂一世掉頭行
강개하여 슬픈 노래 부르는 연·조의 나그네라네	自是悲歌燕趙客
품 안에 주해의 쇠몽둥이가 남아 있고	袖裏空餘朱亥鐵
동대야엔 모수가 올린 피 아직 마시지 않았네	銅盤未歃毛遂血
옛날 민지에선 진과 조의 제후가 회동했는데	澠池昔日會秦趙
인상여의 세 치 혀가 진왕의 요구를 물리쳤다네	拔却相如三寸舌
애석하구나 지금 걸출한 선비 없어	惜哉時無雄俊士
부질없이 더벅머리 아이놈을 시켜 인재를 거두는구나	坐令豎子收奇烈
해내가 오늘날 어찌 평안하다 하리오?	海內卽今何言平

장사와 상봉하니 마음은 찢어질 듯하네	壯士相逢膽欲裂
부귀가 나에게 무슨 소용이랴?	富貴於我何有哉
짧은 시간 동안 조정 이야기 따윈 하지 말게나	走馬莫道黃金埒
고개 숙여 하찮은 번쾌 따위와 무리를 짓다니!	低頭乃與噲等伍
관을 찢곤 아이놈들과 대오를 같이 하지는 않으리라	裂冠不作兒曹列
온 중원에 해는 저물어 가는데	一片中原白日暮
뉘라서 내 괴로운 근심을 알리오?	何人識我憂心苦
크게 웃고 문 나섬에 가는 곳 모르거니	大笑出門不知處
육일 형산은 비바람에 어둡구나.[20]	六日衡山晦風雨

—「열사편, 봉정수색烈士篇, 奉呈水色」(『동명집東溟集』 권1, 125쪽)

인용 시는 김세렴金世濂이 1620년경 스승인 허적에게 올린 작품이다. 시인은 당시 젊은 나이에 대과에 올라 청현직을 두루 역임한 전도유망한 신진 관료였다. 하지만 그의 벼슬길은 광해군대의 혼란한 정국 속에서 결정적 위기를 맞게 된다. 1617년 언관(사간원 정언)으로 인목대비 폐비를 주장하는 이들을 탄핵하다가 귀양을 가게 된 것이다. 실록에 보면, 당시 그의 행위는 반대파들로부터 사형에 처해야 한다는 말을 들을 만큼 격렬한 반발을 낳았다.[21] 김세렴은 곽산·강릉 등의 유배지를 거쳐 1년 뒤 해배되지만, 인조반정 때까지 벼슬길에 오르지 못한다. 이 시는 해배 뒤 그가 이곳저곳을 떠돌 때 지어진 작품이다. 허적의 기록에 따르면, 김세렴은 이때 진한秦漢의 시문에 매료되어 있었는데, 「협객행俠客行」 시를 지어 자신에게 보여주었다는 것이다.[22] 지금 전하는 문집에는 「열사편, 봉정수색」이라고 했지만, 본래 진한 시기 유행하던 악부가행 「협객행」을 본떠 지은 작품임을 알 수 있다.

김세렴의 시는 소인배가 횡행하는 암울한 세태를 한탄하고, 그러한 부정한 현실에 타협하지 않으려는 시인의 염결한 지조를 읊고 있다. 그런데 이 작품은 유협시의 양식적 전통에서 볼 때 다소 이질적인 작품이다. 표면적으로 이 시는 「협객행」이라는 유협시의 전통적인 제재를 취했을 뿐만 아니라, 그 내용 중에도 "일생을 거리낌 없이 머리 흔들고 가노니, 강개하여 슬픈 노래 부르는 연·조의 나그네라네猖狂一世掉頭行, 自是悲歌燕趙客"라고 하여 스스로를 협객에 빗대거나, '주해의 쇠몽둥이朱亥鐵'와 '모수가 올린 피毛遂血' 같은 유협 인물 및 고사와 관련된 어휘들을 써서 유협시 양식의 전통을 따르고 있기는 하다. 하지만 이 시 전반을 관통하고 있는 의식세계는 세도世道의 실행과 자신의 출처出處를 연관 짓는 유가적 처세관이지 결코 은원恩怨에 따라 보답과 복수를 결행하는 유협적 절조가 아니다. 더구나 세도의 실행 여부와 기울어가는 국운에 대한 걱정과 같은 부분은 유협시 일반의 내용과 분명히 구별되는 지점이다.

시인 자신의 정회를 기탁한 유협시는 대체로 시적 자아가 유협화하는 경향을 보인다. 이 시는 유협에 자신의 정회를 기탁했다는 측면에서 유협시의 유형적 전통을 잘 활용한 작품이라 할 수 있다. 하지만 동시에 유협을 절개 있는 선비로 환치시키고 전혀 유협적이지 않은 의식 양태를 보인다는 점에서, 유협화 양상에 일정한 변화가 있었음을 보여주는 징표이기도 하다. 이런 양상은 비단 김세렴 시의 사례에만 국한되지 않는다. 이 시기 다른 작품들에서 발견되는 유협 본연의 모습을 벗어난 유협의 형상도 그 방증이 될 것이다. 신익성申翊聖의 「공자행, 증증산한태수형보회일公子行, 贈甑山韓太守亨甫會一」(『낙전당집樂

全堂集』 권1, 158쪽) 같은 시가 그런 예다. 부귀공자 유협의 유락을 주요 내용으로 하는 「공자행公子行」 시의 관습과는 달리, 이 시는 목민관으로 부임하는 상대에 대한 기대와 선망의 내용이 주가 된다.[23]

이런 양상들은 개별 작품의 변화이기도 하지만 유가 본연의 가치관과 현격한 차이를 지니는 유협적 가치관이 수용되기 어려운 시대 상황과도 관련이 있을 것이다. 김세렴 시는 유협화된 시적 자아가 협객의 의리를 행하는 것은 자연스럽지만, 공적인 규율을 넘어서서 수단 방법을 가리지 않고 목적을 달성하는 유협적 행동 양식은 끝내 시인에게 선택되지 않는다. 주자학이 경화硬化되고 예교적 질서가 중시되던 당시 사회의 풍조를 감안할 때, 이는 유협적 가치관이 용납되기 어려운 17세기 조선의 문화적 풍토가 낳은 유협시의 한 특징이라고 볼 수 있다.

3) 청에 대한 복수설치復讐雪恥 의식의 표출

유협시에 등장하는 유협 형상은 크게 역사기록에 보이는 유협과 소년少年·협객俠客·장사壯士 등으로 일컬어지는 관념적 유협으로 나누어 볼 수 있다. 이들 유협 형상은 그 신분과 성격에 따라 다시 몇 가지 유형으로 분류할 수 있다. 자객형 유협, 전쟁영웅형 유협, 그리고 부귀공자형 유협이 그것이다. 창작론의 측면에서 볼 때 유협시는 유협 형상에 따라 그 주제의식이나 내용이 결정되는 경향이 강하므로, 인물 형상의 선택이 시의 성격을 결정짓는 주요한 인소가 된다. 그런 점에서 자객형, 전쟁영웅형, 부귀공자형의 인물 형상중 어떤 형상을 선택하는가는 시인의 작시 의도와 관련하여 주목할 부분이다. 특히 특정 시기에 집중적으로 선택된 유형 형상이 있다면 그런 현상을 낳게 한 시대적 함수와 공통적 의식세계에 대한 심도 있는 검토가 필요하다.

현재 전하는 한국의 유협시들을 통시적으로 개괄해보면, 고려조에서 조선 전기의 작품들엔 이들 형상이 비교적 고르게 등장하고 있음을 알 수 있다. 하지만 17세기에 창작된 유협시에 이르면 부귀공자형 유협보다 자객형이나 전쟁영웅형 유협을 읊는 것이 급증한다. 의고악부제로 보더라도 부귀공자의 유흥을 주요 내용으로 하는 「소년행少年行」「공자행公子行」보다는 자객형 유협의 고사를 주요 내용으로 하는 「협객행俠客行」「협소행俠少行」이나 국가의 위난에 맞서 싸우는 전쟁영웅형 유협이 등장하는 「백마편白馬篇」 등이 주로 선택되었다. 심지어 「소년행」을 선택한 경우에도 이민구李敏求의 "공자가 말 타고 힘들게 전진함에 말의 한구는 누렇고, 천기가 천자께 조회하곤 건장궁을 나선 것이라네. 함께 허리에 찬 자색 인끈 가리키며, 군대 앞에서 몸소 대원의 욱성왕을 참수한다名駒蹀躞汗溝黃, 千騎朝天出建章. 共指腰間雙紫綬, 軍前身斬郁成王"(『동주집東州集』 권5, 39~40쪽), 정두경의 "집 떠날 때 전송하는 사람 천만이니, 원수 갚기 위해 사람 죽인 것이 열세 살 때라네. 문득 흉노 선우가 계주 북쪽으로 쳐들어온다는 소식 듣곤, 또 비장을 따라 성남에 싸우러 가네移家送者出千萬, 報仇殺人年十三. 忽聞單于來薊北, 又隨飛將戰城南"(『동명집東溟集』 권2, 400쪽)와 같이 변새시적 의경意境으로 윤색되곤 했다. 비악부제 유협시도 형가·예양 등을 시의 제재로 하거나, 후영·극맹·주해 등의 고사를 읊은 시가 다수를 점한다. 대표 작품으로 허적의 「역수가易水歌」(『수색집水色集』 권1, 11쪽), 심광세沈光世

의 「역수송형가易水送荊軻」(『휴옹집休翁集』 권2, 345쪽), 최명길崔鳴吉의 「영사오절詠史五絕」(『지천집遲川集』 권3, 294쪽), 조경趙絅의 「형가荊軻」(『용주유고龍洲遺稿』 권2, 19쪽), 신익성의 「이문행夷門行」(『낙전당집樂全堂集』 권1, 146쪽), 정두경의 「자객가刺客歌」(『동명집東溟集』 권10, 486쪽) 등을 들 수 있다.

17세기 유협시에서 일어난 이 같은 변모는 왜란과 호란이라는 전란의 체험과 관련되어 있을 것으로 추정된다. 그중에서도 오랑캐라 멸시했던 여진족에게 수모를 당한 정묘호란(1627)과 병자호란(1636)의 체험이 크게 작용했던 것으로 보인다. 조경의 다음 시를 보자.

술집에서 개백정과 어울려 이름 감추고	酒肆狗屠隱姓名
천지 울리는 슬픈 노래 목숨 따윈 하찮구나	悲歌宇宙一身輕
연 태자 의사義士 좋아하여 진정 날 알아주니	燕丹好士眞知己
진왕 향한 원한 위협하여 갚으리라	秦政深讎可劫盟
흰 무지개 해 꿰뚫음은 천고에 드문 일	虹貫日輪千古異
지도 펴자 드러난 비수 천자를 놀래키네	圖窮匕首萬乘驚
일의 성패 비록 하늘에 달렸다지만	事之成敗雖天耳
왜 기다리던 손과 결행하지 않았던가?	何不當年與客行

—「형가荊軻」(『용주유고龍洲遺稿』 권2, 19쪽)

조경은 호란시 척화를 주장했던 남인의 대표적 신료 중 한 사람이다. 호란 이후에도 그는 청에 복수하기 위해 일본에 군사적 도움을 청하자는 주장을 펼치고, 호란에 가족이 죽은 이들로 복수 의병을 만들자는 안을 건의할 만큼 강경한 척화론자였다. 인용 시는 역사서에 기록된 형가의 일을 읊은 것이다. 형가를 읊은 대개의 유협시가 그러하듯 이 작품도 형가에 대한 동정적인 입장을 보여준다. 특히 결말 부분에서 진왕(훗날의 진시황) 암살의 실패를 애석해하는 비감한 정서가 절절하게 드러난다. 이 작품만으로 본다면 시인이 형가를 읊은 일은 일회적 선택으로 치부될 수도 있고, 특별한 시대적 추향을 인지하기란 쉽지 않다. 하지만 조경의 삶과 주변인의 관련 기록을 참조해 보면 형가의 선택은 결코 우연한 일이 아님을 알 수 있다.

대표적인 예로 이경석李景奭의 기록을 들 수 있다. 이경석은 서인이기는 하지만 조경과 가까웠던 인물이다. 그는 병조호란 때 삼전도비三田渡碑의 비문을 썼던 오욕의 장본인이기도 하다. 이 두 사람은 1650년 청나라의 사신이 일본의 침입을 핑계로 산성山城을 수리한 일을 사문査問하자 함께 책임을 지고 의주 백마성白馬城에 안치되었던 인연이 있었고,[24] 효종 승하 뒤 벌어진 기해예송己亥禮訟에서 이경석이 당색을 넘어 조경을 변호한 바도 있었다. 그는 조경이 유협시에 주목하게 된 계기로 앞서 인용한 왕세정의 "도연명의 웅대한 뜻이 실현되지 못했음이 「영형가」 시에서 나타나고, 위응물의 호장한 행적을 숨길 수 없음이 「봉양개부」 시에 기록되어 있다陶之壯志不能讐, 發之於詠荊軻, 韋之壯跡不能掩, 紀之於逢楊開府"란 언급을 들고 있다. 왕세정의 말은 유협시가 갖는 독특한 시적 성격을 지적한 것으로 받아들일 수 있다. 유협시가 시인의 은밀한 의중 혹은 진면모를 우회적으로 표현하는 도구가 될 수 있다는 것이다. 이런 언급은 유협시 양식에 대한 우리 시인들의 인식에도 적지 않게 영향을 미쳤을 것으로 보인다. 조경 역시 이런 특성에 주목하여 유협시를 창작했던 것이다.

도연명은 일찍이 「영형가詠荊軻」 시에서 "안타깝구나 검술이 서툴

러서, 뛰어난 공을 결국 이루지 못했네. 그 사람 비록 이미 죽었지만, 천년토록 호협한 정은 남음이 있구나惜哉劍術疏, 奇功遂不成. 其人雖已沒, 千載有餘情"라며 형가의 진왕 암살 실패를 애석해하면서 그에 대한 강렬한 추모의 의식을 표현한 바 있다. 이 시의 독특한 풍격을 두고 주희朱熹는 도연명의 시가 평담平淡하다고 하지만 그의 호방豪放한 본래 면모가 드러나는 작품이 바로 이 시라고 지적했다.[25] 도연명의 「영형가」 시가 진晉 왕조를 찬탈하고 송宋을 세운 유유劉裕에 대한 복수 의지를 담은 작품임을 감안한다면, 조경 역시 명을 무너뜨리고 조선을 욕보인 청에 대한 복수 설치의 의식을 담아 노래한 것으로 추론해볼 수 있다. 이런 추론은 조경 개인에만 그치지 않고, 이 시기 많은 시인이 형가의 일을 읊고 있다는 점에서 설득력을 얻을 수 있다. 이 시기 시인들이 읊은 형가의 일은 대체로 연燕 태자 단丹의 복수 의지와 형가의 진왕 암살 시도 부분에 집중되어 있어서, 조선과 청의 관계를 연燕과 진秦의 관계에 투사시키고 있음을 짐작할 수 있다. 형가의 일과 청에 대한 복수 설치 의식의 관계가 비교적 명징하게 드러나는 예로 정두경의 다음 시를 들 수 있다.

축 맞춰 부르는 「역수가易水歌」 애간장 녹이는데	燕歌和筑正消魂
바닷가 구름 낀 계주의 북문에서 왕자 돌아오지 못하네	海上雲山薊北門
찬바람 속의 장사 전송 보지 못하고	不見寒風送壯士
부질없이 봄풀만이 왕손을 생각나게 하는구나	空教春草憶王孫

—「의왕자사귀곡오수擬王子思歸曲五首」 중 네 번째 수(『동명집』 권2, 408쪽)

이 시는 초楚의 왕자가 진秦에 인질로 가서 돌아가고 싶은 생각에 지었다는 시를 의작하여, 병자호란 뒤 심양에 인질로 끌려간 봉림대군에 대한 안타까운 마음을 읊고 있다. 정두경의 시중에는 이 작품 말고도 네 수로 된 오언절구의 「의왕자사귀곡擬王子思歸曲」도 있는데, 거기에는 심양에 인질로 끌려간 봉림대군이 감회시를 지었다는 이야기를 듣고 비분하여 이 시를 지었다는 기록이 덧붙여져 있다.[26] 여기서 찬바람을 맞으며 떠나가는 장사는 "바람은 쓸쓸하고 역수는 차가와라, 장사 한 번 가면 다시 오지 못하리風蕭蕭兮易水寒, 壯士一去兮不復還"(「역수가易水歌」)를 외쳤던 늠연한 형가의 형상과 겹쳐진다. 인용 시에서처럼 17세기에 지어진 형가 관련 유협시들엔 어떤 비장·비감한 정서가 일관되고 있다. 그 모든 것이 복수 설치 의식 때문이라고 할 수는 없지만, 상당수의 문인들에게 이런 의식이 공유되고 있음은 충분히 짐작할 수 있다. 이 시기 시단의 문예 취향을 가늠케 하는 남용익南龍翼의 『기아箕雅』에 김상헌金尙憲이 지었다고 하는 「역수가」가 실려 있는 것도 매우 시사적이다. 이 시 역시 거사를 위해 떠나는 형가의 비장한 모습이 담겨 있는데, 시의 문면만으로는 다른 유사 작품들과 비교해 뚜렷한 장점을 발견하기 어렵다. 하지만 이것이 척화론의 상징적 인물인 김상헌의 작품이라는 점을 감안한다면, 왜 하필 이 작품인가에 대한 의문이 풀린다.[27] 형가란 코드와 청에 대한 복수 설치 의식이 밀접한 관련을 갖고 있음을 확인할 수 있는 예다.

이상의 사항을 종합해볼 때, 17세기 유협시에서 발견되는 유협 형상 선택의 편향성은 시대적 함수에 크게 영향 받은 것이라 평가할 수 있다. 그들이 형가를 중심으로 한 자객형 유협이나 국난 극복에 기여하는 영웅호걸형 유협을 읊는 데 경사했던 것은, 대청관계에서 무기력했던 당시 조선의 현실에 대한 정신적 반작용의 하나라고 할 수 있다.

5. 결론

이상에서 살펴본 것처럼 17세기 조선의 유협시는 성당풍 추구를 위한 의고적 창작 방식과 왜란과 호란 전후의 특수한 역사적 상황 등이 복합적으로 작용해 발생한 일종의 문학 현상이다. 이 시기 유협시 역시 현실의 유협이 아니라 역사상의 혹은 가공의 유협을 읊는 관념적인 경향이 강했지만, 주자학의 경화硬化에 따라 유협적 정신세계가 제한적으로 수용되었다. 이에 따라 유협 형상 선택에 편향성이 드러나고, 본연의 모습과 다른 왜곡된 유협이 등장하거나, 협객의 의리와 같은 유협적 가치관이 외면되는 결과를 낳았다. 이 모두는 17세기 조선의 특수한 상황이 낳은 유협시의 특징적 양상이다.

이 시기 유협시의 관념적 성격은 중국의 유협시가 대체로 당시 사회의 유협 문화로부터 유래했던 것과는 차이를 보인다. 한위漢魏와 당대唐代에 유행한 유협시는 모두 유협에 대한 관심을 바탕으로 유협적 정신세계와 행동 양식에 대한 모의로 이어졌고, 이것은 그 당시 사회에 유협적 풍기를 형성했다. 하지만 조선 시단에서는 그것이 어디까지나 관념적인 것이었을 뿐 유협에 대한 진정한 숭모는 아니었다. 따라서 유협시의 점증과는 달리 유협문화가 사대부 사이에서 유행한 흔적은 찾기 어렵다. 그런 점에서 우리 한시에서 유협시 양식의 수용은 어디까지나 유자로서의 근간을 벗어나지 않는 문예적인 범위로 제한되었다고 볼 수 있다.

그렇다면 17세기 조선의 유협시는 관념의 산물이자 허구적 유희에 불과한 것인가? 우리는 이에 대해 다음 세 가지 측면에서 제한적으로 그 가치를 평가할 수 있다.

첫째, 이런 유협시 창작이 한정된 범위 내에서 정두경과 같이 적극적으로 유협적 정신세계에 공명한 시인이 나올 수 있는 문학적 토대가 되었다는 점을 들 수 있다. 정두경의 유협시에 대한 시대적 추인은 이런 문학적 토양이 있었기에 가능한 것이기 때문이다. 이 시기 시단에서 정두경의 유협시가 두드러지기는 하지만 유협시가 정두경만의 특수한 작품세계는 아님을 확인할 수 있다.

둘째, 유협 형상의 편향적 선택에서 조선 특유의 유협 관념을 엿볼 수 있다는 점을 들 수 있다. 유협시 전통에서 볼 때, 시인들은 자신이 처한 역사 배경 및 생활 경험에 따라 유협의 관념을 조정했으며, 또 자신들이 좋아하는 전형적인 유협 형상들에 자신의 유협에 관한 이상을 기탁하곤 했다. 이 시기 유협시에서 형상화된 유협 형상들은 17세기 조선 시인들의 유협 관념과 그에 기탁된 이상을 파악하는 자료로서 의미를 부여할 수 있다.

마지막으로, 조선 후기 유협문학을 이해하기 위한 전사前史로서의 가치를 들 수 있다. 조선 후기 유협전의 성립에 관한 선행 연구에 따르면, 유협의 활동은 조선 후기에 이르러 비로소 사회적인 의미를 갖게 되었다고 한다.[28] 17세기 유협시의 대두가 대체로 상층 문화 내의 관념적 유협 형상을 벗어나지 못하는 데 반해, 18세기 유협전의 성립에는 민간의 유협 숭상으로부터 비롯된 기층문화의 상층문화로의 전이가 있었던 것이다. 하지만 18세기 유협전을 탄생시킨 동인과 관련하여 이 시기 유협시가 어떤 역할을 했는지는 아직 검토된 것이 없다. 17세기 유협시에서 보이는 유협 관념이 실제 유협을 입전한 유협전에 어떤 영향을 미쳤는지, 또 양자가 어떻게 다른지는 앞으로 검토가 필요하다.

이 글에서는 유협시의 유형적 전통을 검토하고, 이를 바탕으로 17세기 조선 유협시의 특징적 양상을 짚어보는 데 그쳤다. 여기서 미처 다루지 못한 유협 문학의 제문제에 대한 탐구는 훗날의 과제로 삼고자 한다.

典型

제6부

차별과 연대
: 조선시대의 개성 출신 문인들

變奏

조선 중기 송도 문인 시에 나타난 심미 경향의 특질

漢文學

1. 문제의 소재

잘 알려져 있듯이 대상 경물에 대한 미의 인식이란 대체로 객관적인 요소와 주관적인 요소에 의해 결정된다고 할 수 있다. 대상 경물 자체가 가지고 있는 미적 특수성이 객관적인 요소라면, 그것을 감수하는 감각 주체의 정감·의식의 국면은 의당 주관적인 요소에 속하는 것이라 하겠다. 그런데 이 감각 주체가 갖는 주관적인 국면은 주관적이라는 말이 은연중 사상捨象하기 쉬운 주체의 특정한 감각 작용을 규정하는 사회성 혹은 역사성의 측면을 간과해서는 안 된다. 이런 점에서 미의 인식을 결정하는 요소로서의 주관성이란 개별 존재의 주관성만이 아니라 사회 내 존재로서의 주관성의 측면도 존재한다고 하겠다. 문학텍스트에 대한 접근에 있어 이 사회 내 존재로서의 주관성에 좀 더 강조점을 둔다면, 특정한 미감의 관습적·반복적 표출의 이면에는 다분히 특정한 역사적·사회적 의식이 개재될 여지가 있다고 할 수 있다. 특히 그것이 일정한 기준으로 범위지을 수 있는 작가 집단에 공유되는 것이라면 더욱 그럴 개연성이 짙다고 할 것이다. 이 글이 송도松都(오늘날의 개성開城) 출신 문인의 시에 나타난 특정한 심미 경향에 주목하는 이유도 여기에 있다.

대체로 황폐·조락의 송도 경물에 대한 심미적 경사가 두드러진 이들 작품은 고려조에 대한 회고적 정서와 함께 맞물려, 이들 시세계에 독특한 국면으로 자리하고 있기 때문이다. 조선조에 들어 전 왕조의 옛 서울로서 송도에 대한 많은 회고시가 창작되었던 것을 고려한다면, 이는 일면 단순한 회고시로 치부될 수도 있다.[1] 하지만 이들의 시에 드러난 회고적 정서는 단순한 시간의 경과에 흥취를 일으키는 따위의 질을 벗어나 있다는 점이 변별될뿐더러 황폐·조락의 경물에 경사된 심미 경향도 이들이 갖는 특수한 현실적 처지와 결코 무관할 수 없는 현상이라는 점에서, 여기에 주목하는 것은 일정한 의의를 가질 수 있다.[2]

앞으로의 서술 편의를 위해 이 글에서 사용한 몇 가지 용어의 개념 범위를 전제해둔다. 먼저 이 글에서 사용한 '송도 문인'이란 용어는 정확히는 송도 출신의 문인을 가르키는 것으로, 송도를 세거지世居地로 하는 문인을 의미한다. 따라서 우거지寓居地로서 송도와 인연을 갖는 인물은 여기서 제외되었다. 다음으로 이 글에서 언급되는 '심미 경향'이란 심미 자체에 목적을 두는 '심미주의'류의 용어와는 변별되는, 문학작품 내에서 작자의 의식이 특정한 대상물을 통해 표출되는 일정한 심미적 경향성을 의미하는 용어로 쓰였음을 밝혀둔다.

2. 송도 출신 문인의 시에 나타난 심미 경향의 특질

조선 중기 송도 출신의 대표적 시인인 차천로車天輅는 송도의 명승名勝 십이경十二景을 선정하여 시로 읊었다. 송도의 명승을 가려뽑아 시화한 것은 고려조 이제현의 전팔경前八景과 후팔경後八景의 전통을 이은 것으로 보이는데, 그 제재의 차이가 흥미롭다. 먼저 이제현은 송도의 전팔경으로 곡령춘청鵠嶺春晴·용산추만龍山秋晩·자동심승紫洞尋僧·청교송객靑郊送客·웅천계음熊川禊飮·용야심춘龍野尋春·남포연사南浦烟蓑·서강월정西江月艇을, 후팔경으로 자동심승紫洞尋僧·청교송객靑郊送客·북산연우北山烟雨·서강풍설西江風雪·백악청운白岳晴雲·황교만조黃橋晩照·장단석벽長湍石壁·박연폭포朴淵瀑布를 선정하여 시로 썼다. 반면 차천로는 자동청하紫洞晴霞·청교반조靑郊返照·서강야어西江夜漁·남루석등南樓夕燈·만월황대滿月荒臺·송악해운松岳海雲·천수송객天壽送客·지족심승知足尋僧·화원상춘花園賞春·용산추조龍山秋眺·박연관폭朴淵觀瀑·화담송월花潭松月을 12경으로 꼽고 있다. 이중 남루석등南樓夕燈·만월황대滿月荒臺·송악해운松岳海雲·천수송객天壽送客·지족심승知足尋僧·화원상춘花園賞春·화담송월花潭松月은 이제현의 전·후8경에는 없던 명승인데,

공교롭게도 만월대·남루·천수원·화원은 모두 황폐한 유적들로서 일정하게 고려왕조의 흥망을 상징하는 성격을 띠고 있다.[3] 따라서 명승을 읊은 시임에도 여기에는 황폐·조락의 경물에 대한 심미적 경사가 두드러지며, 이는 시 전편에 강한 애상적 정감을 띠게 하고 있다. "칠묘는 터만 남고 팔각전은 먼지가 되었는데, 청산은 적막하게 성문을 베고 있네七廟丘墟八角塵, 青山寂寞枕城闉"(「화원상춘花園賞春」)[4]라거나, "흥망엔 운수 있어 산하만 남았고, 피리소리 울려 퍼지는 저물녘에 새는 이내 속으로 사라지네廢興有數山河在, 一篴斜陽鳥沒烟"(「만월황대滿月荒臺」)[5]라고 한 것 등이 그것이다. 차천로가 굳이 12경 속에 이들 황폐한 유적들을 선정한 것은 일차적으로 송도의 현 상황을 반영한 것이기도 하지만 그 이면엔 퇴락·황폐한 대상 경물로부터 일정한 흥취 혹은 미를 느끼게 하는 의식적 배경이 자리한다. 이것은 비단 차천로에게만 국한되는 현상이 아니라, 비슷한 시기 송도 출신의 다른 문인들에게서도 공유되는 바이기도 하다.

석마는 바람에 울며 섰는데	石馬嘶風立
텅 빈 산에 저 혼자 있구나	空山渠獨存
황폐한 무덤에 큰 나무만 늙었고	荒墳喬木老
오솔길에 나무 그늘 짙구나	細路樹陰繁
옛일에 상심하며 비의 글씨 보노라니	吊古看碑字
아픈 마음 객의 혼을 끊는구나	傷心斷客魂
흥망의 끝없는 한스러움	興亡無限恨
산술을 따르며 달래네	賴有酌山罇

—김이상金履祥, 「현·정이릉조고玄·正二陵吊古」(『심적당유고心適堂遺稿』)[6]

옛 궁궐 터를 찾아 올라가노니	行行尋上古宮基
처량한 물색에 마음은 이미 슬퍼지네	物色凄涼意已悲
한 시대의 번화함이 일장춘몽처럼 다하고	一代繁華春夢歇
천 년 흥망의 땅에 저녁구름은 지나가네	千年興廢暮雲飛
산은 낙조를 머금고 사람은 눈물을 머금었는데	山含落照人含淚
봄은 빈 뜰에 가득하고 물은 못에 가득하다네	春滿空庭水滿池
끝없는 나그네 시름 누구와 나누리오	無限客懷誰與問
손으로 늘어선 교목들을 어루만질 뿐이네	手攀喬木立多時

— 한순계韓舜繼, 「등만월대登滿月臺」(『시은집市隱集』 권1)

위 두 시는 명종대 인물로 영원군수를 지낸 김이상[7]과 선조대에 평생을 출사하지 않고 송도에서 은거했던 한순계의 시다. 김이상의 시는 빈산에 바람을 맞으며 울고 서 있는 석마와 황분의 늙은 교목의 제시를 통해 쓸쓸하고 황량하기 그지없는 정경을 극대화시키고 있다. 쓸쓸하고 황량한 경물에 대한 시인의 심미적 경사가 두드러진 만큼, 고려왕조의 능을 바라보는 시적 화자의 한스러움도 강렬하다. 그의 다른 시에서 "필마로 헤치며 가는 옛 길은 가파르고, 저물녘 빈숲에 까마귀는 다 돌아와 깃들었네, 행인은 전조의 일을 묻고자 하나, 보이는 것은 황대의 나무마다 핀 꽃뿐이라네匹馬行穿古路斜, 空林棲盡返昏鴉, 行人欲問前朝事, 惟見荒臺樹樹花"[8]라거나 "천수사문은 이제 볼 수 없고, 몇 그루 쇠한 버들만이 전조를 생각케 하네天壽寺門今不見, 數株衰柳憶前朝"[9]라고 한데서도 황량하고 쓸쓸한 정경을 통해 드러나는 강한 회고적 정감을 살펴볼 수 있다.

유적이 환기시키는 회고 정서란 그리 특별한 것이 못 되지만, 상실한 것에 대한 두드러진 심미적 경사란 한편으로 시인의 현실적 삶의 불안정·실의와도 무관할 수 없는 문제이기도 하다. 한순계의 시는 이런 점에서 쓸쓸한 정경 속의 일부로 자리한 화자의 존재가 관심을 끈다. 수련·함련에서 처량한 물색, 폐허 위의 저녁 구름 등의 정경은 번화했던 고려왕조에 대한 회고의 정서를 환기시키고 있다. 고려의 옛 궁궐 터로서 이젠 흔적만 남은 만월대는 전 왕조의 옛 서울로서의 송도의 현실과도 무관할 수 없는 상징성을 띤다고 할 수 있다. 그 상징성은 바로 경련에서 낙조를 머금은 산과 봄기운 가득한 뜰의 정경과의 대비를 통해 극적으로 대비되고 있다. 봄이 찾아오고 못에 물이 가득 참에 따라 더욱 부각되는 현재의 상실감이 바로 낙조로 표현되는 애잔한 정경일 것이다. 그런데 여기에 낙조를 머금은 산과 같이 화자는 하염없이 눈물을 흘림으로써 어찌 보면 과도한 감상성을 노출시키고 있는 것이다.

물론 이를 단순한 회고적 정서로 치부할 수도 있겠지만, 특기할 만한 것은 시인이 대상경물에 갖는 심미적·정서적 경사다. 회고시의 상당수가 대상 경물에 대한 흥취에서 촉발되어 대상 경물을 초탈하여 인간사의 흥망성쇠 따위의 무상감 등으로 맺어지는 반면, 이들 시는 화자가 대상 경물에서 촉발된 애상감에서 벗어나지 못하고 있거나, 심지어는 동화되어 가는 의식을 보여주고 있다. 이 같은 과도한 감상성, 혹은 애상성의 국면은 시인이 대상 경물과의 긴장감·거리를 유지하지 못한다는 점에서는 시적 하자가 될 수도 있겠지만, 다른 측면에서 보자면 이 같은 국면을 유발하는 송도 출신 문인들의 독특한 심미 경향을 반영하고 있는 것이기도 하다. 앞서 논했던 것처럼, 이러한 미의 인식이 대상 경물이 갖는 객관적 황폐·쇠락의 자질에 국한되는 것이 아니고, 감각 주체가 갖는 사회 내 존재로서의 주관성에 의해서도 결정된다면, 이는 감각 주체가 겪어온 현실적 경험의 질과도 관련되는 것이라 하겠다. 차운로車雲輅의 다음 시에서 드러내는 의식은 이 점을 명징하게 보여준다.

세상에서 흐르는 세월 쫓아 살아감을 견디지 못하고	不堪塵跡逐流年
근심스레 숭악산 대함에 푸른 기운 하늘에까지 닿네	愁對崧山翠薄天
어데서 목동의 피리 소리 들려오는가	何處數聲牛背笛
가을바람에 불려 만월대에 떨어지네	秋風吹落古臺邊

—차운로, 「만월대滿月臺」(『송경지松京誌』 권7 고적古蹟 만월대조滿月臺條)

시인은 '진적塵跡'이 상징하는 바 험난한 현실의 질곡으로부터의 좌절의 심회를 고려의 옛 궁궐 터인 만월대 주변의 경물에 투사하고 있다. 근심스레 숭악산崧岳山을 대하던 화자의 시선이 어딘가에서 들려오는 피리 소리를 따라 폐허가 된 만월대로 옮겨지는데, 이때의 피리소리란 한가로운 정취를 환기시킨다기보다는 가을바람 부는 스산한 정경과 함께 쓸쓸하고 애달픈 분위기를 고즈넉이 환기시킨다고 하겠다.

이 시가 보여주는 현실적 좌절로 말미암은 시인의 애상적 심회가 경물에 투사되어 애상적 미감으로 현현되는 측면은, 비단 차운로 개인의 심미적 경향만이 아니라 다른 송도 출신 문인들의 처지와 무관할 수 없는 것이기도 하다. 따라서 앞서의 시들이 보여주는 시적 화자의 지나친 감상성 혹은 애상성 또한 일정한 범위 내에서 단순한 개인적 감성이라기보다는 현실로부터 야기된 좌절의 반영이라고 볼 수 있다. 이들의 현실적 좌절 혹은 불우란, 단순히 개인적 차원의 질이 아니라 사회적·역사적 산물이기 때문이다.

3. 조선시대 송도지역이 갖는 역사·사회적 특수성

개국과 함께 조선왕조는 한양에 정도定都했고, 제1차 왕자의 난으로 말미암은 일시적 환도還都를 제외하곤 한양이 왕조의 수도로서 정치적·문화적 중심 기능을 수행하게 되었다. 반면 송도는 고려의 정치적·문화적 중심지로서의 면모를 모두 잃어버린 채 쇠락의 길을 걷는다. 왕조의 변동으로 인한 정치적·문화적 구심점의 이동이란 자연스런 현상이지만, 왕조 변동기 조선의 개국에 동참하기를 거부했던 송도 사람들의 정서마저 작용하여 송도와 송도 사람의 쇠락 혹은 몰락은 더 빨라진 경향이 있다. 『송도잡기松都雜記』를 저술한 선조대 인물 조신준曺臣俊[10]의 다음 언술은 선초 이래 송도 사람들이 걸어온 몰락의 과정과 경위를 정확히 설명하고 있다.[11]

> 본부는 여조의 옛 수도로서 500년 동안 휴양생식하며 도덕과 예절을 갖추고 있었다. 특히 그 염치에 있어서는 비록 베고 도륙할지라도 오히려 그 지키는 바를 바꾸지 않았다. 가령 휘를 의생이라 하신 나의 팔대조는 여말에 임선미·맹성 등 70여 인과 서교西郊에 은둔했는데, 왕조가

바뀜에 미쳐서도 문을 닫고 절개를 지켰으며, 화를 당함에도 목을 빼고 다투어 나서려 하지 않음이 없었다. 지금에 이르러 두문동이라고 일컫는데, 비록 우리 조정의 도탑고 깊은 은택과 어짊으로도 부득불 일체의 법으로써 제거하고 금지하여 100년간 응거應擧를 정지시킬 수밖에 없었으며, 수민讐民의 자손을 일반 사람과 동등하지 않게 했다. 그런데 세월이 많이 지남에 따라 정도가 더욱 심해져, 도덕·문장·충효·절의로 일세에 뛰어난 선비들이 대부분 다 하급 관직에 묻혀 한 가지도 그 뜻을 펴지 못하니 다른 것은 어찌 말하겠는가? 처음 건국할 때에 법으로서 몰아 죽이고 금하고 억누른 것은 당시의 형세가 그러한 것이니, 이미 왕조가 안정된 후에는 오히려 그들의 마음을 논하여 신하로서 충성을 보인 자는 진실로 가상히 여겨 표창함이 그치지 않았다. 이 땅의 임林·장張·마馬·차車·백白의 성씨는 삼한갑족이라는 말이 옛날부터 일컬어져 왔는데, 만약 조선을 따르지 않은 이 땅의 인물들이 다 시민市民이고 사류士類가 아니라고 한다면, 금고의 법을 시민의 무리에게 베풀었단 말인가? 오직 그 조선을 따르지 않은 세가·구족이란 『서경』의 이른바 수민讐民인 것이다. 우리 태조께서 친히 설과設科하셔서 지극한 정성으로 인도하여 잘못을 씻어주고 받아들여주시려 했으나 한 사람도 과장에 들어서서 시험에 응시하는 자가 없었으니, 그 몸은 욕될 수 있으나 그 마음은 굽힐 수 없으며 그 이름은 밟힐 수 있으나 그 뜻은 꺾일 수 없다는 것이다. 선비된 자가 그 궁함을 당연히 여기고 분수 외의 일을 꾀하는 마음을 갖지 않았으니, 과거에 뽑힌 자나 벼슬을 맡은 자 모두 구차히 나아가는 것을 수치로 여겼다. 관직에서는 청신淸愼함을 숭상하고, 환란에 임해서는 절의를 지켜 죽는 것으로써 자임했으니, 이것이 어찌 예법의 아름다운 풍속이 그렇게 한 것이 아니겠는가? 우리 조정이 고려조에 춘생추살春生秋殺 · 음참양서陰慘陽舒의 법을 심하게 베풀었으니, 그 금고하고 응거를 정지시킨 까닭은 단지 이들의 마음을 꺾어 복종시켜서 우리를 신하로 삼아 함께 성현의 정치로 돌아가고자 함이었다. 그런데 말류의 폐단이 멀리하여 버리고 드러내놓고 배척함에까지 이르니, 이것이 어찌 우리 선왕의 본심이었겠는가?[12]

주지하는 것처럼 조선 개국초 '두문동 72현'이라 불리는 고려에 대한 절의를 지키고자 한 한 무리는 끝까지 조선에 출사하기를 거부했고, 이들의 이러한 행동은 조선왕조 체제의 안정에 명분적인 부담이 되었다. 이들이 은거한 지역이 송도였다는 점에서 고려조에 대한 절의를 지키고자 한 한 무리가 한양 정도 후에도 송도에 머물러 살았음을 알 수 있다. 이는 단순히 정치 변동기에 신체제에 적응하지 못한 일부 인물들의 돌출적 행동이 아니라 적어도 송도의 사류사회에서는 보편적 정서였던 것으로 보인다. 조선에 출사를 거부하고 장사치로 살아간 송도의 사인층士人層을 '충발고忠發賈'라 일컬었다는 기록[13]도 이를 유추할 수 있는 하나의 단서가 된다.

태조 이성계는 송도 위무책의 하나로 친히 설과設科하여 이 지역 인물을 등용코자 했지만, 단 한 명도 응거하지 않음으로써 송도는 응거금지應擧禁止의라는 보복을 당한다.[14] 이는 성종 원년에 가서야 해제되게 되고, 또 위의 조신준의 말처럼 이 같은 강경책이 불가피한 점도 있었다. 그러나 그 후에도 송도 사람들에 대한 중앙으로부터의 소외가 심화되었다는 것이 문제였다. 조신준이 지적하고 있는 것처럼, 세월이 흘러감에 따라 더욱 심해진 이런 소외 현상은 송도의 사인들로 하여금 능력의 여하에 관계없이 하급 관료로 전전하게 했고, 마침내는 곤궁함 속에서도 더 이상 분수 밖의 마음分外之心을 갖지 않기에 이르렀다. 아마도 조선이라는 주류사회에 편입되기 어려운 현실적인 한계가 이들이 '분수 밖의 마음分外之心'과 '구차히 벼슬길에 나아감苟進'을 염두에 두지 않는 계기가 되었을 것으로 추측된다.

송도 사람들의 정치 현실에서의 이 같은 몰락은, 후대로 갈수록 이들에 대한 왜곡된 인식을 낳게 했던 것으로 보인다. 이 시기보다 조금 뒤에 이중환李重煥, 『택리지擇里志』에서 송도가 조선 300년 이래 사대부가 살지 않는 지역이 되었다고 한 것이나[15], 송도 사람들만을 말한 것은 아니지만 유수원柳壽垣이 『우서迂書』에서 지적한, 이들에게 국가의 중요한 직위를 맡길 수 없다는 차별적 사고[16]가 그것이다. 또한 조신준이 반박하듯이 조선의 개국을 따르지 않고 송도에 남은 이들이 사류士流가 아니라 시민市民이었다고 보는, 송도 사람들을 천하게 보는 시각이 후대에 존재했던 것으로 보인다. 따라서 송도 출신의 인물들이 부딪힌 현실적 장애와 그로 말미암은 불우·좌절 의식은 개인적인 것이 아니라 사회적인 것으로 이들에게 공유되고 있었음을 쉽게 짐작할 수 있다.

4. 송도 출신 문인의 현실 인식 양태

송도 출신 문인들의 시에 나타난 심미 경향이 그들이 처한 현실적 입지에 영향 받은 바 크다는 점은, 한편으로 이것이 그들이 가지고 있던 현실 인식 태도와 연결되어 생각되어질 수 있음을 반증하고 있는 셈이다. 이들이 갖고 있던 대사회 의식, 곧 현실을 어떻게 보았나 하는 점은 남아 있는 자료의 영성함으로 구체적으로 논할 수 없는 것이나, 이들의 시세계에 나타난 특징적 의식 국면은 이에 관한 하나의 의미 있는 예가 될 것이다. 여기서는 한순계와 차천로를 검토하여 이에 관련된 하나의 의식 양태로 제시하려 한다.[17]

1) 현실로부터의 원격遠隔: 한순계

한순계는 이 시기 송도 문인들 중에서 매우 특수한 삶을 살다 간 것으로 주목되는 인물이다. 그의 호가 시은市隱[18]이라는 데서 알 수 있듯이, 그는 한평생을 저잣거리의 은자로서 살아간 인물이다. 그의 생몰연대는 정확치는 않으나, 선조대를 살다 간 인물이라고 알려져 있다.[19] 한순계는 집안이 가난했지만 글 읽기를 좋아했고, 또 시에 뛰어나 주위에서는 유자로서의 입신을 권했지만, 그것을 거부하고 한평생 주물을 파는 상인으로서 생을 보냈다. 그의 가계를 지금 전하는 자료만으로는 명확히 알기가 어렵지만, 적어도 양반의 신분을 유지했던 것으로 보이는 그가 상인으로서의 삶을 살아갔음은 매우 특이한 일이 아닐 수 없다. 전하는 바에 따르면, 그 자신 유업儒業으로는 어머니를 봉양할 수 없기 때문이라고 했지만, 그가 출사에 뜻을 두지 않고 굳이 천역에 종사했던 이유가 그것만으로 설명되기란 어려운 일이다. 더구나 상인으로서도 이윤에 전혀 관심을 두지 않았으며 화담 서경덕의 수학 권유도 거절한 채, 현실에서의 어떠한 욕망으로부터도 스스로 단절시켰던 점은 매우 시사적이다.[20]

잘 알려져 있듯이 '송상松商'은 조선 후기에 이르면 전국적 영향력을 미칠 정도의 강력한 상인 세력이었다.[21] 국내와 국외를 연결하는 행상行商의 성격을 띤 이들의 상업활동은, 중국의 산물이 한양으로 유입되는 길목으로서의 지형적 유리함이나 전답이 적은 지역적 특성과 맞물려 그 꽃을 피우게 되었던 것으로 보인다. 그런데 조선 후기 실학자 이익이 이에 관해 색다른 언급을 한 것이 있어 주목된다. 그는 『성호사설』에서 송도 사람이 상업에 많이 투신하게 된 이유 중 하나를 조선왕조 건국에 불복한 송도 사람들을 조선조에서 등용하지 않았기 때문이라고 설명했다. 이 때문에 송도에 거주하는 사대부의 후예들이 학문을 버리고 상업에 종사했다는 것이다.[22] 이는 앞서 언급한 '충발고忠發賈'라는 용어와도 밀접한 이야기이겠으나, 송상의 전통 중 사대부로서 상업에 투신한 이들이 한 흐름을 형성하고 있음을 잘 보여주고 있다. 이는 한순계가 상인의 삶을 선택한 진정한 동기가 무엇인지 알 수 없는 상황에서, 그의 삶을 이해하는 하나의 단서로 주목된다. 이 점은 후대 그의 문집을 간행한 송도유수 홍명한洪名漢(1724~1774)이 「시은집서市隱集序」에서 그의 삶을 조선 초기의 충발고忠發賈와 병렬시켜 논했던 것에서도 짐작할 수 있다.[23] 따라서 그의 상인으로서의 삶이 갖는 의미란 송도가 갖는 특수한 역사적 국면과 무관할 수 없다.[24]

한순계의 시에서 두드러지는 국면은 황폐·조락의 경물에 대한 심미적 경사와 고려왕조에 대한 회고 정서다. 이 두 국면이 때로는 같이, 때로는 개별적으로 많은 시에서 드러난다. 이는 시인이 지니고 있는 의식의 한 기축을 반영하는 것이기도 한데, 한편으로 그의 시에서는 자신을 세상사로부터 자유로운 한인閑人이라 표현하고 있기 때문에, 이 양자의 의식이 어떤 매개 고리에 의해 연결되느냐가 해명되어야 할 과제다.

한순계는 스스로를 한가로운 사람閑人이라고 표현한 바 있다.[25] 여기서 한가로움이란 유자의 업儒業을 포기하여 스스로를 현실적 욕망 실현으로부터 격리시킴으로써 현실과 일정한 거리를 두고 있음을 의미한다.[26] 물외物外의 소요자逍遙子의 자처한 것도 그가 지니고 있는 이러한 의식의 투영일 것이다.[27]

십 리 황교 길을 시 읊조리며 지나노니	十里黃橋浪詠詩
나귀타고 돌아가는 흥은 어디로 향하여 가나	騎驢歸興向何之
한가로운 이 홀로 한가이 돌아가는데	閑人獨自閑歸去
마침 강 위의 하늘엔 해가 저물고 있네	正是江天日暮時

—「황교만조黃郊晩照」, 『시은집市隱集』 권1

날이 저물어도 서두를 것 없는 화자의 모습은 한가롭기 그지없다. 그러나 이러한 한가로움이 자신이 처한 현실에 대한 긍정적 시선에서 유발된 것이라고 보기엔, 그의 시세계 전반의 주조적 분위기인 우울하고 쓸쓸함이 문제가 된다. 한순계의 시에는 낙조落照, 폐허의 유적, 낙화落花 등 조락과 소멸의 심상들이 자주 등장한다. 이는 그의 시에 유독 고려왕조에 대한 회고 정서를 담은 시가 많다는 점을 고려할 때, 앞서 검토한 송도 출신 문인 간에 공유되는 특성과 무관할 수 없는 것이다.

산은 옛 뜻을 머금고 객은 슬픔을 머금고	山含古意客含悲
홀로 무너진 계단에 섬에 옛 생각이 간절하네	獨立頹堦最有思
아득히 찬 이내는 옛 성가퀴를 두르고 있고	漠漠寒烟籠舊堞
쓸쓸히 풀들은 남은 터를 덮고 있구나	凄凄綠草覆餘基
해 넘어가는 고개 위에서 나무꾼은 노래하고	斜陽嶺上歌樵子
가랑비 내리는 성 서편에서는 목동이 피리를 부네	細雨城西笛牧兒
지나가다 망국의 한스러움을 견디지 못하여	行邁不堪亡國恨
거친 시구 읊조리다 멈춰 잔을 기울이네	解吟荒句住傾巵

—『중경지中京誌』 권7 제영題詠, 한순계의 화원시花園詩

화원花園은 공민왕이 2층으로 축조한 팔각전八角殿 주위의 터를 말한다. 이 장소는 조선 태조가 역성혁명에 가장 큰 걸림돌이던 최영을 사로잡은 곳이기도 하다. 한순계의 시에는 이처럼 역사적 배경을 지니고 있는 경물은 물론 송도의 일상적 경물을 읊을 때조차 고려조에 대한 회고로 시상이 이어지곤 한다. 자남산子南山에 올라 지은 시에서

"오래 앉아 근심스레 고국을 생각하노니, 차마 고개 돌리지 못하고 눈물은 옷깃을 적시네坐久悠悠思故國, 不堪回首淚沾襟"[28]라거나, 조선조에 들어 지어진 장암정場巖亭에서 "별도로 개중에 망국의 한이 남아 있으니, 궁성의 버들은 빗속에 잠겨 있네別有箇中亡國恨, 臺城楊柳雨籠深"[29]라고 한 데서, 그의 회고적 의식이 일회성이 아님을 확인할 수 있다.

앞서 검토했듯이 고려조에 대한 회고 정서는 쓸쓸하고 황량한 경물에 대한 심미 경사를 통해 드러나는데, 기본적으로 현실에서 상실되어 있는 것에 대한 정감적 경사라 할지라도 이것이 특정한 국면으로 집중되고 있다는 점은 단순치 않은 의미를 지닌다. 특히 고려조의 유적 혹은 송도의 경물 속에서 슬픔에 잠겨 어떠한 가치도 찾지 못하는 화자의 의식 곧 시인 자신의 의식은, 일정한 범위 내에서 현실에 대한 그의 의식과도 연관될 여지가 있다. 위의 시에서처럼 고려조의 멸망을 떠올리며 눈물을 흘리거나, 혹은 "저물녘에 황폐한 능 아래를 지나자니, 눈 가득히 들어오는 정경에 마음 저리네夕陽我過荒陵下, 滿目傷心指顧中"[30]라고 하며 경물과 함께 비탄에 빠진 화자의 모습은, 조선 개국 후 이미 200여 년의 시간이 지났다는 것을 감안한다면 현실에서 어떠한 가치도 찾을 수 없는 시인 자신의 의식이 우회적으로 토로된 측면이 있는 것이다.[31] 이런 측면에서 볼 때, 흔히 한순계의 삶의 자세라고 알려져 있는 안분安分·순명順命의 의식[32]은, 이 같은 의식이 나오게 된 경로에 좀 더 관심을 기울여야 할 것이다.

평생을 게을리 옛 서울에 숨어 사니 懶慢平生隱舊都
그윽한 마음은 세상 물정 따라 변하지 않네 幽情不與世情消
부족한 재주 벼슬길에 오르기에 적합치 않고 才疎未合騰朝路

노년에 어찌 관복을 감당할 수 있으랴	年老何堪着錦袍
인생사 얻고 잃음은 취몽과 같이 덧없고	得失人生成醉夢
세상일에 깊고 얕음은 소의 터럭같이 하찮네	淺深世事屬牛毛
궁달이 다 하늘에 달려 있음을 내 알아	自知窮達皆天命
홀로 옹색한 집에 누워 쓸쓸히 세월을 보내네	獨臥窮廬送寂寥

—「의고擬古」(『시은집』 권1)

시인의 은거는 게을리 평생을 보낸 것이라는 겸사로 표현되지만, 그 이면엔 세태물정에도 변함없는 자신의 웅숭깊은 마음이 자리하고 있다. 하지만 시인은 현실에서 가치를 찾지 못한 자신의 처지를 도리어 자신의 부족함으로써 설명하며, 세상사의 득실에 무관심해지고자 하는 자신의 의식을 표현하고 있다. 이는 미련에서 묘사되는 안분·순명의 의식으로 매듭되는데, 다른 시에서 "험악함이 진실로 내 분수임을 알겠노니, 그때 공부하지 않으려 한 마음이 후회스럽네 自知險惡眞吾分, 悔恨當年不學情"[33]라고 한 데서도 드러나듯이 다분히 자조적인 측면이 있다. 따라서 옹색한 집窮廬에서 홀로 쓸쓸히 세월을 보내는 자아의 모습은 표면적인 안분·순명이 하나의 허울뿐임을 반증하는 동시에, 그가 부득이하게 받아들일 수밖에 없는 현실에 대한 자탄의 심사를 담고 있는 것이다. 이는 현실 내에서 정상적인 욕망 실현을 기대하기 어려운 자신의 처지와도 밀접한 관련을 갖는다고 하겠다. 앞서 한순계가 자신을 한가로운 사람閑人이라고 한 의식과 조응시킬 때, 이는 현실로부터 스스로를 멀리 떨어뜨리고자遠隔하는 의식의 연장이라고 볼 수 있다. 이는 한편으로 은일로서의 삶마저도 사실상 욕망실현이 불가능한 현실에 의해 불가피하게 선택되어진 것임을 보여준다. 한순계의 시세계에서 보여주는 의식이 당대의 송도 문인들의 의식을 대변한다고 하기는 어렵겠지만, 그의 은일이 갖는 현실로부터 자신을 '멀리 떨어뜨리고자遠隔' 하는 의식은 이 시기 송도 문인의 시에 나타나는 현실로부터의 좌절감과 일정하게 조응되는 것이기도 하다.

2) 송도 출신 문인들 간의 동류의식과 현실부정: 차천로

송도 출신 문인의 시에 나타난 심미 경향이 그들의 조선사회 내의 불우한 입지를, 또 그로 말미암은 현실에 대한 암울한 의식을 일정 부분 반영하고 있는 것이라면, 이들의 시세계에서 유독 고려조에 대한 회고시가 많음도 단순한 회고적 감정이라기보다는 송도 사람으로서 공유하는 의식의 한 부면이라고 여겨진다. 앞서 조신준의 글에서도 지적했지만, 이들이 조선사회 내에서 정당한 대우를 받지 못했고 또 그로 말미암아 이 지역 출신 인사들을 천하게 보는 시각마저 존재했던 사실은, 이들의 고려조 회고가 갖는 단순치 않은 의미를 짐작케 한다. 이 시기 뒤의 기록이긴 하지만 이익은 『성호사설』에서 이지역인들이 갖는 조선왕조에 대한 반감을 지적한 바 있는데,[34] 이것이 체제에 대한 도전의 성격을 띤 것은 아니라고 할지라도 이들 의식의 일단을 짐작할 수 있다는 점에서 주목된다. 여기서 차천로를 살펴보는 것도 이러한 연장선상에 있다.

차천로(1556~1615)는 목릉성세穆陵盛世의 대표적 시인으로서 이 시기 송도가 낳은 최고 수준의 문인이다. 그의 삶을 요약하자면 기능적 문인으로서 환로宦路에서 배회했다고 할 수 있는데, 차천로의 시세계 해명에 있어서 이 송도라는 코드는 필수 불가결한 부분이다.[35] 차천로의 시에서 당대 현실에 대한 인식 태도를 보여주는 것은 매우 드문데, 다음 시는 그의 현실 인식 태도를 잘 드러낸다.

길게 우주 사이에 휘파람 불며	長嘯宇宙間
남아가 몇이나 되는지 생각해보네	男兒知幾箇
왕성하게 청운의 자리에 오르나	揚眉躡青雲
반드시 다 왕좌지재王佐之才는 아니네	未必皆王佐
때를 얻으면 쥐가 호랑이 되어	得時鼠爲虎
굳센 걸음걸이로 주저함이 없으며	健步無選愞
요로에서 기세를 떨치며	要津作氣勢
수놈이 부르고 암놈이 화답하듯 하네	雄唱而雌和
권세를 팔아 임금의 위세를 빌려 뽐내고	鬻權狐假威
온 세상의 복종을 받네	擧世受抑挫
당여黨與를 끌어들여 스스로 자신을 봉하고	引黨自封己
사방의 재물을 뇌물로 받네	苞苴四方貨
숨 쉬는 것이 무지개처럼 펼쳐지고	虹霓動鼻息
기침과 침은 주옥이 되네	珠玉生咳唾
누가 너로 하여금 어진 사람이 되게 했는가	誰使爾爲賢
삼정승부터 팔좌의 요직에까지 이어져 있구나	三台連八座
나라가 나뉘고 무너짐을 괘념치 않으니	罔念邦分崩
어찌 주린 백성을 불쌍히 여기랴	肯恤民飢餓

(…)

아! 나는 어떤 사람인가 嗇余是何人
헛된 이름에 오랫동안 연루되었네 浮名累久坐
진창 길 속에 잠겨서 살아가며 陸沈泥塗中
공과를 내세우지 않았네 未挂敨功課
(…)
시절이 나와 함께하지 않으니 時乎不我與
돌아가 흰 구름 속에 누우리라 歸作白雲臥

—「봉정약포·동고이수奉呈藥圃·東皐二首」 중 첫째 수 (『오산선생속집五山先生續集』 권1)

이 시는 당시 정국의 주도세력에 대한 강한 비판과 함께 정당한 대접을 받지 못하고 있는 자신의 처지에 대한 한탄 의식을 담고 있다. 이 시가 지어진 시기가 1597년 12월에서 이듬해인 1598년 사이임을 감안할 때, 이 시에서 격렬히 비판하는 정치 세력은 일단 남인南人이라고 가정할 수도 있을 것이다. 하지만 차천로의 이 같은 비판 의식이 특정 당파의 입장을 지녔던 데서 나왔다고 보기는 어렵다.[36] 차천로는 지연·학연 모두 당시의 주류의 흐름과는 일정한 거리가 있었을뿐더러,[37] 이 시의 문면도 불특정의 권귀權貴들에 대한 강한 거부감을 나타낼 뿐 구체적으로 어떤 사실을 지적하고 있는 것이라 보기는 어렵기 때문이다. 그렇다면 차천로의 당대 현실에 대한 비판 의식이 기반하는 바가 무엇인지가 문제가 될 것이다. 차천로가 같은 시 연작의 다른 수에서 보여주는 의식, "발 디딜 땅조차 없건만, 세상은 부질없이 광대하기만 하구나, 머리 들어 하늘 보니 더욱 높기만 하고, 창합을 불러보나 어찌하리오側足地無餘 世界空廓大 擧頭天更高 閶闔叫可奈"[38]라고 한 것을 감안할 때, 이는 다분히 현실에서 입지를 마련하기 어려운 자신의 불우한 처지와 직간접적으로 관계되는 것이라 볼 수 있다.

그의 불우한 처지란 지연·학연·혈연에 있어 모두 기존 권력층과 연결될 단서가 없다는 데 있다. 달리 말한다면 그가 송도 출신이라는 것이 가장 큰 이유라고 할 수 있다.[39] 차천로가 이런 내밀한 의식을 토로하는 대상으로 같은 처지의 동고東皐 최립崔岦을 선택하고 있다는 점도 이를 반증한다.[40] 이는 차천로가 각별한 지우관계였던 최립·한호韓濩와 주고받았던 시편들에서 보여주는 의식을 통해 좀 더 분명하게 드러난다. 최립과 한호는 모두 송도 출신으로, 나중에 이들 세 사람을 '송도삼절松都三絕'로 부를 만큼[41] 당대의 대표적인 송도 출신 인물들이었다. 개별적으로 볼 때, 이들은 각기 시·산문·글씨에서 자타가 공인하는 당대 최일류의 실력을 보유했지만, 그것이 현실적인 성취와 연결되지는 못했다. 이들은 모두 혼란한 시대 상황의 요구에 의하여 외교 문서의 작성, 중국 사신 접대 등 문한 능력이 요구되는 직위에서 활약했을 뿐, 청현직과는 거리가 멀었던 것이다. 그들의 벼슬길에서의 좌절이 송도 출신이라는 지역성에서만 그 이유를 찾을 수 있는 것은 아니지만, 이들이 갖는 공통된 좌절감은 자신들의 처지와 관련하여 일종의 동류로서의 의식을 갖게 했던 것으로 보인다. 다음 시 구절들은 이를 잘 드러내 보이고 있다.

반세 동안 한 검의 마음으로 상종했더니	半世相從一劒心
문득 시와 술로 지음에게 의탁하네	卻將詩酒託知音

—차천로, 「야취시동고·석봉사수夜醉示東皐·石峯四首」 중 첫 번째 수(『오산선생속집五山先生續集』 권2)

학은 시정詩情을 이끌고 푸른 하늘로 올라가고 鶴引詩情上碧霄
대붕은 깃들어 소요할 곳 없다네 大鵬無處寄逍遙

—차천로, 「억동고憶東皐」(『오산선생속집』 권2)

문장을 마침내 어디에다 쓰리오 文章果何用
그대 또한 반드시 깨우치게 되리 君亦會見洞

—최립崔岦, 「취증오산醉贈五山」(『간이집簡易集』 권7, 송도록松都錄)

나그네로 떠돌다 만나 마음속 생각 털어놓으니 相逢羈旅細論心
서울에서 알아 줄 이 찾았던 일 후회스럽네 悔向京塵覓賞音

—최립, 「차오산야화운이수次五山夜話韻」 중 첫 번째 수(『간이집』 권7, 송도록)

시의 일부 구절만 가지고 완전한 의미를 파악하기는 어려운 일이지만, 얼른 봐도 이들 간의 관계가 일상적 관계를 넘어서서 서로 간에 깊은 의식적 교통이 있음을 짐작할 수 있을 것이다. 차천로와 최립의 문집을 검토해보면, 이들이 서로에 대한 인정과 신뢰가 대단했음을 확인할 수 있다.[42] 이들 간의 이러한 지우관계에 주목하는 이유는, 이들 사이의 창수시에서 고려조의 흥망을 연상시키게 하는 동시에 자신들의 현실적 불우를 한탄하는 시가 발견되기 때문이다. 최립과 한호에게 준 차천로의 시에서 보이는 몇몇 국면은 이들이 갖는 고려조에 대한 회고의 의식과 현실 부정의 의식과의 사이에 일정한 관련성이 있음을 짐작케 한다. 다음 시는 이러한 국면을 잘 드러내고 있다.

신령스런 자라를 잃은 삼신산이 떠내려가려 하고	三山欲動失靈鼇
만 리의 장풍은 성난 물결을 일으키네	萬里長風鼓怒濤
바다 밑의 곤어와 붕새는 스스로 변화하기 어렵고	海底鯤鵬難自化
인간 세상의 제비와 참새는 서로 높고자 다투는구나	人間鷰雀競相高
성곽엔 오히려 화표주가 남아 있건만	城郭尙餘華表柱
건곤은 묘금도를 고치지 않는구나	乾坤不改卯金刀
장군이 능히 나라의 병권을 담당할 수 있을진대	將軍能作國司命
기꺼이 오나라 병사로 하여금 흰 군복 입게 할 텐데[43]	肯使吳兵著白袍

—「야취시동고·석봉사수夜醉示東·石峯四首」 중 마지막 수 (『오산선생속집』 권2)

이 시는 취하여 쓴 것을 최립·한호에게 보인다는 제목과는 달리, 은미한 상징과 비유가 담겨 있는 작품이다. 오산의 대부분 시가 즉흥적 시상詩想을 거침없이 토로한 관계로 다소 거칠고 정련되지 않은데 비하여, 이 시는 자신의 의중을 많은 상징과 비유를 통해 은미하게 드러내고 있다. 같은 시제의 다른 작품들을 통해 볼 때, 이 시는 기본적으로 자신들의 재능에 대한 자신감과 불우한 처지에 대한 한탄이 한 축을 이루고 있다고 보인다. 신령스런 자라를 잃은 삼산三山과 만리 장풍이 일으키는 성난 물결은 현실의 험난함을 암시적으로 드러낸 표현으로, 함련 곤붕鯤鵬과 연작鷰雀의 대비를 감안할 때 당대 부정한 정치 현실을 의미하는 것으로 보인다. 그런데 이 같은 현실 부정의식이 화표주를 통해 고려의 옛 서울로서의 송도를 연상시키면서 "건곤은 묘금도를 고치지 않는구나乾坤不改卯金刀"라는 모호한 표현으로 이어진다는 것이 문제가 된다.[44] 혼탁한 현실 하에서 자신들의 능력과 포부를 펼쳐볼 수 없다는 불만이 고려조에 대한 회고의 정서로 이어짐은, 그 의식의 기반이 송도 사람으로서의 자기 인식과 밀접하게 연관되어 있음을 보여주는 것이기 때문이다.[45] 물론 차천로가 위의 시에서 보여주는 의식이 조선 왕조에 대한 저항의 성격을 띤 것이라고 볼 수는 없다. 하지만 적어도 현실에 대해 일정한 반감을 가지고 있기 때문에 불순한 의식을 모호한 표현을 통해 다소 뒤틀린 채로 드러내고 있다고 짐작된다.[46] 한편으로 차천로가 보여주는 이런 의식의 국면은, 다른 송도 출신 문인들의 시에 나타난 고려조 회고의식이 자신들의 불우한 처지에 대한 반발로서의 성격도 지니고 있음을 반증한다.

이와 관련해서 차천로가 최립·한호와의 동질성을 '하나의 검 같은 마음一劒心'이라고 표현했다는 점도 주목할 부분이다. 이는 자신들의 재능에 대한 자부와 현실적 불만이 묘하게 결합된 표현으로서, 땅속의 보검과 같이 언젠가 쓰이기를 기다리는 자신들의 열망을 반영한 것이기 때문이다. 차천로 시세계 전반을 고려할 때, 검 의상意象은 또 "검을 찬 채 술에 취해 노한 마음을 드러내나挿劒心肝露酒闌"[47]라거나 "검으로 장한 뜻 누름은 술 힘에 의지하고劒壓壯懷憑酒力"[48]라고 한 것처럼, 시인이 처한 현실에 대한 비탄과도 연결된다. 차천로는 시에서 현실의 질곡으로부터 벗어나고자 하는 열망을 표현할 때도 검劒 혹은 도刀를 등장시키곤 했다.[49] 실제 세 사람이 현실에서 부당한 대접을 받았고 그에 대한 불만을 가지고 있었음을 고려할 때, '하나의 검 같은 마음一劒心'이란 결국 세상에 대해 그들이 품고 있는 적개심의 표출이기도 한 것이다. 물론 이 역시 현실에 대한 적극적 저항이라고까지 보기엔 미약하지만 이들이 현실에 대해서 갖는 불만이 일정한 연대의식에 기반하고 있음은 분명하다.

5. 맺음말

이상을 통해 조선 중기 송도 출신 문인의 시에 나타난 심미 경향과 현실과의 관계를 검토했다. 이 글의 목표는 이들의 시세계에 나타난 특정한 심미 경향이 갖는 사회·역사적 의미를 밝히고 이를 기반으로 그들의 현실 인식 양태를 검토하여, 송도 문인 전반을 조망하는 데 있었다. 이러한 목표 하에 이들이 송도의 경물을 읊은 시편에 나타난 애상·조락·황폐의 물상物象에 경사된 특정한 심미 경향이 이들의 현실적 처지와 무관할 수 없는 문제임을 지적했다. 요컨대 조선 개국 이래 일정한 차별을 받아온 자신들의 처지로부터 말미암은 현실적 좌절감이 송도의 고려 유적에 대한 심미적 경사를 통해 표출되었다는 것이다. 그들은 이에 기반하여 한순계의 경우처럼 아예 현실권 내의 욕망의 실현을 스스로 포기한 채 은일로서 현실을 애써 외면하기도 하고, 차천로의 경우처럼 기능적인 문인 이상의 역할이 주어지지 않는 현실에 대해 강한 불만을 드러내기도 했다. 남아 있는 자료가 한정된 관계로 이들의 개별적 의식세계가 이 시기 송도 출신 문인 전체의 의식을 대표하는 것이라 확정할 수는 없으나, 이들의 시에 나타난 심미 경향이 갖는 현실 내 의미를 설명하는 하나의 예로서 충분한 가치가 있다고 여겨진다.

조선 후기에 들어서도 이들 송도 출신 인물들이 갖는 현실적 박탈감은 크게 달라지지 않았다. 영조대 인물인 장창복張昌復의 장편시 「여조가麗祖歌」[50]나 구한말 김택영金澤榮의 「숭양기구전서崧陽耆舊傳序」[51]는 이러한 송도 문인의 의식을 잘 드러내고 있다.[52] 특히 김택영이 '고려유민高麗遺民'이란 말을 통해 자신들을 현왕조의 이방인으로서 규정지은 것은 이 같은 의식의 연장선상에 있다고 보인다. 하지만 시대가 변함에 따라, 송도 문인들의 현실 대처 방식에도 일정한 변화가 있었다. 이는 외부적으로는 송도의 민심을 달래기 위한 조선왕조의 일련의 조치들에 기인하고, 내부적으로는 송도 상인松商의 경제력을 바탕으로 중앙집권층에 접근을 시도한 송도 사람들의 존재에 말미암은 것이다. 또한 상업 발달로 인한 실용적 학문조류에 대한 개방적 태도가 박지원을 위시로 한 북학사상을 원활하게 받아들이는 계기가 되기도 했다.[53]

이는 송도 지식인 사회를 새로운 모습으로 변화시켰다. 특히 중기의 인물들이 화담 서경덕의 영향권 아래[54]에서 상대적으로 도학적 내면주의로부터 자유로운 영역에 있었던 반면, 후기에 들어선 당시 집권세력인 노론 낙론계의 학문적 범위 안으로 편입되어 이전보다 예교적·도학적 엄숙성의 국면이 강해지는 현상을 보이고 있다.[55] 이는 기본적으로 조선조의 학문적·사회적 주류에 편입되어가고 또 동화되어가는 과정이라고 해석될 수 있다. 하지만 근본적으로 이들이 갖는 현실적 한계가 없어지거나 완화된 것은 아니었기 때문에 실제 이들의 현실적 처지가 나아진 것으로 볼 수는 없다. 이 점은 구한말 김택영이 『한사경韓史綮』을 통하여 조선왕조의 성립과 조선사회의 권력주도층을 강하게 비판한 데서도 잘 드러난다.[56] 여기서 우리는 송도 사람들이 갖는 현실적 소외감과 그로 말미암은 현실에 대한 부정의식이 조선왕조의 황혼까지도 여전히 존재하고 있음을 짐작할 수 있으며, 이 점은 조선조의 송도 사회를 파악하는 데 중요한 열쇠라고 판단된다.

이 글은 앞서 전제했듯이, 이에 관한 좀 더 진전된 논의를 위한 하나의 예비 작업이다. 송도 사회가 가지고 있는 여러 특수성이나 송도 출신 인물들이 보여주는 주목할 만한 양태들을 감안할 때, 이에 관한 종합적 고찰은 일정한 의의를 가질 수 있으리라 생각된다. 필자의 미숙함으로 연구 범위에 포함되지 못한 여러 국면은 차후 과제로 남겨둔다.

典型

제7부

전범과 일탈
: 조선 중기 한시에서의 관습과 개성

變奏

조선 중기 한시에서의 '기奇'

漢文學

1. 문제 제기

조선 중기[1]의 한시는 지금까지 대체로 당풍唐風, 낭만성, 복고라는 세 가지 코드를 통해 읽혀왔다.[2] 이 중 복고가 당풍을 유발한 문학적 사조이고, 낭만성이 당풍으로 인해 유발된 미적 특수성임을 감안한다면, 이 시기 한시의 특성을 설명하는 가장 핵심 기준은 역시 당풍이라고 볼 수 있다.

이 시기의 한시는 선행 연구를 통해 뚜렷한 공과 과를 남긴 것으로 평가되었다. 지나친 형식주의에 대한 반발로서 전대에 비해 상대적으로 인간 정서를 진솔하게 표출하고 있다는 의의를 갖는 반면, 편향된 당풍 추구의 결과로서 드러난 천편일률성, 과도한 의고擬古로 인한 진眞의 결여 등이 문제점으로 지적되었다.

선행 연구가 거둔 상당한 성과에도 불구하고 당풍이란 단일한 기준과 과도한 의고, 진실성 없는 낭만적 정조만으로 재단된 조선 중기 한시 연구는 더 이상의 진전을 기대하기 어려운 일정한 한계 상황에 와 있다. 특히 18세기 한시의 특성을 부각시키기 위해 다소 도식적으로 규정된 이 시기 한시의 병폐는 조선 중기 한시의 온전한 이해를 가로막는 하나의 장벽이 되고 있다. 주로 김창협金昌協·김창흡金昌翕 계열 인물들의 언술에 기댄 조선 중기 시단에 대한 재단은 하나의 해석 시각으로서는 유효하지만 그것 자체가 절대적인 평가의 기준이 될 수는 없다. 같은 시기 홍만종洪萬宗, 남용익南龍翼, 김만중金萬重 등과 같이 중기 시단과 작가들을 긍정적으로 평가하는 시각이 존재했음을 감안할 때 이에 관한 좀 더 균형 잡힌 접근이 요청된다.[3]

기존의 연구 방식이 갖는 문제점으로 다음과 같은 점을 들 수 있다.

첫째, 작품 실상과 거리가 먼 결론이 미리 정해져 있는 의도적인 시 분석이 많아진다. 대표적인 예가 당풍唐風과 송풍宋風 시의 구분 문제이다. 이 시기 시인들이 학시 과정에서 당풍 추구가 있었던 것은 사실이고, 이를 설명하기 위해 송풍과 변별되는 당풍의 특성을 설명하려는 노력은 필요한 일이다. 하지만 이 시기 작품 전반을 당시唐詩의 특성만으로 전대와 애써 구분하려는 시도는 작품 실상과 위배될 가능성이 높다. 이 시기 시인들의 당풍 추구에 지대한 영향을 미친 명대 비평가들에게도 이런 점이 발견된다. 양신楊愼(1488~1559)의 『승암시화升庵詩話』에는 전칠자前七子의 한 사람인 하경명何景明(1483~1521)의 일화가 실려 있다. 당시를 문학적 전범으로 추숭했던 그에게 양신이 북송北宋 장뢰張耒의 「연화蓮花」 시와 두연杜衍의 「우중하화雨中荷花」란 시를 꺼내 작가의 이름을 가리고 어느 시기 누구의 시냐고 물었다. 하경명은 한참 동안 보다가 당시라고 답했다. 양신이 이 작품들이 송시임을 밝히자 하경명은 한참 읊어보더니 자세히 보니 뛰어난 작품은 아니라고 변명했다고 한다.[4] 이런 일화에서도 드러나는 것처럼 당시를 시적 전범으로 내세운 당사자들조차도 텍스트 자체에서 당시와 송시를 구분하는 일은 불가능에 가까운 일이었다. 중국학자 첸중수

錢鍾書가 적절히 지적한 것처럼, 당시와 송시는 시대 구분이 아니라 개인적 문학 성향의 차이일 따름이다.[5] 따라서 당풍을 주장한 시기라고 해서 그 시기의 작품 모두가 당풍을 띠는 것이라고 예단하는 것은 문학적 지향과 작품 실상을 동일시하는 오류를 범할 우려가 있다.

둘째, 의고적 작품들을 참된 문학적 가치가 없는 작품이라고 섣불리 판단한다는 점이다. 정두경鄭斗卿이 그 대표적인 예인데, 일부 선행 연구에서는 조선 중기 시단의 대표자라 할 그의 문학을 무가치한 의고문학擬古文學으로서 규정하고 있다. 그 근거는 대체로 전대 시단의 부정을 통해 자신들 중심의 새로운 문학적 가치를 주장하고자 했던 김창협·김창흡 계열 인물들의 언술에 있다. 선행 연구에서 그 중 가장 명징한 언술로 높이 평가받은 것이 김창협의 문인인 신방申昉(1685~1736)의 정두경 비판이다. 신방은 정두경의 시를 허경虛景만을 잘 그려낼 뿐 실경實景을 형상화하지 못한다고 평가했는데, 선행 연구에서는 이를 그대로 정두경 문학 내지 조선 중기 문단의 문제점으로 받아들이고 18세기 시단의 시가 이를 극복한 것으로 규정하고 있다.[6] 신방의 평가가 얼마나 타당한 것인가는 차치하더라도, 신방이 그토록 비판하는 의고擬古 악부시樂府詩는 신방의 문집에도 상당수가 남아 있으며, 그 의고 방식이나 내용 역시 자신이 비판한 정두경 시의 문제점과 별반 다를 바 없다. 그럼에도 기존 연구에서 신방의 언술은 17세기와 18세기 문학을 변별하는 중요한 기준으로 활용되고 있다. 주지하는 것처럼 의고의 문제는 정도의 문제이지 한시사 전반의 양상이라고 할 수 있다. 이에 대한 온당한 평가를 내리기 위해서는 의고 대상의 수용에 따른 자기화의 정도에 관한 정치한 분석이 전제되어야만 한다.

이상을 통해 볼 때, 18세기 한시를 부각하기 위해 이전 시기 한시가 노정한 병폐만을 강조하는 기존의 한시사漢詩史 서술 방식은 분명 문제가 있다. 이런 연구가 통시적 흐름에 대한 설명으로 일정한 의의를 지님은 평가되어야 하겠지만, 한시사의 공시적 역동성을 애써 외면하고 있다는 점에서는 우려되는 부분도 많다. 수많은 비평 자료에서 중기 시단에 많은 작가가 일시에 배출되었음을 지적하고 있고, 이들 각자의 시세계가 중기의 시단을 풍요롭게 했음을 감안할 때, 통시적 변화 못지않게 공시적 스펙트럼 역시 주목해야 할 부분이기 때문이다.

이런 문제의식 하에서 이 글에서는 조선 중기 한시의 공시적 양상을 '기奇'라는 미적 특수성을 중심으로 접근해보고자 한다. 여기서 사용하는 '기'라는 용어는 대체로 당대의 문학적 전범인 '정正'에 상대되는 다름·특이함·일탈로서의 의미를 갖는다. 문학사의 공시적 양상이란 결국 '정正'(전범)과 '기奇'(일탈)란 두 가지 인소의 길항을 통해서 전개된다고 할 때, 이를 구명함으로써 조선 중기 한시의 미적 특수성의 일단을 조명하려는 것이다. 기존의 연구가 당풍이란 이 시기 새로운 전범의 수립 양상에 주안점을 두었다면, 이하의 연구에서는 '기'의 국면을 통해 당대 시단의 규범성과 반규범성이 맞닥뜨리는 역동적 움직임을 재구성하는 데 주안점을 두고자 한다.

하지만 이런 연구 방식에는 상당한 난관도 예상된다. 무엇보다 '정正'과 '기奇'라는 미적 특성을 어떤 기준으로 구분할 것이냐는 미묘한 문제가 아닐 수 없다. 연구자 임의로 판정한 '정'과 '기'는 당대 시단의 분위기와는 거리가 먼 주관적 평가로 귀결될 가능성이 높기 때문이다. 따라서 아래에서는 그 대상을 가급적 당대 및 그 직후의 평자들이 '기'하다고 인식하는 작가/작품으로 국한하기로 한다. 문학 작품의 미적 특질에 대한 평가는 시공간 상의 좌표에 영향을 받기에 지금의 시각에서 접근하는 것은 당대의 인식과 괴리될 가능성이 높다. 당시에 결코 '기'하지 않은 표현 방식이 현대인의 관점에서 '기'하다고 인식될 수도 있고, 반대로 '기'한 표현 방식이 뒤에 관습화되어 도리어 일상적인 표현형식이 될 수도 있다. 따라서 조선 중기 시단의 인식을 반영하고 있는 비평 자료에서 언급된 작가/작품들을 논의의 중심에 놓음으로써 분석의 객관성을 확보하고자 한다.

2. '기奇'의 미감, 그 비평사적 함의

1) '기'의 함의

'기奇'의 본래 의미는 다른 사물과 다르다는 것이다.("奇, 異也.")[7] 비평용어로서의 '기'는 전통적으로 '정正' 혹은 '평범'과 상대되는 의미로 사용되어 왔다. 우리는 이를 중국 남조 시기의 대표적 비평가들인 종영鍾嶸(468?~518)과 유협劉勰(465~521)의 경우를 통해 살펴볼 수 있다.

종영은 『시품詩品』에서 작품의 우열과 고하를 평가하는 중요한 표준의 하나로 '기'를 중시한 바 있다. 그가 말한 '기'란 일반적으로 시가예술이 기경불범奇警不凡함을 가리키고, 그 반대는 평용平庸함이다. 반면 유협은 『문심조룡文心雕龍』에서 '기'를 긍정적인 의미와 부정적인 의미 두 가지로 사용했다. 긍정적인 의미는 기려奇麗·기위奇偉 등 작품의 문사文辭가 염려다자艶麗多姿하고 대상 형태를 묘사한 것이 장위壯偉한 것을 가리키고, 부정적인 의미는 일방적으로 신기함만 추구하는 부궤浮詭한 문풍을 가리킨다. 『시품』이 '기'와 평범함을 상대시켜 거론한다면, 『문심조룡』은 항상 '기'와 '정正'을 상대시켜 거론한 것이다. 유협은 『문심조룡』 「정세定勢」 편에서 작자가 "정을 잡고 기를 부릴執正以馭奇" 것을 요구하고 "기를 좇다가 정을 잃지 말라逐奇而失正"고 한 바 있다.[8]

이상을 종합할 때, '기'는 정통·규범을 벗어났다는 점에서 반가치로 평가되기도 하고, 때로는 평범하거나 보잘것없는 사물과 비교되어 가치 있는 것으로 규정되기도 함을 짐작할 수 있다. '기'와 상대되는 사물이 규범·정통을 앞세우는 가치 관념과 평범함·보잘것없음 따위의 무가치 사이에서 유동한다면, '기'에 해당되는 사물들은 이렇게 가치와 반가치 사이에서 요동한다고 볼 수 있다. 이를 통해 우리는 '기'가 지닌 상대적이고 양면적인 미적 특수성을 확인할 수 있다. 선행 연구에 따르면, 비평에서 '기'가 갖는 의미는 비평가가 문학을 어떻게 보느냐와 긴밀하게 연관되어 있다고 한다.[9] 따라서 유협과 종영이 사용하는 '기'란 용어의 서로 다른 함의란, 한편으로 양자가 가진 문학관의 차이를 의미하는 것이기도 하다. 그런 측면에서 '기'는 비평가의 문학적 입장을 파악하는 잣대로도 활용될 수 있을 것이다.

명대 사진謝榛(1495~1575)은 『사명시화四溟詩話』에서 '정正'과 '기奇'란 양 방면의 인소가 문학을 구성하는 필요 조건임을 밝힌 바 있다.[10] 유사한 견해가 조선 중기 이수광李睟光(1563~1628)의 글에서도 발견된다. 이수광 역시 '정'과 '기'란 양 방면의 인소가 문학을 구성하는 필요 조건임을 전제로 한유韓愈의 시에서 '기'와 '정'이 섞여 나오는 것은 '기'하게 하기 위함이라고 설명하고 있다.[11] 명시적 언급은 아니지만 이를 통해 '정'과 '기'라는 두 가지 인소가 문학을 구성한다는 인식이 조선 중기 인물들에게도 있었음을 유추해볼 수 있다. 비평 실제에서 '기'가 평범함과 상대되는 개념인지 전범을 벗어난 것을 의미하는지는 앞서 언급한 데서 드러나듯이 분명하게 구분하기 어려운 것이 사실이다. 두 가지 의미가 겹쳐지는 예로 없지 않은 듯하다. 다음에서는 이런 한계에도 불구하고 일단 '정'과 상대되는 '기' 측면에 주안점을 두어 검토하기로 한다.

2) 조선 중기 문인들의 '기'에 대한 인식

『문심조룡』과 『시품』에서 사용된 두 가지 함의의 '기'는 이후의 동아시아 비평에서 계승되었고, 우리 비평 자료에서도 유사한 의미로 사용되었던 것으로 보인다.[12] 조선 중기 한시 비평 자료에서 보이는 '기' 관련 평어로는 다음과 같은 것들이 발견된다.

> '기건奇健' '기걸奇傑' '기경奇警' '기괴奇怪' '기교奇巧' '기굴奇崛' '기궤奇詭' '기려奇麗' '기발奇拔' '기벽奇辟' '기상奇爽' '기오奇奧' '기작奇作' '기장奇壯' '기절奇絕' '기준奇俊' '기한奇悍' '기중奇重' '기고奇古' '기걸奇傑' '기일奇逸' '기벽奇僻' '기어奇語' '기조奇藻'/ '괴기瑰奇' '신기新奇' '유기幽奇'/ '괴괴기기怪怪奇奇' '기굴험휼奇崛險譎' '기려유장奇麗幽壯' '기준상랑奇俊爽朗'[13]

이밖에도 '기'라 명시하지는 않았지만 '괴괴瑰怪' '괴삽怪澁' '상괴尙怪' '상기尙奇' '험괴險怪' '험굴險崛'과 같은 관련 평어가 존재하고, '호기好奇'와 같이 '기'에 대한 선호를 밝힌 평어도 있다. 조선 중기 평단에서 사용된 평어들 역시 동아시아 고전비평에서 '기'란 용어의 상반된 쓰임새, 곧 긍정과 부정의 의미를 모두 가지고 있음을 확인할 수 있다. '기건奇健' '기걸奇傑' '기경奇警' '기려奇麗' '기발奇拔' '기상奇爽' '기장奇壯' '기절奇絕' '기준奇俊' 등이 긍정적인 의미를 가지고 있다면, '기괴奇怪' '기굴奇崛' '기궤奇詭' '괴기瑰奇' '괴괴기기怪怪奇奇' '기굴험휼奇崛險譎' '기벽奇僻' 등은 부정적인 의미로 사용된 예들이다. 이를 통해 볼 때, 조선 중기에도 '기'는 긍정과 부정의 양면의 함의가 있음을 짐작할 수 있다. 하지만 시론에서 볼 때 '기'는 여전히 부차적인 것이거나 지향해서는 안 될 부정적 가치였다.

〔1〕 시는 함축이 있고 자연스럽게 이뤄진 것天成이 상등上等이고, 다듬고 새겨 괴이하고 험난한 것은 하등下等이다. 이상은李商隱 같은 이는 그 시가 아름답지만 깎고 찍음이 무척 심하여 이른바 7일에 혼돈이 죽었다고 하는 것이다. 이하李賀의 시는 기묘하나 현란하고 환혹함이 너무 심하여서 이른바 낭묘廊廟에 베풀면 해괴하다고 하는 것이다.[14]

〔2〕 옛사람(貫休—인용자 주)이 말하기를 "천지간에 맑은 기운淸氣이 있는데 그 기운이 흩어져 시인의 몸속으로 들어갔다"라고 했는데, 이 맑음淸의 속성을 갖는 것이 바로 시의 본령으로서 기이하다든가 굳건하다든가 하는 것은 오히려 부차적인 것이요, 험절하다든가 괴기스럽다든가 침착하다든가 질실質實하다든가 하는 것 따위는 시도詩道와 더욱 동떨어진 것이라 할 것이다. 맑음이라고 하는 것은 높은 차원에서 우러나오는 것인데 그 높은 차원의 것은 성색으로 구할 수는 없는 노릇이다.[15]

〔1〕에서 이수광은 작시 과정에서 지나친 수사가 초래할 수 있는 문

제점을 지적하고 있다. 이 부분의 서술은 대체로 송대 장표신張表臣의 『산호구시화珊瑚鉤詩話』의 내용을 수용한 것이기는 하지만[16] 시에서 함축과 천성을 중시하고 과도한 '기奇'의 추구를 경계하고 있다는 점에서 그가 평소 지녔던 시적 입장과도 상통한다.[17] 이런 관점은 이수광뿐만이 아니라 같은 시기 다른 인물들에게서도 발견된다. 신흠申欽(1566~1628)의 언술([2])은 이를 좀 더 명징하게 표현한 예다. 신흠은 시의 본령을 당대唐代의 시승詩僧 관휴貫休가 언급한 맑은 기운淸氣에서 찾으면서,[18] '기奇' '험險' '괴怪'의 추구가 시도와 동떨어진 것임을 지적하고 있다.

이수광과 신흠의 예에서 드러나듯이 시에서 '기奇'에 대한 추구는 부차적이거나 지나친 일이었다. 층위는 각기 다르지만 이수광은 함축과 천성을, 신흠은 '맑음淸'을 시에서 추구해야 할 지고지선의 가치로 보았다. 이에 비해 '기'는 일면적 가치는 지니지만 긴요하지 않은 부차적인 일이며, 때로는 험괴한 부작용을 낳기도 하는 것이었다.

다만 이런 부정적 평가 속에서도 유의해야 할 부분은 이들이 '기奇'하다고 인식하고 있는 시적 대상들이다. 대표적인 예로 한유와 이하를 들 수 있다. 앞서 언급한 것처럼 이수광은 한유 시의 특성을 '기'에서 찾은 바 있다. 인용문 〔1〕에서 이하의 시에 대해서도 '기'의 관점에서 평가하고 있다. 이수광은 이하의 시를 '기'하기는 하지만 '기'가 지나쳐 일반적인 문학의 쓰임새로는 부적절하다고 보았다. "낭묘에 베풀면 해괴하다施諸廊廟則駭矣"라는 표현은 이수광 자신의 말은 아니지만, 이하 시가 가진 과도한 국면을 적절하게 지적한 표현이라고 할 수 있다.[19] 이런 부정적인 평가에도 불구하고, 이들의 언급들은 한유와 이하 시에 관한 상대적으로 심화된 관심을 보여주는 것이기도 하다.

후술하겠지만, 이와 관련된 자취들은 이 시기 여러 시인에게서 발견된다.

두목杜牧의 「이장길가시서李長吉歌詩敍」 이래 이하 시의 특성으로 허황탄환虛荒誕幻과 기괴奇怪를 드는 것은 지극히 일반적이다. 하지만 이수광이 언급한 '기奇'의 지나침이 초래하는 문제점은 한편으로 이에 대한 명대 왕세정王世貞(1526~1590)의 언급을 연상시키는 바가 있다. 왕세정은 『예원치언藝苑卮言』에서 이하의 시를 "기가 지나치면 평범해진다奇過則凡"라고 비판하면서도, "하나도 없으면 안 되겠지만, 둘이 있어서는 안 된다不可無一 不可有二"라고 그 가치를 제한적으로 인정했다.[20] 조선 중기 문인들에게 미친 왕세정의 영향을 감안할 때, 이런 유사성은 시사하는 바가 크다. 제한적인 범위 내에서 조선 중기 문인들이 가지고 있던 '기'에 관한 진전된 인식을 반영하는 것이기 때문이다.

3. 조선 중기 한시의 또 다른 미감: '기'

1) 창작의식 층위에서의 '기'

앞서 검토한 것처럼 시론에서 '기' 자체를 중시하고, '기'를 문학적 지향으로 삼은 예는 거의 발견되지 않는다. 문학적 가치와 반가치 사이에서 요동하는 '기'라는 평어의 특수성을 감안할 때, 그 자체를 표어로 내세운다는 것은 결코 쉽지 않은 일임을 짐작할 수 있다. 하지만 다음 자료들은 '기'를 중시 내지 지향하려는 창작의식의 일단으로서 주목된다.

먼저 살펴볼 인물은 유몽인柳夢寅(1559~1623)이다. 유몽인은 명 왕도곤汪道昆(1525~1593)의 저작 『부묵副墨』을 평한 글에서 다음과 같이 말하고 있다.

> 근래 시를 짓는 자들은 다음과 같은 성향을 보인다. 곧 당唐을 배운다고 하면서 그 어구를 배치함에 산山·수水·화花·조鳥·운雲·연煙·선仙·승僧·매梅·죽竹·풍風·월月 같은 글자를 벗어나지 않음을 당풍이라고 여

> 기곤, 경사자집經史子集에서 항상 쓰이는 말이나 유사간어幽辭艱語는 모두 버리고 취하지 않는다. 그런 까닭에 학식이 얕고 부족한 자들은 겨우 『당음唐音』 한 권만 가지고 두보와 한유를 경시한다. 이 또한 하나의 병폐인데 시에서 간결하고 고담함을 주장하는 자들이 여기에 속한다.[21]

이 글은 본래 『부묵』에 대한 평을 통해 명대 후칠자後七子의 문예적 성취와 조선 문단에 미친 영향을 논한 것이다. 그런데 왕도곤 문장의 특성을 논하는 가운데 인용 부분과 같이 당대 시단에 대한 비판이 불쑥 삽입되어 있다. 비판의 초점은 산山·수水·화花·조鳥·운雲·연煙·선仙·승僧·매梅·죽竹·풍風·월月류의 시어만을 당풍으로 여기는 당대의 작시 풍조에 있다. 유몽인 입장에서 그것은 시가 지향해야 할 미적 전범을 잘못 이해한 소치로서, 특히 도식적인 시어 선택에 문제가 있다고 보았다. 사실 특정한 의상意象(이미지)의 자력에 의해 시들이 구성되고 상상력이 펼쳐지는 것은 시의 역사에서 결코 드문 현상이 아니다. 하지만 그것이 지나치게 남발되어 획일화·도식화될 때 우리는 진부함을 느끼게 된다. 유몽인이 지적한 문제의 핵심도 여기에 있다. 당풍을 그저 산山·수水·화花·조鳥류의 말랑말랑한 시어들만으로 협소하게 이해함으로써 천편일률적인 시상과 유사한 감정의 복제물을 반복 재생산한다는 것이다. 여기서 유몽인이 산山·수水·화花·조鳥류의 어휘들과 대립되는 것으로 높게 가치를 부여하는 것이 경사자집의 용어들과 유사간어다. 이는 일단 시어 활용 폭의 확장이란 측면에서 이해할 수 있을 것이다. 하지만 유몽인 자신이 다른 글에서 당唐 이후의 연어軟語를 쓰지 말라고 했다는 점과 연관시켜본다면,[22] 유사간어를 통해 당대 유행하는 고착된 이미지들을 깨뜨리고자 했음을 짐작할 수 있다. 유몽인은 이런 유사간어의 적극적 활용을 통해 실제 작품세계에서 '기奇'하다는 평가를 받았다. 이는 유사간어의 활용을 중시한 그의 창작의식과도 긴밀하게 연관되어 있는 것으로 보인다.

위 인용문에서 한 가지 더 지적할 점은, 산山·수水·화花·조鳥류를 당풍으로 알고 천박한 식견으로 양사홍楊士弘의 『당음唐音』을 금과옥조로 여기며,[23] 두보와 한유를 경시하는 무리의 정체다. 그들은 아마도 간결고담簡潔古淡을 시적 특징으로 하는 삼당파三唐派 시인들을 가리키는 것으로 보이는데, 유몽인은 미적 지향에 있어서도 그들과 다른 입장을 지녔음을 알 수 있다.

또 다른 예로 차천로의 특정 시어에 대한 집착을 들 수 있다. 양경우梁慶遇(1568~1629?)의 『제호시화霽湖詩話』에는 다음과 같은 일화가 기록되어 있다.

> 내가 차오산(차천로)과 함께 용만에 갔을 때, 하루는 오산이 나를 초청하여 구룡대에 가자고 했다. (…) 오산은 여기에 자리를 깔고 앉아서 데리고 온 사람을 시켜 종이 대 여섯 장을 잘라 붙여서 두루마리를 만들게 하고 붓과 벼루를 내놓게 했으니, 시를 가지고 나를 궁지로 몰아넣으려는 것이었다. 나는 속으로, 이 늙은이와는 다량의 운으로는 대항할 수 없으니 속히 시를 지어 그 예봉을 피하는 것이 좋겠다고 생각하여, 단율短律 한 수를 써서 보였다. 오산은 그때 벌써 20운을 지어 썼는데 왼쪽 손으로 두루마리를 말아서 그 글씨는 가려놓고 나의 시를 보고는 웅얼웅얼 두어 서너 마디를 읊더니, 별안간 하인을 시켜 "빨리빨리 돌아가자"라고 하곤 숙소로 돌아왔다. 나 또한 따라 돌아와 "왜 그리 빨리

돌아왔느냐?"라고 따져 물었더니, 오산이 그제야 껄껄 웃으면서 실토하기를 "내가 평생에 잘 쓰는 문자는 육오六鼇 두 글자인데 그대의 시 가운데 벌써 육오로 구룡九龍의 대를 맞추어서 그대에게 선수를 빼앗겨 신기가 갑자기 떨어졌으므로 그만 집어치우고 돌아온 것이라" 하여 마주 앉아 한바탕 웃어댔다. 대개 나의 시에 "산은 육오가 오뚝이 떠받들고 있는 듯, 강은 구룡 깊은 곳으로 떨어지네"라는 글귀가 있어서 그렇게 말한 것이다.[24]

위 일화는 1609년 차천로가 명나라 사신을 맞이하기 위해 제술관製述官으로 용만龍灣(의주)에 갔을 때의 일을 기록한 것이다. 차천로 스스로 "내가 평생에 잘 쓰는 문자平生所喜用文字"로서 이 의상意象을 사용하지 못하게 되면 "신기가 갑자기 떨어졌다神氣忽沮"고 한 데서 알 수 있듯이, 그의 시에서 '육오六鼇'라는 의상은 단지 즐겨 쓰는 문자에 그치지 않고 심미 취향과 사상·감정이 결합된 자신의 화신과 같은 것이었다. 실제 동시대의 인사들에게 '오鼇'는 차천로를 상징하는 어휘로 받아들여진 적도 있다.[25] 특정 시어에 대한 이런 집착은 당대는 물론 후대에도 논란의 대상이 되기도 했다. 17세기 말 조성기趙聖期(1638~1689)와 김창흡(1653~1722) 사이에서 벌어진 차천로와 이안눌 시의 포폄褒貶 논쟁이 그 대표적인 예다. 이 '오鼇'라는 시어가 사용된 차천로의 시구 "빈 바다 자라 등 위로 만 리의 바람 불고, 구름 걷힌 학의 언저리엔 천 년의 달 떠 있네鼇背海空風萬里 鶴邊雲盡月千秋"(「봉사일본시奉使日本詩」)[26]를 두고 벌어진 논쟁은 차천로의 '오鼇' 의상이 시적 성취도와 관련하여 후대에 논란이 되었음을 잘 보여준다. 차천로가 신화 전설상의 동물인 '오鼇'를 시어로서 고집한 것 역시 그의 시가 '기장奇壯하다'는 평가를 받았던 것과도 일정 부분 관련이 있다.[27] 차천로는 유몽인과 같이 구체적인 논의로까지 나가지는 못했지만, '기奇'한 의상意象의 의도적 활용을 통해 고착된 이미지를 깨고자 했다는 점에서 양자의 창작의식은 일정하게 상통하는 측면이 있다.

2) 표현 층위에서의 '기'

조선 중기 한시에서 '기奇'한 미감의 구현은 크게 시어와 구법의 측면으로 나누어볼 수 있다.

시어의 활용에서 두드러지는 국면은 다음과 같은 것이 있다. 먼저 험벽하거나 허황된 시어의 사용을 통해 다소 기괴하기까지 한 의경意境을 조성하는 경우가 있다.

〔1〕 전갈의 꼬리 없어지지 않으니 뱃속에 독이 들었고　未銷蠆尾蠚藏腹
올빼미 소리 고치지 않으니 병이 고황에 있구나　不革鴞音病在肓

—차천로, 「송이제독일백운送李提督一百韻」[28]

〔2〕 스산한 가을바람 소리 동천을 울리고　窣窣秋聲震洞天
말 앞의 무성한 낙엽 서리 맞아 드물구나　馬前殷葉得霜鮮
얼룩덜룩한 머리 아홉 독사는 길 가에 도사리고 있고　斑爛烏虺蟠途側
오만방자한 황웅은 나무 꼭대기에 앉아 있네　傲兀黃熊坐樹顚
어린아이 숲의 과실 익는 때 됨에 기뻐하고　穉子欣逢林果熟
여윈 말로 아스라한 돌 벼랑길 내려갈 일 걱정되네　羸驂愁下石崖懸

산신령은 나그네의 고달픔 비웃지 말고　山靈休哂征夫苦
봉래산으로 이 내 몸 우화등선하게 해주시오　送我蓬壺羽化仙

— 유몽인, 「청평사유별연숙(질숙侄潚)淸平寺留別淵叔, 입금강산이수入金剛山二首」 중 두 번째 수[29]

인용 시에서 쓰인 채미蠆尾와 효음鴞音, 오훼烏虺와 황웅黃熊은 모두 일정한 고사를 배경으로 한 험벽한 시어들이다. 차천로의 작품 〔1〕은 명나라 장수 이여송李如松의 전공을 기리기 위해 하루 밤 사이에 완성한 작품으로 시인의 온갖 시적 기교가 총동원된 작품이다. '채미蠆尾'는 『좌전左傳』에서, '효음鴞音'은 『설원說苑』의 고사에서 온 것이다.[30] 시에서는 명나라의 도움으로 왜군의 침입을 막아내기는 했으나, 화를 뿌리 뽑지 못해 여전히 풍전등화에 놓인 조선의 현실을 나타낸다. 이 구절에서 '채미'와 '효음'은 당시 사회의 문제점을 비유하는 표현으로 쓰이고 있다.

유몽인의 작품 〔2〕는 작가가 광해군의 복위를 꾀했다는 죄목으로 죽기 한 해 전인 1622년에 지어진 것이다.[31] 시인의 탈속 의지를 표현한 우의적 작품이라고 볼 수 있다. 함련의 '오훼烏虺'와 '황웅黃熊'은 모두 현실의 동물이 아니라 신화전설상의 상상의 소산물이다. 이 두 동물은 『초사楚辭』 「천문天問」 편에 보이는데, '오훼(웅훼雄虺)'는 머리가 아홉 달린 뱀으로 사람의 혼백을 삼키는 것을 좋아하고, '황웅'은 요堯가 곤鯀을 죽인 뒤 곤의 신령이 변하여 생긴 동물이라고 한다. 이 두 어휘는 한유의 시 「영정행永貞行」과 「맹호행猛虎行」에서도 각각 쓰인 바 있다.[32] 시 내용에서 '오훼'와 '황웅'은 금강산에 들어가 영원히 세상을 등지고자 하는 시인을 방해하는 존재다. 그것이 현실의 어떤 부정적인 국면을 가리키는가는 분명하지 않지만, 시인이 자신의 앞 길을 암울하게 생각하는 것만큼은 분명해 보인다. 이 두 짐승 자체가 대체로 부정적인 존재를 의미하는 것처럼, 유몽인의 시에서도 이들은 시인의 앞길을 막는 부정적인 상징물이다. 홍만종洪萬宗은 '오훼'와 '황웅'이 등장하는 함련을 두고 '기괴유험奇怪幽險'하다고 평가한 뒤 "마치 악귀인 비천야차가 호랑이와 표범을 움켜쥐고 뜯어먹는 것 같다如飛天夜叉攫食虎豹"라는 형상적인 평어를 덧붙이고 있다.[33] 홍만종의 비평은 이 구절이 주는 기괴하고 공포스런 정조를 잘 표현하고 있다. 같은 시기 선계仙界를 그린 상당수의 시들이 염려艷麗하고 낭만적인 정서에 기대고 있는 것과는 차별되는 국면이다.

다음으로 독특한 상상력, 비유를 통해 '기奇'한 미감을 조성하는 경우를 들 수 있다.

〔1〕 푸른 산에 하우씨의 도끼가 날고　　青山飛禹斧
진秦나라의 채찍 떨어진 곳에 흰 돌이 드러난다　　白石落秦鞭

—차천로, 제목미상[34]

〔2〕 어느 해던가 솜씨 좋은 수倕에게 신령스런 도끼 빌린 것이　　何年神斧假倕般
운연을 깎아내어 푸른 뫼 일으켰구나　　鎊削雲烟起翠巒
거꾸로 매달린 등나무 안석靠枕은 바위에 떨어져 얽혀 있고　　倒掛輪藤縈墮石
가로질러 쏟아져 내리는 물 비탈 바위 깨무는구나　　橫鋪揭水嚙欹壇
풀숲에 묻힌 비석엔 글씨 벗겨져 있고　　螭頭埋草銀鉤剝

오리 신발 하늘 높이 솟구쳤던 곳엔 피리 소리마저 잦아든다 鳧舃翀霄玉管殘

한창 봄날 사신이 와서 잠시 머무르는데 春半使星來頓轡

영롱하게 언 폭포에 흰 포말은 차갑기만 하다 嵌空氷瀑白龍寒

—유몽인, 「총수산葱秀山」[35]

〔3〕 깊숙이 숨어 잠든 범처럼 풍연 속에 아스라하다가 深藏睡虎風煙晦

거꾸로 매달린 용처럼 갑자기 벽력같은 소리를 내뿜네 倒掛生龍霹靂噴

—조찬한趙纘韓, 「완폭대玩瀑臺」[36]

〔1〕은 차천로가 젊었을 때 송계松溪에 다리를 놓는 과정을 보고 지은 시이다. 시인은 다리를 놓기 위해 산에서 바위를 깨뜨려 채석하는 것을 보고, 치수治水에 탁월한 능력을 보였던 우 임금의 형상과 아방궁과 만리장성의 축조를 위해 백성들을 가혹하게 부렸던 진시황을 떠올리고 있다. 진시황은 수많은 궁전과 장성을 건축하기 위해 수많은 석재를 캐낸 바 있다. 아래 구절의 '진편秦鞭'이라는 용어는 한편으로 진시황의 또 다른 고사를 떠올리게 한다. 『삼제약기三齊略記』에 따르면, 진시황은 일출을 보기 위해 신인神人을 시켜 바다 위에 석교를 놓게 했다고 한다. 신인은 돌을 몰고 가다가 속도가 나지 않으면 돌을 채찍으로 내리쳤는데, 내리치면 돌에서 피가 솟아나 결국 석교가 적색이 되었다는 일화다.[37] 이렇게 시공과 진眞·환幻을 넘나드는 기어奇語의 활용을 통해 시인은 '청淸'과 '백白' '우 임금의 도끼斧'와 '진나라의 채찍鞭', 그리고 '비飛'(비상)와 '낙落'(하강)이 어우러지는 독특한 의경을 구축할 수 있었다.[38]

〔2〕는 유몽인의 시로 황해도 평산平山에 있는 총수산을 읊은 작품이다. 명의 사신 동월董越과 왕창王敞이 이곳의 빼어난 경관을 찬양한 기문과 시를 남긴 바도 있는 명승지다.[39] 유몽인의 시는 경관의 형상화 방식이나 내용 모두에서 독특함을 지니고 있다. 함련에서 절벽에서 흘러내리는 물줄기가 바위를 '깨문다嚙'는 기자奇字의 단련鍛鍊도 뛰어나지만, 경련의 "풀숲에 묻힌 비석엔 글씨가 벗겨져 있고, 오리신발 하늘 높이 솟구쳤던 곳엔 피리 소리마저 잦아든다螭頭埋草銀鉤剝 鳧舃翀霄玉管殘"의 대구가 더욱 절묘하다. 여기서 '이두螭頭'는 동월의 기문을 새긴 비석을, '은구銀鉤'는 비석에 새겨진 글씨를 가리키고, '부석鳧舃'은 신선 왕교王喬가 신고 다녔던 오리신의 고사를 쓴 것이다. 허봉許篈의 「조천기朝天記」와 『신증동국여지승람新增東國輿地勝覽』의 기록 등에 따르면, 이 무렵 동월의 기문을 새긴 비석이 쓰러져 있던 것으로 보이는데, 위 구절은 이런 정경을 읊고 있는 것이다. '이두'와 '은구'는 여러 의미를 지닌 어휘로 다음 구절의 신선 왕교의 신발, 옥피리와 대를 이룸으로써 전달 의미 이상의 복합적인 시적 효과를 빚어낸다. 비석의 쇠락한 모습과 신선의 사적이 대비됨으로써 인간사의 무상함을 상기시키는 동시에, '이두'와 '부석' '은구'와 '옥관玉管'이 낱낱의 자의에 따라 대비되고, 또 '묻히다埋(草)'와 '솟구치다翀(霄)' '벗겨지다剝'와 '잦아들다殘'란 술어들이 절묘하게 교직되어 대비·대조되고 있다. 절묘한 비유와 상상력이 조합된 독특한 의경의 산수시라고 할 수 있다. 그런 까닭에 이 시는 '유기幽奇'하다는 평가를 받았다.[40]

〔3〕은 조찬한(1572~1631)이 완폭대에서 바라본 폭포의 모습을 읊은 구절이다. 조찬한은 평생에 기괴奇怪하고 험굴險崛한 시를 썼다는 평가를 받았던 시인으로, 이 시에서도 폭포의 물줄기에 대한 독특한

형상화에 성공하고 있다. 호랑이와 용으로 비유된 폭포수의 정태와 동태의 형상화가 독특하다. 정태로부터 동태로 갑작스레 진행되는 역동성과 벽력같이 내뿜는 소리가 더욱 강렬한 느낌을 준다. 홍만종은 이 작품을 두고 "이무기를 사로잡고 호랑이 표범을 손으로 때려잡는 기세가 있다有捕龍蛇搏虎豹之勢"고 평하기도 했다.[41]

마지막으로 시를 지을 때 금기시하거나 일반적으로 쓰지 않는 시어를 넣어 기궤奇詭 혹은 기괴奇怪한 미감을 조성하는 예가 있다.

〔1〕 선우의 목이 떨어지니 사막이 조용하고　單于斷頭沙漠空
상자 속에 봉하여 장안궁에 보내지는구나　函封傳詣長安宮
붉은 피가 뚝뚝 떨어져 두개골 적시니　赤血淋漓灑髑髏
지난번 위청衛青과 곽거병霍去兵은 한 일 없이 후侯에 봉해졌구나　向者衛霍虛封侯

— 정두경, 「전억석가칠수前憶昔歌七首」 중 여섯 번째 수[42]

〔2〕 분노에 흘린 피 삼 년 지나 벽옥이 되고　怒血三年碧
원한으로 서리가 오월에도 내린다　冤霜五月零

— 조위한趙緯韓, 「애김장군(덕령)哀金將軍(德齡)」[43]

'피血'란 시어는 본래 시에서 잘 쓰지 않는다. 이러한 자극적인 표현은 작시 상 금기시할 뿐 아니라 시를 읽는 사람에게도 좋은 느낌을 주지 못하기 때문이다. 명대의 비평가 사진은 이것을 쓰면 거칠고 저급한 시가 된다고 했고,[44] 조선 후기 이익도 음험괴삽陰險怪澁한 표현을 써서는 안 됨을 지적하면서 그 예로 '피血' '백골骨'이 들어간 시구를 들었다.[45] 정두경(1597~1673)의 가행 〔1〕은 이런 금기시하는 시어를 적극적으로 활용하고 있다. 그는 다른 시에서도 낭자한 유혈을 읊곤 했는데, 이런 표현을 통해 의도적으로 작시 상의 금기를 어김으로써 '기奇'한 분위기를 조성해 내고 있다.

〔2〕는 조위한(1567~1649)이 의병장 김덕령의 죽음을 애도한 작품으로 역시 '피血'란 시어가 활용되고 있다. 조위한은 조찬한의 형으로 이들 형제는 모두 '기'한 시를 남긴 것으로 당대와 후대에 평가되었다. 이들 형제의 시는 두보와 한유로부터 영향 받은 바가 크다고 하는데, 위 시는 한유와도 일정하게 시적 경향을 공유하는 당대 시인 이하의 영향이 느껴진다. 위 구절은 이하의 시 「추래秋來」의 마지막 구절 "가을 무덤에 귀신은 포조의 시를 노래하고, 한 맺힌 피는 천 년 뒤 흙 속의 벽옥이 되리秋墳鬼唱鮑家詩 恨血千年土中碧"[46]로부터 온 것이다. 이하 시 특유의 독특한 상상력이 '피血'라는 시어와 결합되어 '허황탄환虛荒誕幻'한 '기'의 미감을 자아내고 있다.

한편 두목이 '우귀사신牛鬼蛇神'(「이장길가시서李長吉歌詩敍」)이라고 언급했던 이하 시의 이런 독특한 미감이 표현적 제약이 상대적으로 강한 의고 악부시에서도 활용된 예가 있다.

성의 남쪽에서 싸우니	戰城南
얼마나 많은 원정 군인이 이 땅에서 죽었을까?	幾多征人此地死
다만 보이는 건 전장의 피가 흘러	但見戰血流
장성 굴속의 물이 불어난 일	添作長城窟中水
누런 모래밭엔 한밤중에 귀신이 휘파람 불고	**黃沙夜半鬼嘯月**
푸른 도깨비불 연기도 없이 잠깐 사이 명멸하네	**青火無烟暫明滅**

슬픈 바람은 어찌 그리도 쓸쓸한가 悲風何蕭條
만 리에 흰 풀 꺾여 있네 萬里白草折
전사는 모두 땅강아지 개미의 밥이 되고 戰士盡爲螻蟻食
장군은 모두 돌아가 기린각에 화상을 걸었네 將軍歸盡麒麟閣

— 정두경, 「전성남戰城南」[47]

이 작품은 고악부시古樂府詩 「전성남」을 모의해서 지은 것이다. 본래 「전성남」의 악부고사樂府古辭는 전장에서 죽은 병사 입장에서 전쟁의 참상을 비감하게 읊고 있다. 반면 위魏·진晉 이후에 지어진 작품들 중엔 변경 요새의 정벌 등 전공을 세우려는 의지를 표현한 작품들도 있어 그 내용이 대비된다. 위 작품은 「전성남」 악부고사의 주제의식을 계승하는 방식으로 이를 모의하고 있다. 전쟁의 참상을 묘사하고, 이를 통해 반전反戰이란 주제의식을 노출하고 있다. 그런데 흥미로운 점은 전장의 모습을 형용하는 표현 방식이다. 앞서 언급한 금기시하는 표현('血')이 사용된 것은 물론 휘파람 부는 귀신과 도깨비 불과 같이 이하李賀를 연상시키는 시어들을 적극 활용하고 있음이 이채롭다. 대체로 의고악부시가 악부고사에 얽매여 표현이 자유롭지 않음을 감안할 때, 매우 독특한 사례라고 할 수 있다. 반드시 이 작품만을 두고 말한 것은 아니지만, 당대에 정두경을 이하에 빗대어 평가한 이유를 짐작할 수 있다.[48]

'기'한 미감의 구현에는 시어 외에도 의도적으로 고정된 음율배치를 깨뜨리는 방식도 활용되고 있다. 일반적으로 오언시는 한 구 내에서 2-3의 구조를 이루고, 칠언시七言詩의 경우는 4-3 혹은 2-2-3의 구조를 이룬다. 이는 한시의 전통적인 구법句法으로 대개의 한시가 이런 구조로 이뤄져 있다. 특히 조선 중기 시단의 당풍 추구는 시의 구법에 있어서도 이런 전통을 잘 준수하고 있어서, 시의 의미가 자연스럽고 평이하게 전달된다. 조선 중기의 대표적 시인의 한 사람인 권필의 시가 구법이 연눈軟嫩하다고 평가된 데서도 이 점은 잘 드러난다.[49] 그런데 이 시기 '기'한 미감을 추구했던 시인들의 시에는 이런 구법이 의도적으로 파괴된 예가 있다.

〔1〕 오언시

가. 夫-豈盍歸歟 〔1-4〕

— 유몽인, 「이제묘夷齊廟」(『어우집於于集』 권2, 482쪽)

나. 我自問-爲誰 〔3-2〕

— 이안눌, 「향인지주, 연일래향, 취중희제鄕人持酒, 連日來餉, 醉中戱題」
(『동악집東岳集』 권15, 246~247쪽)

다. 恨-不騎八駿 〔1-4〕

— 정두경, 「상지회上之回」(『동명집東溟集』 권9, 474쪽)

〔2〕 칠언시

가. 幸-我暮年遊日下, 恨-君經歲臥漳濱 〔1-6〕

— 차천로, 「임관보만任寬甫挽」(『오산집五山集』 권4, 411쪽)

나. 乃-公重續斷餘腸 〔1-6〕

— 유몽인, 「임학령여자만任鶴齡女子挽」(『어우집』 권1, 303쪽)

다. 爲誰-偸幻一枝春" 〔2-5〕

— 조찬한, 「희견분매만발喜見盆梅滿發」(『현주집玄洲集』 권6, 289쪽)

라. 恨-不同時子虛賦 〔1-6〕

— 정두경, 「고악부행, 증권자경古樂府行 贈權子敬」(『동명집』 권10, 488쪽)

〔1〕은 오언시 일반의 2-3 구조를 1-4 혹은 3-2로 변경시킨 예들이고, 〔2〕는 칠언시 일반의 4-3 구조를 1-6 혹은 2-5로 변화를 준 예들이다. 이런 의도적인 구법 변화는 관습적인 음보를 깨뜨림으로써 독자로 하여금 생경함을 느끼게 하며, 동시에 표현된 의미 이상의 별도의 형식미를 확보하게 한다.

한편 구법의 변화와 별도로 시에서 일반적으로 쓰이지 않는 허사虛辭(어조사) 등의 사용을 통해 산문적인 어투를 구사하는 예도 있다. 이 역시 전범의 탈피를 통한 '기奇'의 추구라고 볼 수 있다.

가. 詩不驚人ㅁㅁ焉, 爲緣重見情相親.

— 유몽인, 「두류암, 증혜일겸시수사頭流菴 贈慧日兼示修師」(『어우집』 후집 권2, 492~493쪽)

나. 玄旣尙其白, 黃寧成自丹.

— 유몽인, 「병음이수病吟二首」 중 두 번째 수(『어우집』 권2, 307쪽)

다. 婦道何如也, 門闌歎服之.

— 조찬한, 「만백선명처(진남)挽白善鳴妻(振南)」(『현주집』 권5, 261쪽)

라. 爲問鸞鳳姿, 何從而到斯.

— 조찬한, 「차신박사(천익)운, 도기계좌랑(해익)次愼博士(天翊)韻, 悼其季佐郞(海翊)」(『현주집』 권5, 263쪽)

'언焉' '기其' '이而' '야也' '지之' 등의 허사는 일반적으로 근체시에서는 사용되지 않고, 고시에서도 한유 무렵에 이르러서야 본격적으로 쓰이기 시작한다.[50] 유몽인과 조찬한의 시에서 발견되는 이런 허사들은 산문 어투의 의도적 활용의 실례로 주목된다.

산문 어투의 활용에는 구법 변개 이외에도 동일한 어휘를 의도적으로 중복해서 사용할 때가 있다. 일반적으로 한 편의 시에서 동일한 어휘를 중복해서 쓰는 것은 금기시하는 일이다. 그런데도 의도적으로 시적 규범을 어긴 작품들이 발견된다. 유몽인의 「봉별김원외(기종)조천지행奉別金員外(起宗)朝天之行」이 그런 예다. 이 시에서는 주로 산문에서 쓰이는 허사인 '내乃'자를 네 차례나 반복해서 쓰고 있다.[51] 이안눌李安訥(1571~1637)의 임진왜란을 소재로 한 저명한 작품 「사월십오일四月十五日」에서도 유사한 예가 발견된다.

父或哭其子, 子或哭其父.
祖或哭其孫, 孫或哭其祖.
亦有母哭女, 亦有女哭母.
亦有婦哭夫, 亦有夫哭婦.
兄弟與姊妹, 有生皆哭之.[52]

위 시에서는 '혹或'과 '역亦'자가 반복되어 사용되고 있다. 이는 한유의 「남산시南山詩」로부터 연유한 기법으로 볼 수 있다.[53] 이식李植(1584~1647)은 당시에 시를 배우는 자들 중에 한유와 두보의 시를 전범으로 삼는 이들이 있는데, 이것이 이안눌과 차천로로부터 연유한 것이라고 설명한 바 있다.[54] 한유의 '이문위시以文爲詩'적 작법이 이 시기 시인들에게 일정 부분 수용되었음을 확인할 수 있다. 이안눌은 이 밖에도 「몽여장夢汝章」과 같은 시에서 앞 구에서 사용한 글자를 뒤 구에서 반복하는 방식으로 일반적인 시작 규율을 깨뜨리고 있다.[55] 일반적인 예는 아니지만, 조선 중기 한시에서 발견되는 이런 표현들은 기성의 작시 규율('正')을 탈피함으로써 새로운 미감('奇')을 추구하려 했던 하나의 사례로 그 가치를 인정할 수 있다.

4. 남는 문제

이상에서 드러난 것처럼 조선 중기 한시에는 전범의 일탈/변주를 통해 또 다른 미감을 추구한 일군의 작가들이 존재한다. 천편일률과 몰개성이라는 후대의 일부 평가와는 분명 궤를 달리하는 국면이다. 여기서는 이들이 추구한 미감 내지 당대 및 후대 사람들이 이들의 시 세계로부터 받은 인상을 '기奇'란 범주에서 포괄했다. 하지만 이들이 보여주는 '기'의 국면은 완전히 동일한 것은 아니고, 유사성만큼이나 개별성 또한 두드러진다. 다만 분명한 것은 유몽인, 차천로, 이안눌, 조찬한, 조위한, 정두경 등 일군의 작가들이 비록 뚜렷한 시적 지향을 드러내고 있지는 않지만 다른 조선 중기의 시인들과 다른 미감을 보여주고 있다는 점이다. 이들의 시는 이 시기 당풍의 전개와 관련하여 언급되는 기타 시인들과 다른 특성을 띠고 있다. 이들의 공통점을 거칠게 묶어본다면 학시學詩 전범의 확대와 유사간어의 활용, 그리고 작시 규범의 의도적 탈피 같은 점들을 들 수 있다. 이들은 대개 『당음唐音』 수준의 학시 양태를 비판하고 시의 기세를 중시했으며, 말랑말랑한 표현 위주의 당풍을 반대하고 한유 시를 학습하거나 이하 시의 독특한 미감을 주목했다.

당대와 후대의 시화에서 이들의 시는 대개 '기'와 관련된 평가를 받았다. 그런데 이런 움직임은 문학사의 변증법적 운동생리상 시대마다 발견되는 국면이기도 하다. 우리 한시사를 보더라도 조선 전기에 이미 박상朴祥, 정사룡鄭士龍, 노수신盧守愼, 황정욱黃廷彧, 최립崔岦 등의 '험괴기건險瑰奇健'한 시가 있었으며,[56] 후기에도 이용휴李用休, 이가환李家煥, 이덕무李德懋, 유득공柳得恭, 박제가朴齊家, 이서구李書九 등을 대표로 하는 '기궤奇詭' '첨신尖新'의 시가 시단을 풍미한 바 있다. 특히 조선 후기에 이르면 '신기新奇'를 적극적으로 추구하여 이에 관한 논의도 본격화되기에 이른다. '奇'를 비평 잣대로 삼아 조선 역대의 시문 대가를 선정한 이규상李奎象(1727~1799)이 대표적인 예다.[57]

그렇다면 조선 중기 시단에서의 '기奇'의 미감이 갖는 시사적 의미는 무엇일까? 또 전기와 후기의 '기'한 시들과 중기 시의 '기'는 어떤 차별성을 갖는 것일까? 이 글에서는 아쉽게도 아직 이에 대한 답변이 준비되어 있지 않다. 다만 조선 전기, 중기, 후기 시에서 각각 '기'라고 평가하는 국면이 서로 다름은 어느 정도 드러난다. 특히 전·중기와 후기 사이에는 '기'라고 인식하는 국면에 상당한 차별성이 있는 것으로 보인다. 예컨대, 이용휴(1708~1782)의 시에서 발견되는 일상성을 통한 '기'의 추구[58]는 시적 수사나 기교를 극단적으로 배격한다는 점에서 전·중기 시에서 발견되는 '기'의 국면과는 분명하게 구분된다. 양자의 차이에 대한 구체적인 비교와 분석은 이 글의 범위를 넘는 문제이므로 별도의 논의를 기약하기로 한다. 여기서는 다만 '기'의 함의 및 '기'라고 인식되는 작품 성격의 변화가 시의 본질 및 지향에 관한 시대적 추이와 긴밀하게 연관되어 있다는 점을 지적해두고 싶다. 과

거의 '기奇'가 오늘날의 '정正'이 되고 또 훗날의 '기'가 되기도 하는 문학사의 유전流轉을 볼 때, 이에 대한 탐구는 도식화된 한시사 서술 방식의 문제점을 보완하는 하나의 자료가 될 수 있을 것이다.

주

제1부 | 나의 장례식: 자만시自挽詩

제1장 | 자만시自挽詩의 시적 계보와 조선 전기의 자만시

1) 안대회, 「한국 한시의 죽음 소재」, 『韓國 漢詩의 分析과 視角』, 연세대학교출판부, 2000, 51쪽.

2) 최재남, 『韓國哀悼詩硏究』, 경남대학교출판부, 1997, 15~16쪽.

3) 국사편찬위원회 편, 『상장례, 삶과 죽음의 방정식』, 두산동아, 2005, 103쪽; 안대회, 같은 책, 51~54쪽.

4) 가와이 고조川合康三, 『중국의 자전문학』, 심경호 옮김, 소명출판, 2002, 179~197쪽.

5) 李睟光, 『芝峯類說』 卷十四, 文章部七 哀辭, 景仁文化社, 1970, 544쪽, "昔陶淵明自作挽詞及五柳先生傳, 裴晉公自作畫像贊, 白樂天自作醉吟先生傳及墓誌銘, 邵康節自作無名公傳, 陳堯佐自作墓誌, 近世盧蘇齋亦自作誌文, 豈亦有意於名者歟?"

6) 안대회, 「조선 후기 自撰墓誌銘 연구」, 『한국한문학연구』 제31집, 한국한문학회, 2003.6, 237~266쪽 참조.

7) 『左傳』 哀公 11年, "將戰, 公孫夏命其徒歌虞殯."

『莊子』, "紼謳所生, 必于斥苦." 『장자』의 이 구절은 『世說新語』, 「任誕」 편에 대한 劉孝標의 注에 인용되어 있는데, 지금 전하는 『장자』 판본 중에는 이런 구절이 없다.

8) 崔豹, 『古今注』 卷中, 「音樂」, "薤露蒿里並喪歌也, 出田橫門人, 橫自殺, 門人傷之, 爲之悲歌."

9) 王宜瑗, 「六朝文人挽歌詩的演變與定型」, 『文學遺產』 2000年 第5期, 北京; 中華書

局, 2000, 22~32쪽; 吳承學, 「漢魏六朝挽歌考論」, 『文學評論』 2002年 第3期, 北京: 文學評論雜誌社, 2002, 63~72쪽.

10) 건안칠자 중의 한 사람인 阮瑀의 "冥冥九泉室, 漫漫長夜臺"(「七哀詩」), 목습의 "朝發高堂上, 暮宿黃泉下"(「挽歌」), 육기의 "昔居四民宅, 今托萬鬼鄰"(「挽歌詩」 삼수 중 其二) 등이 그런 예이다.

11) 逯欽立 輯校, 『先秦漢魏晉南北朝詩』 中, 北京: 中華書局, 1983, 1258쪽.

12) 徐培均 箋注, 『淮海集箋注』 中, 上海: 上海古籍出版社, 1994, 1323~1326쪽.

13) 徐培均, 앞의 책 上, 3~32쪽.

14) 徐培均, 앞의 책 中, 1325쪽. 齊生死, 了物我, 戲出此語, 無足怪者.

15) 「金晅자찬묘지명」, 연대: 충렬왕 31년(1305), 김용선 역주, 『역주 고려묘지명집성』(하), 제2판, 한림대학교 출판부, 2006, 682~686쪽.

16) 이상은 지금까지 필자가 조사한 17세기 이전 출생 작가가 남긴 자만시 목록이다. 이 시기는 한국 한시사에서 조선 전기로부터 중기에 이르는 시기이나, 자만시의 경우 조선 중기의 양상이 특별한 구분이 필요하지 않으므로 편의상 조선 전기로 포괄하여 논의하기로 한다. 혹 있을지 모를 누락 작품 및 조선 후기 자만시를 포함한 자만시 전체 목록은 별고를 통해 제시할 것이다.

17) 金時習, 「我生」, 『梅月堂集』 卷十四, 한국문집총간 13, 민족문화추진회, 1990, 318쪽, "我生旣爲人, 胡不盡人道. 少歲事名利, 壯年行顚倒. 靜思縱大恧, 不能悟於早. 後悔難可追, 寤擗甚如擣. 況未盡忠孝, 此外何求討. 生爲一罪人, 死作窮鬼了. 更復騰虛名, 反顧增憂惱. 百歲標余壙, 當書夢死老. 庶幾得我心, 千載知懷抱."

18) 南孝溫, 「自挽四章, 上佔畢齋先生」, 『秋江集』 卷一, 한국문집총간 16, 민족문화추진회, 1990, 30쪽, "去秋之杪, 家厄深重, 喪事重重, 奔走之間, 得心虛狂悸之病, 妖言妄語, 發作無節, 幸賴藥力, 大病稍歇, 而餘毒尙梗, 曩所得不虛也. 僑居, 乃作挽歌四篇, 付之豚犬, 更繕寫呈先生座下, 極知鄙人貪戀世味, 不得透利名關, 安能更希古人齊死生了物我之遺意耶. 但病中精神喪耗, 志氣摧挫, 荒詞必不文理接屬, 幸加斤正是望."

19) 繆襲, 「挽歌」, "生時遊國都, 死沒棄中野. 朝發高堂上, 暮宿黃泉下.", 陸機, 「挽歌詩三首」 其二, "昔居四民宅, 今托萬鬼鄰.", 鮑照, 「代挽歌」, "獨處重冥下, 憶昔登高臺."

20) 班固 撰, 『漢書』 卷九十二, 「遊俠列傳」 第六十二, "涉[原涉]父爲南陽太守, 父死, 涉大治, 起塚舍, 買地開道, 立表署, 曰南陽阡."

21) 술이 부족하다는 표현은 도연명의 「飮酒」 其十八에도 보인다.

22) 金宗直, 「答南秋江書」, 『佔畢齋集』 卷一, 한국문집총간 12, 민족문화추진회, 1990, 404쪽. "吾秋江, 則似傷其在世六厄, 而竟云, '三十六年間, 長被物情猜', 其自讚也, 深矣, 且有拳拳不忘斯世之慮焉, 是豈溘先朝露之人哉?"

23) 이 구절은 진관 「자작만사」의 "紙錢掛空枝"에서 온 것이다.

24) "僕嘗聞, 古之人, 多有豫作壽藏之兆者. 又嘗見鄕中老人, 自治棺槨, 至其衣衾斂襲之物, 無一不備, 常常自臥其中, 以迄沒齒, 此蓋非徒爲緩急之用, 或有哂其暗行祈禳之術者焉. 今秋江之擬挽, 無乃類是耶?"

25) 王宜瑗, 앞의 논문, 30쪽.

26) 대표적인 예로, 위항시인의 비조격인 崔奇男(1586~?)을 들 수 있다. 그는 장편의 자만시인 「和陶靖節輓詩三章」(『龜谷詩稿』 卷一上)은 물론 自祭文·自傳 등을 남기고 있어 자만류 문학에 대한 그의 관심의 폭을 짐작해볼 수 있다. 다만 그의 자만시는 도연명 시의 화운작이란 한계가 있다.

27) "甲子歲, 予謫眞安縣, 事將有不測者. 自分必死, 擬古人自挽而銘之, 且戒子云."

28) 『燕山君日記』53卷, 10年 5月 30日 己未條.

29) 洪彦忠, 『寓庵稿』卷二, 한국문집총간 18, 민족문화추진회, 1990, 322쪽.

30) 鄭希良, 『虛庵遺集』 續集 卷三 摭錄, 師友錄, 한국문집총간 18, 민족문화추진회, 1990, 73쪽, "洪彦忠字直卿, 號寓庵, 文匡公盧白之子. …… 甲子, 追罪舊日言事之臣. 彦忠在囚中, 拷掠擔下垣外, 金仁老見之惻然, 配眞寶縣, 自分必死, 擬古人自挽, 作墓碣銘. 詞甚悲壯, 未幾被拿, 從容就途, 行至幽谷驛, 自撰挽詞, 至鳥嶺聞已反正, 涕泣不已."

31) 문집의 편차로 볼 때, 卷二에 실린 작품은 33세, 卷三에 실린 작품은 38세 무렵, 卷四에 실린 작품은 유배 후반기에 지어진 것으로 추정된다.

32) 『後漢書』 卷九十七, 「黨錮列傳」 范滂傳, 後漢 范滂은 黨錮의 獄으로 죽음을 앞두고도 동요하지 않았다. 死地로 떠나기 전 어머니에게 이별을 고하였는데, 어머니는 "汝今得與李杜齊名, 死亦何恨? 旣有令名, 復求壽考, 可兼得乎?"라고 답하며 그를 격려하였다. 여기서 李·杜는 後漢 李膺과 杜密을 가리킨다. 이들 역시 黨錮의 獄으로 죽음을 당하였다.

33) 盧守愼, 『穌齋集』 卷二, 한국문집총간 35, 민족문화추진회, 1989, 93쪽.

34) 盧守愼, 『穌齋集』 卷三, 한국문집총간 35, 민족문화추진회, 1989, 120쪽. 함련 출구의 '黔'자가 '婁'자로 되어 있는 경우도 있다.

35) "不戚戚于貧賤, 不忻忻于富貴." 黔婁의 고사는 劉向 撰, 『古列女傳』 卷二, 「魯黔婁

妻」에 보인다.

36) 盧守愼, 『穌齋集』 卷四, 한국문집총간 35, 민족문화추진회, 1989, 149쪽.

37) 「暗室先生自銘 丙戌十一月十五日作」, 『穌齋集』 卷十, 위의 책, 287쪽. 이 작품은 1586년 그의 나이 72세 되던 해에 지었다.

38) 대표적인 예로 다음 시를 들 수 있다. 「同夜記夢」(予沐浴更衣, 臨死微笑), 『穌齋集』 卷三, 116쪽, "我則異於是, 死生今六年. 振衣須沐浴, 含笑向黃泉."

39) 鄭𥖝, 『北窓先生詩集』 卷一, 『李朝名賢集』 4, 성균관대 대동문화연구원, 1985, 487쪽.

40) 鄭𥖝, 『北窓先生詩集』 卷一, 위의 책, 489쪽.

41) 江漢風流란 임제가 자신의 풍류를 東晉의 名臣인 庾亮의 풍류에 빗댄 표현이다. 강한江漢은 장강長江과 한수漢水를 아울러 이르는 말로 장강은 중국의 후베이 성을 나타내기도 한다. 庾亮은 타고난 威儀가 있고, 담대하여 어떤 위기의 순간에도 침착했던 인물이었다. 또 뛰어난 인품과 정치적 수완으로 많은 일화를 남기고 있다. 한때 반란을 유발한 책임을 물어 그를 죽이려 했던 陶侃마저 庾亮은 풍류만이 아니라 爲政之術도 겸비했다고 평가한 바 있다. 江漢風流란 다음 고사와 관련이 있다. 庾亮이 征西將軍이 되어 武昌에 있을 때 長江 가에 누각을 세우고 이를 南樓라 불렀다. 날씨 좋고 경치 아름다운 어느 가을밤 막료 殷浩·王胡之 등이 南樓에 올라 시를 읊조렸다. 음조가 막 높아지려 할 때 계단에서 나막신 소리가 몹시 크게 들렸는데 유량이 행차한 것이었다. 유공이 종자 10여 명을 이끌고 걸어오자 여러 명사들이 일어나 피하려 했더니, 유공이 천천히 이르길, "여러분, 잠시 머무시게. 이 늙은이도 이 자리에 흥취가 적지 않소이다"라고 했다. 그러고는 곧장 접이 의자에 앉아 사람들과 함께 읊조리고 담소하면서 그 자리가 끝날 때까지 마음껏 즐겼다. 이 일화가 『世說新語』 「容止」 편에 실려 전한다. 杜甫의 「江陵節度使陽城郡王, 新樓成, 王請嚴侍御判官, 賦七字句, 同作」 시에도 "퇴청한 여가에는 막료들을 맞아 즐기니, 강한의 풍류는 만고에 한 가지 정이로다自公多暇延參佐, 江漢風流萬古情"라는 구절이 보인다.

42) 林悌, 『林白湖集』 卷三, 한국문집총간 58, 민족문화추진회, 1990, 288쪽. 번역문은 신호열·임형택 공역, 『(譯註)白湖全集』, 창작과비평사, 1997, 371쪽을 참조하여 필자가 일부 수정한 것이다.

43) 최재남, 앞의 책, 42~164쪽.

44) 윤주필, 『한국의 방외인 문학』, 집문당, 1999, 232~255쪽.

45) 서구의 연구 성과로는 죽음에 대한 인간의 태도 변화를 묘지명·유언장·도상 등을 통해 접근한 필리프 아리에스의 연구를 참조할 만하다. 필리프 아리에스, 『죽음의 역사Essais sur l'histoire de la mort en Occident du Moyen Age a' nos jours』, 이종민 옮김, 동문선, 1998; 필리프 아리에스, 『죽음 앞의 인간L'homme Devant la Mort』, 고선일 옮김, 새물결, 2004.

46) 李家源, 『玉溜山莊詩話』, 『李家源全集』 5, 정음사, 1986, 73쪽.

제2장 | 조선시대 자만시의 유형적 특성

1) 졸고, 「自挽詩의 詩的 系譜와 조선전기의 自挽詩」, 『고전문학연구』 제31집, 한국고전문학회, 2007, 319~356쪽. 이 글은 이 책의 제1부 제1장에 수록되어 있다.

자만시는 언급한 것처럼 동아시아 고전문학의 자전적 글쓰기 방식과 긴밀한 관계를 가지고 있다. 한국 한문학에서 자전적 글쓰기 양식에 관해서는 다음과 같은 논저들이 참고가 된다.(발표순) 안대회, 「조선 후기自撰墓誌銘 연구」, 『한국한문학연구』 제31집, 한국한문학회, 2003, 237~266쪽; 김승호, 「고려 불가의 自傳的 글쓰기와 그 양상」, 『고전문학연구』 제23집, 한국고전문학회, 2003, 121~146쪽; 심경호, 「한국 고전문학의 자서전적 글쓰기에 대한 고찰」, 『第十七屆中韓文化關係國際學術會議論文集』, 中華民國韓國研究學會, 2008, 1~20쪽; 김승호, 「佛家 自傳의 성격과 서술유형의 고찰」, 『한국문학연구』 제35집, 동국대학교 한국문학연구소, 2008, 7~35쪽; 심경호, 『내면기행』, 이가서, 2009, 1~612쪽; 졸고, 「畫像自贊類 문학의 존재양상과 자아형상화 방식의 특징」, 『고전문학연구』 제36집, 고전문학연구회, 2009, 259~300쪽(이 글은 이 책의 제2부 제1장에 수록되어 있음); 심경호, 『나는 어떤 사람인가』, 이가서, 2010, 1~663쪽.

2) 조선시대로 시기를 한정한 이유는 현전 자료 중 조선시대 이전의 작품들이 전하지 않기 때문이다. 하지만 몇 가지 기록들을 종합해보면, 고려시대에도 자만시가 창작되었을 것으로 추측된다. 대표적인 예로, 韓宗愈(1287~1354)를 들 수 있는데, 그가 죽기 전 자만의 말을 남겼다는 기록이 전한다. 李賢輔, 『聾巖集』, 「聾巖先生年譜」 卷一, 한국문집총간 17, 민족문화추진회, 1990, 455쪽. "先生手書效嚬·聾巖·生日三短闋, 題其後曰, 翁年今八十七歲, 致仕投閒, 亦過一紀. 其晩年去就, 逸樂行迹, 盡於三短闋, 自後明舊之與我同儕者, 彫落殆盡, 家庭殊不如昔日之全盛, 然已無餘憾, 此亦韓宗愈自挽之意也." 또 앞선 시기 李奎報의 자전이나 金晅(1234~1305)의 자찬묘지명이 존재하는 것을 보면, 자만시 역시 존재했을 가능성이 높다. 앞으로 관련

자료의 발굴을 기대하면서, 이 글에서는 부득이 현전 자료 중심으로 논의를 전개하기로 한다.

3) 중국학자 王叔岷은 임종 무렵에 지은 작품도 挽歌, 挽歌詩라고 일컫는다고 설명하고, 그 예로 孔融과 歐陽建의 임종시를 들고 있다. 王叔岷 撰, 『陶淵明詩箋證稿』, 北京: 中華書局, 2007, 496~504쪽. 한편 한국한문학에서 자전적 글쓰기에 대한 광범위한 연구를 수행하고 있는 심경호는 자만 계열의 작품으로 自挽, 自輓 외에 자작뇌문과 長歌로 된 遺狀을 들고 있다. 심경호, 『내면기행』, 이가서, 2009, 598~599쪽.

4) 金時習, 『梅月堂集』, 詩集 卷十四, 한국문집총간 13, 민족문화추진회, 1990, 318쪽. "我生旣爲人, 胡不盡人道, 少歲事名利, 壯年行顚倒. 靜思縱大恧, 不能悟於早. 後悔難可追, 寤擗甚如擣. 況未盡忠孝, 此外何求討, 生爲一罪人, 死作窮鬼了. 更復騰虛名, 反顧增憂惱. 百歲標余壙, 當書夢死老. 庶幾得我心, 千載知懷抱." 윤주필은 방외인문학을 논하는 자리에서 이 작품을 自挽詩의 풍이라 규정하고 시로 그린 자화상이란 측면에서 논의한 바 있다. 윤주필, 『한국의 방외인 문학』, 집문당, 1999, 217~260쪽.

5) 자만시의 기원과 양식적 특징에 관해선 제1부 제1장 2. 자만시의 계보적 이해를 위한 예비 검토에서 검토한 바 있다.

6) 이상은 『한국문집총간』, 『한국역대문집총서』 및 각급 도서관 소장 자료를 중심으로 조사한 중간 결과이다. 현재 기타 문집 자료에 대한 추가 조사가 진행 중이며, 조사가 완료된 후 전체 목록과 함께 역주한 자료를 학계에 공개할 예정이다.

7) 龔斌 校箋, 『陶淵明集校箋』, 上海: 上海古籍出版社, 1996, 355~362쪽.

8) 張萬起·劉尙慈 譯注, 『世說新語譯注』, 北京: 中華書局, 1998, 706~707쪽.

9) 袁行霈 箋注, 『陶淵明集箋注』, 北京: 中華書局, 2003, 421~422쪽.

10) 秦觀은 「自作挽詞」의 幷序에서 "昔鮑照陶潛自作哀挽, 其詞哀. 讀予此章, 乃知前作之未哀也"라고 쓴 바 있다. 이 작품은 진관이 죽기 한 해전인 1100년 유배지인 雷州에서 지어졌다. 徐培均 箋注, 『淮海集箋注』 中, 上海: 上海古籍出版社, 1994, 1323~1326쪽.

11) 洪彦忠, 『寓菴稿』 卷二, 한국문집총간 18, 민족문화추진회, 1990, 323쪽; 졸고, 「自挽詩의 詩的 系譜와 조전전기의 自挽詩」, 『고전문학연구』 제31집, 한국고전문학회, 2007, 339~342쪽.

12) 許筠, 『國朝詩刪』 卷一, 아세아문화사, 1980, 245쪽; 강석중·강혜선·안대회·이종묵, 『허균이 가려뽑은 조선시대의 한시』 1, 문헌과해석사, 1999, 71~ 72쪽; 허경진 역

음, 『학산초담』, 『허균의 시화』, 민음사, 1982, 59쪽; 전송열, 『옛사람들의 눈물: 조선의 만시 이야기』, 글항아리, 2008, 375~380쪽. 이 시의 작자를 金湜이나 趙光祖로 보는 기록도 있지만, 許筠의 기록이나 後代 黃胤錫의 차운작 등을 고려할 때 기준의 작품으로 보는 것이 온당하다고 여겨진다. 이 작품은 오늘날 전하는 기준의 문집 『德陽遺稿』에는 실려 있지 않다.

13) 盧守愼, 「自挽」, 『穌齋集』 卷二, 한국문집총간 35, 민족문화추진회, 1989, 93쪽; 졸고, 앞의 논문, 343~344쪽.

14) 독일의 역사사회학자 노르베르트 엘리아스Norbert Elias에 따르면, 외로움Einsamkeit 중 가장 참혹한 것이 죽어가는 사람들이 산 사람들의 공동체로부터 배제되어 어쩔 도리 없이 죽음으로 내몰렸을 때라고 했다. 노르베르트 엘리아스, 『죽어가는 자의 고독Über die Einsamkeit der Sterbenden』, 김수정 옮김, 문학동네, 1998, 83~84쪽.

15) 안대회, 「조선 후기 自撰墓誌銘 연구」, 『한국한문학연구』 제31집, 한국한문학회, 2003, 248~249쪽; 졸고, 「畫像自贊類 문학의 존재 양상과 자아 형상화 방식의 특징」, 『고전문학연구』 제36집, 한국고전문학회, 2009, 284~292쪽.

16) 전자는 도가와 후자는 유가의 죽음에 대한 인식방식과 관련된 일반적인 평가다. 베르나르 포르Bernard Faure, 『동양종교와 죽음La Mort Dans Les Religions D'asie』, 김주경 옮김, 영림카디널, 1997, 25~28쪽; 何顯明, 『죽음 앞에서 곡한 공자와 노래한 장자死亡心態』, 현채련·리길산 옮김, 예문서원, 1999, 1~295쪽; 정동호 외, 『철학, 죽음을 말하다』, 산해, 2004, 287~ 343쪽.

17) 지금까지 동아시아 전통사회에서 죽음을 받아들이는 태도에 대한 체계적이고 심도 있는 접근은 이뤄진 바 없다. 특히 죽음에 대한 인간의 태도 변화를 묘지명·유언장·도상 등을 통해 접근한 필리프 아리에스의 연구와 견줄 만한 성과는 나오지 않았다. 까닭에 이 문제는 일정하게 규정하기에 몹시 조심스러운 부분이다. 이하에서는 자만시에 드러나는 죽음에 대한 태도만으로 한정해서 논의하기로 한다. 필리프 아리에스, 『죽음 앞의 인간L'homme Devant la Mort』, 고선일 옮김, 새물결, 2004.

18) 권시의 아버지 권득기 역시 자만시를 남긴 바 있어, 이들 부자는 대를 이어 자만시를 짓고 있다. 權諰, 『炭翁集』, 한국문집총간 104, 민족문화추진회, 1993, 271~272쪽.

19) 朴致和, 『雪溪隨錄』 卷十九, 서울대학교 규장각 소장본. 박치화의 문집으로는 별도로 『巽齋集』이 있으나 자만시는 수록되어 있지 않다.

20) 李惟樟, 『孤山集』 卷三, 한국문집총간 126, 민족문화추진회, 1995, 61쪽.

21) 조임도의 본래 이름은 趙幾道였다. 스승 張顯光이 '幾'자가 적극적이지 못하다고 지적하자 아버지가 '任'자로 바꾸었다고 한다.

22) 林悌, 『林白湖集』 卷三, 한국문집총간 58, 민족문화추진회, 1990, 288쪽. 번역문은 신호열·임형택 공역, 『(譯註)白湖全集』, 창작과비평사, 1997, 371쪽을 참조하여 필자가 일부 수정한 것이다.

23) '일정한 주인이 없다無常主'는 표현은 蘇軾의 글에서 온 것이다. 『東坡志林』 卷十에 "임고정 아래로 십여 보도 되지 않는 거리에 큰 강물이 흐른다. 그 강물의 반절 정도는 아미산에서 눈이 녹은 물인데, 내가 마시고 먹고 목욕하는 것을 모두 이 물에서 취하고 있다. 그러니 내가 어찌 꼭 고향에 돌아가야만 하겠는가. **강산과 풍월은 본래 일정한 주인이 없나니**, 한가로이 즐길 수 있는 그 사람이 바로 주인이라 할 것이다. 臨皐亭下不十數步, 便是大江. 其半是峨嵋雪水, 吾飮食沐浴皆取焉. 何必歸鄕哉. **江山風月本無常主**, 閑者便是主人"라는 말이 나온다.

24) 趙任道, 『澗松集』 卷二, 한국문집총간 89, 민족문화추진회, 1992, 45쪽.

25) 李瀷, 「善戲謔」, 『국역 星湖僿說』 4, 卷九, 人事門, 민족문화추진회, 1978, 22~23쪽, "林白湖悌, 氣豪不拘檢, 病將死, 諸子悲. 林曰, '四海諸國, 未有不稱帝者, 獨我邦終古不能, 生於若此陋邦, 其死何足惜,' 命勿哭. 又常戲言, '若使吾値五代六朝, 亦當爲輪遞天子.' 一世傳笑."

26) 澗松이란 호의 유래에 대해 조임도는 「自傳」에서 사는 곳 시냇가에 두 그루 소나무가 있었기 때문에 그것으로 호를 삼았다고 설명하였다. 하지만 澗松이란 호는 白居易의 시 「澗底松」과도 무관하지 않은 듯하다. 백거이가 물가에 솟은 아무도 돌아보지 않는 우뚝한 나무를 가지고 시대를 잘못 만난 뛰어난 인재를 빗댔듯이, 자신 역시 그런 존재임을 암시하고 있다. 그는 「栽松澗邊」(卷一, 30쪽)이란 시에서 "시냇가의 소나무 사랑하나니, 날씨 추워져도 그 모습 변치 않기 때문이라네爲愛澗邊松, 天寒不改容"라고 읊은 바도 있다.

27) 허권수, 「남명·퇴계 양 학파의 융화를 위해 노력한 간송 조임도」, 『남명학연구』 제11집, 경상대학교 남명학연구소, 2001, 353~387쪽.

28) 趙任道, 『澗松集』 卷三, 76쪽.

29) 王文誥 輯註, 『蘇軾詩集』 卷十三, 「寄劉孝叔」, 北京: 中華書局, 1982, 636쪽, "自從四方冠蓋鬧, 歸作二浙湖山主." 이 시는 왕안석과 대립관계에 있던 劉述이란 인물에게 준 것이다.

30) 李家源, 『玉溜山莊詩話』, 『李家源全集』 5, 정음사, 1986, 73쪽. 이 작품은 현전하

는 이양연의 문집인『臨淵堂集』,『山雲集』,『臨淵堂別集』에는 실려 있지 않다.

31) 李廷馣,「自挽二首」其二,『四留齋集』卷四, 한국문집총간 51, 민족문화추진회, 1990, 295쪽, "笑指歸程甘露近, 寺前江月是前身."; 梁慶遇,「臨終自挽」,『霽湖集』筆寫本, 卷八, 서울대학교 규장각 소장본, "松枝月冷, 一枕千霜."; 田愚,「和陶集擬自挽歌辭三首」其二,『艮齋集』前編續 卷六, 한국문집총간 333, 민족문화추진회, 2004, 568쪽, "山月爲我燭, 江水爲我觴."

32) 이양연,『臨淵堂別集』, 서울대 규장각 소장본.

33) 박동욱,「산운 이양연의 시세계 연구」, 한양대 석사학위 논문, 2001, 31~32쪽.

34) 19세기 인물인 金嘯逸은 자만시에서 "以酒亡其身, 其人不足惜. 巃峯千丈立, 想像問其迹"라고 읊은 바 있다. 자신을 천 길 우뚝 선 봉우리에 빗댄 것은 아무 쓸모없는 존재라는 승구承句의 서술과 정면으로 위배된다. 이런 과장되고 반어적인 자기표현 방식은 자만시가 현실에 대한 불만을 우회적으로 표현하는 양식임을 보여준다. 金宗烋,「嘯逸處士傳」,『書巢集』卷五, 한국국학진흥원 유교넷 수록 영남사림문집 DB.

35) 柳仁培,「自挽」幷序,『猿溪集』卷三, 한국국학진흥원 유교넷 수록 영남사림문집 DB, "吾觀世之葬親者, 無賢愚貴賤, 惟以求挽爲第一事, 廣求遠邇, 惟多是務. 葬之日, 道路觀者, 莫不嗟賞, 其不然者, 皆以爲恥. 設使化者實錄多有所稱, 似不必如是, 況如我之空空者乎? 以故不以無挽爲恥, 惟以取笑爲懼, 略道所懷, 懸棺之後, 納于一角, 至當."

36) 權憓,「畫像草本自贊」,『震溟集』下 卷二十四, 민창문화사, 1994, 1301쪽; 졸고, 앞의 논문, 287~289쪽.

37) 崔奇男,『龜谷詩稿』卷一上, 한국문집총간 속집 22, 민족문화추진회, 2006, 315쪽.

38) 최기남은 1643년의 일본 통신사행에 布衣의 신분으로 참여하여 문명을 떨치기도 하였고, 李景奭·趙絅 등에게 높은 평가를 받기도 했다.

39) 張志淵,『逸士遺事』卷三, 최기남조, 匯東書館, 1921, 86~89쪽. 성범중,「龜谷 崔奇南의 삶과 시세계」,『한국한시작가연구』10, 태학사, 2006, 9~10쪽에서 재인용.

40) 南孝溫,「自挽四章, 上佔畢齋先生」,『秋江集』卷一, 한국문집총간 16, 민족문화추진회, 1990, 30쪽, "去秋之杪, 家厄深重, 喪事重重, 奔走之間, 得心虛狂悖之病, 妖言妄語, 發作無節, 幸賴藥力, 大病稍歇, 而餘毒尙梗, 曩所得不虛也. 僑居, 乃作挽歌四篇, 付之豚犬, 更繕寫呈先生座下, 極知鄙人貪戀世味, 不得透利名關, 安能更希古人齊死生了物我之遺意耶. 但病中精神喪耗, 志氣摧挫, 荒詞必不文理接屬, 幸加

斤正是望.”; 관련 내용은 제1부 제1장 ① 현실의 음화 부분을 참조하시오.

41) 필리프 아리에스, 『죽음 앞의 인간L'homme Devant la Mort』, 고선일 옮김, 새물결, 2004, 212~236 · 1065~1070쪽.

42) 제1부 제1장의 4. 남는문제: 결론을 대신하여 부분을 참조하시오.

43) 윤주필, 『한국의 방외인 문학』, 집문당, 1999, 232~255쪽.

44) 李敏輔, 「愍凶逢新, 復見己未讐, 年又接庚申, 驚慟摧怛, 求死不得, 次澤堂集絶筆韻, 畧寓淵明自挽之意」, 『豐墅集』 卷五, 한국문집총간 232, 민족문화추진회, 1999, 406쪽. 이 시는 한 갑자 전인 기미년(1739)과 경신년(1740) 자신의 생부인 李亮臣과 생모인 平山 申氏가 연이어 세상을 뜬 일을 회상하며 지은 것이다.

제3장 ｜ 가장假裝된 죽음과 고통의 기억: 이명오李明五의 「자만自挽」 12수

1) 이현일, 「李鳳煥 三代의 悲願」, 『문헌과 해석』 제20호, 문헌과해석사, 2002, 26~47쪽.
_____, 「泊翁 李明五 시 연구(1)-初期詩를 중심으로」, 『한국한시연구』 제19집, 한국한시학회, 2011, 83~118쪽.
_____, 「청년 이명오의 슬픔」, 『문헌과 해석』 제54호, 문헌과해석사, 2011, 191~230쪽.
이 글을 작성하는 과정에서 이현일의 글로부터 큰 도움을 받았음을 밝혀둔다.

2) 李奎象, 『18세기 조선 인물지幷世才彦錄』, 민족문학사연구소 한문분과 옮김, 창작과 비평사, 1997, 97~99쪽 · 269~270쪽.

3) 鄭元容, 「泊翁詩鈔序」, 『泊翁詩鈔』, 한국문집총간 속집 102, 한국고전번역원, 2010, 4~5쪽.

4) 李晩用, 「與黃山金公(逌根)書」, 『東樊集』 卷四, 한국문집총간 303, 민족문화추진회, 2003, 577쪽. “生之先祖雨念公, 以文章名於英廟朝者, 四十餘年, 晩受知遇於莊獻世子, 世子每遣中使存問, 紙筆墨及扇香諸種, 時時賜與, 蓋亶出於好文之睿眷也. 先祖由進士, 仕爲陽智縣監, 當是時, 奸臣搆世子, 先祖知將有變, 解印而歸. 旣而復除廣興倉主簿, 明年壬午, 世子竟遇禍, 先祖自劾而退, 不復仕宦. 取朱子詩‘平生風雨夜, 臥念名節難’之語, 改號西汀曰雨念齋.”
이만용은 편지에서 “平生風雨夜, 臥念名節難.”를 朱熹의 시구라 했지만 착오가 있는 듯하다. 실제 이 시구는 宋代 張栻의 시 「送楊廷芳」 三首의 其三 “平生風雨夕, 每念名節難”에서 온 것으로 보인다. 이 편지는 이만용이 당시의 실권자인 김유근에게 아버지 이봉환을 표창하고, 그 자손이 벼슬에 서용될 수 있도록 도와달라고 청한 것이다. 편지 내용에 대해서는 다음 글에서 상세하게 검토된 바 있다. 이현일, 「李鳳

煥 三代의 悲願」, 『문헌과 해석』 제20호, 문헌과해석사, 2002, 26~47쪽.

5) 『영조실록』 115권, 46年 11月 25日(丁卯), 첫 번째 기사.

6) 李晩用, 「祭仲父石聞公文」, 『東樊集』 卷二, 한국문집총간 303, 민족문화추진회, 2003, 581쪽. "每說我王考時事, 輒嗚悒不忍言, 家人子姪輩, 亦嘗聞其緖餘, 而傷痛在心, 未敢言庚寅二字於家君與公之前."

7) 書娛軒에 관해서는 다음 시가 참고된다. 이명오, 「賦雪, 次道泉李注書(章垕)韻」, 『泊翁詩鈔』 卷四, 59~60쪽. 이 시의 小引 말미에 "偶題於淸水洞書娛軒"이라고 해서 서오헌이 청수동에 있던 서재 이름임을 알 수 있다. 이하에서 인용한 이명오의 시는 한국문집총간본을 기준으로 했다.

8) 李晩用, 「泊翁詩鈔跋」, 『泊翁詩鈔』, 178쪽, "屛居金浦墓廬, 愁居慵處, 謝去一切世事, 益肆力於經史百家之書, 擷其精英神髓, 一以發之于詩, 屬草稿者過萬首矣."

9) 金正喜, 『阮堂全集』 卷十, 「寄泊翁壽朝 四首」 其二, 한국문집총간 301, 민족문화추진회, 2003, 180쪽, "大年恰到放翁時, 萬首詩還三倍之. 天遣翁來知有意, 使人解讀謫仙詩." 이 시 承句의 주석에 "翁詩已過三萬首"라고 하여 이명오가 3만 수가 넘는 시를 썼다고 설명하고 있다.

10) 李晩用, 「泊翁詩鈔跋」, 『泊翁詩鈔』, 178쪽, "病中執不肖孤之手曰, '先人詩文, 以正廟删定本八梓, 爲四卷而止, 吾詩汝其淘削, 無過三二卷藏于家, 亦勿廣布,' 小子流涕而對, 如尙在耳."

11) 이현일, 「泊翁 이명오 시 연구(1)-初期詩를 중심으로」, 『한국한시연구』 제19집, 한국한시학회, 2011, 91쪽. 이현일의 보고에 따르면, 『泊翁詩鈔』에는 25세부터 여든 다섯 살까지의 시가 수록되어 있다고 한다. 卷一에는 甲午年(1774)부터 己亥年(1779) 이후까지, 卷二에는 戊申年(1788) 안팎부터 辛亥年(1791) 이전까지, 卷三에는 辛亥年(1791) 가을부터 대략 癸亥年(1803) 봄까지, 卷四에는 癸亥年(1803) 즈음부터 辛未年(1811) 정월까지, 卷五에는 辛未年(1811)부터 癸酉年(1813) 즈음까지, 卷六에는 甲戌年(1814) 즈음부터 乙亥年(1815) 즈음까지, 卷七에는 丙子年(1816) 4월부터 乙酉年(1825) 여름까지, 卷八에는 甲申年(1824)부터 己丑年(1829) 즈음까지, 卷九에는 甲午年(1834)까지의 시가 실려 있다고 한다.

12) 南孝溫, 「自挽四章」, 其一, "螻蟻入我口, 蠅蚋嘬我肉."

13) 李白, 「戰城南」, "烏鳶啄人腸, 銜飛上挂枯樹枝."

14) 대나무 쪼갠 것을 묶은 뒤, 손바닥에 두드려 소리를 낸다는 것이다. 중국 상고시대의 「彈歌」에 "대나무 쪼개서 대나무를 묶고, 흙 뭉쳐 던져서 짐승을 쫓네斷竹, 續竹,

飛土, 逐肉"라고 하였다.

15) 珠襦는 옛날 帝王, 后妃 및 귀족의 장례에 사용했던 殮服이다. 주유는 곧 구슬로 갑옷 모양처럼 만든 속옷인데, 황금 실로 구슬을 연해서 꿰맨 것이다. 藁葬은 시신을 짚이나 거적으로 싸서 장사함을 말한다.

16) 『泊翁詩鈔』 卷六, 「自挽」 其二, 112쪽.

17) 班固 撰, 『漢書』 卷九十二, 「遊俠列傳」 第六十二, "涉[原涉]父爲南陽太守, 父死, 涉大治, 起塚舍, 買地開道, 立表署, 曰南陽阡."

18) 필리프 아리에스, 『죽음 앞의 인간』, 고선일 옮김, 새물결, 2004, 212~236·1065~1070쪽.

19) 修文은 修文郎을 말한다. 저승에서 문장의 저술을 담당한다는 관원을 일컫는 말이다. 晉의 蘇韶가 死後에 그의 從弟 蘇節 앞에 나타나, "지금 저승에는 顔淵과 卜商이 수문랑으로 재직하고 있다"라고 말한 데서 유래한 말이다. 송대 陸遊의 「贈論命周雲秀才」 시에 "地下不作修文郎, 天上亦爲京兆尹."이란 구절이 있다.

20) 『泊翁詩鈔』 卷六, 「自挽」 其五, 112쪽.

21) 필자는 이명오의 시세계에서 庶系로서의 자의식이 어떤 방식으로 표출되고 있는지 충분히 살펴보지 못했다. 이 점에 대해서는 추후 검토가 필요하다.

22) 林悌, 『林白湖集』 卷三, 「自挽」, 한국문집총간 58, 민족문화추진회, 1990, 288쪽, "江漢風流四十春, 清名贏得動時人.如今鶴駕超塵網, 海上蟠桃子又新."; 趙任道, 『澗松集』 卷二, 「自輓」, 한국문집총간 89, 민족문화추진회, 1992, 45쪽, "翔鳳亭中鳳不還, 飄然直上白雲間. 湖山自此無常主, 明月清風萬古閒."

23) 『泊翁詩鈔』 卷一, 「悼鶴」, 22쪽, 其一 "里老不仁甚, 晨寒拔氅毛. 未安養鴨柵, 可試割鷄刀. 華表魂應返, 孤山命未遭. 可贖幾凡鳥, 平林競噪號." 其二, "不聞瘞死者, 何望放生之. 衰世少完物, 古人亦許悲. 閒雲殊不極, 明月更何爲. 全失亭皐趣, 凄然一賦詩." 비슷한 시기 申緯의 작품 중에도 「悼鶴」이 보인다. 이 시기 시인들에게 이런 주제의 시가 유행한 이유에 관해서는 별도의 검토가 필요할 것이다.

24) 이현일, 「청년 이명오의 슬픔」, 『문헌과 해석』 제54호, 문헌과 해석사, 2011, 229쪽.

25) 『泊翁詩鈔』 卷六, 「自挽」 其四, 112쪽.

26) 「漫述」 시에 대해서는 다음 글에서 자세히 소개된 바 있다. 이현일, 앞의 글, 191~230쪽.

27) 『泊翁詩鈔』 卷一, 「漫術」(丙申), 17~20쪽. 1~20구: "聖人雖在上, 君子有窮時. 李覯作是語, 古人亦許悲. 觀世驚齷齪, 觀我厭支離. 腹裏車輪動, 至悲說與誰. 哭當爲人

怪, 笑當爲人癡. 筆墨心之餘, 粗可代言辭. 腸曲四照人, 玲瓏太無遮. 所以言出口, 粉飾不增加. 此事徵何所, 閱歷便咨嗟. 先言目所到, 請君靜無譁."

28) 101~110구: "環顧無可語, 圖書屋數間. 寅季ㅁㅁ疏, 語及內家事. 人所不敢道, 一筆數百字. 忠義斷無他, 庶幾回天日. 急雷發無妄, 天地俱陷缺."

29) 141~150구: "纍纍解枷鎖, 鬼形言可再. 稚弟僅十齡, 宛轉哭相對. 剃髮纔覆額, 先人所鍾愛. 寃極仆地哭. 骨寒肉猶顫. 同係十餘日, 出獄似初見."

30) 151~160구: "握手爪痕透, 接面血痕濺. 俱言愼勿死, 抱頸盡情戀. 一門九人並, 刑吏數一遍. 已被鷄犬逐, 世世皂隷賤. 拘束聽所之, 南荒各異縣." 181~190구, "兩吏持關文, 恍似導靈幡. 押赴康津縣, 遠近那敢言. 驛卒本鐵腸, 鞭扑踵血奔. 欲步脚不隨, 况又霜雪繁. 路邊有植碑, 云是孝於親."

31) 231~240구: "聞見只增慟, 逃避百無計. (…) 永日腸百折, 長夜魂九逝. 夢亦窮人夢, 流淚盈枕際."

32) 249~250구: "幼弟不糊口, 伶仃半衢路."

33) 「漫述」(丙申) 중 '血'자 관련 표현, 137~138구: "仰天天何高, 血灑膺欲潰.", 151~152구: "握手爪痕透, 接面血痕濺.", 185~186구: "驛卒本鐵腸, 鞭扑踵血奔.", 297~298구: "他鄕待家信, 只看血沾襟.", 355~356구: "噴薄皆寃血, 較量幾斗濃."

34) 謝榛, 『四溟詩話』 卷四, 周維德 集校, 『全明詩話』2, 濟南: 齊魯書社, 2005, 1358쪽, "詩中罕用血字, 用則流於粗惡. 李長吉「白虎行」云: 袞龍衣點荊卿血."

35) 李瀷, 『星湖僿說』 卷二十八, 「詩文門」, 『국역 성호사설』 IX, 민족문화추진회, 1977, 11~12쪽.

36) 李晩用, 「祭仲父石閒公文」, 『東樊集』 卷二, 한국문집총간 303, 민족문화추진회, 2003, 581쪽. "每說我王考時事, 輒嗚悒不忍言, 家人子姪輩, 亦嘗聞其緖餘, 而傷痛在心, 未敢言庚寅二字於家君與公之前."

37) 451~460구: "何論外物假, 床架掃層層. 搶來皆勢途, 偸去半市廛. 缺裂不復惜, 所直輕一錢. 老婢亦犯手, 飢寒驅使然. 牆外引書儈, 荷擔赭兩肩."

38) 이명오의 서책 애호에 대해서는 다음 글을 참조할 것. 안대회, 「서오생의 책사랑-장서가 이명오」, 『천년 벗과의 대화』, 민음사, 2011, 95~100쪽.

39) 『泊翁詩鈔』 卷六, 「自挽」 其十二, 112쪽.

40) 李奎象, 『18세기 조선 인물지(幷世才彦錄)』, 민족문학사연구소 한문분과 옮김, 창작과 비평사, 1997, 100~101쪽·270쪽.

41) 김영진, 「조선 후기 사대부의 야담 창작과 향유의 일양상」, 『어문논집』 제37집, 민

족어문학회, 1998, 21~45쪽.

42) 『泊翁詩鈔』 卷四, 57쪽, 「遲稼軒, 與盧漢源·洪晩香同賦」, 卷四, 63쪽, 「過樊里, 洪天賚世周, 話舊感懷, 遂走筆書此」, 卷四, 67쪽, 「過樊川」 등.

43) 『순조실록』 2권, 1년 2月 26日(壬申) 세 번째 기사.

44) 李家煥, 『錦帶詩文鈔』 下, 「盧漢源墓誌銘」, 한국문집총간 255, 민족문화추진회, 2000, 433쪽.

45) 이현일은 이봉환 三代의 悲願이란 주제로 이 문제를 상세하게 검토한 바 있다. 이현일, 「李鳳煥 三代의 悲願」, 『문헌과 해석』 제20호, 문헌과해석사, 2002, 26~47쪽.

46) 丁若鏞, 『與猶堂全書』 第一集 詩文集 第十六卷, 「自撰墓誌銘」壙中本, 「自撰墓誌銘」集中本, 한국문집총간 281, 민족문화추진회, 2001, 339~348쪽.

제2부 | 초상화 속의 내 얼굴: 화상자찬畫像自贊

제1장 | 화상자찬류 문학의 존재 양상과 자아 형상화 방식의 특징

1) 李奎報, 「鏡說」, 『東國李相國集』 卷二十一 說, 한국문집총간 1, 민족문화추진회, 1990, 507쪽. "居士有鏡一枚, 塵埃侵蝕掩掩, 如月之翳雲. 然朝夕覽觀, 似若飾容貌者. 客見而問曰, '鏡所以鑑形, 不則君子對之, 以取其淸, 今吾子之鏡, 濛如霧如, 旣不可鑑其形, 又無所取其淸. 然吾子尙炤不已, 豈有理乎?' 居士曰, '鏡之明也, 姸者喜之, 醜者忌之. 然姸者少醜者多, 若一見, 必破碎後已, 不若爲塵所昏. 塵之昏, 寧蝕其外, 未喪其淸, 萬一遇姸者而後磨拭之, 亦未晩也. 噫, 古之對鏡, 所以取其淸, 吾之對鏡, 所以取其昏, 子何怪哉?' 客無以對."

2) 『莊子』 雜篇 「漁父」, "人有畏影惡迹而去之走者, 擧足愈數而迹愈多, 走愈疾而影不離身, 自以爲尙遲, 疾走不休, 絶力而死."

3) 한국 한문학에서 자전적 글쓰기 양식에 관해서는 다음과 같은 논의들이 참고가 된다. 안대회, 「조선 후기 自撰墓誌銘 연구」, 『한국한문학연구』 제31집, 한국한문학회, 2003, 237~266쪽; 졸고, 「자만시의 詩的 系譜와 조선 전기의 자만시」, 『고전문학연구』 제31집, 한국고전문학회, 2007, 319~356쪽; 심경호, 「한국 고전문학의 자서전적 글쓰기에 대한 고찰」, 『第十七屆中韓文化關係國際學術會議論文集』, 中華民國韓國研究學會, 2008.12.28, 1~20쪽.

4) 초상화의 개념에 대한 논의론 조선미, 『한국의 초상화』, 열화당, 1983, 422~424쪽

이 참고가 된다.

5) 謝思煒 撰,『白居易詩集校注』卷6, 北京: 中華書局, 2006, 519쪽.

6) 李建昇,「寫眞自贊」, "此碨礧而輪囷, 於何見吾?" 정양완,「耕齋 李建昇 선생의『海耕堂收艸』에 대하여」, 고려대학교 민족문화연구원 국학기초자료사업·한국문학연구소 특강 발표요지집, 2008.11.12, 1~2쪽에서 재인용. 이 자료는 본래 민영규의 소장본이었는데, 사후 연세대학교도서관에 기증되었다.

7) 徐師曾,『文體明辯』, 贊條, 오성사, 1984. "其體有三, 一曰雜贊, 意專褒美, 若諸集所載人物文章書畫諸贊是也. 二曰哀贊, 哀人之沒而述德以贊之者是也. 三曰史贊, 詞兼褒貶, 若史記索隱東漢晉書諸贊是也."

8) 吳訥,『文章辯體序說』, 于北山·羅根澤 校點, 北京: 人民文學出版社, 1998, "大抵贊有二體, 若作散文, 當祖班氏史評, 若作韻語, 當宗東方朔畫像贊."

9) 劉勰,『文心雕龍』「頌贊」. 周振甫 注,『文心雕龍注釋』,「頌讚」, 臺北: 里仁書局, 民國73年[1984], 161~178쪽; 詹鍈 義證,『文心雕龍義證』, 上海: 上海古籍出版社, 1989, 338~354쪽. 유협에 따르면, 司馬遷의『史記』와 班固의『漢書』에서는 찬의 양식을 빌려와 찬양하기도 하고 비판하기도 했으며, 郭璞도『爾雅』에 주석을 달면서 모든 동식물에 대한 찬을 지었는데, 여기에는 찬양과 비난의 뜻이 함께 들어 있다고 했다. 이상을 보면 찬은 단순히 찬미만이 아니라 비판의 기능을 갖기도 함을 알 수 있다. 그런 점에서 畫像自贊이 보여주는 자성, 자기 조소의 국면 역시 찬의 비판적 기능을 계승한 것이라 볼 수도 있다. 그렇지만 유협 역시 "然本其義, 事生奬歎"라고 하여 찬의 본의가 사물을 찬미하는 데 있다고 보았다.

10) 蕭統 編,『文選』第四十七卷, 李善 注, 上海: 上海古籍出版社, 1986, 2117쪽. 화찬의 역사에서 夏侯湛「東方朔畫像贊」이 갖는 위상은 吳訥이 "若作韻語, 當宗東方朔畫像贊"이라고 한 데서도 잘 드러난다.

11) 周錫韍,「論"畫贊"卽題畫詩」,『文學遺産』2000年 第3期, 北京: 中國社會科學出版社, 2000, 18~24쪽.

12) 贊의 장르적 성격에 대해서는 김종철,『한문 운문문체의 이해와 분석』, 청문각, 2003, 88~89쪽, 134~140쪽; 김종철,「한국 頌贊의 갈래분류와 문체특성」,『대동한문학』제28집, 대동한문학회, 2008.6, 189~210쪽에서 검토된 바 있다.

13) 강관식,「조선시대 초상화의 圖像과 心像: 조선 중후기 선비 초상화의 修己的 의미를 통해서 본 再現的 圖像의 實存的 의미와 기능에 대한 성찰」,『미술사학』제15호, 한국미술사교육학회, 2001, 7~55쪽.

14) 제1부에서 이미 인용한 자료지만 논의의 초점이 다르므로 설명의 편의를 위해 다시 인용한다.

15) 李晬光, 『芝峯類說』 卷十四, 文章部七 哀辭, 景仁文化社, 1970, 544쪽. "昔陶淵明自作挽詞及五柳先生傳, 裴晉公自作畫像贊, 白樂天自作醉吟先生傳及墓誌銘, 邵康節自作無名公傳, 陳堯佐自作墓誌, 近世盧蘇齋亦自作誌文, 豈亦有意於名者歟?"

16) 蔡壽, 「仁川君畫像自讚」, 『懶齋集』 卷二, 한국문집총간 15, 민족문화추진회, 1990, 411쪽. "爾貌不揚, 爾才不長. 昔有晉公, 今有蔡翁. 雲臺圖形, 非分之榮."

17) 姜世晃, 「畫像自讚」, 『豹菴遺稿』 卷五, 韓國精神文化研究院, 1995, 373쪽. "彼何人斯, 鬚眉皓白. 頂烏帽, 披野服. 於以見心山林而名朝籍." 李光佐, 自畫像에 대한 自贊, 朝鮮史編修會 編, 『朝鮮史料集眞』, 朝鮮總督府, 昭和12[1937](한국고전개발학회 편, 『朝鮮史料集眞』 第5輯, 한국고전개발학회, 1970, 114쪽). "此像鼻梁略, 而眼全不似, 兩眼及口脣無喜, 白睛無妙理, 墨睛無精氣, 兩眉間紋理太過, 眼色下紋理亦不好."

18) 裴度, 「畫像自贊」, "爾貌不揚, 爾身不長. 胡爲將, 胡爲相. 一片靈臺, 丹青莫狀."

19) 李齊賢, 「益齋眞自讚」, 『益齋亂藁』 卷九 下, 한국문집총간 2, 민족문화추진회, 1990, 604쪽. "獨學而陋, 聞道宜晚. 不幸由己, 何不自反? 何德于民, 四爲國相. 幸而致之, 祇速衆謗."

20) 李詹, 「畫像自讚」, 『雙梅堂先生篋藏文集』 卷二十二, 한국문집총간 6, 민족문화추진회, 1990, 356쪽. "這老漢, 爾無學術, 托跡斯文, 幸也. 爾無德業, 致位相君, 幸也. 爾無善慶, 繼緒子孫, 幸也. 嗚呼, 爾之幸也, 國家之不幸也."

21) 李崇仁, 「鄉僧止菴寫余陋眞, 因作讚」, 『陶隱集』 卷五, 한국문집총간 6, 민족문화추진회, 1990, 609쪽. "若擬諸達可之卓越, 子虛之縝密, 天民之精敏, 仲臨之俊逸, 可遠之溫雅, 宗之之諧博, 所謂碔砆之與美玉也."

22) 姜世晃, 「畫像自讚」, 『豹菴遺稿』 卷五, 373쪽. "胸藏二酉, 筆搖五嶽."
李彦瑱, 「畫像自題」, 『松穆舘燼餘稿』, 한국문집총간 252, 민족문화추진회, 2000, 511쪽. "政丞若干. 壯元若干. 人以爲榮. 咄, 何物窮儒, 乃敢秉千古文衡."

23) 金時習, 「自寫眞贊」, 『梅月堂集』 卷十九 贊, 한국문집총간 13, 민족문화추진회, 1990, 372쪽. "俯視李賀, 優於海東. 騰名謾譽, 於爾孰逢? 爾形至眇, 爾言大侗. 宜爾置之, 丘壑之中."

24) 심경호, 『김시습평전』, 돌베개, 2003, 자화상 도판 해설 참조.

25) 조선미, 앞의 책, 282~284쪽.

26) 尹春年, 「梅月堂先生傳」, 『梅月堂集』, 한국문집총간 13, 민족문화추진회, 1990, 57쪽. "弘治癸丑二月日, 卒于鴻山縣無量寺, 遺命無燒葬. 先生於平日, 親畫其老少之二像, 仍自贊, 留于寺."

27) 劉義慶 撰, 劉孝標 注, 『世說新語』 卷下之上, 巧藝, 張萬起·劉尙慈 譯注, 『世說新語譯注』, 北京: 中華書局, 1998, 706~707쪽. "顧長康畫謝幼輿在巖石裏. 人問其所以, 顧曰, "謝云, '一丘一壑, 自謂過之.' 此子宜置丘壑中."

28) 마지막 구절에 대해서는 다른 해석도 있다. 정병욱은 이 구절의 丘壑을 은거의 장소가 아니라 현실의 부정적 국면을 암시하는 표현으로 보았다. 정병욱, 「매월당집해제」, 『국역 매월당집』, 세종대왕기념사업회, 1977, 11쪽. "그는 자기 자신 언제나 반성하고 자기가 살고 있는 현실을 溝壑으로밖에는 보지 않는 이성을 끝까지 잃지 않았다. 아니 그는 그가 죽은 뒷세상까지도 '구렁'일 수밖에 없다고 부르짖으면서 죽어갔을지도 모를 일이다. 이 찬이야말로 그가 평생을 살아온 그의 생애의 총결산이었고, 그가 본 인생에 대한 진정한 해답이었고, 그가 얻은 바 철학의 최후 결론이었을지도 모를 일이다." 한편 심경호는 정병욱과 유사한 시각에서 이 구절을 구체적으로 해설하고 있다. 심경호, 앞의 책, 31쪽. "'골짜기 속에 둔다'는 말은 시신이 아무렇게나 나뒹굴게 내버려야 한다는 뜻이다. 본래 '一丘一壑'이라 하면 은둔자의 거처를 말하지만 김시습은 '丘壑'이라는 말을 더욱 자조적인 의미로 사용했다"고 보았다. 다른 번역도 대체로 이 같은 해석을 따르고 있다. 정길수 편역, 『길 위의 노래: 김시습 선집』, 파주: 돌베개, 2006, 20쪽. 문맥의 흐름상 기존 해석도 불가능한 것은 아니지만, 화상자찬의 표현 특성을 감안할 때 이런 해석들은 자연스럽지 않다.

29) 같은 맥락은 아니지만 이에 대한 의문은 송시열에 의해서도 제기된 바 있다. 그는 일찍이 「梅月堂畫像跋」이란 글에서, 김시습이 유독 이 그림에 자찬한 것은 그 사이에 깊은 뜻이 있는 게 아니냐는 의문을 제기한 바 있다. 그가 문제시한 것은 주로 젊은 시절의 儒生像이 아니라 노년의 緇像에 찬을 썼다는 것이지만, 이 작품이 작자 자신의 내밀한 의도에 의해 작성되었음을 지적하고 있다는 점에서 참고할 가치가 있다. 宋時烈, 「梅月堂畫像跋」 『宋子大全』, 한국문집총간 113, 민족문화추진회, 1993, 161쪽. "余嘗按栗谷先生奉教所撰公傳, 公少爲儒生, 中爲緇流, 晩嘗長髮歸正, 臨終時更爲頭陀像, 蓋三變其形矣. 獨乃留此緇像而自贊焉者, 豈亦有意存乎其間耶?" 그런데 송시열을 언급을 보면, 본문의 김시습의 무량사에 모셔져 있던 평량자를 쓴 자화상과 달리 승복을 입은 자화상도 있었음을 알 수 있다. 기록을 참고할 때, 자찬의 내용은 동일했던 것으로 보인다. 김시습의 죽음과 자화상의 유형에 관해

서는 심경호, 앞의 책, 571~595쪽을 참고할 것.

30) 윤주필, 『한국의 방외인 문학』, 집문당, 1999, 219~233쪽.

31) "宜爾置之, 丘壑之中."식의 표현은 후대 다른 화상자찬류 작품들에게도 일정한 영향을 미친 것으로 보인다. 安鼎福, 「畫像擬贊」(庚戌), 『順菴集』 卷十九 贊, 한국문집총간 230, 민족문화추진회, 1999, 187쪽. "或稱山中宰相. 庶幾不負溝壑之志, 宜以置之山澤之間."; 李晩秀, 「四十三歲少眞自贊」, 『屐園遺稿』, 卷九 贊, 한국문집총간 268, 민족문화추진회, 2001, 378쪽. "爾冠野爾衣深, 宜爾置之巖壑之棲."; 宋時烈, 「書畫像自警」, 『宋子大全』 卷一百五十 贊, 223쪽. "宜爾置之, 蠹魚之伍." 등.

32) 李耳, 「金時習傳」, 『梅月堂集』 부록 卷二, 59쪽. "未幾妻歿, 復還山, 作頭陀形.(僧家翦髮齊眉者謂之頭陀) 喜遊江陵襄陽之境, 多住雪岳寒溪淸平等山, 柳自漢宰襄陽, 待以禮, 勸復家業行于世, 時習以書謝之. 有曰, '將製長鑱, 用斸苓朮, 庶欲萬樹凝霜, 修仲由之縕袍, 千山積雪, 整王恭之鶴氅, 與其落魄而居世, 孰若逍遙而送生, 冀千載之下, 知余之素志.' 弘治六年, 臥病于鴻山無量寺, 終焉."

33) 許穆, 「寫影自贊」, 『記言』 卷九 上篇 圖像, 한국문집총간 98, 민족문화추진회, 1992, 62쪽. "老人二十三時, 有仲弟十七有妙藝, 畫其兄惟肖." 許穆, 『記言』 卷九 上篇, 「又自贊」, 62쪽. "數十年前, 黴又爲我寫影, 鬚髮始白,"

34) "유형인 것은 일정하고, 무형인 것은 완전하네有形者定, 無形者完"는 『莊子』 雜篇 「庚桑楚」의 "형체가 있는 존재로서 형체가 없는 도를 본떠 행동하면 안정될 것이다以有形者, 象無形者而定矣"에서 온 표현이다.

35) 許穆, 같은 글, 62쪽. "貌有形, 神無形. 其有形者可模, 其無形者不可模. 有形者定, 無形者完. 有形者衰, 無形者謝. 有形者盡, 無形者去."(幷序: "今老人七十, 老敗對影, 如別人, 嘆息書之. 甲辰秋, 老人在巖居, 閱書籍, 得此畫. 今已五十年後, 不但形貌衰改, 人事變易, 已成古事, 可爲悵然.")

36) 白居易, 「自題寫真」, 謝思煒 撰, 『白居易詩集校注』 卷六, 北京: 中華書局, 2006, 519쪽. "我貌不自識, 李放寫我眞: 靜觀神與骨, 合是山中人. 蒲柳質易朽, 麋鹿心難馴; 何事赤墀上, 五年爲侍臣? 況多剛狷性, 難與世同塵. 不惟非貴相, 但恐生禍因. 宜當早罷去, 收取雲泉身."; 「題舊寫眞圖」, 『白居易詩集校注』 卷七, 642쪽. "我昔三十六, 寫貌在丹青. 我今四十六, 衰顇卧江城. 豈比十年老, 曾與衆苦并. 一照舊圖畫, 無復昔儀形. 形影默相顧, 如弟對老兄. 況使他人見, 能不昧平生? 羲和鞭日走, 不爲我少停; 形骸屬日月, 老去何足驚. 所恨凌煙閣, 不得畫功名!"; 「感舊寫眞」, 『白居易詩集校注』 卷二十二, 1763쪽. "李放寫我眞, 寫來二十載. 莫問眞何如, 畫亦銷光

彩, 朱顏與玄鬢, 日夜改復改. 無嗟貌遽非, 且喜身猶在.";「香山居士寫眞詩」(并序), 『白居易詩集校注』, 卷三十六, 2,738쪽, "昔作少學士, 圖形入集賢. 今爲老居士, 寫貌寄香山. 鶴毳變玄髮, 雞膚換朱顏. 前形與後貌, 相去三十年. 勿歎韶華子, 俄成皤叟仙. 請看東海水, 亦變作桑田." 이에 관해서는 衣若芬,「自我的凝視: 白居易的寫眞詩與對鏡詩」,『中山大學學報』, 2007年 第6期, 51~57쪽이 참고가 된다.

37) 司空圖의「新歲對寫真」, "自傷衰颯慵開鏡, 擬與兒童別寫眞"(『全唐詩』 卷六百三十二)이나 朱熹의「南城吳氏社倉書樓爲余寫眞如此, 因題其上」, "蒼顏已是十年前, 把鏡回看一悵然."(『朱子全書』 卷六十六) 등이 대표적인 예다.

38) 李晩榮,「畫像贊(并序)」癸巳,『雪海遺稿』卷二, 한국문집총간 속집 30, 민족문화추진회, 2007, 51쪽. "爾今我歟我尙少, 我昔爾歟我獨老. 十八年間, 我不知爾之爲我眞. 後數十年, 誰知我之影是爾身. 惟當各保身體髮膚, 毋忝爲人而已. 藏之名山, 爾得爾所, 敬身行世, 吾何羨乎汝?"

39) 趙龜命,「小像自贊」,『乾川藁』第二冊, 규장각 소장본. "活乾川問乎畫乾川曰, '曷不河目海口如仲尼, 曷不肉髻輪掌如如來, 曷不三頭八臂如囉吒太子, 子自謂異乎人, 吾未見其異.' 畫乾川笑無笑笑聲無聲聲曰, '子不覩夫韓子獲獜解乎? 以德, 不以形. 子不聞夫洪生千里馬說乎? 瘢伏土委, 鞭出電驚, 故形而不德, 非獜矣, 不形而才, 亦騏矣. 今夫不河目海口而如仲尼, 不肉髻輪掌而如來, 不三頭八臂而囉吒太子, 斯其異也, 不尤奇乎?' 活乾川稽首再拜畫乾川, 恨不浮三百大白賞此言, '我代汝飮, 與汝長周旋.' (歲戊戌陽至後一日, 活乾川戲題)"

40) 兪彦鎬,「題絹本小像」,『燕石』冊三 題跋, 한국문집총간 247, 민족문화추진회, 2000, 41쪽. "山齋暮色, 嗒尒淸坐, 回覩壁間, 忽有一我, 似是似非, 皆可喜者. 以爲是也, 我視而何不動目, 我言而何爲結舌? 以爲非也, 頂何以銳, 顴何以阧, 神何以不揚, 鬚眉何以如雪焉. 知夫是者非我, 而非者是我乎? 置之不足較也. 唯其疑似髣髴之間, 冲然澹然若有齊得喪一死生之意者, 隱約可見, 不覺逌然一笑." "然自其無者而觀之, 三千大界, 猶空花之開落, 自其有者而觀之, 形影眞妄, 皆有以資笑樂也. 噫, 吾與子晩始相看, 其年同, 其貌同, 其心亦然, 宜乎愛之重之, 與之同遊乎無何之鄕, 太初之鄰."

41) 兪彦鎬,「自誌」甲辰,『燕石』冊六 墓誌銘, 80쪽. "畫者以命寫進賤臣像, 時適御幀告成也. 有題數語于草本者, 銘用其語曰, '觀其服則烏紗鵰錦, 黃金寶釘, 儼然卿老之尊也. 觀其容則大不及楪, 羸不勝衣, 蕭然布衣之窮也, 物之儻來歟? 時之偶逢歟? 若其一段槁木之心, 惟知者知之, 盍歸來兮一丘一壑之中.'" 自銘의 말은 원 글의 두

번째 부분으로 위 인용문에서는 생략되어 있다.

42) 丁範祖,「海左翁畫像自贊」,『海左集』卷三十九 贊, 한국문집총간 240, 민족문화추진회, 1999, 204쪽. "見我者, 或不知我之爲何如人也. 見似我者之於我也, 無得焉爾矣. 誠無得焉爾矣, 彼疏眉明目, 癯而白者, 徒幻而已爾矣."

43) 姜世晃,「畫像自讚」,『豹菴遺稿』卷五, 373쪽. "迂疏面貌, 灑落胸襟. 平生未試所有, 擧世莫知其深.",「畫像自讚」, 같은 책, 卷五, 373~374쪽. "胸藏二酉, 筆搖五嶽. 人那得知, 我自爲樂."

44) 趙顯命,「畫像自贊」,『歸鹿集』卷十九 贊, 한국문집총간 213, 민족문화추진회, 1998, 166쪽. "李雲谷謂汝, 有公輔資. 李叔謙謂汝, 有山林風. 然則將置汝於麒麟閣上乎? 抑置汝於麋鹿群中乎? 耳目也鼻口也, 馬之玄黃也. 必有如九方皐者, 然後可以斷此疑案一重."

45) 趙龜命,「臨鏡贊」,『東谿集』卷六, 한국문집총간 215, 민족문화추진회, 1998, 116쪽. "遠而望之, 鮮然綺紈之徒也, 迫而察之, 脩然山澤之臞也. 其顙頯似若忘是非榮辱之地者也, 其色溫似若無傷人害物之意者也云. 輔骨隆起揷天者, 閔斯文之相我也云, 眸子精彩射人者, 趙學士之狀我也. 弱不跨馬耳, 人將期我以征南將, 晉杜公也, 容不動世耳, 人將視我以草玄者, 漢揚雄也. 見我之拱手徐趨者, 疑其效濂洛之賢也, 見我之忘形嗒坐者, 疑其窺莊列之玄也. 嗚呼知我七尺之軀者, 若而也, 知我一寸之心者, 有誰也, 上而皇天知我也, 下而錫汝知我也. 友而德重, 七八分知我也, 兄而稚晦, 五六分知我也. 老子曰, 知我者希則我貴也. 嗚呼, 知一趙龜命者太多未也."

46)『老子』제70장. "知我者希, 則我者貴."

47) 徐榮輔,「「臨鏡贊」,『竹石館遺集』, 한국문집총간 269, 민족문화추진회, 2001, 516쪽. "我有此鏡, 得知己一人, 何不百鏡而得知己百, 千鏡而得知己千, 知我者希, 正老氏之所貴, 我何爲百千其鏡而求知己之無旣?"

48) 陸遊,「放翁自贊」(四則) 其一,『渭南文集』卷二十二. "遺物以貴吾身, 棄智以全吾真. 劍外江南, 飄然幅巾. 野鶴駕九天之風, 澗松傲萬木之春. 或以為跌宕湖海之士, 或以爲枯槁隴畝之民. 二者之論雖不同, 而不我知則均也."(淳熙庚子務觀自贊, 時在臨川, 年五十有六)"

49) 權榰,「畫像草本自贊」,『震溟集』下, 卷二十四, 민창문화사, 1994, 1301쪽. "爾貌拙憒, 見其貌而疑其志也. 爾志[缺]雄, 卽其志而疑其容也. 出而施爲則以王景略自期, 捲而遁遯則以徐孺子爲準, 趍走乎米塩之間而不以爲拙, 摧折乎屠沽之兒而不以爲

辱, 歸來乎逍遙雲水之皐, 或企釣臺, 或掠扁舟, 蘇子瞻之鶴歟, 嚴子陵之鷗歟?"

50) 權𢡮, 「畫像說」, 『震溟集』 下, 卷十四, 1305쪽. "顧余形貌怪拙, 始見無不笑, 久而皆敬畏之. 至於庸夫賤徒, 無不輕易, 而或且避縮焉. 是吾狹面黃色, 蹙額短眉, 固無自異於人, 而一髮一毛, 不啻竦凜自異者, 眼雖有疾, 而神溢精蘊, 亦且有異於人者." "顧余形貌怪拙, 始見無不笑, 久而皆敬畏之. 至於庸夫賤徒, 無不輕易, 而或且避縮焉. 是吾狹面黃色, 蹙額短眉, 固無自異於人, 而一髮一毛, 不啻竦凜自異者, 眼雖有疾, 而神溢精蘊, 亦且有異於人者." 권헌의 삶에 관해서는 임형택, 「(『震溟集』) 해제」, 『震溟集』, 3~16쪽과 이지양, 「진명 권헌의 '진' 추구와 사회시」, 성균관대 박사학위 논문, 2001, 7~32쪽을 참조할 것.

51) 權𢡮, 「傳神論」, 『震溟集』 下, 卷九, 1,276쪽. "顧余貌甚迂拙, 人固不余奇, 而余亦不自奇也. 惟李元靈, 獨賞其殊偉, 必欲傳神以示人, 而余乃不肯." "畫師號貓兒者, 善爲傳神, 見重於縉紳間, 若余冷倒者不肯顧, 而余亦不屑求也. 一日邂逅於蒼崖君席上, 睥睨良久曰, "小而易傳, 莫如此人."

52) 『史記』 「仲尼弟子列傳」, "澹臺滅明狀貌甚惡. 欲事孔子, 孔子以爲材薄. 既已受業, 退而修行, 行不由徑, 非公事不見卿大夫. 南遊至江, 從弟子三百人, 設取予去就, 名施乎諸侯. 孔子聞之, 曰: '吾以言取人, 失之宰予. 以貌取人, 失之子羽.'"

53) 蘇軾 「後赤壁賦」, "時夜將半, 四顧寂寥° 適有孤鶴, 橫江東來, 翅如車輪, 玄裳縞衣, 戛然長鳴, 掠予舟而西也." 梅堯臣, 「詠嚴子陵」, 『宛陵集』 卷三十六, "青山東寒灘, 濺浪驚素鷗. 以之爲朋親, 安慕乘華輈."

54) 허버트 리드Herbert Read, 『圖像과 思想Icon & Idea: The Function of Art in the Development of Human Consciousness』, 김병익 역, 열화당, 1982, 135~158쪽·139~140쪽 참조.

55) 申欽, 「玄翁自贊」 부분, 『象村稿』 卷三十, 한국문집총간 72, 민족문화추진회, 1991, 145쪽. "以爲玄翁也, 則齒缺髮禿面瘦體削, 非昔之玄翁. 以爲非玄翁也, 則泥而不滓, 困而愈亨, 是昔之玄翁, 其非者是耶? 其是者非耶?"

56) 이 글이 처음 학술지에 투고되어 심사되는 과정에서 이 부분에 대한 문제제기가 있었다. 조선 후기에 이르러 화상자찬류 문학의 자아 표현 방식이 한층 복잡다기한 양상을 띤 것으로 보는 것은 지나치게 문학을 발전사관의 관점에서 꿰맞추려 한 것이 아닌가라는 지적이었다. 글을 작성하는 과정에서 필자 역시 이에 대해 심각한 고민을 한 바 있다. 이런 평가가 자전적 글쓰기 전반의 통시적 흐름과 밀접하게 관련된 것이라 할 때, 관련 연구가 충분하지 않은 현 상황에서 판단이 어려운 측면이 있기

때문이다. 다만 여기서 필자가 말하는 자아 표현 방식의 변화란 이전에 그런 방식이 전무했다는 것을 의미하는 것은 아니며, 현재까지 수집된 화상자찬류 자료 안에서 발견되는 조선 후기의 상대적 특성임을 밝혀두고자 한다.

57) 안대회, 앞의 논문, 238쪽.

제2장 | 한국 화상자찬의 전형과 변주

1) 贊의 양식적 특성에 대해서는 김종철, 『한문 운문문체의 이해와 분석』, 청문각, 2003, 88~89쪽, 134~140쪽과 「한국 頌贊의 갈래분류와 문체특성」, 『대동한문학』 제28집, 대동한문학회, 2008, 189~210쪽에서 검토된 바 있다.

2) 畫像贊의 양식적 특성에 관해서는 김기완, 「조선 후기 사대부 초상화찬 연구」, 연세대학교 대학원 국어국문학과 석사학위 논문, 2009, 9~33쪽에서 상세히 논의한 바 있다. 周錫韍, 「論"畫贊'卽題畫詩」, 『文學遺産』 2000年 第3期, 北京: 中國社會科學出版社, 2000, 18~24쪽에서는 畫贊은 그림에 대한 운문이란 점에서 題畫詩와도 상통하는 부분이 있으며, 화찬은 특히 唐代에 이르러 제화시와 함께 내용과 형식에 있어 난숙해졌다는 평가를 받는다고 했다. 畫像自贊의 양식적 특성에 관해서는 제2부 제1장을 참조할 것.

3) 許筠, 『惺所覆瓿稿』 卷七 文部四 記, 「故刑曹參判成公畫像記」, 한국문집총간 78, 민족문화추진회, 1991, 197쪽. "我國不喜畫像, 故傳神者甚稀, 而獨參勳盟者有畫像, 官繪而授之, 亦不自其家畫之, 其樸陋無文, 可知也已. 中原人則名人雅士, 輒有畫像, 傳于千古, 後人起敬而如見其人焉, 至於子孫, 亦繪其父若祖, 朝夕懸而事之, 若親承謦欬然, 庶以紓望慕之懷, 而後代雲仍, 雖不親覩其容, 卽此可想見其形貌, 猶如未死之日, 豈不快歟. 我之不尙畫像, 寔可嘅也夫."

4) 물론 조선사회가 초상화를 선호하지 않았던 데에는 당시 조선의 경제적·문화적 수준 역시 일정 부분 작용했을 것이다. 南有容, 『雷淵集』 卷十二 序, 「贈寫眞者朴善行序」, 한국문집총간 217, 민족문화추진회, 1998,爆쪽. "君子之所貴者, 在心不在形, 其心旣傳於後世歟, 其形傳之可也, 不傳之亦可也. 其心無可傳於後世耶, 其形固不能獨傳也. 故寫眞者之道, 惟寫眞者專之, 君子不由也. 湖南人朴善行以寫眞名於京師, 請爲余寫眞, 余笑而謝曰使吾形可傳, 雖微子必將有形之者矣, 吾何待於子, 於其歸也, 聊爲序以贈之."

5) 李奎報, 『東國李相國集』 後集 卷十一 贊 十三, 「丁而安寫予眞, 自作贊曰」, 한국문집총간 2, 민족문화추진회, 1990, 239쪽.

6) 崔漢綺, 『人政』 卷三, 測人門 三, 「容貌」.
7) 대표적인 예로 宋浚吉, 權檍 등을 들 수 있다.
8) 오키 야스시大木康, 「作者의 肖像-동아시아 圖書史의 한 단면」, 『대동문화연구』 제68집, 성균관대학교 대동문화연구원, 2009, 113~138쪽.
9) 조사대상은 다음과 같다.
가. 한국고전번역원, 『한국문집총간』 1~360권
나. 한국고전번역원, 『한국문집총간』 속집 1~150권
다. 경인문화사, 『韓國歷代文集叢書』 1~3010권(조사중)
라. 『東文選』, 『青丘風雅』, 『國朝詩刪』, 『箕雅』, 『大東詩選』 등 시문선집
마. 한국국학진흥원, 유교넷 영남사림문집
바. 기타 개인 및 문중 소장 문집
사. 한국 초상화 도록
아. 사진 등 기타자료
자. 진홍섭 편저, 『한국미술사자료집성』 (1)~(9), 일지사, 2003.
10) 徐師曾 纂, 『文體明辯』 3, 卷四十八, 贊條, 오성사, 1984, 341쪽.
11) 김종철, 『한문 운문문체의 이해와 분석』, 청문각, 2003, 205쪽; 김기완, 앞의 논문, 9~33쪽; 제2부 제2장 2.2) 자료의 범위와 양식적 특성 참조
12) 조선미, 『초상화연구』, 문예출판사, 2007, 434쪽.
13) 畫像贊의 구조에 대해선 김기완, 앞의 논문, 17~33쪽을 참고할 것.
14) 李詹, 『雙梅堂先生篋藏文集』 卷二十二, 「畫像自讃」, 한국문집총간 6, 민족문화추진회, 1990, 356쪽.
15) 任邁, 畫像自贊, 국립중앙박물관 엮음, 『조선시대 초상화』 I, 그라픽네트, 2007, 214쪽. "拙而似乎傲, 褊而抱乎介, 懶散而近乎眞. 問爾是何如人, 蓋所謂世間之陳人也乎!" 임매는 전서와 예서에 뛰어났던 玉局齋 李運永의 처남이기도 하다.
16) 劉義慶 撰, 劉孝標 注, 『世說新語』 卷下之上, 巧藝, 張萬起·劉尙慈 譯注, 『世說新語譯注』, 北京: 中華書局, 1998, 706~707쪽. "顧長康畫謝幼輿在巖石裏. 人問其所以, 顧曰, "謝云, '一丘一壑, 自謂過之.' 此子宜置丘壑中."
17) 李承熙, 『大溪集』 卷三十二, 「影像自贊」, 진홍섭 편저, 『한국미술사자료집성』 (6), 일지사, 2003, 684쪽.
18) 南有容, 『雷淵集』 卷二十七 雜著, 한국문집총간 218, 민족문화추진회, 1998, 47쪽.
19) 金時習, 『梅月堂集』, 卷十九 贊, 「自寫眞贊」, 한국문집총간 13, 민족문화추진회,

1990, 372쪽. "俯視李賀, 優於海東. 騰名謾譽, 於爾孰逢, 爾形至眇, 爾言大侗. 宜爾置之, 丘壑之中."

20) 이 구절에 대해선 다른 해석 시각들도 있다. 기존 해석이 갖는 문제점에 대해서는 제2부 제1장에서 상세히 논의했다.

21) 許穆, 『記言』 卷九 上篇 圖像, 「寫影自贊」, 한국문집총간 98, 민족문화추진회, 1992, 62쪽. "老人二十三時, 有仲弟十七有妙藝, 畫其兄惟肖." 許穆, 『記言』 卷九 上篇, 「又自贊」, 62쪽. 幷序: "今老人七十, 老敗對影, 如別人, 嘆息書之. 甲辰秋, 老人在巖居, 閱書籍, 得此畫. 今已五十年後, 不但形貌衰改, 人事變易, 已成古事, 可爲悵然." "數十年前, 徽又爲我寫影, 鬚髮始白," "貌有形, 神無形. 其有形者可模, 其無形者不可模. 有形者定, 無形者完. 有形者衰, 無形者謝. 有形者盡, 無形者去."

22) 李晩榮, 『雪海遺稿』 卷二, 「畫像贊(幷序)」 癸巳, 한국문집총간 속집 30, 민족문화추진회, 2007, 51쪽. "爾今我歟我尙少, 我昔爾歟我獨老. 十八年間, 我不知爾之爲我眞. 後數十年, 誰知我之影是爾身. 惟當各保身體髮膚, 毋忝爲人而已. 藏之名山, 爾得爾所, 敬身行世, 吾何羨乎汝?"

23) 謝思煒 撰, 『白居易詩集校注』, 卷6, 北京: 中華書局, 2006, 519쪽.

24) 조선 후기 申緯가 자기 초상화에 쓴 시에도 "我自爲兄圖是弟"이란 구절이 보인다. 申緯, 『警修堂全藁』 冊十八 北禪院續藁四, 「偶檢舊篋, 得星原甲戌八月十一日, 焚香薦茗, 遙祝紫霞生辰, 因題紫霞小照詩立軸, 感次原韻, 題其後」, 한국문집총간 291, 민족문화추진회, 2002, 387쪽.

25) 申用溉, 『二樂亭集』 卷七 贊, 「自眞贊」, 한국문집총간 17, 민족문화추진회, 1990, 66쪽. "爾形天所賦, 爾貌道斯俱. 鬢雪而心惺, 官榮而身枯. 有紛華義理戰于中, 滓穢去而直淸臞者耶? 咀嚼乎道味, 老而不得其腴者耶? 形可使寓諸影, 心難寫其範模. 冠裾而坐拱, 人將於爾爲智愚."

26) 李萬敷, 『息山集』 卷二 贊, 「寫眞自贊」, 한국문집총간 178, 민족문화추진회, 1996, 83쪽.

27) 權燮, 『玉所稿』 8, 堤川本 雜著一, 「陋像自贊」 其三, 다운샘, 2007, 67~68쪽.

28) 丁範祖, 『海左集』, 卷三十九 贊, 「海左翁畫像自贊」, 한국문집총간 240, 민족문화추진회, 1999, 204쪽.

29) 김기완, 앞의 논문, 66~71쪽. 김기완은 이런 종류의 작품들이 조선 후기 화상자찬 중 주요한 주제 유형을 이루는 것으로 보았다. 필자 역시 자료 검토를 통해 동일한 결론에 도달했다.

30) 金榦,『厚齋集』卷四十 贊,「畫像自贊」(年七十六時寫), 한국문집총간 156, 민족문화추진회, 1996, 98쪽.

31) 南有容,『雷淵集』卷二十七 雜著, 한국문집총간 218, 민족문화추진회, 1998, 47쪽.

32) 徐命膺,『保晩齋集』卷九, 한국문집총간 233, 민족문화추진회, 1999, 257쪽.

33) 李崇仁,『陶隱集』卷五 雜著, 한국문집총간 6, 민족문화추진회, 1990, 609쪽.

34) 강관식,「조선시대 초상화의 도상과 심상: 조선 중후기 선비 초상화의 수기적 의미를 통해서 본 재현적 도상의 실존적 의미와 기능에 대한 성찰」,『미술사학』제15호, 한국미술사교육학회, 2001, 7~55쪽. 강관식은 초상화에 대한 自贊과 自題詩를 초상화의 원본이 모본을 보고 그린 또 하나의 초상으로 간주하고, 이를 다시 원본과 모본과의 관계 속에서 재성찰하여 초상화 아이콘의 실존적 의미와 기능에 대해서 생각해 보고자 했다. 이런 관점에서 그는 초상화와 화상자찬류 문학의 관계를 재현의 원본이 직접 자신의 재현 과정에 개입하고 또한 재현된 모본을 평가하고 발언함으로써 스스로 재현되기도 하고 재현하기도 하는 재현의 객체화—주체화 현상이 동시에 일어난다고 규정했다. 아울러 초상화에 대한 자찬은 성리학의 修己的 의식의 과정이고, 그 과정의 기록이며 또한 그 실천의 다짐이자 확인이었다고 설명했다

35) 朱熹,『朱熹集』7, 卷八十五,「書畫像自警」, 成都: 四川教育出版社, 1996, 4390쪽. "從容乎禮法之場, 沈潛乎仁義之府, 是予蓋將有意焉, 而力莫能與也. 佩先師之格言, 奉前烈之餘矩. 惟闇然而日脩, 或庶幾乎斯語."

36) 尹鳳九,『屛溪集』卷四十四 贊,「書畫像自警」, 한국문집총간 204, 민족문화추진회, 1998, 395쪽. "爾頭圓足方, 受天地之正氣. 爾之生也直, 亦天地之所畀. 爾戰兢戒懼, 敢或毁或墜. 爾無忘明誠之訓兮, 曾奉規於先師. 爾毋曰吾衰之甚兮, 惟日新而孜孜."

37) 徐宗華,『藥軒遺集』卷五,「題畫像自警」, 한국문집총간 속집 76, 한국고전번역원, 2010, 283쪽. "去聖後一千有餘載, 而欲學其道; 生世間三十有二年, 而業未有成. 歎陋質之莫化, 懼至理之難明, 百代之后, 千載之下, 見而指之者, 其將曰: '君子之像乎? 小人之像乎?' 宜可惕而可警."

38) 李恒老,『華西集』Ⅱ, 卷二十七 贊,「書畫像自警(甲寅)」, 한국문집총간 305, 민족문화추진회, 2003, 207쪽. "道理愈求愈邈, 疾病愈治愈痼. 慨莫竭力於少壯, 矢不負心於衰暮."

39) 宋秉璿,『淵齋集』Ⅱ, 卷二十八,「書畫像自警」, 한국문집총간 330, 민족문화추진회, 2004, 32쪽. "大袖方領, 欲學程氏. 貌臞視靜, 質魯惟爾. 早服庭訓, 恒念寡過. 爾學

旣疎, 爾言孔大. 慕古違時, 畢命丘壑. 凡今之人, 爾志誰識."

40) 田愚, 『艮齋集』 Ⅳ, 後篇 卷十四, 「畫像自警」(七十九歲, 臼山病夫題), 한국문집총간 333, 민족문화추진회, 2004, 150쪽. "左右握公, 方寸蘊直. 旣直且公, 宜成大德. 奈何所發, 十九私曲. 求是去非, 晦父遺囑. 心要操存, 氣必檢束. 期以屬纊, 冀幸性復.(左右掌紋, 皆有公字)"

41) 洪直弼, 『梅山集』Ⅱ, 卷30, 「續寫照銘(己卯)」, 한국문집총간 296, 민족문화추진회, 2002, 73쪽. "朱先生四十四歲, 自銘寫照而曰, 容髮凋瘁, 遽已如此. 然亦將修身, 以畢此生而已. 無他念也, 此與庚申寫眞之什, 相爲終始. 每三復咏嘆, 繼之以激昂奮勵. 己卯歲, 余齒亦爲四十四, 而困于疢疾, 衰朽癃痼, 非直凋瘁已也. 蒲柳雖已先秋, 桑楡宜收晩景. 但願畢生修身, 用附履薄臨深, 餘日殘編之義, 仍步銘韻, 以自識戒云."

42) 金平默, 『重菴集』, 卷四十四, 「書畫像自贊」, 한국문집총간 320, 민족문화추진회, 2003, 206~207쪽. "率天性之固有, 勉人識之當爲. 始余受之於先聖先師, 曾日月之幾何. 景忽迫於崦嵫, 惟其積於內者. 無慥慥之實, 所以形於外者. 無棣棣之儀, 罪我者擠之以黨奸之籍. 知我者擬之以息邪之徒, 後之人必有讀書論世, 而不眩於紫朱者夫."

43) 李承熙, 『大溪集』 卷三十二, 「影像自贊」, 진홍섭 편저, 『한국미술사자료집성』(6), 일지사, 2003, 684쪽에서 재인용. "爾生而豐, 晩何癯? 爾志于道, 行何庸? 天錫爾以此理, 欲窮之而未能達; 天命爾以此職, 欲修之而不可終. 今置爾無地, 且付諸宇宙之中."

44) 宋基冕, 『裕齋集』 卷四 贊, 「小影自贊」.

45) 제2부 제1장 3.1)의 각주를 참고할 것.

46) 趙龜命, 「小像自贊」, 『乾川藁』 第二冊, 규장각 소장본. "活乾川問乎畫乾川曰, '曷不河目海口如仲尼, 曷不肉髻輪掌如如來, 曷不三頭八臂如囉吒太子, 子自謂異乎人, 吾未見其異.' 畫乾川笑無笑笑聲無聲聲曰, '子不覩夫韓子獲獜解乎? 以德, 不以形. 子不聞夫洪生千里馬說乎? 蝘伏土委, 鞭出電驚, 故形而不德, 非獜矣, 不形而才, 亦騏矣. 今夫不河目海口而如仲尼, 不肉髻輪掌而如來, 不三頭八臂而囉吒太子, 斯其異也, 不尤奇乎?' 活乾川稽首再拜畫乾川, 恨不浮三百大白賞此言, '我代汝飮, 與汝長周旋.' (歲戊戌陽至後一日, 活乾川戲題)"

47) 신대현, 『진영과 찬문』, 혜안, 2006, 162쪽에서 재인용.

48) 金正喜, 『阮堂全集』, 卷六, 「自題小照」, 한국문집총간 301, 민족문화추진회, 2003,

126쪽.

49) 김기완, 앞의 논문, 25~26쪽.

50) 權櫶, 「畫像草本自贊」, 『震溟集』 下, 卷二十四, 민창문화사, 1994, 1301쪽. "爾貌拙憒, 見其貌而疑其志也. 爾志[缺]雄, 卽其志而疑其容也. 出而施爲則以王景略自期, 捲而遁遯則以徐孺子爲準, 趁走乎米塩之間而不以爲拙, 摧折乎屠沽之兒而不以爲辱, 歸來乎逍遙雲水之皐, 或企釣臺, 或掠扁舟, 蘇子瞻之鶴歟, 嚴子陵之鷗歟?"

51) 權櫶, 『震溟集』 下, 卷十四, 「畫像說」, 1305쪽. "顧余形貌怪拙, 始見無不笑, 久而皆敬畏之. 至於庸夫賤徒, 無不輕易, 而或且避縮焉. 是吾狹面黃色, 蹙額短眉, 固無自異於人, 而一髮一毛, 不啻竦凜自異者, 眼雖有疾, 而神溢精蘊, 亦且有異於人者." "顧余形貌怪拙, 始見無不笑, 久而皆敬畏之. 至於庸夫賤徒, 無不輕易, 而或且避縮焉. 是吾狹面黃色, 蹙額短眉, 固無自異於人, 而一髮一毛, 不啻竦凜自異者, 眼雖有疾, 而神溢精蘊, 亦且有異於人者." 권헌의 삶에 관해서는 임형택, 「(『震溟集』) 해제」, 『震溟集』, 민창문화사, 1994, 3~16쪽과 이지양, 「진명 권헌의 '진' 추구와 사회시」, 성균관대 박사학위 논문, 2001, 7~32쪽을 참고할 것.

52) 蘇軾 「後赤壁賦」, "時夜將半, 四顧寂寥, 適有孤鶴, 橫江東來, 翅如車輪 , 玄裳縞衣 , 戛然長鳴, 掠予舟而西也." 梅堯臣, 「詠嚴子陵」, 『宛陵集』 卷三十六, "青山束寒灘, 濺浪驚素鷗. 以之爲朋親, 安慕乘華輈."

53) 陸遊, 『渭南文集』 卷二十二, 「放翁自贊」(四則) 其一. "遺物以貴吾身, 棄智以全吾真. 劒外江南, 飄然幅巾. 野鶴駕九天之風, 澗松傲萬木之春. 或以為趺宕湖海之士, 或以爲枯槁隴畝之民. 二者之論雖不同, 而不我知則均也."(淳熙庚子務觀自贊, 時在臨川, 年五十有六)"

54) 姜世晃, 『豹菴遺稿』 卷五, 「畫像自讚」, 韓國精神文化硏究院, 1995, 373쪽. "彼何人斯? 鬚眉皓白. 頂烏帽, 披野服. 於以見心山林而名朝籍. **胸藏二酉, 筆搖五嶽. 人那得知, 我自爲樂.** 翁年七十, 翁號露竹. 其眞自寫, 其贊自作. 歲在玄黙攝提格."

55) 박동욱·서신혜 역주, 『표암 강세황 산문전집』, 소명출판, 2008, 295쪽. 姜世晃, 『豹菴遺稿』 卷五 「翁自誌」, "翁嘗自寫眞, 獨得其神情, 與俗工之徒傳狀貌者逈異. 仍自念身歿而求誌狀於人, 曷若自寫其平日之大略, 庶得髣髴之似耶. 遂信筆書此, 以遺兒輩. 後之覽此文者, 其必有論其世想其人, 悲其不遇, 爲翁而欷歔感慨者.

56) 姜世晃, 『豹菴遺稿』 卷五, 「畫像自讚」, 373쪽. 이 작품은 그의 나이 54세 때 쓴 것이다.

57) 강세황의 자화상과 화상자찬에 대해서는 다음 연구 성과들이 참고가 된다. 변영

섭, 『표암 강세황 회화 연구』, 일지사, 1988, 30~36쪽; 정은진, 「표암 강세황의 미의식과 시문창작」, 성균관대학교 박사학위 논문, 2004, 157~169쪽; 강혜선, 「나를 그리는 사람, 강세황」, 『문헌과 해석』 26, 문헌과해석사, 2004, 23~27쪽.

58) 李彦瑱, 『松穆舘燼餘稿』 贊, 「畫像自題」, 한국문집총간 252, 민족문화추진회, 2000, 511쪽. "政丞若干. 壯元若干. 人以爲榮. 咄! 何物窮儒, 乃敢秉千古文衡."

59) 이 초상화는 일본에 갔을 때 류몬劉龍門이 그려준 것이라고 한다. 박희병, 『나는 골목길 부처다-이언진 평전』, 돌베개, 2010, 73쪽.

60) 李彦瑱, 『松穆舘燼餘稿』, 六言絕句, 「衚衕居室」, 한국문집총간 252, 민족문화추진회, 2000. 문집총간본에는 「衕衚居室」이라 되어 있으나, 박희병의 주장을 수용하여 「衚衕居室」로 바로잡는다. 박희병, 『저항과 我慢-『호동거실』 평설』, 돌베개, 2009, 12쪽.

61) 朴趾源, 『燕巖集』 卷八, 別集, 放璚閣外傳, 「虞裳傳」, 한국문집총간 252, 민족문화추진회, 2000, 124~125쪽. "虞裳名湘藻, 甞自題其畫象曰, 供奉白鄴侯泌, 合鐵拐爲滄起. 古詩人古仙人, 古山人皆姓李. 李其姓也, 滄起又其號也."

62) 李德懋, 『青莊館全書』 卷三十四, 『清脾錄』, 한국문집총간 258, 민족문화추진회, 2000, 43쪽. "虞裳嘗自題畫像曰, 供奉白鄴侯泌, 合鐵拐爲滄起. 古詩人古山人, 古仙人皆姓李. 滄起其自號也."

63) 박희병은 이 작품이 본래 畫像自贊으로 지었던 것을 나중에 「衚衕居室」에 편입한 것으로 추정했다. 박희병, 앞의 책, 275쪽.

64) 沈義, 『大觀齋亂稿』 卷四, 「大觀齋眞像半影自贊」, 한국문집총간 19, 민족문화추진회, 1990, 198쪽. "泯默忘言, 無名之翁. 俛仰無礙, 廓然太空. 兒戲浮世, 嘯傲鴻濛. 靈徹蒙□, □籠眼底. 關楗一閉, 玄鑰誰啓. 藏身太深, 不露全體."

65) 박희병, 앞의 책, 274~275쪽. 두 번째 구절의 滄起는 이언진의 호다.

66) 조선 초·중기 초상화가 공식적인 功臣像을 중심으로 매우 제한적이었던 데 반하여, 17~18세기 전후로는 사대부들 사이에 초상화가 보편화되었다. 김기완, 앞의 글, 16쪽. 자전적 글쓰기 전반에 관해서는 심경호의 다음 논저들이 참고가 된다. 심경호, 『내면기행』, 이가서, 2009. 1~612쪽; 『나는 어떤 사람인가』, 이가서, 2010, 1~663쪽.

67) "將無能作有, 畫貌豈傳言. 世上多騷客, 誰招已散魂?"

68) 이 작품에 관해서는 유홍준, 『화인열전』 1, 역사비평사, 2001, 49~51쪽을 참조할 것. 김명국의 이 독특한 자화상은 국립중앙박물관에 소장되어 있다. 화상자찬은 이

광호가 탈초하였고, 유홍준은 이 그림을 죽음의 자화상이라고 명명했다. 유홍준은 상복을 입고 지팡이를 비스듬히 끌면서 저승길을 유유히 걸어가는 뒷모습을 그린 김명국의 초탈한 자세에서 가슴 뭉클하게 저며오는 깊은 감동이 일어난다고 썼다.

69) 孫處訥, 『慕堂集』 卷三, 「自題畫像」, 한국문집총간 속집 8, 민족문화추진회, 2005, 52쪽. "厥像惟肖半壁心, 可占人世庶無心. 弗參弗貳循初志, 虛死虛生媿本心. 山澤窩中終始學, 松楸壠畔愴悽心. 只餘一幅留身後, 誰是他時起敬心."; 金萬增, 『遯村遺稿』 卷三, 「畫像自贊」 二首, 진홍섭 편저, 『한국미술사자료집성』 (4), 일지사, 2003, 672쪽에서 재인용. 其一 "含寃忍痛, 獲諸趨庭. 正誼明道, 聞之執經. 父師遺訓, 佩服靡懈. 教我子孫, 至死無悔.", 其二 "爾貌之陋, 爾氣之充. 少而自豪, 壯而博痛. 天之賦予, 世莫我知. 老死田間, 而止於斯."

70) 자만시의 특성에 관해서는 이 책의 제1부를 참고하시오.

제3부 | 환영을 만드는 사람들: 마술 공연의 관람 기록들

제1장 | 연행록에 나타난 환술 인식의 변화와 박지원의 「환희기」

1) 박지원의 「환희기」 자체를 논제로 삼은 연구로 다음과 같은 것들이 있다.

박수밀, 「「幻戲記」에 나타난 연암의 생각 읽기」, 『문헌과 해석』 여름호, 문헌과해석사, 2004, 24~35쪽.

박수밀, 「박지원의 幻戲記에 나타난 글쓰기 요령」, 『한문교육연구』 26집, 한문교육학회, 2006, 517~542쪽.

박상영, 「『열하일기』에 나타난 산문 시학-「환희기」의 담론 구성 방식을 중심으로」, 『국어국문학』 144, 국어국문학회, 2006, 209~242쪽.

이밖에 「환희기」에 대한 번역과 해설로 정민의 「눈 뜬 장님」, 『비슷한 것은 가짜다』, 태학사, 2000, 49~64쪽이 있고, 박지원의 인식론 내지 『열하일기』 전반의 표현 방식의 특징과 서술 원리를 논의하는 과정에서 「환희기」 내용들이 거론된 바 있다. 이 논의들은 대체로 맹인삽화에 초점을 맞추고 있다.

임형택, 「朴燕巖의 인식론과 미의식」, 『한국한문학연구』 제11집, 한국한문학연구회, 1988, 17~39쪽.

김명호, 『열하일기연구』, 창작과비평사, 1990, 135~139쪽 · 230~232쪽.

송재소, 「盲人揷話를 통해서 본 연암 박지원의 사물인식」, 『한시 미학과 역사적 진실』, 창작과비평사, 2001, 359~374쪽.

이종주, 『북학파의 인식과 문학』, 태학사, 2001, 499~507쪽.

김혈조, 『박지원의 산문문학』, 성균관대학교 대동문화연구원, 2002, 100~105쪽.

2) 이하의 서술은 이혜순, 「여행자 문학론 試攷—비교문학적 관점에서」, 『비교문학』 제24집, 한국비교문학회, 1999, 71~76쪽; 레이먼드 윌리엄스Raymond Williams, 『기나긴 혁명The Long Revolution』, 성은애 옮김, 문학동네, 2007의 도움을 받은 것이다. 윌리엄스가 사용한 용어는 본래 '감정의 구조structure of feeling'인데, 필요에 따라 이 글에서는 '인식의 구조'라는 말로 바꾸어 사용했다.

3) 傅起鳳·傅騰龍, 『中國雜技史』, 上海: 上海人民出版社, 2004, 207~209쪽.

4) 안상복, 『중국의 전통잡기』, 서울대학교출판부, 2006, 293쪽.

5) 宗福邦·陳世鐃·蕭海波 主編, 『故訓匯纂』, 北京: 商務印書館, 2003, 687쪽, "『玄應音義』 卷九, '幻術' 注, 謂相欺眩以亂人目也."

6) 李宜顯, 『陶谷集』 卷二十九, 『庚子燕行雜識』 上, 한국문집총간 181, 민족문화추진회, 1997, 469~491쪽. "衙門入送善幻人, 試其術." 李德懋, 『青莊館全書』 卷六十七, 『入燕記』 下, 한국문집총간 259, 민족문화추진회, 2000, 219쪽, "觀騙子戲, 騙子者, 卽幻術人也."

7) 徐秋, 『魔術』, 北京: 中國文聯出版社, 2008, 11~12쪽; 姚周輝, 『神祕的幻術』, 第3版, 南寧: 廣西人民出版社, 2009, 159~162쪽.

8) 傅起鳳·傅騰龍, 앞의 책, 58~62쪽. 이상의 기록들에는 환술사의 전래와 함께 구체적인 환술명칭도 나열되어 있다.

9) 『舊唐書』 「音樂志」에는 한 무제 때 서역에서 환술사들이 유입되었음을 기록하고 있다. 『舊唐書』 卷二十九, 「音樂志」二, 上海: 上海古籍出版社, 1987, 1073쪽, "大抵散樂雜戲多幻術, 幻術皆出西域, 天竺尤甚. 漢武帝通西域, 始以善幻人至中國."

10) 안상복, 앞의 책, 293~295쪽.

김은영, 「한·중 幻術의 역사와 특징」, 『한국민속학』 제50집, 한국민속학회, 2009, 209~222쪽.

11) 전경욱, 『한국의 전통 연희』, 학고재, 2004, 83~84쪽.

12) 李穡, 「驅儺行」, 『牧隱藁』 詩藁 卷二十一, 한국문집총간 4, 민족문화추진회, 1988, 275쪽.

13) 李睟光, 『芝峯類說』(下), 技藝部 雜技條, 남만성 역, 을유문화사, 1975, 369쪽, "우리나라의 呈才人은 본래 중국의 배우나 환술하는 자 따위다. 세상에 전하기를, 이것

은 고려 말년에 노국대장공주가 나올 때 따라온 것이라고 한다."

14) 유승훈, 「산악백희 중 불토하기의 전개 양상」, 『한국민속학』 제35호, 한국민속학회, 2002, 95쪽.

15) 박전열, 「일본 山樂의 연구」, 『한국연극학』 제8집, 한국연극학회, 1996, 165~195쪽; 마쓰오 아키라, 「일본과 세계 마술사 연대기표」, 『The History of Magic』, 向上社, 1976, 3~12쪽.(정성모, 「한국 마술사 연구」, 단국대학교 대중문화예술대학원 공연예술학과 석사학위 논문, 2005, 43~53쪽에서 재인용)

16) 李圭景, 「幻戲辨證說」, 『五洲衍文長箋散稿』 人事篇 技藝類 雜技, "今寰宇諸國, 莫不有此戲, 而我東獨無之, 是則導民有法故也."

17) 임기중, 「연행록의 환희기」, 『한국민속학』 제31집, 한국민속학회, 1999, 257~328쪽. 『연행록선집』을 대상으로 한 연행 기록 통계에 따르면, 사행기간 중 가장 빈번하게 보았던 것은 환술이고, 창우희·연희·등희 등의 그 뒤를 따른다.

18) "列子周穆王時. 西域化人來. 浮屠人, 善幻多技能, 此亦佛類也." 인용 구절 중 "浮屠人, 善幻多技能"이란 표현은 韓愈의 「送高閑上人序」의 "吾聞淨屠人, 善幻多技能"에서 온 것이다. 이 구절은 환술과 관련해서 조선조 지식인들이 자주 인용하는 표현이기도 하다. 여기서도 환술을 불교로 연관시키는 의식 경향이 발견된다.

19) 李瀷, 『국역 성호사설』 제11권 人事門 仙佛조, "幻術은 佛法이 중국에 들어온 뒤부터 시작되었으니, 三國 때 左慈와 于吉의 무리는 지극히 괴이하고 허탄한 자들이었다."

安鼎福, 『국역 동사강목』 제3상, 무신년 신라 법흥왕 15년, 고구려 안장왕 10년, 백제 성왕 6년조, "신라 舍人 異次頓이 伏誅했다.【안】 西域의 습속이 幻術을 잘하고 技能이 많은데, 불법은 더욱 두드러진 것이다. 그러므로 그 여러 靈異한 일이 傳記에 나타나, 속일 수 없는 것이 한두 가지가 아니다."

20) 김은영, 앞의 논문, 246~248쪽. 왕조실록에 기록된 환술들은 대부분 사회를 어지럽히고 백성을 현혹시키는 사기기법으로서의 성격을 갖는다.

21) 李健命, 『寒圃齋使行日記』, 연세대학교 중앙도서관 소장본, "此乃妖法邪術之瞞人耳目, 而亦可謂神奇矣."

22) 張錫駿, 『朝天日記』, 『春皐遺稿』 卷一, 正月 初七日條, 영인본, 동보한방병원, 1994, "譯員輩, 招優人技戲者, 眩幻百巧, 妖詭不欲觀, 卽還."

23) 黃是, 『朝天錄』, 『檜山世稿』 三 『負暄堂稿』, 『연행록전집』 2, 동국대학교 출판부, 2001, "有優人來鬻技, 傀儡諸技, 極其眩幻."

李海澈, 『慶尚道漆谷石田村李進士海澈燕行錄』, 국립중앙도서관 소장본, "十五日, 食後有幻術者數人來, 呈各技, 卽漢人之法戲也."

24) 姜浩溥, 『四養齋外集桑蓬錄』(『桑蓬錄』), 姜在應 編述, 연세대학교 중앙도서관 소장본, "大抵其術以傳聞衆之, 蔽一言曰, 至妖至怪. (…) 惟其所謂登天堂一說, 卽渠學之究竟處, 其能令蠱惑民志者, 似在此一款, 而若徒以文字教之, 口舌諭之, 而無目見身履之驗, 則雖至愚者, 斷无確信認眞, 至死不悔之理. 愚意則有一焉, 蓋幻術左道者, 從古有之, 自周穆王時, 西極化人云者, 皆可證. 如漢之張角·左慈·于吉輩, 如唐之張天師·張果之徒, 抑亦其流而已. 皇明時, 徐鴻儒黨之白蓮教, 王森之聞香教者, 亦皆裔類之濫者耳. 後來漸狃於見聞, 術者亦駁雜, 無他奇世, 又不以爲神. 今中國以幻人爲戲具, 雖千詭百怪, 視之尋常, 只作一場矣. 資我國人之燕者, 亦觀之甚熟, 不以爲怪者, 以習見彼俗, 不以此爲奇, 而特爲戲玩而已故也. 今若使我國人, 不入中國, 而卒然見人有能幻者, 則未有不大以爲神異, 而認鬼認仙者也. 雖稍有識見者, 尙或有聰? 若之慮, 况閭閻愚民乎, 况婦女童孺乎? 意者挾洋術者, 必欲人之信其術, 而至死不變, 故乃教人其術也, 先以幻人之術, 籠絡迷蠱之. 或曰, 地辦出財貨飮食, 或變化百物, 或假設幻套, 令學之者, 服其神通, 然後乃設爲得道升天堂之形狀, 使之丁寧目見焉, 屢見屢驗, 浸浸然認以爲眞故也."

25) 구만옥, 「한문본 『四養齋外集桑蓬錄』 해제」, 고운기, 「한글본 『상봉녹』 해제」, 연세대학교 국학연구원 편, 『연세대학교 중앙도서관 소장 고서해제 Ⅲ』, 평민사, 2005, 403~416쪽, 439~450쪽.

26) 구만옥, 「1세기 정통주자학자의 현실인식과 학문적 대응--四養齋 姜浩溥의 저술을 중심으로」, 『한국사상사학』 제31집, 한국사상사학회, 2008, 480~486쪽.

27) 姜浩溥, 『桑蓬錄』 卷七, 『四養齋集』 外集, 연세대학교 중앙도서관 소장본, "天主名耶蘇, 歐羅巴國人也. 名耶蘇者, 方語謂救濟世上也. 尊之者稱爲海外聖人以天爲主, 故又謂之天主, 蓋其學開口, 則必稱天爲事, 無大小理無淺深, 無不以天爲本. 其徒之說以爲孔孟以前諸聖人, 其學本於天, 故得其道, 程朱以後諸賢人, 其學皆不能本於天, 故遂失其說?云. 其誣罔妄誕可憎, 亦可笑也. 又其學術淸淨以無慾爲工, 以得道坐化爲驗云, **蓋合仙佛而爲一者也. 嘗見其所著書有所謂『天主眞經』『天主演義』等編, 其說往往神奇, 不無可喜, 而究其中, 畢竟誕妄虛幻, 不足一覽也.**"

28) 우리가 쓰는 서양이란 말은 서역이란 말로부터 분화되어 나온 것이다. 원재연, 「조선시대 학자들의 서양인식」, 『대구사학』 제73집, 대구사학회, 2003, 42~46쪽.

29) 이런 인식은 박지원에게서도 발견된다. 신호열·김명호 옮김, 「순찰사에게 답함」,

『국역 연암집』, 제2권 煙湘閣選本, 민족문화추진회, 2005, 221쪽, "내가 보기에 지금 중국에 있는 천주당의 서양 사람들은 비록 曆法에는 정통하지만 모두 환술쟁이이다 吾以爲卽今中國所有天主堂, 西洋人雖精於曆法, 皆幻人也."

30) 許篈, 『朝天記』 中, 萬曆二年甲戌 八月 十六日條, 『荷谷集』, 한국문집총간 58, 민족문화추진회, 1990, 444쪽.

31) 李健命, 『寒圃齋使行日記』, 연세대학교 중앙도서관 소장본.

32) 임기중 편, 『燕行錄全集』 65, 동국대학교 출판부, 2001, 205~209쪽.

33) 李遇駿, 『夢遊燕行錄』, 임형택 편, 『藥坡漫錄』 下 附錄, 성균관대학교 대동문화연구원, 1995, 593쪽.

34) 權復仁, 「幻戲」, 『隨槎閒筆』 下, 종로시립도서관 소장 필사본. "反於眞, 謂之幻, 幻可以信乎? 人之所自信者, 莫如心與目, 而至若目擊而不能辨詰, 心識而不能思議, 始謂之幻." 『隨槎閒筆』에 대한 정보는 김영진의 해제를 참고할 것. 한국문학연구소 연행록해제팀, 『연행록해제 (1)』, 동국대학교 한국문학연구소, 2003, 705~722쪽. 이 글은 권복인의 문집에도 실려 있다. 權復仁, 『天遊先生文集』 二, 한국역대문집총서 591, 경인문화사, 1993, 80~82쪽.

35) 朴思浩, 『心田稿』, 「留館雜錄」, 幻術雜戲條.

36) "觀者堵立拭目疎息, 唯慮其見欺, 及其色色種種儵忽閃鑠, 則反疑自家心與目之有蔽, 憫然沮茶, 逡巡自退. 明知其幻, 而莫敢辨析, 良可哂也. 然爲斯技者, 不能點石成黃金, 擲米化丹砂, 立致富奢, 而終日役役所獲錐刀, 衣食無以自給, 則幻之不及眞, 而不可信也, 明矣."

37) 朴趾源, 「幻戲記序」, 『熱河日記』, 한국문집총간 252, 민족문화추진회, 2000, 276쪽, "蓋自上世有此能, 役使小鬼, 眩人之目, 故謂之幻也. 夏之時, 劉累擾龍以豢孔甲, 周穆王時, 有偃師者墨翟君子也, 能飛木鳶, 後世如左慈·費長房之徒, 皆挾此術以遊戲人間, 而燕齊迂怪之士, 談神仙以誑惑世主者, 皆幻術, 當時未之能覺. 意者其術出自西域, 故鳩羅摩什·佛圖澄·達摩, 尤其善幻者歟!"; 박지원, 『열하일기』 3, 김혈조 옮김, 돌베개, 2009, 12~37쪽.

* 이하에서 별도의 언급이 없을 경우 「환희기」의 번역문은 가장 최근에 번역된 김혈조의 책을 기준으로 하고, 이가원·리상호·김풍기의 번역을 참조하는 것으로 한다. 단, 幻術이란 용어는 현대어의 요술 혹은 마술이란 말로 모두 번역될 수 있는 만큼 혼란을 피하기 위해 환술이란 말로 수정했다. 「환희기」의 원문은 문집총간본 『연암집』을 기준으로 했다.

38) 洪大容, 「與孫蓉洲書」, 『湛軒書』 外集 卷一, 杭傳尺牘, 한국문집총간 248, 민족문화추진회, 2000, 124-125쪽, "盖由習成手敏, 使人目不及窺, 亦有假符呪以障人眼目者也."

39) 錢泳, 『履園叢話』 卷十二 藝能, 雜戲條, 上海古籍出版社 編, 『清代筆記小說大觀』 4, 上海: 上海古籍出版社, 2007, 3494쪽.

40) 張潮, 「九牛埧觀抵戲記」, 『虞初新志』 卷二, 上海古籍出版社 編, 『清代筆記小說大觀』 1, 上海: 上海古籍出版社, 2007, 251~253쪽. 抵戲는 角抵戲를 가리킨다. 전통 각저희를 구성하는 주요 부분 중 하나가 환술이다. 그러나 위 글에서는 환술이 등장하지는 않는다. 여기서는 다만 雜戲를 생업으로 삼은 예의 하나로서 거론하고자 한다.

嚴文儒 注譯, 「戲術」, 『新譯 閱微草堂筆記』 卷一 灤陽消夏錄一, 臺北: 三民書局, 2006, 47~49쪽. 기윤 자신의 어린 시절 견문을 기록한 이 글은 환술의 수법이 정확하게 설명되어 있어서 청조 지식인들의 환술 지식의 수준을 가늠해볼 수 있다.

41) 徐珂 編撰, 『清稗類鈔』 第十一冊, 戲劇類, 北京: 中華書局, 2010, 5011~5093쪽 참조. 이 책은 청말에 편찬된 것이나 이전까지의 野史筆記들을 彙輯한 자료집이기 때문에 청대의 상황을 짐작하는 데 참고할 만하다. 다만 자료의 출처가 표기되어 있지 않아 정확히 어떤 야사필기 자료에서 온 것인지 알 수가 없다.

42) "所以見中土之大也, 能恢恢焉並育, 故不爲治道之病. 若天子挈挈然與此等較三尺, 窮追深究, 則乃反隱約於幽僻罕覩之地, 時出而衒耀之, 其爲天下患大矣. 故日令人以戲觀之, 雖婦人孺子, 知其爲幻術, 而無足以驚心駭目, 此王者所以御世之術也哉!"

43) 李遇駿, 『夢遊燕行錄』 下, 己酉正月初五日條, 『藥坡漫錄』 附錄, 임형택 편, 성균관대학교 대동문화연구원, 1995, 592-593쪽, "寧使其售此術以資生, 自在於王法之外, 而恢恢焉並育, 故不爲治道之病. 若天子契契然, 與此輩較三尺, 窮追深究, 則乃反隱約於幽僻罕到之地, 時出而衒耀之, 其爲患大矣. 是以日令人觀之, 雖婦孺皆知其幻戲, 而無足以驚心駭目, 此無乃爲王者御世之一端歟."

44) 李圭景, 「幻戲辨證說」, 『五洲衍文長箋散稿』 人事篇 技藝類 雜技, "夫幻者, 卽反眞者也. 其理如形之有影, 如聲之有響, 一如海市蜃樓, 不可名狀. 然卽「王制」之左道, 『周禮』之怪民, 王法之當禁者, 然自來天地間, 特設此一副幻妄奇奇怪怪者, 將以明眞定景像有異於幻妄者, 不過倡優傀儡之餘套, 使觀者慣見無怪, 幻者作戲無他, 則雖不禁, 亦無妨, 故中原諸國, 竝無禁者此也."

45) 박지원이 남긴 환술 기록의 형성 경로와 기록특성에 관해서는 상세한 검토가 필요하다. 이는 환술 인식의 변화에 초점을 맞추고 있는 이 글과 상보적 관계를 이루지만, 원고 매수의 제한으로 인해 부득이하게 별고를 통해 보고하기로 한다.

46) 金景善, 『燕轅直指』 卷三, 留館錄 上, 壬辰年十二月二十八日條 , "後至白雲觀, 見無數幻者, 分設幃幔, 各呈其術, 尤多別技, 始知館中之見, 不過草草塞責. 因幷錄, 以成一部幻史."

47) "余謂趙卿曰, '目不能辨是非察眞僞, 則雖謂之無目可也. 然常爲幻者所眩, 則是目未嘗非妄而視之明, 反爲之祟也.'" "今日觀幻, 非幻者能眩之, 實觀者自眩爾."

48) 임형택, 「朴燕巖의 인식론과 미의식」, 『한국한문학연구』 제11집, 한국한문학연구회, 1988, 17~39쪽; 김명호, 『열하일기연구』, 창작과비평사, 1990, 135~139쪽·230~232쪽; 송재소, 「盲人揷話를 통해서 본 연암 박지원의 사물인식」, 『한시 미학과 역사적 진실』, 창작과비평사, 2001, 359~374쪽.

49) "太伯之文身採藥, 幻以孝者也. 豫讓之漆身呑炭, 幻以義者也. 紀信之黃屋左纛, 幻以忠者也. 沛公其幻也織, 張良其幻也石, 田單以牛, 初平以羊, 趙高以鹿, 黃霸以雀, 孟嘗君以鷄, 蚩尤之幻銅頭鐵額, 諸葛之幻木牛流馬. 王莽之金縢請命, 幻之未成也. 曹操之銅雀分香, 幻之破綻也. 祿山之赤心, 盧杞之藍面, 皆幻之拙者也. 自古婦人尤能善幻, 如褒姒之於烽也, 驪姬之於纛也, 然聖人神道設敎, 亦有然者. 愚雖未敢致疑於階草之指佞, 庭鳳之儀韶, 而亦未能盡信於負舟之黃龍, 流屋之赤烏. 自古神聖愚凡, 莫不有一番不可知之事, 或有嗜瘡痂者, 或有好驢鳴者, 雖謂之幻可也, 雖謂之性, 亦可也. 幻之爲術也, 雖千變萬化, 无足畏者, 天下有可畏之幻, 大姦之似忠也, 鄕愿之類德也."

50) 『論語』 「泰伯」 제1장, "子曰, 泰伯, 其可謂至德也已矣. 三以天下讓, 民無得以稱焉."

51) 鳩摩羅什 漢譯, 『金剛經』, 應化非眞分 第三十二, "一切有爲法, 如夢幻泡影, 如露亦如電, 應作如是觀."
김용옥, 『금강경강해』, 제2판, 통나무, 2009, 363-368쪽; 사이구사 미쓰요시三枝充悳 편, 『불교학 세미나 ④: 종교론·진리론』, 조윤호 옮김, 불교시대사, 1998, 323-341쪽; 慈怡 主編, 『佛光大辭典』 2, 北京: 書目文獻出版社, 1989, 1390~1392쪽.
* 『金剛般若波羅密經』 외의 반야경들에도 이와 유사한 비유가 보인다. 『摩訶般若波羅密經』(『放光般若經』)의 경우 『금강경』에 비해 비유가 좀 더 다양하다. 이 책에서는 모든 존재 상태가 '마술적 환상幻'이며 '꿈夢'이며, '메아리響'이며 '투영된 빛

光'이며 '그림자影'이며 '변형化'이며 '물거품水中泡'이며 '거울에 비친 영상鏡中像'이며 '신기루熱時炎'이며 '물에 비친 달그림자水中月'라고 설명하고 있다. 빅터 메어Victor H. Mair, 「중국 문학의 서사혁명: 존재론적 전제」, 『이야기, 小說, Novel-Topics in Chinese Classic Novel』, 김진곤 엮음, 예문서원, 2001, 164~215쪽에서 재인용.

** 조광련의 논의는 한편으로 장 보드리야르가 제기한 '시뮬라크르simulacres'란 말을 연상시키는 점마저 있다. 실재한 일도 만들어낸 하나의 환영이라고 보는 조광련의 주장은 해석하기에 따라 '참'과 '거짓' '실재'와 '상상세계' 사이의 다름 자체를 부정하는 시뮬라시옹simulation이란 개념과도 연결될 수있을 것이다. 장 보드리야르Jean Baudrillard, 『시뮬라시옹SIMULACRES et SIMULATION』, 하태환 옮김, 민음사, 2001, 1~267쪽.

52) 이 문제는 박지원의 글 중 불교적 '幻' 관념과 연계된 글들과의 비교 검토를 필요로 할 것이다. 석가여래의 平等眼을 언급한 『渡江錄』, 『鐘北小選』에 수록된 「麈公塔銘」 「觀齋記」 같은 자료들이 하나의 참고 자료가 될 터이나, 필자의 연구가 부족하여 이 문제는 아직 충분히 검토하지 못했다.

53) 劉昫, 『舊唐書』 卷七十九, 列傳第二十九, 上海: 上海古籍出版社, 1987, 702~703쪽. 『舊唐書』 「傅奕列傳」에 따르면, 부혁은 불교를 숭상했던 唐 태종에게 불교의 제거를 주장했을 만큼 강경한 斥佛論者였다. 그는 儒家와 道家 모두를 존숭했지만, 불교만큼은 결코 용납하지 않았다. 부혁은 魏·晉시기 이래 불교를 논박한 인물들을 모아 『高識傳』 十卷을 찬술했다.

54) 조광련에 관한 정보는 『淸史稿』, 『淸史列傳』, 청대 각종 필기자료 및 인명사전에서도 찾을 수 없었다. 다만 그가 열하의 피서산장에서 건륭제에게 희곡의 내용을 해설한 적이 있음을 확인할 수 있었다. 기록에 그의 직위가 홍려시 소경으로 기록되어 있는 것으로 보면, 박지원을 만났을 때와 멀지 않은 시기임을 알 수 있다. 이를 통해 볼 때, 그가 황제에게 희곡 내용을 설명하는 역할을 담당했을 만큼 연희에 상당한 지식이 있었음을 짐작할 수 있다. 縱麗娟, 「試論淸代內蒙古東部地區興起的戲劇熱」, 『內蒙古大學學報』(人文社會科學版), 2000年 第1期, 33~37쪽 참조. 이 논문에서 출처를 『嘯庭雜錄』卷八이라고 밝혔으나 통행본에는 이런 내용이 실려 있지 않다.

제2장 | 18세기 이후 연행록 환술 기록의 형성 배경과 특성

1) 이븐바투타, 『이븐 바투타 여행기』 2, 정수일 역주, 창작과비평사, 2001, 339~340쪽.

2) 張友鶴 輯校, 『聊齋志異會校會注會評本』 卷一, 「偸桃」, 上海: 上海古籍出版社, 2011, 32~34쪽.

3) 朴趾源, 『燕巖集』 卷十四, 『熱河日記』, 「幻戲記」序, 한국문집총간 252, 민족문화추진회, 2000, 276쪽. "朝日過光被四表牌樓, 樓下萬人簇圍, 市笑動地, 驀然見鬪死橫道者, 蔽扇促步而過. 從者後, 俄而追呼有怪事可觀, 余遙問謂何? 從者曰, '有人偸桃天上, 爲守者所擊, 塌然落地.' 余叱爲怪駭, 不顧而去. 明日又行其地, 蓋天下奇伎淫巧雜劇, 皆趁千秋節, 待詔熱河, 日就牌樓, 演較百戲, 始知昨日從者所見, 乃幻術之一也." 박지원, 『열하일기』 3, 김혈조 옮김, 돌베개, 2009, 12~37쪽. 이하에서 별도의 언급이 없을 경우 「환희기」의 번역문은 가장 최근에 번역된 김혈조의 책을 기준으로 하고, 이가원·리상호·김풍기의 번역을 참조하는 것으로 한다. 단, 환술이란 용어는 현대어의 '요술' 혹은 '마술'로 모두 번역될 수 있는 만큼 혼란을 피하기 위해 이하에서는 환술이란 말로 통일하기로 한다. 「환희기」의 원문은 문집총간본 『연암집』을 기준으로 한다.

4) '屠人' '支解'는 사람을 토막 내어 죽였다가 다시 소생시키는 유형의 환술이다. 이런 유형의 환술을 송대에는 '七聖法'이라고 불렀고, 청대에는 '斬人'이라고 불렀다. 그 기록이 이미 『列子』 「周穆王」 篇에 보이지만, 본격적인 등장은 漢代의 百戲와 함께 시작되었다. 『舊唐書』 「音樂志」에는 한 무제가 서역과 관계를 뚫자 비로소 환술사들이 중국에 들어왔다고 했다. 안상복, 『중국의 전통잡기』, 서울대학교출판부, 2006, 311~314쪽. 중국의 환술연구자인 傅起鳳·傅騰龍은 이 환술이 '爬繩上天'과 '殺人復活'이란 두 가지 환술이 결합된 형태라고 설명한다. 傅起鳳·傅騰龍, 『中國雜技』, 天津: 天津科學技術出版社, 1983, 175쪽. 청대 野史筆記 彙輯書인 『清稗類鈔』에도 '偸桃之幻術'이란 조목 하에 동일한 환술 공연 내용이 수록되어 있다. 徐珂 編撰, 『清稗類鈔』 第十一冊, 『清稗類鈔』, 北京: 中華書局, 2010, 5072~5073쪽.

5) 李圭景, 『五洲衍文長箋散稿』 人事篇 技藝類 雜技, 「幻戲辨證說」, "今寰宇諸國, 莫不有此戲, 而我東獨無之, 是則導民有法故也."

6) 왕조실록에 기록된 환술들은 대부분 사회를 어지럽히고 백성을 현혹시키는 詐欺術로서 제시되어 있다.

7) 민속 연희로서 환술에 주목한 연구 성과로 다음과 같은 것들이 있다. 임기중, 「연행록의 환희기」, 『한국민속학』 제31집, 한국민속학회, 1999, 257~328쪽; 홍성남, 「연행록에 나타난 '幻術'과 '演劇' 연구」, 『동아시아고대학』 제5집, 동아시아고대학회, 2002, 83~122쪽.; 안상복, 「연행록의 雜技 관련 記事 연구」, 『중국문학』 제53집, 한

국중국어문학회, 2007, 161~184쪽.; 김은영, 「한·중 幻術의 역사와 특징」, 『한국민속학』 제50집, 한국민속학회, 2009, 209~261쪽.

8) 王政堯, 「『燕行錄』與清代幻術研究」, 『登州港與中韓交流國際學術討論會論文集』, 濟南: 山東大學出版社, 2005, 196~206쪽.; 이창숙, 「燕行錄에 실린 중국 演戲와 그에 대한 조선인의 인식」, 『한국실학연구』 제20집, 한국실학학회, 2010, 131~175쪽. 중국학자 王政堯는 「『燕行錄』與清代幻術研究」에서 연행록에 나타난 청대 환술에 대한 조선인의 평가를 '稱讚演出' '同情幻者' '警疑交加'란 세 방면으로 나누어 설명했다. 이창숙은 「燕行錄에 실린 중국 演戲와 그에 대한 조선인의 인식」이란 논문을 통해 홍대용과 박지원 등에 이르러 일부 연희의 교화적 가치를 인정하기에 이르렀다고 주장했다. 이 글은 공교롭게도 필자의 글과 같은 시기에 학계에 보고되었는데, 필자 역시 기발표 논문을 통해 18세기에 이르러 환술 인식에 일정한 변화가 있음을 다른 관점에서 지적한 바 있다. 이창숙의 연구는 환술을 포함한 연희 전반에 대한 조선인의 인식 태도를 밝히려 했다는 점에서, 환술 기록의 형성 배경과 특성을 究明하려는 이 글의 목적과 일정한 차이가 있다.

9) 張錫駿, 『朝天日記』, 『春皐遺稿』 卷一, 正月 初七日條, "譯員輩, 招優人技戲者, 眩幻百巧, 妖詭不欲觀, 卽還."

10) 許篈, 『朝天記』 中, 萬曆二年甲戌 八月 十六日條, 『荷谷集』, 한국문집총간 58, 민족문화추진회, 1990, 444쪽, "今日雜戲之人, 或抽出玉珮, 或盛開彩花於中虛之器, 此必是幻術, 而余等爲所眩, 而目不能燭破其邪妄, 有愧於傅奕多矣."

11) 黃是, 『朝天錄』, 『檜山世稿』 三 『負暄堂稿』, 『연행록전집』 2, 동국대학교 출판부, 2001. "十七日 (…) 有優人來鬻技, 傀儡諸技, 極其眩幻."

12) 李海澈, 『慶尙道漆谷石田村李進士海澈燕行錄』, "十五日, 食後有幻術者數人來, 呈各技, 卽漢人之法戲也."

13) 부혁에 대해서는 앞 장 4.의 주석을 참고할 것. 李昉 等 編, 『太平廣記』 卷二百八十五, 「胡僧」, 北京: 中華書局, 1961, 2268~2269쪽. "唐貞觀中, 西域獻胡僧, 呪術能死人, 能生人. 太宗令于飛騎中取壯勇者試之, 如言而死, 如言而生. 帝以告太常少卿傅奕. 奕曰, '此邪法也. 臣聞邪不犯正, 若使呪臣, 必不能行.' 帝召僧呪奕, 奕對之無所覺, 須臾, 胡僧忽然自倒, 若爲所擊, 便不復蘇矣."(出國朝雜記)

14) 구만옥·고운기, 『연세대학교 중앙도서관 소장 고서해제 Ⅲ』, 평민사, 2005, 403~416쪽·439~450쪽.

15) 姜浩溥, 『桑蓬錄』 卷八, 『四養齋集』 外集, 戊申(1728) 正月初六日條: "大抵其術妖誕不可究識, 中原之人, 以幻術惑人, 其法已久. 魚豢『魏略』所云, 黎軒多奇幻之術, 呑刀, 吐火, 種樹·種瓜, 卽地開花, 摘棠而食, **屠人·斬馬, 殺而復生之術云者.**『列子』「周穆王篇」所云, 有化人入水火, 貫金石, 反山川, 移城邑者, 皆謂此術也."

16) 姜浩溥,『桑蓬錄』卷八,『四養齋集』外集, 戊申(1728) 正月初六日條: "又自囊?中出鹿皮乾者一條, 長尺餘, 其狀略如蛇, 皆示之人, 使知其爲鹿皮也. 以手撫摩, 則其皮漸蠕蠕而動, 擧頭搖尾, 旣而躍下卓子上, 跳上於傍人之肩背上而行, 復走下卓上, 開口吐舌, 眞蛇也."

17) 宗福邦·陳世鐃·蕭海波 主編,『故訓匯纂』, 北京: 商務印書館, 2003, 687쪽, "『玄應音義』卷九, '幻術'注, 謂相欺眩以亂人目也." 元代 胡三省은『資治通鑑』의 注에서 "幻術者, 化無以有, 以眩惑人"라고 설명한 바 있다.

18) 唐再豐,『鵝幻彙編』,「例言」, 上海: 上海廣益書局, 1894. "業此者, 雖至親密, 反亦不肯吐其祕妙."

19) 조선 후기 지식인들이 열독한 명청소품서 목록은 김영진,「조선후기의 明淸小品 수용과 小品文의 전개 양상」, 고려대학교 대학원 박사학위 논문, 2004, 209~213쪽의 [부록] 국내 소장 명청문집류 및 소품서를 참조함.

20) 傅起鳳·傅騰龍, 앞의 책, 150~151쪽.

21) 이 책은 오늘날 전하는 최초의 환술서라고 알려져 있다. 현전본은 일본에서 河合勝 교수에 의해 발견된 것으로, 1696년 일본에서 간행된 책으로 판명되었다. 하지만 일부 학자들은 이 책이 진계유의 저술이라는 점에 대해 회의적인 입장을 견지하고 있다. 오늘날 전하는 진계유의 방대한 저술 어느 곳에도 이 책과 관련된 자취가 없기 때문이다. 따라서 이 책은 아직까지 진위가 분명하지 않다고 할 수 있다.

22) 이우성·임형택 譯編,『李朝漢文短篇集』, 일조각, 1973, 116~119쪽.

23) 沈起鳳,『諧鐸』卷四, 第二版, 北京: 人民文學出版社, 2006, 51~52쪽.『東野彙輯』의『諧鐸』수용 양상에 관해서는 이강옥,「『東野彙輯』의『諧鐸』수용 양상」,『한국한문학연구』제19집(창립20주년 특집호), 한국한문학회, 1996, 459~516쪽 참조.

24) 유몽인,『어우야담』, 신익철·이형대·조융희·노영미 옮김, 돌베개, 2006, 184~185쪽.

25) '屠人'류 환술에 대한 견문기록은 徐有聞과 朴齊家에게서도 발견된다. 서유문의『무오연행록』제4권 1월 24일조에는 "혹 아이를 공중에 던져 천도복숭아를 받들고 내려오니, 다 閃忽하여 알 길이 없으니"라는 기록이 보인다. 서유문,『무오연행록』,『국역 연행록선집』Ⅳ, 민족문화추진회, 1976, 247쪽. 또 박제가의「燕京雜絶」이란 시중에 나오는 "반도는 반쯤 붉게 익어 있으니, 천상에서 막 따서 돌아온 것이네 蟠

桃頩半紫, 天上摘初歸"라는 구절은 위에서 제시한 '도인' 환술에 관한 형용이라고 보인다. 朴齊家, 「燕京雜絕, 贈別任恩叟姊兄, 追憶信筆, 凡得一百四十首」, 『貞蕤閣集』 四集 詩, 한국문집총간 261, 민족문화추진회, 2001, 549쪽. "幻人持幻咒, 能作鵓鳩飛. 蟠桃頩半紫, 天上摘初歸." 近刊된 『정유각집』 번역본에서는 이 구절을 "반도는 반쯤 붉게 익어 있으니, 천상에서 막 따서 돌아온 듯해"라고 옮기고 있으나, 환술 공연에 관한 묘사임을 감안할 때, 이것은 비유가 아니라 '도인'류 환술에 대한 묘사일 것이다. 정민·이승수·박수밀 외 옮김, 『정유각집』 중, 돌베개, 2010, 337쪽. 직접 견문한 것은 아니지만, 홍대용이 연행시 사귀었던 청조 인사인 孫有義와 주고받은 편지에도 이런 내용이 보인다. 洪大容, 「與孫蓉洲書」, 『湛軒書』 外集 卷一, 杭傳尺牘, 한국문집총간 248, 민족문화추진회, 2000, 124~125쪽, "幻術, 雖曰魔道, 亦天地間一種恠奇事. 曾見都下優伶庸漢逞技街上, 神巧百出, 誠莫曉其故. 孫答曰, '優伶庸漢逞技街上者. 謂之變戲法. 或造無而爲有, 或化有而爲無, 向空取物, 如探囊而至于吞劒入腹, **上天摘桃**, 一切駭目驚心之事, 不可枚擧, 誠足恠也. 但古語云, 黃金難假, 戲法無眞. 盖由習成手敏, 使人目不及窺, 亦有假符呪以障人眼目者也.'" 또 강호부의 기록에도 이런 종류의 환술에 대한 정보가 담겨 있다. 해당 각주 강조된 부분 참조.

26) 물론 여기서 말하는 이전 연행록이란 환술 기록이 본격화된 18세기 이후의 연행록을 가리킨다. 이 글에서 사용한 '적층성'이란 용어는 판소리를 설명할 때 사용하는 '적층성'과는 다른 의미임을 밝혀둔다.

27) 朴趾源, 『燕巖集』 卷十四, 『熱河日記』, 「幻戲記」, "幻者以針一握, 納口吞之, 不癢不痛, 言笑平常, 噉飯啜茶, 徐起捫腹, 乃以紅絲摩納耳孔, 靜立良久, 嚏咳數度, 捉鼻出涕, 以帨拭鼻, 納指鼻竅, 若拔鼻毛, 須臾紅絲小見鼻竅. 幻者以爪鑷, 抽其一端, 絲出尺餘, 忽有一針, 臥度鼻竅, 貫絲嫋嫋, 抽絲益長, 百十千針, 皆貫一絲, 或有飯顆, 黏刺針端."

28) 金景善, 『燕轅直指』 卷三, 留館錄 上, 壬辰年十二月二十八日條, "幻者又以針子一握, 納口吞之, 不痛不癢, 言笑自若, 啜茶噉飯, 徐起捫腹, 乃以紅線摩納耳孔, 靜立稍久, 連發咳嚏. 線端微露於鼻, 自以爪鑷抽, 漸漸引出, 衆針纍纍, 皆貫於線, 或有飯顆, 粘刺於針端."

29) 金景善, 『燕轅直指』 序, "湛軒之卽事而備本末也."

30) 權復仁, 『隨槎閒筆』 下, 「幻戲」, 한편 이 글은 연행록에서 독립하여 권복인의 문집에 수록되어 있기도 하다. 權復仁, 『天遊先生文集』 二, 한국역대문집총서 591, 경인

문화사, 1993, 80~82쪽.

31) 홍대용은 이밖에도 玉皇廟 앞에서 환술 공연을 구경한 바 있다. 『을병연행록』 卷之五 참조.

32) 洪大容, 『湛軒書』, 外集 卷十, 『燕記』, 「幻術」, "盖諸戲多緣手勢敏熟, 無甚神恠, 而若袂中之果楪·水椀·空鍾之酒, 不可謂無術也." 이하의 번역은 『국역 담헌서』를 기준으로 하여 필요에 따라 필자가 첨삭한 것이다.

33) "諸譯言"術者將施技, 必前期裝置于外, 不假人而術以致之, 及還出, 必使人云." 盖能現而不能隱, 幻其來而不能幻其去, 豈術有通塞歟!"

34) 唐再豐, 앞의 책; 안상복, 앞의 책, 324쪽.

35) 홍대용, 『주해 을병연행록』, 소재영·조규익·장경남·최인황 주해, 태학사, 1997, 270~271쪽. 『연기』 내용 전반을 검토해보면, 서종맹은 홍대용이 매우 꺼렸던 인물임을 알 수 있다. 하지만 환술에 대한 문답은 특별한 갈등 국면에서 일어난 일이 아닌 만큼 홍대용의 솔직한 감상을 드러낸 것이라고 볼 수 있다.

36) 선행 연구에 따르면, 『연기』와 『을병연행록』은 홍대용 자신이 별도의 목적으로 각각 작성한 것이라고 한다. 소재영, 「홍대용의 『을병연행록』에 대하여」, 『주해 을병연행록』, 태학사, 1997, 815쪽; 정훈식, 「홍대용의 연행록 연구」, 부산대학교 박사학위논문, 2007, 29~57쪽.

37) 李圭景, 『五洲衍文長箋散稿』 人事篇 技藝類 雜技, 「幻戲辨證說」, "朴燕巖『熱河記』有「幻戲記」, 備盡燕都幻戲之狀." 「환희기」의 사실적이고 치밀한 세부 묘사는 선행 연구에서도 언급된 바 있다. 김명호, 『열하일기연구』, 창작과비평사, 1990, 230~231쪽; 김혈조, 『박지원의 산문문학』, 성균관대학교 대동문화연구원, 2002, 517쪽.

38) "遂記其所觀諸幻共二十則, 將以示吾東之未見此戲者."

39) "所以見中土之大也, 能恢恢焉並育, 故不爲治道之病. 若天子挈挈然與此等較三尺, 窮追深究, 則乃反隱約於幽僻罕覩之地, 時出而衒耀之, 其爲天下患大矣. 故日令人以戲觀之, 雖婦人孺子, 知其爲幻術, 而無足以驚心駭目, 此王者所以御世之術也哉!"

40) "我人驛夫注目諦視, 心中自怒, 義形于色, 鼓囊出錢, 大呼幻者, 先給與錢, 要再細觀. 幻者稱寃, '我不汝愚, 汝不我信, 任汝縛我.' 驛夫發憤, 投棄其繩, 百解鞭絲, 含口柔之, 乃執幻者, 背負其柱, 反接縛之, 比初益急, 幻者哀號痛楚入骨, 淚落如荳. 驛夫大笑, 觀者益衆, 未見脫時, 已自離柱, 縛竟不解, 以示神通, 如是三次, 無可柰何."

41) "幻者納手毡底, 摸出蘋果三枚, 連枝帶葉者一枚, 指向我人請買. 我人掉頭不肯曰, '聞汝往日, 常以馬矢戲人.' 幻者笑而不辨, 于時衆人爭沽啖之. 我人始乃請沽, 幻者始靳, 久乃拈出一枚與之. 我人一嗑卽哇, 馬矢滿口, 一市皆笑."

42) 안상복, 앞의 책, 320~321쪽. 여기서는 잠정적으로 안상복의 분류 방식을 따라 '광학환술'이라 부르기로 한다. 필자는 개인적으로 이 부분의 기록에 의구심을 가지고 있다. 필자는 이 부분이 박지원 자신이 일부 만들어냈거나, 대폭 윤색한 내용일 가능성이 높다고 본다. 다른 환술 기록과 달리 환술사의 대사가 지나치게 장황하기도 하고, 견문한 대로 기록했다고 하기 어려운 부분도 많기 때문이다. 차후 동일 환술 종목에 관한 청대 필기류 기록과 대조가 필요할 것으로 보인다. 관련 전공자들의 조언을 구한다. 이 부분에 대해서는 제4장에서 다시 논의할 것이다.

43) "世界夢幻, 本自如此, 猶於鏡裏, 炎涼頓殊. 一切世間, 種種萬事, 朝榮暮枯, 昨富今貧, 俄壯倏老, 夢中說夢, 方死方生, 何有何亡, 孰眞孰假? 寄語世間, 善心善男, 菩薩兄弟, 幻界夢身, 泡金電帛, 結大因緣, 隨氣暫住, 願準是鏡, 莫爲熱進, 莫爲寒退, 齊施錢陌, 濟此貧乏." 이 부분의 번역 문제에 대해서는 제4장 각주에서 상론할 것이다.

44) 鳩摩羅什 漢譯, 『金剛經』, 應化非眞分 第三十二, "一切有爲法, 如夢幻泡影, 如露亦如電, 應作如是觀."

45) 金景善, 『燕轅直指』 卷三, 留館錄 上, 壬辰年十二月二十八日條 , 「幻術記」, "後至白雲館, 見無數幻者, 分設幃幔, 各呈其術, 尤多別技, 始知館中之見, 不過草草塞責, 因幷錄, 以成一部幻史."

46) 唐再豐, 앞의 책. 『아환휘편』 이전 자료로 명대 진계유가 편찬했다고 하는 『神仙戲術』이 있다. 하지만 앞서 설명한 것처럼 책의 진위 문제가 분명하지 않고, 필자가 현재까지 『신선희술』을 열람하지 못한 관계로 부득이하게 비교 대상 자료에서 제외한다.

47) 임기중, 앞의 논문, 197~217쪽; 안상복, 앞의 책, 293~327쪽; 이창숙, 앞의 논문, 159~161쪽.

48) 金景善, 『燕轅直指』 序, "至於沿革之古今相殊處, 備述其顚委, 爲覽者釋疑, 蹈襲之彼此難免處, 直書其辭意, 俾前人專美, 若夫張皇鋪敍, 求其辭句之工鍊, 則非直前述已備, 又豈自量所及, 然則比之醫家, 此不過集諸家說而隨證立方, 如直指方耳, 故書成而名之曰『燕轅直指』, 凡六卷. 後之有此行者, 自辭陛曁反面, 無日不臨事而攷閱, 對境而參證, 有如指掌之按行, 則或可詡其簡便, 而不爲無助也否?"

49) 이혜순, 「여행자 문학론 試攷—비교문학적 관점에서」, 『비교문학』 제24집, 한국비교문학회, 1999, 71~76쪽.

50) 權復仁, 「幻戲」, 『隨槎閒筆』 下; 權復仁, 『天遊先生文集』 二, 한국역대문집총서 591, 경인문화사, 1993, 80~82쪽. "反於眞, 謂之幻, 幻可以信乎? 人之所自信者, 莫如心與目, 而至若目擊而不能辨詰, 心識而不能思議, 始謂之幻. (…) 然爲斯技者, 不能點石成黃金, 擲米化丹砂, 立致富奢, 而終日役役所獲錐刀, 衣食無以自給, 則幻之不及眞, 而不可信也, 明矣."

51) 李圭景, 『五洲衍文長箋散稿』 人事篇 技藝類 雜技, 「幻戲辨證說」, "夫幻者, 卽反眞者也. 其理如形之有影, 如聲之有響, 一如海市蜃樓, 不可名狀. 然卽「王制」之左道, 『周禮』之怪民, 王法之當禁者. 然自來天地間, 特設此一副幻妄奇奇怪怪者, 將以明眞定景像有異於幻妄者, 不過倡優傀儡之餘套, 使觀者慣見無怪, 幻者作戲無他, 則雖不禁, 亦無妨, 故中原諸國, 竝無禁者此也."

52) 김명호, 앞의 책, 135~139쪽·230~232쪽.

53) 심경호, 「한문산문에 나타난 虛幻과 實在의 문제」, 『한문산문의 내면 풍경』, 수정증보판, 소명출판, 2002, 225쪽.

54) 박수밀, 「박지원의 幻戲記에 나타난 글쓰기 요령」, 『한문교육연구』 26집, 한국한문교육학회, 2006, 517~542쪽.

55) 심경호, 앞의 책, 197~227쪽.

제3장 | 환희시를 통해 본 청대 북경의 환술

1) 임기중, 「연행록의 환희기」, 『한국민속학』 제31집, 한국민속학회, 1999, 257~328쪽. 『연행록선집』을 대상으로 한 연행 기록 통계에 따르면, 사행기간 중 가장 빈번하게 보았던 것은 환술이고, 창우희·연희·등희 등의 그 뒤를 따른다.

2) 중국 전통 연희로서 환술에 대한 탐구는 우리 기록만으로 해결될 수 있는 문제가 아니다. 차후 중국쪽 기록과 함께 연행록에 수록된 환술 관련 자료를 검토할 필요가 있다. 연행록 환술 기록에 대한 연희사적演戲史的 검토는 이 글의 연구목적이 아니므로 여기서는 그 필요성을 제시하는 정도로 그치고자 한다.

3) 제2장 3. 항목을 참고할 것.

4) 김진수의 생애는 선행 연구를 통해 일정 부분 밝혀져 있다. 하지만 김진수의 생애와 관련된 자료가 희소한 관계로 그 내용은 대체로 약술의 수준을 벗어나지 못하고 있다.
  장원철, 「『벽로집』·『연파시초』해제」, 임형택 편, 『이조후기 여항문학총서(李朝後

期 閭巷文學叢書)』 5, 여강출판사, 1991, 13~15쪽.

황재문, 「김진수의 『연경잡영』에 대한 연구」, 『한국한시연구』 4, 한국한시학회, 1996, 378~383쪽.

김영죽, 「19세기 중인층 지식인의 해외체험 일고-碧蘆齋 金進洙의 연행과 「燕京雜詠」을 중심으로」, 『한국한문학연구』 제48집, 한국한문학회, 2011, 501~546쪽.

5) 장원철, 앞의 논문.

6) 金進洙, 『碧蘆集』 「自序」, 한국학중앙연구원 장서각 소장본, "此詩初爲宋研雲(柱獻)之之燕而作也." 여항문학총서 수록본인 규장각본엔 「자서」가 없고, 장서각과 영남대 소장본에만 「자서」가 실려 있다. 이 자료는 김영진의 도움으로 확보할 수 있었다.

7) 김영죽, 앞의 논문.

8) 김진수와 그의 『연경잡영』에 대해서는 이미 선행 연구에서 전반적인 특성과 가치를 밝혀 놓은 바 있다.
황재문, 앞의 논문, 377~407쪽; 김영죽, 앞의 논문, 22~37쪽.

9) 唐再豐, 『鵝幻彙編』, 上海: 上海廣益書局, 1894. 사용된 용어에 대한 풀이는 제2장에 제시된 표의 범례를 참조하시오.

10) 연행록을 통해 볼 때 조선시대 지식인들은 幻術과 幻戲라는 용어를 특별한 구분 없이 사용했던 것으로 보인다. 환술 공연을 대체로 환희라고 불렀는데, 환희를 또 환술이라고 약칭하기도 했다. 다만 연행록 외의 자료까지 넓혀보면, 조선 지식인들 역시 환술을 雜技란 용어의 하위 분류로 인식했음을 알 수 있다. 조선 중기 이수광은 『芝峯類說』에서 환술을 잡기技藝部 雜技라고 일컬은 바 있으며, 조선 후기 李圭景은 『五洲衍文長箋散稿』에서 환희를 잡기(人事篇 技藝類 雜技, 「幻戲辨證說」)로 분류하여 논한 바 있다. 이는 현대 중국학계에서 사용하는 '雜技'란 용어와도 크게 다르지 않다고 볼 수 있다.

11) 안상복, 『중국의 전통잡기』, 서울대학교출판부, 2006, 262쪽. 현대 중국연희 연구자들은 상형기를 환술과 다른 별도의 연희로 분류한다. 다만 상형기 중 일부는 환술로 분류하기도 하는데, 魚龍曼延 같은 환술이 그런 예다. 상형기와 환술의 결합은 대개 용, 봉황, 괴수, 물고기 등을 본뜬 기계 다른 동물의 모양으로 변화할 때 이뤄진다.

12) 「幻戲宴」 其九. 이하에서 인용하는 김진수의 「환희연」 28수는 임형택 편, 『李朝後期 閭巷文學叢書』 5, 여강출판사, 1991, 333~437쪽에 수록된 자료를 텍스트로 한

것이다. 이 책에 영인 수록된 자료는 규장각 소장본이다.

13) 안상복, 앞의 책, 69쪽.

14) 박지원은 환술 공연자가 우리를 속이는 것이 아니라 보는 사람 스스로가 현혹된 것일 뿐이라고 주장했다.

15) 「幻戲宴」 其十一.

16) 「幻戲宴」其十三.

17) 唐再豐, 앞의 책.

18) 민족문화추진회 편, 『국역 연행록선집』 X, 민족문화추진회, 1976, 318~319쪽. 金景善, 『燕轅直指』 卷三, 留館錄 上, 壬辰年 十二月二十八日條, "幻者以卵復置故處, 而一卵終猶滯在喉間, 乃以尖竹搠卵欲破, 而一嘔再嘔, 卵竟不出. 乃以長釖, 礪沙發色, 左旋右揮, 右旋左揮, 仰空一擲, 以手承釖, 又一高擲, 張口承釖, 釖頭直落, 入于口中, 觀者皆色變, 錯愕無言. 幻者仰面, 垂其兩手, 挺挺久立, 直視青天, 釖鋩漸入腹中, 頸腹之間, 槎牙撑起, 幸賴釖環掛齒, 惟靶不沒, 齒環相格, 閣閣有聲, 觀者毛髮皆竦, 以爲必死. 幻者又仰面周回, 拳擊釖柄, 一手捫腹, 一手握柄,亂攪腹中, 人爲之寒心, 不忍正視, 小兒或怖啼, 皆走顚仆. 於是, 幻者拍手四顧, 正立毅然, 徐徐拔釖, 遍示衆人, 釖尖血滴, 煖氣淋淋."

19) 傅起鳳·徐秋 編著, 『中國古典幻術: 劍丹豆環』, 北京: 中國文聯出版社, 2009, 10~18쪽.

20) 姜浩溥, 『四養齋外集桑蓬錄』(『桑蓬錄』), 戊申正月初六日條, 姜在應 編述, 연세대학교 중앙도서관 소장본. "又有一老胡, 合兩劍揷呑如俄者狀, 巡環久之, 拔出, 驛卒言其劍端有染出若大便者云."

21) 「幻戲宴」 其十一.

22) 이창숙, 「燕行錄에 실린 중국 演戲와 그에 대한 조선인의 인식」, 『한국실학연구』 제20집, 한국실학학회, 2010, 136~144쪽. 이창숙은 조선 사행원들이 연희를 접하는 행사로 크게 다음 네 가지를 들었다. 1. 궁정의 의전, 2. 중국 아문의 접대, 3. 사행의 초청, 4. 사절단 소속 개인의 사적 유람

23) 蔣星煜, 「雜技與中國戲曲」, 『中國戲曲史鉤沈』(上), 上海: 上海人民出版社, 2010, 13~25쪽.

24) 안상복, 앞의 책, 66~73쪽.

25) 廖奔, 『중국 고대극장의 역사中國古代劇場史』, 오수경 외 옮김, 솔, 2007, 365~393쪽.

26) 傅起鳳·傅騰龍, 『中國雜技史』, 上海: 上海人民出版社, 2004, 242~248쪽.

* 안상복은 잡기의 공연 방식으로 다음 다섯 가지를 제시하고 있다. 광장형, 노상공터형, 영신새회형, 가택청당형, 극장형이 그것이다. 이중 김진수가 본 것은 극장형에 해당되고, 그중에서도 임시 가설 공연장이 아니라 상설 공연장에 속하는 것이었다. 안상복, 앞의 책, 2006, 87~101쪽.

** 김경선의 「場戲記」에 극장의 규모에 대한 상세한 기록이 담겨 있다. 金景善, 『燕轅直指』 卷四 留館錄 中, 癸巳 正月 初五日條, 「場戲記」.

27) 金景善, 『燕轅直指』 卷三, 留館錄 上, 壬辰年 十二月二十八日條, 「幻術記」, "後至白雲館, 見無數幻者, 分設幃幔, 各呈其術, 尤多別技, 始知館中之見, 不過草草塞責, 因幷錄, 以成一部幻史."

28) "幻戲處, 樓額必題以半天笙歌, 可比官曹之軒敞, 四面層樓, 可坐數百人. 坐處, 皆有定價, 隨其便否, 以爲高歇, 我一行, 半日債銀爲五六兩, 一場, 數百人所用, 亦可知矣."

29) 청대 道光 연간(1840년대) 1냥의 백은은 동전 1000문의 가치였다고 한다. 은 5~6량은 동전 5000~6000문의 가치인 셈이다. 한편 『備邊司謄錄』의 作米節目 등의 기록을 기반으로 조선 후기의 물가로 환산한다면, 은 1냥은 대체로 쌀 7두 이상에 해당된다. 은 5~6량이라면 최소 쌀 35~42두 이상의 가치를 지녔다고 할 수 있다. 일반적으로 쌀 1석이 15두이고, 쌀 1석이 72킬로그램 정도라고 한다면, 입장료로 거의 쌀 200킬로그램 이상 살 수 있는 돈을 지불했다고 볼 수 있다. 전성호, 「조선 후기 米價史 연구(1725~1875)」, 성균관대 경제학과 박사학위 논문, 1998, 238~245쪽 등 참조.

30) 金正中, 『燕行錄』 「奇遊錄」 壬子正月初八日條, "朝食後, 共尹奉事·洪禮卿往觀琉璃戲子. 觀者如山, 設布帳於場中, 有數人立帳外索戲錢, 若不出錢, 不許入帳, 故余探囊得五分銅投之, 其人卽迎我坐高架上, 時戲子輩各售其技."

31) 洪錫謨의 「皇城雜詠」은 1826년 동지정사인 아버지 홍희준의 자제군관 자격으로 연행하는 과정에서 창작한 100수의 연작시다. 「皇城雜詠」에 대해서는 이관성, 「홍석모의 「황성잡영」 소고」, 『어문논집』 제58집, 민족어문학회, 2008, 229~258쪽을 참조할 것.

* 「皇城雜詠百首」의 주석에서도 희대에서 잡희를 관람하는 데 드는 비용을 이야기하고 있다. "戲臺欲觀諸戲, 竟日則各出銀錢, 一日之費, 殆過累萬錢, 路傍處處, 又設戲場, 圍以布帳, 出錢者只許入, 觀觀者如堵." 洪錫謨, 『달빛 아래 연경에서 노닐며 遊燕藁』, 이관성 역, 문진, 2010, 391쪽 · 부록 원문 114쪽.

32)「幻戲宴」其五.

33) 徐珂 編撰,『清稗類鈔』第十一冊,「優伶類」, 北京: 中華書局, 2010, 5135쪽, "五九爲光緒時京師之美伶, 張樵野侍郎蔭桓嬖之甚, 嘗招之至家, 使改婦人妝, 侍左右, 日酬以五十金, 令家人僕役呼之爲小奶奶. 久之, 亦遂視之爲少主婦也."

34) "小說所謂好漢, 則今之優童也. 買得天下美色童男, 教以歌舞, 聲價高貴, 王公貴人, 始得邀宿一夜, 纏臂之債, 不啻屢百金, 而若過三數年, 鬢髯老蒼, 卽學得幻術, 周遊四方, 一生不得贖身. 近體詩, '千金買行眷, 隨意可憐兒.'"

35)『燕京雜記』에 따르면, 나이 어린 배우를 '優童'이라 했고, 머리를 깎은 아이는 '遠蓬'이라 했다고 한다. 특히 북경의 우동을 최고로 쳤는데, 나이 어린 배우가 명성을 누리는 것은 몇 년에 불과해서, 대략 13, 14세에 시작하여 17, 18세면 끝나는데, 20세가 되면 찬밥 신세가 된다고 했다. 吳存存,『남자, 남자를 사랑하다明清社會性愛風氣』, 이월영 옮김, 학고재, 2009, 176~185쪽·199~228쪽.

＊ 선발, 교육, 공연 등을 포함한 우동들의 일생에 관해서는『清稗類鈔』「伶人畜徒」조에 자세한 내용이 실려 있다. 徐珂 編撰,『清稗類鈔』第十一冊, 北京: 中華書局, 2010, 5102~5103쪽.

36) 이 점은 선행 연구에서도 지적된 바 있다, 김영죽, 앞의 논문, 33~34쪽.

37) "천금 주고 행권을 구입하면은, 어여쁜 아가씨를 맘대로 하네. 왕식의 그림을 살피게 하고, 임천의 노래를 잘도 부른다千金買行眷, 隨意可憐兒. 教看王式畫, 解唱臨川詞" 박제가,『정유각집』中, 정민·이승수·박수밀 외 옮김, 돌베개, 2010, 344쪽. 인용문의 내용에 비추어본다면, 번역 내용 중 어여쁜 아가씨는 사랑스런 아이優童로 바꾸는 편이 낫다.

＊ 김경선의『연원직지』에도 비슷한 기록이 있지만 그 내용은 소략하다. 金景善,『燕轅直指』卷四 留館錄 中, 癸巳 正月 初五日條「場戲記」, "蓋戲子輩費千金, 買年幼美姿容者, 名曰孌童, 濃粧盛飾, 嘗習女娘之態, 但其足大, 故藏之袴裏, 爲假弓足, 以係足下云."

38) 중국학자 王政堯는 연행록에 나타난 청대 환술에 대한 조선인의 평가를 '稱讚演出' '同情幻者' '警疑交加'란 세 방면으로 나누어 설명한 바 있다. 王政堯,「『燕行錄』與清代幻術」,『登州港與中韓交流國際學術討論會論文集)』, 濟南: 山東大學出版社, 2005, 196~206쪽.

39) "所謂幻師, 皆漢人, 多禍家, 餘生亡命罪人, 雖藏身戲場以幻資生, 亦不無岐鳳宋江輩之奇傑, 故每設水滸三國等戲以自況, 不可一歸之潑郎風漢也." 여기서 岐鳳은

명대 朱應祥을 가리킨다.

40) 「환희연」 28수에서는 일차적으로 김진수의 시는 황종현을 향해, 또 황종현의 평은 김진수를 향해 발화된 것으로 볼 수 있다.

41) "古之人有牧羊而寢者, 因羊而念馬, 因馬而念車, 因車而念盖, 遂夢曲盖鼓吹, 身爲王公. 夫牧羊與王公遠矣, 想之所因, 猶不足怪, 而今力士爲獅猊, 獅猊吐麟兒, 又非牧羊與王公夢想之比, 想象節節吗奇也."

42) 상형기는 분장술과 기계제작술을 포괄적으로 지칭하는 말이다. 분장술이란 사람이나 동물에게 탈이나 화장 등의 수단을 통해서 신귀 인물을 재현하는 제반 기술을 의미하며, 기계 제작술은 정적인 경관이나 혹은 기계적인 동력에 의해 움직이는 장치 따위를 제작하는 기술을 뜻한다. 안상복, 앞의 책, 262쪽.

43) 본래 어룡희와 만연희는 가면이나 분장을 이용한 상형기에 해당되지만 둘이 이어져 변신하는 과정은 환술로 분류된다고 한다. 안상복, 앞의 책, 295~296쪽.

44) 權復仁, 「幻戱」, 『隨槎閒筆』 下, 종로시립도서관 소장 필사본. "反於眞, 謂之幻, 幻可以信乎? 人之所自信者, 莫如心與目, 而至若目擊而不能辨詰, 心識而不能思議, 始謂之幻."

45) 朴思浩, 『心田稿』, 「留館雜錄」, 幻術雜戲條.

46) 졸고, 「연행록에 나타난 환술 인식幻術認識의 변화와 박지원의 「환희기幻戲記」, 231~234쪽.

47) 沈括의 『夢溪筆談』 卷二十二 「謬誤」에는 다음과 같은 이야기가 실려 있다. "포청천包靑天(포증包拯)은 천성적으로 엄격한 성품으로 얼굴에 웃음을 띠는 법이 없었다. 그런 까닭에 사람들의 입에서는 '포대인을 웃게 하는 일은 황하의 물을 맑게 만드는 것보다도 더 어렵네孝肅天性峭嚴 , 未嘗有笑容, 人謂'包希仁笑比黃河淸"라는 말이 생겨났다.

48) 「幻戲宴」 其二十八.

49) "幻戲歸之幻夢, 若將禪悟而開眼, 道前人所未道. 楊孟載論李義山無題詩, 以謂音調淸婉, 雖極穠麗, 皆托於臣不忘君之意, 以深悟風人之指, 非猶夫小夫浪子沈湎流連之比也. 今觀卄八詩褒彈比興, 有詩外之旨, 亦不爲一時看場而爲空文也."

50) 姜浩溥, 『四養齋外集桑蓬錄』(『桑蓬錄』), 戊申正月初六日條, 姜在應 編述, 연세대학교 중앙도서관 소장본.

51) 李圭景, 『五洲衍文長箋散稿』 人事篇 技藝類 雜技, 「幻戲辨證說」, "夫幻者, 卽反眞者也. 其理如形之有影, 如聲之有響, 一如海市蜃樓, 不可名狀. 然卽「王制」之左道, 『周禮』之怪民, 王法之當禁者. 然自來天地間, 特設此一副幻妄奇奇怪怪者, 將以明眞定景像有異於幻妄者, 不過倡優傀儡之餘套, 使觀者慣見無怪, 幻者作戲無他, 則雖不禁, 亦無妨, 故中原諸國, 竝無禁者此也."

52) 제1장의 관련 논의를 참조할 것.

53) 李商隱, 「無題」, "相見時難別亦難, 東風無力百花殘. 春蠶到死絲方盡, 蠟炬成灰淚始干. 曉鏡但愁雲鬢改, 夜吟應覺月光寒. 蓬山此去無多路, 青鳥殷勤爲探看." 晩唐 이상은의 「무제」 시에 대해선, 역대로 애정서술의 이면에 정치적 기탁이 있다고 보는 시각과 순수한 애정시로 보는 시각이 엇갈리고 있다. 애정 서술의 이면에 정치적 기탁이 있다는 것은 이 시가 이상은을 총애하던 令狐楚의 아들인 令狐綯와의 미묘한 관계를 드러내고 있다고 보는 시각이다. 이 시는 대체로 정치적으로 여러 차례 좌절을 거친 시인이 자신의 포부가 실현되기 어려움을 절감하고 좌절하는 것으로 보거나, 그럼에도 불구하고 정치적 이상을 끈질기게 추구하는 모순된 심정을 담고 있는 것으로 해석되어왔다. 명말청초 錢謙益은 이상은의 「무제」 시편들을 두고 젊은 여인이 읽으면 슬퍼지고, 실의한 선비가 읽으면 비통해진다고 말한 바 있다.

제4장 | 박지원 「환희기」의 환술 고증과 분석

1) 李圭景, 『五洲衍文長箋散稿』 人事篇 技藝類 雜技, 「幻戲辨證說」, "今寰宇諸國, 莫不有此戲, 而我東獨無之, 是則導民有法故也."

2) 許篈, 『朝天記』 中, 萬曆二年甲戌 八月 十六日條, 『荷谷集』, 한국문집총간 58, 민족문화추진회, 1990, 444쪽, "今日雜戲之人, 或抽出玉珮, 或盛開彩花於中虛之器, 此必是幻術, 而余等爲所眩, 而目不能燭破其邪妄, 有愧於傅奕多矣."

3) 金直淵, 『燕槎日錄』, 1월 11일 壬午條, 신익철 역, 의왕향토사료관, 2011, 150~151쪽.

4) 홍대용, 『주해 을병연행록』, 乙酉 십일월 삼십일조, 소재영 외 3인 주해, 태학사, 1997, 45쪽.

5) 唐再豐, 『鵝幻彙編』, 「例言」, 上海: 上海廣益書局, 1894, "業此者, 雖至親密, 反亦不肯吐其祕妙."

6) 김명호, 『열하일기연구』, 창작과비평사, 1990, 135~139쪽 · 230~232쪽; 임형택, 「朴燕巖의 인식론과 미의식」, 『한국한문학연구』 제11집, 한국한문학연구회, 1988, 17~39쪽; 송재소, 「盲人挿話를 통해서 본 연암 박지원의 사물인식」, 『한시 미학과 역사적 진실』, 창작과비평사, 2001, 359~374쪽.

7) 김혈조, 『박지원의 산문문학』, 성균관대학교 대동문화연구원, 2002, 100~105쪽.

8) 정민, 『비슷한 것은 가짜다』, 태학사, 2000, 61~64쪽; 이강엽, 「『열하일기』의 우언문학적 해석」, 『국제어문』 제27집, 국제어문학회, 2003, 269쪽.

9) 박수밀, 「「幻戲記」에 나타난 연암의 생각 읽기」, 『문헌과 해석』 2004년 여름호, 문헌과해석사, 2004, 24~35쪽.

10) 박수밀, 「박지원의 幻戲記에 나타난 글쓰기 요령」, 『한문교육연구』 26집, 한문교육학회, 2006, 517~542쪽; 박상영, 「『열하일기』에 나타난 산문 시학-「환희기」의 담론 구성 방식을 중심으로」, 『국어국문학』 제144집, 국어국문학회, 2006, 209~242쪽.

11) 졸고, 「연행록에 나타난 幻術認識의 변화와 박지원의 「幻戲記」」, 『민족문화연구』 제53호, 고려대학교 민족문화연구원, 2010, 221~257쪽; 졸고, 「18세기 이후 燕行錄 幻術記錄의 형성 배경과 특성」, 『한국한문학연구』 제47집, 한국한문학회, 2011, 65~104쪽. 위 글들은 이 책의 제3부 제1장과 제2장에 수록되어 있다.

12) 이런 한계는 초기 이가원 번역본이나 북한 리상호의 번역본은 물론 가장 최근에 나온 김혈조의 번역본에서도 마찬가지로 드러난다. 물론 기존 번역본들이 『열하일기』라는 난해한 텍스트를 역주하여 학계에 제공한 공은 높이 평가하지 않을 수 없다. 하지만 「환희기」에 관해선 일정한 문제점도 발견되는 만큼 앞으로 주석 보완이 필요할 듯하다.

13) 제2장의 3. 항목을 참조하시오.

14) 傅起鳳·傅騰龍, 『中國雜技史』, 上海: 上海人民出版社, 2004, 150~151쪽.

15) 안대회, 「18·19세기 조선의 百科全書派와 『和漢三才圖會』」, 『대동문화연구』 제69집, 성균관대학교 대동문화연구원, 2010, 419~445쪽. 18·19세기에 이 책을 활용한 지식인 역시 대부분 이덕무와 관련을 맺고 있다고 한다. 徐有榘와 李圭景이 그들이다.

16) 寺島良安 編, 『和漢三才圖會』 卷十六, 한국학자료원, 2011, 153~154쪽 참조.

17) 洪大容, 『湛軒書』 外集 卷一, 杭傳尺牘, 「與孫蓉洲書」, 한국문집총간 248, 민족문화추진회, 2000.

18) 서현경, 「『열하일기』 정본의 탐색과 서술 분석」, 연세대학교 박사학위 논문, 2008, 1~323쪽; 김명호, 「『열하일기』 이본의 재검토」, 『동양학』 제48집, 단국대학교 동양학연구소, 2010, 1~19쪽.

19) 정길수, 「「夜出古北口記」의 비평적 접근」, 『대동문화연구』 제64집, 성균관대학교 대동문화연구원, 2008, 313~336쪽.

20) 김명호, 앞의 논문, 5~6쪽.

21) 朴趾源, 「幻戲記」序, 『熱河日記』, 한국문집총간 252, 민족문화추진회, 2000, 276쪽,

"朝日過光被四表牌樓, 樓下萬人簇圍, 市笑動地, 驀[塌]然見鬪死橫道者, 蔽扇促步而過. 從者後, 俄而追呼有怪事可觀, 余遙問謂何? 從者曰, "有人偸桃天上, 爲守者所擊, 塌然落地." 余叱爲怪駭, 不顧而去. 明日又行其地, 蓋天下奇伎淫巧雜劇, 皆趁千秋節, 待詔熱河, 日就牌樓, 演較百戲, 始知昨日從者所見, 乃幻術之一也." 박지원, 『열하일기』 3, 김혈조 옮김(돌베개, 2009), 12~13쪽. 제1장 제2장과 마찬가지로 「환희기」의 번역문은 가장 최근에 번역된 김혈조의 책을 기준으로 하고, 이가원·리상호·김풍기의 번역을 참조하는 것으로 한다. 「환희기」 원문은 문집총간 『연암집』(박영철본)을 기준으로 하고 이본과 원문에 차이가 있을 경우 대괄호 안에 표기했다.

22) 「太學留館錄」 10일 丙辰조에 이 광피사표 패루의 규모에 대한 설명이 나온다. 연경은 물론 심양·요동에도 미치지 못하는 상대적으로 작은 규모라는 것이다. 열하에서는 번화가라고 하지만 주변 市廛의 규모가 수도나 기타 대도회지보다 못함을 알 수 있다.

23) 이창숙, 「燕行錄에 실린 중국 演戲와 그에 대한 조선인의 인식」, 『한국실학연구』 제20집, 한국실학학회, 2010, 136~144쪽. 이창숙은 조선 사행원들이 연희를 접하는 행사로 궁정의 의전, 중국 아문의 접대, 사행의 초청, 사절단 소속 개인의 사적 유람 네 가지를 들었다.

24) 蔣星煜, 「雜技與中國戲曲」, 『中國戲曲史鉤沈(上)』, 上海: 上海人民出版社, 2010, 13~25쪽.

25) 廖奔, 『중국 고대극장의 역사中國古代劇場史』, 오수경 외 옮김, 솔, 2007, 365~393쪽.

26) 傅起鳳·傅騰龍, 앞의 책, 242~248쪽; 안상복, 앞의 책, 2006, 87~101쪽. 안상복은 잡기의 공연 방식으로 광장형, 노상공터형, 영신새회형, 가택청당형, 극장형의 다섯 가지를 제시하고 있다.

27) 縱麗娟, 「試論淸代內蒙古東部地區興起的戲劇熱」, 『內蒙古大學學報』(人文社會科學版), 2000年 第1期, 33~37쪽.

28) 盧以漸, 『隨槎錄』, 1) 8월 7일조: 어린 巫女가 공연한 雜技(雜戲)를 관람함. 2) 8월 23일조: 副房이 관소로 세 사람의 幻術人을 부름. 그들이 공연한 접시돌리기류의 환술은 쉬운 기술이라고 평가함. 또 大明珠 두 개를 뇌로 넣은 뒤 가슴속으로 삼킨 뒤 잠시 후에 토해 내는 환술 내용을 소개하고, 모두 볼만한 것이 못 된다고 씀. 3) 8월 24일조: 幻者가 다시 와서 呑劍과 쌀겨糠를 삼킨 뒤 불을 토해내는 환술을 공연함. 관련 내용은 권연웅, 「노이점의 『隨槎錄』: 해제 및 원문 표점」, 『경북사학』 제22집, 경북사학회, 1999, 141~239쪽을 참조할 것.

* 박지원 등 사행단은 8월 5일 북경을 떠나 열하로 가서 건륭제의 생일(13일)을 축하하고 20일 북경으로 돌아왔다. 이 기간 노이점은 북경에 남아 있었다. 그러나 기록 내용 중 두 번째와 세 번째는 사행단이 북경으로 돌아온 뒤의 기록이고, 23일조의 기록은 副使가 직접 숙소로 환술사를 부른 만큼 박지원 역시 이 사실을 인지하고 있었을 것으로 보인다.

29) 이상의 내용은 偸桃 환술에 대한 다양한 기록을 참조하여 필자 나름대로 공연 내용의 핵심만을 간추린 것이다.

30) 이븐바투타, 『이븐 바투타 여행기』2, 정수일 역주, 창작과비평사, 2001, 339~340쪽; 蒲松齡, 『聊齋志異(會校會注會評本)』 一, 第二版, 上海: 上海古籍出版社, 2011, 32~34쪽.

31) 유몽인, 『어우야담』, 신익철·이형대·조융희·노영미 옮김, 돌베개, 2006, 184~185쪽.

32) 청대 지식인들 입장에서 환희는 비교적 익숙한 공연물이어서 조선 지식인들과 달리 기록할 필요성을 느끼지 못했던 측면도 있다.

33) 徐珂 編撰, 『清稗類鈔』 第十一冊, 北京: 中華書局, 2010, 5072~5073쪽.

34) 傅起鳳, 「朝鮮使臣眼中的清代幻術」, 『雜技與魔術』 第4期, 2011.8, 53쪽.

35) 『漢書』 「高帝紀」에 "劉累가 용 길들이는 것을 배워 孔甲을 섬겼다"는 내용이 나온다. 이 내용이 『성호사설』 卷八 人事門 飛豹取獸條에도 인용되어 있다.

36) "蓋[盖]自上世有此能, **役使小鬼, 眩人之目, 故謂之幻也.** 夏之時, 劉累擾龍以豢孔甲, 周穆王時, 有偃師者墨翟君子也, 能飛木鳶, 後世如**左慈·費長房**之徒, 皆挾此術以遊戲人間, 而燕齊迂[迃]怪之士, 談神仙以誑惑世主者, 皆幻術, 當時未之能覺. **意者其術出自西域**, 故鳩羅摩什·佛圖澄·達摩, 尤其善幻者歟! 或曰, '**售此術以資生, 自在於王法之外, 而不見誅絕, 何也?**' 余曰, '所以**見中土之大也, 能恢恢焉並育, 故不爲治道之病. 若天子挈挈[絜]然與此等較三尺, 窮追深究, 則乃反隱約於幽僻罕覩之地, 時出而衒耀之, 其爲天下患大矣. 故日令人以戲觀之, 雖婦人孺子, 知其爲幻術, 而無足以驚心駭目, 此王者所以御世之術也哉! 遂記其所觀諸幻共二十則, 將以示吾東之未見此戲者.**"

37) 환술과 관련된 기록 중 귀신을 부리는 이야기론 『太平廣記』에 실린 '劉靖妻'의 이야기가 있다. 이 이야기에서는 明崇儼이 귀신을 과도하게 부리다 귀신에게 피살된다. 李昉 等 編, 『太平廣記』 6, 幻術 二, 北京: 中華書局, 1994, 2270쪽.

38) 姜浩溥, 『四養齋外集桑蓬錄』(『桑蓬錄』), 姜在應 編述, 연세대학교 중앙도서관 소장본.

39) 李遇駿, 『夢遊燕行錄』 下, 己酉正月初五日條, 『藥坡漫錄』 附錄, 임형택 편, 성균관대학교 대동문화연구원, 1995, 592~593쪽, "寧使其售此術以資生, 自在於王法之外, 而恢恢焉並育, 故不爲治道之病. 若天子契契然, 與此輩較三尺, 窮追深究, 則乃反隱約於幽僻罕到之地, 時出而衒耀之, 其爲患大矣. 是以日令人觀之, 雖婦孺皆知其幻戲, 而無足以驚心駭目, 此無乃爲王者御世之一端歟."

40) 李圭景, 『五洲衍文長箋散稿』 人事篇 技藝類 雜技, 「幻戲辨證說」, "夫幻者, 卽反眞者也. 其理如形之有影, 如聲之有響, 一如海市蜃樓, 不可名狀. 然卽「王制」之左道, 『周禮』之怪民, 王法之當禁者, 然自來天地間, 特設此一副幻妄奇奇怪怪者, 將以明眞定景像有異於幻妄者, 不過倡優傀儡之餘套, 使觀者慣見無怪, 幻者作戲無他, 則雖不禁, 亦無妨, 故中原諸國, 竝無禁者此也."

41) 江紹原, 『髮鬚爪: 關于它們的迷信』, 北京: 中華書局, 2007, 1~150쪽. 이 책의 초판은 1928년 上海 開明書店에서 출판된 것임; Philip A. Kuhn, *Soulstealers: The Chinese Sorcery Scare of 1768*, Cambridge: Harvard University Press, 1990, 1~299쪽. 국내 번역본으로 다음 책이 있다. 필립 큰, 『영혼을 훔치는 사람들: 1768년 중국을 뒤흔든 공포와 광기』, 이영옥 옮김, 책과함께, 2004, 1~462쪽.

42) 唐再豐, 『鵝幻彙編』, 上海: 上海廣益書局, 1894. 『鵝幻彙編』은 唐再豐이 편찬한 책으로, 책의 표지엔 『中外戲法圖說』이라고 되어 있다. 『鵝幻彙編』에서 鵝幻은 吳均의 『續齊諧記』에 실려 있는 '鵝籠變幻'(鵝籠書生)의 고사에서 온 말이다. 이 이야기는 『太平廣記』 卷二百八十四에도 '陽羨書生'이란 제목으로 실려 있다. 唐再豐은 청말의 소설가이며 雜技 연구자로 자는 芸洲이고 호는 桃花仙館主(桃花館主人)다. 그는 어려서부터 雜技를 좋아하여 환술은 물론 方術과 巫術에도 관심을 기울였다. 그 결과 중국 최초로 민간 환술의 공연 내용과 기법을 수집하고 분석한 『鵝幻彙編』 12권을 光緒 15년(1889)에 간행했다. 이 책은 현대 환술 연구에 지대한 공헌을 한 것으로 평가된다. 이 책에는 총 320套의 환술 종목이 실려 있다. 『鵝幻彙編』은 여러 차례 간행되었으나 판본 사이에 내용 차이는 없다고 한다. 唐再豐은 『鵝幻彙編』을 간행한 이후에도 『鵝幻續編』과 『鵝幻餘編』을 펴냈다.

한편 환술 관련 서적으로는 이보다 앞서 明代 陳繼儒가 편찬했다고 하는 『神仙戲術』이 있다. 이 책은 전하지 않는 것으로 알려져 있었는데, 최근 일본 학자 河合勝이 일본 간본을 발굴하여 학계에 소개한 바 있다. 이 책에는 약 20여종의 환술이 기록되어 있는 것으로 알려져 있다. 하지만 필자로선 현재까지 이 책을 열람하지 못하였고 책의 진위 여부도 불분명하기 때문에 환술 종목 분석용 참고 문헌에서는 일단 제외했다. 만약 이 책이 진계유의 저작이고 조선에 전래되었다면 조선 후기 환술 기록 검토에 중요한 자료임은 분명하다. 잘 알려진 것처럼 조선 후기 지식인들은 진계유에 대한 관심이 지대했기 때문이다. 하지만 필자가 현재까지 검토한 바론 조선 후기 자료 중에서 진계유의 『神仙戲術』을 언급한 예는 없다. 이 책의 진위 여부와 조선 전래 문제에 대해선 앞으로 좀 더 상세한 검토가 필요하다.

43) 임기중, 「연행록의 환희기」, 『한국민속학』 제31집, 한국민속학회, 1999, 257~328쪽; 안상복, 『중국의 전통잡기』, 서울대학교출판부, 2006, 293~327쪽; 졸고, 「연행록에 나타난 幻術認識의 변화와 박지원의 「幻戲記」」, 『민족문화연구』 제53호, 고려대학교 민족문화연구원, 2010, 221~257쪽; 졸고, 「18세기 이후 燕行錄 幻術記錄의 형성 배경과 특성」, 『한국한문학연구』 제47집, 한국한문학회, 201, 65~104쪽; 이창숙, 「燕行錄에 실린 중국 演戲와 그에 대한 조선인의 인식」, 『한국실학연구』 제20집, 한국실학학회, 2010, 159~161쪽; 傅起鳳, 「朝鮮使臣眼中的清代幻術」, 『雜技與魔術』 第4期, 2011.8, 52~54쪽; 傅起鳳, 「朝鮮使臣眼中的清代幻術」, 『雜技與魔術』 第5期, 2011.10, 55쪽; 傅起鳳, 「朝鮮使臣眼中的清代幻術(續)」, 『雜技與魔術』 第6期, 2011.12, 52~54쪽. 『雜技與魔術』에 실린 傅起鳳의 조선 사신 눈에 비친 청대 환술에 대한 글들은 다음 해 출판된『雜技與魔術』이란 책에 재수록 되었다. 徐莊· 傅起鳳, 『雜技與魔術』, 北京: 中國國際廣播出版社, 2012, 206~223쪽.

44) 洪大容, 『湛軒書』 外集 卷十, 『燕記』 「幻術」, 한국문집총간 248, 민족문화추진회, 2000, 302쪽, "又以一包細針與一條絲, 內于口中, 含嚼少頃, 探絲而引出之, 四五十細針貫耳, 纍纍而出."

45) "幻者以針一握, 納口呑之, 不癢不痛, 言笑平常. 噉飯[飲]啜茶, 徐起捫腹, 乃以紅絲, 摩納耳孔. 靜立良久, 嚔[嚏]咳數度, 捉鼻出涕, 以帨[脫]拭鼻, 納指鼻竅, 若拔鼻毛. 須臾紅絲, 小見鼻竅, 幻者以爪鑷抽其一端[幻者以爪鑷抽其端/ 幻者以爪鑷揷其端], 絲出尺餘, 忽有一針, 臥度鼻竅, 貫絲嫋嫋, 抽絲益長, 百十千針, 皆貫一絲, 或有飯顆[粒], 黏剌針端."

46) 唐再豐, 앞의 책.

47) 홍대용은 손용주(손유의)에게 보낸 편지나 「환술」의 기록 내용에서 알 수 있듯이 환술의 원리에 큰 관심을 가지고 있었다. 홍대용은 "대개 여러 가지 재주놀이 중에는 거의가 손을 민첩하게 놀리는 데 연유한 것으로, 그리 神恠할 것이 없겠으나 보자기 속의 과일 접시와 물 대접, 그리고 빈 종지 속의 술 같은 것은 어떤 술법이 없다고는 할 수 없을 것 같다"(『국역 담헌서』, 『연기』, 「환술」)며 彩法類 搬運法의 환술

을 특히 높게 평가한 바 있다. 홍대용은 한편으로 궁금증을 상대적으로 연행 경험이 풍부한 역관들의 정보를 통해 해결하기도 했다. 하지만 박지원은 환술 종목의 원리보다는 관람자가 왜 공연자의 속임수에 속고 마느냐는 좀 더 총체적이고 거시적인 문제에 관심을 두었다.

48) 姜浩溥의 『四養齋外集』, 『桑蓬錄』 卷之八, 正月初六日條, "又有一漢子持長劒, 以舌舐之, 塗以唾津, 口念呪語, 輒納劍口中, 下揷于胸膈, 數尺之劒盡入, 使不見其柄, 踊躍遍行, 過食頃後, 拔之. 又有一老胡合兩劒揷呑, 如俄者狀巡環, 久之拔出. 驛卒言其劒端有染出若大便者云. 其胡面青若氣窒然, 久而後定, **悚懍不忍見也.**"

49) 李押, 『燕行記事』 下, 戊戌正月 初九日, "又取一長蒲劍過尺餘者, 含水淬刃, 仰面閉目, 直揷喉嗓, 次次揷下, 沒入其柄. 少頃, 還爲拔出, 而漸次拔來, 以示難拔之色."

50) "幻者以白土一塊, 畫地爲一大圈[畫地爲大圈], 衆人環坐圈外. 幻者于時, 脫帽解衣, 以沙礪劒, 發出光色, 揷于地上. 復以竹筋, 搠刺項上, 欲破鷄卵, 據地一嘔, 卵竟不出. 乃拔其劒, 左揮右旋, 右揮左旋, 仰空一擲, 承劒以掌, 又一高擲, 張口向天, 劒頭直落, 揷入口中. **于時衆人, 變色齊起, 錯愕无[無]言.** 幻者仰面, 垂其兩手, 挺挺久立, 不瞬雙目, 直視青天. 須臾呑劒, 如倒甁飮, 頸腹相應, 如蟾懷忿, 劒環[鐔]掛齒, 不沒惟靶. 幻者四據, 以柄築地, 齒環[鐔]相格, 閣閣有聲. 又復起立, 拳擊柄頭, 一手捫腹, 一手握柄, 亂攪腹中, 劒行皮間, 如筆畫紙. **衆人寒心, 不忍正視, 小兒怖啼, 背走顚仆.** 于時幻者, 鼓掌四顧, 毅然正立, 乃徐拔劒, 雙手捧持, 遍向衆人, 直前爲壽. 劒尖血滴, 煖氣蒸蒸."

51) 傅起鳳·徐秋 編著, 『中國古典幻術: 劍丹豆環』, 北京: 中國文聯出版社, 2009, 10~18쪽.

52) 傅起鳳, 「朝鮮使臣眼中的淸代幻術」, 『雜技與魔術』 第4期, 2011.8, 54쪽.

53) 謝肇淛의 『五雜組』 卷六 人部二, 上海古籍出版社 編, 『明代筆記小說大觀』 2, 上海: 上海古籍出版社, 2005, 1598~1600쪽.

54) 이밖에도 중국의 지방지들에 환희 관련 기록들이 실려 있다고는 하나 박지원의 기록만큼 상세한 것인지 의문이다.

55) 제2장 4.2) 항목을 참고하시오.

56) 傅起鳳, 「朝鮮使臣眼中的淸代幻術(續)」, 『雜技與魔術』 第6期, 2011.12, 56쪽.

57) "幻者剪紙如蝶翅爲數十片, 擦在掌中, 誘衆中一小兒, 闔目張口, 幻者以掌掩口, 兒頓足啼哭. 幻者笑而放手, 兒且啼且哇, 綠蛙跳出, 連吐數十蛙, 皆跳躍地上."

58) 傅起鳳, 「朝鮮使臣眼中的淸代幻術」, 『雜技與魔術』 第4期, 2011.8, 54쪽.

59) "幻者置大琉璃鏡于卓上, 設架立之. 于時幻者, 遍招衆人, 開視此鏡, 重樓複殿, 窈窕丹青. 有大官人, 手執蠅拂, 循欄徐行. 佳人美女, 四四三三, 或擎寶刀, 或奉金壺, 或吹鳳笙, 或蹋繡毬, 明瑺雲鬟, 妙麗无[無]雙. 室[堂/ 當]中百物, 種種寶玩, 眞定世間極富貴者[眞定世間極貴富者]. 于是衆人, 莫不羨悅[脫], 耽嗜爭觀, 忘此爲鏡, 直欲鑽入. 于是幻者, 麾衆喝退, 卽掩鏡扉, 不令久視. 幻者間[閑]步, 四向唱詞, 又開其鏡, 招衆來視, 殿閣寂寞, 樓榭荒涼, 日月幾何, 寶女何去. 有一睡人, 側臥牀[床]上, 傍無一物, 以手撑耳, 頂門出氣, 裊裊如煙, 本纖末圓, 形如垂乳. 鍾馗嫁妹, 鵂鶹娶婦, 柳鬼前導, 蝙蝠執幟, 乘此頂氣, 騰空遊霧. 睡者乍伸, 欲寤還寢, 俄然兩腿, 化爲雙輪, 而其輻軸, 猶然未成. 于是觀者, 莫不寒心, 掩鏡背走. **世界夢幻, 本自如此, 猶於鏡裏[惟於], 炎涼頓殊. 一切世間, 種種萬事, 朝榮暮枯, 昨富今貧, 俄壯倏老, 夢中說夢, 方死方生, 何有何亡, 孰眞孰假, 寄語世間, 善心善男, 菩薩兄弟, 幻界夢身, 泡金電帛[金電帛], 結大因緣, 隨氣暫住, 願準是鏡, 莫爲熱進, 莫爲寒退, 齊施錢陌, 濟此貧乏.**"

60) 안상복, 앞의 책, 320~321쪽.

61) 李昉 等 編, 『太平廣記』 6, 北京: 中華書局, 1994, 2268쪽.

62) 원문에는 환술사가 말한다는 부분은 명시되어 있지 않다. 필자가 검토한 『열하일기』 이본 중에서는 '曰'자가 쓰인 곳은 없었다. 앞서 제시된 환술 종목들 중 환술사의 대사 앞에 '曰'자가 쓰인 것과는 차이가 있다. 김혈조의 번역본에서는 이 부분을 환술사의 말로 보고 "환술사가 말한다"고 옮기고 있다. 반면 이가원의 번역본과 北譯本, 그리고 고미숙·길진숙·김풍기의 번역본은 원문대로 옮겨서 환술사의 말인지 박지원의 해설인지가 명확히 드러나지 않는다. 문맥의 흐름상 김혈조의 번역대로 보는 것이 자연스러울 것으로 보인다. 다만 환술사의 대사가 이 부분에서만 장황하게 전개된다는 점이 사실성을 의심케 하는데, 이 문제에 대해 박수밀은 아예 박지원의 말로 봐야 한다고 주장했고, 김영진은 "환술사는 이렇게 말한 듯하다"라고 해석하자는 대안을 내놓기도 했다. 이 부분에 대해선 『열하일기』의 이본과 행문 습관에 대한 좀 더 상세한 검토가 필요하다.

제4부 | 연행록의 계보학: 처음과 끝

제1장 | 조선시대 최초의 북경 사행시, 장자충의 『판서공조천일기』

1) 필자는 10년 전 해제 형태로 이 자료의 가치를 간략히 소개한 바 있다. 졸고, 「『判書公朝天日記』 해제」, 『燕行錄解題』(Ⅰ), 동국대학교 한국문학연구소 편, 유성문화사, 2003, 25~36쪽. 이 자료는 나중에 다시 최강현에 의해서 간략 해제되었으나, 기존 해제와 별다른 내용 차이는 없다. 국립중앙도서관 소장 『判書公朝天日記』 해제 참조. 이밖에 다음 논문에서 이 자료를 아주 간략히 언급한 바 있다. 서인범, 「조선 전기 연행록 사료의 가치와 그 활용」, 『명청사연구』 제30집, 명청사학회, 2008, 19쪽.

2) 기초 서지사항은 국립중앙도서관의 소장정보를 참고했다.

3) 이 책의 정확한 서지에 대해서는 추후 정밀한 검토가 필요하다.

4) 왕조실록의 기록에 따르면, 남휘와 정역, 그리고 홍여방에 대한 전송연이 8월 15일 수강궁에서 이미 열린 바 있다. 사행사를 결정하고 전송연까지 베풀었지만, 명나라 사신의 요구로 급히 변경했던 것으로 보인다. 『세종실록』 5권 1년(1419 己亥 / 명 永樂 17) 8월 15일(정해) 세 번째 기사. 이하에서 인용하는 왕조실록 자료는 모두 국사편찬위원회의 조선왕조실록 DB를 이용한 것이다.

5) 『세종실록』 5권, 1년 8월 17일(기축) 두 번째 기사.

6) 김구진, 「朝鮮 前期 韓·中關係史의 試論-朝鮮과 明의 使行과 그 性格에 대하여」, 『홍익사학』 제4집, 홍익사학회, 1990, 13~16쪽.

7) 「永樂己亥八月二十五日 侍宴慕華樓」, "朝鮮朝觀幾多年, 王子陪行罕古先. 得侍慕華樓上宴, 昵聞仙樂徹雲天."

8) 『세종실록』 5권, 1년 8月 25日(丁酉) 네 번째 기사.

9) 張天志는 丹陽 張氏 判書公派의 派祖가 된다. 『丹陽張氏乙亥大同譜』에는 『判書公(諱)天志遺稿』라는 제목으로 『판서공조천일기』의 일부 내용이 轉載되어 있다. 장남숙 외 편, 『丹陽張氏乙亥大同譜』 第一卷, 단양장씨대종회대동보청, 1995, 728~736쪽. 또 전주 이씨 경녕군파종회에서 발행한 『敬寧君史蹟』에도 『판서공조천일기』의 일부 내용이 『路程記』라는 제목으로 수록되어 있다. 책에서는 자료의 출처가 경상남도 하동군 옥종면 대곡리에 거주하는 장천지의 후손 張奎三씨가 1930년대 후반에 경녕군파 문중에 送呈한 것이라 했다. 이종남, 『敬寧君史蹟』, 全州李氏敬寧君派宗會, 1968, 113~122쪽.

10) 장자충의 본관은 단양으로 볼 수 있으나, 정작 본인은 「二十三日留別李鎭撫謙口號

十六韻」 시에서 자신을 '南陽 張子圓'이라고 표현하고 있어, 본인 집안을 남양 장씨로 인식했을 가능성도 있다. 『增補文獻備考』 卷五十 氏族五 張氏條에는 南陽이란 본관은 있지만 丹陽이란 본관은 기록되어 있지 않다. 단양 장씨는 본래 張順翼이 丹陽君에 봉해진 데서 연유하였는데, 장자충의 집안은 아버지 張天志부터 별도의 파로 분가했다고 한다.

한편 『韓國系行譜』 地, 寶庫社, 1992, 1508쪽에는 張子忠의 자를 子圓이라고 했으나, 현대에 출간된 『丹陽張氏乙亥大同譜』에서는, 장자충의 아버지 張天志의 자가 子圓이고 장자충의 자는 而孝라고 기록하고 있다. 하지만 『판서공조천일기』에는 장자충 자신을 '南陽 張子圓'이라고 분명히 밝히고 있어, 장자충의 자는 子圓임이 분명하다. 而孝는 장자충의 또 다른 자인지 아니면 문중 전언의 오류인지 현재로선 확인할 방법이 없다.

11) 『高麗史』 제113권 열전 제26 최영조. 『고려사』는 한국고전번역원 DB를 이용한 것이다.

12) 權近, 「送張觀察使(子忠)」, 『陽村集』 卷九, 한국문집총간 7, 민족문화추진회, 1988, 108쪽.

13) 여기서 繡衣는 왕명을 받고 지방에 나가 정사를 살피는 것을 가리킨다.

14) 『태조실록』 7년 무인(1398) 1월7일(을묘).

15) '裶' 字는 보통 '비'로 읽지만, 전주 이씨 경녕군파에서는 '배'로 읽는다.

16) 宗親府, 『璿源系譜紀略』(표제: 『璿源譜略』) 卷三, 국립중앙도서관 소장본.

17) 『세종실록』 20권, 5년 4월 28일(무인) 세 번째 기사; 『세종실록』 20권, 5년 5월 1일 9경진) 세 번째 기사; 『세종실록』 20권, 5년 5월 2일(신사) 다섯 번째 기사; 『세종실록』 20권, 5년 5월 11일(경인) 두 번째 기사; 『세종실록』 20권, 5년 5월 2o일(기해) 두 번째 기사.

18) 李掌永 等 編, 『全州李氏敬寧君派世德錄』 乾, 文陽齋, 1965, 36~38쪽.

19) 『세종실록』 3권, 1년 1월 16일(신유) 일곱 번째 기사.

20) 세종대왕기념사업회 역, 『국역 국조인물고』 26, 세종대왕기념사업회, 2005, 280~286쪽.

21) 『세종실록』 6권, 1년 12월 13일(계미) 다섯 번째 기사, "敬寧君赴京路上, 不順人言, 固執不通."

22) 9월 12일 「又次執義詩韻, 呈鄭贊成」, 10월 17일 「十七日呈贊成」 등.

23) 왕조실록의 기록 중에는 『판서공조천일기』에서 장자충이 수행한 일들이 홍여방이

한 것으로 기록된 내용들이 보인다. 대표적인 예로 후술할 '三獸圖'를 가져온 인물이 홍여방이란 기록이 그것이다. 『세종실록』 6권, 1년 11월 27일(정묘) 두 번째 기사. 공교롭게도 홍여방의 본관은 南陽이고, 자는 子圓이다. 장자충이 자신을 南陽 張子圓이라 했던 것을 감안하면, 이 사행시의 저자가 장자충이 아니라 홍여방이 아닌가란 의문도 들 수 있다. 하지만 『판서공조천일기』의 내용을 검토해 보면 이 책의 저자를 홍여방으로 보기는 어렵다. 이 문제에 대한 판단은 추후 관련 자료의 발굴을 기다려야 할 듯하다. 여기서는 잠정적으로 『판서공조천일기』의 내용을 따르기로 한다.

24) 왕조실록의 기록을 검색해 보면 선존의와 민광미가 대명 외교경험이 풍부함을 짐작할 수 있다. 백옥경의 논문 「朝鮮前期 譯官 연구」의 부록으로 실려 있는 조선 전기 역관 이름과 활동을 참고하여, 1419년 사은사행 이전의 사례만 제시해 보면 다음과 같다. 선존의는 태종3년 하등극사 통사를 맡았고, 태종 13년에는 통사 최호의 유골을 거두는 주문사의 임무를 맡았으며, 태종 17년 통사로 명사에게 다례를 행한 바 있다. 또 민광미는 태종 15년에는 사직으로서 중국인 압송을 수행한 바 있다. 백옥경, 「朝鮮前期 譯官 연구」, 이화여자대학교 대학원 박사학위 논문, 2000, 165~190쪽.

25) 김태준, 「중국 내 연행노정고」, 『동양학』 제35집, 단국대학교 동양학연구소, 2004, 44~45쪽.

26) 김구진·이현숙 역, 「中原에 進貢하는 路程」, 『국역 통문관지』 1, 제3권, 세종대왕기념사업회, 1998, 142쪽.

27) 賢妃 權氏와 그녀를 읊은 명대 문인들의 작품에 대해선 이종묵, 「중국 皇室로 간 여인을 노래한 宮詞」, 『고전문학연구』 제40집, 한국고전문학회, 2011, 216~220쪽을 참조할 것.

28) 김구진, 앞의 논문, 17쪽에서는 1421년 북경 천도 이후에 사행로가 해로에서 육로로 바뀌었다고 했으나, 『판서공조천일기』의 내용을 고려할 때 최소한 1419년 무렵부터 변경된 것으로 봐야 할 것이다.

29) 김태준, 앞의 논문, 44쪽.

30) 김구진·이현숙 역, 앞의 책, 143~144쪽.

31) 김구진·이현숙 역, 앞의 책, 143쪽. 앞서 한명회가 북경에 있는 환관의 후원을 받아 사행 노정을 변경하려 했을 때, 명의 職方郎中 劉大夏는 다음과 같이 말한 바 있다. "조선에서 진공하는 길은 鴉鶻關에서부터 遼陽을 거쳐서 廣寧을 지나고 前屯을 지나서 山海關에 들어오기까지, 우회하는 곳이 12大鎭이 있는데, 이것은 祖宗의 숨은

뜻이 있을 것입니다. 만약 압록강에서부터 前屯과 山海關에 이르는 길로 바꾼다면, 너무 빠르기 때문에 훗날에 우환을 남길까봐 두렵습니다." 이 내용이 『殊域周咨錄』에 실려 있다고 한다.

32) 詩翁은 詩雝이라고도 하는데, 『시경』「大雅 思齊」 편의 "화기롭게 궁중에 계시며, 엄숙하게 사당에 계시네雝雝在宮 肅肅在廟"라는 말을 가리킨다. 이 시는 문왕의 덕을 찬미하는 내용인데, 여기서는 영락제를 칭송하는 말로 쓰였다.

33) 趙緯韓, 『玄谷集』 卷十, 「演雅體長律二十韻, 寄梁·鄭二友 (并引)」, 韓國文集叢刊 73, 민족문화추진회, 1991, 268쪽. "演雅者, 演出爾雅也. 爾雅, 記蟲魚禽獸之名, 而猶有闕失, 故古人作詩, 以遺落蟲鳥之名, 綴以爲辭, 命之曰演雅體."

34) 연아체 한시에 대해서는 다음과 같은 연구 성과들이 있다. 송희준, 「연아체 한시에 대하여」, 『안동한문학논집』 제6집, 안동한문학회, 1997; 정도상, 「演雅體詩 연구」, 『한문학논집』 제16집, 근역한문학회, 1998, 379~397쪽; 하정승, 「연아체 한시 연구」, 『퇴계학과 한국문화』 제31집, 경북대학교 퇴계학연구소, 2002, 69~93쪽.

35) 홍려시는 漢代부터 清末까지 설치되었던 관청의 명칭이다. 주로 宮庭行禮의 의절을 맡아보았으며, 明代에는 司儀署와 司賓署를 그 밑에 두었다.

36) 『세종실록』 5권, 1년 10월 18일(기축) 네 번째 기사.

37) 영락제의 말 중 형이 왕이란 말은 실상과 어긋난다. 세종은 경녕군에게 아우뻘이기 때문이다. 하지만 경녕군은 친왕자가 아니라 서자이기 때문에 이같이 말했을 수도 있다.

38) 李東陽 等 撰, 『大明會典』 卷一百十一, 禮部六十九, 給賜二, 外夷上, 臺北: 新文豐出版公司, 1971, 1643~1644쪽.

39) 『세종실록』 6권, 1년 11월 27일(정묘) 두 번째 기사.

40) '皇建極'은 『書經』「洪範」 편의 "五皇極, 皇建其有極"에서 온 말이다. 蔡沈의 注에 "여기서 '極'은 北極의 極과 같은 것으로 지극하다는 뜻이고 표준의 이름이니, 가운데 서있으면 사방에서 취하여 바로잡는 것이다"라고 풀이했다. 따라서 皇極이라 하면 제왕이 천하를 통치하는 준칙을 의미한다. 皇極은 또한 임금의 자리를 의미하는데, 紫禁城 안의 황제가 머무는 궁전의 이름 역시 皇極殿이다.

41) 말라카는 믈라카 해협의 요지에 위치한 항구도시 국가의 이름이고, 캘리컷은 인도 서해안의 항구도시를 가르킨다.

42) 王日根·何鋒, 『細說明成祖』, 上海: 上海人民出版社, 2006, 244~246쪽.

43) 미야자키 마사카쓰宮崎正勝, 『정화의 남해원정』, 이규조 옮김, 일빛, 1999,

177~192쪽. 이들 국가들에 기록은 張廷玉 等 撰,『明史』卷三百二十六, 列传第二百十四, 外國傳七, 北京: 中華書局, 1974, 8452~8453쪽 등 참조.

44)『明太宗實錄』13, 卷一百七十, 永樂 13년 11월 壬子, 臺北: 中央研究院 歷史語言研究所, 1962, 1898쪽, "麻林國及諸番國, 進麒麟·天馬·神鹿等物, 上御奉天門受之, 文武群臣, 稽首稱賀, 曰, '陛下聖德廣大, 被及遠夷, 故致此嘉瑞.'"

45) 당시 영락제는 이미 남경을 떠나 북경에서 생활하고 있었는데, 7월쯤 남경에 도착한 마린디의 사절과 기린은 중국 각지를 멀리 여행한 끝에 11월에야 북경에 도착했다고 한다. 미야자키 마사카쓰宮崎正勝, 앞의 책, 183~184쪽. 장자충을 포함한 사행단이 이 동물들을 본 시점은 10월 18일이므로 미야자키 마사카쓰의 주장과는 약간의 시차가 있다.

46)『세종실록』6권, 1년 12월 7일(정축) 세 번째 기사.

47) 이때의 심정이 다음 시들에 잘 드러나 있다.「二十六日陪王子謁闕, 帝特命臣姑留數日待畫成諸獸等賚去, 承命還館, 送王子及鄭贊成先行, 獨坐偶吟」, "始知行止信由天, 特召微臣命小延. 莫恨今朝獨留館, 將歸我后世相傳."; 「二十七日戀王子曁鄭贊成」, "故鄉東國是朝鮮, 奉使同來萬里天. 回轡浩然先我去, 獨留空館日如年."

48) 그림을 받은 감회가 다음 시에 표현되어 있다.「日暮命授猉麟獅子諸獸如來空觀等圖」, "寵極朝朝謁至尊, 拜辭今日更承恩. 畫成奇獸如騰躍, 描出神人若語言. 瑞應聖明來北闕, 圖歸賢德表東藩. 臨軒再降綸音切, 王國千年耀後昆."

49) 장병창 편저,『단양장씨을해대동보 요약한글판본』, 형문사, 1996, 119~120쪽.

제2장 | 대청사행의 종결과 마지막 연행록

1) 중국과 일본 학계의 주요 성과에 관해서는 김명호가 소개한 바 있다. 김명호,「海藏 申錫愚의『入燕記』에 대한 고찰」,『고전문학연구』제32집, 한국고전문학회, 2007, 466쪽의 각주 1) 참고. 김명호가 든 자료 외에도 葛兆光,「鄰居家裏的陌生人-清中葉朝鮮使者眼中北京的西洋傳教使」,『中國文化研究』2006年 2期, 1~11쪽, 董曉萍,「清乾隆時期朝鮮使者手中的北京民俗與政治」, 陳平原·王德威 編,『北京: 都市想像與文化記憶』, 北京: 北京大學出版社, 2005, 459~486쪽, 劉靜,「從《燕行錄》看18世紀中國北方市集」,『北京社會科學』2006年 3期, 34~48쪽 등과 같은 개별 연구가 있어서 주목된다. 근래 일본의 연행록 연구자인 교토대 후마 스스무의 연행록 관련 논문집이 국내에 번역 출간되기도 했다. 후마 스스무夫馬進,『연행사와 통신사』, 정태섭 외 역, 신서원, 2008.

2) 이는『燕行錄全集』,『燕行錄全集 日本所藏編』,『燕行錄續集』에 수록된 연행록 종수와 그 밖에 확인된 개인 소장 연행록 종수를 합한 것이다. 따라서 현전 연행록의 정확한 종수는 아님을 밝혀둔다. 앞으로 자료 발굴과 개인 소장본 공개 여하에 따라 그 종수는 조정될 여지가 있다.

3) 이 같은 특성에 주목하여 임형택은 연행록을 "동아시아적 차원에서 지식정보의 보고"라고 규정한 바 있다. 임형택,「조선사행의 해로 연행록: 17세기 동북아의 역사전환과 실학」,『한국실학연구』9, 한국실학학회, 2005, 3쪽.

4) 고병익,「東亞文化史 속의 燕行錄」,『燕行錄과 東亞細亞 연구』, 제21차 한국문학 국제학술회의 발표논문집(동국대학교 한국문학연구소, 2001.12.07, 1~4쪽.

5) 간략히 서지사항을 소개하면 다음과 같다.
형태는 필사본, 불분권, 118쪽, 29.7cm×21cm, 四周無邊 上下無魚尾, 12행 25~27자. 이 연행록은 총 118쪽(66쪽은 연행 기록, 50쪽은 관련 기록 초록, 12쪽은 연행노정기로 구성)으로 이뤄져 있다. 이에 관한 해제로는 윤용출,「『燕行錄』解題」,『부대사학』제7집, 부산대학교사학회, 1983, 261~265쪽; 임준철,「作者未詳의『燕行錄』解題」,『燕行錄解題』(2), 동국대학교 한국문학연구소, 2005, 592~604쪽이 있다.

6) 국사편찬위원회,『한국사40: 청일전쟁과 갑오개혁』, 국사편찬위원회, 2000, 1쪽.

7) 對明使行과 대청사행은 조공관계라는 측면에서는 동일했지만 그 형식과 내용에 있어서 일정한 차이를 보인다. 선초의 대명사행에는 冬至·正朝·聖節·千秋의 정기사행과 謝恩·奏請·進賀·陳慰·進香 등의 부정기사행이 있었는데, 명말에 이르면 동지사가 정조·성절·천추사행을 겸하기도 했다. 반면 청대에는 冬至·元朝·聖節·歲幣(年貢)의 정기사행과 奏請·辨誣·陳慰·進香·告訃使行의 부정기 사행이 있었다. 명대에 있던 千秋使行이 없어지고 歲幣使가 설치된 것이다. 또 정기 사행 중 정조·성절·세폐사행은 1645년 청이 북경에 도읍한 이후 동지사행에 합병되는 경우가 많아서 元朝(正朝)·聖節은 사행의 명칭으로는 거의 소멸되었다. 청대에는 이밖에도 황제가 조선 국경에 이르렀을 때 差送하는 問安行, 죄수를 共同審査하기 위하여 鳳凰城이나 盛京에 보내는 參覈行 등의 새로운 형태의 사행이 이뤄지기도 했다. 김구진·이현숙 역,『국역 통문관지』제3권, 事大 상, 세종대왕기념사업회, 1998, 100~101쪽; 전해종,「淸代朝貢關係 綜考」,『진단학보』제29호, 진단학회, 1966, 239~284쪽.

8) 전해종은 1637년부터 1894년까지 조선이 청에 파견한 사절단은 607차에 달한다고 구체적인 수치를 제시한 바 있다. 전해종,『中韓關係史論集』, 北京: 中國社會科學院出版社, 1994, 194쪽. 한편 김한규는 조선은 230년 동안 청에 매년 2.6차례꼴로 사

신을 파견했다고 했다. 김한규, 『한중관계사 2』, 서울: 아르케, 1999, 728쪽.

9) 『고종실록』 31권, 31년(1894) 4월 24일(경오) 3번째 기사.

10) 『고종실록』 31권, 31년(1894) 6월 10일(을묘) 1번째 기사; 『승정원일기』 고종164, 31년 6월 10일(을묘), 민족문화추진회, 2002, 198~199쪽; 『일성록』38, 서울대학교 규장각, 1996, 957쪽.

11) 이양자, 「청의 대조선 정책과 위안스카이」, 『한국근현대사논문선집』 34, 삼귀문화사, 2000, 55~100쪽; 이양자, 『조선에서의 위안스카이』, 신지서원, 2002, 77~115쪽; 국사편찬위원회, 앞의 책, 31~42쪽.

12) 후지무라 미치오藤村道生, 『청일전쟁』, 허남린 역, 소화, 1997, 80쪽.

13) 청은 청일전쟁 시 조선에 4개의 육상부대를 파병했다. 盛軍, 毅軍, 奉軍, 그리고 奉天과 吉林練軍 부대가 그것이다. 이 중 사행단이 만난 부대는 위여귀가 인솔하는 총 6000여 명의 盛軍과 마옥곤이 인솔하는 총 2100명의 毅軍이었다. 연행록에는 이들 부대가 사천여 명이라고 기록되어 있어 중국 쪽 기록과 병력 수에서 차이를 보인다. 盛軍은 塘沽에서, 毅軍은 旅順에서 기선을 통해 安東縣에 상륙했고, 육로를 통해 의주를 거쳐 평양을 향해가는 길이었다. 謝俊美, 「청일전쟁시 조선투입 청군의 동원과 조선 내에서의 전투상황」, 한림대학교 아시아문화연구소 편, 『청일전쟁의 재조명』, 한림대학교출판부, 1996, 135~141쪽.

14) 전해종, 「清代朝貢關係 綜考」, 『진단학보』 제29·30호, 진단학회, 1966, 239~284쪽.

15) 전해종, 같은 글, 239~284쪽.

16) 윤용출, 「『燕行錄』 解題」, 『부대사학』 제7집, 부산대학교사학회, 1983, 261~265쪽.

17) 『연행록』 1894년 6월 17일조, "十里長林, 卽余傍祖荷潭公, 曾爲箕伯時, 樹植者也, 豈無追感之懷哉!"

18) 『연행록』 1894년 9월 9일조, "陪使爺·上使·書狀, 又與上房禮房鄭學官昌黙, 步月並踏玉河橋, 不勝望鄕之懷, 共吟一律. (…) ○ '賦一黄花種萬愁, 淚添玉水向東流. 爲客傷心今夜月, 思家偏夢故山秋. 自慰暇間從看史, 餘懷未盡更登樓. 風前落帽惟能醉, 我欲何心此地留.' 荷一. '篇篇錦繡, 字字珠璣' 此評, 淸人龍姓之評也."

19) 『연행록』 1894년 9월 7일조, "又聞日兵留陣于聞慶鳥嶺城云. 家在至近, 不無所慮者, 晝宵燥燥, 不可形言."

20) 金時讓(1581~1643): 본관은 안동. 초명은 時言, 자는 子仲, 호는 荷潭이고, 아버지는 비안현감 仁甲이다. 1605년(선조 38) 정시문과에 병과로 급제했고, 1610년 동지사의 서장관으로 명나라에 다녀왔다. 전라도도사 재직 시 향시에 출제한 시제가 왕

의 失政을 비유한 것이라 하여 종성·영해 등에 유배되었다가 1623년 인조반정으로 풀려나 예조정랑·병조정랑·수찬·교리를 역임했다. 호란 시 임금의 뜻을 어기고 척화를 주장하다가 영월에 유배되었다. 해배된 뒤 한성판윤, 호조판서, 도원수를 역임하고 판중추부사에 올랐다. 저술로 『荷潭集』『涪溪記聞』『荷潭破寂錄』 등이 있다.

21) 필자는 이 글을 작성하는 과정에서 저자 김동호에 관한 자료를 구하기 위해 안동 김씨 문중에 문의를 한 바 있다. 이 과정에서 김항용 님의 후의로 저자 김동호와 관련된 중요한 정보들을 얻을 수 있었다. 도움을 주신 김항용님께 감사드린다.

22) 『安東金氏提學公派族譜』 권1, 안동김씨제학공파, 1990, 485~486쪽.

23) 문중의 전언에 등장하는 閔丙奭은 이 시기 정국의 중요 인물이기는 하지만 대청사행을 했다는 기록을 찾을 수 없었다. 또 저자 김동호가 대청사행 시 삼사 중 일원으로 참여했다면 의당 남아 있어야 할 기록도 없다. 임기중, 『연행록 연구』 증보판, 일지사, 2006, 12~29쪽 역대 연행사 일람표 참조. 이를 통해 볼 때 어떠한 이유로 민영철과 민병석이 혼동되었고, 부사를 수행한 것이 서장관으로 오인된 것이 아닌가 조심스럽게 추측해본다. 사행이 있던 1894년 민병석은 평안감사로 재직 중이었다.

24) 제시된 사진들은 안동 김씨 문중의 김항용이 촬영한 것이다. 영정은 아들 상기씨 댁에 보관돼 있던 것을 재촬영한 것이고, 필적들은 저자 김동호의 동생인 恒默(龍浩)의 후손 태석씨 댁의 현판을 촬영한 것이라고 한다.

25) 『고종실록』 47권, 1906년 병오(대한 광무光武 10) 5월 14일(양력) 첫 번째 기사, 『安東金氏提學公派族譜』 권1, 안동김씨제학공파, 1990, 491쪽.

26) 민영철은 민씨 척족의 한 사람으로, 초명은 泳轍이다. 益鎬의 아들로, 校理 善鎬에게 입양되었다. 1885년(고종 22) 문과에 합격하고, 한성부 좌·우윤과 예조·호조·형조의 참판을 역임한 뒤 1895년 궁내부특진관에 제수되었다. 1902년 군부대신이 되었고, 그 뒤 陸軍副將·軍務總長·鐵路總裁를 역임했다. 민비의 종형제로서 민씨 척족 중 지도적 위치에 있던 閔泳達이 민영철의 당숙이 된다.

27) 청에 의한 전선 가설은 1885년 6월 6일 중국대표 盛宣懷를 대리한 陳允頤와 조선대표 金允植 사이에 '朝中電線條約義州電線合同'이 체결됨으로써 시작되었다. 西路電線(인천-서울-의주) 공사는 1885년 8월 19일 인천에서 서울까지가 가설 완료되었고, 이어 20일에는 漢城電報總局(華電局)이 개국했다. 또한 10월 13일에 이르러 의주까지 가설을 마치고, 이틀 뒤인 15일 의주분국을 개국하게 되었다. 『통문관지』 제12권, 고종2년 을유(1885)조, 296~297쪽; 신태갑, 「洋務運動 時期의 電信 事業 經營」, 『부산사학』 제23집, 부산경남사학회, 1992, 131~161쪽.

28) 『연행록』 6월 28일, 7월 1일, 7월 11일조 등.

29) 전선을 가설하기 위해 조선에 온 중국인은 최소 176명이며, 이외에도 서양인 기술자가 3명 있었다. 전선 가설 완료 후 관리를 위하여 남은 사람은 서양인 기술자 1명을 포함하여 모두 24명이었는데, 이들은 당시 中國電報總局督辦 盛宣懷와 긴밀한 관계를 유지하면서 청조의 이익을 도모하는데 앞장섰다고 한다. 신태갑, 앞의 논문, 131~161쪽.

30) 임기중 편, 『燕行錄全集』 86, 동국대학교출판부, 2001, 123쪽. 이승오는 '電報局'이라고만 간단히 기록하고 있다.

31) 『연행록』 8월 7일조, "自山海關乘火輪車, 向于天津, 程道千里, 自卯正發, 纔到未初, 抵天津海關. 鐵路之上, 來往輪車, 不知其數. 輪車之皃様, 宛如輪船, 輪車之長五里, 廣二間, 無物不載. 鐵路渡江, 横築如虹橋, 左右欄干, 以鐵紅紫色爲之. 其下可容高帆來往, 鐵橋之高數百丈. (…) 過去山川, 忽前忽後, 如大拳石, 長至一尺, 無見細石. 到天津, 輪車輪船不可勝數, 此地勝狀, 亦初見也."

32) 조너선 스펜스Jonathan D.Spence, 『현대중국을 찾아서The Search for Modern China』1, 김희교 옮김, 이산, 1998, 298쪽; 정진봉, 「洋務運動期 철로부설에 대한 일고찰」, 『부산사학』 제28집, 부산경남사학회, 1995, 195~235쪽.

33) 사행단이 중후소가 아니라 산해관에서 기차를 탄 것으로 볼 때, 이때까지도 산해관-중후소 구간의 공사가 완료되지 않았음을 알 수 있다.

34) 사행로는 조선국경에서 북경으로 가는 최단코스가 아니었는데, 이는 중국 왕조들의 의도가 담긴 여로 설정이었다. 『殊域周咨錄』에는 明人 劉大夏가 조선에서 進貢하는 길에 12곳의 우회하는 곳이 있는데 이는 祖宗의 숨은 뜻이 있는 것이라고 말했다는 기록이 보인다. 『통문관지』 권3, 142~146쪽.

35) 천진은 1860년대 영국 프랑스 등 서구열강과 천진조약(북경조약)으로 인하여 완전 개방되었다. 따라서 이곳에는 서양의 대사관들이 자리하고 있어 서구 문물 정보 습득에 유리했다. 조선에서 신식무기 제조 기술을 배우기 위해 영선사를 파견한 곳도 바로 천진이었다. 또 중요한 외교 협상이 이뤄지는 곳이기도 했다. 金允植(1835~1922)의 『天津談草』 같은 기록이 이를 잘 보여준다. 이 시기 천진의 도시 성격에 관해서는 손재현, 「청말 열강의 天津지배와 도시의 변화」, 『대구사학』 제79집, 대구사학회, 2005, 177~218쪽 참조.

36) 『통문관지』 제3집 고종 20년 계미(1883), 288쪽.

37) 중국으로의 조공을 위한 전통적 사행로는 본래 해로였다고 한다.(『攷事撮要』) 그

러던 것이 명 永樂帝 기축년(1409년 태종9) 이래로 육로사행을 허락받게 된다. 그러다가 후금 세력의 확대로 인해 遼陽·瀋陽의 길이 막히자, 일시적으로 해로를 이용한 사행이 부활되었다. 물론 청조가 조공의 대상국이 된 뒤로는 다시 육로사행으로 돌아가게 되었다. 『통문관지』 권3, 142~146쪽.

38) 황호덕, 『근대 네이션과 그 표상들』, 소명출판, 2005, 167~175쪽; 이성현, 「상해, 근대 중국을 향한 길」, 민정기 외, 『중국 근대의 풍경』, 그린비, 2008, 174~181쪽.

39) 보빙사로 미국을 다녀온 홍영식은 고종에게 복명하는 자리에서 이같이 말한 있다. 김원모, 「견미사절 홍영식복명문답기」, 『史學志』 15권, 단국사학회, 1981, 183~230쪽.

40) 김동호 역시 위가기라는 청인 관리와 시를 창수하는 등 교유한 기록이 남아 있지만, 그 비중은 크지 않다.

41) 京報는 본래 청대에 북경의 報房들에서 印行·판매되었던 모든 신문들을 통칭하는 용어이다. 차배근, 『중국전근대언론사』, 서울대학교출판부, 1984, 308~318쪽.

42) 『申報』는 '申江新報'의 줄임말로 '申'은 상해를 가리키고, '新報'라 한 것은 淸朝가 발행하는 신문과의 차별성을 강조한 것이라고 한다. 『申報』의 선진적인 경영방식과 대중의 요구에 부응하는 보도 방식은 긍정적인 평가를 받았다. 이런 신보의 특성은 보급에서도 성공을 거두어 앞서 창간된 경쟁지 『上海新報』를 앞설 정도였다. 그 결과 『상해신보』는 자진 폐간했다. 차배근, 앞의 책, 117~131쪽,·289~291쪽; 이경하, 『淸日戰爭 시기 『申報』 사설에 나타난 '朝鮮'과 '日本'에 대한 시각」, 『중국어문학지』 제23집, 중국어문학회, 2007, 145~173쪽.

43) 이 글은 9월 1일자 『新文報』에 실린 것을 전재해놓은 것이다.

44) 이경하, 앞의 논문, 145~173쪽.

45) 『연행록』 11월 14일조, "十四日, 晴. 見去月二十七日申報, 則我國東徒, 見倭奴囚王佔地, 恨入骨髓, 屢次率衆, 攻擊倭人, 驅兵拒之, 各有死傷, 而我國人胸懷義憤, 入黨者益衆. (…) 華人得見此報曰, 朝鮮自古忠節義理之士, 尙今有之云耳."

46) 『연행록』 10월 4일조, 11월 11일조, 11월 17일조 등.

47) 1883년 창간된 『한성순보』는 관보로서, 민간 신문인 『申報』와는 차이가 있다. 우리나라 최초의 순국문 민간신문인 『독립신문』은 사행단이 돌아온 뒤인 1896년에야 창간되었다. 하지만 유길준 같은 개화론자들에 의해 신문의 중요성은 이미 강조된 바 있었다. 유길준은 후쿠자와 유키치福澤諭吉가 창간한 『時事新報』에 문명개화에 있어 신문의 중요성을 강조한 글을 기고한 바 있으며, 귀국 후에도 한성판윤 박영효가 주도하던 신문 발간사업에 온 정력을 쏟고 「신문창간사」 「신문해설문」 등을 쓰기

도 했다. 그는 신문 발간이 국민 계몽의 첩경이라고 생각했다. 하지만 이 사업은 보수파의 반대로 발간이 중지되는 좌절을 겪었다.

48) 『연행록』 9월 25일조. 청조는 서태후 환갑연에 드는 비용 마련을 위해 청일전쟁에 사용되어야 할 戰費와 철로 건설비를 전용해야 할 정도의 재정 압박을 받았다. 앞서 언급한 관동철로의 공사 지연도 그 한 예다.

49) 국사편찬위원회, 『한국사 40: 청일전쟁과 갑오개혁』, 국사편찬위원회, 2000, 149~150쪽.

50) 『연행록』 9월 7일조, 10월 23일조 등.

51) 『연행록』 9월 26일조, "自外有聞, 則皇上教是內東藩以倭之猖獗, 小國陷於塗炭, 而渠雖盡誠來貢, 朕, 何忍領受也云."

52) 예부상서 李鴻藻는 직접 사행단의 숙소를 찾아와 三使에게 현사행단이 동지사행 때까지 머물게 될 경우, 表文이나 貢物이 없더라도 전례에 따라 行禮할 수 있다고 청조의 의중을 전달한 바 있다. 『연행록』 10월 23일조. 李鴻藻는 光緒帝의 측근 중신으로, 청일전쟁 시 翁同龢와 함께 주전론을 주장했던 인물이다.

53) 『연행록』 9월 26일조, "皇上之仁聖, 綏被偏邦, 可喜, 而恐未可的實也."

54) 김동호는 조선의 관복이 일본 복식으로 바뀌었다는 소식을 듣고 한심하다고 적은 바 있다. 『연행록』 9월 20일조.

55) 김동호의 기록 중엔 김옥균과 그 추종자들에 대한 극렬한 비판이 발견된다. 『연행록』 9월 19일조.

56) 『연행록』 11월 25일조, 1월 15일조 등.

57) 徐相鼎(1813~1876)의 『燕槎筆記』(1870년 冬至兼謝恩使行)가 그 한 예다. 이 연행록은 徐慶淳(1804~?)의 『夢經堂日史』를 상당 부분 轉載하고 있다. 서경순은 작자 서상정과 먼 일가가 되는 인물(서상정의 玄祖父인 命伯의 동생 命休의 후손)로 1855년(철종 6) 陳慰進香使로 연행했던 작자의 종조부 徐憙淳을 수행하여 연행한 바 있다. 하지만 이런 점을 감안하더라도 어떤 출처 표시도 없이 일부 문장까지 그대로 쓰고 있다는 것은 지나치다. 사실상 표절에 가깝다고 볼 수 있다. 19세기의 연행록 중 상당수가 전대의 영향력 있는 연행 기록들인 金昌業의 『燕行日記』, 洪大容의 『燕記』, 朴趾源의 『熱河日記』에 의거하여 자신의 의견을 부연하고 있지만, 『연사필기』의 경우는 특정한 연행록의 자료를 그대로 전재하는 단계에까지 이르러 조선 말 연행 기록의 관습성과 퇴행성을 짐작하게 한다. 임준철, 「(徐相鼎의) 『燕槎筆記』 해제」, 『燕行錄解題』(2), 동국대학교 한국문학연구소, 2005, 553~568쪽.

58) 『서유견문』의 초고는 1889년에 탈고 되었지만, 정식 출판은 1895년 4월에야 이뤄졌다.

59) 유길준, 『西遊見聞』 영인판, 경인문화사, 1969, 469~480쪽.

제5부 | 협객의 형상: 유협시遊俠詩

유협시의 유형적 전통과 17세기 조선 시단의 유협시

1) 졸고, 「조선 중기 한시에서의 典型意象의 계승과 미감의 확충(1)-邊塞風·遊俠風 意象을 중심으로」, 『한국한문학연구』 제35집, 한국한문학회, 2005, 215~250쪽.

2) 李睟光, 『芝峯類說』 卷九, 「文章部」 詩法, 을유문화사, 1975, 618쪽.

3) 劉若愚, 『中國之俠The Chinese Knight-Errant』, 周清霖·唐發鐃 譯, 上海: 上海三聯書店, 1991; 鍾元凱, 「唐詩的任俠精神」, 『北京大學學報』 1984年 第4期, 55~65쪽; 陳山, 『中國武俠史』, 上海: 上海三聯書店, 1992; 陳平原, 『千古文人俠客夢』, 北京: 新世界出版社, 2002. 유약우의 연구 성과는 본래 영국의 Routledge & Kegan Paul 출판사와 미국의 시카고대학 출판사에서 1967년에 출판된 것으로, 유협을 유가문화 이외의 또 다른 중국의 문화적 특성이란 측면에서 서구사회에 소개한 것이다. 이상의 연구 성과에서 유협시는 보조적 자료로 활용되었을 뿐 유협시 자체에 대한 탐구로는 미흡한 점이 있다.

4) 기존의 연구 중에서는 다음 두 가지 연구 성과를 참고할 만하다. 이치수, 「中國 古典 詩歌에 나타난 俠」, 『중국어문학』, 제28집, 영남중국어문학회, 1996, 31~54쪽; 林香伶, 『以詩爲劍—唐代遊俠詩歌研究』, 臺北: 文津出版社有限公司, 1999.

5) 남은경, 「鄭斗卿 俠客詩의 內容과 意味」. 『한국한문학연구』제15집, 한국한문학회, 1992, 283~309쪽; 졸고, 「鄭斗卿 詩의 虛構的 意象과 遊俠的 想像力」, 『민족문화연구』제39집, 고려대학교 민족문화연구원, 2003, 67~105쪽.

6) 이치수, 앞의 논문, 31쪽. 해당 논문의 문맥을 고려할 때 이치수는 협을 노래한 시 혹은 좀 더 구체적으로는 협이 주인공으로 등장하는 작품을 영협시라고 명명한 듯하다.

7) 王文進, 「南朝邊塞詩的類型」, 『中外文學』 第20卷 第7期, 鍾元凱, 앞의 논문, 55~65쪽, 陳山, 앞의 책, 135~158쪽, 陳平原, 앞의 책, 1~22쪽. 중국·대만 학계의 유협시 연구에 관해서는 林香伶, 앞의 책, 6~8쪽 참조.

8) 陳山, 『中國武俠史』, 上海: 上海三聯書店., 1992, 117~158쪽.

9) 鍾元凱, 「唐詩的任俠精神」, 『北京大學學報』 第4期, 1984, 55~65쪽.

10) 이상은 이치수, 「中國 古典詩歌에 나타난 俠」, 『중국어문학』 제28집, 영남중국어문학회, 1996, 31~54쪽의 분류를 일부 수정하여 제시한 것이다.

11) 상세한 내용은 졸고, 앞의 논문, 233쪽을 참조할 것.

12) 이상의 유협시 작가 목록은 지금까지 필자가 조사한 바에 국한된다. 정확한 실상에 관해서는 추후 좀 더 면밀한 자료 조사가 필요하다.

13) 車天輅, 『五山說林草藁』, "縱使俠骨香, 不慙世上英. 使當作死. 王維詩縱死猶聞俠骨香, 曾見一本, 亦如此." 정두경이 창작한 악부제 유협시는 이백이 남긴 악부제 유협시와 제목이 일치한다.

14) 안대회, 『18세기 한국한시사 연구』, 소명출판, 1999, 14~22쪽; 장유승, 「17세기 古詩 硏究」, 정신문화연구원 석사학위 논문, 2002, 4~9쪽.

15) 李景奭, 『白軒集』 卷八, 한국문집총간 95, 민족문화추진회, 1992, 482쪽.

16) 한국역사연구회 17세기 정치사 연구반, 『조선 중기 정치와 정책』, 아카넷, 2003.

17) 정민, 『목릉시단과 석주 권필』, 태학사, 1999, 101~137쪽.

18) "羅公五兄弟皆平時俠客, 而守讓氏獨落湖南, 見我於任實, 燈下把筆走贈."

19) 任鈵, 『鳴皐集』, 「行狀」, 인물연구소, 2000, 252쪽. "十三, 挾冊往師家, 有駿馬繫門, 而牽者睡, 公乃超騎, 馳騁馬, 逸入尹尙書自新宅, 尙書公愛公容貌異凡, 呼韻試之, 公應口對曰, '白玉少年白鼻騧, 翩翩驕踏渭城花. 手橫三尺芙蓉劒, 笑入平原公子家.', 尙書公笑而裁書以與公曰, '爾可傳尊大人.', 公袖以歸獻, 乃通婚書也."; 朴亮漢, 『梅翁閒錄』, 趙鍾業 編, 韓國詩話叢編 9, 태학사, 1996, 697쪽, "鄭東溟少時以白衣從事接待天使, 臨發, 往見元相斗杓, 不遇, 莊中有藍大緞一疋, 持歸作袍, 着而馳出都門, 給從者典而沽酒, 題曰, 長安俠少出關西, 楊柳靑靑黃鳥唬(啼). 笑脫錦袍留酒肆, 能令公等醉如泥."

20) 衡山이 의미하는 바는 蘇軾, 『東坡全集』 卷八十六, 「潮州韓文公廟碑」를 참조할 것.

21) 『光海君日記』 卷121, 9년 11월 28일(己丑), 203쪽.

22) 許적, 『水色集』 卷四, 57쪽, 「次金道源韻以爲寄」 시의 自注에, "名世濂, 卽再從兄荷谷之外孫. 初受學於余, 少捷巍科, 歷ㅁ淸顯, 以言官不撓於時, 遂被遠謫. 今則放歸, 旅次于江上, 讀秦漢詩文以自娛, 作俠客行以視余, 余步韻以寄, 時年二十八"이라고 했다.

23) "西原公子原城行, 一騎一僮村閭裏. 鬢髯若戟面仍黑, 敝冠垢衣過城市. 直趨南街訪余居, 把酒每邀汾西子. 悲歌擊節懷孤憤, 十年聚散長如此. 今朝忽有車馬賓, 前騶後徒喧鄰里. 少婢竊視還竊笑, 公子亦復能迺爾. 水晶之纓白苧袍, 肘後銅章何纍纍. 手挽恩波向身瀉, 股肱之郡名譽嫩. 朝廷又借關西縣, 古來寵光無與比.夔夔日侍鈴閣中, 起居扶携奉懽喜. 鴻私覆載諒難酬, 感激寧知一生死. 大而活國小活民, 君家父子國所倚. 男兒行色當如斯, 曳尾泥途良足恥."

24) 許穆, 「龍洲神道碑」, 『記言』 卷四十, 한국문집총간 98, 민족문화추진회, 1992, 272쪽; 『孝宗實錄』 卷三, 1년 3월 8일(辛酉)條.

25) 『朱子語類』 卷一百四十 論文下, "陶淵明詩, 人皆說平淡, 據某看他自豪放, 但豪放得來, 不覺耳, 其露出本相者, 是詠荊軻一篇, 平淡底人, 如何說得這樣言語出來."

26) 『東溟集』 卷三, 429쪽, 「擬王子思歸曲四首」의 注에 "孝廟嘗於潘中, 有感懷詩數篇, 先生聞而悲憤, 作此詩"라고 했다.

27) 南龍翼, 『箕雅』 卷十四, 아세아문화사, 1980, 924쪽. "田光先生刎首死, 於期將軍扼腕起. 倚柱而罵豈亡秦, 嗟咨曹沫眞欺人. 變徵歌空白虹消, 寒水祇今風蕭蕭." 이 작품은 통행본 『箕雅』에도 허적의 작품으로 수록되어 있고, 허적의 문집인 『水色集』 卷一에도 실려 있어서, 실제론 허적의 작품일 가능성이 높다.

28) 박희병, 『韓國古典人物傳研究』, 한길사, 1992, 276~337쪽.

제6부 | 차별과 연대: 조선시대의 개성 출신 문인들

조선 중기 송도 문인 시에 나타난 심미 경향의 특질

1) 다른 지역 출신의 문인들이 남기고 있는 송도에 대한 모든 회고시가 송도 출신 문인들의 작품과 명확히 구별해 낼 수 있을 만큼의 격차를 보이는 것은 아니다. 『松京誌』 『中京誌』 『松京廣攷』 『新增東國輿地勝覽』 등에 실려 있는 송도에 대한 題詠들을 일별해 보면, 대개의 경우는 유적을 통해 시간의 경과 혹은 인간사의 흥망 정도를 이끌어내는 일반적 회고 정감을 넘지 못하고 있지만, 몇몇 작품은 송도와 송도 사람의 정서를 대변하는 듯한 강렬한 애상감을 효과적으로 표출하고 있다. 예컨대 조선 중기 權韠의 「滿月臺」(『松京誌』 卷七) 시에서, "번화했던 자취 사라지고 산하만 남았으니, 보이는 것마다 감개함을 어찌하랴, 太液池의 연꽃 시듦에 가을빛은 저물고, 궁중 숲의 차가운 잎에 떨어지는 비소린 후두둑, 궁궐의 까마귀 金盤의 이슬 쪼길 좋아하고, 들판의 새는 玉樹歌를 부를 줄 아는구나, 여윈 말로 홀로 왔다 홀로

돌아가노니, 지는 해 銅駝에 비침은 견디기 어렵네繁華無迹有山河, 觸目其如感慨何, 太液枯荷秋色老, 禁林寒葉雨聲多, 宮烏愛啄金盤露, 野鳥能吟玉樹歌, 瘦馬獨來還獨去, 不堪斜日照銅駝"라고 한 것은 시 문면 자체만 놓고 볼 때, 송도 사람의 특정 정서와 구별해 내기 쉽지 않은 것이 사실이다. 물론 이것이 권필이라는 걸출한 시인이 갖는 예민한 감수성으로부터 기인한 높은 수준의 문학적 성취 정도로 파악될 여지도 있겠지만, 이 글이 문제 삼고 있는 송도 출신 문인의 審美傾向과의 변별이 하나의 과제로 남게 된다. 이 같은 문제에 대하여 필자는 다음과 같은 이유로 변별의 타당성을 찾을 수 있다고 생각한다.

첫째, 이 같은 정감 혹은 심미 경향이 일관성을 갖는가 하는 문제다. 권필의 경우 위의 시에서 보여주는 정감, 혹은 심미 경향과는 달리, 「過松都口占」(『石洲集』 卷四)이라는 시에서는 "소를 탄 목동들의 구성진 피리 소리, 이 세상 흥망성쇠란 알 바 없다네牛背小童橫短笛, 不知人世有興亡"라고 하여 송도가 갖는 특수성이 시간의 경과나 인간사 흥망의 보편적 문제로 轉化되고 있다. 이 점은 정감 혹은 심미 경향이 일회적 국면이냐 빈번한 국면이냐 하는 점과 연관하여 생각할 때도, 송도 출신 문인들과는 변별되는 국면이라고 할 수 있다.

둘째, 유사한 정감 혹은 미감이라 할지라도 그것이 보편화·일반화되어 다른 역사적 사실과 병렬되는 경우와 특수화·절대화되어 시인 자신의 의식으로 수렴되는 경우의 차이다. 조선 후기 崔成大가 "송도의 계집애는 우는 소리도 노래 같으니, 천고의 흥망을 넌들 어찌하랴, 일찌기 皐蘭寺에 올라 백제를 조문하니, 의자왕 유업도 빈 물결뿐이었다네崧陽兒女哭如歌, 千古興亡奈爾何, 曾上皐蘭吊百濟, 義慈遺業亦空波"(『松京誌』 卷七)라고 한 것은, 송도 출신 문인들의 시에서 보여주는 양태와는 분명 구별되는 국면이다.

2) 이 글은 본래 조선조 송도 출신 문인들의 문학세계를 송도가 갖는 특수한 사회·역사적 배경과 연결시켜 조망해보고자 기획된 것이다. 이러한 목적을 수행하기 위해선 송도의 인물들 전반에 대한 세밀한 검토는 물론 송도의 학문적 특성에서 경제적 특성에 이르기까지 그들의 정신적·물적 기반에 관한 엄밀한 탐구가 전제된다. 하지만 필자는 아직 이에 관해 총체적인 시각을 확보하지 못한 채, 지금도 그 작업을 진행하는 중에 있다. 이런 까닭에 일단 여기서는 조선 중기라는 시대 상황에 국한하여 이들 문학세계에 나타난 특정 국면에 주목하여 그 의미를 규명해냄으로써, 이 연구가 궁극적으로 목표하는 바에 이르기 위한 하나의 단초로 삼고자 한다. 여기서 조선 중기라는 시대에 주목한 이유에 대해선 약간의 설명이 필요하다. 먼저 조선조 체

제가 안정됨에 따라 더 이상 송도가 왕조 교체기 반개국 세력의 준거지로서의 미묘한 성격을 갖지 않는 다는 점을 들 수 있다. 소위 '두문동칠십이현杜門洞七十二賢'의 예에서 보듯 조선의 개국에 참여하지 않고 고려조에 대한 절의를 지키려 했던 일련의 인물들이 보이는 행태는 왕조 교체기의 불가피한 역사적 산물로서, 이는 이 글이 목표로 하는 조선조 송도 출신 인물들의 검토와는 구별되어야 할 부분이기 때문이다. 다음으로는, 송도 출신 인물들이 과거를 통해 중앙 정계에 등장한 사실상의 1세대가 이 시기에 집중되어 있다는 점을 들 수 있다. 『松京誌』나 『崧陽耆舊傳』 등을 보더라도, 문과에 등과하거나 이 지역의 인물로서 주목할 만한 이들 중 첫 세대라 할 인물들은 대체로 명종대 이후 특히 선조대의 사람이기 때문이다. 따라서 이 시기에 대한 검토는 송도 출신 문인들에 대한 검토의 시작으로서 적합한 시대·자료적 조건을 가지고 있다고 생각된다.

3) 滿月臺는 延慶宮의 遺墟로, 옛날 正展 앞의 계단이었다고 한다. 天壽院은 고려조의 大刹로 조선조에 들어와 폐허가 된 곳이다. 과거 이곳은 사람들을 전송하는 이별의 장소이기도 했다. 花園은 공민왕이 2층으로 팔각전을 세우고 주위에 화초를 심어서 잔치하고 놀이하는 장소로 삼았다. 이곳은 또한 최영이 이성계의 군대에 쫓겨 최후의 일전을 벌였던 장소이기도 했다.

4) 車天輅, 『五山集』 卷三, 한국문집총간 61, 민족문화추진회, 1991, 401쪽.

5) 위와 같음.

6) 『心適堂集』에는 「顯正二陵吊古」라고 되어 있으나, 『松京誌』등에 실려 있는 기록이나 내용으로 보아 「玄正二陵吊古」로 바로잡는다. 현릉과 정릉은 각각 공민왕과 노국대장공주의 능이다.

7) 金履祥(1498~1576)은 자가 仲吉, 호는 心適堂이다. 송도 출신으로 1519년 생원시에 합격하고, 1540년 별시문과에 병과로 급제했다. 내직으로 直講·司藝·홍문관정자를 거쳤고, 외직으로 덕천·영원군수를 지냈다. 시에 능했다고 알려져 있는데, 후대인 張昌復은 그의 「麗朝歌」에서 조선조 송도의 인물로 문에 능했던 簡易 崔岦과 함께 그를 能詩者의 첫 번째로 꼽고 있다. 임진왜란 때 순사한 金鍊光이 그의 아들이다. 참고적으로 金履祥은 뒤에 거론할 車天輅의 父 車軾과 가깝게 교유하던 사이기도 했다.

8) 『心適堂遺稿』, 개인소장본, 「過滿月臺」.

9) 『心適堂遺稿』, 「天壽寺舊址」.

10) 曺臣俊은 송도 출신으로, 송도에 대한 많은 지식을 가지고 있던 인물이다. 송도에

관련된 많은 읍지류들, 예컨대 『松都誌』(1648), 『松都誌』(1782), 『松都續誌』(1802), 『中京誌』(1824), 『高麗古都徵』(19세기), 『松京廣攷』(1825) 중 가장 최초의 기록인 1648년 金堉이 편찬한 『松都誌』는, 사실 조신준이 앞서 古史와 기타 자료를 모아 엮은 『松都雜記』를 저본으로 한 것이었다. 아쉽게도 『송도잡기』는 지금 전하지 않는다. 참고로 車雲輅가 그의 外舅가 되며, 조신준은 어렸을 때 차운로에게서 공부했다고 한다.

11) 주목할 것은 이 글이 시기적으로 앞서 편찬된 『松都誌』에는 나오지 않다가, 정조대에 이뤄진 『中京誌』에 와서야 실려 있다는 점이다. 정확한 이유를 알 수는 없지만, 조신준의 논의가 담고 있는 송도에 가해진 차별적 정책에 대한 비판이나 두문동에 대한 논의에서 기인한 것이 아닌가 추정된다. 두문동 72현에 대해 국가 차원의 승인이 이뤄진 시기가 영조대이기 때문이다.

12) 『中京誌』, 卷七 古蹟, 杜門洞條, "曺臣俊論略曰, 本府爲麗氏舊都, 五百年, 休養生息, 道德齊禮, 其廉恥之所在, 則雖斬伐誅戮, 而猶不能變易其所守, 若其諱義生, 卽余八代祖, 麗末與林先味孟姓等七十餘人, 隱於西郊, 逮夫鼎遷, 閉門守節, 及其被禍, 莫不延頸爭先, 至今稱之以杜門洞, 雖以我朝之深仁厚澤, 不得不齊之以一切之法, 芟夷禁錮, 百年停擧, 使讐民子孫, 不得夷於平人, 歷年旣多, 踐踏猶甚, 夫以道德文章忠孝節義, 超出一世之士, 率皆沈於下僚, 不得一有施展, 他尙何言, 立國之初, 驅之以法, 殺死禁抑之者, 勢也, 旣定之後, 尙論其心跡, 則爲臣效忠者, 固可嘉奬之不已也, 此地之林張馬車白, 三韓甲族之說, 自古傳稱, 若言此地人不從遷者, 皆是市民而非士流云, 則禁錮之法, 尙可施於市流耶, 惟其世家舊族不從遷者, 周所謂讐民也, 我太祖親臨設科, 至誠開誘, 爲滌瑕收用之計, 而無一人入門就試, 其身可辱而其心不可屈, 其名可踐而其志不可挫, 爲士者, 固其窮而無經營分外之心, 其有登科用, 立仕途之人, 皆以苟進爲羞, 當官則以淸愼爲尙, 臨亂則以節死自任, 玆豈非禮法之美俗, 有以致之耶, 我朝之於麗, 頑春生秋殺陰慘陽舒, 其所以禁廢停擧, 只欲折服其心, 奔走臣我, 同歸於治也, 末流之弊, 乃至於遐棄顯斥, 此豈我先王之本心哉."

13) 이에 관해서는 조선 후기 송도 출신의 문인인 林昌澤이 자신의 「海東樂府」 중에 「忠發賈」라는 작품으로 시화한 바 있다. 구한말 송도 출신의 대표적 인물인 金澤榮도 이 시에 注를 달면서 이에 대해 언급한 바 있다.

14) 『中京誌』 卷一, 「國朝紀事」.

15) 李重煥, 『擇里志』 卷十, 京畿道條.

16) 柳壽垣, 『迂書』 卷九, 「論稀姓之流」.

17) 한순계와 차천로를 선택한 이유는 현실인식이 한정된 자료만으로 쉽게 파악될 수 없는 것인 까닭에, 그 인물의 삶의 양태를 감안하지 않을 수 없다는 데 있다. 士類로서의 현실적 삶의 양태란 결국 出과 處로 대별될 수 있겠는데, 그런 까닭에 출의 대표적 인물론 당대 전국적 문명을 획득했던 차천로를, 처의 대표적인 인물로는 출사에 뜻을 두지않고 隱逸로서 평생을 송도에 묻혀 살았던 한순계를 선정했다.

18) 기록에 따르면, 그의 호 市隱은 李珥와 成渾에 의해서 일컬어지게 되었다고 한다. 栗谷과 牛溪가 송도를 지나다 그에 대한 이야기를 듣고는, 그의 사람됨에 감탄 '市隱'이라고 칭송했다는 것이다. 『市隱集』 卷二, 遺事, 고려대학교 도서관 소장본; 『崧陽耆舊傳』 韓舜繼條 참조.

19) 한순계에 관련된 자료로는 그의 문집 『市隱集』 외에, 『松都誌』 『中京誌』의 人物條目과 成大中과 金澤榮의 傳을 참고할 수 있다.

20) 金澤榮은 『崧陽耆舊傳』중 隱逸로 韓舜繼를 立傳하면서, 隱逸이란 부득이하여서 선택하게 된 삶의 자세임을 강조하고 있다. 한순계의 은일로서의 삶도 이런 관점에서 살펴야 할 것이다.

21) 강만길, 『조선 후기 상업자본의 발달』, 「개성상인과 인삼재배」, 고려대출판부, 1973.

22) 李瀷, 『星湖僿說』, 「人事門」 生財條, "開城爲王氏舊都, 近接京師, 西通燕貨, 俗尙華盛, 猶有高麗遺風, 聖祚以後, 殷頑不服, 國亦棄以錮之, 士大夫遺裔, 廢文儒藏逃商賈."

23) 洪名漢, 「市隱集序」, "昔聞國初松京有忠發賈者, 隱而不知其爲誰, 公則以孝隱於市而名留, 存沒忠孝一致, 而豈非逢時之有幸不幸者歟."

24) 흥미로운 사실은 앞서 언급한 바 있는 숙종대 송도 출신의 대표적 문인이라할 林昌澤(1682~1723, 號:崧岳)도 상인으로 轉身하여 살아갔다는 점이다. 이는 단순히 한순계가 보이는 삶의 양태와 공통분모가 있다는 점이 문제가 아니라, 한순계의 삶을 이해하는 데도 유비 추리가 가능한 하나의 자료라는 데 가치가 있다. 이들이 공통적으로 내세우는 표면적인 이유는 집안이 가난하여 부모를 봉양하기 어렵다는 것에 있지만, 실제론 자신의 뜻을 이룰 수 없는 사회 현실에서 그 근본적 이유를 찾아야 할 것으로 보인다. 임창택은 1711년(숙종 37) 사마시에 합격했던 데서 알 수 있듯이 현실 출사의 의지를 분명히 지니고 있었음에도 불구하고, 스스로 출사를 포기하고 상인의 길을 선택했다는 점은 시사하는 바가 크다.

25)『市隱集』卷一,「山水歌」, 고려대학교 도서관 소장본, "浩然山水裏, 往來一閑人".

26)『市隱集』卷一,「次李上舍草堂韻」, "賴有南窓心自適, 笑他名利走西東".

27)『市隱集』卷一,「山中漫吟」.

28) 韓舜繼,『市隱集』卷一,「登子南山次從事官韻」二首 중 其一, "閑驅淸輿上東岑, 極目羣山最有心. 霜葉已紅嫌醉面, 黃花曾綻屬閑吟. 蕭條村屋炊煙起, 寂寞山城日影沈. 坐久悠悠思故國, 不堪回首淚沾襟."

29) 韓舜繼,『市隱集』卷一,「場巖亭」二首 중 其一, "春風匹馬淚沾襟, 縹緲關河眼界臨. 明月有情留客醉, 靑山無語助詩吟. 數聲啼鳥庭前樹, 一片歸雲野外岑. 別有箇中亡國恨, 臺城楊柳雨籠深."

30)『市隱集』卷一,「過麗祖陵」, "統合三韓萬代功, 至今人道是英雄. 夕陽我過荒陵下, 滿目傷心指顧中."

31) 韓舜繼가 보여주는 이 같은 면모는 다음 시에서 보여주는 면모와 비교해볼 때, 그 심미 경향 혹은 회고 정조가 수렴되는 의식에 상당한 차이가 있다.

가) 李承召의 시, "화각 소리 애달픈데 저녁놀은 붉고, 기장 우거진 어느 곳이 館娃宮이었던가, 穄田에 무성한 풀은 하늘의 구름에까지 이어져 있는 듯하고, 龍井의 찬 물결은 바다와 통해 있네, 花園에 나뭇잎 떨어짐에 지난일 슬퍼하고, 노래 그친 후전에서 옛 모습 상상하네, 한가로이 紫霞洞 신선 노닐던 곳을 찾아가니, 신선의 학을 달 아래서 만날 것만 같구나畫角聲哀晩照紅, 黍離何處館娃宮, 穄田草合連雲碧, 龍井波寒與海通, 木落花園悲往事, 歌殘後殿想遺風, 閑尋紫洞仙遊地, 仙鶴猶疑月下逢."(『新增東國輿地勝覽』卷五 開城府下 題詠)

나) 李達의 시, "전조의 누대에 풀과 이내 자욱하고, 해 저물자 소·양은 바위 그늘로 내려오네, 망국의 땅을 등한히 여김은 한가지라, 웃으며 단풍 가득한 계림을 보는 듯하네前朝臺前草煙深, 落日牛羊下石陰, 同是等閒亡國地, 笑看黃葉滿鷄林."(『松京續誌』卷三 古蹟條)

다) 金昌協의 시, "고도의 삼월에 풀은 무성하고, 나무꾼·목동의 노래 소리 곳곳에서 들리네, 신라 치고 압록강 차지한 일 부질없는 통일이나, 나는 용·춤추는 봉황 같은 산은 아직도 많구나, 누가 동으로 흐르는 물을 멈추려 하는가, 이곳에서는 도리어 北山의 소나무가 마른다네, 사령운의 시구 읊음에 근심스럽기 그지없고, 무너진 성곽 저녁연기 속에 다시 드문드문 종소리 들려오네古都三月草茸茸, 樵牧行歌處處逢, 摶鴨操鷄空一統, 飛龍舞鳳尙千峯, 誰人欲駐東流水, 是處還凋北嶺松, 愁絶永嘉詩上語, 暮煙殘郭復疏鍾."(『松京續誌』卷三 古蹟條)

32) 후대 그의 삶을 높이 평가할 수 있는 가치로 흔히 安分을 꼽고 있다. 실제 그의 시세계에 드러난 문면을 볼 때도, 이 같은 安分이나 천명에 순응코자 하는 順命을 언급하거나 다짐하는 경우가 많이 눈에 띈다.

33) 韓舜繼, 『市隱集』 卷一, 「辛酉秋亂離作」, "獨坐營中過五更, 布衣綻處透風清, 秋光慘憺詩難紀, 霜氣凄寒夢不成, 月黑空林飢虎嘯, 雲深幽谷老鵂鳴, 自知險惡眞吾分, 悔恨當年不學情."

34) 李瀷, 『星湖僿說』, 「人事門」 卷十一, 西北武士條 · 卷十二 簡拔王氏條.

35) 졸고, 「차천로 시세계의 연구」, 고려대 석사학위 논문 1996.8. 참조.

36) 이는 동시대 權韠의 시와 비교해보면 잘 드러난다. 권필의 「君不見對酒走筆」(『石洲集』 卷二)는 그의 현실 비판 의식이 기반하는 바가 상당 부분 서인으로서의 당파성에 있음을 알 수 있다. 물론 권필의 이 같은 의식 국면이 단순히 당파성에만 기인하는 것은 아니지만, 차천로의 경우와 비교해볼 때 그 당파적 편향성은 분명하다.

37) 일부에서 차천로를 북인으로 보는 시각이 있다. 이는 대체로 실록에서 그가 이이첨에게 아부했다고 비판한 기록에 의거한 것이라 보이는데, 차천로의 생애를 살펴볼 때 그를 특정 당파로 볼 근거는 없다고 판단된다. 이는 그의 시 「夜吟」에서 당대 정치 현실을 달팽이 뿔 위에서 동서남북으로 나뉘어 다투는 것으로 묘사한 데서도 알 수 있다.(『五山集(筆寫本)』 卷五, "夜人於世識窮通, 俗事看來振眼空, 南北東西蝸角上, 是非名利蠅封中." 이런 표현들을 통해 정치 현실에서 소외된 차천로의 당파에 대한 거부감을 살필 수 있다.

38) 『五山先生續集』 卷一, 「奉呈藥圃 · 東皐 二首」 중 둘째 수.

39) 차천로의 가계는 羅 · 麗朝에 재상을 역임한 명문가였다고 알려져 있다. 하지만 조선 개국초 개국에 반대한 선조 車原頫로 인해 일족이 모두 참살된 이래 몰락의 길을 걷게 된다. 車門의 몰락은 이런 점에서 조선조 송도지역이 처한 운명과 무관하지 않다고 볼 수 있다. 참고적으로 차원부의 寃死와 관련해선 후대 林昌澤이 자신의 「海東樂府」 중에서 「破醪翁」이란 제목으로 차원부의 죽음이 송도 사람들에게 미친 충격을 시화한 바 있다.

40) 최립과 함께 언급된 藥圃는 李海壽(1536~1599)를 말하는 것으로, 영의정 鐸의 아들로 예조참의 등의 벼슬을 역임한 명문가의 자손이었다. 차천로의 처지와는 상당한 격차가 있지만, 지금 남아 있는 이해수의 문집 『藥圃集』을 살펴보면 그는 차천로의 처지를 상당히 동정한 인물이었던 것으로 보인다. 따라서 이같이 자신의 내밀한 의식을 솔직히 토로할 수 있었던 것으로 추측된다.

41) 金萬重, 『西浦漫筆』下, "鎭言朴淵瀑布花潭先生與己爲松都三絕, 其自高如此, 厥後崔東皐之文章, 車五山之詩, 韓石峯之筆法, 並世蔚興, 又稱三絕, 何松都之獨多絕也."

42) 차천로의 『醉後示東皐石奉 六首』(『五山先生續集』 卷二)나 최립의 「車五山感事韻 二首」, 「又示金秀才, 仍奉五山」(『簡易集』 卷七) 등의 시를 보면, 이들 간의 우의가 내밀한 의식세계의 교통에까지 이르고 있음을 확인할 수 있다.

43) 『杜詩鏡銓』 卷十七, 「久雨期王將軍不至」, 北京: 中華書局, 1979, 1804~1805쪽. "恨昔范增碎玉斗, 未使吳兵著白袍" 朱注: 二句比王將軍之老謀而不見用也.

44) 頸聯의 卯金刀가 무엇을 지칭하는가는 사실 모호하다. 卯金刀는 漢室의 성인 劉氏를 가리키는 은어다. 卯金刀는 본래 『後漢書』 「孔融傳」에서 "我大聖之後, 而見滅於宋, 有天下者, 何必卯金刀"라고 한 것과 같이 당대 왕조에 대한 경멸적인 표현으로 쓰였다.

45) 이와 관련해서 최립·한호의 사이에 창수된 현실에 대한 불만을 담은 시들이 모두 정조대 간행된 문집에 실리지 않은 채 구한말에 와서야 후손들에 의해 공개되었을 뿐 아니라, 규장각에 보관된 간행된 문집의 모본이라 여겨지는 필사본에조차 전혀 실려 있지 않다는 점에 주목해야 한다. 후대 편찬된 『五山先生續集』이 정조의 왕명으로 간행된 『五山集』과 필사본에 실려 있는 다른 작품에 비해, 유독 현실에 대한 불만과 자신의 내밀한 의중을 드러낸 작품이 많다는 점은, 이 시의 불순한 분위기가 일회적인 것이 아님을 반증하고 있다.

46) 시상의 전개와 당시의 정황을 종합해볼 때, '鼇'는 시인 및 시인과 같은 유능한 인재들을, '三山'은 조선을 의미한다고 보인다. 이런 비유관계는 「共東皐·藥圃·石峯往遊花潭, 途中口占三首」 중 其一(『五山先生續集』 권2)과도 유사하다. 이 시를 시인과 '鼇', 그리고 '鼇'와 '三山'의 관계란 관점에서 읽어보면 일단 다음과 같이 해석할 수 있다. 현재 조선이 처한 백척간두의 위난 상황은 뛰어난 인재를 쓰지 않아 벌어진 일이다. 그것은 鯤鵬이 뜻을 펴지 못하고 燕雀과 같은 무능한 소인배들이 득세한 조정의 문제다. 개국한 뒤 오랜 시간이 지났음에도 자신들과 같은 송도 출신의 인사들을 차별하는 조선왕조가 원망스럽기만 하다. 만일 우리 같은 인재를 적시적소에 썼다면 전쟁에서 지는 일 따윈 없었을 것이다. 이 시가 지닌 모호함 내지 불가해성은 어쩌면 당연한 것인지도 모른다. 드러내기 어려운 현실의 민감한 문제들을 담고 있기 때문이다.

47) 『五山先生續集』 卷二, 「醉後示東皐石峯 六首」 其三, 한국문집총간 61, 민족문화

추진회, 1991, 495쪽. "揷劒心肝露酒闌, 愧無雄略請泥丸."

48) 『五山先生續集』 卷二, 「醉後示東皐石峯 六首」 其一, 한국문집총간 61, 민족문화추진회, 1991, 494쪽. "劒壓壯懷憑酒力, 詩排幽悃博宵歡."

49) 『五山集(筆寫本)』 卷一, 「遣寓示通津倅 五首」 중 넷째 首, 서울대학교 규장각 소장본. "苦被浮名縛得牢, 折腰黃吻不辭勞, 猶向桑冥斬巨鼇."

50) 『杏溪集』 卷一, 국립도서관 소장 해외유출자료 영인본. 장창복의 「麗朝歌」는 高麗의 건국 신화로부터 고려조의 중요 인물과 사건 등을 서술하고, 그 흐름을 朝鮮朝에까지 이어 조선조 송도 출신의 인물들도 고려조의 전통과 흐름 속에서 읊어간 장편 서사시다. 이 시 자체가 담고 있는 의식은 단지 송도 출신으로서 갖는 현실적 차별에 대한 불만에만 국한되는 것은 아니고, 송도 출신으로서 혹은 고려의 후예로서 갖는 자부심과 긍지의 측면도 담겨 있다. 후자의 측면은 앞으로 조선 후기 송도지역의 양상과 관련하여 주목해야 할 부분이라 여겨진다.

51) 金澤榮, 『金澤榮全集』 五卷, 아세아문화사, 1978.

52) 林昌澤(1682~1723)의 「해동악부」 중 일부 작품도 이런 의식을 잘 드러내 보이고 있다. 『崧岳集』(국립도서관 소장본) 참조.

53) 유봉학, 「조선 후기 개성지식인의 동향과 북학사상 수용」, 규장각 16, 서울대학교 규장각, 1993.

54) 차천로는 父 車軾이 화담의 문도였고, 최립도 父 崔自陽이 화담의 제자라고 알려져 있다. 그 외의 인물들도 거개가 화담의 영향권 하에 있다.

55) 그 예로 陶巖 李縡의 문하에서 공부한 趙有善을 필두로, 후기 송도 사회에 큰 영향을 미친 金憲基 등을 들 수 있다.

56) 『韓史綮』은 일관되게 조선 역대 군주 및 권력 주도층의 정치적·도덕적 과오를 비판하고 있다. 특히 주목되는 것은 조선왕조의 성립에 대한 부정적인 인식인데, 그는 태조의 창업을 "弑二王簒恭讓王"이라 하여 이를 革命으로 보지 않고 왕위찬탈로 보고 있다. 이밖에도 과거제도의 폐해라든가 붕당정치의 문제점 등을 지적하며 조선사회 전반을 매우 비판적인 입장에서 서술하고 있다.

제7부 | 전범과 일탈: 조선 중기 한시의 관습과 개성

조선 중기 한시에서의 '기奇'

1) 여기서 사용된 조선 중기라는 용어는 역사적 시대 구분이 아니라 한시사의 전개와 관련 된 문학적 시대 구분이다. 그 범위는 대체로 學唐을 본격적으로 시세계의 지향으로 삼은 三唐派 시인들로부터 唐詩에 대한 경사가 擬古의 형태로 극단화된 정두경까지를 대상으로 한다. 세기로는 16세기 후반부터 17세기 중반, 왕조로는 주로 선조·광해군대를 범위로 한다.

2) 정민, 「16, 17세기 學唐風의 성격과 그 풍정」「16, 17세기 學唐風에서 낭만성의 문제」, 『목릉문단과 석주 권필』, 태학사, 1999, 27~62·62~100쪽; 안대회, 『18세기 한국한시사 연구』, 소명출판, 1999, 14~22쪽; 이종묵, 「조선 중기 詩風의 변화 양상」, 『한국 한시의 전통과 문예미』, 태학사, 2002, 467~495쪽.

3) 한 가지 덧붙이자면, 조선 중기 한시, 나아가 한국 한시사의 제 국면을 線條的 발전으로만 읽을 수 있느냐도 재고가 필요한 부분이다. 李夏坤의 「洪滄浪詩集序」(『頭陀草』 冊十六, 한국문집총간191, 再版, 민족문화추진회, 1999, 508~509쪽)같은 자료에 의지한 16~8세기 시단에 대한 서술은 발전사적 접근 방식으로 이해하기 편리하지만 각론으로 들어가면 작품 실상과 어긋나는 경우도 많고 지나치게 총체적 규정으로 일관하여 개별 작가 연구에 오히려 지장을 주기도 한다. 이 점은 한편으로 우리 한시사를 어떻게 볼 것인가 와도 연관된 것으로, 앞으로 연구자들이 숙고해봐야 할 문제다.

4) 楊愼, 『升庵詩話』 卷十二, 丁福保 輯, 『歷代詩話續編』中, 北京: 中華書局, 1983, 872~873쪽. 張耒, 「蓮花」 "平池碧玉秋波瑩, 綠雲擁扇青搖柄. 水宮仙子鬥紅妝, 輕步凌波踏明鏡." 杜衍, 「雨中荷花」 "翠蓋佳人臨水立, 檀粉不勻香汗濕. 一陣風來碧浪翻, 珍珠零落難收拾."

5) 錢鍾書, 「詩分唐宋」, 『談藝錄』, 補訂本, 北京: 中華書局, 1984, 1~5쪽.

6) 申昉, 『屯菴先生文集』 卷八, 「詩話」, 『韓國歷代文集叢書』 668, 경인문화사, 1993, 21쪽. "東溟詩善作虛景而不能寫實景, 集中古樂府, 及從軍出塞之作居多, 閒適幽淡, 寫景狀物之致, 盖小矣, 夫所貴乎詩者, 爲陶寫性情寄託興會, 卽事卽物以自舒娛也, 古人之爲樂府, 眞有其事, 有爲而發, 後之作者, 皆擬之也, 略有所述, 以備其體, 存古意, 可矣, 而胡兒白馬, 非常有之事, 日出東南隅, 青青河畔草, 字數有限, 是豈可以作家計終身者, 古有眞古, 在內不在外, 在意境不在題目, 須能用今人家常語,

而使不落卑近, 方見其古, 不然重瞳瀏步, 豈皆舜禹, 功甫八珍, 揖遜盛而適口少, 亦文人之病也." 그의 글은 김창협이 반대한 정두경류의 의고적 시풍에 대하여 가장 명료하게 비판한 글로 손꼽힌다. 안대회, 앞의 책, 20~22쪽; 안대회, 『조선 후기시화사』, 소명출판, 2000, 141쪽.

7) 段玉裁 注, 『說文解字注』, 上海: 上海書店, 1992, 204쪽.

8) 王運熙, 「鍾嶸『詩品』論奇」, 曹旭 選評, 『中日韓『詩品』論文選評』, 上海: 上海古籍出版社, 2003, 393~396쪽.

9) 가와이 고조, 『終南山的變容: 中唐文學論集』, 劉維治·張劍·蔣寅 譯, 上海: 上海古籍出版社, 2007, 81~84쪽.

10) 謝榛, 『四溟詩話』 卷二, 周維德 集校, 『全明詩話』 2, 濟南: 齊魯書社, 2005, 1331쪽. "李靖曰: '正而無奇, 則守將也. 奇而無正, 則鬪(鬪)將也. 奇正皆得, 國之輔也.' 譬諸詩, 發言平易而循乎繩墨, 法之正也. 發言雋偉而不拘繩墨, 法之奇也. 平易而不執泥, 雋偉而不險怪, 此奇正參伍之法也. 白樂天正而不奇, 李長吉奇而不正. 奇正參伍, 李·杜是也."

11) 李睟光, 『芝峯類說』 卷九 文章部二 詩法 "韓昌黎詩, 多押險韻, 殆不遺一字, 所以示奇也. 嗟「元和聖德詩」, 雜用語·御·麌·遇·哿·箇·馬·禡·有·宥韻, 「此日足可惜」詩, 散押東·冬·江·陽·庚·青韻, 亦猶兵家用奇, 奇正雜出, 乃所以奇也."

12) 다만 조선 중기에 鍾嶸을 모르는 사람이 많았다는 기록으로 볼 때, 『文心雕龍』의 용례가 더 보편성을 띠었을 가능성이 있다. 李睟光, 『芝峯類說』 卷十三 文章部六 東詩 "尹海平根壽贈余赴京詩云, '專對公能事. 耽詩夙有聲. 清文謝雕飾, 佳句近飛鳴. 大曆驚新調, 高標仰重名. 還從離別日, 却效老鍾評.' 老鍾人多不解, 蓋鍾嶸蕭齊時人, 有詩評故云." 이수광의 기록을 보면 당시 종영을 모르는 사람이 많았음을 알 수 있다.

13) 제시한 '奇' 관련 용어는 이 시기 개인 문집과 이 시기 시인들을 평한 당대와 후대 시화 자료들에서 추출한 것이다.

14) 李睟光, 『芝峯類說』 卷九 文章部二 詩 "詩以含蓄天成爲上, 雕鏤怪險爲下. 如李義山佳矣而斧鑿太甚, 所謂七日而混沌死也, 李長吉奇矣而眩幻太甚, 所謂施諸廊廟則駭矣."

15) 申欽, 『象村稿』 卷五十 『漫稿』上 「晴窓軟談」上, 한국문집총간 72, 민족문화추진회, 1991, 330쪽. "古人云'乾坤有清氣, 散入詩人脾', 淸是詩之本色, 若奇若健, 猶是第二義也, 至於險也怪也沈着也質實也, 去詩道愈遠, 淸則高, 高則不可以聲

色求也."

16) 張表臣, 『珊瑚鉤詩話』 卷一, 吳文治 主編, 『宋詩話全編』 3, 南京: 鳳凰出版社, 1998, 2603쪽. "篇章以含蓄天成爲上, 破碎雕鎪爲下. 如楊大年西崑體, 非不佳也, 而弄斤操斧太甚, 所謂七日而混沌死也. 以平夷恬淡爲上, 怪險蹶趍爲下, 如李長吉錦囊句, 非不奇也, 而牛鬼蛇神太甚, 所謂施諸廊廟則駭矣." 이수광은 楊億(楊大年)을 李商隱으로 바꾸어 서술하고 있다. 이것은 그가 지나친 조탁의 문제를 宋詩보다는 唐詩 내의 흐름 속에서 제기하고자 했음을 보여준다. 인용문 중 "七日而混沌死"는 『莊子』 「應帝王」 편에서 온 것이다.

17) 『芝峯類說』 卷九 文章部二 詩 "唐人作詩, 專主意興, 故用事不多. 宋人作詩, 專尙用事, 而意興則少. 至於蘇·黃, 又多用佛語, 務爲新奇, 未知於詩格如何. 近世此弊益甚, 一篇之中, 用事過半, 與剽竊古人句語者, 相去無幾矣."

18) 貫休, 『禪月集』 卷二 「乾坤有淸氣」 "乾坤有淸氣, 散入詩人脾."

19) "所謂施諸廊廟則駭矣"라는 부분은 일차적으로 張表臣의 『珊瑚鉤詩話』 "如李長吉錦囊句, 非不奇也, 而牛鬼蛇神太甚, 所謂施諸廊廟則駭矣"에서 온 것이지만, 장표신의 언술 역시 전대의 표현을 빌린 것이다. '廊廟'가 朝廷을 가리키는 말로 쓰임을 감안한다면, 이하의 시가 공적인 장소에서 읊어지기에는 적절하지 않음을 빗댄 말이라고 볼 수 있다. 이는 한편으로 과장된 정조와 황당무계한 표현으로 점철된 이하의 시세계에 대한 총체적인 평가이기도 하다.

20) 王世貞, 『藝苑卮言校注』 卷四, 羅仲鼎 校注, 齊南: 齊魯書社, 1992, 185~186쪽. "李長吉師心, 故爾作怪, 亦有出人意表者. 然奇過則凡, 老過則稚, 此君所謂不可無一, 不可有二."

21) 柳夢寅, 「題汪道昆副墨」, 『於于集』 卷六, 한국문집총간 63, 민족문화추진회, 1991, 442~443쪽. "近觀爲詩者, 號稱學唐, 其措諸句語, 不越山水花鳥雲煙仙僧梅竹風月若而字, 以爲唐調, 如經史子集恒言常說及幽辭艱語, 皆棄而不取. 故世之淺學寡識者, 以一部『唐音』, 輕老杜·老韓, 是亦一病, 而言詩之簡潔古淡者歸焉."

22) 柳夢寅, 「題鄭進士百昌擬古詩左」, 『於于集』後集 卷四, 556쪽. "願公諦視調格, 先從事於音響, 次務語, 去淺近字, 而勿用**唐以下軟語**, 若此則彼陳·韋小竪子輩, 顚倒走滅, 沒矣勉哉!

23) 楊士弘의 『唐音』은 다시 『唐詩正音』 『唐詩始音』 『唐詩遺響』으로 나뉜다.

24) 洪萬宗 編, 『詩話叢林』冬, 『洪萬宗全集』, 태학사, 1980, 679~680쪽. "余與車五山, 行至龍灣, 一日五山邀余, 往遊九龍臺, (…) 五山命坐其上, 使侍者連粘紙五六幅進

筆硯, 將欲窮我, 余竊料此翁不可與爭多, 宜速賦一詩, 走避其鋒可也, 乃書短律一首以示, 時五山之作, 已就廿許韻也, 以左手捲紙, 以韜其側面, 而見余詩訖, 吟呻數三聲, 促令僕從, 整駕遂還其寓, 余又隨之, 強問其故, 五山發笑吐實曰: '吾之平生所喜用文字, 卽六鼇兩字, 而君詩中旣六鼇對九龍, 爲君所先, 神氣忽沮故罷還.' 相對一笑, 蓋余詩有'山疑六鼇戴, 江倒九龍深.' 之語故云."

25) 李睟光, 『芝峯類說』, 文章部七 哀辭, 을유문화사, 1975, 545쪽. "車五山之亡也, 柳西坰根爲挽詩, 一聯云, '老莊馬史偏多讀, 李杜韓詩是熟精.' 此雖記實, 而挽語則未盡, 五山博洽多聞, 平生所讀而熟者, 不止此等書耳. 余亦爲挽詞, 有曰, '功名一世還無分, 宇宙千年始有君.' 又'延津劍去天收彩, **員嶠鼇亡地失靈.**' 又曰, '詞林浩氣三春盡, 學海長波一夕乾.' 西坰見之, 乃曰, '此句語, 足稱五山矣.' 西坰蓋未嘗不知五山者也."

26) 洪萬宗, 『詩評補遺』 上編, 『洪萬宗全集』 下, 태학사, 1980, 255쪽.

27) 李睟光, 『芝峯類說』 卷十四 文章部七 詩藝 "車五山天輅文章, 雄建奇壯, 不事精鍊, 如長江巨海僉瀉而愈不窮. (…) 嘗隨通信使, 往還日本, 得詩四千餘首. 其一聯曰, '天連魯叟乘桴海, 地包秦童採藥山.' 又曰, '東海波翻六鰲島, 北冥風立大鵬雲.' 此可見一斑矣."

28) 車天輅, 『五山集』 卷四, 한국문집총간 61, 민족문화추진회, 1991, 417쪽.

29) 柳夢寅, 『於于集』 卷二, 한국문집총간 63, 민족문화추진회, 1991, 343쪽.

30) 『左傳』 昭公 四年條 " 鄭子產作邱賦. 國人謗之 , 曰, '其父死於路 , 己爲蠆尾, 以令於國 , 國將若之何 ?'" 杜預 注 :"謂子產重賦 , 毒害百姓.", 『說苑』 卷十六, 「談叢」, "梟逢鳩, 鳩曰, '子將安之?' 梟曰, '我將東徙.' 鳩曰, '何故?' 梟曰, '鄕人皆惡我鳴, 以故東徙.' 鳩曰, '子能更鳴, 可矣, 不能更鳴, 東徙猶惡子之聲.'"

31) 「於于先生年譜」, 『於于集』, 경문사, 1979, 315쪽. "壬戌, 公六十四歲, 慨然自歎曰, "吾已老矣. 於世上事, 何爲哉! 崔致遠盡室依伽倻山, 李資玄, 全家入淸平山, 吾欲往金剛山, 沒身不返."

32) 錢仲聯 集釋, 『韓昌黎詩繫年集釋』, 上海: 上海古籍出版社, 1984, 333쪽. 「永貞行」 부분 "怪鳥鳴喚令人憎, 蠱蟲羣飛夜撲燈, 雄虺毒螫墮股肱, 食中置藥肝心崩", 1215쪽. 「猛虎行」 "身食黃熊父, 子食赤豹麛"

33) 洪萬宗, 『詩評補遺』 上編, 『洪萬宗全集』 下, 태학사, 1980, 78쪽.

34) 李睟光, 『芝峯類說』 卷十四 文章部七 詩藝.

35) 柳夢寅, 『於于集』 卷一, 한국문집총간 63, 민족문화추진회, 1991, 312쪽.

36) 趙纘韓, 『玄洲集』 卷六, 한국문집총간 79, 민족문화추진회, 1991, 279쪽.

37) 『淵鑑類函』 卷二十六 地部四 "三齊略記曰, 始皇作石橋, 欲過海看日出處. 時有神人, 能驅石下海, 石去不速, 輒鞭之皆流血, 至今悉赤."

38) 李睟光, 『芝峯類說』 卷十四 文章部七 詩藝 "少時見松溪伐石作橋, 有詩曰, '靑山飛禹斧,白石落秦鞭.' **此古今奇語.**"

39) 『新增東國輿地勝覽』 제41권.

40) 洪萬宗, 『小華詩評』 卷下, 『韓國詩話叢編』 3, 태학사, 1996, 529쪽.

41) 洪萬宗, 『小華詩評』 卷下, 『韓國詩話叢編』 3, 태학사, 1996, 538~539쪽. "趙玄洲緯韓平生爲詩, 奇怪險崛, 其詠玩瀑臺詩曰, (…) 有捕龍蛇搏虎豹之勢."

42) 鄭斗卿, 『東溟集』 卷十一, 한국문집총간 100, 민족문화추진회, 1992, 503쪽.

43) 趙緯韓, 『玄谷集』 卷三, 한국문집총간 73, 민족문화추진회, 1991, 199쪽.

44) 謝榛, 『四溟詩話』 卷四, 周維德 集校, 『全明詩話』 2, 濟南: 齊魯書社, 2005, 1358쪽. "詩中罕用血字, 用則流於粗惡. 李長吉「白虎行」云: 袞龍衣點荊卿血."

45) 李瀷, 『星湖僿說』 卷二十八, 「詩文門」, 『국역 성호사설』 IX, 민족문화추진회, 1978, 11~12쪽.

46) 王琦 注, 『李賀詩歌集註』 卷一, 上海: 上海人民出版社, 1977, 74쪽.

47) 鄭斗卿, 『東溟先生集』 卷一, 일본 大阪省立圖書館 소장본 영인, 태학사, 1999, 94쪽.

48) 李肯翊, 『練藜室記述』 제30권 「孝宗朝故事本末」. 효종은 정두경의 시를 매우 좋아하여, 그의 시가 李賀에게 떨어지지 않는다고 평가한 바 있다.

49) 梁慶遇, 『霽湖集』 卷九, 한국문집총간 73, 민족문화추진회, 1991, 500~501쪽.

50) 왕리王力, 『漢語詩律學』, 增訂本, 上海: 上海教育出版社, 2002, 513쪽; 오가와 다마키小川環樹, 『唐詩概說』, 심경호 옮김, 이회, 1998, 139~140쪽.

51) 柳夢寅, 『於于集』 後集 卷二, 한국문집총간 63, 민족문화추진회, 1991, 498쪽. "四十人中壯元名, 公乃得之何牢落. 一入坤司歲未周, 政得公平名譽獲. 是時適揀專對才, 出入羣龍久未決. 選擇史子子乃行, 吾王事大誠何篤. 卜日而行行莫停, 觀周行色何超忽. 公行莫牽子母恨, 大夫人必難爲別. 事靡鹽處敢言私, 吾輩生平元許國. 靑驄馬出禁城西, 禁城城邊開祖席. 席上誰最遠別懷, 禦侮龍驤副司直. 送子華表柱下過, 至今淸風吹孤竹. 公來公去戒乃心, 到底豺狼方肆毒. 秋雲慘慘當路黑, 白日藏暉晝如漆. 行路之難難若是, 勖哉遑遑持玉節. 况復遼左風塵暗, 二俘讐庭甘屈膝. 衣冠之府血氣恥, 愧我二百年禮樂. 今行不特趁賀列, 應事酬機乃其責."

52) 李安訥, 『東岳集』 卷八, 한국문집총간 78, 민족문화추진회, 1991, 100쪽. 번역문은 다음과 같다. "아버지가 그 아들을 곡하기도 하고, 아들이 그 아버지를 곡하기도 하네. 할아버지가 그 손자를 곡하기도 하고, 손자가 그 할아버지를 곡하기도 하네. 어머니가 딸을 곡하는 경우도 있고, 딸이 어머니를 곡하는 경우도 있네. 형제와 자매의 경우도, 살아 있는 사람은 모두 곡을 한다네."

53) 錢仲聯 集釋, 『韓昌黎詩繫年集釋』 卷四, 上海: 上海古籍出版社, 1984, 432~435쪽. 표현 기법과는 별도로 인용된 「四月十五日」 시의 주제의식과 내용은 두보의 시 「石壕吏」의 영향이 크다.

54) 李植, 『澤堂集』 別集 卷14, 「學詩準的」, 한국문집총간 88, 민족문화추진회, 1992, 518쪽. "近代學詩者, 或以韓詩爲基, 杜詩爲範, 此五山·東岳所敎也."

55) 李安訥, 『東岳集』 續集, 한국문집총간 88, 민족문화추진회, 1992, 545쪽. "一別再經秋, **一秋**三夢君. **此**別何太苦, **此**夢徒爾勤. **夢**歌詎爲歡, **夢**飮寧復醺. **別**淚正潺湲, **別**思劇氤氳."

56) 申欽, 『象村稿』 卷五十二 『漫稿』 下 「晴窓軟談」 下, 한국문집총간 72, 민족문화추진회, 1991, 346쪽. "我朝作者, 代有其人, 不啻數百家. 以近代人言, 途有三焉. (…) 如訥齋朴祥·湖陰鄭士龍·蘇齋盧守愼·芝川黃廷彧·簡易崔岦, 以**險瑰奇健**爲之能."

57) 李奎象, 『一夢稿』, 『寒山世稿』 卷二十三, 雜著, 「山言」, 국립중앙도서관 소장본; 안대회, 「奇로 해석한 문학, 李奎象의 奇論」 「문헌과해석」, 2005년 겨울호, 문헌과해석사, 2005, 184~200쪽.

58) 안대회, 『18세기 한국한시사 연구』, 소명출판, 1999, 257~264쪽.

1. 원전 및 역주서류

국내

강만길·이동환·김용덕·김영호 옮김, 『한국의 실학사상』, 서울: 삼성출판사, 1990.

姜栢年, 『雪峯遺稿』, 한국문집총간 103, 서울: 민족문화추진회, 1993.

강석중·강혜선·안대회·이종묵, 『허균이 가려 뽑은 조선시대의 한시』 1, 서울: 문헌과 해석사, 1999, 71~72쪽.

姜世晃, 『豹菴遺稿』, 성남: 韓國精神文化硏究院, 1995.

姜再恒, 『立齋遺稿』, 한국문집총간 210, 서울: 민족문화추진회, 1998.

姜必孝, 『海隱遺稿』, 한국문집총간 續集 108, 서울: 한국고전번역원, 2010.

姜浩溥, 『四養齋外集桑蓬錄』(『桑蓬錄』), 姜在應 編述, 연세대학교 중앙도서관 소장본.

고전간행회 편, 『增補文獻備考』, 서울: 동국문화사, 1970.

具容, 『竹窓遺稿』, 한국문집총간 續集 16, 서울: 민족문화추진회, 2006.

權近, 『陽村集』, 한국문집총간 7, 서울: 민족문화추진회, 1988.

權得己, 『晩悔集』, 한국문집총간 76, 서울: 민족문화추진회, 1991.

權復仁, 『天遊先生文集』 二, 한국역대문집총서 591, 서울: 경인문화사, 1993, 80~82쪽.

______, 『隨槎閒筆』, 종로시립도서관 소장본.

權㷩, 『玉所稿』 8, 서울: 다운샘, 2007.

權諰, 『炭翁集』, 한국문집총간 104, 서울: 민족문화추진회, 1993.

權櫶, 『震溟集』, 서울: 민창문화사, 1994.

奇宇萬, 『松沙集』, 한국문집총간 346, 서울: 민족문화추진회, 2005.

奇遵, 『德陽遺稿』, 한국문집총간 25, 서울: 민족문화추진회, 1989.

金榦, 『厚齋集』, 한국문집총간 156, 서울: 민족문화추진회, 1996.

김구진·이현숙 역, 『국역 통문관지』, 서울: 세종대왕기념사업회, 1998.

金圻, 『北厓集』 한국문집총간 續集 2, 서울: 민족문화추진회, 2005.

金東浩, 『燕行錄』, 영인본, 『부대사학』 제7집, 부산대학교사학회, 1983, 267~297쪽 수록.

金墪, 『北渚集』, 한국문집총간 79, 서울: 민족문화추진회, 1991.

金尙埏, 『棄棄齋集』, 서울대학교 규장각 소장본.

______, 『棄棄齋遺稿』, 국립중앙도서관 소장본.

김성언, 『남효온의 삶과 시』, 서울: 태학사, 1997.

金世濂, 『東溟集』, 한국문집총간 95, 서울: 민족문화추진회, 1992.

金時習, 『梅月堂集』, 한국문집총간 13, 서울: 민족문화추진회, 1990.

김용선, 『고려묘지명집성』, 서울: 누리미디어, 2001. 「http://k5000.nurimedia.co.kr」

김용선 역주, 『역주 고려묘지명집성』 (상)·(하), 제2판, 춘천: 한림대학교출판부, 2006.

金惉, 『長皐世稿』 卷之一, 『野庵文集』(詩), 木板本, 국립중앙도서관 소장본.

金載瓚, 『海石遺稿』, 한국문집총간 259, 서울: 민족문화추진회, 2000.

金正喜, 『阮堂全集』, 한국문집총간 301, 서울: 민족문화추진회, 2003.

金祖淳, 『楓皐集』, 한국문집총간 289, 서울: 민족문화추진회, 2002.

金宗直, 『佔畢齋集』, 한국문집총간 12, 서울: 민족문화추진회, 1990.

金鎭東, 『素巖集』, 한국국학진흥원 유교넷 영남사림문집 데이터베이스.

金昌業, 『老稼齋集』, 한국문집총간 175, 서울: 민족문화추진회, 1996.

金昌業·洪大容·朴趾源, 『燕彙』, 연세대학교 도서관 소장본.

金平默, 『重菴集』, 한국문집총간 320, 서울: 민족문화추진회, 2003.

金兌一, 『蘆洲集』, 한국문집총간 續集 43, 서울: 민족문화추진회, 2007.

金澤榮, 『韶濩堂集』, 한국문집총간 347, 서울: 민족문화추진회, 2005.

김한규 옮김, 『사조선록 역주』 1~5, 소명출판, 2012.

金烋, 『敬窩集』, 한국문집총간 100, 서울: 민족문화추진회, 1992.

南龍翼, 『箕雅』, 서울: 아세아문화사, 1980.

南有容, 『雷淵集』, 한국문집총간 218, 서울: 민족문화추진회, 1998.

南孝溫,『秋江集』, 한국문집총간 16, 서울: 민족문화추진회, 1990.
남효온,『국역 추강집』, 박대현 옮김, 서울: 민족문화추진회, 2007.
盧守愼,『蘇齋集』, 한국문집총간 35, 서울: 민족문화추진회, 1989.
미상,『皇華程涂考』, 서울대학교 규장각 소장본.
민족문화추진회 역,『국역 승정원일기』 고종 163~169, 서울: 민족문화추진회, 2002.
______,『국역 燕行錄選集』 1~8, 서울: 민족문화추진회, 1976.
朴玴衢,『畸翁集』, 서울대학교 규장각 소장본.
朴光一,『遜齋集』, 한국문집총간 171, 서울: 민족문화추진회, 1996.
박난영 편역,『환술전』, 서울: 포도원, 1994.
朴能緖 撰,『韓國系行譜』 天·地·人, 寶庫社, 1992.
박동욱·서신혜 역주,『표암 강세황 산문전집』, 서울: 소명출판, 2008.
朴齊家,『정유각집』 中, 정민·이승수·박수밀 외 옮김, 서울: 돌베개, 2010, 310~361쪽.
______,『貞蕤閣集』, 한국문집총간 261, 서울: 민족문화추진회, 2001.
박종채,『나의 아버지 박지원』, 박희병 옮김, 서울: 돌베개, 1998.
______,『역주 과정록』, 김윤조 역주, 서울: 태학사, 1997.
朴旨瑞,『訥菴集』, 한국문집총간 續集 103, 서울: 한국고전번역원, 2010.
朴趾源,『세계최고의 여행기 열하일기』 하, 고미숙·길진숙·김풍기 엮고 옮김, 서울: 그린비, 2008쪽.
______,『燕巖集』, 필사본, 단국대 도서관 소장본.
______,『燕巖集』, 鉛活字本, 한국문집총간 252, 서울: 민족문화추진회, 2000.
______,『연암집』 1·2, 신호열·김명호 옮김, 서울: 민족문화추진회, 2005.
______,『熱河日記』(표제:『杏溪雜錄』), 필사본, 단국대학교 소장본.
______,『熱河日記』, 필사본, 연세대학교 도서관 소장본.
______,『熱河日記』, 필사본, 일본 동양문고 소장본.
______,『熱河日記』, 필사본, 전남대학교 도서관 소장본.
______,『熱河日記』, 충남대학교 도서관 소장본.
______,『열하일기』 3, 김혈조 옮김, 파주: 돌베개, 2009, 12~37쪽.
______,『열하일기』 중, 리상호 옮김, 서울: 보리, 2004, 479~500쪽.
______,『열하일기』, 이가원 역, 서울: 민족문화추진회, 1966.
______,『守庵遺稿』, 한국문집총간 34, 서울: 민족문화추진회, 1989.
朴泰茂,『西溪集』, 한국문집총간 續集 59, 서울: 민족문화추진회, 2009.

______, 『西溪集』, 韓國歷代文集叢書 1772~1775, 서울: 경인문화사, 1997.
朴致和, 『雪溪隨錄』, 서울대학교 규장각 소장본.
______, 『巽齋集』, 서울: 鐘路漢詩協會, 1975.
박희병 평설, 『저항과 我慢: 『호동거실』평설』, 파주: 돌베개, 2009.
徐命膺, 『保晩齋集』, 한국문집총간 233, 서울: 민족문화추진회, 1999.
徐榮輔, 『竹石館遺集』, 한국문집총간 269, 서울: 민족문화추진회, 2001.
서울대학교 규장각 편, 『日省錄』 78·79·80, 서울: 서울대학교규장각, 1996.
徐宗華, 『藥軒遺集』, 한국문집총간 續集 76, 서울: 한국고전번역원, 2010.
石之珩, 『壽峴集』, 한국문집총간 續集 31, 서울: 민족문화추진회, 2006.
성균관대학교 동아시아학술원대동문화연구원 편, 『燕行錄選集』 上·下, 서울: 성균관대학교 대동문화연구원, 1960.
______, 『燕行錄選集 補遺』 1~3, 서울: 성균관대학교 출판부, 2008.
成均館大學校 大東文化研究院 編, 『李朝名賢集』 4, 서울: 성균관대 대동문화연구원, 1985.
세종대왕기념사업회 역, 『국역 국조인물고』 26, 서울: 세종대왕기념사업회, 2005.
______, 『국역 매월당집』 1~5, 서울: 세종대왕기념사업회, 1977.
______, 『국역 增補文獻備考』, 交聘考1·2, 서울: 세종대왕기념사업회, 1994.
______, 『국역 국조인물고』 26, 서울: 세종대왕기념사업회, 2005, 280~286쪽.
孫處訥, 『慕堂集』, 한국문집총간 續集 8, 서울: 민족문화추진회, 2005.
宋基冕, 『裕齋集』, 서울: 驪江出版社, 1988.
宋秉璿, 『淵齋集』, 한국문집총간 330, 서울: 민족문화추진회, 2004.
宋時烈, 『宋子大全』, 한국문집총간 113, 서울: 민족문화추진회, 1993.
承文院 編, 『同文彙考』, 영인본, 서울: 국사편찬위원회, 1978.
申昉, 『屯菴先生文集』, 韓國歷代文集叢書 668, 서울: 경인문화사, 1993.
申綽, 『警修堂全藁』, 한국문집총간 291, 서울: 민족문화추진회, 2002.
申維翰, 『青泉集』, 한국문집총간 200, 서울: 민족문화추진회, 1997.
申活, 『竹老集』, 한국문집총간 續集 19, 서울: 민족문화추진회, 2006.
申欽, 『象村稿』, 한국문집총간 72, 서울: 민족문화추진회, 1991.
沈錥, 『樗村遺稿』, 한국문집총간 207, 서울: 민족문화추진회, 1998.
沈義, 『大觀齋亂稿』, 한국문집총간 19, 서울: 민족문화추진회, 1990.
安鼎福, 『順菴集』, 한국문집총간 230, 서울: 민족문화추진회, 1999.

安鐘和 會纂, 『國朝人物志』, 再版, 서울: 명문당, 1993.
梁慶遇, 『霽湖集』, 筆寫本, 서울대학교 규장각 소장본.
______, 『霽湖集』, 한국문집총간 73, 서울: 민족문화추진회, 1991.
楊士彦, 『蓬萊詩集』, 한국문집총간 36, 서울: 민족문화추진회, 1989.
楊熙止, 『大峯集』, 한국문집총간 15, 서울: 민족문화추진회, 1990.
유길준, 『西遊見聞』, 영인판, 서울: 경인문화사, 1969.
______, 『서유견문』, 허경진 옮김, 서울: 서해문집, 2004.
柳得恭, 『後雲錄』, 서울대학교 규장각소장본.
柳夢寅, 『於于野談』(原文), 신익철·이형대·조융희·노영미 교감, 파주: 돌베개, 2006, 95~96쪽.
______, 『어우야담』, 신익철·이형대·조융희·노영미 옮김, 파주: 돌베개, 2006, 182~185쪽.
______, 『於于集』, 서울: 경문사, 1979, 315쪽.
______, 『於于集』, 한국문집총간 63, 서울: 민족문화추진회, 1991.
兪彦鎬, 『燕石』, 한국문집총간 247, 서울: 민족문화추진회, 2000.
柳仁培, 『猿溪集』, 한국국학진흥원 유교넷 영남사림문집 데이터베이스.
尹東洙, 『敬庵遺稿』, 한국문집총간 188, 서울: 민족문화추진회, 1997.
尹鳳九, 『屛溪集』, 한국문집총간 204, 서울: 민족문화추진회, 1998.
尹鑴, 『白湖集』, 한국문집총간 123, 서울: 민족문화추진회, 1994.
李家源, 『玉溜山莊詩話』, 『李家源全集』 5, 서울: 정음사, 1986, 73쪽.
李健, 『葵窓遺稿』, 한국문집총간 122, 서울: 민족문화추진회, 1994.
李健命, 『寒圃齋使行日記』, 연세대학교 중앙도서관 소장본.
李景奭, 『白軒集』, 한국문집총간 95, 서울: 민족문화추진회, 1992.
李光儀 等 編, 『淸權輯遺』, 국립중앙도서관 소장본.
李奎報, 『東國李相國集』, 한국문집총간 2, 서울: 민족문화추진회, 1990.
李器之, 『一菴燕記』, 한국은행소장본.
李南珪, 『修堂集』, 한국문집총간 349, 서울: 민족문화추진회, 2005.
李端相, 『靜觀齋集』, 한국문집총간 130, 서울: 민족문화추진회, 1995.
李德懋, 『青莊館全書』, 한국문집총간 258, 서울: 민족문화추진회, 2000.
李德壽, 『西堂私載』, 한국문집총간 186, 서울: 민족문화추진회, 1997.
李萬敷, 『息山集』, 한국문집총간 178, 서울: 민족문화추진회, 1996.

李晩秀,『展園遺稿』, 한국문집총간 268, 서울: 민족문화추진회, 2001.

______,『輶車集』,『展園遺稿』, 국립중앙도서관 소장본.

李晩榮,『雪海遺稿』, 한국문집총간 續集 30, 서울: 민족문화추진회, 2007.

李晩用,『東樊集』, 한국문집총간 303, 서울: 민족문화추진회, 2003.

이명오,『泊翁詩鈔』, 한국문집총간 續集 102, 서울: 한국고전번역원, 2010.

李敏輔,『豐墅集』, 한국문집총간 232, 서울: 민족문화추진회, 1999.

李鳳煥,『雨念齋詩鈔』, 국립중앙도서관 소장 영인본.

李山海,『鵝溪遺稾』, 한국문집총간 47, 서울: 민족문화추진회, 1989.

李選,『芝湖集』, 한국문집총간 143, 서울: 민족문화추진회, 1995.

李睟光,『芝峯類說』, 남만성 역, 서울: 을유문화사, 1975.

______,『芝峯類說』, 서울: 景仁文化社, 1970,

李守淵,『青壁集』, 한국문집총간 續集 72, 서울: 한국고전번역원, 2009.

李崇仁,『陶隱集』, 한국문집총간 6, 서울: 민족문화추진회, 1990.

李是遠,『沙磯集』, 한국문집총간 302, 서울: 민족문화추진회, 2003.

李植,『澤堂集』, 한국문집총간 88, 서울: 민족문화추진회, 1992.

李安訥,『東岳集』, 한국문집총간 78, 서울: 민족문화추진회, 1991.

이양연,『臨淵堂集』, 서울대 규장각 소장본.

______,『臨淵堂別集』, 서울대학교 규장각 소장본.(柳琴 編,『韓客巾衍集』과 합철본임)

______,『山雲集』, 서울대학교 규장각 소장본.

李言直,『明湖集』, 서울대학교 규장각 소장본.

______,『明湖集』, 韓國歷代文集叢書 1799, 서울: 경인문화사, 1997.

李彦瑱,『松穆舘燼餘稿』, 한국문집총간 252, 서울: 민족문화추진회, 2000.

이우성·임형택 譯編,『李朝漢文短篇集』, 서울: 일조각, 1973, 116~119쪽.

李遇駿,『夢遊燕行錄』,『藥坡漫錄』下 附錄, 임형택 편, 서울: 성균관대학교 대동문화연구원, 1995, 555~624쪽.

李元翼,『梧里集』, 한국문집총간 56, 서울: 민족문화추진회, 1990.

李惟樟,『孤山集』, 한국문집총간 126, 서울: 민족문화추진회, 1994.

李胤永,『丹陵遺稿』, 한국문집총간 續集 82, 서울: 한국고전번역원, 2009.

李宜顯,『陶谷集』, 한국문집총간 181, 서울: 민족문화추진회, 1997.

李廷馣,『四留齋集』, 한국문집총간 51, 서울: 민족문화추진회, 1990.

李齊賢, 『益齋亂藁』, 한국문집총간 2, 서울: 민족문화추진회, 1990.
이종남, 『敬寧君史蹟』, 전주: 全州李氏敬寧君派宗會, 1968.
李重明, 『安谷集』, 서울대학교 규장각 소장본.
______, 『安谷集』, 韓國歷代文集叢書 2367, 서울: 경인문화사, 1997.
李埰, 『蒙庵集』, 서울대학교 규장각 소장본.
李詹, 『雙梅堂先生篋藏文集』, 한국문집총간 6, 서울: 민족문화추진회, 1990.
李恒老, 『華西集』, 한국문집총간 305, 서울: 민족문화추진회, 2003.
李海澈, 『慶尙道漆谷石田村李進士海澈燕行錄』, 국립중앙도서관 소장본.
李賢輔, 『聾巖集』, 한국문집총간 17, 서울: 민족문화추진회, 1990.
李衡祥, 『瓶窩集』, 한국문집총간 164, 서울: 민족문화추진회, 1996.
임기중 편, 『燕行錄全集』 1~100, 서울: 동국대학교 출판부, 2001.
임기중·夫馬進 편, 『燕行錄全集 日本所藏編』, 서울: 동국대학교출판부, 2001.
任錪, 『鳴皐集』, 인물연구소, 2000.
林悌, 『林白湖集』, 한국문집총간 58, 서울: 민족문화추진회, 1990.
임제, 『(譯註)白湖全集』, 신호열·임형택 공역, 서울: 창작과비평사, 1997.
임형택 편, 『李朝後期 閭巷文學叢書』 5, 서울: 여강출판사, 1991, 333~437쪽.
張福樞, 『四未軒集』, 한국문집총간 316, 서울: 민족문화추진회, 2003.
張錫駿, 『朝天日記』, 『春皐遺稿』 卷一, 서울: 동보한방병원, 1994.
張子忠, 『判書公朝天日記』, 국립중앙도서관 소장본.
田愚, 『艮齋集』, 한국문집총간 333, 서울: 민족문화추진회, 2005.
鄭基安, 『晩慕遺稿』, 한국문집총간 續集 73, 서울: 한국고전번역원, 2009.
丁德輈, 『圓山集』, 국립중앙도서관 소장본.
鄭斗卿, 『東溟集』, 初刊本, 한국문집총간 100, 서울: 민족문화추진회, 1992.
______, 『東溟先生集』, 重刊本, 日本 大阪省立圖書館 所藏本, 서울: 太學社, 1999.
鄭𥖝, 『北窓先生詩集』, 『李朝明賢集』 4, 서울: 성균관대 대동문화연구원, 1985.
丁範祖, 『海左集』, 한국문집총간 240, 서울: 민족문화추진회, 1999.
正祖, 『弘齋全書』, 한국문집총간 262, 서울: 민족문화추진회, 2001.
鄭澔, 『丈巖集』, 한국문집총간 157, 서울: 민족문화추진회, 1995.
趙絅, 『龍洲遺稿』, 한국문집총간 90, 서울: 민족문화추진회, 1992.
趙龜命, 『乾川藁』, 서울대학교 규장각 소장본.
______, 『東谿集』, 한국문집총간 215, 서울: 민족문화추진회, 1998.

趙榮順, 『退軒集』, 한국문집총간 續集 89, 한국고전번역원, 2009
趙昱, 『龍門集』, 한국문집총간 28, 서울: 민족문화추진회, 1988.
趙緯韓, 『玄谷集』, 韓國文集叢刊 73, 서울: 민족문화추진회, 1991.
趙任道, 『澗松集』, 한국문집총간 89, 서울: 민족문화추진회, 1992.
조종업 편, 『韓國詩話叢編』 3, 수정증보판, 서울: 태학사, 1996, 529 · 538~539쪽.
趙纘韓, 『玄洲集』, 한국문집총간 79, 서울: 민족문화추진회, 1991.
趙顯命, 『歸鹿集』, 한국문집총간 213, 서울: 민족문화추진회, 1998.
宗親府, 『璿源系譜紀略』(표제: 『璿源譜略』), 국립중앙도서관 소장본.
진홍섭 편저, 『한국미술사자료집성』 (1)~(9), 서울: 일지사, 2003.
車天輅, 『五山集』, 한국문집총간 61, 서울: 민족문화추진회, 1991.
蔡壽, 『懶齋集』, 한국문집총간 15, 서울: 민족문화추진회, 1990.
崔奇男, 『龜谷詩稿』, 한국문집총간 續集 22, 서울: 민족문화추진회, 2006.
崔有淵, 『玄巖遺稿』, 한국문집총간 續集 22, 서울: 민족문화추진회, 2006.
夏東奎, 『琴隱遺稿』, 서울대학교 규장각 소장본.
韓敬儀, 『菑墅集』, 한국문집총간 續集 97, 서울: 한국고전번역원, 2010.
한국고전개발학회 편, 『朝鮮史料集眞』, 서울: 한국고전개발학회, 1970.
韓舜繼, 『市隱集』, 국립중앙도서관 소장본.
許筠, 『國朝詩刪』, 서울: 아세아문화사, 1980.
許穆, 『記言』, 한국문집총간 98, 서울: 민족문화추진회, 1992.
許篈, 『荷谷集』, 한국문집총간 58, 서울: 민족문화추진회, 1990.
許傳, 『性齋集』, 한국문집총간 308, 서울: 민족문화추진회, 2003.
玄德升, 『希菴遺稿』, 한국문집총간 續集 13, 서울: 민족문화추진회, 2006.
洪貴達, 『虛白亭集』, 한국문집총간 14, 서울: 민족문화추진회, 1988.
洪大容, 『湛軒書』 한국문집총간 248, 서울: 민족문화추진회, 2000.
______, 『산해관 잠긴 문을 한 손으로 밀치도다-홍대용의 북경 여행기 「을병연행록」』, 김태준 · 박성순 옮김, 서울: 돌베개, 2001.
______, 『을병연행록』 1 · 2, 정훈식 옮김, 서울: 경진, 2012.
______, 『주해 을병연행록』, 소재영 · 조규익 · 장경남 · 최인황 주해, 서울: 태학사, 1997.
洪萬宗, 『洪萬宗全集』, 서울: 태학사, 1980.
洪錫謨, 『달빛 아래 연경에서 노닐며遊燕藁』, 이관성 옮김, 대전: 문진, 2010, 359~403쪽.
洪彦忠, 『寓菴稿』, 한국문집총간 18, 서울: 민족문화추진회, 1990.

洪直弼,『梅山集』, 한국문집총간 296, 서울: 민족문화추진회, 2002.
黃胤錫,『頤齋遺藁』, 한국문집총간 246, 서울: 민족문화추진회, 2000.

| 국외

顧起元,『客座贅語』, 上海古籍出版社 編,『明代筆記小說大觀』2, 上海: 上海古籍出版社, 2005, 1360쪽.
龔斌 校箋,『陶淵明集校箋』, 上海: 上海古籍出版社, 1996.
郭茂晴 輯,『樂府詩集』, 臺北: 里仁書局, 1984.
紀昀,『紀文達公遺集』, 續修四庫全書 1435, 上海: 上海古籍出版社, 1995.
羅仲鼎 校注,『藝苑卮言校注』, 齊南: 齊魯書社, 1992.
羅欽順,『整菴存稿』, 文津閣四庫全書 421, 北京: 商務印書館, 2005.
段玉裁 注,『說文解字注』, 上海: 上海書店, 1992, 204쪽.
湛若水,『湛甘泉文集』, 四庫全書存目叢書 集部 第56冊, 濟南: 齊魯書社, 1997.
談遷,『國榷』二, 北京: 中華書局, 1958, 1158~1166쪽.
淡海竺 外 撰,『全唐詩』, 北京: 中華書局, 1960.
唐再豐,『鵝幻彙編』, 上海: 上海廣益書局, 1894.
范曄,『後漢書』, 上海: 上海古籍出版社, 1987.
逯欽立 輯校,『先秦漢魏晉南北朝詩』, 北京: 中華書局, 1983.
寺島良安 編,『和漢三才圖會』3, 영인본, 서울: 한국학자료원, 2011, 153~154쪽.
班固,『漢書』, 上海: 上海古籍出版社, 1987.
方回 選評,『瀛奎律髓彙評』, 李慶甲 集評校點, 上海: 上海古籍出版社, 1988.
傅璇琮, 等 主編,『全宋詩』, 北京: 北京大學出版社, 1993.
北京大學北京師範大學中文係 編,『陶淵明資料彙編』, 北京: 中華書局, 1962.
謝思煒 撰,『白居易詩集校注』, 北京: 中華書局, 2006.
謝應芳,『龜巢稿』, 文津閣四庫全書 407, 北京: 商務印書館 , 2005.
上海古籍出版社 編,『明代筆記小說大觀』1~4, 上海: 上海古籍出版社, 2005.
______,『宋元筆記小說大觀』1~6, 上海: 上海古籍出版社, 2007.
______,『淸代筆記小說大觀』1~6, 上海: 上海古籍出版社, 2007.
徐珂 編撰,『淸稗類鈔』, 北京: 中華書局, 2010.
徐培均 箋注,『淮海集箋注』, 上海: 上海古籍出版社, 1994.
徐師曾 纂,『文體明辯』, 서울: 오성사, 1984.

徐震堮 校箋,『世說新語校箋』, 北京: 中華書局, 1984.

蕭統 編,『文選』, 李善 注, 上海: 上海古籍出版社, 1986.

申報有限公司,『申報』, 마이크로필름, 上海 : Center for Chinese Research Materials, 서울대학교 중앙도서관 소장자료.

沈起鳳,『諧鐸』, 第二版, 北京: 人民文學出版社, 2006.

沈幼征 校注,『林和靖詩集』, 杭州: 浙江古籍出版社 , 1986.

嚴文儒 注譯,『新譯 閱微草堂筆記』, 臺北: 三民書局, 2006.

余嘉錫 箋疏,『世說新語箋疏』, 第二版 北京: 中華書局, 2007.

黎靖德 編,『朱子語類』, 王星賢 點校, 北京: 中華書局, 1999.

吳訥,『文章辯體序說』, 于北山·羅根澤 校點, 北京: 人民文學出版社, 1998.

吳文治 主編,『宋詩話全編』3, 南京: 鳳凰出版社, 1998, 2603쪽.

王圻,『三才圖會』, 上海: 上海古籍出版社, 1988, 1796쪽.

王琦 注,『李賀詩歌集註』, 上海: 上海人民出版社, 1977.

王文誥 輯註,『蘇軾詩集』, 北京: 中華書局, 1982.

王先謙 撰,『後漢書集解』, 北京: 中華書局, 1984.

王叔岷 撰,『陶淵明詩箋證稿』, 北京: 中華書局, 2007.

袁枚,『袁枚全集』, 南京: 江蘇古籍出版社, 1993.

袁行霈 箋注,『陶淵明集箋注』, 北京: 中華書局, 2003.

魏慶之 撰,『詩人玉屑』, 臺北: 世界書局, 1980.

劉昫,『舊唐書』, 上海: 上海古籍出版社, 1987.

劉強 會評輯校,『世說新語會評』, 南京: 鳳凰出版社, 2007.

柳侗·于奕正,『帝京景物略』, 孫小力 校注, 上海: 上海古籍出版社, 2001.

劉菁華·許清玉·胡顯慧 選編,『明實錄朝鮮資料輯錄』, 成都: 巴蜀書社, 2005, 54~55쪽.

陸容,『菽園雜記』, 上海古籍出版社 編,『明代筆記小說大觀』1, 上海: 上海古籍出版社, 2005, 526쪽.

李東陽 等 撰,『大明會典』, 臺北: 新文豐出版公司, 1971.

李昉 等 編,『太平廣記』, 北京: 中華書局, 1961.

이븐바투타,『이븐 바투타 여행기』2, 정수일 역주, 서울: 창비, 2001, 322~346쪽.

張岱,『琅嬛文集』, 長沙: 岳麓書社, 1985

張萬起·劉尙慈 譯注,『世說新語譯注』, 北京: 中華書局, 1998.

章培恒 外 編,『全明詩』, 上海: 古籍出版社, 1992.
張友鶴 輯校,『聊齋志異(會校會注會評本)』一, 第二版, 上海: 上海古籍出版社, 2011. 32~34쪽.
張以寧,『翠屛集』, 文津閣四庫全書 409, 北京: 商務印書館, 2005.
張廷玉 等 撰,『明史』第一冊, 北京: 中華書局, 1974, 98~99쪽.
錢泳,『履園叢話』, 上海古籍出版社 編,『淸代筆記小說大觀』4, 上海: 上海古籍出版社, 2007, 3704쪽.
錢仲聯 校注,『劍南詩稿校注』, 上海: 上海古籍出版社, 1985.
錢仲聯 增補集說校,『鮑參軍集注』, 上海: 上海古籍出版社, 1980.
錢仲聯 集釋,『韓昌黎詩繫年集釋』, 上海: 上海古籍出版社, 1984.
丁福保 輯,『歷代詩話續編』中, 北京: 中華書局, 1983, 872~873쪽.
正宗敦夫 編纂,『信西古樂圖』, 東京: 現代思潮新社, 2007.(이 책은 日本古典全集刊行會, 昭和2年版을 覆刻한 것임.)
周光培 編, 王亞民 責任編集,『淸代筆記小說』, 石家莊: 河北敎育出版社, 1994.
周維德 集校,『全明詩話』2, 濟南: 齊魯書社, 2005, 1331·1358쪽.
朱彝尊 編,『明詩綜』, 上海: 上海古籍出版社, 1993.
朱熹,『朱熹集』7, 成都: 四川敎育出版社, 1996.
中央硏究院 歷史語言硏究所 編,『明太宗實錄』14, 臺北: 中央硏究院 歷史語言硏究所, 1962, 2162~2163쪽.
陳長方,『唯室集』, 文津閣四庫全書 380, 北京: 商務印書館, 2005.
天津古籍出版社 輯,『點石齋畫譜』, 天津: 天津古籍出版社, 2009.
何守奇·但明倫 等 評點, ,『名家評點聊齋志異』上卷, 何守奇·但明倫 等 評點, 天津: 天津古籍出版社, 2008. 28~29쪽.

2. 연구 논저류

ㅣ국내

강관식,「조선시대 초상화의 도상과 심상: 조선 중후기 선비 초상화의 수기적 의미를 통해서 본 재현적 도상의 실존적 의미와 기능에 대한 성찰」,『미술사학』제15호, 한국미술사교육학회, 2001, 7~55쪽.

강명관, 『조선 후기 여항문학 연구』, 서울: 창작과비평사, 1997, 233~247쪽.

강재언, 『한국근대사』, 서울: 한울, 1990.

강혜선, 「나를 그리는 사람, 강세황」, 『문헌과 해석』 26, 문헌과해석사, 2004, 23~27쪽.

고려대학교 민족문화연구소 편, 『韓國文化史大系』 7, 重版, 서울: 고려대학교 민족문화연구소, 1981.

고미숙, 『열하일기, 웃음과 역설의 유쾌한 시공간』, 서울: 그린비, 2003, 208~215쪽.

고병익, 「東亞文化史 속의 燕行錄」, 『燕行錄과 東亞細亞 연구: 제21차 한국문학 국제학술회의 발표논문집』, 동국대학교 한국문학연구소, 2001.12.07, 1~4쪽.

고연희, 「조선시대 眞幻論의 전개-山水美와 山水畫에 대한 담론-」, 『한국한문학과 미학』, 한국한문학회 엮음, 서울: 태학사, 2003, 105~130쪽.

구만옥, 「18세기 정통주자학자의 현실인식과 학문적 대응--四養齋 姜浩溥의 저술을 중심으로-」, 『한국사상사학』 제31집, 한국사상사학회, 2008, 477~533쪽.

구선희, 「청일전쟁의 의미- 조·청 '속방' 관계를 중심으로」, 『한국근현대사연구』 제37집, 한국근현대사학회, 2006.06, 92~125쪽.

______, 『韓國近代 對淸政策史 硏究』, 서울: 혜안, 1999.

구자훈, 「제호 양경우 시세계 연구」, 고려대 석사학위 논문, 2001.

국사편찬위원회 편, 『상장례, 삶과 죽음의 방정식』, 서울: 두산동아, 2005.

______, 『연희, 신명과 축원의 한마당』, 서울: 두산동아, 2006, 13~59쪽.

______, 『한국사』 22, 과천: 국사편찬위원회, 1995, 285~329쪽.

국사편찬위원회, 『한국사』 40, 과천: 국사편찬위원회, 2000.

권연웅, 「노이점의 『隨槎錄』: 해제 및 원문 표점」, 『경북사학』 제22집, 경북사학회, 1999, 141~239쪽.

권혁명, 「남효온의 자만시 연구」, 『동양한문학연구』 제27집, 동양한문학회, 2008.08, 131~161쪽.

김경록, 「朝鮮時代 使行과 使行記錄」, 『한국문화』 38, 서울대학교 규장각한국학연구원, 2006, 193~230쪽.

______, 「朝鮮初期 對明外交와 外交節次」, 『韓國史論』 44, 서울대학교 인문대학 국사학과, 2000, 1~54쪽.

김구진, 「朝鮮 前期 韓·中關係史의 試論-朝鮮과 明의 使行과 그 性格에 대하여」, 『홍익사학』 제4집, 홍익사학회, 1990, 3~62쪽.

김기완, 「조선 후기 사대부 초상화찬 연구」, 연세대학교 대학원 국어국문학과 석사학위 논문, 2009.
김기혁 외 5인, 『청일전쟁의 재조명』, 춘천: 한림대학교 아시아문화연구소, 1996.
김동준, 「18세기 한국한시의 실험적 성격에 대한 연구」, 『민족문학사연구』 제27집, 민족문학사학회, 2005, 10~39쪽.
______, 「한국 기물명의 역사와 성격에 관한 소고」, 『진단학보』 제97호, 진단학회, 2004, 85~109쪽.
김명호, 『박지원 문학 연구』, 서울: 성균관대학교 대동문화연구원, 2001.
______, 『열하일기연구』, 서울: 창작과비평사, 1990.
______, 「『열하일기』 이본의 재검토」, 『동양학』 제48집, 단국대학교 동양학연구소, 2010, 1~19쪽.
______, 「1861년 熱河問安使行과 朴珪壽」, 『연행록연구총서』 7, 서울: 학고방, 2006, 445~490쪽.
______, 「海藏 申錫愚의 『入燕記』에 대한 고찰」, 『고전문학연구』 제32집, 한국고전문학회, 2007.12, 465~488쪽.
김보정, 「여말선초 對明 남경사행로의 분석과 영향」, 『지역과 역사』 27호, 부경역사연구소, 2010, 253~278쪽.
김승호, 「고려 佛家의 自傳的 글쓰기와 그 양상」, 『고전문학연구』 제23집, 한국고전문학회, 2003.
김열규 외, 『한국인의 죽음과 삶』, 서울: 철학과현실사, 2001.
김영죽, 「19세기 중인층 지식인의 해외체험 일고-碧蘆齋 金進洙의 연행과 「燕京雜詠」을 중심으로-」, 『한국한문학연구』 제48집, 한국한문학회, 2011.12, 501~546쪽.
김영진, 「東樊 李晩用의 시문집의 이본에 대하여」, 『문헌과 해석』 제54호, 문헌과 해석사, 2011, 252~270쪽.
______, 「조선 후기의 明淸小品 수용과 小品文의 전개 양상」, 고려대학교 대학원 박사학위 논문, 2004.
김용옥, 『금강경강해』, 제2판, 서울: 통나무, 2009, 363~368쪽.
김원모, 「견미사절 홍영식복명문답기」, 『史學志』15권, 단국사학회, 1981, 183~230쪽.
김은영, 「한·중 幻術의 역사와 특징」, 『한국민속학』 제50집, 한국민속학회, 2009, 209~261쪽.
김종철, 「한국 頌贊의 갈래분류와 문체특성」, 『대동한문학』 제28집, 대동한문학회, 2008, 189~210쪽.

______,『한문 운문문체의 이해와 분석』, 서울: 청문각, 2003.
김채식,「이규경의『오주연문장전산고』연구」, 성균관대학교 대학원 박사학위 논문, 2009.
김춘화,「한중 환술의 역사 및 연행 양상」, 고려대학교 대학원 석사학위 논문, 2010.
김태준,「중국 내 연행노정고」,『동양학』제35집, 단국대학교 동양학연구소, 2004, 43~58쪽.
김학주,『한·중 두 나라의 가무와 잡희』, 서울: 서울대학교출판부, 1994.
김한규,『한중관계사』2, 서울: 아르케, 1999, 561~711쪽.
김현미,『18세기 연행록의 전개와 특성』, 서울: 혜안, 2007.
김혈조,『박지원의 산문문학』, 서울: 성균관대학교 대동문화연구원, 2002.
남민이,『상장례 민속학』, 서울: 시그마프레스, 2002.
남은경(1992),「鄭斗卿 俠客詩의 內容과 意味」,『한국한문학연구』제15집, 한국한문학연구회, 283~309쪽.
남의현,「明 前期 遼東都司와 遼東八站占據」,『明淸史硏究』제21집, 명청사학회, 2004, 1~41쪽.
______,「永樂帝의 "漠北親征"의 政治史的 意義」,『강원사학』제10집, 강원사학회, 1994, 121~152쪽.
남재철,「李德懋 詩에 나타나는 奇詭尖新의 美學」,『한국한시연구』15, 한국한시학회, 2007, 109~142쪽.
문옥표 외,『朝鮮時代 冠婚喪祭』喪禮篇(1)~(3), 성남: 한국정신문화연구원, 2000.
문정진·민정기·박소현·백광준·이성현·차태근·천진·홍영림,『중국 근대의 풍경』, 서울: 그린비, 2008.
민두기,『中國近代改革運動의 硏究』, 서울: 일조각, 1985.
민병훈,「東西文化交涉史에 보이는 幻術」,『미술사연구』10호, 미술사연구회, 1996, 51~73쪽.
박동욱,「산운 이양연의 시세계 연구」, 한양대 석사학위 논문, 2001.
박만규,「조선시대 眞 추구에 내재된 문예사상 연구」, 성균관대학교 박사학위 논문, 2010.
박상영,「『열하일기』에 나타난 산문 시학-「환희기」의 담론 구성 방식을 중심으로」,『국어국문학』144, 국어국문학회, 2006, 209~242쪽.
박수밀,「「幻戲記」에 나타난 연암의 생각 읽기」,『문헌과 해석』2004년 여름호, 문헌과

해석사, 2004, 24~35쪽.

______, 「박지원의 幻戲記에 나타난 글쓰기 요령」, 『한문교육연구』 26집, 한국한문교육학회, 2006, 517~542쪽.

박영재, 「청일전쟁과 일본외교」, 『역사학보』 54·54합집, 역사학회, 1972, 151~178쪽.

박원호, 『明初朝鮮關係史硏究』, 서울: 일조각, 2002.

박전열, 「일본 山樂의 연구」, 『한국연극학』 제8집, 한국연극학회, 1996, 165~195쪽.

박종훈, 「楚亭 朴齊家의 「燕京雜絕」 一考」, 『한문학논집』 제27집, 근역한문학회, 2008, 33~60쪽.

박찬욱 외 6인, 『죽음, 삶의 끝인가 새로운 시작인가』, 서울: 운주사, 2011.

박희병, 「박지원 사상에 있어서 언어와 冥心」, 『한국의 생태사상』, 서울: 돌베개, 1999, 297~345쪽.

______, 「조선 후기 민간의 유협숭상과 유협전의 성립」, 『韓國古典人物傳硏究』, 서울: 한길사, 1992, 276~337쪽.

백옥경, 「朝鮮前期 譯官 연구」, 이화여자대학교 대학원 박사학위 논문, 2000.

변영섭, 『豹菴 姜世晃 繪畫 硏究』, 서울: 일지사, 1988, 30~36쪽.

서인범, 「조선 전기 연행록 사료의 가치와 그 활용」, 『명청사연구』 제30집, 명청사학회, 2008, 13~48쪽.

서현경, 「『열하일기』 정본의 탐색과 서술 분석」, 연세대학교 대학원 박사학위 논문, 2008.

성범중, 「龜谷 崔奇南의 삶과 시세계」, 『한국한시작가연구』 10, 서울: 태학사, 2006, 5~40쪽.

손재현, 「청말 열강의 天津지배와 도시의 변화」, 『대구사학』 제79집, 대구사학회, 2005, 177~218쪽.

송재소, 「盲人挿話를 통해서 본 연암 박지원의 사물인식」, 『한시 미학과 역사적 진실』, 서울: 창작과비평사, 2001, 359~374쪽.

신기석, 「청일전쟁과 淸韓宗屬關係」, 『한국근현대사논문선집』 12, 서울: 삼귀문화사, 1999, 371~418쪽.

신대현, 『진영과 찬문』, 서울: 혜안, 2006, 162쪽.

신로사, 「이봉환·이명오 부자의 일본 사행에 관하여」, 『문헌과 해석』 제54호, 문헌과 해석사, 2011, 231~251쪽.

신익철, 「다산과 다산학단의 菊影詩 창작과 그 의미」, 『조선 후기 한문학과 중국문학』,

서울: 소명출판, 2009, 141~165쪽.

______, 「18세기 중반 椒林體 漢詩의 형성과 특징」, 『고전문학연구』, 제19집, 한국고전문학회, 2001, 35~65쪽.

______, 『유몽인 문학 연구』, 서울: 보고사, 1998, 56~65쪽.

______, 「李鳳煥의 椒林體와 「落花詩」에 대하여」, 『한국한문학연구』 제24집, 한국한문학회, 1999, 215~243쪽.

신태갑, 「洋務運動 時期의 電信 事業 經營」, 『부산사학』 제23집, 부산경남사학회, 1992, 131~161쪽.

심경호, 『김시습평전』, 서울: 돌베개, 2003.

______, 『나는 어떤 사람인가』, 서울: 이가서, 2010.

______, 『내면기행』, 서울: 이가서, 2009.

______, 「黨伐의 場에 핀 梅花」, 『한국 한시의 이해』, 서울: 태학사, 2000, 449~470쪽.

______, 「일회성의 진실과 문학: 연암의 인식론과 미학론」, 『한문산문의 내면 풍경』, 수정증보판, 서울: 소명출판, 2002, 267~297쪽.

______, 「한국 고전문학의 자서전적 글쓰기에 대한 고찰」, 『第十七屆中韓文化關係國際學術會議論文集』, 中華民國韓國研究學會, 2008.12.28, 1~20쪽.

______, 「한문산문에 나타난 虛幻과 實在의 문제」, 『한문산문의 내면 풍경』, 수정증보판, 서울: 소명출판, 2002, 197~227쪽.

신향림, 「盧守愼 詩에 나타난 思想 硏究」, 고려대 대학원 박사학위 논문, 2005, 1~208쪽.

안대회, 「奇로 해석한 문학, 李奎象의 奇論」, 『문헌과해석』 2005년 겨울호, 2005, 184~200쪽.

______, 『18세기 한국한시사 연구』, 서울: 소명출판, 1999.

______, 「18·19세기 조선의 百科全書派와 『和漢三才圖會』」, 『대동문화연구』 제69집, 성균관대학교 대동문화연구원, 2010, 419~445쪽.

______, 『조선 후기시화사』, 서울: 소명출판, 2000.

______, 「조선 후기 自撰墓誌銘 연구」, 『한국한문학연구』 제31집, 한국한문학회, 2003, 237~266쪽.

______, 『천년 벗과의 대화』, 서울: 민음사, 2011, 95~100쪽.

______, 「楚亭 朴齊家의 燕行과 일상속의 국제교류」, 『동방학지』 제145호, 연세대학교 국학연구원, 2009, 37~64쪽.

______, 「韓國 漢詩와 죽음의 문제」, 『한국한시학회』3, 한국한시학회, 1995, 49~80쪽.

______, 『한국 한시의 分析과 視角』, 서울: 연세대학교 출판부, 2000.

안상복, 「연행록의 雜技 관련 記事 연구」, 『중국문학』 제53집, 한국중국어문학회, 2007, 161~184쪽.

______, 「《聊齋志異》〈偸桃〉편의 演藝史的 고찰」, 『중국문학』 제56집, 한국중국어문학회, 2008, 269~285쪽.

______, 『중국의 전통잡기』, 서울: 서울대학교출판부, 2006.

엄경흠, 「鄭夢周와 權近의 使行詩에 表現된 國際關係」, 『한국중세사연구』 제16호, 한국중세사학회, 2004, 181~215쪽.

연세대학교 국학연구원 편, 『연세대학교 중앙도서관 소장 고서해제 2』, 서울: 평민사, 2004, 301~319쪽.

______, 『연세대학교 중앙도서관 소장 고서해제 Ⅲ』, 서울: 평민사, 2005, 403~416쪽 · 439~450쪽.

오영섭, 「여흥민씨 척족과 한말의병」, 『한국근현대사연구』 제31집, 한국근현대사학회, 2004, 50~87쪽.

유승훈, 「산악백희 중 불토하기의 전개 양상」, 『한국민속학』 제35호, 한국민속학회, 2002, 95쪽.

유영익, 『甲午更張硏究』, 서울: 일조각, 1990.

유풍연, 「朝天詩의 자료적 고찰(1)」, 『호남학연구』, 전주대학교 호남학연구소, 1993, 45~66쪽.

윤용출, 「『燕行錄』 解題」, 『부대사학』 제7집, 부산대학교사학회, 1983, 261~265쪽.

윤재민, 『조선 후기 중인층 한문학의 연구』, 서울: 고려대학교 민족문화연구원, 1999, 103~122쪽.

윤주필, 『한국의 방외인 문학』, 서울: 집문당, 1999.

이강엽, 「『열하일기』의 우언문학적 해석」, 『국제어문』 제27집, 국제어문학회, 2003, 253~281쪽.

이강옥, 「『東野彙輯』의 『諧鐸』 수용 양상」, 『한국한문학연구』 제19집(창립20주년 특집호), 한국한문학회, 1996, 459~516쪽.

이경하, 『淸日戰爭 시기 ≪申報≫ 사설에 나타난 '朝鮮'과 '日本'에 대한 시각」, 『중국어문학지』 제23집, 중국어문학회, 2007, 145~173쪽.

이관성, 「홍석모의 「황성잡영」 소고」, 『어문논집』 제58집, 민족어문학회, 2008,

229~258쪽.

이광린, 『韓國開化史硏究』, 서울: 일조각, 1993.

______, 『開化派와 開化思想 硏究』, 중판, 서울: 일조각, 1993.

이수봉, 『장례문화의 이해』, 서울: 경인문화사, 2008.

이양자, 『조선에서의 위안스카이』, 부산: 신지서원, 2002.

이옥순 외, 『아시아의 죽음 문화』, 서울: 소나무, 2010.

이용욱, 「산운 이양연의 시세계」, 안동대 석사학위 논문, 1991.

이은식, 「고려시대 자서전 연구」, 경상대학교 박사학위 논문, 1997.

이재선 엮음, 『문학 주제학이란 무엇인가』, 서울: 민음사, 1996.

이재선, 『한국문학 주제론』, 재판, 서울: 서강대학교출판부, 2009.

이주현, 「연행시에 나타난 홍귀달과 성현의 작시경향 비교 고찰」, 『중국문학』 제68집, 한국중국어문학회, 2011, 111~139쪽.

이종묵, 「조선 중기 詩風의 변화 양상」, 『한국 한시의 전통과 문예미』, 서울: 태학사, 2002, 467~495쪽.

이종주, 『북학파의 인식과 문학』, 서울: 태학사, 2001.

이지양, 「18세기의 '진' 추구론과 성령설」, 『한국한문학연구』 제24집, 한국한문학회, 1999, 245~272쪽.

______, 「진명 권헌의 '진' 추구와 사회시」, 성균관대 박사학위 논문, 2001.

이창숙, 「燕行錄에 실린 중국 演戲와 그에 대한 조선인의 인식」, 『한국실학연구』 제20집, 한국실학학회, 2010, 131~175쪽.

이치수, 「中國 古典詩歌에 나타난 俠」, 『중국어문학』, 제28집, 영남중국어문학회, 1996, 31~54쪽.

이현일, 「李鳳煥 三代의 悲願」, 『문헌과 해석』 제20호, 문헌과 해석사, 2002.09, 26~47쪽.

______, 「泊翁 이명오 시 연구(1)-初期詩를 중심으로」, 『한국한시연구』 제19집, 한국한시학회, 2011.10, 83~118쪽.

______, 「泊翁 이명오 시 연구(2)-「香字八十首」와 그 주변」, 『한국한문학연구』 제50집, 한국한문학회, 2012.12, 409~448쪽.

이혜순, 「여행자 문학론 試攷-비교문학적 관점에서」, 『비교문학』 제24집, 한국비교문학회, 1999, 63~92쪽.

이홍식, 「북경 유리창의 공연예술-18~19세기 연행록을 중심으로-」, 『한국한문학연구』 제47집, 한국한문학회, 2011, 593~622쪽.

임기중, 「연행록의 환희기」, 『한국민속학』 제31집, 한국민속학회, 1999, 257~328쪽.
______, 『연행록 연구』, 증보판, 서울: 일지사, 2006.
임재해, 『전통 상례』, 서울: 대원사, 1990.
임준철, 「假裝된 죽음과 고통의 기억-이명오의 「自挽」 十二首-」, 『고시가연구』 제29집, 한국고시가문학회, 2012, 257~284쪽.
______, 「자만시의 詩的 系譜와 조전전기의 자만시」, 『고전문학연구』 제31집, 한국고전문학회, 2007, 319~356쪽.
______, 「鄭斗卿 詩의 虛構的 意象과 遊俠的 想像力」, 『민족문화연구』 제39집, 고대민족문화연구원, 2003, 67~105쪽.
______, 「조선시대 자만시의 類型的 특성」, 『어문연구』 제146호, 한국어문교육연구회, 2010, 375~400쪽.
______, 「畫像自贊類 문학의 존재 양상과 자아 형상화 방식의 특징」, 『고전문학연구』 제36집, 한국고전문학회, 2009, 284~292쪽.
______, 「한국 畫像自贊의 전형과 변주」, 『한문교육연구』 제38집, 한국한문교육학회, 2012, 237~278쪽.
임형택, 「朴燕巖의 認識論과 美意識」, 『한국한문학과 미학』, 한국한문학회 엮음, 서울: 태학사, 2003, 439~466쪽.
______, 「19세기 말 20세기 초 동아시아 세계관적 전환과 지식인의 동아시아 인식」, 『대동문화연구』 제50집, 2005, 성균관대학교 대동문화연구원, 1~27쪽.
______, 「17~19세기 동아시아 상황과 燕行·燕行錄」, 『한국실학연구』 20, 한국실학학회, 2010, 7~28쪽.
______, 「조선사행의 해로 연행록: 17세기 동북아의 역사전환과 실학」, 『한국실학연구』 9, 한국실학학회, 2005, 1~35쪽.
______, 「(『震溟集』) 해제」, 『震溟集』, 민창문화사, 1994, 3~16쪽.
장철수, 『한국의 관혼상제』, 서울: 집문당, 1995.
전경욱, 『한국의 전통 연희』, 서울: 학고재, 2004.
전송열, 「산운 이양연 시 연구」, 연세대 석사학위 논문, 1993.
______, 『옛사람들의 눈물: 조선의 만시 이야기』, 파주: 글항아리, 2008.
전순동, 「永樂帝의 北京 遷都와 그 意義」, 『중국사연구』 제65집, 중국사학회, 2010, 95~141쪽.
______, 「永樂帝의 外征과 政治的 意義」, 『중국사연구』 제54집, 중국사학회, 2008,

99~127쪽.

전해종, 「朝鮮前期 韓中關係의 몇 가지 特徵的인 問題」, 『동양학』 제14집, 단국대학교 동양학연구소, 1984, 523~527쪽.

______, 『中韓關係史論集』, 北京: 中國社會科學院出版社, 1994.

______, 「淸代朝貢關係 綜考」, 『진단학보』 제29·30호, 진단학회, 1966, 239~284쪽.

______, 『한중관계사 연구』, 서울: 일조각, 1992.

정길수, 「「夜出古北口記」의 비평적 접근」, 『대동문화연구』 제64집, 성균관대학교 대동문화연구원, 2008, 313~336쪽.

정민, 『고전문장론과 연암 박지원』, 서울: 태학사, 2010.

______, 『목릉문단과 석주 권필』, 서울: 태학사, 1999.

______, 『비슷한 것은 가짜다』, 태학사, 2000.

정병호, 「17세기 中人의 內面的 自畫像」, 『동방한문학』 제10집, 동방한문학회, 1994, 191~208쪽.

정성모, 「한국 마술사 연구」, 단국대학교 대중문화예술대학원 공연예술학과 석사학위 논문, 2005.

정시열, 「'奇'字 평어 작품에 대한 일고」, 『한국고전연구』 제13집, 한국고전연구학회, 2006, 249~278쪽.

정양완, 「耕齋 李建昇 선생의 『海耕堂收艸』에 대하여」, 고려대학교 민족문화연구원 국학기초자료사업·한국문학연구소 특강 발표요지집, 2008.11.12, 1~2쪽.

정우봉, 「조선 후기 문예이론에 있어 形과 神의 문제」, 『민족문학사연구』 제4집, 민족문학사연구소, 1993, 99~121쪽.

정은진, 「표암 강세황의 미의식과 시문창작」, 성균관대학교 박사학위 논문, 2004, 157~169쪽.

정진봉, 「洋務運動期 철로부설에 대한 일고찰」, 『부산사학』 제28집, 부산경남사학회, 1995, 195~235쪽.

정훈식, 「홍대용의 연행록 연구」, 부산대학교 박사학위 논문, 2007.

조규익, 『국문 사행록의 미학』, 서울: 역락, 2004.

조규익·이성훈·전일우·정영문 엮음, 『연행록연구총서』 1~10, 서울: 학고방, 2006.

조동매, 「馮夢龍《情史》的分類及得失(1)」, 『중국학논총』 제17집, 고려대학교 중국학연구소, 2004, 65~82쪽.

조선미, 『한국의 초상화』, 서울: 열화당, 1983.

______, 『초상화 연구-초상화와 초상화론』, 문예출판사, 2004.

주경렬, 「權近의 使行詩 研究-『奉使錄』을 中心으로」, 『한문학논집』 제16집, 근역한문학회, 1998, 47~72쪽.

차배근, 『중국근대언론사』, 서울: 나남, 1985.

______, 『중국전근대언론사』, 서울: 서울대학교출판부, 1984.

천선영, 『죽음을 살다』, 파주: 나남, 2012.

최강현, 「韓·中 使行文學에 관한 연구(3)-權近의 奉使錄을 중심으로」, 『인문과학』 제6집, 홍익대학교 인문과학연구소, 1998, 29~48쪽.

최동희, 『西學에 대한 韓國實學의 反應』, 재판, 서울: 고려대학교 민족문화연구소, 1995.

최문형·임계순·유영익·권석봉, 『청일전쟁을 전후한 한국과 열강』, 성남: 한국정신문화연구원, 1984.

최소자, 『東西文化交流史研究-明·淸時代 西學受容-』, 서울: 삼영사, 2002.

최유진, 「진명 권헌의 회화관과 문학론 비교 고찰」, 『한문고전연구』 제16집, 한국한문고전학회, 2008, 227~260쪽.

최재남, 『韓國哀悼詩研究』, 마산: 경남대학교출판부, 1997.

최준, 『한국신문사』, 新補版, 서울: 일조각, 1992.

피정희, 「시를 통해서 본 崔奇南의 생애」, 『성신한문학』 제4집, 성신한문학회, 1993, 1~25쪽.

한국문학연구소 연행록해제팀, 『연행록해제 (1)』, 서울: 동국대학교 한국문학연구소, 2003.

______, 『연행록해제 (2)』, 서울: 동국대학교 국어국문학과, 2005.

한림대학교 아시아문화연구소 편, 『청일전쟁의 재조명』, 춘천: 한림대학교출판부, 1996.

허경진, 「고려시대 송나라 使行海路 누정의 변천 연구」, 『동북아 문화연구』 제12집, 동북아시아문화학회, 2007, 117~139쪽.

______, 「최초로 바닷길 통해 명나라에 사신을 다녀온 기록 『가해조천록』」, 『하버드대학 옌칭도서관의 한국고서들』, 서울: 웅진북스, 2003, 185~194쪽.

허권수, 「남명·퇴계 양학파의 융화를 위해 노력한 간송 조임도」, 『남명학연구』 제11집, 경상대학교 남명학연구소, 2001, 353~387쪽.

홍선표 외, 『17·18세기 조선의 외국서적 수용과 독서문화』, 서울: 혜안, 2006.

홍성남, 「연행록에 나타난 '幻術'과 '演劇' 연구」, 『동아시아고대학』 제5집, 동아시아고대학회, 2002, 83~122쪽.

황인건, 「「燕京雜絕」에 나타난 박제가의 중국 체험 고찰」, 『한국시가연구』 제20집, 한국시가학회, 2006, 143~164쪽.

황재문, 「김진수의 『연경잡영』에 대한 연구」, 『한국한시연구』 4, 한국한시학회, 1996, 377~407쪽.

황호덕, 『근대 네이션과 그 표상들』, 서울: 소명출판, 2005.

국외

가와이 고조川合康三, 『終南山的變容: 中唐文學論集』, 劉維治·張劍·蔣寅 譯, 上海: 上海古籍出版社, 2007, 81~138쪽.

______, 『중국의 자전문학』, 심경호 옮김, 서울: 소명출판, 2002.

江紹原, 『髮鬚爪: 關于它們的迷信』, 北京: 中華書局, 2007, 1~150쪽.(초판은 1928년 上海: 開明書店에서 출판됨)

곰브리치, 에른스트(Gombrich, E. H.), 『예술과 환영(ART AND ILLUSION)』, 차미례 옮김, 서울: 열화당, 2003.

도카, 케네스 J.(Doka, Kenneth J.)·모건, 존 D.(Morgan, John D.) 엮음, 『죽음학의 이해(Death and Spirituality)』, 김재영 옮김, 고양: 인간사랑, 2006.

디켄, 알폰스(Deeken, Alfons), 『인문학으로서의 죽음교육(生と死の教育)』, 전성곤 역, 고양: 인간사랑, 2008.

로이, 마이클(Loewe, Michael), 『고대중국인의 생사관(Chinese Ideas of Lige and Death; Faith, Myth and Reason in the Han Period)』, 이성규 역, 서울: 지식산업사, 1987.

르죈, 필립(Lejeune, Philippe), 『자서전의 규약(Le Pacte autobiographique)』, 윤진 옮김, 서울: 문학과지성사, 1998.

리궈원(李國文), 『중국 문인의 비정상적인 죽음』, 서울: 에버리치홀딩스, 2009.

리드, 허버트(Read, Herbert), 『圖像과 思想(Icon & Idea: The Function of Art in the Development of Human Consciousness)』, 김병익 역, 서울: 열화당, 1982.

孟繁樹 主編, 『中華藝術通史』, 清代卷 上編, 北京: 北京師範大學出版社, 2006, 216~223쪽.

메어, 빅터(Mair, Victor H.), 「중국 문학의 서사혁명: 존재론적 전제」, 『이야기, 小說,

Novel(Topics in Chinese Classic Novel)』, 서울: 예문서원, 2001, 164~215쪽.
모랭, 에드가(Morin, Edgar), 『인간과 죽음(L'Homme et La Mort)』, 김명숙 옮김, 서울: 동문선, 2000.
朴宗根, 『淸日戰爭과 朝鮮-外侵과 抵抗-』, 박영재 역, 서울: 일조각, 1989.
방주네프, 아르놀드(van Gennep, Arnold), 『通過儀禮(Les rites de passage)』, 전경수 역, 서울: 을유문화사, 1985.
베커, 어니스트(Becker, Ernest), 『죽음의 부정(The Denial of Death)』, 김재영 옮김, 고양: 인간사랑, 2008.
보드리야르, 장(Baudrillard, Jean), 『시뮬라시옹(SIMULACRES et SIMULATION)』, 하태환 옮김, 서울: 민음사, 2001.
傅起鳳·徐秋 編著, 『中國古典幻術: 劍丹豆環』, 北京: 中國文聯出版社, 2009.
傅起鳳·傅騰龍, 『中國雜技』, 天津: 天津科學技術出版社, 1983.
傅起鳳·傅騰龍, 『中國雜技史』, 上海: 上海人民出版社, 2004.
傅起鳳, 「朝鮮使臣眼中的淸代幻術」, 『雜技與魔術』 第4期, 2011.8, 52~54쪽.
傅起鳳, 「朝鮮使臣眼中的淸代幻術」, 『雜技與魔術』 第5期, 2011.10, 55쪽.
傅起鳳, 「朝鮮使臣眼中的淸代幻術(續)」, 『雜技與魔術』 第6期, 2011.12, 56~57쪽.
謝思煒, 「論自傳詩人杜甫」, 『文學遺産』, 1990年 第三期, 北京: 中國社會科學出版社, 1990.08.
謝思煒, 「杜詩的自我審視與表現」, 『文學遺産』, 2001年 第3期, 北京: 北京大學出版社, 2001.05.
徐莊·傅起鳳, 『中國古代幻術』, 北京: 中國國際廣播出版社, 2012.
徐秋, 『魔術』, 北京: 中國文聯出版社, 2008.
순캉이(Kang-i Sun Chang), 『난세를 꽃피운 시인들(六朝詩研究)』, 신정수 역, 서울: 이회, 2004.
스펜스, 조너선(Spence, Jonathan D.), 『현대중국을 찾아서(The Search for Modern China)』1, 김희교 옮김, 서울: 이산, 1998.
아리에스, 필리프(Ariès, Philippe), 『죽음의 역사(Essais sur l'histoire de la mort en Occident du Moyen Age a' nos jours)』, 이종민 옮김, 서울: 동문선, 1998.
아리에스, 필리프(Ariès, Philippe), 『죽음 앞의 인간(L'homme Devant la Mort)』, 고선일 옮김, 서울: 새물결, 2004.
楊雨蕾, 『燕行與中朝文化關系』, 上海: 上海辭書出版社, 2011.

엘리아스, 노르베르트(Elias, Norbert), 『죽어가는 자의 고독』, 김수정 옮김, 파주: 문학동네, 1998.

余英時, 『동양적 가치의 재발견』, 김병환 옮김, 서울: 동아시아, 2007.

오가와 요이치(小川陽一), 『中國の肖像畫文學』, 東京: 硏文出版, 2005.

吳善中, 「淸光緖二年"妖術"恐慌述論」, 『江海學刊』 2004年 第2期, 2004.04, 126~131쪽.

吳善中 · 周志初, 「"妖術"恐慌中的民教冲突」, 『揚州大學學報』(人文社會科學版) 2004年 第3期, 2004.05, 82~85쪽

吳小如, 「說陶淵明《挽歌詩》三首」, 『古典詩詞札叢』, 天津: 天津古籍出版社, 2004, 88~92쪽.

吳承學, 「漢魏六朝挽歌考論」, 『文學評論』 2002年 第3期, 63~72쪽.

오언, 스티븐(Owen, Stephen), "The Self's Perfect Mirror: Poetry as Autobiography", Shuen-fu Lin · Owen, Stephen ed., The Vitality of the Lyric Voice, Princeton: Princeton University Press, 1986, pp.71~102.

吳存存, 『남자, 남자를 사랑하다(明淸社會性愛風氣)』, 이월영 옮김, 서울: 학고재, 2009.

오키 야스시(大木康: 2009), 「作者의 肖像-동아시아 圖書史의 한 단면」, 『대동문화연구』 제68집, 성균관대학교 대동문화연구원, 113~138쪽.

王立, 「中國古代自挽自悼詩文及其審美價値」, 『山西大學師範學院學報』, 2001年 第3期.

王水平, 『遊戲 · 競技與娛樂-中古社會生活透視』, 北京: 中華書局, 2010, 63~112쪽.

王運熙, 「鍾嶸『詩品』論奇」, 曹旭 選評, 『中日韓『詩品』論文選評』, 上海: 上海古籍出版社, 2003, 393~396쪽.

王宜瑗, 「六朝文人挽歌詩的演變與定型」, 『文學遺産』 2000年 第5期, 22~32쪽.

王政堯, 「『燕行錄』與淸代幻術」, 『登州港與中韓交流國際學術討論會論文集』, 濟南: 山東大學出版社, 2005, 196~206쪽.

王政堯, 『淸史述得』, 沈陽: 遼寧民族出版社, 2004.

廖奔, 『중국 고대극장의 역사(中國古代劇場史)』, 오수경 외 옮김, 서울: 솔, 2007.

姚周輝, 『神祕的幻術』, 第3版, 南寧: 廣西人民出版社, 2009.

劉若愚, 『中國之俠』, 周淸霖 · 唐發鐃 譯, 上海: 上海三聯書店, 1991.

劉蔭柏, 『中國古代雜技』, 北京: 商務印書館, 1997.

劉蔭柏, 『중국 고대의 잡기』, 이상천 · 권용호 · 강병철 옮김, 울산: 울산대학교출판부,

2010.
劉輝, 『挽聯藝術』, 長沙: 湖南人民出版社, 2006.
衣若芬, 「自我的凝視: 白居易的寫眞詩與對鏡詩」, 『中山大學學報』, 2007年 第6期, 51~57쪽.
李燮平, 『明代北京都城營建叢考』, 北京: 紫禁城出版社, 2006, 1~472쪽.
林香伶, 『以詩爲劍—唐代遊俠詩歌硏究』, 臺北: 文津出版社有限公司, 1999.
잇카이 도모요시(一海知義), 『陶淵明·陸放翁·河上肇』, 彭佳紅 譯, 北京: 中華書局, 2008.
張婷婷, 「明代朝鮮朝貢路線的演變」, 『南陽師範學院學報』(社會科學版) 第3卷 第4期, 2004.4, 37~39쪽.
첸중수(錢鍾書), 『談藝錄』, 補訂本, 中華書局, 1984, 1~5쪽.
鄭曉江 主編, 『中國死亡文化大觀』(上)·(下), 南昌: 百華洲文藝出版社, 2010.
晁中辰, 『明成祖傳』, 北京: 人民出版社, 2008.
縱麗娟, 「試論淸代內蒙古東部地區興起的戱劇熱」, 『內蒙古大學學報』(人文社會科學版), 2000年 第1期, 33~37쪽.
鍾元凱, 「唐詩的任俠精神」, 『北京大學學報』1984年 第4期, 1984, 55~65쪽.
周楞伽 編著,, 『幻術奇談』, 上海: 上海古籍出版社, 1993.
周錫韍, 「論"畫贊"卽題畫詩」, 『文學遺産』 2000年 第3期, 北京: 中國社會科學出版社, 2000, 18~24쪽.
陳山, 『中國武俠史』, 上海: 上海三聯書店, 1992.
陳偉芳, 『淸·日甲午戰爭과 朝鮮』, 권혁수 역, 서울: 백산자료원, 1999.
陳平原, 『千古文人俠客夢: 武俠小說類型硏究』, 北京: 新世界出版社, 2002.
陳華文, 『喪葬史 』, 上海: 上海文藝出版社, 2007.
蔡石山(Tsai Shih-Shan, Henry), 『永樂大帝--一箇中國帝王的精神肖像』, 江政寬 譯, 北京: 中華書局, 2009.
崔樂泉, 『忘憂淸樂—古代遊藝文化』, 南京: 江蘇古籍出版社, 2002.
케이건, 셸리(Kagan, Shelly), 『죽음이란 무엇인가(Death)』, 서울: 엘도라도, 2012.
퀴블러 로스, 엘리자베스(Kübler-Ross, Elizabeth)』, 『죽음과 죽어감(On Deathe and Dying)』, 이진 옮김, 파주: 이레, 2008.
킹, 멜라니(King, Melanie), 『거의 모든 죽음의 역사(The Dying Game)』, 사람의 무늬, 2011.

Kuhn, Philip A., Soulstealers: The Chinese Sorcery Scare of 1768, Cambridge: Harvard University Press, 1990.

쿤, 필립(Kuhn, Philip), 『영혼을 훔치는 사람들: 1768년 중국을 뒤흔든 공포와 광기』, 이영옥 옮김, 서울: 책과함께, 2004.

터너, 빅토(Turner, Victor), 『의례의 과정(The Ritual Process)』, 박근원 옮김, 서울: 한국심리치료연구소, 2005.

펜윅, 피터(Fenwick, Peter)·펜윅, 엘리자베스(Fenwick, Elizabeth), 『죽음의 기술(The Art of Dying)』, 정명진 옮김, 부글북스, 2008.

何志明, 「晩淸地方政府應對社会性危機的失誤」, 『安慶師範學院學報』(社會科學版), 第28卷 第5期, 2009.05, 86~90쪽.

何顯明, 『죽음 앞에서 곡한 공자와 노래한 장자(死亡心態)』, 현채련·리길산 옮김, 서울: 예문서원, 1999.

후마 스스무(夫馬進), 『연행사와 통신사』, 정태섭 외 옮김, 서울: 신서원, 2008.

후지무라 미치오(藤村道生), 『청일전쟁』, 허남린 역, 서울: 도서출판 소화, 1997.

3. 기타

지도

譚其驤 主編, 『中國歷史地圖集』 第七冊 元·明時期, 上海: 地圖出版社, 1982.

譚其驤 主編, 『中國歷史地圖集』 第八冊(淸時期), 上海: 地圖出版社, 1987.

도록

강순제 외, 『역사인물 초상화 대사전』, 서울: 현암사, 2003.

경기도 박물관 편, 『초상, 영원을 그리다』, 용인: 경기도박물관, 2008.

국립중앙박물관 편, 『조선시대 초상화 1』, 서울: 국립중앙박물관, 2007.

국립중앙박물관 편, 『조선시대 초상화 2』, 서울: 국립중앙박물관, 2008.

국립중앙박물관 편, 『조선시대 초상화 3』, 서울: 국립중앙박물관, 2009.

문화재청 편, 『한국의 초상화』, 서울: 눌와, 2007.

출처

일러두기

이 책의 바탕이 된 글들의 원래 출처는 다음과 같다. 다만 이 글들은 이 책에서 일정한 수정과 보완을 거쳤으므로 참고할 경우 이 책의 내용을 기준으로 삼아줄 것을 부탁드린다.

제1부

제1장 「자만시自挽詩의 시적 계보와 조선전기의 자만시」, 『고전문학연구』 제31집, 한국고전문학회, 2007.6, 319~356쪽.

제2장 「조선시대 자만시의 유형적 특성」, 『어문연구』 제146호, 한국어문교육연구회, 2010.6, 375~400쪽.

제3장 「가장假裝된 죽음과 고통의 기억-이명오李明五의 「자만自挽」 12수-」, 『고시가연구』 제29집, 한국고시가문학회, 2012.2, 257~284쪽.

제2부

제1장 「화상자찬류畫像自贊類 문학의 존재 양상과 자아 형상화 방식의 특징」, 『고전문학연구』 제36집, 한국고전문학회, 2009.12, 259~300쪽.

제2장 「한국 화상자찬畫像自贊의 전형과 변주」, 『한문교육연구』 제38집, 한국한문교육학회, 2012.6, 237~278쪽.

제3부

제1장 「연행록에 나타난 환술 인식幻術認識의 변화와 박지원의 「환희기幻戲記」」, 『민족문화연구』 제53호, 고려대학교 민족문화연구원, 2010.12, 221~257쪽.

제2장 「18세기 이후 연행록 환술 기록幻術記錄의 형성 배경과 특성」, 『한국한문학연구』 제47집, 한국한문학회, 2011.6, 65~104쪽.

제3장 「환희시幻戲詩를 통해 본 청대 북경의 환술幻術-김진수金進洙의 「환희연幻戲宴」 28수를 중심으로-」, 『동아시아문화연구』 제50집, 한양대학교 동아시아문화연구소, 2011.11, 215~248쪽.

제4장 「박지원 「환희기幻戲記」의 환술幻術 고증과 분석」, 『민족문화연구』 제57호, 고려대학교 민족문화연구원, 2012.12, 569~613쪽.

제4부

제1장 「조선 최초의 북경 사행시使行詩, 장자충張子忠의 『판서공조천일기判書公朝天日記』」, 『한국시가연구』 제34집, 한국시가학회, 2013.5, 251~285쪽.

제2장 「대청사행對淸使行의 종결과 마지막 연행록」, 『민족문화연구』 제49호, 고려대학교 민족문화연구원, 2008.12, 141~180쪽.

제5부

「유협시遊俠詩의 유형적 전통과 17세기 조선시단의 유협시」, 『漢文教育研究』 제26호, 한국한문교육학회, 2006.6, 465~492쪽.

제6부

「조선 중기 송도松都 문인 시에 나타난 심미 경향의 특질」, 『국어국문학』 제122호, 국어국문학회, 1998.12, 143~168쪽.

제7부

「조선 중기 한시에서의 '기奇'」, 『어문연구』 제140호, 한국어문교육연구회, 2008.12, 447~474쪽.

전형과 변주

–조선시대 한문학의 계보적 연구

초판 인쇄 2013년 9월 23일
초판 발행 2013년 9월 30일

지은이 임준철
펴낸이 강성민
편집 이은혜 박민수 이두루
마케팅 정현민
온라인 마케팅 김희숙 김상만 이원주 한수진
독자모니터링 황치영

펴낸곳 (주)글항아리 | 출판등록 2009년 1월 19일 제406-2009-000002호
주소 413-120 경기도 파주시 회동길 210
전자우편 bookpot@hanmail.net
전화번호 031-955-8891(마케팅) 031-955-8897(편집부)
팩스 031-955-2557

ISBN 978-89-6735-078-9 93810

글항아리는 (주)문학동네의 계열사입니다.

이 도서의 국립중앙도서관 출판시도서목록(CIP)은 e-CIP홈페이지(http://www.nl.go.kr/ecip)와
국가자료공동목록시스템(http://www.nl.go.kr/kolisnet)에서 이용하실 수 있습니다.
(CIP제어번호 : CIP2013018861)